Piaget/Inhelder Gedächtnis und Intelligenz

Jean Piaget / Bärbel Inhelder

Gedächtnis und Intelligenz

Unter Mitarbeit von Hermine Sinclair-de Zwart

Walter-Verlag, Olten und Freiburg im Breisgau

Der Titel der Originalausgabe lautet
«Mémoire et Intelligence»
Erschienen bei Presses Universitaires de France, Paris.

Die Übersetzung besorgte
LUC BERNARD

Die Herstellung erfolgte in den Werkstätten des Walter-Verlags
Printed in Switzerland

ISBN 3-530-65006-4

Inhaltsverzeichnis

Vorwort

Als dieser Versuch über das Gedächtnis fertiggestellt war, staunten wir selbst als erste über die Themenwahl. Wir sind dem Leser zweifellos eine Erklärung schuldig. Da sich die Denkoperationen auf die Transformationen von einem Zustand in einen anderen beziehen, mußte man früher oder später das Erkennen der Zustände untersuchen und in diesem Zusammenhang das Problem der bildhaften Vorstellung aufwerfen. Dies haben wir in unserem letzten Buch[1] getan. Bei der Analyse der Vorstellungsbilder haben wir (Kapitel VII) festgestellt, daß das Tun in gewissen Fällen, mehr als es der bloßen Wahrnehmung gelingt, die Bildung und die Erhaltung der Bilder begünstigt. Damit war die Frage nach dem Gedächtnis gestellt.

Im Sinne einer Vorstudie haben wir dann untersucht, was nach einer Stunde oder einer Woche in der Erinnerung von Situationen oder Zuständen übrigblieb, die sich aus einem operativen Prozeß ergaben, zum Beispiel einer Abfolge von Umgießhandlungen, die logische Transitivität implizierten, oder einer für den Prüfling zum voraus festgelegten reihenhaften Darstellung. Wie zu erwarten war, stellten wir dabei fest, daß die Erinnerungen der Kinder eher zum Ausdruck brachten, wie sie aufgrund ihrer operativen Stufe das Modell interpretierten, als was sie als objektive Tatsache wahrgenommen hatten. Dieses Ergebnis war zu erwarten gewesen (zumindest in einer operativen und nicht assoziationistischen Betrachtungsweise). Doch der Zufall wollte es, daß einer der Autoren nach sechs Monaten einem Kind begegnete, das er schon befragt hatte und das er, bevor er zu einem neuen Versuch überging, darauf ansprach, ob es sich noch an die frühere Aufgabe erinnere. Das Kind erinnerte sich tatsächlich, jedoch mit einer noch ausgeprägteren Schematisierung. Damit war ein Problem gestellt: Während man beim Langzeitgedächtnis annehmen muß, daß die Erinnerung sich abschwächt oder höchstens erhalten bleibt, können die operativen Schemata im Laufe der Zeit nur erhalten bleiben oder Fortschritte machen. Muß man daraus schließen, daß die Gedächtnisinhalte ihr eigenes Schicksal haben und ihren eigenen Weg gehen, ohne Beziehung zur Intelligenz? Oder stützt sich das Gedächtnis je nach (einfacher oder konflikthafter) Situation und Entwicklungsstufe (die der fraglichen impliziten Konfliktlösung fern oder nahe sein kann) auf die operativen Schemata, und kann es dadurch systematische, aber durch die Mechanik der Schemata erklärbare Verzerrungen oder paradoxerweise Verbesserungen des Gedächtnisinhaltes bewirken, die auf die Fortschritte der Intelligenz selbst zurückzuführen sind? Der Leser wird feststellen, daß alle unsere Ergebnisse eine solche Interaktion zwischen dem Gedächtnis und der Intelligenz nahelegen: Bald kommt es zu spektakulären Fortschritten der Evokation zwischen einer Woche und sechs Monaten, ohne daß das Modell neu gezeigt wird (wie im Gedächtnis der reihenhaften Darstellungen, Kapitel I und II), bald zu verzerrenden Schematisierungen, die dazu bestimmt sind, einen Konflikt aufzuheben (wie zwischen den numerischen Zuordnungen und den räumlichen Größen, Kapitel IV) usw.

Nachdem das Problem des Gedächtnisses auf der Tagesordnung stand, wagten wir einige allgemeine Betrachtungen über die Zusammenhänge zwischen dem ikonischen Element der Erinnerung (vom wahrnehmungsmäßigen Erkennen bis zur Bild-Erinnerung) und ihren operativen Elementen (die Schemata der Intelligenz, deren Erhaltung über das hinausgeht, was man üblicherweise das Gedächtnis im strengen Sinne des Wortes nennt). Diese für das gedächtnishafte Behalten notwendige Strukturierung ist offenbar ziemlich systematisch und hat sogar eine biologische Bedeutung: Das Gedächtnis setzt wahrscheinlich die intakte RNS voraus – und diese ihrerseits besitzt eine Struktur. Zudem haben wir die grundlegende Bedeutung einer Stufe der mnemonischen Entwicklung betont, die wir Rekonstitutionsgedächtnis nennen wollen und die sich zwischen die elementare Stufe des einfachen Erkennens und die höhere Stufe des Evokationsgedächtnisses schiebt.

Alles in allem findet man in diesem Buch eine Reihe von experimentellen Fakten und dazu einige theoretische Exkurse, bei denen erst die Zukunft entscheiden wird, ob sie zu gewagt oder begründet waren. Was mit ihnen auch geschehen mag, diese Forschungsarbeiten weisen jedenfalls einen Aspekt auf, der uns zugleich beruhigt und ermutigt hat: in einem Bereich, von dem man hätte meinen können, er sei vom Mechanismus der kognitiven Operationen weit entfernt, findet man mit überraschender Klarheit dieselben operativen Stadien wieder, und zwar bis in die einzelnen Stufen, an deren Existenz man zweifeln könnte, wenn man die Arbeiten von Gegnern liest, die nicht, oder noch nicht, an die Existenz von Operationen glauben[2] ...

Jean Piaget, Bärbel Inhelder und Hermine Sinclair

[1] J. Piaget und B. Inhelder, *L'image mentale chez l'enfant,* Presses Universitaires de France, 1966.

[2] An dieser Stelle sei unseren Mitarbeiterinnen Vinh-Bang und Beuchat gedankt, die die Textillustrationen besorgt haben.

Verzeichnis der Mitarbeiter

Pierre *Mounoud,* Leiter einer Arbeitsgruppe im Zentrum für genetische Erkenntnistheorie und Assistent am Institut J.-J. Rousseau (Kapitel III, VI, XI und XIX).

Joan *Bliss,* Assistentin am Institut J.-J. Rousseau (Kapitel IV, V, VIII, XV und XVI).

Christiane *Challande,* Assistentin am Institut J.-J. Rousseau (Kapitel X).

Jean und Marie-José *Delcourt,* ehemalige Assistenten am Institut J.-J. Rousseau (Kapitel XX).

Muriel *Depotex,* ehemalige Assistentin am Institut J.-J. Rousseau (Kapitel II).

Catherine *Fot,* ehemalige Assistentin am Institut J.-J. Rousseau (Kapitel XII).

Manique *Levret-Chollet,* Assistentin am Institut J.-J. Rousseau (Kapitel I, II, XVIII).

Laszlo *Luka,* Arzt beim schulärztlichen Dienst der Stadt Genf (Kapitel XIX, 3. Abschnitt).

Robert *Maier,* Assistent am Institut J.-J. Rousseau (Kapitel XIII).

Olga *Maratos,* ehemalige Assistentin am Institut J.-J. Rousseau (Kapitel V).

Sylvia *Opper,* ehemalige Assistentin am Institut J.-J. Rousseau, Assistentin an der Cornell University (USA) (Kapitel XVII).

Andrula *Papert-Christophides,* Assistentin am Institut J.-J. Rousseau (Kapitel XIX, 2. Abschnitt).

Paul *Petrogalli,* ehemaliger Assistent am Institut J.-J. Rousseau (Kapitel XIX).

Elsa *Schmid-Kitzikis,* Assistentin am Institut J.-J. Rousseau (Kapitel IX).

Tuât *Vinh-Bang,* Assistentin am Institut J.-J. Rousseau (Kapitel VII).

Gilbert *Voyat,* ehemaliger Assistent am Institut J.-J. Rousseau, Forschungsassistent am M. I. T. (Cambridge, USA) (Kapitel XIV und XX).

Christiane *Widmer,* ehemalige Assistentin am Institut J.-J. Rousseau (Kapitel X).

André *Bauer,* Präparator am Institut J.-J. Rousseau (Kapitel IX).

Einleitung

Die Probleme des Gedächtnisses und seine Stellung innerhalb der kognitiven Funktionen

Vergleicht man das Gedächtnis zunächst mit der Wahrnehmung, die eine Aufnahme unmittelbarer und gegenwärtiger (*hic et nunc*) Tatsachen ist, so kann es einfach als eine fast direkte Vorstellung dessen erscheinen, was in der Vergangenheit aufgenommen oder erlebt worden ist. Die elementarste Gedächtnisform, das Wiedererkennen, könnte so als aus nur zwei Elementen bestehend erscheinen: eine Wahrnehmung auf der einen und eine analoge Erinnerung auf der anderen Seite, wobei sich diese Erinnerung auf die bloße Bewahrung einer Komponente beschränkt, die zu dieser früheren Wahrnehmung gehört hat.

Doch diese Annahmen werfen von allem Anfang an eine ganze Anzahl Probleme auf. Zunächst ist die Reaktion auf unmittelbare und gegenwärtige Tatsachen nicht nur perzeptiv, und die Wahrnehmung selbst (die eine Organisation der sinnlich wahrnehmbaren Tatsachen ist) enthält mehrere getrennte Strukturierungsebenen. Die Wahrnehmung ist nicht bloße Aufzeichnung, denn sie ist auch Identifizierung oder Assimilation, was einen Schematismus beinhaltet: Wenn das Subjekt einen früher wahrgenommenen Gegenstand wiedererkennt, besteht dann dieses Wiedererkennen aus einer Erinnerung oder aus einer Erhaltung dieser perzeptiven Schemata (und in welcher Form?) oder nur aus der durch sie organisierten Sinnestatsache (und wiederum in welcher Form?)? Noch mehr, jede Wahrnehmung setzt sich fort in Interpretationen durch Assimilation an sensomotorische Schemata (Aktionsschemata) oder begriffliche und vorstellungsmäßige, präoperative oder operative Schemata. Es ist klar, daß sich das Gedächtnis ebensosehr auf diese Interpretationen oder Bedeutungen, die auf einer höheren Stufe als die Wahrnehmung stehen, wie auf die früheren Wahrnehmungen selbst erstreckt.

Man kommt deshalb schon durch die Analyse dieser elementaren Fälle dazu, im Gedächtnis eine gewisse Aktualisierung zu sehen, die eine Erhaltung der ganzen Vergangenheit oder zumindest dessen impliziert, was aus der Vergangenheit des Subjekts in den gegenwärtigen Aktionen oder Erkenntnissen verwendbar ist.

Doch dann weitet sich das Problem der Gedächtnisvorgänge unendlich aus. Wenn man nämlich zu ihrem Verständnis im Prinzip auf eine Erhaltung der ganzen Vergangenheit zurückgreifen muß, wie soll man dann diese Erhaltung erklären und wie soll man in dieser Vergangenheit das herausschneiden, was innerhalb der untersuchten Tatsachen tatsächlich mitspielt und sich zur Beobachtung und zum Experimentieren eignet?

1. *Gedächtnis und Erhaltung der Vergangenheit*

Die Vergangenheit des Individuums: das ist zunächst («zunächst» im Ablauf der Entwicklung selbst) sein ganzes Erbgut. Das Erbgut als eine Art phyletisches Gedächtnis im Sinne einer Erhaltung der «genetischen Information» ist natürlich etwas ganz anderes als ein Akt des Wiedererkennens oder gar der Evokation durch Bild-Erinnerung. Und doch spielt die hereditäre Erhaltung der Vergangenheit in jeder unserer Aktionen, also in jedem Lernzuwachs[1] und folglich in jedem Wiedererkennen oder jeder mnemonischen Evokation eine Rolle, obschon der erkannte oder evozierte Inhalt natürlich erworben und nicht angeboren ist.
Es ist somit ein erstes Problem, zwischen dem Gedächtnis des Erworbenen und Erlernten, dem Gedächtnis im eigentlichen Sinne des Wortes, und dem phyletischen Gedächtnis, der Erhaltung und Auswertung der hereditären Information, zu unterscheiden. Diese Unterscheidung ist nicht so einfach, wie man meinen könnte. Nehmen wir auf dem Gebiet des tierischen Verhaltens an, ein Tier spreche gemäß einem «angeborenen auslösenden Mechanismus»[2] auf gewisse Schlüsselreize an (etwa auf die Form oder die Größe der Reiser, die ein nestbauender Vogel sammelt) und erkenne diese nach einiger Übung besser: Das derart erworbene Gedächtnis ist natürlich dennoch vom zugrundeliegenden Erbmechanismus mitbestimmt. In der Humanpsychologie ist es ebenfalls möglich, daß das Gedächtnis einer perzeptiven Form einfacher geometrischer Art zwar nicht durch einen AAM, wohl aber durch gewisse funktionelle Mechanismen der räumlichen Wahrnehmung erleichtert wird, und daß darin angeborene Einflüsse enthalten sind: Auch in diesem Falle wäre das Gedächtnis oder das Erworbene nicht (oder nicht grundsätzlich) vom Erbgut zu unterscheiden.
Ein zweites Problem ist (beim Menschen) noch viel weitreichender und für uns viel schwerwiegender. Über den vererbten Schematismus hinaus gibt es eine be-

trächtliche Zahl erworbener Schemata (perzeptive Schemata, Schemata der Gewöhnung oder der sensomotorischen Intelligenz, präoperative begriffliche Schemata, operative Schemata usw.), deren Erhaltung für jedes Tun unerläßlich ist, ohne daß aber diese Erhaltung der Vergangenheit notwendig mit dem zusammenhängt, was man allgemein das Gedächtnis nennt. Welche Beziehungen bestehen zwischen diesen Schemata und dem Gedächtnis?

Das Problem ist nicht nur eine Frage der Wortwahl. Die Frage der Wortwahl stellt sich aber, und wir wollen uns deshalb zuerst über die zu verwendenden Wörter verständigen. Biologen und Psychologen geben dem Begriff Gedächtnis nicht immer denselben Sinn, so daß wir die folgenden drei wichtigen Bedeutungstypen unterscheiden können:

I. Die Biologen verstehen unter «Gedächtnis» die Erhaltung jeder erworbenen Reaktion, und zwar schon auf der Stufe der Immunität. Wenn ein Bakterium als Antwort auf die Wirkung eines Antigens einen Antikörper produziert, so sind zwei Interpretationen möglich: Entweder handelt es sich um genetische Präformation mit anschließender Selektion – dann spricht man nicht von Gedächtnis –, oder die Bildung des Antikörpers ist eine mit der Struktur des Antigens zusammenhängende erworbene Reaktion – und dann wird die Immunität als ein «Gedächtnis»phänomen betrachtet. *A fortiori* wird jede Erhaltung der Ergebnisse eines organischen Lernens oder einer organischen Angewöhnung Gedächtnis genannt usw. In dieser ersten, sehr weit gefaßten Bedeutung, die die Erhaltung jeder somatischen Erwerbung und ebenso aller erworbenen Verhaltensschemata einschließt, verwenden wir den Begriff «Gedächtnis im biologischen Sinne».

II. In einem engeren Sinne, und zwar auf den verschiedenen Verhaltensebenen, spricht man oft von Gedächtnis in einer noch umfassenderen Weise, wobei man darunter die Erhaltung der Gewohnheiten oder der Lernergebnisse als auch die Evokation der Erinnerungsbilder oder bloße Wiedererkennungsphänomene versteht. In dieser Hinsicht wollen wir uns schon jetzt über mindestens drei Punkte verständigen.

Erstens scheint es klar zu sein, daß jede Gewohnheit die Wiedererkennung bestimmter Anzeichen (*indices*) voraussetzt. Wenn die Napfschnecke[3] nach ihren Wanderungen während der Flut ihren früheren Standort auf einem bestimmten Felsen wiederfindet, so stützt sie sich offensichtlich auf gewisse propriorezeptive oder exterorezeptive Anzeichen. Man muß deshalb annehmen, daß die Gewohnheit Wiedererkennungsreaktionen enthält. Folglich kann man sagen, die Gewohnheit sei ein besonderer Fall des Gedächtnisses, oder aber sie sei keine Form des Gedächtnisses, sie aktiviere jedoch das Wiedererkennungsgedächtnis. In diesen beiden Fällen muß man also zwei ganz verschiedene Typen von Elementen unterscheiden: einerseits die Erhaltung der sensomotorischen Schemata, die der Gewohnheit zugrunde liegen, und andererseits die Wiedererkennung der perzeptiven Anzeichen, deren Bedeutung durch diese Schemata bestimmt ist. Ob man das Ganze oder nur die Wiedererkennung als Gedächtnis bezeichnet – eine organisierte Gesamtheit von Bewegungen (sensomotorisches Schema) reproduzieren oder ein rezeptives Anzeichen wiedererkennen, sind zwei verschiedene Dinge.

Zweitens gibt es, nimmt man die Erhaltung (und die Möglichkeit der Wiederholung oder der Aktualisierung) in das Gedächtnis hinein, keinen Grund, nicht auch die Erhaltung oder die Aktualisierung aller anderen Aktions-, Erkennungs- oder Operationsschemata in derselben Kategorie von Mechanismen zusammenzufassen. Das Kind lernt etwa, Gegenstände aufzureihen oder zu klassifizieren, und diese Schemata bleiben erhalten, so daß sie in allen Situationen aktualisiert werden, in denen sie für das Subjekt nützlich sind. Folglich muß man diese Erhaltung in dieselbe Kategorie wie die Erhaltung der Gewohnheitsschemata einordnen. Eines der Hauptprobleme, die in diesem Buch behandelt werden, ist eben gerade die Frage nach den Beziehungen zwischen dem, was man gewöhnlich das Gedächtnis (Wiedererkennung und Evokation) nennt, und dieser Erhaltung früher aufgebauter Schemata, gleich welcher Art (sie müssen nur erworben und nicht vererbt sein).

Drittens muß man nicht nur zwischen der Wiederholung eines schematisierten Aktes (von der Gewohnheit bis zur Operation) und den Verhaltensweisen des Wiedererkennens oder der Evokation unterscheiden; man muß auch zwei Erhaltungsformen der Vergangenheit sorgfältig auseinanderhalten. Einerseits kann diese Erhaltung wiederholungsfähige Vorgänge betreffen, wie eben zum Beispiel eine Gewohnheit oder eine Operation. Andererseits kann sich diese Erhaltung der Vergangenheit auch auf besondere Gegenstände oder Ereignisse beziehen: Man erkennt etwa eine besondere Physiognomie unter hundert anderen wieder, man kann sie durch ein strikte individualisiertes Erinnerungsbild evozieren. Diese Unterscheidung zwischen dem Wiederholbaren und dem Einmaligen deckt sich zum Teil mit der anderen Unterscheidung zwischen der Erhaltung der Schemata und dem Wiedererkennungs- oder Evokationsgedächtnis, doch die Entsprechung muß noch genauer analysiert werden. Man lernt zum Beispiel ein Gedicht durch wiederholtes Lesen «auswendig», und dennoch ist es ein einmaliges und individuelles Gedicht. Bleiben dabei ein Schema oder Wiedererkennungs- und Evokationsakte erhalten? Wir würden antworten: beides. Damit ist der Unterschied gewahrt, aber auch die Frage nach den Beziehungen gestellt. Einerseits ist nämlich das Gedicht, einmal gelernt, evokationsfähig, doch diese Evokation, die komplex ist, beinhaltet ein Lernen, was wie üblich zur Konstruktion und zur Erhaltung eines Schemas führt. Andererseits kann es neben mehr oder weniger allgemeinen auch individuelle Schemata geben, wie es in einer logischen Klassifizierung besondere Klassen geben kann[4].

Folglich müssen wir in diesen Punkten unsere Terminologie festlegen und die Probleme aufzeigen. Die erste Aufgabe hat, obwohl sie nur eine Sache der Semantik ist, ihre Bedeutung, denn ein System von Definitionen kann die Probleme verdecken oder aber herausstellen. Wir wollen nicht jede Erhaltung eines früheren Verhaltens Gedächtnis nennen. Die Begriffe «Schematismus» oder «Erhaltung der Schemata» wollen wir dafür verwenden, um die Fähigkeit der Subjekte zu bezeichnen, das zu reproduzieren, was sich in einem Aktions- oder Operationssystem (beliebige Gewohnheitsschemata; sensomotorische, begriffliche, operative Schemata usw.) verallgemeinern läßt. Das Gedächtnis, das unter anderem diese «Erhaltung der Schemata» umfaßt, nennen wir «Gedächtnis im weiten Sinne». Man könnte versucht sein einzuwenden, es sei ein Unterschied zwischen dem Vorhandensein oder der Konstruktion eines Schemas (zum Beispiel die Aneinanderreihung oder die Klassifizierung) und seiner Erhaltung, die gewissermaßen ein spezialisiertes Gedächtnis voraussetzen würde. Doch es ist eben gerade die Eigenschaft eines Schemas (im Gegensatz zu einer Verhaltensweise, zu der es ein einziges Mal kam), daß es analoge Situationen miteinander verbindet und folglich Reproduktionen oder Verallgemeinerungen bewirkt. Die Erhaltung des Schemas fällt deshalb mit seinem Vorhandensein zusammen. Eine Konstruktion, die ihre eigene Erhaltung zur Folge hat, stellt natürlich Probleme, die für die Erklärung des «Gedächtnisses im strengen Sinne», wie wir es nennen werden, wesentlich sind: nämlich die Frage, ob die Ursache der Wiederholungen in einfachen «Assoziationen» (ebenfalls ein Mechanismus, von dem man annehmen muß, daß er allein aufgrund seiner Konstruktion erhalten bleibt) zu suchen, das heißt als ein direktes Ergebnis der äußeren Wiederholungen oder der durch die Erfahrung aufgedrängten regelmäßigen Sequenzen aufzufassen ist – oder ob das Vorhandensein eines Schemas einen Assimilationsfaktor, das heißt aktive Reproduktion und Verallgemeinerung impliziert, die auf die Initiativen des Subjekts bei seiner Interpretation der regelmäßigen oder unregelmäßigen, scheinbar oder tatsächlich äußeren Sequenzen zurückzuführen sind. Doch dieses zentrale Problem geht weit über das Gedächtnis hinaus und betrifft die Intelligenz insgesamt und ebenso die kognitiven Funktionen als Ganzes.

III. «Gedächtnis im strengen Sinne» wollen wir hingegen jene Reaktionen nennen, die sich auf Wiedererkennungen (wenn der Gegenstand vorhanden ist) oder auf Evokationen (wenn der Gegenstand nicht vorhanden ist) beziehen. Ihr erstes Kriterium ist ein ausdrücklicher Bezug zur Vergangenheit: Das Subjekt erkennt einen Gegenstand oder eine Abfolge von Ereignissen wieder, wenn es den Eindruck hat, sie früher schon wahrgenommen zu haben (wobei dieser Eindruck richtig oder falsch sein kann, denn es gibt irrige Erinnerungen). Das Erinnerungsbild (in der gedächtnishaften Evokation) unterscheidet sich vom (reproduzierenden oder antizipierenden) Vorstellungsbild im allgemeinen dadurch, daß es mit einer (globalen oder detaillierten, richtigen oder falschen) Lokalisierung in der Vergangenheit verbunden ist. Und diese Vergangenheit äußert sich im Eindruck des zu einem bestimmten (wenn auch vielleicht nicht lokalisierbaren) Zeitpunkt bereits Erlebten oder Wahrgenommenen und nicht nur des allgemein Bekannten und schon gar nicht des Vorausgesehenen. Zu diesem ersten Kriterium kommt das soeben genannte zweite, das vielleicht noch wesentlicher, wenn auch mit dem ersten untrennbar verbunden ist: Das Gedächtnis im strengen Sinne und das Erinnerungsbild haben nur mit Situationen, Vorgängen oder Gegenständen zu tun, die einmalig sind und als solche wiedererkannt oder evoziert werden. Die Schemata hingegen sind allgemein (das Schema der Aneinanderreihung oder der Begriff des Quadrats usw.), und die Vorstellungsbilder sind zwar individuell, symbolisieren aber ein allgemeines Schema (das Bild eines Quadrates als Symbol der Quadrate). Verwendet man zum Beispiel den Begriff «Stigmergie» im Wissen, daß der Ausdruck erst kürzlich von Grassé in die Tierpsychologie eingeführt worden ist, so entspricht das der Erhaltung und Anwendung eines, wenn auch durch äußere Übermittlung erworbenen, Schemas. Erinnert man sich aber, daß man den Begriff bei der Lektüre eines Zoologiebuches von Grassé kennengelernt hat, so ist das eine Erinnerung, weil sie an eine bestimmte erlebte Situation gebunden und mehr oder weniger genau in der Zeit lokalisierbar ist.

Dieses Beispiel zeigt gleichzeitig, daß es Zwischenstufen zwischen der Erinnerung und der Erhaltung eines Schemas gibt. Ein Student, der sich in keiner Weise für die Stigmergie interessiert und den Begriff nie verwendet, kann sich im Examen, und zwar in verschiedenem Grade, daran erinnern (im Zusammenhang mit den «signifikanten Anzeichen», den Termiten, den Arbeiten Grassés usw.). Diese Zwischenstufen, die mit dem oben genannten auswendig gelernten Gedicht vergleichbar sind, entkräften aber in keiner Weise (vor allem wenn sie von solchen sozialen Artefakten wie den Schulprüfungen herrühren) die allgemeine Dualität in der Struktur und in der Funktion bei der Erhaltung eines tatsächlich verwendeten Schemas und bei der Erhaltung einer zugleich einmaligen und bezüglich ihrer Fixierung in der Zeit (annäherungsweise) lokalisierbaren Erinnerung.

Der erste Unterschied zwischen dem so definierten Gedächtnis[5] und der Erhaltung der Schemata besteht somit darin, daß die Schemata in der gegenwärtigen Situation ohne ausdrücklichen Bezug auf die Vergangenheit aktualisiert werden. Es kann vorkommen, daß diese neue Anwendung von (gedächtnishaften) Erinnerungen begleitet ist. Das kann manchmal nützlich sein, ist aber in keiner Weise notwendig. Eine Gewohnheit kann so ohne jede Erinnerung an ihre Ausformung ausgeübt werden, ein Aneinanderreihungs- oder Zuordnungsschema kann ohne Evokation der Vergangenheit angewandt werden usw. In bezug auf die kindliche Entwicklung ist festzuhalten, daß während der ersten 12 bis 18 Lebensmonate eine ganze sensomotorische Schematik aufgebaut wird, und zwar vor der Bildung des Evokationsgedächtnisses, das an die semiotische Funktion gebunden ist. Die Anwendung dieser Schemata setzt hingegen ein gewisses Wiedererkennen (Analogie der Situationen) voraus. Und sogar eine elementare Gewohnheit funktioniert, wie schon gesagt, nur, wenn bestimmte Anzeichen wiedererkannt werden. Die Assimilation, die ein Schema erzeugt, ist ganz allgemein immer zugleich reproduzierend, verallgemeinernd und wiedererkennend, denn sie enthält Elemente der Wiederholung, der Ausweitung und der Unterdrückung. Das weist auf einen sehr ursprünglichen Zusammenhang zwischen der Schematik und dem wiedererkennenden Gedächtnis hin (wobei dieses beträchtlich früher als das Evokationsgedächtnis auftritt). Doch das Problem besteht darin, die Natur dieser Verbindung zu interpretieren. Dabei kann man zunächst zwei grundsätzlich verschiedene Typen des Wiedererkennens unterscheiden.

Der eine Typ ist rein mnemonisch und zeigt sich bei einer neuen Wahrnehmung ein und desselben individuellen Gegenstandes: Der Säugling erkennt auf einer bestimmten Entwicklungsstufe zum Beispiel seine Mutter und unterscheidet sie von einer fremden Person. Der andere Typ hingegen ist gewissermaßen vorbegrifflich und auf jeden Fall klar schematisch: nämlich die Assimilation einer Situation an ein Schema, zum Beispiel wenn das Kleinkind einen Gegenstand, der

wie andere, früher wahrgenommene Dinge aufgehängt ist, als etwas erkennt, das sich in schwingende Bewegung versetzen läßt. In diesem zweiten Sinne ist die Assimilation immer wiedererkennend und gleichzeitig reproduzierend und verallgemeinernd. Dabei stellt sich die Frage, ob das gedächtnishafte Wiedererkennen von der wiedererkennenden Assimilation herrührt (oder umgekehrt) oder ob sie immer miteinander verbunden sind. Doch selbst wenn sie immer miteinander verbunden sind, wäre das mnemonische Wiedererkennen nur ein besonderer Aspekt des Schematismus in seiner Gesamtheit. Die Erhaltung der Schemata würde in keiner Weise durch das Gedächtnis im strengen Sinne erklärt.
Falls andererseits einer der grundlegenden Unterschiede zwischen der Schematik und dem Gedächtnis im strengen Sinne, wie wir gesehen haben, darin besteht, daß die Schematik immer das Allgemeine oder das Wiederholbare umfaßt, während das Gedächtnis, wie die Wahrnehmung selbst, ganz allgemein nur einmalige Gegenstände oder Ereignisse festhält und Schemata, Operationen oder Ideen nur mit Hilfe konkreter Verbildlichung (oder, wie wir noch sehen werden, durch zum Teil deduktive und mehr oder weniger an die Sprache gebundene Rekonstruktion) zu evozieren vermag, so stellt sich diesbezüglich ein zentrales Problem: nämlich in welchem Maße das Gedächtnis eine Rekonstruktion ist, wie P. Janet annahm, als er es mit dem «Erzähl-Verhalten» verband, und in welchem Maße es zwischen der Aufzeichnung der Tatsachen und ihrer Evokation durch die Erinnerung der unbewußten Bilder fortbesteht, die ohne weiteres erhalten bleiben (zum Beispiel jene, die Penfield durch elektrische Reizung der Schläfenlappen reaktiviert). Es ist möglich, 1. daß diese Erinnerungen, die auf «unbewußten» Eindrücken (insoweit es sie gibt, die aber nicht diese Allgemeinheit erreichen, die Freud und Bergson ihnen zuschreiben) beruhen, grundsätzlich konkreter und bildhafter Natur sind; 2. daß sie auf die eine oder andere Weise mit dem Schematismus der Aktionen (mit der Möglichkeit affektiver Schemata[6]) verbunden sind und 3. daß es dem Gedächtnis nur insofern gelingt, abstraktere Wirklichkeiten (Kausalzusammenhänge, begriffliche oder operative Wirklichkeiten) zu evozieren, als es sich darüber hinaus auf eine deduktive oder verbale Rekonstruktion stützt, wobei es sich dadurch noch tiefer in das System der Schemata einfügt. Doch das alles sind Hypothesen. Die Fakten sollen uns später eine ausführlichere Antwort ermöglichen.
Die Unterschiede zwischen dem Schematismus und dem Gedächtnis scheinen somit grundsätzlich damit zusammenzuhängen, daß die Schematik die innere Organisation und die Dynamik des Verhaltens wiedergibt (wobei die Erhaltung

dieser Organisation eben der Ausdruck ihrer Aktivität ist), während das Gedächtnis ein bildhaftes Ablesen oder eine Rekonstruktion der Resultanten dieser Aktivität ist, ohne daß es ihm gelingt (oder bevor es ihm gelingt), auf diese Aktivität Einfluß zu nehmen. Um aber diese Hypothesen, die unserer Arbeit zugrunde liegen, zu verdeutlichen, muß eine wesentliche Bemerkung hinzugefügt werden, weil sie sonst sinnlos oder durch und durch banal erscheinen könnten.

Die Theoretiker des Lernens führen üblicherweise die gesamte geistige Entwicklung, die Schemata eingeschlossen, auf Lernprozesse zurück. Das Gedächtnis wäre dann nichts anderes als die Erhaltung eben des Gelernten, die Schemata selbstverständlich eingeschlossen. Unsere Haupthypothese würde in diesem Falle innerhalb der Erinnerung bloß zwischen den bildhaften oder symbolischen und den motorischen Elementen unterscheiden, was sich von selbst versteht. Unsere früheren[7] und heutigen[8] Arbeiten über das Lernen gehen aber davon aus, daß nicht dieses Lernen die Entwicklung zum Ausdruck bringt. Zwar «lernt» das Subjekt fortwährend vom äußeren Milieu, aber in seinen kontinuierlichen Tätigkeiten muß man darüber hinaus Faktoren der Selbstregulierung und des Ausgleichs, mit einem Wort: der Organisation, sehen, die das Lernen leiten und nicht etwa aus ihm hervorgehen. Ebenso ordnet sich jeder Organismus der Umwelt nur kraft innerer Organisationsvorgänge unter: in Interaktionen, die zwar mit der Umwelt untrennbar verbunden sind, die aber die Hypothese rein exogener Lernzuwachse ausschließen. In dieser Betrachtungsweise leiten sich die Schemata, obwohl sie durch das Lernen ständig verändert werden (Akkommodationen, die aber auf eine fortwährende Assimilation zurückzuführen sind), von den Entwicklungsprozessen im allgemeinen und nicht nur vom Lernen ab. Die Erhaltung der Schemata bildet deshalb ein ganz anderes Problem als die Erhaltung des Gedächtnisses im strengen Sinne.

Mit einem Wort, unsere Hypothese ist nur sinnvoll im Rahmen einer allgemeinen Entwicklungstheorie, die anders ist als die jeweiligen Lerntheorien. Deshalb wollen wir jetzt versuchen, das Gedächtnis in die Gesamtheit der kognitiven Funktionen einzuordnen.

2. Der Ort des Gedächtnisses im System der kognitiven Funktionen

Der Organismus ist eine Maschine, die zwei Arten von Transformationen ausführt: einerseits assimiliert er die Umwelt, wobei er auch deren Zwänge erleidet, das heißt Organisationsformen entwickelt und erhält, die die Permanenz der Austauschreaktionen mit der Umgebung zu gewährleisten vermögen; andererseits verändert er die Umwelt durch seine Reaktionen und insbesondere durch sein Verhalten auf eine Weise, die gleichzeitig als eine Verlängerung und eine Spezialisierung dieser beiden miteinander verbundenen Transformationsarten erscheint. Man kann ihn deshalb mit dem folgenden Schema wiedergeben:

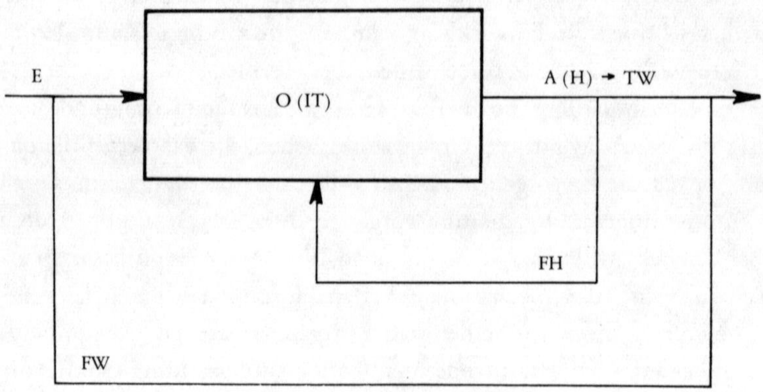

Figur 1

E Eingabe, O Organisation (System der inneren Transformationen), A (H) Ausgänge oder Handlungen, die zu TW, Transformationen des Wirklichen, führen, FW Feedbacks aus den Resultaten von TW, FH Feedbacks aus den Handlungen selbst, die das Wirkliche transformieren.

I. Die Eingaben in das System *(inputs)* sind die Wahrnehmungen. Das bedeutet nicht, daß diese die einzige Erkenntnisquelle darstellen, nicht einmal im Bereich der Erfahrung der Gegenstände. Um einen Gegenstand zu erkennen, kann der Organismus auf ihn einwirken: deshalb die Rückmeldungen *(feedbacks)* FW, die vom Resultat der Handlungen H, das heißt von den TW, zu den Eingaben E zurückführen.

Das Innere des Systems besteht keineswegs nur aus einem System von assoziativen Verbindungen zwischen den Eingaben E und den Ausgaben A, sondern aus einer Organisation O, die zahlreiche Elemente zu dem hinzufügt, was am Anfang E geliefert wird. Die kognitive Organisation ist somit zugleich Assimilation der Tatsachen E und deren Transformation. Doch die inneren Transformationen IT, die die Schematik auf allen Stufen, von den elementaren Gewohnheiten bis zu den höheren Operationen, darstellen, hängen nur zu einem Teil von den angeborenen Anlagen des Subjekts (spontane Bewegungen, Reflexe, erbbedingte Funktionen des Gehirns usw.) ab. Sie werden zudem und Schritt für Schritt unter dem immer stärkeren Einfluß der Handlungen A(H) konstruiert, die zu den Transformationen des Wirklichen TW führen: daher die Feedbacks FH, die von diesen Handlungen A(H) zur inneren Organisation O zurückführen und die für die Schemata konstitutiv sind.

Was die Ausgaben A betrifft, so bezeichnet das Schema ihr Ergebnis mit Transformation des Wirklichen TW und nicht nur der Gegenstände. Die Transformationen können nämlich auch den eigenen Körper angehen und unter anderem die Nachahmung oder die Anpassung des eigenen Körpers an die Eigenschaften des Gegenstandes einschließen.

Aus den so schematisierten kognitiven Funktionen ergeben sich die beiden wichtigen Unterscheidungen, durch die sich das Gedächtnis in ein solches Bild einordnen läßt. Die erste Unterscheidung betrifft die *figurativen* Funktionen und die *operativen* Funktionen. Die operativen Funktionen, die von der elementaren Aktion bis zu den höheren Operationen reichen, zeichnen sich durch ihre Fähigkeit aus, daß sie den Gegenstand transformieren können. Das heißt nicht (wir haben in anderen Büchern immer darauf hingewiesen), die logisch-mathematischen Strukturen würden aus dem Gegenstand als solchem abgeleitet: sie werden im Gegenteil durch reflektierende und konstruktive Abstraktion aus den Handlungen abstrahiert, die auf den Gegenstand ausgeübt werden – und nicht aus seinen Eigenschaften. Deshalb verbinden die Feedbacks FH diese Aktionen in A mit der inneren Organisation O (daher die relative Unabhängigkeit des Systems der Schemata). Die figurativen Funktionen hingegen wollen nicht den Gegenstand transformieren, sondern liefern von ihm eine Nachahmung im weitesten Sinne des Wortes. Die figurativen Werkzeuge beziehen sich deshalb grundsätzlich auf die Zustände, deren Gestalt am einfachsten in Bilder zu übersetzen ist. Falls sie sich auf die Bewegungen oder Transformationen beziehen, geben sie wiederum deren Gestalt wieder, ohne selbst etwas zur Veränderung beizutragen. Das gilt zunächst für die Wahrnehmung (in E). Obwohl sie von den Assimilationsschemata der Aktion gelenkt wird (das ist der Grund für einen teilweisen

Isomorphismus zwischen der Wahrnehmung und der Intelligenz), ist sie im wesentlichen Anpassung an den Gegenstand, und zwar in einem solchen Maße, daß die Wahrnehmungstätigkeiten bisweilen in gewisser Weise die Gestalt des Gegenstandes nachahmen (indem zum Beispiel durch Augenbewegungen die Umrisse des Gegenstandes abgetastet werden). Das gilt ebenso für die Nachahmung (in A → TW), die schon auf der sensomotorischen Stufe eine Art Handlungsbild der körperlichen Modelle liefert, wie sie von anderen Menschen oder oft auch von den Gegenständen vorgegeben werden. Deren Rolle bei der künftigen Vorstellung des eigenen Körpers ist hinreichend bekannt. Die zunächst unmittelbare und äußere Nachahmung nimmt später «aufgeschobene» und verinnerlichte Formen an, woraus sich ein neues figuratives Grundwerkzeug für die Ausformung des Evokationsgedächtnisses ergibt, nämlich das Vorstellungsbild, das aus der verinnerlichten Nachahmung hervorgeht, wie wir an anderer Stelle zu zeigen versucht haben[9]. Ebenso bilden oder verwenden das symbolische Spiel, die Zeichnung usw. figurative Werkzeuge, die aus der Nachahmung entstanden sind.

Die Formung der figurativen Funktionen ist somit wesentlich mit den Feedbacks FR verbunden, die vom Resultat der nachahmenden Handlungen in A zu den Wahrnehmungen in E zurückführen, während die operativen Funktionen zugleich den transformierenden Aktionen des Gegenstandes in A → TW und den inneren Operationen in O (IT) entsprechen, die miteinander durch die Feedbacks FH verbunden sind. Das will aber nicht heißen, die innere Organisation O (IT) weise keinerlei figurativen Aspekt auf. Da die Nachahmung ein Ergebnis unter anderen (in A) ist und die Wahrnehmung die Eingaben in E bewirkt, kann man annehmen, daß jedes operative Schema in O (IT) zumindest einen figurativen Aspekt hat – nicht als ein konstitutives oder motorisches Element des Denkens (was es wäre, wenn das innere System keine transformierende Organisation O = IT, sondern bloß eine Anzahl von Übertragungen über assoziative Verbindungen darstellte), sondern als Zeichen oder Symbole, die die Wiedererkennungen (von der wiedererkennenden Assimilation bis zum perzeptiven Wiedererkennen) und die Evokationen ermöglichen.

II. Das führt uns zur zweiten wichtigen Unterscheidung, die man einführen muß, um die Gesamtheit der kognitiven Funktionen zu erfassen: die *Bezeichnung* (signifiant)[10] und das *Bezeichnete* (signifié)[11]. Das Verständnis und das Eingreifen in A bestehen darin, daß Objekte manipuliert werden, wobei ihnen aber Bedeutungen verliehen werden, da sie zum voraus an die Organisation in O assimiliert werden. Die Bedeutungen enthalten Bezeichnetes, nämlich die Schemata aller Stufen, die die Schematik von O (IT) darstellen, aber auch Bedeutungsträger. Dabei sind drei Arten von Bedeutungsträgern zu unterscheiden: die beiden ersten werden durch die figurativen Funktionen geliefert, die dritten sind kollektiv und stellen ein Problem für sich.

Die elementarsten Bedeutungsträger (folglich die ersten in der Entwicklung) sind nichts anderes als die perzeptiven *Anzeichen* (indices), denn Piéron, und vor ihm schon der berühmte Physiker Ampère[12], hat prägnant nachgewiesen[13], daß die Sinneswahrnehmung nur ein Symbol (im Sinne eines Bedeutungsträgers im allgemeinen) und nicht eine getreue Kopie des Gegenstandes ist (deshalb sprechen wir in dieser Hinsicht von dessen «Nachahmung» im weiten Sinne). Ein Anzeichen ist nur ein Teil des Gegenstandes (ein über eine Mauer hinausragender Zweig: Anzeichen für einen vorhandenen Baum), einer seiner Aspekte (eine Spiegelung: Anzeichen für eine kaum sichtbare Wasserschicht) oder auch ein kausales Ergebnis (die Spur eines Tieres, ein Flecken usw.): Es eignet sich deshalb dazu, als Bedeutungsträger für jedes sensomotorische Schema zu dienen. Wenn man sagt, jede Wahrnehmung trage eine Bedeutung, so hat das nur einen Sinn, wenn man hinzufügt, daß dann der Bedeutungsträger durch die wahrnehmungsmäßigen Anzeichen dargestellt wird, während das Bezeichnete durch Schemata geliefert wird, die über das sinnlich Wahrnehmbare hinausgehen (Identifikationen, Bezugsetzungen usw., die den sensomotorischen Schemata, oder Aktionsschemata, wie den begrifflichen Schemata inhärent sind).

Die zweite Stufe der Bedeutungsträger wird während des zweiten Lebensjahres erreicht. Dabei tritt eine Differenzierung in bezug auf das Bezeichnete ein. Diese differenzierten Bedeutungsträger sind dann keine bloßen Teile oder Aspekte des wahrgenommenen Gegenstandes mehr, sondern sie werden bei den mehr oder weniger ähnlichen oder begründeten Evokationen wirksam, die von ihm in seiner Abwesenheit zustande kommen. Mit anderen Worten, sie sind zunächst *Symbole* (im strengen Sinne der Linguisten und im Gegensatz zu den «Zeichen»), und als solche sind sie nichts anderes als die weiter oben erwähnten figurativen Werkzeuge (ausgenommen die Wahrnehmungen selbst), also Bilder, symbolische Spiele usw. Wie wir an anderer Stelle[14] zu zeigen versucht haben, ist die Nachahmung, sobald sie über ihre ursprüngliche sensomotorische Stufe hinausgelangt und aufgeschoben und verinnerlicht wird, der Ursprung dieser zugleich figurativen und symbolischen differenzierten Bedeutungsträger. Die Verwendung solcher figurativer Symbole fällt mit dem Beginn der Vorstellung zusammen. Die

Symbole selbst und ebenso die Zeichen, von denen noch zu sprechen sein wird, werden mit dem Begriff «semiotische Funktion» bezeichnet. Halten wir zuvor hinsichtlich der Organisation der operativen Schemata O (IT) fest, daß es keinen Grund für die Annahme gibt, weil die sensomotorischen Schemata, als Bezeichnetes, ihre Bedeutungsträger in Form wahrnehmungsmäßiger Anzeichen enthalten, würden die vorstellungsmäßigen oder operativen Schemata ihrerseits nicht adäquate Bedeutungsträger erfordern: das ist das System der Sprachzeichen[15], auf das wir sogleich zurückkommen werden. Doch die Sprache ist kollektiv und genügt nicht allen individuellen Bedürfnissen: Sie ist zwar adäquat für die Bezeichnung der allgemeinen Schemata, die für alle Individuen dieselben sind, aber sie reicht nicht aus, um die Einzelheiten der Erfahrungen oder der Handlungen zu bezeichnen, die jedes einzelne Individuum macht oder ausführt, und sie genügt vor allem nicht für das Gedächtnis, um das es hier geht. Zwischen die wahrnehmungsmäßigen Anzeichen und die gemeinschaftliche Sprache schiebt sich deshalb ganz normal die bildhafte Symbolik als Gesamtheit der Bedeutungsträger, die sich auf die differenzierten und individualisierten Schemata beziehen.

Die dritte Stufe der Bedeutungsträger wird gebildet durch die Sprache, das System der differenzierten und kollektiven, «willkürlichen» oder, insofern kollektiv, konventionellen «Zeichen». Um das obige Schema nicht zu komplizieren, haben wir in den Aktionen des Subjekts A $\rightarrow$ TW nicht zwischen den individuellen Aktionen und den sozialisierten Aktionen unterschieden, denn sie sind in einem sehr frühen Stadium nicht voneinander zu trennen. Jede Sozialgruppe besitzt eine Sprache und wirkt durch sie auf die innere kognitive Organisation der Individuen ein. Man müßte deshalb unsere schematische Darstellung durch ein drittes und viertes Feedbacksystem F'H und F'W vervollständigen, um solche fortwährenden Rückwirkungen der kollektiven Aktionen, innerhalb deren die Aktionen A $\rightarrow$ TW des individuellen Subjekts wirksam werden, auf die Organisation O (IT) und die Eingaben E darzustellen. Doch das versteht sich von selbst, und es erübrigt sich deshalb, sie ausdrücklich von FH und FW zu unterscheiden. Es sei aber daran erinnert, daß es die sprachlichen Bedeutungsträger gibt, die über die bildhaften Bedeutungsträger hinaus den Schemata der Organisation O (IT) eine Bedeutung verleihen, denn sie spielen innerhalb der Gedächtnisfunktionen offensichtlich eine Rolle.

Bevor wir auf dieses Gedächtnis zurückkommen, das, wie man ohne weiteres einsieht, eng mit den figurativen Aspekten des Erkennens und den verschiedenen Systemen von Bedeutungsträgern verbunden ist, wollen wir um der Klarheit der

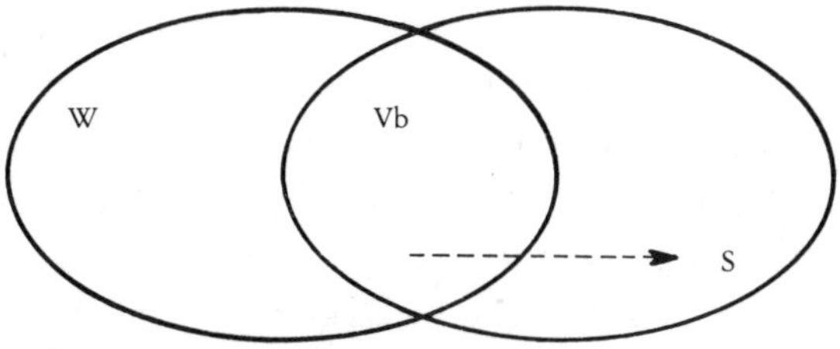

Figur 2

FW figurative (ikonische) Werkzeuge, SF semiotische Funktion, W Wahrnehmung, Vb Vorstellungsbild usw., S Sprache.

späteren Analysen willen noch die Beziehungen zwischen den figurativen Werkzeugen des Erkennens und der semiotischen Funktion (Symbole und Zeichen) zusammenfassen. Die beiden Bereiche überschneiden sich (Figur 2). Es gibt beispielsweise figurative Werkzeuge, die nichts mit der semiotischen Funktion zu tun haben: etwa die Wahrnehmung, die zwar ein System von Bedeutungsträgern bildet, aber als nicht von der perzeptiven Tatsache differenzierte Anzeichen. Es gibt weiter Mechanismen, die zugleich figurativ und semiotisch sind: das Vorstellungsbild, das symbolische Spiel, die aufgeschobene Nachahmung, die Gestensprache usw. Es gibt schließlich eine Kategorie von semiotischen Werkzeugen, die nicht figurativ sind: die Zeichensysteme. Die natürlichen Sprachen gehören in diese Kategorie. Freilich kann der Gebrauch, den das Subjekt von diesem System macht, einen figurativen Aspekt enthalten. Insbesondere der kindliche Sprachgebrauch erinnert bisweilen eher an ein System von Symbolen als an ein Zeichensystem. Noch auf der Stufe des Erwachsenen hat die Sprache, deren Zeichen somit konventionell oder «willkürlich» sind, oft viel Ähnlichkeit mit dem figurativen Ausdruck. Neben lautmalerischen Wörtern gibt es den ganzen Fächer der Metaphern und der Expressivität im Sinne der «affektiven Sprache» von Ch. Bally. Doch sogar in solchen Fällen vor allem semantischer Natur bleibt der Fächer der Zeichen, insofern sie Bedeutungsträger sind, den Regeln und Bräuchen der sprachlichen Kollektivität unterworfen: Auch dann sind diese Gesetze des Zeichens nicht auf die des Vorstellungsbildes oder seiner der individuellen Konstruktion zugänglichen Symbole zurückführbar. Es ließ sich aber zeigen, daß die Sprache in dieser Hinsicht je nach Entwicklungsstufe (von zwei Jahren an) variiert: in den frühesten Stadien steht sie dem Figurativen (und insbesondere der Nachahmung) näher, später entfernt sie sich davon. An dieses genetische Problem soll der gestrichelte Pfeil in Figur 2 erinnern.

III. Das ist in groben Zügen das System der kognitiven Funktionen mit Ausnahme des Gedächtnisses (im strengen Sinne, wie er unter III im 1. Abschnitt definiert wurde). Jetzt müssen wir versuchen, dieses Gedächtnis einzuordnen. Damit beginnen die ungelösten Probleme, wie sie in Figur 1 und 2 angedeutet werden. Weil es solche Probleme gibt, haben wir diese Untersuchungen überhaupt erst begonnen. Niemand wird erwarten, daß sie schon in der Einleitung gelöst werden (womit nicht gesagt werden soll, sie würden später gelöst).

Das zentrale Problem des Gedächtnisses hängt mit der radikalen Diskrepanz (vom Wissenschaftler wie auch vom Subjekt her gesehen) zwischen dem experimentell Beobachtbaren und dem Geschehen in der «Schwarzen Schachtel» zusammen, die in der schematischen Darstellung der Figur 1 großzügig um eine transformierende Organisation O (IT) bereichert wurde. Das der Beobachtung Zugängliche liegt auf der Ebene der Eingaben E und der Ausgaben A $\rightarrow$ TW, und davon wollen wir hier in der Einleitung sprechen. Es ist somit bedingt durch das, was das Subjekt erkennt (weil bereits einmal wahrgenommen) und zu evozieren vermag. Die in O (IT) verborgenen Mechanismen gewährleisten die Erhaltung oder die Rekonstruktion der Erinnerung: Von ihnen wissen wir nichts, zumindest nicht im Falle des Evokationsgedächtnisses.

Für den Augenblick wollen wir uns also auf das Beobachtbare beschränken. In dieser Hinsicht scheint das Gedächtnis offensichtlich sehr eng mit den figurativen und semiotischen Funktionen verbunden zu sein, und zwar aus zwei sich ergänzenden Gründen.

Das Wiedererkennen und die gedächtnishafte Evokation stützen sich erstens beide auf figurative oder semiotische Mechanismen. Das Wiedererkennen, ein stammesgeschichtlich sehr alter Vorgang, der schon bei niederen Wirbellosen nachzuweisen ist, tritt angesichts des wahrgenommenen Gegenstandes ein. Es besteht darin, daß dieser als bereits bekannt, das heißt als bereits einmal wahrgenommen, erkannt wird, womit dieser figurative Mechanismus der Wahrnehmung doppelt ausgenützt wird. Die mnemonische Evokation ist nur durch ein Erinnerungsbild, das heißt ein Bild oder eine «Erzählung» möglich: also durch die Sprache, das heißt zugleich figurative und semiotische (Bild) oder rein semiotische Mechanismen (während aber das Wort an sich nicht figurativ ist, ist das Gedächtnis oder akustische Bild des Wortes bereits figurativ).

Umgekehrt beruhen zweitens alle semiotischen Mechanismen, ob figurativ (Bild, symbolisches Spiel usw.) oder nicht (Sprache), auf dem Gedächtnis. Ein Vorstellungsbild ist immer zum Teil, auch wenn seine Funktion nur die gegenwärtige Vorstellung eines Zustandes ist (zum Beispiel im Laufe von Überlegungen über Transformationen), ein Erinnerungsbild, denn das Bild wird nur konstruiert oder erscheint nur wieder, wenn der Gegenstand seiner Wahrnehmung nicht vorhanden ist. Der einzige gültige Unterschied zwischen einem beliebigen reproduzierbaren Bild und einem Erinnerungsbild besteht darin, daß sich das Erinnerungsbild ausdrücklich auf einen besonderen Gegenstand oder ein besonderes Ereignis bezieht, die das Subjekt in seiner Vergangenheit einordnet, doch das beliebige Bild bleibt immer implizit an die (ebenfalls vergangenen) Wahrnehmungen gebunden, die es nachzuahmen oder zu kopieren versucht, und es setzt deshalb auch das Evokationsgedächtnis voraus[16]. Ebenso bedingt die Sprache natürlich das Gedächtnis der Wörter usw. Es gibt zahlreiche Fälle von Sprachverlust ohne intellektuelle Störungen, die zeigen, daß zwar der Verlust dieses Gedächtnisses das Sprechen verunmöglicht, aber die operativen Schemata nicht verändert. In anderen, für uns ebenfalls interessanten Fällen sind die Sprachstörungen mit figurativen Unzulänglichkeiten (räumliche Vorstellungen) verbunden, ohne daß in den Situationen, wo Überlegungen über die Transformationen kaum die Vorstellung nicht wahrgenommener Zustände erfordern, operative Störungen auftreten.

3. *Die zu untersuchenden Probleme*

Diese enge Beziehung zwischen dem Gedächtnis und den figurativen oder semiotischen Mechanismen führt zum zentralen Problem der Erhaltung der Erinnerung: also der «Spuren», die für das Wiedererkennen oder die Evokation, das heißt die nicht beobachtbaren, in der «Schwarzen Schachtel» O (IT) der Figur 1 liegenden Gedächtnisvorgänge notwendig sind. Damit kehren wir zur Untersuchung der verschiedenen Erhaltungstypen der Vergangenheit zurück, die uns schon im 1. Abschnitt beschäftigt hat.

I. – Die Grundtatsache in dieser Hinsicht ist der Unterschied (ob ein Unterschied der Natur oder des Grades sei vorläufig dahingestellt) zwischen der Erhaltung eines operativen Schemas (Aktionen oder Operationen) und der gedächtnishaften Erhaltung, die, wie wir gesehen haben, an figurative oder semiotische Elemente gebunden ist.

Die Erhaltung oder die Memorierung eines Wortes ist etwas anderes als das Wort selbst, denn nichts zwingt dieses dazu, sich in der Erinnerung festzuheften (wie man ohne weiteres beim Erlernen einer Fremdsprache erkennt). Es gibt somit im Wort keinerlei selbstregulierte Funktion (außer natürlich auf der kollektiven Stufe der sprachlichen Zwänge[17]), die es nötigt, sich im Gedächtnis des Individuums zu erhalten. Ebenso ist das Memorieren eines Bildes etwas anderes als dieses Bild selbst, denn nichts bringt es dazu, sich durch seine eigene Funktion zu erhalten. Es stimmt zwar, daß ein Bild bereits ein Erinnerungsbild ist, denn es ist auf frühere Wahrnehmungen bezogen, doch diese Erinnerung kann verlorengehen, und das Bild als verinnerlichte Nachahmung enthält keine spontane Selbsterhaltung.

Ein Schema hingegen hat die Eigenschaft, daß es sich durch seine eigene Tätigkeit erhält und im psychologischen Sinne der Erhaltung der Vergangenheit fortdauert. Sein eigener Aufbau zieht die logische Erhaltung, das heißt die Invarianz des ganzen Systems durch die vollzogenen Transformationen hindurch, nach sich. Ein operatives Schema zum Beispiel enthält eine reversible, das heißt in Wirklichkeit zeitlose Struktur (obwohl die reversible Operation das Endglied semireversibler Regulierungen mit folglich zeitlichem Ablauf darstellt), die die Erhaltung des Systems durch seine innere Logik gewährleistet. Die Komponenten sind somit interdependent. Daraus ergibt sich, daß das Gedächtnis eines operativen Schemas – etwa der Klassifizierung, der Aneinanderreihung oder der eineindeutigen Zuordnung (wir sagen bewußt: das Gedächtnis des Schemas und nicht etwa das Gedächtnis der konkreten Gegenstände, die aneinandergereiht oder klassifiziert usw. worden sein können) – mit dem Schema selbst zusammenfällt. Dieses bleibt, ist es einmal ausgebildet, außer in pathologischen Fällen das ganze Leben lang erhalten. Das ist faktisch etwas ganz anderes als Gedächtnis im strengen Sinne. Ein Gestaltpsychologe hat uns einmal geantwortet, das gelte allgemein; das Gedächtnis einer Gestalt zum Beispiel sei nichts anderes als diese Gestalt selbst. Einverstanden, falls man einräumt, daß die Gestalt ihrerseits ein (wegen seiner Symmetrie, seiner Regelmäßigkeit usw. verallgemeinerbares usw.) Schema ist. Das kann man aber nicht von einer Wahrnehmung als solchen sagen. Eine «schlechte» Form oder eine unregelmäßige Gestalt bleibt übrigens nicht ohne weiteres in der Erinnerung erhalten, und ihre Memorierung ist ebenfalls etwas anderes als ihre wahrnehmungsmäßige Aufzeichnung.

Am anderen Ende der verschiedenen Schematismusformen, daran sei nebenbei erinnert, bleibt die Lebensorganisation selbst ebenfalls durch ihre Tätigkeit erhalten. Ein Organismus lebt, zumindest in seinen unsterblichen Teilen wie dem Genom, ohne eine besondere Funktion der Erhaltung oder des Organisationsgedächtnisses weiter. Man wird einwenden, es gebe diese Funktion, nämlich die Vererbung. Gerade weil das Genom ein regulierendes System (und nicht, wie man früher angenommen hatte, eine atomistische Sammlung voneinander unabhängiger Gene) ist, muß man aber unterscheiden zwischen der Vererbung, die eine Übermittlung von besonderen Merkmalen durch Teilungen und Vermehrung hindurch ist, und der Organisation als solcher, die nicht im eigentlichen Sinne des Wortes übertragen wird, sondern ohne weiteres als notwendige Bedingung jeder Übermittlung fortdauert und erhalten bleibt[18].

Kommen wir auf die Psychologie und die im Laufe der Entwicklung erworbene oder «konstruierte», aber nicht angeborene oder organische Schematik zurück. Der Gegensatz zwischen dem Gedächtnis im strengen Sinne und der Erhaltung der Schemata in ihrer höheren oder operativen Form verringert sich offensichtlich auf den elementaren Stufen, etwa bei den sensomotorischen Schemata und insbesondere bei den Gewohnheitsschemata. Eine Gewohnheit kann nämlich verlorengehen, und ihre Erhaltung ist somit an bestimmte Tätigkeitsbedingungen gebunden. Diese Situation der Schemata unterer Stufen muß deshalb untersucht werden. Dabei stellt sich insbesondere die Frage, ob es zwischen der gedächtnishaften Erhaltung und der Erhaltung der Schemata Zwischenstufen gibt oder nicht.

Halten wir zunächst fest, daß die Schemata der sensomotorischen Intelligenz in bezug auf ihre Selbsterhaltung durch funktionelle Regulierungen den operativen Schemata noch sehr nahestehen. Schemata wie die Permanenz des Gegenstandes nach seinem Verschwinden für die Wahrnehmung oder die praktische Organisation der Ortsveränderungen zu einer «Gruppe» im geometrischen Sinne des Wortes bleiben ein Leben lang erhalten, weil sie sich später zu operativen Strukturen entwickeln. Besondere Schemata wie das Heranziehen eines Gegenstandes durch ein Hilfsmittel (Unterlage, Schnur, Stock), das Schwingen eines aufgehängten Gegenstandes usw. können zwar nicht beliebig verallgemeinert werden, doch ihre allgemeinen Koordinierungen (Einschachtelung der Schemata, Reihenfolge, Zuordnungen usw.) zeugen ebenso von einer ziemlich permanenten Schematik. Diese ist sogar so permanent, daß man in ihr den elementaren Ursprung der logischen Operationen suchen muß. Die Möglichkeit verschiedener Erhaltungsgrade je nach Allgemeinheitsgrad ist somit gegeben. Doch schon von Anfang an muß man einräumen, daß bestimmte Schemata, die für die Tätigkeit der Intelligenz unumgänglich sind (obwohl sie selbstverständlich aus einer fortschreitenden Konstruktion hervorgehen), aus sich selbst erhalten bleiben.

Von den ursprünglichsten Gewohnheitsschemata gehen einige beim normalen Individuum verloren, etwa das Daumensaugen, während andere ein Leben lang erhalten bleiben, etwa diejenigen, die mit der visuellen oder taktilo-kinästhetischen Erforschung zusammenhängen. Gefragt werden muß dann nach den Bedingungen dieses Mechanismus des Erhaltenbleibens oder des Verlorengehens. Dabei erkennt man ohne weiteres, daß es Feedbacks sind, die das Schema durch seinen Gebrauch und seine Ergebnisse erhalten. Gilt nicht dasselbe für die Erinnerungen des Gedächtnisses im strengen Sinne, die sich festigen, falls sie oft benützt werden und vorteilhaft sind, oder verblassen, falls sie nicht verwendet oder als unangenehm verdrängt werden? Vielleicht, aber unter zwei wichtigen Vorbehalten, die uns zwingen, in dieser möglichen Assimilation ein Problem und nicht etwa eine gegebene Tatsache zu sehen.

Eine Gewohnheit (und das gilt *a fortiori* für alle Schematismen höheren Rangs als sie) ist erstens ein Gesamtsystem, das als Ganzheit funktioniert. Und eben diese Gesamttätigkeit stellt ihre Erhaltung als System, so elementar dieses auch sein mag, sicher. Dieses System ist zudem in sich selbst geschlossen und stellt so ein Schema dar (das gilt ebenso und noch mehr, falls dieses Schema als ein Untersystem in ein umfassenderes System eingeschachtelt ist, wie etwa in den «hierarchischen Familien» Hulls). Eine Erinnerung hingegen kann entweder isoliert auftreten (unvermitteltes Wiedererscheinen einer Melodie oder der Physiognomie eines zufälligen Nachbars im Flugzeug) oder ist Teil eines Systems (was sogar bei isolierten Erinnerungen der Fall sein kann). Nichts beweist aber, daß dieses System rein gedächtnishafter (im strengen Sinne) Natur sei, sondern alles scheint im Gegenteil darauf hinzuweisen, daß die Aktion und folglich eine mehr oder weniger umfassende Schematik darin einen wichtigen Teil einnehmen. Hier stellt sich die Frage, ob die für das Gedächtnis im strengen Sinne eigentümliche Erhaltung von der Erhaltung der Schemata unabhängig ist oder ob sie mehr oder weniger mit ihr zusammenhängt und wie. Es gibt bekanntlich rein gedächtnishafte Schemata, die F. Bartlett untersucht hat. Einige von ihnen sind spontane mnemotechnische Prozesse, deren Beziehungen zu den kognitiven Schemata noch zu untersuchen sind, und zwar sowohl auf genetischem Gebiet als auch im Bereich der geistigen Entwicklung im allgemeinen. Man muß auch den Unterschied zwischen dem «Schema» der Bilder und dem Aktions«schema» in Erinnerung rufen und festhalten, von denen das erstere vereinfacht und das letztere mittels Analogien assimiliert.

Es gibt zweitens eine große Gruppe von mnemonischen Vorgängen, deren elementare Vielfalt offensichtlich mit einer Erhaltung der Aktionsschemata verbunden ist: nämlich die Wiedererkennungen, die in ihren ursprünglichen Formen mit den sensomotorischen Schemata zusammenhängen. Jede Gewohnheit setzt das Wiedererkennen von Anzeichen voraus. Die aufeinanderfolgenden Phasen eines Aktes der praktischen Intelligenz sind ebenfalls durch aufeinanderfolgende Anzeichen bestimmt, deren Erkennung für den Ablauf der Aktion unumgänglich ist. In diesem Falle kann man vernünftigerweise annehmen, daß die gedächtnishafte Erhaltung jener der Schemata untergeordnet ist, was mit anderen Worten heißt, daß das mnemonische Wiedererkennen von der rekognitiven Assimilation abzuleiten ist. Bei den höheren Formen des Wiedererkennens hingegen kann man einen einmal in der Vergangenheit wahrgenommenen und scheinbar von jeder Schematik unabhängigen Gegenstand wiedererkennen. Man müßte aber untersuchen, ob dieser *Hapax* nicht eine besondere Klasse in einer Gesamtklassifizierung darstellt, mit anderen Worten, ob das Wiedererkennen nicht mit einem komplexen und unbewußten System von Analogien und Gegensätzen zusammenhängt, das erklären würde, weshalb der einzelne Gegenstand bei der ersten Wahrnehmung die Aufmerksamkeit derart beansprucht hat, daß er später wiedererkannt wurde.

Im Falle des Evokationsgedächtnisses ist das Problem der gedächtnishaften Erhaltung komplizierter. Zwischen der Meinung von Autoren, die nach Freud und Bergson annehmen, daß die ganze Vergangenheit im Unterbewußtsein aufgezeichnet wird und erhalten bleibt (ohne auf das Wie einzugehen, als ob schon nur die spätere Evokation die angenommene Erhaltung zwischen der Fixierung der Erinnerung und ihrem Wiederauftreten erklären würde), und den Theorien, wie etwa der von P. Janet, wonach jede Evokation eine Rekonstruktion sei (mit den Fakten, materiellen und äußerlichen Zeugen, die diese Rekonstruktion ermöglichen, als einziger Spur der ehemaligen Fixierung), ist Platz für die verschiedensten Hypothesen.

Wir werden somit, neben anderen, auch dieses Problem zu untersuchen haben. Wir wagen uns aber nur an diese Aufgabe, weil man die mögliche Erhaltung der Erinnerung bisher zuwenig mit der sichtbaren Erhaltung der operativen Schemata verglichen hat und weil man die gedächtnishafte Rekonstruktion im Sinne von P. Janet (das «Erzähl-Verhalten») zuwenig in ihren Beziehungen zu den deduktiven oder operativen Rekonstruktionen analysiert hat. Eine Betrachtungsweise wurde in den Untersuchungen über die Gedächtnisvorgänge vielleicht allzusehr vernachlässigt, nämlich die vergleichende und funktionelle Analyse der

Gesamtheit der kognitiven Mechanismen, angefangen bei der Intelligenz in ihren vielfältigen Manifestationen: unter einem solchen Gesichtspunkt müssen wir somit bestimmte Aspekte der Gedächtnisentwicklung überprüfen.

II. – Die klassischen Untersuchungen über das Gedächtnis sind erstaunlich positivistisch geblieben, das heißt, sie beschränkten sich auf die Eingaben und die Ausgaben der «Schwarzen Schachtel» (E und A in Figur 1). Sie variierten mit großem Einfallsreichtum die verschiedenen Reizfaktoren, gingen aber nicht über das Beobachtbare hinaus und versuchten keine Rekonstruktion des Schachtelinneren. Ebbinghaus wollte sich mit den Methoden der Psychophysik begnügen, um die Gesetze der Erinnerung zu analysieren. Seither ist im derart abgegrenzten Gebiet eine eindrückliche Fülle von quantitativen Fakten zusammengetragen worden.

Interessiert man sich hingegen für den Inhalt der so gut verschlossen gebliebenen Schachtel (möglicherweise eher eine Folge der Methode als der Macht der Umstände), so muß man zwar seine Ambitionen zügeln, sie aber auch richtig zu begründen versuchen. Sie zügeln ist einfach: Wir unternehmen nur eine qualitative Analyse, die nicht neue Gesetzmäßigkeiten des Gedächtnisses finden, sondern nur seine Mechanismen in ihrem Zusammenhang mit den Mechanismen des Bildes und der Intelligenz suchen will. Die Begründung eines solchen Vorhabens kann sich auf zwei Arten von Überlegungen stützen. Erstens ist der innere Ablauf der Intelligenzprozesse nirgends so zugänglich wie beim Gedächtnis («das Denken ist eine unbewußte Tätigkeit des Geistes», erklärte Binet am Ende einer Untersuchung über die erzwungene Introspektion). Die Analyse der intellektuellen Verhaltensweisen, also der Reaktionen der Subjekte auf die gestellten Probleme, ermöglicht gewisse Rekonstitutionen, deren Richtigkeit durch die Prüfung der in ihnen enthaltenen Implikationen mehr oder weniger kontrollierbar ist. Weshalb nicht ein analoges Abenteuer auf dem Gebiet des Gedächtnisses wagen?

Zweitens stellt das Problem der mnemonischen Evokation zweifellos nur dann unüberwindliche Schwierigkeiten, wenn man sich an Erwachsene hält, deren geistige Funktionen einen zu komplexen und zu festgefügten Endzustand erreicht haben, als daß man die inneren Prozesse noch verstehen könnte. Wendet man hingegen auch hier die genetische Methode an, so kann man damit rechnen, als Antworten auf Gedächtnisfragen etwas anderes als Erfolge in Prozenten der Geprüften oder in Teilen der Gesamtaufgabe zu erhalten – nämlich qualitativ verschiedene Stadien, die etwas Licht auf die Organisation der Erinnerung werfen.

Um einem solchen Ziel nahezukommen, muß man natürlich die Faktoren wählen und nicht so sehr aus dem Blickwinkel des Quantitativen (Zahl der Präsentierungen, Zeitintervalle zwischen ihnen usw.), sondern im Hinblick auf das allgemeine Problem, das man sich stellt, variieren. Unsere zentrale Frage ist der Vergleich des Gedächtnisses im strengen Sinne mit der Erhaltung oder präoperativen oder operativen Schemata. Wir haben deshalb unsere Erforschung des Gedächtnisses[19] damit begonnen, daß wir die Erinnerung an eine operative Situation studierten, und zwar eine Stunde oder ein bis zwei Wochen und in mehreren Fällen vier bis acht Monate nach dem Vorlegen der Aufgabe. Die Versuchsanordnung besteht zum Beispiel aus rein statischen Zuständen, die sich aber aus operativen Transformationen (auf die man das Kind nicht hinweist) ergeben, so etwa zehn nach ihrer Größe aneinandergereihte Holzstäbchen, eine Anzahl klassifizierbare Gegenstände oder zwei gleich lange Linien, von denen die eine gerade und die andere gebrochen ist. Oder man legt dem Kind eine Folge von Transformationen vor, wie etwa Umgießhandlungen, die bestimmte Transitivitäts- oder Assoziativitätsbeziehungen der Äquivalenzen beweisen. Da die operative Stufe des Kindes bekannt war, konnte man sich zunächst fragen, ob die Erinnerung an die Aufgabe in einer gewissermaßen passiven und rezeptiven Aufzeichnung des Wahrgenommenen (im Sinne der Wahrnehmung als solchen und nicht der Interpretation) bestehe oder ob sich das Kind nur dessen entsinne, was es verstanden hat. Von einigen sehr jungen Kindern abgesehen, stimmte die Erinnerung ziemlich genau mit dem Verständnis überein. Ein auf den ersten Blick banales Ergebnis, das aber doch eine genauere Analyse lohnt. Auffallend ist, daß nicht nur die Evokation nach ein oder zwei Wochen bis in die Einzelheiten den bekannten operativen oder präoperativen Stadien entspricht, sondern auch daß auf diesen Stufen die Erinnerung an das gebunden ist, was das Kind «tun» kann, also wirklich selbst konstruieren kann. Die gesammelten Fakten haben uns zudem eine große Überraschung bereitet: daß sich nämlich die Erinnerung in bestimmten Fällen, zum Beispiel bei der Wahrnehmung einer Abfolge bereits aneinandergereihter Elemente, nach sechs Monaten auf einer höheren Stufe als nach einer Woche befand, ohne daß die Versuchsanordnung in der Zwischenzeit neu vorgelegt worden wäre. Solche Tatsachen, die an den «Reminiszenz»-Effekt des Ballard-Phänomens erinnern, sind selbstverständlich unter dem Gesichtspunkt der gedächtnishaften Erhaltung oder Rekonstitution von großer Bedeutung.

Doch solche Fortschritte sind nicht allgemein. Sie sind natürlich mit der Natur des Schemas verkoppelt, auf das sich die Evokation bezieht oder an das die Erinnerung auf irgendeine Weise anknüpft. Im Kapitel IV werden wir sehen, daß die Erinnerung nicht an ein dominierendes Schema (etwa die Aneinanderreihung), sondern an zwei Schemata gebunden ist, die lange nicht untereinander koordiniert werden (numerische Zuordnung, die mit 7, und Erhaltung der Längen, die erst mit 9 Jahren erworben wird). Der daraus resultierende Konflikt verschlechtert die Erinnerung, die sich mangels einer ausreichenden operativen Stütze falschen Lösungen zuwendet. In den vorgelegten Versuchsanordnungen mußte deshalb das operative Element verringert werden. Gewisse Anordnungen wurden gewählt, weil sie entweder eine operative Interpretation oder aber einen vor allem ikonischen Eindruck auslösen konnten: ein drehbares Dreieck mit figürlichen Zeichen zur Markierung der jeweils oberen Spitze, Skizzen einer schräg stehenden oder liegenden Flasche mit einer gefärbten Flüssigkeit, die einen Teil des Inhalts einnahm, eine Schnecke in verschiedenen Stellungen auf einer liegenden Acht (∞) oder auch zwei gebogene Röhren, wobei im einen Fall die Flüssigkeit in beiden Armen gleich hoch, im anderen Fall ungleich hoch steht (hier ist dann der eine Arm mit einem Korken verschlossen). Andere Versuchsanordnungen schließlich bestehen aus geometrischen Figuren mit Stäbchen in verhältnismäßig zufälligen Stellungen darauf, so daß sich die Erinnerung nur auf ein Minimum operativer Schemata stützen kann.

Da die möglichen Beziehungen zwischen dem Gedächtnis und der operativen oder präoperativen Schematik untersucht werden sollten, mußte man, kurz gesagt, mehr oder weniger schematische oder mehr oder weniger figurative Vorlagen vorsehen. Schon hier in der Einleitung muß aber festgehalten werden, daß zwar die Schemata in den großen Linien die allgemeinen Aspekte der Aktionen oder Operationen einbeziehen, während sich die Erinnerungsbilder vor allem auf die konkreten oder einmaligen Gegenstände oder Anordnungen beziehen, daß es aber in dieser Hinsicht eine große Vielfalt gibt. Neben sehr allgemeinen Schemata, die den ständig verwendeten logischen Operationen zugeordnet sind, muß es auch immer speziellere mit vielen möglichen Sinninhalten geben. Auf der operativen Stufe spezialisieren sich die Schemata beim Übergang von einem System zu einem Untersystem (die Drehungen als Untergruppe der Ortsveränderungen usw.) und vor allem in den zahlreichen Fällen verschiedenartiger Anwendung ein und desselben Schemas (Aneinanderreihung von Längen oder Flächen, von Gewichten usw.). Auf der präoperativen Stufe werden die Schemata immer spezieller, wenn man von den durch Regulierungen artikulierten Anschauungen zu einfacheren Anschauungen übergeht, die mit einer mehr oder weniger isolierbaren Aktion verbunden sind, vor allem aber wenn man von den mehr oder weniger allgemeinen Gewohnheitsschemata zu vorübergehend wiederholbaren Aktionsschemata übergeht, die nicht dauerhaft verlängert werden.

Die einfachste Hypothese über die Beziehungen zwischen dem Gedächtnis im strengen Sinne und der Schematik würde dann das Gedächtnis als die Übersetzung oder den ikonischen Aspekt der Schematik betrachten. Das Wiedererkennen beginnt im Zusammenhang mit den perzeptiven Anzeichen der sensomotorischen Schemata, und man darf annehmen, daß es auch auf allen Stufen mit immer spezialisierteren Assimilationsschemata verbunden ist. Die Evokation kann aufgefaßt werden als das Ergebnis eines Zusammentreffens einer in verschiedenem Grade schlußfolgernden Rekonstruktion mit «Eindrücken», die unbewußt erhalten bleiben können. Die Rekonstruktion setzt mit Gewißheit den Gebrauch der Schemata voraus, über die das Subjekt im Augenblick der Evokation verfügt, und wäre es auch nur um den zeitlichen Ablauf der Erinnerungen zu rekonstruieren, der zweifellos nicht ohne weiteres in der Erhaltung selbst gegeben ist. Die «Eindrücke» oder Erinnerungselemente, die die Erhaltung benützt oder deren Fortbestehen sie sicherstellt, können als aus den konkreten und bildhaften Vorstellungen der spezialisierten Schemata bestehend oder als mit ihnen verbunden aufgefaßt werden, wobei sie ihnen als individuelle Symbolik dient (die Ähnlichkeit der Symbole kann mehr oder weniger genau sein), ebenso wie die Sprache Bedeutungsträger der allgemeinsten Schemata ist. Die Erhaltung der Erinnerung, die zweifellos immer mehr oder weniger fragmentarisch bleibt, würde sich somit auf die Erhaltung der Gewohnheits- und Intelligenzschemata stützen und üblicherweise durch eine Rekonstruktion vervollständigt, die die augenblicklich gebrauchten Schemata ausnützt.

III. – Diese allgemeine Hypothese leitet uns in diesem Buch und hat die angestellten Experimente bestimmt[20]. Wir wollen sie noch ein wenig breiter entwikkeln, um die Interpretationen der verschiedenen Fakten, die wir beschreiben werden, besser verständlich zu machen.

Das verbindende Glied zwischen der Erhaltung der Schemata, die für die operativen Aspekte der Aktion oder der Intelligenz eigentümlich sind, und den figurativen Elementen der Wahrnehmung (Wiedererkennen) oder des Erinnerungsbildes (Evokation), die für das Gedächtnis im strengen Sinne eigentümlich sind, ist in den Zusammenhängen zwischen der schematisierenden Assimilation und den verschiedenen Formen der Anpassung eben dieser Schemata an die assimilierten Objekte zu suchen, ob diese vorhanden sind, wie in den vielfältigen aktuellen kognitiven Adaptationen, oder wie im Gedächtnis der Vergangenheit angehören.

Jedes Schema ist das Ergebnis eines assimilierenden Tuns. Dieses hat die Eigenschaft, daß es das Neue in das Bekannte einverleibt und das eben Entdeckte früher oder später reproduziert und verallgemeinert: die Assimilation ist folglich notwendig schemabildend. Diese Schemata sind das strukturelle Ergebnis der Assimilationsfunktion – ein Zirkel, der mit dem von Urteil und Begriff vergleichbar ist (auf der Ebene der Vorstellung Sonderfälle der intelligenten Assimilation und des Schemas).

Doch jedes Assimilationsschema ist gezwungen, sich an die Gegenstände anzupassen, auf die es sich bezieht. Anderenfalls kann die Assimilation nur verformend (oder auf die Affektivität des Ich zentriert, wie beim symbolischen Spiel, wo das Wirkliche nach den Bedürfnissen der jeweiligen Wünsche verändert wird) sein: eine perzeptiv-motorische oder vorstellungsmäßige usw. Akkommodation. Es kann deshalb keine Assimilation ohne Akkommodation und umgekehrt keine Akkommodation ohne Assimilation geben, was die unauflösliche Einheit des Wiedererkennens und der Erinnerungsbilder mit den Assimilationsschemata verständlich macht.

Die Akkommodation ist tatsächlich am Ausgangspunkt der figurativen Aspekte des Erkennens. Auf der Ebene der Wahrnehmung werden die perzeptiven Schemata in ihrer allgemeinen Identifikations- und Vergleichsorientierung durch die Assimilation gelenkt. Sie sind aber insofern akkommodierend, als sie die wahrgenommene Konfiguration erforschen, die Umrisse und die Gliederung der Figur beobachten usw. Auf der Ebene des Tuns im allgemeinen bleibt die Akkommodation (wie auf perzeptiver Stufe) mit der Assimilation im Gleichgewicht, solange es sich um eine Anpassung an neue Situationen und intelligentes Verständnis handelt. Sie kann aber auch das Übergewicht bekommen: Sie orientiert sich dann in Richtung der Nachahmung (gleich wie der Primat der Assimilation in Richtung des Spiels führt, woran wir eben erinnert haben). Diese Nachahmung, die im weiteren Sinne schon bei der perzeptiven Erforschung der Umrisse eines Gegenstandes durch Abtasten am Werk ist, spezialisiert sich zu einer besonderen sensomotorischen oder senso-tonischen Funktion. Deren Entfaltung führt noch vor der Ausbildung der semiotischen Funktion zu einer Art Vorstellung in materiellen Akten, die immer besser den äußeren Modellen nachgebildet ist. Diese Nachahmung ist, sobald sie einmal im aufgeschobenen und verinnerlichten Zustand zu funktionieren vermag, der Ursprung nicht nur des Vorstellungsbildes, sondern zweifellos auch der semiotischen Funktion im allgemeinen, insofern sie zwischen den Bedeutungsträgern und der Bedeutung differenziert.

Da andererseits das Gedächtnis im strengen Sinne auf der Verwendung figurativer Werkzeuge beruht – perzeptiver für das Wiedererkennen und bildhafter für die Evokation (und imitativer im strengen Sinne für die «Rekonstitutionen», die wir zwischen dem Wiedererkennen und der Evokation einordnen werden) –, versteht es sich folglich von selbst, daß es grundsätzlich von einer mehr oder weniger differenzierten, von den wiederzuerkennenden oder wiederzufindenden Modellen getrennten Akkommodation und deshalb von einer Assimilation an Schemata abhängt, denn jede Akkommodation ist mit einer solchen Assimilation verbunden.

Dabei stellt sich natürlich ein Problem, und zwar nicht nur beim Gedächtnis im allgemeinen, sondern schon bei der Nachahmung (faktisch einer besonderen Form des «Rekonstitutions»gedächtnisses): ob nämlich – angesichts der unendlichen Mannigfaltigkeit der Akkommodationen, aus denen die Erinnerungsbilder und das Wiedererkennen hervorgehen – ebenso viele Assimilationsschemata wie voneinander getrennte Akkommodationsvarietäten ausgearbeitet werden. Es gibt tatsächlich keine Akkommodationsschemata (sondern nur «Schemas»), da jedes Schema das Ergebnis von Assimilationen ist. Andererseits sind sowohl diese Assimilationen als auch die Schemata, die ihre Ergebnisse darstellen, dem Allgemeinen zugewandt, während jede Akkommodation, und insbesondere die Erinnerungsbilder, die sich daraus ergeben können, dem Besonderen zugewandt sind: eben indem sich die Akkommodation partikularisiert, wird sie Ursprung figurativer Werkzeuge. Die Schemata haben gerade wegen ihres Allgemeincharakters die Besonderheit, daß sie hierarchische Einschachtelungen enthalten. Die allgemeinsten Schemata umfassen Unterschemata, und so fort bis zu den Einzelschemata (mit nur einem Glied), deren spezifische Assimilationsweise die Identifikation ist. Die Akkommodation hingegen kann nur mehr oder weniger weit gehen und exakt sein, sie kann global bleiben, enthält aber keine solchen Einschachtelungen. Es ist somit in keiner Weise ein Widerspruch, das Gedächtnis im strengen Sinne als Ergebnis differenzierter oder individualisierter Akkommodationen zu betrachten und die Erhaltung der Erinnerung notwendig mit der Erhaltung der Assimilationsschemata zu verbinden. Diese Hypothese ist auch keine bloße Tautologie, die Erhaltung unbesehen mit Assimilation identifiziert, was nichts erklären würde. Sie läuft vielmehr auf die Annahme hinaus, daß die Erhaltung eines Elements (oder losgelöster Unterschematas) verknüpft ist mit der Erhaltung der allgemeinsten Schemata, zu denen es gehört, und oft sogar des Gesamtsystems. Genau das wollen wir nachzuweisen versuchen: daß die Erinnerungen auf verschiedene Weisen mit Aktions- und Operationsschemata verbunden sind, deren Einfluß sich im Gedächtnis des Subjekts je nach dessen operativer Stufe ständig erkennen läßt.

IV. – Das erste oder sogar das grundsätzliche Problem des Gedächtnisses würde sich somit vom Gedächtnis im strengen Sinne zum Gedächtnis im weiten Sinne verschieben, sich also auf die Erhaltung der Schematik selbst konzentrieren – von den individualisierten und figurativ akkommodierten bis zu den allgemeinsten Schemata – denn in unserer Hypothese würde die Erhaltung dieser Schemata letzten Endes das ganze Gewicht des mnemonischen Apparates tragen. Von diesem zentralen Problem wollen wir nicht sprechen. Wir müssen aber sagen weshalb.

Es gibt zwei Gründe dafür. Unter dem psychologischen Gesichtspunkt ist diese Erhaltung, wie wir unter I gesehen haben, selbstverständlich, denn es gehört zu einer verallgemeinernden Assimilation, daß sie ununterbrochen neu funktioniert und somit durch ihre reproduzierende oder verallgemeinernde Tätigkeit sich selbst erhält. Dadurch wird die Erhaltung des Schemas sichergestellt, zu dem sie geführt hat. Fragt man sich weiter, wie diese Kontinuität in der Funktion, letztendlich also diese Erhaltung in ihrem elementarsten und formenden Aspekt gewährleistet wird, so verläßt man den Bereich des bloßen Verhaltens, also der Psychologie. Damit greift man auf neurophysiologische, allgemein-biologische und biochemische Faktoren zurück.

Beginnen wir bei der Psychologie. Die Assimilationsschemata lassen sich hinsichtlich ihrer Erhaltungsweise in drei Typen einteilen: präoperative Schemata vom Typ der Gewohnheit (im weiten Sinne und schon von den perzeptiven Schemata an), präoperative Vorstellungsschemata, die sich in Richtung der reversiblen Operation entwickeln, und operative Schemata im eigentlichen Sinne. Die Schemata der ersten Gruppe bleiben durch eben ihren Gebrauch erhalten (reproduzierende und verallgemeinernde Assimilation), sie schwächen sich aber durch Nichtgebrauch ab. Die der zweiten Gruppe weisen einen ähnlichen Erhaltungstyp auf. Sie sind jedoch weniger stabil, weil sie sich in Richtung eines Endgleichgewichts entwickeln (es sei denn, sie integrieren sich später in andere Schemata) und weil die Phasen dieses Ausgleichs nur transitorisch sind: das heißt mit anderen Worten, daß keine dieser Phasen unbegrenzt erhalten bleibt. Jede tendiert in Richtung der folgenden, so daß ihre Erhaltung mit der eines in Entwicklung begriffenen Organismus oder Organs vergleichbar ist. In solchen Fällen kann man, worauf wir schon oben im Zusammenhang mit der Aneinanderreihung hingewiesen haben, nach einigen Monaten einen Fortschritt in der Erinnerung beobachten.

Bei den operativen Schemata im eigentlichen Sinne, die die Stufe der reversiblen Operation erreicht haben, wollen wir daran erinnern, daß sie sich durch den Gleichgewichtszustand auszeichnen, der kausal diesen Reversibilitätscharakter zum Ausdruck bringt. Wer Gleichgewicht sagt, sagt Erhaltung: Deshalb bleiben die Schemata der Aneinanderreihung, des Zählens (Reihe der natürlichen Zahlen) usw. ein Leben lang erhalten, sobald sie einmal ausgebildet sind, und zwar wegen eben ihrer operativen und ausgeglichenen oder reversiblen Natur. Den besten Nachweis für diese Erhaltung der operativen Schemata während ihrer Formung und unmittelbar anschließend liefern die longitudinalen Forschungsarbeiten, die einer der Autoren vier oder fünf Jahre lang an verschiedenaltrigen Kindern durchgeführt hat, wobei diese über die Probleme im Zusammenhang mit der Erhaltung von Mengen usw. befragt wurden. In dieser langen Zeit konnte kein einziger Rückschritt von einem späteren zu einem früheren Stadium oder Unterstadium beobachtet werden.

Gehen wir nun von diesen einfachen psychologischen Feststellungen zu den biologischen Befunden über, die diese Erhaltung der Schemata erklären könnten. Es gibt zweierlei Arten, die für uns gleichermaßen wichtig sind. Die erste Gruppe ergibt sich aus Verfahren, die die Effekte eines Lernvorganges aufheben oder abschwächen: Elektroschock und Drogen (insbesondere solche, die die RNS-Synthese hemmen), einzeln oder kumulativ. Die wichtigsten Erkenntnisse, die sich daraus ableiten lassen, betreffen die spontane Konsolidierung der Erinnerung und die mögliche Reaktivierung scheinbar verlorengegangener Eindrücke.

Die Konsolidierung der «Erinnerungen» zeigt sich darin, daß sich die Lernergebnisse um so weniger unterdrücken lassen, je später das betreffende Verfahren angewandt wird. Alles geschieht so, als folge auf eine Phase von «Kurzzeit-Gedächtnis», in deren Verlauf die «Eindrücke» registriert oder organisiert werden, eine Phase von «Langzeit-Gedächtnis», in der sie stabilisiert werden. Die Reaktivierung scheinbar verlorengegangener Eindrücke kann durch physische Mittel beschleunigt oder gehemmt werden, und zwar insbesondere durch Stoffe, die die RNS-Synthese fördern oder blockieren.

Die zweite Gruppe von Befunden bezieht sich auf diese Rolle der RNS. Babich, Jacobson und Bubash haben zum Beispiel gezeigt: injiziert man in das Nervensystem nicht dressierter Ratten RNS von Ratten, die vorher dressiert worden waren (Assoziation eines Tons mit der Nahrung), so lernen die nicht dressierten Ratten den Zusammenhang schneller. Cross und Carey konnten das Experiment nicht bestätigen, Fjerdingstad, Nissen und Petersen hingegen haben es mit Erfolg wiederholt. Baron und Cohen (1966) konnten andererseits durch Aktinomyzin C oder D (das die Wirkung der messenger-RNS hemmt) oder Puromyzin (das auf die Eiweiße selbst einwirkt, die mit Hilfe eben dieser messenger-RNS durch die DNS synthetisiert werden) entweder das Kurzzeit-Gedächtnis (unmittelbar nach dem Erlernen) oder das Langzeit-Gedächtnis (das an eine ungestörte Eiweiß-Synthese gebunden ist, während das Kurzzeit-Gedächtnis von Strukturveränderungen dieser Eiweiße unter dem Einfluß der RNS abhängig ist) blockieren.

Uns interessiert an solchen Befunden, daß die Aufzeichnung der «Eindrücke» schon in der ersten Phase (Kurzzeit-Gedächtnis) und ihre Erhaltung während der zweiten Phase (Langzeit-Gedächtnis) von hochstrukturierten Substanzen abzuhängen scheinen. Die messenger-RNS erhält ihre Information von der DNS. Das heißt, sie ist Träger von Erbschemata, die ihre Struktur den Eiweißen aufdrücken. Innerhalb einer solchen Organisation, die der hereditären Morphogenese noch so nahesteht – und nicht in neutralen (einer *tabula rasa* vergleichbaren) Sektoren, wie sie das Zellplasma der Nervenzelle unter Umständen anbieten könnte –, werden die Gedächtnis«eindrücke» aufgezeichnet und konsolidiert. Das heißt mit anderen Worten, daß das Gedächtnis schon auf dieser biochemischen Stufe einer Strukturierung, somit einer Schematik, untergeordnet wäre: Die neuen Verbindungen, die durch das Lernen geschaffen werden, wären somit keine unabhängigen Elemente oder einfach zu den Erbschemata hinzugefügte Anhängsel. Sie scheinen vielmehr von vorneherein als neue Glieder in eine Kette integriert zu werden, die aus der Tätigkeit dieser Schemata hervorgeht und die deren Akkommodation an die während des Lernvorganges aufgezwungene Situation voraussetzt. Mit noch einmal anderen Worten: Das notwendige Mitwirken der RNS, insofern sie Abkömmling der DNS ist, würde zeigen, daß die Eindrükke nur in eine bestehende Organisation (die hier direkt von den Genen abhängig ist, die aber auf anderen Stufen mehr oder weniger indirekt von ihnen abhängen kann) integriert werden können. Das wäre mit dem Faktum vergleichbar, das wir auf allen Stufen des Verhaltens wiederzufinden glauben, wenn wir sagen, die Erhaltung der Erinnerung sei der Erhaltung von Schemata oder Strukturen untergeordnet, die sie an Allgemeinheit übertrifft. Dieses Mitwirken der RNS kann zwar auf verschiedene Weise interpretiert werden. Bevor man den Schluß zieht, sie sei für das erworbene Gedächtnis, was die DNS für das Erbgedächtnis ist, nämlich ein Träger oder ein Überträger, müßte man wissen (wie McConnel, der in Michigan die so umstrittenen Versuche mit Strudelwürmern durchgeführt hat, selbst sagt), ob die RNS nicht einfach als Werkzeug einer auf die Reize ausgeweiteten Sensibilisierung wirkt, die bedingte Reflexe erzeugt. Weil die RNS bei der Eiweiß-Synthese eine wesentliche Rolle spielt, begreift man, weshalb ihre Unversehrtheit für die Speicherung der Erinnerung notwendig ist – aber in welcher Form? Wir wollen uns hier mit der Feststellung begnügen, daß sich die heutige Forschung immer mehr vom Modell einzelner und bloß aufgedrückter «Engramme» entfernt und sich der Auffassung zuwendet, die Gedächtnisaufzeichnungen seien von Strukturen abhängig, die sie an Organisation und synthetischer Kraft übertreffen.

V. – Falls man zum Abschluß dieser Einleitung eine Zusammenfassung der wichtigsten Hypothesen wünscht, die wir in diesem Buch beweisen wollen, so möchten wir folgendes sagen. Das Gedächtnis speichert Informationen, die durch wahrnehmungsmäßige und begriffliche Assimilationsvorgänge kodiert werden. Doch diese Informationen sind zum Teil vom verwendeten Code abhängig, so daß sie je nach dessen Natur zum Beispiel effektiv oder bloß virtuell sein können. Die Veränderungen des Gedächtnisses im Laufe der Entwicklung sind nicht nur eine Wirkung der mehr oder weniger großen Gewandtheit bei der Kodierung oder Entzifferung: *der Code selbst ist wandlungsfähig,* und zwar in Verbindung mit der Konstruktion der operativen Schematik des Subjekts. Je nach Alter kann man deshalb verschiedene Organisationstypen der Erinnerung beobachten: je nach der Stufe des Codes bei einem bestimmten Subjekt, aber auch je nach den Veränderungen des Codes während der Erinnerungszeit selbst (zum Beispiel bei den Fortschritten einer Erinnerung ohne neue Präsentierung des Modells). Man muß deshalb in der für das Gedächtnis charakteristischen Erhaltung zwei verschiedene Probleme unterscheiden. Einerseits die Frage des gedächtnishaften Zurückbehaltens, das zur Entzifferung und zum Abruf oder *Retrieval*[21] (Wiedererkennen, Rekonstitution oder Evokation) durch einen Code einer bestimmten Entwicklungsstufe führt – das Problem des Gedächtnisses im strengen Sinne. Andererseits die Frage der Erhaltung des Codes selbst im Laufe seiner möglichen Transformationen – also das allgemeinere Problem der Erhaltung der Schemata während der Entwicklung.

[1] Für die heutige Biologie setzt bekanntlich jede phänotypische Erwerbung eine Interaktion (in verschiedenem Grade) zwischen dem Beitrag der Umwelt und den synthetischen Aktivitäten des Genoms oder des Keimzellensystems voraus.

[2] AAM, engl. IRM, Inborn Releasing Mechanism.

[3] Patella, die Napfschnecke, paßt ihre Schale genau der Stelle an, wo sie sich während der Ebbe aufzuhalten pflegt.

[4] Nur bilden die individualisierten Schemata immer einen Teil eines allgemeinen Systems: sie bilden somit nur scheinbar eine Ausnahme.

[5] Neben dem Wiedererkennen und der Evokation unterscheidet man oft eine dritte Gedächtnisform, die mit der beschleunigten Aufnahme beim Wiedererlernen zusammenhängt. Wenn das Ergebnis eines Lernvorganges scheinbar ausgelöscht ist, stellt man fest, daß die Wiederholung desselben Lernvorganges die gleichen (oder bessere) Ergebnisse wie früher zeitigt, aber innerhalb kürzerer Zeit und mit weniger Wiederholungen. Daher die Hypothese von «Eindrücken», also eines Gedächtnisses, das anders wäre als das Wiedererkennen und die Evokation.
Hier ist eine Klärung nötig, indem man eine notwendige Unterscheidung zwischen dem, was das Subjekt zu «tun» vermag, und den Wiedererkennungen oder Evokationen einführt, die möglicherweise seine Handlungen begleiten. Es handelt sich nur um eine Reproduktion von Akten, wir verlassen nicht den Bereich der sensomotorischen Schemata (Gewohnheiten usw.). Das beobachtete leichtere Wiedererlernen zeigt bloß, daß das beim ersten Lernvorgang konstruierte ursprüngliche Schema nicht vollständig aufgelöst wurde, sondern zum Teil erhalten blieb. Ist hingegen das Wiedererlernen mit Wiedererkennungen (der Versuchsanordnungen oder der ausgeführten Handlungen selbst) und *a fortiori* Evokationen (Erinnerungsbilder der früheren Sitzungen) verbunden, so handelt es sich um «Gedächtnis im strengen Sinne», das zur Erhaltung der Schemata hinzukommt, und dies wiederum, weil eine ausdrückliche Beziehung zur Vergangenheit besteht. Mit anderen Worten, wenn nur frühere Handlungen leichter reproduziert werden, dann besteht die Beziehung zur Vergangenheit nicht im Geist des Prüflings, sondern nur im Geist des Experimentators. Wir sprechen dann von Schematik oder Erhaltung der Schemata. Wenn die Beziehung zur Vergangenheit unter dem Gesichtspunkt des Prüflings und nicht nur des Beobachters besteht, dann, und nur dann, verwenden wir den Ausdruck «Gedächtnis im strengen Sinne» (in Kapitel III, 3. Abschnitt, wird ein solcher Fall von Wiedererlernen diskutiert).

[6] Siehe Piaget, *Nachahmung, Spiel und Traum* (Klett).

[7] Siehe die Bände VII bis X der «Etudes d'épistemologie génétique» über *Erlernen und Erkennen, Logik, Erlernen und Wahrscheinlichkeit* usw.

[8] Arbeiten von B. Inhelder, M. Bovet, H. Sinclair und anderen.

[9] Piaget und Inhelder, *L'image mentale chez l'enfant* (Presses Universitaires de France, 1966).

[10] Das Begriffspaar Bezeichnung – Bezeichnetes wird auch als Bedeutungsträger – Bedeutung übersetzt. Die französischen Ausdrücke signifiant und signifié stammen von de Saussure.

[11] Mit «das Bezeichnete» meinen wir die Bedeutung selbst, das heißt das Schema oder den Begriff (im Verständnis) und nicht nur die Gegenstände (in der Ausdehnung), auf die sie sich beziehen.

[12] Siehe Barthélemy-Saint-Hilaire, *La philosophie des deux Ampères,* 2. Auflage (Didier), 1866, Seite 34.

[13] H. Piéron, *La sensation, guide de vie* (Gallimard), Seite 412 f.

[14] J. Piaget, *Nachahmung, Spiel und Traum* (Klett).
[15] Natürliche Sprachen oder künstliche (algebraische usw.) Zeichensysteme.
[16] Es bleiben die antizipierenden Bilder, aber sie werden durch Analogie mit früheren Erfahrungen erzeugt.
[17] Ein wichtiges Problem, das noch zu untersuchen ist.
[18] Siehe Piaget, *Biologie et connaissance* (Gallimard, 1967), Kapitel VII.
[19] Ansätze dazu finden sich schon im Zusammenhang mit dem Vorstellungsbild in einem Kapitel über die Eigenschaften des Bildes nach bloßer Wahrnehmung des Modells oder nach aktiver materieller Reproduktion.
[20] Das ist vielleicht die letzte Gelegenheit, zur Wahrheit zu stehen: Wir wollten ursprünglich nur das Gedächtnis der operativen Situationen studieren. Die Probleme, die sich dabei zeigten, haben sich fatalerweise zu den hier anstatt einer Einleitung dargestellten ausgeweitet.
[21] Ausgabe der Informationen und Neukodierung.

ERSTER TEIL

Die Erinnerung der additiven logischen Strukturen

In diesem ersten Teil des Buches (Kapitel I bis VI) untersuchen wir das Gedächtnis von Anordnungen oder Vorgängen, die auf elementarsten logischen Strukturen beruhen: Aneinanderreihungen (Seriationen), Zuordnungen, Transitivität und Assoziativität. Solche Strukturen können additiv oder, falls man dieses Wort vorzieht, linear genannt werden, weil sie nur eine einzige Dimension enthalten. Bei den Zuordnungen in den Kapiteln III und IV handelt es sich zwar um zwei oder drei Abfolgen, die aber nach derselben Beziehung und nicht nach zwei Beziehungen zugleich wie bei den multiplikativen Zuordnungen in den Matrizen der Kapitel VII und VIII geordnet sind.

Kapitel I

Das Gedächtnis einer einfachen Reihenanordnung[1]

Es geht hier einfach um die Erinnerung, nach einer Woche oder nach 8 Monaten, an eine Reihe von 10 Holzstäbchen, die bereits nach abnehmender Größe angeordnet sind und sich in der Länge jeweils um denselben Betrag voneinander unterscheiden. Das Kind selbst konstruiert keine Serie und schaut auch bei der Konstruktion der Reihe nicht zu. Dieses elementare Beispiel ist ein guter Ausgangspunkt für unsere Diskussionen, denn wir kennen sozusagen alle Aspekte dieser Struktur, die zugleich operatives Schema und gute figürliche Form ist.

1. *Problemstellung*

Wir wissen bereits:

A. Eine solche Reihe ist eine «gute» perzeptive Gestalt, sie ist einfach und regelmäßig, und sie spricht sowohl die Wahrnehmung als auch die Intelligenz an.

B. Mit der Operation der Aneinanderreihung sind wir seit langem vertraut. Zahlreiche Arbeiten haben sich damit befaßt. Wir wollen zuerst die diesbezüglich beobachtbaren Stadien aufzählen, auf die wir uns später beziehen werden (das Experiment besteht darin, daß Kinder 10 ungeordnet vorgelegte Holzstäbchen von 9 bis 16,2 cm Länge aneinanderreihen):

Stadium I: keinerlei Ordnungsversuch im eigentlichen Sinne.

Stadium II: noch keine vollständige Aneinanderreihung, aber Assoziationen nach absoluten Qualitäten (lang und kurz) oder nach Prärelationen:

II A: untereinander nicht koordinierte Paare (aus jeweils einem kurzen und einem langen Stäbchen);

II B: untereinander nicht koordinierte Dreiergruppen (ein langes, ein mittleres und ein kurzes Stäbchen) usw.;

II C: richtige Aneinanderreihung nach den Stäbchenspitzen, aber keine horizontale Basis;

II D: dachförmige Aneinanderreihung: zuerst aufsteigend und dann absteigend (oder umgekehrt);

II E: richtige Aneinanderreihung von 3 bis 5 oder 6 Stäbchen (durch tastende Versuche), dann Blockierung.

Stadium III: Die Aneinanderreihung gelingt durch tastende Versuche. Gibt man aber zusätzlich neue Zwischengrößen hinzu, so läßt das Kind keine Methode erkennen, um sie sofort richtig einzuordnen. Das Kind zieht es im allgemeinen vor, die ganze Arbeit von vorne zu beginnen[2].

Stadium IV: Operative Aneinanderreihung, die an drei Merkmalen zu erkennen ist:

1. Das Kind geht systematisch vor. Es beginnt beim größten Stäbchen von allen, nimmt dann das größte der noch verbleibenden usw. (das impliziert die Koordi-

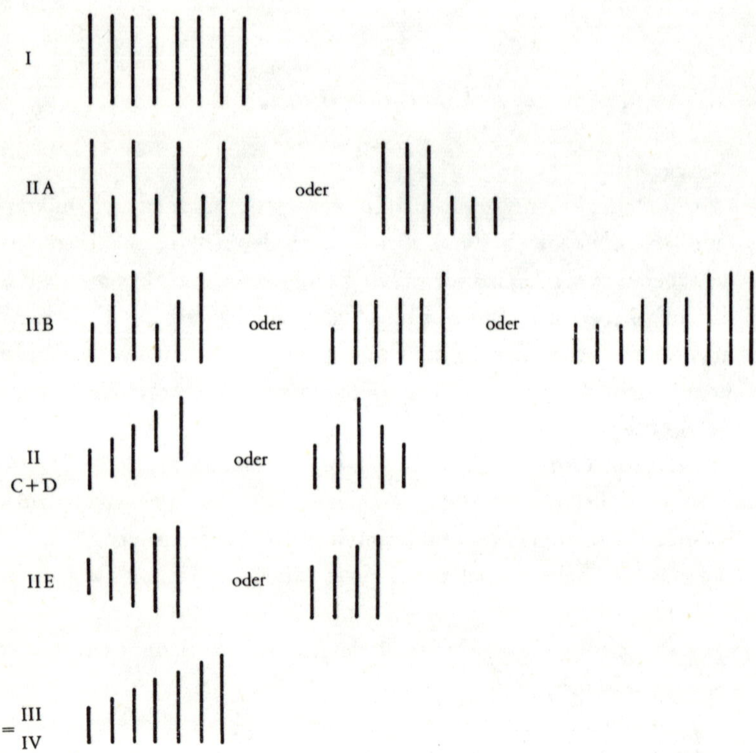

Figur 3

nierung der beiden Denkrichtungen: ein bestimmtes Element E ist zugleich E $<$ F, G... und E $>$ D, C...);
2. Die Zwischengrößen werden ohne weiteres an ihren richtigen Platz in der Reihenordnung gelegt;
3. Das Kind läßt die Transitivität A $<$ C, wenn A $<$ B und B $<$ C, gelten (wobei A und C nicht gleichzeitig sichtbar sind).
C. Wir kennen (und untersuchen bei einem Teil der Kinder noch einmal) drittens die Zeichnung, die das Kind von der Reihenanordnung anfertigt (sie wird im folgenden «Kopierzeichnung» genannt) und die (in Übereinstimmung mit den Gesetzen, die Luquet an der Zeichnung vor dem 7. bis 8. Lebensjahr festgestellt hat) der inneren Vorstellung («intellektueller Realismus» von Luquet) näher steht als der Wahrnehmung («visueller Realismus»). Im Hinblick auf unser Problem ist es zweifellos interessant, daß diese Kopierzeichnungen nicht irgendwelche inneren oder auf ein oder zwei Typen reduzierte Vorstellungen von der Reihe aussagen, sondern verkürzt die kaum veränderten operativen Stadien wiedergeben, wobei die Zeichnung von etwa 5 Jahren an[3] richtig ist (dabei fallen die Stadien III und IV zusammen; das Stadium IV äußert sich in der Zeichnung nicht auf besondere Weise). Zuerst findet man ein Stadium I ohne Ordnung mit einer Folge von gleich langen Stäbchen. Dann folgen alle Varianten des Stadiums II, leicht stilisiert oder, besser, das darstellend, was das Kind zu tun glaubt, und nicht die tatsächlichen Längen. Der Typ II A findet seinen Ausdruck durch einen Wechsel von langen und kurzen Elementen (Paare), wobei aber jeweils die langen und die kurzen untereinander gleich groß sind, oder durch eine Aufteilung in jeweils gleich große lange und kurze Stäbchen. Die Dreiergruppen werden auf dieselbe Weise angeordnet. Die Typen A, B und C werden grundsätzlich gleich dargestellt, ohne daß die Ungleichheit jedes Stäbchens im Vergleich zu allen anderen berücksichtigt wird (Konnexität).
In den Zeichnungen vom Typ II D und der Stadien III–IV kommt hingegen diese Eigenschaft zum Ausdruck.
D. Über das antizipierende Bild der Aneinanderreihung haben wir uns viertens mit folgendem Experiment Aufschluß verschafft[4]. Wir legten den Kindern 10 ungeordnete Holzstäbchen vor, jedes mit einer besonderen Farbe markiert. Dem Kind gaben wir den Auftrag, es solle sie nach zunehmender Größe aneinanderreihen, wobei wir aber von ihm verlangten, daß es vorher die ganze Reihe, wie sie nach dem Ordnen herauskomme, zeichne. Die Zeichnung wird entweder mit Bleistift (globale Antizipierung) oder mit Farbstiften zur individuellen Kenn-

zeichnung der Elemente (analytische Antizipierung) ausgeführt. Die analytische Antizipierung ist natürlich ebenso schwierig wie die aktive operative Aneinanderreihung oder sogar noch etwas schwieriger (sie gelingt mit 7 bis 8 Jahren). Die globale Antizipierung hingegen wird von 55% der Prüflinge mit 5 Jahren und von 73% mit 6 Jahren richtig (horizontale Basis, zunehmende Größe und Konnexität) vorgenommen. Dieses antizipierende Bild ist somit leichter als die Operation (7 Jahre), denn um geordnete Striche zu zeichnen, genügt eine Aktion in einer Richtung ohne die Reversibilität ($E > D, C, B, A$ und $E < F, G, H \ldots$), und das Bild entspricht einer guten perzeptiven Form. Man stellt zudem fest, daß dieses antizipierende Bild kurz nach dem Kopierbild auftritt, nämlich wegen dieser perzeptiven Erleichterung.

E. Dank den Arbeiten von H. Sinclair[5] besitzen wir schließlich genaue Informationen über den sprachlichen Ausdruck der Aneinanderreihung. Sie hat gezeigt, daß sich die verbalen Beschreibungen der Aneinanderreihung (der bereits vorbereiteten Anordnung und nicht der operativen Aktion, die nach der Beschreibung zur Feststellung der operativen Stufe verlangt wird) in vier Kategorien einteilen lassen:

1. *Dichotomien:* es werden nur die Ausdrücke «groß» und «klein» verwendet, wobei die Beschreibung entweder nach Kategorien vorgeht (ein kleines, ein kleines, ein kleines, ein großes, ein großes usw.) oder die immerhin statische und abgeschlossene Anordnung in aufeinanderfolgende Paare auflöst (ein kleines, ein großes, ein kleines, ein großes usw.).

2. *Trichotomien und Detailbeschreibungen:* «klein, klein, klein, mittel, mittel, mittel, groß, groß usw.» oder «klein, mittel, groß, klein, mittel, groß usw.» oder «ganz klein, ein wenig klein, klein, klein-mittel, mittel-groß usw.».

3. *Vergleichende Beschreibungen in einer Richtung:* «am kleinsten, größer, noch größer... am größten»; verlangt man vom Kind die Beschreibung in der Gegenrichtung, so wird es unsicher, weil das vorletzte Stäbchen, das «noch größer» war, jetzt «kleiner» wird; das leuchtet ihm nicht ein, weil ihm die volle Relativität noch fehlt.

4. *Vergleichende Beschreibungen in beiden Richtungen:* Die große Bedeutung dieser Kategorien besteht darin, daß sie mit den eben erwähnten Stadien der operativen Entwicklung verhältnismäßig gut übereinstimmen. Bei 23 Kindern des Stadiums I (4; 5 bis 5; 11 Jahre), 38 des Stadiums II (4; 5 bis 5; 8 Jahre), 54 des Stadiums III (4; 4 bis 6; 5 Jahre) und 15 des Stadiums IV (6; 1 bis 9; 3 Jahre) findet man die folgenden Verhältnisse:

Tabelle I

Operative Stadien	Sprachkategorien			
	(1)	(2)	(3)	(4)
I	91	9	0	0
II	26	63	11	0
III	2	59	24	15
IV	0	7	13	80

Zwischen der Sprache und der Operativität besteht somit offensichtlich eine Beziehung.

An diese fünf Gruppen von Tatsachen wollten wir zuerst erinnern. Damit ist das Problem, welches das Gedächtnis einer Reihenanordnung (gleich wie jene, die zu den eben erwähnten Prüfungen gedient haben, ausgenommen die Farben, die für das antizipierende Bild verwendet wurden) aufwirft, klar. Es läßt sich folgendermaßen formulieren: Bezieht sich die Erinnerung an diese Anordnung nach einer Woche oder einigen Monaten vor allem auf den wahrnehmungsmäßigen Aspekt («gute Form») der Reihe oder vor allem auf ihren operativen Aspekt (präoperative oder operative Schemata der Konstruktion der Reihe) oder auf beide zugleich mit variierenden Einflußanteilen?

Die beiden Gruppen von Faktoren spielen tatsächlich mehr oder weniger deutlich bei den erwähnten Fakten mit, die nicht die reine Wahrnehmung (A) oder die reine Operation (B) betreffen. Bei der Kopierzeichnung (C) ist die Operativität offensichtlich beteiligt: Obwohl es sich um die Zeichnung eines aktuell wahrgenommenen Modells handelt, findet man dieselben Stadien wie in der operativen Konstruktion (B). Doch auch die Wahrnehmung spielt offensichtlich eine wichtige Rolle, denn der Ablauf dieser Stadien ist beschleunigt, und die genaue Kopie wird korrekt um 5 Jahre und nicht erst mit 6 oder 7 bis 8 Jahren erreicht. Beim antizipierenden Bild (D) gilt genau dasselbe mit einer leichten oder sehr leichten Nuance. Vor der genauen Antizipierung findet man einerseits dieselben Stadien (sie wurden vorher nicht erwähnt) wie beim direkten Abzeichnen (folglich auch dieselben wie bei der operativen Konstruktion). Ihr Ablauf ist ebenfalls beschleunigt, aber etwas weniger als beim Abzeichnen. Der Einfluß der Schemata der Operativität ist also vorhanden. Doch andererseits wird die richtige globale Antizipierung schon mit 5 ½ bis 6 Jahren erreicht, ohne tastende Versuche, und nicht erst mit 7 bis 8 Jahren wie die operative Methode bei der Konstruktion der Reihe. Der Einfluß des Wahrnehmungsmodells ist somit offensichtlich. Das ist auf die früheren und spontanen Erfahrungen des Kindes oder auf die «gute» Gestalt der Reihenanordnung zurückzuführen, denn das Vorstellungsbild kann sie vorzeitig antizipieren. In der Sprache (E) überwiegt schließlich ganz klar die Operativität.

Beim Gedächtnis besteht somit das Problem darin, ob die perzeptiven Einflüsse, die in C und D eine wichtige Rolle spielen, in der Erinnerung überwiegen und dadurch auf jeder Altersstufe und schon sehr früh (5 bis 6 Jahre) die Evokation der Reihenanordnung erleichtern oder ob im Gegenteil das Erinnerungsbild (5 bis 6 Jahre), das bei den Evokationen mitwirkt, den Etappen der präoperativen und operativen Schemata folgt. Man kann aufgrund der erwähnten Tatsachen diesbezüglich keine Hypothesen aufstellen. Leider können wir nicht in den Einzelheiten ein *hypothetical construct* anbieten, um anschließend festzustellen, ob die Fakten es bestätigen, es entkräften oder eben nicht signifikant sind ... Die Reihenordnung, die das Kind gut betrachten soll, um sich später daran zu erinnern, kann für es zwei grundverschiedene Bedeutungen haben. Es kann in ihr einerseits bloß eine beliebige figürliche Form sehen, die es später aus dem Gedächtnis zeichnet, wie es einen Kreis, ein Quadrat oder eben eine Treppe zeichnen würde. Weil aber die zehn vorgelegten Stäbchen nach abnehmender oder zunehmender Größe (je nachdem ob man links oder rechts beginnt) geordnet sind, kann das Kind sie andererseits als Gegenstände möglicher Manipulationen oder Operationen wahrnehmen, vor allem wenn es sie zuerst beschreiben muß (was bei einer unserer Techniken der Fall ist): Jetzt bezieht sich die Vergangenheit, wie sie in der Zeichnung zum Ausdruck kommt, nicht mehr nur auf das figürliche Aussehen des präsentierten Modells, sondern sie äußert das, woran das Kind sich erinnern würde, wenn es selbst die Reihe konstruiert oder zu konstruieren versucht hätte.

Beide Hypothesen werden sich, wie wir noch sehen werden, bewähren, die eine nur teilweise, wenn nämlich keine Analyse vorausgeht, die andere vollständiger, wenn man bei der Präsentierung eine verbale Beschreibung verlangt, die die operativen Schemata des Prüflings aktiviert.

2. Die gewählten Techniken

Wir haben zwei Haupttechniken, I und II, gewählt, jede mit einer Variante in den Einzelheiten, I^{bis} und IIbis. Beiden ist gemeinsam, daß sie sich darauf beschränken, das Kind eine bereits konstruierte Aneinanderreihung betrachten zu lassen, diese also nicht vom Kind selbst konstruieren lassen. Dann wird die Erinnerung bestimmt, die nach einer Woche oder nach einigen Monaten davon erhalten geblieben ist.

Man hätte auch andere Techniken auswählen können. Man hätte zum Beispiel den Akzent auf den Unterschied in den Erinnerungen nach bloßer Wahrnehmung der Anordnung und nach einer Konstruktions- oder Rekonstruktionshandlung setzen können, wie wir es im IX. Kapitel unseres letzten Buches über die *Entwicklung der Vorstellungsbilder beim Kind* getan haben. Das hätte jedoch nur bestätigt, was wir bereits wußten: Daß die Aktion die Formung und die Erhaltung des Erinnerungsbildes begünstigt. Und bei der Konstruktion der Reihe durch das Kind hätten wir natürlich eine enge Beziehung zwischen der Erinnerung und den Aktionsschemata beobachtet. Unsere Hauptaufgabe ist es nun, zwar zu untersuchen, ob es eine solche Beziehung gibt, aber nicht in Aktionssituationen, wo sie selbstverständlich ist, sondern im Falle der einfachen Wahrnehmung der zu memorierenden Anordnungen. Das ist der Grund für die gewählten Techniken. In beiden Methoden besteht das verwendete Material aus 10 Holzstäbchen mit 0,5×0,5 cm Querschnitt. Zwei benachbarte Stäbchen unterscheiden sich in der Länge um jeweils 0,8 cm, so daß sie insgesamt zwischen 9 und 16,2 cm lang sind.

I. – Nach Technik I geht man folgendermaßen vor. Man präsentiert dem Kind in einer ersten Sitzung die bereits konstruierte Reihe, ohne eine Beschreibung zu verlangen. Man bittet es aber, sie gut anzusehen, um sich daran erinnern zu können. In einer zweiten Sitzung, die eine Woche später stattfindet, fordert man es auf: 1. mit Gesten (Fingerstriche auf dem Tisch) wiederzugeben, was es das erste Mal gesehen hat; 2. eine Zeichnung davon anzufertigen. Danach bestimmt man 3. die operative Stufe des Prüflings, indem man ihn die Reihe konstruieren läßt. Um die Stadien III und IV auseinanderzuhalten, was wichtig ist, gibt man zusätzlich Zwischengrößen oder läßt man die Reihe hinter einem Schirm[6] konstruieren. Falls die Zeichnung der Reihe nicht richtig ist, zeigt man diese 4. noch einmal wie in der ersten Sitzung, worauf man sie abzeichnen läßt, um die Stufe der direkten Reproduktion zu beurteilen. Die materielle Reihe der 10 Stäbchen ist noch vorhanden, nachdem sie abgezeichnet oder abermals präsentiert worden ist. Jetzt verlangt man 5. vom Kind, daß es die Reihe durch Beantwortung folgender Fragen verbal beschreibt: «Was ist das? Sind alle gleich? Worin unterscheiden sie sich?» Dann folgt 6. eine Beschreibung in der Gegenrichtung: «Sag mir, wie sind sie, wenn man auf dieser Seite beginnt.»

In einer dritten Sitzung, etwa 8 Monate später, verlangt man zuerst, daß das Kind aus dem Gedächtnis die in der ersten Sitzung präsentierte Reihe zeichnet, ohne daß man sie natürlich vorher noch einmal zeigt (ohne daß sie somit seit der zweiten Sitzung noch einmal hätte betrachtet werden können).

Technik I^{bis} unterscheidet sich davon nur im 4. Punkt: Man verlangt keine Kopierzeichnung, sondern nur eine verbale Beschreibung nach der operativen Aneinanderreihung (unter 3). Diese Auslassung kann in der dritten Sitzung eine gewisse Bedeutung haben.

II. – Technik II unterscheidet sich von I dadurch, daß die verbale Beschreibung (5 und 6) in der ersten Sitzung verlangt wird, und zwar bei der erstmaligen Präsentierung der Reihe. Von dieser Permutation abgesehen, bleibt das Vorgehen in allen Punkten gleich.

Technik II bis ist wiederum ähnlich, nur daß das Abzeichnen (4) wie bei Technik I^{bis} ausgelassen wird.

Soviel zu den Techniken. Bei der Analyse der gesammelten Fakten gehen wir wie folgt vor. Wir beginnen mit der Beschreibung der nach Technik I in der zweiten Sitzung beobachteten Erinnerungen. Diese stützen sich also nur auf die erste Wahrnehmung in der ersten Sitzung, ohne verbale Beschreibung im Augenblick ihrer Aufzeichnung. Dabei wird sich als Ergebnis herausstellen, daß in den operativen Stadien I bis IIC die Gedächtniszeichnungen auf einer niedrigeren oder auf derselben Stufe wie die Operativität stehen. In den Stadien IID und III hingegen sind die Zeichnungen manchmal etwas besser als bei Technik II mit verbaler Beschreibung (7 Fälle auf 60). Sie zeugen von einem kleinen Vorsprung auf die Operation, ähnlich wie wir es beim antizipierenden Bild beobachtet haben.

Anschließend analysieren wir die Ergebnisse der zweiten Sitzung nach Technik II (verbale Beschreibung in der ersten Sitzung). Dabei stellen wir eine bemerkenswerte Konvergenz zwischen dem gestischen Gedächtnis oder den Gedächtniszeichnungen und der Operativitätsstufe fest. Am Ende prüfen wir für Technik I und II (I^{bis} und IIbis einbegriffen) zusammen die in der dritten Sitzung (nach 8 Monaten) gesammelten Fakten. Hier wollen wir das bemerkenswerte und paradoxe Resultat diskutieren, das sich bezüglich der Aneinanderreihung als ziemlich allgemein erwiesen hat: den ziemlich regelmäßigen und sehr abgestuften (von einem Stadium zum nächsten, ohne unmittelbaren Übergang zur richtigen Antwort) Fortschritt der Erinnerungsbilder verglichen mit denen der zweiten Sitzung.

3. *Die Ergebnisse nach Technik I in der zweiten Sitzung*

Technik I wurde bei 62 Kindern im Alter zwischen 3; 6 und 6; 6 Jahren angewandt. Die Ergebnisse (siehe auch Tabelle 2 im Abschnitt 4) lassen sich folgendermaßen zusammenfassen:
a) Bis in ein Alter von 5 oder 6 Jahren entspricht die Evokation durch Fingerstriche und Zeichnung ziemlich genau der operativen Stufe des Kindes (Stadien I bis II E).
b) Dasselbe gilt für das Stadium III und *a fortiori* das Stadium IV. Sobald nämlich das Kind imstande ist, die Konstruktion der Reihe auszuführen, und sei es auch empirisch durch tastende Versuche, ist es selbstverständlich im allgemeinen auch imstande, das durch eine Zeichnung zu evozieren, was es von einer bereits konstruierten Reihe wahrgenommen hat[7].
c) Es kommt hingegen bisweilen vor, daß Kinder vor dem III. Stadium eine richtige Zeichnung der Reihe machen, die sie eine Woche früher wahrgenommen haben. Dabei stellt sich die Frage, ob es sich um eine einfache figurative Erinnerung (Erinnerung an das Modell, so wie es wahrgenommen wurde) handelt oder ob das Kind die Reihe zeichnet, die es hätte konstruieren wollen, wenn es mit den Stäbchen hätte umgehen können, ohne daß es dies tatsächlich tun konnte (erinnern wir uns daran, daß wir bei der Untersuchung des Vorstellungsbildes richtige antizipierende Bilder bei 55% der Fünfjährigen und bei 73% der Sechsjährigen festgestellt haben, während erst 46% der Fünfjährigen und 58% der Sechsjährigen die Stadien III und IV erreicht hatten).
I. – Bei einigen Kindern des operativen Stadiums I (keinerlei Ordnen, nicht einmal zu Paaren oder Dreiergruppen) zwischen 3; 5 und 5; 6 (die meisten zwischen 4; 1 und 4; 10) Jahren findet man auch Zeichnungen der Stufe I in Form einer Reihe von Linien gleicher Länge oder auch ungeordneter Schraffuren sowie eine Zeichnung der Form II.
Im Stadium II A (untereinander unkoordinierte Paare) findet man eine Anzahl Zeichnungen dieser gleichen Stufe II, nämlich entweder jeweils fast gleiche Paare

(ein langes, ein kurzes, ein langes, ein kurzes Stäbchen usw.) oder eine Gesamtdichotomie (eine Reihe von gleich langen, daran anschließend eine Reihe von gleich kurzen Stäbchen). Es gibt aber auch leichte Vorsprünge, zum Beispiel (Kind von 5; 11 Jahren) eine Zeichnung mit Trichotomien (ein kurzes, einige gleich lange mittlere und ein langes Stäbchen), während die operative Aneinanderreihung erst Paare ergibt. Ein Kind von 5; 9 Jahren fertigt eine Zeichnung mit den Stäbchenspitzen in einer Linie, aber ohne Basislinie (II C) an, während die tatsächliche Aneinanderreihung auf Stufe II A steht.

Das operative Unterstadium II B (dreistufige Gesamtreihe oder unkoordinierte Dreiergruppen) entsprach in der Gedächtniszeichnung verschiedenen Stufen (dieses operative Stadium wird aber, wie man sich erinnert, immer nach der Evokationszeichnung bestimmt): einige standen auf derselben Stufe II B, andere erreichten II C (Stäbchenspitzen in einer Linie) oder II D (symmetrische dachförmige Aneinanderreihung) und in einigen Fällen II E (richtige Seriation, aber mit 4 bis 5 Elementen). Zwei Kindern im Alter von 5; 6 und 5; 7 Jahren gelang hingegen die richtige Zeichnung (III), was diesselbe Frage wie oben aufwirft. Wir kommen darauf zurück. Die Kinder der Unterstadien II C–E zeigten analoge Reaktionen (Zeichnungstypen II und III).

Untersuchen wir noch die Kinder, die dem operativen Stadium III entsprechen, denn sie sind nicht einheitlich. Die große Mehrheit macht zwar richtige Zeichnungen III–IV. Es kommt jedoch vor, daß Kinder, denen die aktive Aneinanderreihung durch tastende Versuche gelingt (die somit sicher im Stadium III sind), Gedächtniszeichnungen vom Typ II E (zu kurze Reihe) oder sogar, in einigen Fällen, II C (Stäbchenspitzen in einer Linie, aber keine horizontale Basislinie) und auch II D (dachförmig) anfertigen. Dieser Rückstand der Gedächtniszeichnung auf die operative Stufe ist leicht zu erklären, denn er ist keineswegs eine Ausnahmeerscheinung: die untere Grenze des Stadiums III ist tatsächlich ein wenig fließend. Bei der Konstruktion einer Reihe durch tastende Versuche kann immer zum Teil ein glücklicher Zufall mitwirken. Ob diese Hypothese richtig ist oder nicht, als einzige Gedächtniszeichnungen haben wir jene vom Typ I (Gleichheit aller Elemente), II A (Dichotomien) und II B (Trichotomien) im Stadium III nicht angetroffen.

Alles in allem besteht zwischen der operativen Stufe des Kindes und der Organisation seiner Erinnerung nach einer Woche eine ziemlich allgemeine Entsprechung. Die einzige bemerkenswerte Ausnahme, und sie fehlt bei den nach Technik II geprüften Kindern (verbale Beschreibung in der ersten Sitzung), sind richtige Zeichnungen (III–IV) bei einer Anzahl Kindern des Stadiums II, obwohl diese noch keine Aneinanderreihung, auch nicht durch tastende Versuche, konstruieren können. Man darf jedoch den Umfang dieses Phänomens nicht übertreiben: auf 62 Kinder zwischen 3 und 5; 11 Jahren (8 Drei-, 25 Vier- und 27 Fünfjährige) haben wir nur 7 solche Fälle gefunden, nämlich 1 Kind von 3; 9, 2 Kinder von 4 (alle drei aus einer Privatschule, in der das Zeichnen stark gefördert wird) und 4 Kinder von 5 Jahren.

II. – Dennoch ist das Faktum diskussionswürdig, denn man könnte darin ein Beispiel für ein rein figuratives, von den operativen Schemata unabhängiges Gedächtnis sehen. Alle anderen Ergebnisse scheinen hingegen zu zeigen, daß die Erinnerung nach einer Woche weit mehr von einer Assimilation der Modell-Reihe an die Schemata des Kindes, unter Berücksichtigung seiner operativen Stufe, als von der einfachen Wahrnehmung der Reihe abhängt. Drei Fakten scheinen uns darauf hinzuweisen, daß die verfrühten richtigen Zeichnungen dieser Interpretation nicht widersprechen. Erstens handelt es sich, wie gesagt, um Ausnahmen. Zweitens kommen nicht alle Kinder des Stadiums III, wie wir gesehen haben, ohne weiteres so weit. Drittens ermöglicht es das antizipierende Bild, daran haben wir schon erinnert, sich das Resultat einer geplanten Aneinanderreihung vorzustellen, bevor man sie tatsächlich aktiv ausführen kann. Es ist nämlich leichter, gezeichnete Striche, die sich nach freiem Ermessen verlängern lassen, in einer Reihe anzuordnen als materielle Objekte, die man jeweils paarweise vergleichen muß, bevor man sie hinlegt. Die verfrühten und ungewöhnlichen richtigen Zeichnungen scheinen somit einfach von diesem letztgenannten Vorgang herzurühren, was der Rolle der Aktion bei der Konstruktion des Erinnerungsbildes (Reproduzierung oder Antizipierung) nicht widerspricht, sondern sie impliziert.

III. – Ein anderer möglicher Einwand ist ernster zu nehmen. Wir haben (im Abschnitt 2 dieses Kapitels unter C) gesehen, daß die Kopierzeichnung der Aneinanderreihung erst mit 5 Jahren im Durchschnitt ganz gelingt. Man könnte sich deshalb fragen, ob die Lücken in der gestischen und zeichnerischen Evokation nach einer Woche und folglich die Entsprechungen mit der operativen Stufe des Kindes nicht bloß darauf zurückzuführen seien, daß dieses keine Seriation zeichnen kann. Gerade bei Kindern des operativen Stadiums I, deren Gedächtnis- und Kopierzeichnung ebenfalls auf der Stufe I steht, könnte eine solche Interpretation berechtigt erscheinen. Doch das ist nur bis zum 3. Lebensjahr die Regel. Schon von 4 Jahren an findet man Kinder, deren Gedächtniszeichnung auf Stufe I und deren Kopierzeichnung auf Stufe III–IV (richtig) steht. Man kann auf diesen Einwand ganz allgemein zwei gültige Antworten geben. Die Kopierzeichnung ist der Gedächtniszeichnung fast immer (und mit zunehmendem Alter immer mehr) überlegen: das zeigt, daß die Unterlegenheit der Gedächtniszeichnung auf die Erinnerung und nicht auf die zeichnerischen Fähigkeiten als solche zurückzuführen ist. Und die Kopierzeichnung durchläuft dieselben Stadien wie die Gedächtniszeichnung und die operative Konstruktion. Das weist auf einen allgemeinen Isomorphismus der Konstruktionsweisen hin, doch die Entwicklungsgeschwindigkeit ist verschieden, das heißt, die Stadien der Gedächtniszeichnung sind mit denen der operativen Konstruktion und nicht, wie wir eben gesehen haben, mit denen der Kopierzeichnung synchronisiert: dieser synchrone Verlauf der Operativitäts- und der Erinnerungsstufen ist das zweite Argument zugunsten unserer Interpretation und gegen eine Überschätzung der Zeichnung.

4. Die Ergebnisse nach Technik II in der zweiten Sitzung

Nach dieser Technik wurden 63 Kinder zwischen 3; 0 und 8; 8 Jahren geprüft. Nach einer Woche hat eines der jüngsten Kinder jede Evokationszeichnung verweigert. Hier zunächst die Aufteilung der 62 anderen Prüflinge nach ihren operativen Stadien und im Vergleich zu den nach Technik I untersuchten Kindern. Dann ein Kommentar über die Tabelle hinsichtlich der Einzelheiten der beobachteten Typen und Untertypen:

Tabelle II

Verteilung der Erinnerungstypen nach den beiden Techniken in %
(in Klammern die absolute Zahl N der geprüften Kinder)

Erinnerungs-	Technik I				Technik II			
typen	I	II	III	*(N)*	I	II	III	*(N)*
Stadien:								
I	83 (5)	17 (1)	0	(6)	86 (6)	14 (1)	0	(7)
II	0	65 (13)	35 (7)	(20)	20 (4)	70 (14)	10 (2)	(20)
III	0	27 (8)	73 (22)	(30)	0	93 (26)	7 (2)	(28)
IV	0	0	100 (6)	(6)	0	0	100 (7)	(7)

Acht Kinder (zwischen 3; 0 und 5; 0 Jahren) gehören zum Stadium I, das heißt, ihre Zeichnungen zeigen keine Größenunterschiede. Nach einer Woche machen sieben von ihnen (eine Verweigerung) aus dem Gedächtnis Zeichnungen mit annäherungsweise gleich langen Elementen (Typ I) und eine Zeichnung mit zunächst 11 Elementen, die vier ersten gleich lang, die sechs folgenden ein wenig kürzer, aber untereinander gleich, das letzte wieder gleich lang wie die vier ersten; daran schließt jedoch ein 12. Element an, das deutlich kürzer ist (⅓ der Länge der vier ersten): eine Zeichnung also, die zwischen den Typen I und II A steht, mit nur der Erinnerung, daß das letzte Element sehr kurz ist. Die verbale Beschreibung von sechs dieser acht Kinder ist konstant vom elementarsten dichotomischen Typ. Erinnern wir uns daran, daß die Kinder dabei die Reihe vor Augen haben, was eine bloße Gleichsetzung ausschließt. H. Sinclair hält diese Dichotomie für ursprünglicher als die Paare, da die verbalen Äußerungen einer einfachen Dichotomie (lange und kurze Stäbchen in zwei Klassen nebeneinander) unter dem sprachlichen Gesichtspunkt «einen Grundgegensatz enthalten, der für die Erwerbung der Sprache grundlegend ist».

Bei 20 Kindern des operativen Stadiums II (zwei davon in einem Zwischenstadium, denn ihnen gelingt am Ende eine Seriation durch tastende Versuche des Stadiums III) findet man noch immer 4 Fälle von Gedächtniszeichnungen des Typs I (Gleichsetzungen), 2 Fälle vom Typ III–IV (richtige Zeichnung) und 14 vom Typ II (wovon ein einziger vom Typ II E: richtige Aneinanderreihung, aber nur von 5 Elementen) mit einigen Dichotomien, während die meisten Zeichnungen aus einer Reihe von gleich langen mittleren Elementen, einem langen am Anfang und einem kurzen am Ende bestehen. Die verbale Beschreibung in der ersten Sitzung schwankt zwischen Dichotomien (5 Fälle) und Etikettierung (zahlreiche Nuancen in prädikativer Form: «ein wenig klein», «ganz klein» usw). Sie entspricht im großen und ganzen ziemlich den Zeichnungen der zweiten Sitzung (zahlreiche Trichotomien).

Die 28 Kinder des operativen Stadiums III (richtige Aneinanderreihung, aber durch tastende Versuche) verfertigen in ihrer großen Mehrheit Zeichnungen vom Typ II E, das heißt: richtige Seriationen, aber mit nur 4 oder 5 Elementen (16 Fälle) oder richtige Seriationen mit mehr Elementen, aber in fächerförmiger Anordnung (aufsteigende Linie bei den Stäbchenspitzen und absteigende Basislinie oder umgekehrt: 6 Kinder). Nur zwei Zeichnungen sind ganz richtig. Diese Eigenschaft der Gedächtniszeichnungen, daß sie fast ganz richtig, aber dennoch unvollständig und unzulänglich sind, ist bemerkenswert, denn sie entspricht einer operativen Aneinanderreihung, die noch mit tastenden Versuchen vorgeht und noch nicht die reversible Operation erreicht. Das Faktum ist um so auffallender, als eine analoge Beziehung auf der Ebene des sprachlichen Ausdrucks besteht: von diesen 28 Kindern sind 18 noch auf der Stufe der triadischen Ausdrükke oder der Etikettierungen (bei einigen mit dem Trend zu vergleichenden Ausdrücken in einer Richtung), 8 verwenden vergleichende Wörter, aber in einer Richtung, 1 bleibt bei Dichotomien, und 1 gelangt zu Vergleichen in beiden Richtungen.

Die Tabelle des Stadiums III ist um so bedeutungsvoller, als die 7 Kinder des operativen Stadiums IV lauter richtige und vollständige Zeichnungen vorlegen. Von der Sprache her gesehen, machen 3 Vergleiche in beiden Richtungen, 2 in einer noch bevorzugten Richtung, während 2 bei der Etikettierung bleiben.

Im Unterschied zu den Fünf- bis Siebenjährigen, von denen man in der ersten Sitzung keine verbale Beschreibung verlangt hat (Technik I), zeigen somit diese Kinder eine enge Entsprechung zwischen ihrer operativen Stufe und ihren Gedächtniszeichnungen. Doch sie weisen keine systematischen bildhaften Antizipierungen hinsichtlich dessen auf, was sie am Ende der zweiten Sitzung von Hand tatsächlich tun. Man darf deshalb annehmen, die verbale Beschreibung habe eine operative Analyse ausgelöst, die dann das Erinnerungsbild dominiert. Könnte man aber nicht einfacher sagen, das Kind erinnere sich mehr an das Beschriebene als an das Gesehene, es handle sich also eher um verbale als um visuelle Bilder? Es scheint jedoch klar zu sein, daß sich die Erinnerung hier nicht auf die Worte oder die Wörter als solche bezieht, wie wenn man ein Zitat oder ein Gedicht memoriert: sie bezieht sich auf die Bedeutungen und die Begriffe. H. Sinclair hat zudem gezeigt, daß die sprachliche Stufe von der Operativität abhängt und nicht umgekehrt und daß in den Ausnahmefällen, wo ein verbales Erlernen einen operativen Fortschritt zur Folge hat (und das ist bei der Aneinanderreihung der Fall)[8], eben das Erlernen zu den Bezugsetzungen zwingt, die für die Operation konstitutiv sind. Es sieht folglich so aus, als würde die verbale Beschreibung nach Technik II eine Strukturierung (der operativen Stufe des Kindes) in das präsentierte figürliche Modell einführen und so das verallgemeinern, was man bereits in der Sprache der nach Technik I geprüften Kinder beobachtet. Doch dieses Ergebnis ist um so auffallender, als die präsentierte Reihe eine gute wahrnehmungsmäßige Form ist, als sie vor der Operation richtige antizipierende Bilder zur Folge hat und als die Kinder zwischen 5 ½ und 6 Jahren mit der Technik I mühelos richtige Gedächtniszeichnungen dieser Reihe machen. Es braucht

deshalb starke Beweggründe, damit dieses Verhalten nicht allgemein ist. Sie bestehen darin, daß das operative Schema, sobald es aktiviert ist, die figürliche Erinnerung übertrifft, die evoziert worden wäre, um durch ein anderes Erinnerungsbild von einer der Operativität entsprechenden Stufe ersetzt zu werden.
Doch bei dieser Betrachtungsweise stellt sich eine Frage von einem gewissen Ernst und mit einer offensichtlichen Bedeutung: nicht alle Schemata bleiben auf dieselbe Weise erhalten, denn es gibt abgeschlossene und andere, in voller Entwicklung begriffene. Was wir eben gesagt haben, scheint kein Problem im Falle der operativen Schemata im strengen Sinne zu sein, die abgeschlossen sind (Stadium IV) und durch die eigene ausgeglichene Funktion erhalten bleiben. Die präoperativen Schemata hingegen, die sie vorbereiten, dauern nur eine gewisse Zeit. Sie bleiben durch denselben funktionellen Mechanismus erhalten, aber diese Erhaltung führt in Wirklichkeit zu einer Entwicklung, also zu Veränderungen, die zugleich neu sind und nur eine gewissermaßen organisatorische, nicht an eine endgültige Form gebundene Erhaltung nach sich ziehen. Was geschieht dann, wenn eine Erinnerung sich aufgrund eines Schematismus des Stadiums N fixiert, wenn aber die Evokation nicht einige Tage später in diesem selben Stadium N, sondern nach einigen Monaten stattfindet, also möglicherweise in einem Stadium $N+1$? Im Falle der Aneinanderreihung wird auch die Erinnerung transformiert sein, und zwar ohne daß das Modell nach der zweiten Sitzung (eine Woche) noch einmal vorgelegt wurde.

5. *Die Evokation nach 7 bis 8 Monaten*

Etwa acht Monate nach Abschluß unserer Befragung hatten wir das Glück, 30 Kinder zwischen 4; 0 und 7; 1 Jahren noch einmal befragen zu können. 11 davon waren nach Technik I, die anderen 19 nach Technik II (9 nach IIbis) geprüft worden. Diese abermalige Prüfung nach 8 Monaten war im ursprünglichen Experimentierplan nicht vorgesehen gewesen, denn wir hatten nicht gedacht, daß eine so einfache Präsentierung im Geiste von mehrheitlich (24 von 30) erst 4 bis 5 Jahre alten Kindern eine dauerhafte Erinnerung hinterlassen würde. Ein glücklicher Zufall wollte es, daß ein Kind, als es den Experimentator wiedererkannte, sich daran erinnerte, was man von ihm verlangt hatte. Wir haben nur diese neue Erfahrung wissenschaftlich ausgewertet: das erklärt die kleine Zahl von Prüflingen.

In dieser dritten Sitzung wiederholt man selbstverständlich nicht, was man 8 Monate früher erklärt hat. Man vermeidet insbesondere das Wort «Treppe» usw. Man begnügt sich damit, das Kind möglichst neutral zu fragen, ob es das noch zeichnen könne, was man ihm vor langer Zeit gezeigt habe. Ist aber die zweite Gedächtniszeichnung (die erste war 8 Monate vorher in der zweiten Sitzung, eine Woche nach der Präsentierung, angefertigt worden) gemacht, so zeigt man die Reihe noch einmal und verlangt man eine abermalige verbale Beschreibung (wie in der zweiten Sitzung), um die Fortschritte auch unter diesem Gesichtspunkt zu beurteilen.

Von den 30 geprüften Kindern mußten 6 ausgeschieden werden. 4 hatten in der Zwischenzeit bei einem Sprachversuch über die Aneinanderreihung mitgewirkt, und 2 reproduzierten nach 8 Monaten einfach ihre Kopierzeichnung der Aneinanderreihung (zweite Sitzung), die in diesen Fällen von der Gedächtniszeichnung erheblich verschieden war.

Zu analysieren und zu diskutieren ist nun die wesentliche Tatsache, daß von den 24 Kindern nur 2 ein gleichbleibendes Ergebnis zeigen. 22 Kinder geben eine Gedächniszeichnung ab, die einen deutlich erkennbaren Fortschritt auf die erste und so eine Art Entwicklung der Erinnerung im Laufe dieser 8 Monate erkennen läßt. Dieser Fortschritt ist aber nicht beliebig, er besteht nicht aus einem einzigen Sprung von einer unrichtigen Zeichnung zu einer genauen und vollständigen Darstellung der Reihe. Die Entwicklung vollzieht sich vielmehr schrittweise, sie ist ein Übergang von einem Stadium oder Unterstadium zum nächsten oder zu einem der unmittelbar nächsten, als ob die Erinnerung mit der Entwicklung der präoperativen Schemata verbunden wäre. Beginnen wir deshalb mit einer etwas genaueren Analyse der Fakten, wobei wir die unterschiedlichen experimentellen Situationen (Kopierzeichnung oder nicht in der zweiten Sitzung usw.) berücksichtigen.

2 Kinder sind vom Stadium I zur Stufe II A vorgerückt. Phi (4; 0) hatte nach einer Woche eine Gedächtniszeichnung vom Typ I (lauter gleich lange Stäbchen) und eine gleiche Kopierzeichnung angefertigt. Die verbale Beschreibung hatte gelautet: «Es hat große, dann noch einmal große, dann kleine.» Die operative Aneinanderreihung war ganz mißglückt (kein Ordnen). Die zweite Gedächtniszeichnung nach 8 Monaten besteht aus 6 Elementen, die 3 ersten gleich lang, die 3 anderen um die Hälfte kürzer, aber untereinander gleich. – Tom (5; 5) hatte nach einer Woche ebenfalls eine Zeichnung vom Typ I (lauter gleich lange Stäbchen) abgegeben. Eine Kopierzeichnung wurde nicht gemacht (Technik

I^bis^). Die Zeichnung nach 8 Monaten gibt zunächst 2 Paare, dann 2 Dreiergruppen (die erste ohne Abstufung: ein langes, ein kurzes, ein mittleres Stäbchen) wieder, steht also zwischen den Typen II A und II B.

Tia (4; 1) gibt nach einer Woche eine Zeichnung zwischen I und II A (7 Stäbchen, wovon 6 gleich lange und 1 kürzeres gegen die Mitte zu) und eine Kopierzeichnung der Stufe II B (lange, mittlere und kurze Stäbchen) ab. Nach 8 Monaten steht die Zeichnung auf Stufe II E (Fächer mit absteigender Spitzen- und aufsteigender Basislinie).

Sto (4; 5) macht nach einer Woche eine Zeichnung mit 16 Elementen, die 8 ersten lang, die 4 folgenden mittellang und die 4 letzten kurz (II B), aber eine Kopierzeichnung vom Typ I (alle Elemente gleich lang). Nach 8 Monaten ist die Reihe richtig, aber sie besteht aus 3 Elementen (II E?). Ebenso fertigt Chri (5; 7) nach 8 Monaten eine solche Zeichnung aus 3 Elementen in richtiger Abstufung an, während nach einer Woche eine Dichotomie (II A) festgestellt worden war: 4 lange und 7 jeweils gleich kurze (keine Kopierzeichnung).

Cla (4; 0) zeigt nach einer Woche eine sich entwickelnde Dichotomie (12 gleich lange Elemente und 1 kurzes: Typ I–II A) und eine Kopierzeichnung mit lauter gleichen Elementen, aber mit absteigender Basis- und Spitzenlinie. Nach 8 Monaten beginnt er mit einer Dichotomie (II A), 15 kurze und 4 lange Stäbchen, worauf er sich sofort korrigiert mit einer zweiten Zeichnung vom Typ II D: 5 Elemente in aufsteigender Reihe, gefolgt von 15 Elementen in absteigender Reihe.

Step (4; 2) ist eines der Beispiele für eine vollständig richtige Zeichnung nach 8 Monaten (absteigende Reihe von 10 Elementen). Die erste Zeichnung nach einer Woche war dichotomisch gewesen (7 kurze und 3 lange Elemente). Um den Fortschritt zu würdigen, muß man ihn von der Kopierzeichnung her beurteilen, die zwischen einer Trichotomie und einer Abstufung stand.

Diese Beispiele sollen verdeutlichen, was man mit der Aussage meint, von 24 geprüften Fällen (fast alle zwischen 4 und 5 Jahren) ließen 22 einen Fortschritt in bezug auf die Zeichnungen der ersten Woche erkennen, ob Gedächtnis- oder Kopierzeichnung ist gleichgültig, sofern diese der ersteren überlegen ist. Nun gilt es die Faktoren dieses Fortschritts zu bestimmen und die möglichen Interpretationen zu diskutieren.

Als erste Interpretation bezüglich der Techniken I und II im Gegensatz zu I^bis^ und IIbis drängt sich auf, der festgestellte Fortschritt sei auf die Kopierzeichnung zurückzuführen, die eine reproduzierende Tätigkeit und nicht bloß eine perzeptive Aufzeichnung darstelle. In 2 Fällen von 30 hatte tatsächlich die Gedächtniszeichnung nach 8 Monaten sehr getreu die Kopierzeichnung (nach einer Woche: Stufe II A) reproduziert, ohne Beziehung zur ersten Gedächniszeichnung (Stufe I); sie wurden deshalb ausgeschieden. Würde man das nicht tun, so stünden einfach 4 gleichbleibende Fälle 22 Fortschritten gegenüber. Die folgenden Bemerkungen zu den 24 herausgegriffenen Fällen verkleinern die Rolle der Kopierzeichnungen beträchtlich: 1. In 10 Fällen weisen die Kopierzeichnungen Abweichungen von niedrigerer oder gleicher Stufe wie die Gedächtniszeichnungen der ersten Woche auf; 2. in den 2 gleichbleibenden Fällen (Stufen I und II B) war die Kopierzeichnung richtig, und sie hatte somit keinen Einfluß; in 2 anderen Fällen fand sich hingegen ein Übergang von der Dichotomie zur Trichotomie und von 3 zu 5 abgestuften Elementen, wobei die Kopierzeichnung richtig war: Das wären somit die beiden einzigen Fälle, wo die Kopierzeichnung eine beschleunigende Wirkung haben konnte (die aber nicht bewiesen ist), ohne daß die Zeichnung nach 8 Monaten mit dieser Kopie identisch wäre; 3. 3 Fälle haben sich über die Kopierzeichnung hinausentwickelt (siehe Step); die 10 Kinder ohne Kopierzeichnung machen ebenso deutliche Fortschritte.

Zweitens könnte man den festgestellten Fortschritt der verbalen Beschreibung zuordnen, die am Ende der zweiten Sitzung (nach einer Woche) verlangt wurde und die die ursprünglich visuelle Erinnerung verbessert haben könnte: bei Phi zum Beispiel steht die Zeichnung nach 8 Monaten der verbalen Beschreibung näher als der ersten Gedächtniszeichnung. Doch das ist nicht die Regel, und zwar aus zwei Gründen. Zunächst entsprechen die verbalen Beschreibungen im allgemeinen, wie wir unter 4 gesehen haben, sehr genau den Typen der Gedächtniszeichnungen. Sie mögen zwar zur Verbegrifflichung der wahrgenommenen Serie beitragen, doch diese Verbegrifflichung verzögert eher die figurative Entwicklung der Zeichnung oder des Erinnerungsbildes von 5 oder 5½ Jahren an, wie man beim Vergleich der Ergebnisse nach Technik I und II feststellt. Zudem ist die Gedächtniszeichnung nach 8 Monaten im allgemeinen weiter fortgeschritten als die verbale Beschreibung in der ersten oder zweiten Sitzung: einer dicho- oder trichotomischen Beschreibung entsprechen zum Beispiel nach 8 Monaten Zeichnungen mit symmetrischen (II D), begrenzten (II E) oder sogar richtigen (III–IV) Aneinanderreihungen. In diesen Fällen ist die verbale Beschreibung nach 8 Monaten (am Ende der dritten Sitzung) weiter fortgeschritten als in den beiden ersten Sitzungen. Wir haben diesbezüglich 17 Übergänge von einem Stadium oder Unterstadium zu den nächsten festgestellt.

Drittens erinnert man sich, daß bei allen Techniken am Ende der zweiten Sitzung (nach einer Woche) eine operative Konstruktion der Reihe vom Kind verlangt wird, damit man seine Stufe unter diesem Gesichtspunkt beurteilen kann. Bewirkt nicht diese faktische operative Aktion den Erinnerungsfortschritt zwischen der zweiten und dritten Sitzung? Die Antwort ist einfach: von den 22 Fällen, die einen Fortschritt in der Erinnerung aufweisen, geben 13 nach 8 Monaten eine Zeichnung ab, die auf einer höheren Stufe als ihre Operativität vor 8 Monaten steht; von den 9 anderen Fällen sind 1 im Stadium IV (erste Zeichnung II B und nach 8 Monaten II E) und 8 im Stadium III (Konstruktion der Reihe durch tastende Versuche, wobei nach 8 Monaten bei der Zeichnung ein Übergang von II D und II E zur richtigen Zeichnung III–IV stattfindet). Falls überhaupt ein Einfluß der faktischen Operation (Konstruktion der Reihe) vorliegt, so zeigt er sich folglich nur bei Kindern, die auf der Schwelle zum Gelingen stehen.

Wenn keine dieser Interpretationen ausreicht, so bedeutet das, daß der nach 8 Monaten festgestellte Fortschritt nicht nur scheinbar ist, also nicht nur etwas reproduziert, was schon in der einen oder anderen Form in der ersten Woche gelernt worden war, sondern daß in der Zwischenzeit etwas Neues konstruiert worden ist. Jetzt muß man zu verstehen versuchen, wie und weshalb.

Vorher sei auf etwas anderes hingewiesen. Da die bisher genannten Kinder bei der ersten Evokationssitzung mehrheitlich zwischen 4 und 5 Jahre alt waren, haben wir zusätzlich 17 Kinder zwischen 3 und 4 Jahren geprüft, um abzuklären, ob in diesem Alter, da das Zeichnen eben erst gelernt wurde, ein Phänomen ähnlicher Art zu beobachten sei. Als Technik wählten wir I^{bis} (ohne Beschreibung und Kopierzeichnung), aber ohne operative Prüfung in der zweiten Sitzung. Man verlangte höchstens einen Kommentar zu der Zeichnung, falls die Ansichten des Kindes nicht klar zu erkennen waren (Beispiele für erhaltene Antworten: «sie sind ganz kurz» oder «ein großes, ein kleines, ein großes, ein kleines usw.»). Die Aufteilung nach einer Woche sah folgendermaßen aus: 2 vom Typus I, 7 II A, 2 II B, 3 II E und 3 fortgeschrittene Fälle vom Typ III. Sechs Monate später: 1 I, 3 II A, 3 II B, 2 II E und 7 III. Unter den 17 Kindern wurde 1 Rückschritt (von II A zu I) beobachtet, was über 4 Jahren nie vorgekommen war. 7 Fälle waren stationär (41%)[9] und 9 wiesen Fortschritte auf. Diese bestanden in Übergängen von I zu II A, von II A zu II B (von Paaren zu Dreiergruppen), von II B zu II E (von Dreiergruppen zu kurzen Reihen) und von II A oder II E zu III. Man ersieht daraus: das Phänomen eines Fortschritts nach 6 Monaten zeigt sich schon mit 3 Jahren deutlich, wenn auch weniger häufig als später und mit einem Fall

von Rückschritt auf der Stufe der elementaren Typen I bis II A. Faßt man die 22 Vier- bis Fünfjährigen (von den 24 früher erwähnten) und diese 17 Dreijährigen zusammen, so findet man bei 29 von 39 (also 74%) Kindern einen Fortschritt.
Das Weshalb dieser Reaktionen ist leichter zu fassen als das Wie. Wie die erwähnten Fakten zeigen, betrachtet ein Kind, so jung es in unserer Population von Drei- bis Siebenjährigen auch sein mag, die am Anfang präsentierte Reihe nicht neutral, etwa wie ein Quadrat oder einen Kreis, die ihm keine Probleme aufgeben: Es analysiert die Reihe als Ursache von Fragen – Fragen des Gedächtnisses, weil man von ihm verlangt, sich zu erinnern, und weil die Figur vielgestaltig ist, aber auch Fragen der Struktur, denn es interpretiert sie begrifflich als Resultat möglicher Aktionen. Deshalb erscheint dem Kind die erste Gedächtniszeichnung (nach einer Woche) als die Lösung eines Problems; weil es das Problem gibt, kann die gegebene Lösung vom Kind als bloß annäherungsweise und nicht vollständig befriedigend aufgefaßt werden. Prof. F. Restle aus Indiana (USA) hat uns von seiner Feststellung berichtet, daß Erwachsene, nachdem sie innerhalb sehr kurzer Zeit eine Multiplikation zu lösen hatten, mehrheitlich den Eindruck hatten, sich leicht, mehr oder weniger (ohne Beziehung zum wirklichen Resultat), getäuscht zu haben. Ebenso darf man annehmen, das Kind, welches die Reihe soeben aus dem Gedächtnis als eine Gesamtheit von Paaren oder eine Folge von Dreiergruppen usw. gezeichnet hat, könnte den Eindruck haben, seine Zeichnung sei zwar fast gelungen, dürfte aber besser sein. Daraus würde eine Art Lücke, vergleichbar dem Zeigarnik-Effekt, resultieren, die dazu anspornt, es besser zu machen. In solchen Fällen tritt bekanntlich eine Art spontane Organisation oder Reorganisation der Ideen ein, so daß man bei der Wiederaufnahme der Arbeit über etwas bessere Leithypothesen verfügt.
Solche Erwägungen mögen zwar das Weshalb einer Weiterführung der Aktivität nach der gegebenen Antwort erklären, aber sie sagen nichts darüber, wie sich der festgestellte Fortschritt vollzieht. Es ist tatsächlich zweierlei, ob man über die Lösung eines logischen Problems nachdenkt, das sich wegen unvorhergesehener Ideen oder Hypothesen neu stellen kann, oder ob man eine Erinnerung bewahrt, an der nichts geändert werden darf. Falls der Fortschritt dem Gedächtnis als solchen inhärent ist, müßte man also, so scheint es, zwei Arten von Erinnerungen postulieren, wobei sich die eine an die andere anpaßt: 1. die effektive Erinnerung, die in der ersten Gedächtniszeichnung des Kindes ihren Ausdruck findet; und 2. eine Art latente Erinnerung, die im Unbewußten erhalten bleibt und der ersteren als Modell dient. Eine solche latente Erinnerung würde aber zwei recht schwer-

wiegende Probleme aufwerfen. a) Wie soll man ihre Bildung erklären, wenn nicht durch eine Art «Subzeption» oder unbewußte Perzeption? Falls es diese gibt, wie man behauptet hat, so handelt es sich eher um affektive Aufzeichnungen, die das Subjekt nicht akzeptieren will (Verdrängung), oder um eine wahrgenommene, aber nicht bemerkte periphere Zone in einem System komplexer und vermischter Gegenstände (Pötzl). Nichts von all dem gilt für eine gute Form wie eine regelmäßige Reihe, die mit unbehindertem Auge wahrgenommen wurde. b) Auf allen Stufen wird die präsentierte Reihe an die operativen Schemata des Prüflings assimiliert. Wie soll man annehmen, das Kind würde zu den auf seiner Stufe assimilierten Reihen hinzu das Bild einer Reihe von höherer Stufe als seine Assimilationen bewahren? Und falls ihm das gelänge: weshalb bedient es sich seiner erst nach acht Monaten und nicht schon in der zweiten Woche?

Innerhalb der Interpretationen, wie wir sie in der Einleitung vorgeschlagen haben, gibt es aber eine viel einfachere Hypothese. Wenn das Erinnerungsbild das figurative Symbol eines im übrigen unabhängigen Schemas darstellt und wenn das Kind, wie wir gesehen haben, an eben dieses Schema die präsentierte Reihe assimiliert, um sich später daran zu erinnern, dann gibt es nur zwei Möglichkeiten. Entweder ist dieses Schema bereits operativer Natur, das heißt, der präsentierten Reihe adäquat – die Erinnerung bleibt als solche erhalten, nach 8 Monaten so gut wie nach einer Woche. Oder aber dieses Schema ist präoperativer Natur, obwohl es von der Intelligenz und nicht von einer erstarrten Gewohnheit herrührt – dann befindet es sich aufgrund seiner Natur in Entwicklung, nach 8 Monaten muß es selbstverständlich im Sinne eines Fortschritts in Richtung des operativen Zustands ein wenig verändert sein; die als vorstellungsmäßiges Symbol an dieses Schema gebundene Erinnerung ist ebenfalls gezwungen, sich zu verändern, denn sie ist ein Bedeutungsträger, der sich notwendig an seine Bedeutung (die begriffliche Bedeutung) anpassen muß. Der nach einigen Monaten festgestellte Erinnerungsfortschritt hat dann nichts Geheimnisvolles mehr an sich und setzt nicht mehr die unbewußte Erhaltung einer durch «Subzeption» aufgezeichneten Modellreihe voraus: Man muß nur begreifen, daß die Erinnerung an die Reihe in Wirklichkeit nicht das perzeptive und ikonische Abbild der als ein vom Subjekt radikal unabhängiges Objekt (das sich folglich in diesen 8 Monaten nicht verändert) aufgefaßten Reihe selbst ist, sondern daß diese Erinnerung das Bild oder der Repräsentant eines Schemas ist, das sich entwickelt hat!

Dieses Schema entwickelt sich, weil es mit allerlei spontanen und häufigen Aktionen verbunden ist, und zwar sowohl im isolierten Zustand (Koordination von Gegenständen) als auch in Interferenz mit vielen anderen Verhaltensweisen (Kausalität usw.). Gerade weil sich ein solches Schema im Zusammenhang mit der gesamten Aktivität des Kindes entwickelt und weil es auf der präoperativen Stufe noch nicht im Gleichgewicht ist, sondern in verschiedener Hinsicht eine konstante Unausgeglichenheit erkennen läßt, kann das Kind, auch wenn es eine Gedächtniszeichnung anfertigt, die ihm im betreffenden Augenblick die bestmögliche zu sein scheint, den Eindruck einer verglichen mit dem wahrgenommenen Modell unvollkommenen Lösung haben. Folglich bleibe aber, wird man einwenden, so eine «Spur» dieses wahrgenommenen Modells in Form dieser «latenten Erinnerung» zurück, deren Existenz wir eben angefochten haben. Halten wir klärend fest: unnötig und überflüssig erscheint uns die Hypothese einer reinen, vom Schema unabhängigen Erinnerung, die als ein inneres Modell erhalten bliebe und an die sich das Schema durch eine Kopieranstrengung anpassen möchte. Es scheint hingegen eine gewisse Dualität zwischen dem aktuellen und in Entwicklung begriffenen Schema, über welches das Kind verfügt, und der Gleichgewichtsform, in deren Richtung das Schema tendiert, zu geben.

Diese Dualität wird deutlich sichtbar, wenn man die Evokation, deren Werkzeuge nur aus dem bestehen, was dieses aktuelle Schema hergibt, dem Wiedererkennen gegenüberstellt, wo die wahrnehmungsmäßige Gegenwart der äußeren Gegenstände einen augenblicklichen Ausgleich des Schemas durch Anpassung an diese Gegebenheiten ermöglicht. Es könnte deshalb interessant sein, nach 8 Monaten die Evokation, die uns bisher beschäftigte, mit dem Wiedererkennen der Reihe zu vergleichen. Da wir etwas spät auf diese Idee gekommen sind, haben wir diesbezüglich nur die 15 zuletzt befragten Kinder geprüft, wobei wir ihnen Zeichnungen zur Auswahl vorlegten, nämlich: a) mit den am häufigsten beobachteten Abweichungen (Dichotomien usw.), b) mit einer symmetrischen Figur vom Typ II D (siehe Figur 3) und c) mit einer richtigen Aneinanderreihung.

Von diesen 15 Kindern (zwischen 4; 0 und 5; 9 Jahren) erkannten 8 die richtige Seriation, 3 wählten die symmetrische Figur oder eine einzelne Dreiergruppe («letztes Jahr hatte es 3 Stäbchen», sagte dieses Kind, und auch seine Gedächtniszeichnung bestand aus 3 Elementen), 4 konnten sich nicht entscheiden zwischen der richtigen Seriation und der symmetrischen dachförmigen Anordnung («nein, das glich beiden»). Das Wiedererkennen ist somit der Evokation deutlich voraus, was sich von selbst versteht. Dennoch ist es alles andere als vollkommen, und es legt in keiner Weise eine Existenz dieser «reinen» Erinnerung nahe, die die Evokationen als auch die Wiedererkennungen leiten würde. Wir dürfen deshalb annehmen, das Wiedererkennen werde durch die Assimilation an ein Schema gewährleistet, das in Gegenwart des wahrgenommenen Gegenstandes augenblicklich sich einstellt und bei neuen Präsentierungen wieder eingestellt wird, wobei die sogenannte «latente Erinnerung» nichts anderes wäre als eben dieses Schema. Auf den elementaren sensomotorischen Stufen, wo dem Gedächtnis erst Wiedererkennungen, aber noch keine Evokationen gelingen, handelt es sich um Schemata der Gewohnheit oder der praktischen Intelligenz, die durch sukzessive Assimilationen das Wiedererkennen der dienlichen Anzeichen ermöglichen. Auf den Stufen der Vorstellung, wo die Schemata mit einer ikonischen Symbolik (verinnerlichte Nachahmung) oder mit Wortzeichen zusammenhängen, kommt die Evokation dank diesen semiotischen Werkzeugen zustande, aber in Verbindung mit dem Schema selbst in seinem aktuellen Entwicklungszustand. Wenn hingegen das Kind den Gegenstand, der an dieses Schema assimiliert worden war, wahrnehmungsmäßig vor Augen hat, so ist eine neue Assimilation wahrscheinlich, die das Wiedererkennen des Gegenstandes gewährleistet. Dieses Wiedererkennen besteht aus einem augenblicklichen Ausgleich zwischen dieser Assimilation einerseits und der Akkommodation an den Gegenstand andererseits. Dieser für das Wiedererkennen bezeichnende augenblickliche Ausgleich ist zwar nicht identisch mit dem inneren Ausgleich der Schemata, der eine fortschreitende Organisation in Richtung auf den reversiblen Zustand ist, aber er ist daran beteiligt, denn eine Organisation vollzieht sich natürlich nur in Verbindung mit den auf die Gegenstände ausgeübten Aktionen. Deshalb kann das Wiedererkennen besser als die Evokation sein, obwohl sein Mechanismus von denselben Schemata abhängt. Und deshalb kann das Kind beim Betrachten seiner ersten Gedächtniszeichnung Befriedigung als auch Unzufriedenheit verspüren, weil es zwar einerseits den Gegenstand seiner Erinnerung zu evozieren vermag, ihn aber andererseits nicht ganz wiedererkennt.

Damit wird ein wichtiges Problem aufgeworfen. Das Wiedererkennen und die Evokation werden, im allgemeinen wohl etwas übertrieben, als Gegensätze gesehen, weil das Wiedererkennen genetisch früher ist, das stimmt, aber auch weil die ursprünglichen Wiedererkennungen an Gewohnheitsschemata gebunden sind, während man bei den Evokationen gerne die ihnen zugrunde liegenden Intelligenzschemata vergißt. Unsere Interpretation der Erhaltung der Erinnerung und ihres möglichen Fortschritts (nach 8 Monaten im Falle der Aneinanderreihung) setzt im Gegenteil eine gewisse Kontinuität zwischen dem Wiedererkennen und der Evokation voraus – nicht weil wir sie aufeinander zurückführen, sondern weil es wahrscheinlich eine Reihe genetischer Zwischenstufen gibt, die die beiden Extreme miteinander verbinden. Das Kapitel V über das Gedächtnis der transitiven Beziehungen stellt uns eine dieser Etappen vor.

6. *Die Verbesserungen der Erinnerungen an die Aneinanderreihung und die Ballard- und Ward-Hovland-Phänomene Kurzzeit- und Langzeit-Gedächtnis*

Die Verbesserung der Erinnerung, für die wir ein erstes Beispiel kennengelernt haben, erinnert an andere bekannte Tatsachen. Schon 1903 und 1904 hatten Henderson, Biner und Lousien unabhängig voneinander auf quantitative Verbesserungen durch wiederholten Abruf hingewiesen, die im Widerspruch zu den Voraussagen zu stehen schienen, welche sich aus den Arbeiten von Ebinghaus ableiten ließen. Ballard hat 1913 ein wichtiges Experiment über das Gedächtnis von Gedichten oder Prosastücken durchgeführt. Er begann mit einem Lernen, das für eine vollständige Beherrschung nicht ausreichte. Die erste Erinnerung wurde sofort aufgezeichnet, während die zweite nach 2 bis 7 Tagen erfolgte: nach 2 bis 3 Tagen war eine deutliche Verbesserung zu erkennen, worauf die Erinnerung fortschreitend abnahm. Huguenin (1914), Nicolai (1922) und Williams (1926) konnten diese Ergebnisse bestätigen.

Zur Erklärung dieser Tatsachen hat man die Hypothese einer inneren Revidierung aufgestellt. 1936 fand aber Magdsick bei Ratten solche «Reminiszenzen», die zwischen einer Stunde und einer Woche auftraten, so daß eine solche Interpretation unwahrscheinlich wurde. C. Florès schließt sich in der Darstellung dieser Fakten[10] im Gegenteil der von Brown aufgestellten Hypothese einer konsolidierenden Wirkung der Abrufe an. Ammons und Irion haben nämlich 1954 an 5 Gruppen von Prüflingen festgestellt, daß jene, bei denen der einzige Abruf sofort oder nach 2 bis 7 Tagen stattfand, einen fortschreitenden Erinnerungszerfall aufwiesen (9,23, 6,81 und 6,13 Zeilen waren an diesen Daten im Durchschnitt noch erhalten geblieben), während jene, die mit einem sofortigen Abruf begannen (9,73 und 9,00) und später einen zweiten Abruf folgen ließen, eine «Reminiszenz» zeigten, sofern der zweite Abruf nach zwei Tagen (10,05) erfolgte, jedoch einen Erinnerungszerfall, wenn bis dahin sieben Tage verstrichen (7,96). Die Bedeutung des (sofortigen) Zwischenabrufs ist somit offensichtlich.

Das Ward-Hovland-Phänomen hingegen umfaßt keinen Vorabruf und stellt sich nur zwischen 1½ bis 2 Minuten ein. Die damit verbundenen Probleme gleichen somit denen der Organisation der Erinnerung bei stückweisem oder massiertem Lernen. Doch das sind Fragen, die uns hier nicht unmittelbar betreffen. Ballards «Reminiszenz»-Phänomen erinnert eher an unsere Verbesserungen, außer daß diese «Reminiszenz» vor allem quantitativer Natur ist, während bei der Aneinanderreihung das Schema zwischen den Abrufen Fortschritte macht. Beim Beispiel der Gedichte und der Prosatexte, die Ballard verwendet, kann man immerhin einräumen, daß der erste Abruf nicht so sehr durch eine Konsolidierung, sondern durch eine Reorganisation wirkt: der Prüfling erkennt bei diesem ersten Abruf, daß seine Evokation nicht ganz mit dem Modell übereinstimmt; er fühlt sich dazu gedrängt, sie zu vervollständigen, wie es auch bei der Aneinanderreihung geschehen muß. Die Zwölfjährigen, die Ballard studierte, hatten jedoch das Modell begriffen, so daß die «Reminiszenz» einfach eine getreuere Reproduktion des Modells liefern möchte. Bei der Aneinanderreihung hingegen macht der erste Abruf eine nur unvollständige Assimilation sichtbar. Die Verbesserung der Erinnerung ist auf einen Fortschritt des Schemas selbst, der Bedingung für diese Assimilation, zurückzuführen. Beim Abruf nach einigen Monaten ist somit die Erinnerung mit einem besser ausgearbeiteten Schema verbunden, und dieses Schema bewirkt eine bessere Reproduktion, ohne daß diese auf einem unabhängigen Vorgang beruht. Falls man die Verbesserung der Erinnerung an Reihenanordnungen in ein verallgemeinertes Ballard-Phänomen hineinnehmen wollte, würde die Verbesserung das Phänomen als Sonderfall, nämlich als Reorganisation der Erinnerung, erklären, aber nicht das Phänomen die Verbesserung, denn die «Reminiszenz» läßt in unserem Fall eine Neustrukturierung im eigentlichen Sinne und nicht bloß eine «Vervollständigung» erkennen: das ist mehr als eine reine «Reminiszenz» im üblichen Sinne der unbewußten Erinnerung, denn die Erinnerung selbst hat ihre Natur geändert.

Unsere Fakten lassen auch an die heute so lebhaften Diskussionen über die Beziehungen zwischen dem «Kurzzeit-Gedächtnis» und dem «Langzeit-Gedächtnis» denken. Zwei Auffassungen stehen einander gegenüber. Die eine nimmt eine Kontinuität mit gemeinsamen Mechanismen an (zum Beispiel Melton), die andere sucht vor allem unterscheidende Mechanismen (zum Beispiel Broadbent). Autoren wie Tonkonogi und Tsukerman (Leningrad) nehmen vereinfachend an, gewisse Kombinationen würden in vereinfachter Form im Langzeit-Gedächtnis zurückbehalten, während das Kurzzeit-Gedächtnis die notwendige Auswahl vornehme. Mißt man den vorbereitenden Aktivitäten, die das Gedächtnis bewirken, und den veränderlichen «Code»-Strukturen, die sich daraus ergeben, genügend Bedeutung zu, so stellt sich die Frage je nach memorisiertem Gebiet wieder anders. Bei unseren Reihenstrukturen besteht kein Zweifel, daß das Langzeit-Gedächtnis gewisse neue Aspekte in die Erinnerung eingeführt hat, da diese Fortschritte gemacht hat. Doch es ist nicht weniger klar, daß dieser Fortschritt auf den der Schemata zurückzuführen ist, deren Anfangsformen schon auf der Stufe des Kurzzeit-Gedächtnisses am Werk sind. Unter einem solchen Gesichtspunkt sind die beiden Arten von Erinnerungen nicht verschieden. Bei anderen Versuchen (etwa bei der Drehung von Dreiecken im Kapitel XV und bei den Kausalketten im Kapitel XII) finden wir im Langzeit-Gedächtnis eine sehr starke Schematisierung unter entsprechender Abschwächung der ikonischen Elemente der Evokation. Doch auch hier handelt es sich nicht so sehr um einen Unterschied der Natur, sondern um eine Akzentuierung von Tendenzen, die schon im Kurzzeit-Gedächtnis sichtbar sind.

[1] Unter Mitarbeit von H. Sinclair und M. Levret.

[2] Einem Prüfling der Stufe III gelingt auch die Aneinanderreihung hinter einem Schirm nicht, während im Stadium IV diese zusätzliche Prüfung erfolgreich bestanden wird. Der Versuch läuft folgendermaßen ab: Man gibt dem Kind 10 ungeordnete Stäbchen und fordert es auf, sie einzeln in der richtigen Reihenfolge dem Experimentator zu geben, der sie in derselben Reihenfolge hinter den Schirm legt (ohne daß das Kind sieht, wie die Treppe entsteht). Sobald alle Stäbchen hinter dem Schirm liegen, wird dieser weggehoben, so daß das Kind seine Konstruktion sieht. Sind Fehler darin, so versucht das Kind die Konstruktion noch einmal, damit die Treppe richtig wird.

[3] Oft schon von 4:0 Jahren an und mit 5 Jahren in mehr als 75% der Fälle.

[4] Inhelder und Piaget, *La genèse des opérations logiques élémentaires,* Delachaux, 1959, Seite 251 ff.

[5] H. Sinclair, *Acquisition du langage et développement de la pensée,* Dunod, 1967.

[6] Dieser Versuch wurde als erster im Hinblick auf dieses Buch unternommen. Wir hatten nicht vorgesehen, die Prüflinge nach 6 bis 10 Monaten wiederzusehen, sonst wäre die operative Prüfung auf das Ende dieser letzten Sitzung verschoben worden. Im Abschnitt 5 werden aber 17 neue Fälle analysiert, bei denen diese Prüfung erst nach 6 Monaten durchgeführt wurde. Dasselbe gilt für die Aneinanderreihungen in M-Form (Kapitel II). Durch die Ausmerzung dieses Faktors hat sich die qualitative Natur der erhaltenen Ergebnisse nicht verändert.

[7] Die richtigen Zeichnungen von Kindern der operativen Stufen III und IV lassen sich nicht unterscheiden, so daß wir sie mit III-IV bezeichnen.

[8] Siehe H. Sinclair, *Acquisition du langage et développement de la pensée,* Dunod, 1967.

[9] Darunter die 3 Fälle vom Typus III, die keine Fortschritte machen konnten.

[10] C. Florès, *La mémoire* in Fraisse und Piaget, *Traité de psychologie expérimentale* (Presses Universitaires de France).

Kapitel II

Das Gedächtnis einer Reihenanordnung in M-Form[1]

Zwei Überlegungen haben uns dazu bewogen, das Gedächtnis der Reihenanordnung weiter zu untersuchen. Dabei entschieden wir uns für eine Erinnerung an eine Figur in M-Form mit zwei Aneinanderreihungen, einer absteigenden und einer aufsteigenden, aus insgesamt 11 Elementen (Figur 4)[2]. Die erste Überle-

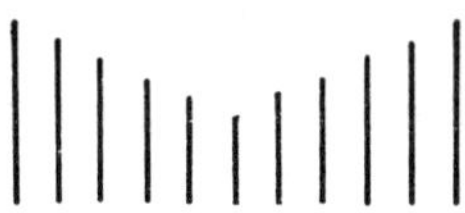

Figur 4

gung war subjektiv oder, falls man dieses Wort vorzieht, moralisch: Entdeckt man ein so unerwartetes Ergebnis wie einen Fortschritt der Erinnerungen nach sieben bis acht Monaten, wie im letzten Kapitel beschrieben, so beginnt man zu zweifeln («das wäre zu schön, um wahr zu sein»). Eine Überprüfung an einer ähnlichen Figur drängt sich auf. Der zweite Grund war das Bedürfnis, die Faktoren auseinanderzuhalten. Die Aneinanderreihung ist, nach unserer Auffassung, eine Operation im eigentlichen Sinne des Wortes, denn ihre Durchführung setzt eine gewisse Reversibilität in Form einer Koordination zwischen den aufsteigenden Beziehungen ($E < F, G \dots X$) und den absteigenden Beziehungen ($E > D, C \dots A$) voraus. Zudem haben wir den Fortschritt der Erinnerungen im Zeitraum zwischen einer Woche und acht Monaten einer spontanen (das heißt außerhalb des Labors eingetretenen) Entwicklung dieses operativen Schemas zugeschrieben. Möglicherweise spielen jedoch andere Faktoren mit, ein Fortschritt im Sinne der Gestalten und «guten Formen» zum Beispiel. Die M-Figur vergrößert die operative Schwierigkeit beträchtlich, obwohl sie ebenfalls eine gute und sogar symmetrische Form darstellt. Will man sie durch eine Zeichnung oder materiell mit Stäbchen konstruieren, so muß man von einer Folge von Beziehungen $A > B > C \dots > M$ (Mittelglied) zu einer Folge von reziproken Beziehungen $M < N < O < P$ usw. übergehen. Diese Richtungsumkehrung stellt, wie wir sehen werden, Probleme. Deshalb schien es uns nützlich zu sein, die Arbeit des

ersten Kapitels mit einer verwandten, aber unter dem operativen Gesichtspunkt komplexeren Figur wiederaufzunehmen: Findet man nach einigen Wochen abermals einen Fortschritt in der Erinnerung, so ist das ein weiterer gewichtiger Hinweis zugunsten der vorgeschlagenen Interpretation.
Wir haben 61 Kinder im Alter zwischen 3 und 6 Jahren nach einer ähnlichen Technik wie im ersten Kapitel untersucht. Der Hauptunterschied bestand darin, daß sie nicht nach 8, sondern nach 2½ Monaten (10 Wochen) neu geprüft wurden. Wir wollten sehen, ob eine allgemeine Entwicklung von kürzerer Dauer ebenfalls zu sichtbaren Fortschritten führen würde.

1. *Technik und Zeichnungstypen*

Die vorgelegte Figur besteht aus 11 Holzstäbchen von 9 bis 16,2 cm Länge. In der ersten Sitzung wird sie nur präsentiert, aber man sagt dem Kind, es solle sie gut ansehen, damit es sie später zeichnen könne. Eine verbale Beschreibung wird nicht verlangt. Die zweite Sitzung findet eine Woche später statt, wobei man folgendermaßen vorgeht (am Beispiel eines Kindes von 5; 2 Jahren): «Erinnerst du dich, was ich dir letzte Woche gezeigt habe? – Ja – Was war es? – Stäbchen – Wie waren sie? – Sie waren lang – Auch anders? – Große, mittlere, kleine – Also, zeichne mir, wie sie waren.» In einer dritten Sitzung, etwa 10 Wochen später, geht man gleich vor. Eine vierte Sitzung ist dem Wiedererkennen vorbehalten. Man zeigt dem Kind 10 Zeichnungen zur Auswahl. Die Stäbchen sind in natürlicher Größe gezeichnet. Neben der richtigen Anordnung gibt es auch Zeichnungen mit den verschiedenen Erinnerungstypen, die man im allgemeinen beobachtet. In der zwölften Woche schließlich (aber nicht in der elften, um eine mögliche Beeinflussung durch die vierte Sitzung zu vermeiden) prüft man die operative Aneinanderreihung. Man läßt das Kind mit 10 Stäbchen eine einfache Reihe – und nicht die M-Form – konstruieren.
Untersuchen wir zunächst die erhaltenen Zeichnungstypen und versuchen wir, sie aufgrund ihrer Originaltreue zu ordnen. Das ist in den großen Zügen einfach, bereitet aber bei bestimmten Unterkategorien gewisse Schwierigkeiten.
Ein Typ I besteht aus lauter gleich langen, senkrechten Strichen (Figur 3 im Kapitel I). Also ein Fehlen jeder Seriation und sogar jeder Aufteilung in Unterklassen von gleicher Größe (lange und kurze usw.).

Typ II äußert sich in Dichotomien, wobei die elementaren Formen II A (Figur 5) mit den II A im Kapitel I (Figur 3) identisch sind. Diesbezüglich wollen wir festhalten, daß alle bei der gewöhnlichen Aneinanderreihung beschriebenen Zeichnungstypen auch bei der M-Form auftreten, ausgenommen die Trichotomie: die Typen II B und II C (Figur 5) bestehen nicht wie II A nur aus zwei Elementgrö-

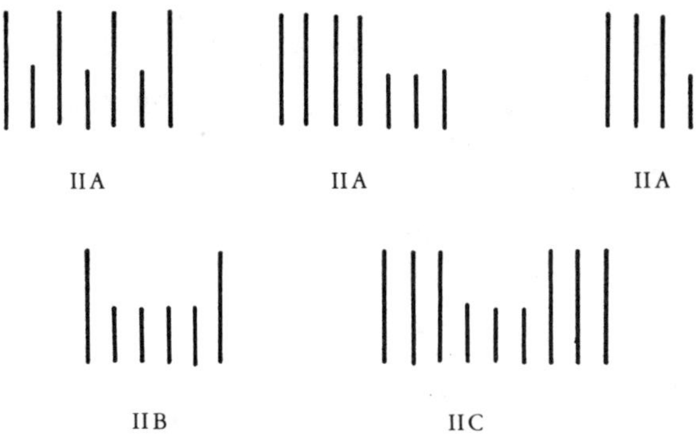

Figur 5

ßen, sondern sie weisen 3 Segmente auf, um das M zu evozieren. Die Untertypen II B und II C sind sicher weiter fortgeschritten als II A; da sie aber nicht häufig vorkommen, muß man für sie keine besonderen Kategorien schaffen: 1 II B und 2 II C gegenüber 8 II A nach einer Woche und 4 II B und 4 II C gegenüber 12 II A nach 10 Wochen. Wir konnten nicht entscheiden, ob diese Untertypen II B und II C oder der Untertyp III A, eine einfache Seriation, höher stehen (oder ob sie untereinander gleichwertig sind). Das Merkmal Aneinanderreihung als solches steht höher als die Dichotomie, doch die Linie zwischen den Spitzen der drei Segmente von II B und II C steht höher als eine einfache Aneinanderreihung.

Glücklicherweise (das sei betont) mußten wir diese Entscheidung nie fällen, denn die 6 Kinder der Stufe III A nach zehn Wochen hatten nach einer Woche entweder ebenfalls eine einfache Seriation oder andere Formen als II B und II C gezeichnet.

Typ III ist daran zu erkennen, daß er Aneinanderreihungen von mindestens 3 (bis 7 oder 16) Elementen und keine Dichotomien mehr enthält. Er umfaßt vier Untertypen: eine einfache Aneinanderreihung (III A), zwei Aneinanderreihungen nebeneinander (III B), eine Aneinanderreihung gefolgt von einem langen

Element (III C) und eine Aneinanderreihung gefolgt von 2 oder 3 aufsteigenden Elementen, die aber immer deutlich weniger zahlreich sind als die absteigenden Elemente (III D).

Die Evokationen vom Zeichnungstyp III zeugen ganz allgemein von der Schwierigkeit der Kinder, die Richtung der Aneinanderreihung umzukehren, wenn die rechte Hälfte des M beginnt. Ein Mädchen von 6; 3 Jahren beispielsweise beginnt mit dem Typ III B, jedoch mit vier absteigenden Seriationen hintereinander. Es ist aber nicht befriedigt, sondern sagt: «In der Mitte hatte es ein ganz kleines Stäbchen: es hatte dort eine Spitze.» Es beginnt noch einmal, aber es bringt keine andere Zeichnung fertig. Nach zehn Wochen dasselbe, aber am Ende fügt es ein langes Element hinzu (Typ III C) «von gleicher Größe wie das erste». Darauf zeichnet es eine absteigende Aneinanderreihung von 4 Elementen,

Figur 6

an die 4 gleich lange (gleich lang wie das letzte der Reihe) anschließen, die aber so angeordnet sind, daß ihre Basislinie aufsteigt. Am Ende fügt es ein Stäbchen an, das gleich lang wie das erste ist und von der gleichen Basislinie ausgeht. Dieses Beispiel von vielen zeigt diese operative Schwierigkeit, die Richtung der Reihe in der zweiten Hälfte des M umzukehren, und die gedächtnishafte Schwierigkeit, sich durch ein klares Erinnerungsbild das Ergebnis dieser Operation vorzustellen. Wir sagen bewußt «gedächtnishaft» und nicht nur zeichnerisch, denn das Mädchen (und das ist nur ein Beispiel) konnte sich auch beim Wiedererkennen nicht zwischen dem richtigen Modell und einer Figur in X-Form (doppelte Symmetrie links-rechts und oben-unten) entscheiden. Andere Kinder vom Typ III wählen ebenfalls beim Wiedererkennen eine Zeichnung vom Typ III.

Beim Untertyp III A, der einfachen Aneinanderreihung, die – wie gesagt – schwierig gegen II B und II C abzuwägen ist, wollen wir jetzt sagen, weshalb wir ihn zusammen mit III B in diesselbe Kategorie wie III C und III D stellen. Zwei Gruppen von Kindern fertigen Zeichnungen vom Typ III A an (insgesamt 4 nach einer und 6 nach 10 Wochen). Die eine Gruppe zeichnet diese Reihen bei den beiden Evokationen und wählt sie auch beim Wiedererkennen aus, als ob das Modell in M-Form dauerhaft auf seine erste Hälfte reduziert worden wäre, weil es zu komplex war. Die andere Gruppe, und diese Fälle sind instruktiver, geht von III A zu III C oder III D über, wobei aber das Wiedererkennen eine höhere Stufe erreicht (IV A oder V). Auch bei der Evokationszeichnung sind Übergänge von III A zu IV B oder V möglich. Die Fälle von III B führen zu ähnlichen Überlegungen (siehe Abschnitt 3).

Der Typ IV wirft ein anderes Problem auf, wobei es sich aber nur um 5 Kinder nach einer Woche und 6 nach 10 Wochen handelt. Diese Kinder schreiben zumindest in ihrer Erinnerung dem präsentierten Modell eine für uns unvorhergesehene Bedeutung zu: Schmetterling (IV A), Dach (IV B und IV C) oder ein M

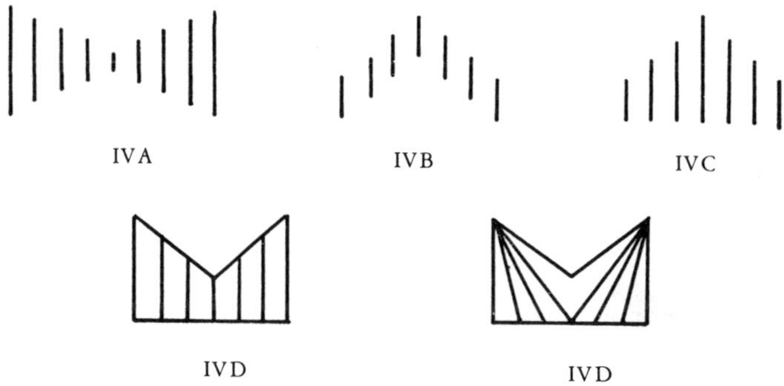

Figur 7

(IV D). Man könnte deshalb diese Zeichnungen für eine besondere, von den anderen verschiedene Kategorie halten. Doch jede räumliche Form kann solche Eigenschaften erhalten, ohne daß dies die operativen Schemata ihrer Konstruktion ändern würde: die einfache Aneinanderreihung zum Beispiel wird ziemlich allgemein «Treppe» genannt. Und der «Schmetterling» IV A, den wir unter die Figuren für den Wiedererkennungstest aufgenommen haben, wird bisweilen als Abbild des Modells auch von Kindern gewählt, die ihn vorher nicht evoziert haben und ihm keine besondere Bedeutung zumessen. Schließlich dienen diese Figuren, ohne notwendig einen Übergang zwischen den Typen III und V darzustellen, oft als Mittelglieder, und sie stellen Schematisierungen dar, die an sich

wieder interessant sind: Der Untertyp IV A ist nur eine Duplikation des wirklichen Modells mit Symmetrie oben–unten und Auslassung der horizontalen Basislinie; die «Dächer» IV B und IV C sind Umkehrungen des Modells (IV B zusätzlich mit Auslassung der Basislinie). Der Untertyp D (links) ist richtig, nur daß Spitzen und Basis mit einer Verbindungslinie umschlossen sind. Die andere Form des Untertyps D (rechts) ist ebenfalls interessant: Das Kind hatte Mühe (man hat es gesehen), die absteigende Aneinanderreihung zu einer aufsteigenden umzukehren. Hier gelingt es ihm, indem es die aneinanderzureihenden Elemente schräg stellt und sie in den beiden Spitzen des M zusammenlaufen läßt.
Der Typ V schließlich stimmt mit dem Modell überein. Neben den vollständig gleichen Reproduktionen stellen wir auch Zeichnungen mit zwei (anstatt einem) mittleren Elementen, einem kleinen Zwischenraum in der Mitte oder mit zu vielen Elementen in diese Kategorie, sofern nur die Elemente symmetrisch oder fast symmetrisch angeordnet sind.

2. *Die allgemeinen Ergebnisse*

Bevor wir im einzelnen die Fortschritte und die Regressionen zwischen der ersten und zehnten Woche vergleichen, wollen wir untersuchen, wie die eben unterschiedenen fünf Erinnerungstypen entsprechend der operativen Stufe der Kinder verteilt sind.
Geprüft wurden 4 Dreijährige und 57 Vier- bis Sechsjährige, je etwa 20 pro Jahrgang. Teilt man sie nach ihrer operativen Stufe ein, was interessanter als die Alterseinteilung ist, so findet man bei der Prüfung mit einer einfachen Aneinanderreihung (siehe 1. Abschnitt im Kapitel I) 10 Kinder im Stadium I, 8 im Stadium II, 28 im Stadium III und 9 im Stadium IV. Die übrigen 6 Kinder (2 Vier-, 3 Fünf- und 1 Sechsjährige) haben sich als unklassierbar erwiesen, weil sie zu sehr von der Erinnerung an die Aneinanderreihung in M-Form beherrscht sind und diese bei der Schlußprüfung mit der einfachen Aneinanderreihung, die Aufschluß über ihre Operativität geben soll, verwechseln. Da diese Prüfung in der zwölften Woche stattfand, konnten wir unsere Bestände nicht mehr mit Kindern der Stadien II und IV ergänzen. Die folgenden Tabellen enthalten deshalb Prozentzahlen, um trotz der geringen Zahl an Stadien II und IV einen Vergleich zu ermöglichen (die absoluten Zahlen stehen in Klammern):

Tabelle III

Vergleich der Erinnerungen nach einer Woche und nach 2½ Monaten

Erinnerungstypen . .	Erste Woche					10. Woche					
	I	II	III	IV	V	I	II	III	IV	V	*N*
Stadien:											
I	80 (8)	20 (2)	0	0	0	30 (3)	70 (7)	0	0	0	(10)
II . . .	25 (2)	62,5 (5)	12,5 (1)	0	0	0	50 (4)	37,5 (3)	12,5 (1)	0	(8)
III . . .	11 (3)	11 (3)	53 (15)	11 (3)	14 (4)	3,5 (1)	11 (3)	36 (10)	11 (3)	38,5 (11)	(28)
IV . . .	0	0	78 (7)	0	22 (2)	0	0	22 (2)	11 (1)	67 (6)	(9)
Unklassierbar .	0	(2)	0	(1)	(3)	0	(2)	0	(1)	(3)	(6)
Total . .	(13)	(12)	(23)	(4)	(9)	(4)	(16)	(15)	(6)	(20)	

Eine Vorbemerkung drängt sich auf: Von den 9 Kindern im operativen Stadium IV geben nur 2 in der ersten und 6 in der zehnten Woche richtige Zeichnungen V ab, während bei der gewöhnlichen Aneinanderreihung alle Kinder dieses Stadiums IV vollständig richtige Zeichnungen vorgewiesen hatten. Daraus ergibt sich, daß die Aneinanderreihung in M-Form schwieriger ist. Das bestätigt aber auch, daß wir mit Recht kontrolliert haben, ob die Erinnerung an diese Anordnung ebenfalls von den operativen Schemata abhängig ist und im Zeitraum von einigen Wochen Fortschritte macht.

In diesen beiden Punkten scheinen die in der Tabelle 3 festgehaltenen Ergebnisse eindeutig zu sein. Obschon das operative Stadium aufgrund der einfachen Aneinanderreihung und nicht der M-Form (für diese Aneinanderreihung sind die Stadien offensichtlich dieselben, aber das Durchschnittsalter verschiebt sich etwas) bestimmt worden war, sieht man sowohl nach einer als auch nach zehn Wochen deutlich die Beziehung zwischen den Erinnerungstypen und der Operativitätsstufe, obwohl diese Kinder die Reihe in M-Form nicht konstruieren mußten, sondern nur einige Augenblicke lang ansahen. Erinnern wir uns auch daran, daß sich die Methode auf ein Minimum beschränkte: keine Beschreibung der Vorlage und keine Fragen.

Das auffallendste Ergebnis (wir kommen im nächsten Abschnitt ausführlich darauf zurück) ist der beträchtliche Erinnerungsfortschritt zwischen einer und zehn

Wochen. Wir wollen uns hier mit zwei Bemerkungen begnügen. Der Fortschritt wird global durch die Summen unter den beiden Tabellenhälften bestätigt. Vergleicht man das Total der Reaktionstypen nach einer und nach zehn Wochen, so stellt man für die Typen I bis V Unterschiede von jeweils –9, +4, –8, +2 und +11 fest: offensichtlich eine Veränderung in Richtung höherer Typen, denn die Typen I und II zusammen nehmen in dieser Zeit von 25 auf 20 Fälle ab, während die Typen IV und V von 13 auf 26 Fälle zunehmen. Unsere Abstufung mag im einzelnen zu berechtigter Kritik Anlaß geben, insgesamt ist sie aber in Ordnung. Die diskutablen Typen III A und III B spielen, wie wir gesehen haben, diesbezüglich keine störende Rolle.

Man stellt aber auch fest, wie sehr die Fortschritte von den operativen Stadien abhängig sind. Im Stadium I sind alle Gedächtniszeichnungen nach einer Woche vom Typ I und II; nach zehn Wochen noch immer, aber in einem ganz anderen Verhältnis, nämlich 3 I und 7 II anstelle von 8 I und 2 II. Im Stadium II findet man nach einer Woche die Zeichnungstypen I bis III, nach zehn Wochen hingegen II bis IV. Im Stadium III ist der Fächer (zum Teil auch wegen der größeren Anzahl Kinder) breiter, und er bleibt es auch nach zehn Wochen, doch wiederum in einem anderen Verhältnis. Bei den Kindern des Stadiums IV schließlich nimmt die Zahl der richtigen Zeichnungen von 2 auf 6 zu, was auf insgesamt 9 Kinder einen größeren Fortschritt darstellt als bei allen vorhergehenden Stadien.

3. Die einzelnen Veränderungen im Zeitraum zwischen einer und zehn Wochen und das Wiedererkennen

Von den 61 Kindern der Tabelle 3 bleiben 34 auch nach 10 Wochen beim selben Zeichnungstyp I bis V, ja sogar beim gleichen Untertyp wie nach einer Woche: 56% sind somit stationär. 4, also 6%, weisen eine Regression auf. Die übrigen 23 (38%) zeigen nach 2½ Monaten einen Erinnerungsfortschritt in Form einer besseren Übereinstimmung mit dem präsentierten Modell.

Dieses Ergebnis scheint mit den Feststellungen bei der einfachen Aneinanderreihung in Einklang zu stehen. Zwar hatten dort 29 von 39 Kindern, also 74%, nach sieben oder acht Monaten einen Fortschritt erkennen lassen: doch es handelte sich um eine einfachere operative Struktur, und der Zwischenraum zwischen den beiden Evokationen war dreimal größer. Diese lange Frist, die normalerweise das

Gedächtnis abschwächen würde, entwickelt im Gegenteil das operative Schema, das die Erinnerung trägt, und verbessert folglich diese. Es ist deshalb verständlich, daß bei einem kürzeren Zwischenraum und bei einem komplexeren Modell der Anteil der Fortschritte von 74 auf 38% zurückgeht. Es ist sogar erstaunlich, daß die Fortschritte so zahlreich bleiben. Man muß deshalb sorgfältig prüfen, worin sie bestehen.

Eine zweite Tatsache stimmt ebenfalls mit der einfachen Aneinanderreihung überein, daß sich nämlich diese Fortschritte allmählich und nicht in großen Sprüngen einstellen. Das spricht wieder für fortschreitende Verbesserungen aufgrund der verfügbaren Schemata und gegen ein Wirken zunächst unbewußt gebliebener Bilder, die sich mit Verzögerung enthüllen (im wirklichen Sinne des Wortes) würden. Die 23 Fortschritte verteilen sich wie folgt:

I zu II A (6), I zu II C (1), I zu III A (1), I zu III B (1);
II A zu II C (1);
III A zu III C dann III D (1), III A zu III D (1), III A zu IV B (1), III A zu V (1);
III B zu III C (und fast V:1), III B zu V (2);
III D zu IV A (1), III D zu V (4);
IV A zu V (1).

Sprünge von einem Erinnerungstyp zum übernächsten gibt es, wie man daraus ersieht, nur von I zu III A oder III B, also von gleich langen Elementen zu einfachen Aneinanderreihungen, von III A oder III B zu V, also von der einen Hälfte der Vorlage zur Symmetrie, und vor allem von III D zu V (4 Fälle), also von einem Modell mit unvollständiger rechter Seite zum vollständigen Modell.

Bezüglich der Fortschritte und Regressionen im Vergleich mit den operativen Stadien findet man[3]:

Tabelle IV

Veränderungen der Erinnerungen nach 10 Wochen (in absoluten Zahlen)

Stadien	I (10)	II (8)	III (28)	IV (9)	Unklassierbar (6)	Total (61)
Fortschritte	5	3	8	5	2	*23*
Stationär	4	4	19	3	4	*34*
Regressionen	1	1	1	1	0	*4*

Alle Fortschritte im Stadium I bestehen in Übergängen vom Zeichnungstyp I zum Typ II A, anders gesagt: von der Gleichheit aller Elemente zur Dichotomie in lange und kurze, aber noch ohne Krümmung der Spitzenlinie wie bei II B oder II C.

Die für das Stadium II charakteristischen Fortschritte stellen hingegen Übergänge von I zu II C oder III A (einfache Aneinanderreihung) oder von III A zu III D dar, in allen drei Fällen somit eine Differenzierung der Elemente und in zwei Fällen eine Andeutung der gebrochenen Spitzenlinie. Diese beiden Merkmale finden sich auch im Stadium III, vor allem aber ein Übergang von III D zu V, das heißt eine Vervollständigung des Modells, dessen Entwurf bei III D begonnen hatte.

Im operativen Stadium IV bestehen alle Fortschritte in einem Übergang vom Typ III zu den Typen IV B und V.

Diese Fakten insgesamt weisen auf einen schrittweisen Fortschritt hin, der eher einer Entwicklung gleicht als einem Alles-oder-nichts-Mechanismus oder einer Addition von Informationen. Betrifft aber diese Entwicklung, die sich einem mehr oder weniger langsamen oder schnellen Ausgleich der Schemata zuschreiben läßt, tatsächlich die Erinnerung? Man muß unweigerlich immer wieder an eine einfachere Interpretation denken: Daß zwar die Schemata selbst durchaus Fortschritte machen, daß sich dieser aber in einer Verbesserung der Zeichnung und nicht der Erinnerung äußert. Weil das Kind von einem Modell eher das zeichnet, was es weiß oder begreift, als das, was es davon sieht, würde das mit anderen Worten heißen, daß die Erinnerung als visuelles Bild der M-Reihe besser bleibt, als es scheint. Sie wäre aber zunächst nicht in die Zeichnung übersetzbar, würde diese jedoch später leiten und ausrichten, sobald sie infolge der allgemeinen Entwicklung imstande ist, sich besser auszudrücken. Kurz gesagt: Es gibt zwar Fortschritte durch Ausgleich der Schemata, aber er äußert sich bei den beobachteten Reaktionen in einer Verbesserung der Zeichnung und nicht der Erinnerung. Diese kann als Bild ausgezeichnet erhalten bleiben, ohne durch die beschriebenen Techniken entdeckt zu werden.

Um (unter anderem) zwischen diesen beiden Hypothesen entscheiden zu können, haben wir die Kinder in der zwölften Woche, also eine Woche nach der zweiten Evokation, auf ihr Wiedererkennen geprüft. Wir legten ihnen zehn Zeichnungen zur Auswahl vor, wobei die Stäbchen in natürlicher Größe abgebildet waren. Die Zeichnungen waren von den Typen I, II A, II B, II C, III A, III B, III C, III D, IV A und V. Die 10 Drei- bis Vierjährigen (Stadium I) konnten nicht nach dieser Methode geprüft werden, sondern nur die Stadien II bis IV, die aber am interessantesten sind. In der Tabelle 5 sind auch die 6 Kinder berücksichtigt, die wir vorsichtshalber für unklassierbar erklärt haben, weil sie bei der operativen Prüfung eine Reihe in M-Form konstruierten (5) oder die frühere Zeichnung vom Typ II A reproduzierten (1). Man darf deshalb annehmen, ein Kind sei im Stadium II, die 5 anderen im Stadium IV.

Das Wiedererkennen durch Auswahl unter zehn Zeichnungen hat folgendes ergeben (W > E bedeutet, daß das Wiedererkennen nach 11 Wochen besser war als die Evokation nach 10 Wochen)[4].

Tabelle V

Wiedererkennung nach 11 Wochen

Typ der gewählten Figuren	I	II	III	IV	V	*W > E*	*W = E*	*W < E*	*N*
Stadien:									
II	0	12 (1)	50 (4)	12 (1)	25 (2)	4	2	2	8
III	4 (1)	4 (1)	18 (5)	14 (4)	60 (17)	10	16	2	28
IV	0	0	11 (1)	11 (1)	77 (7)	2	6	1	9
Unklassierbar	0	16 (1)	0	0	83 (5)	1	5	0	6
Total	(1)	(3)	(10)	(6)	(31)	17	29	5	51

Trotz der Fortschritte zwischen der ersten und der zehnten Woche wird das richtige Modell V nur von drei Fünftel der Kinder wiedererkannt. Nun ist aber bekannt (und alle Untersuchungsergebnisse sind sich in diesem Punkt einig), daß das Wiedererkennen ursprünglicher und leichter als die Evokation ist. Das Wiedererkennen ist somit leichter auszuführen und zu behalten als das Erinnerungsbild, insofern es inneres Vorstellungsbild ist, und nicht nur leichter als die Zeichnung an sich. Die Tabelle 5 scheint somit die Hypothese auszuschließen, wonach alle oder fast alle Kinder ein genaues Erinnerungsbild des Modells bewahrt hätten, während die beobachteten Lücken und vor allem die festgestellten Fortschritte nur von zeichnerischen Faktoren herrühren würden.

In der linken Tabellenhälfte ist die deutlich sichtbare Tatsache bedeutsam, daß sich das Wiedererkennen – wie die Evokation – zusammen mit den operativen Stadien des Kindes entwickelt: die Hälfte der Kinder im Stadium II wählt noch

Figuren vom Typ III. Dieses Verhältnis bessert sich später, die Wahl des richtigen Modells nimmt mit dem operativen Stadium zu (im Stadium I wäre das zweifellos noch deutlicher herausgekommen, falls man die Prüfung mit diesen Kindern hätte durchführen können).

Bezeichnenderweise ist das Wiedererkennen nur in 17 von 51 Fällen der Evokation überlegen. In 29 Fällen sind beide gleich, in 5 Fällen ist die Evokation voraus. Vergleicht man diese Tabelle mit den Ergebnissen der Evokation (Tabelle 3), so sieht man, daß das richtige Modell V nur von 31 Kindern gewählt wird, verglichen mit 20 richtigen Evokationen in der zehnten Woche: der Vorsprung beläuft sich also nur auf 11 Fälle.

Alles in allem scheinen deshalb die in diesem Kapitel beschriebenen neuen Fakten die Interpretationen des ersten Kapitels zu bestätigen: die Fortschritte in der Erinnerung an die Reihenanordnung scheinen eine Tatsache zu sein, und diese Verbesserungen lassen sich schwerlich irgendeinem unbewußten Bild zuschreiben, das die Evokationen und die Zeichnungen lenken würde. Die enge Beziehung zwischen den Erinnerungen und den operativen Schemata des Kindes scheint im Gegenteil darauf hinzuweisen, daß deren spontaner Ausgleich durch eine Kombination von Übung und innerem Kohärenzbedürfnis die Erinnerung organisiert. Er würde im besonderen Fall der Aneinanderreihungen die außergewöhnlichen Fortschritte erklären, die in diesem Sonderbereich möglich geworden sind, weil sich die Faktoren der figurativen Akkommodation und der operativen Assimilation leicht miteinander harmonisieren lassen.

Anhang

G. Voyat hat sich eine andere Kontrolle als die M-Form ausgedacht, um die Ergebnisse der einfachen Aneinanderreihung zu bestätigen, und in Boston (USA) an 48 Kindern im Alter zwischen 4 und 8 Jahren geprüft. Das Experiment des ersten Kapitels wird wiederholt, aber die 10 Stäbchen werden mit 10 verschiedenen Farben angemalt. Die Erinnerungen werden unmittelbar anschließend, nach einer Woche und nach einem Monat zuerst als Farbstiftzeichnung (dem Kind werden rund 20 verschiedene Farbstifte zur Verfügung gestellt) und dann als Bleistiftzeichnung festgehalten.

Die Ergebnisse dieser Prüfung (G. Voyat wird sie ausführlich publizieren) sind eindeutig. Die Farben werden einerseits nur schlecht behalten (eine oder zwei richtige, und nur 2 Kinder mit 5 richtigen Entsprechungen), und sie entwickeln sich nicht mit dem Alter. Andererseits senken sie die operative Stufe der Kinder ein wenig: prüft man die Stadien durch Seriation nach der Größe, so kommen nach der Bleistiftzeichnung an Stadium IV vor: 0% der Vier-, 35% der Fünf-, 85% der Sechs- und 87% der Siebenjährigen; aber nach der Farbstiftzeichnung (unabhängig von der Genauigkeit der Farben): 0% der Vier-, 26% der Fünf-, 67% der Sechs- und 77% der Siebenjährigen. In keinem dieser Fälle ist die Farbstiftzeichnung der Bleistiftzeichnung überlegen: in 71% sind beide gleich, bei 29% ist die Bleistiftzeichnung (nur unter Berücksichtigung der Aneinanderreihung) der Farbstiftzeichnung überlegen.

Nach einem Monat findet man folgende Reaktionen (F = Fortschritt, G = Gleichheit, R = Regression) in % der Kinder:

Tabelle VI

	Seriation nach Größe			*Erinnerung der Farben*		
	F	*G*	*R*	*F*	*G*	*R*
4 Jahre (N = 9)	55	45	0	0	55	45
5 Jahre (N = 15)	25	75	0	26	54	20
6 Jahre (N = 9)	23	77	0	0	30	70
7 Jahre (N = 15)	30	70	0	13	40	45
Durchschnitt	33	67	0	9	44	65

Schon nach einem Monat läßt also ein Drittel der Kinder bei der Aneinanderreihung Fortschritte erkennen. Die Kinder, deren Bleistiftzeichnung der Farbstiftzeichnung überlegen war, machen größere Fortschritte, als ob die Ausmerzung dieses willkürlichen Faktors Farbe die Strukturierung des Aneinanderreihungsschemas fördern würde.

[1] Unter Mitarbeit von H. Sinclair, M. Levret und M. Depotex.

[2] Wir sprechen abgekürzt von M-Form, weil zahlreiche Kinder diesen Ausdruck spontan verwendet haben.

[3] Man erinnert sich: es handelt sich um die Stadien der einfachen Aneinanderreihung, die erst in der zwölften Woche bestimmt worden sind.

[4] In der linken Hälfte ist die Zahl der Kinder in Prozenten angegeben (in Klammer die absolute Zahl N).

Kapitel III

Die Erinnerung an äquivalente numerische Mengen, die in verschiedenen Reihen angeordnet sind[1]

Diesem Werk liegt der zentrale Gedanke zugrunde, daß der Mechanismus des Gedächtnisses funktionell nicht nur mit dem Erfolg oder den Schwierigkeiten der Verschlüsselung oder der Entzifferung zusammenhängt, sondern grundsätzlich auch von der Natur des zu diesem Zweck verwendeten Codes abhängig ist. Dieser Code ist nicht durch alle Altersstufen hindurch unveränderlich, sondern er verändert und verbessert sich aufgrund der präoperativen oder operativen Strukturen, also der Intelligenzschemata, über die das Kind verfügt. Je nach den Eigenschaften dieser Schemata können die zur Verschlüsselung vorgelegten Modelle Erinnerungen wachrufen, die sich mit den Fortschritten der Schemata selbst verbessern (so bei der Aneinanderreihung in den beiden ersten Kapiteln), oder auch systematische Verformungen (wie bei den korrespondierenden Längen: Kapitel IV) oder ein ungenaues oder genaues Behalten auslösen – wegen der Bewußtwerdung nicht einer Struktur, sondern nur eines durch die verfügbaren Schemata aufgeworfenen Problems (wie bei den Ungleichheiten im Wasserstand: Kapitel XIV). In einer solchen Betrachtungsweise, wo die Etappen des Gedächtnisses ziemlich eng mit den Stufen der operativen Entwicklung verbunden sind, mußte man natürlich untersuchen, ob den aufeinanderfolgenden Stadien bei der Lösung eines Problems der operativen Erhaltung verschiedene Stadien in der Organisation der Erinnerung entsprechen.

Es ist allerdings recht schwierig, ein Erhaltungsproblem in Erinnerungsbilder zu übertragen, denn die Lösung dieses Problems hängt wesentlich vom Verstehen der Transformationen als solchen (die verbal usw. zum Ausdruck gebracht werden) und nicht von den Anordnungen ab: Entweder muß man sich an Erinnerungen von Ideen oder verbalen Aussagen halten, oder man besteht auf den Anordnungen. Das kann auf den präoperativen Stufen der Nichterhaltung interessant sein, wird aber auf den – wichtigeren! – Stufen des Verständnisses bedeutungslos.

Unsere früheren Versuche bezüglich der Zahl (mit A. Szeminska) betrafen die Erhaltung der Äquivalenzen zwischen Reihen, die anfänglich in optischer Zuordnung (die einander entsprechenden Glieder lagen jeweils untereinander) angeordnet waren und anschließend anders verteilt wurden (die Glieder der einen Reihe wurden auseinandergerückt, so daß die Reihe länger wurde). Davon ausgehend, kann man sich, ohne das Problem der Erhaltung an sich zu stellen, eine Gedächtnisprüfung ausdenken, die sich auf die Zuordnungen als solche bezieht, deren Ergebnisse, und gerade das wollen wir untersuchen, ziemlich stark von der Nichterhaltungs- oder Erhaltungsstufe abhängen können, die das Kind erreicht hat.

1. Technik und Problemstellung

Man präsentiert ein Modell (Figur 8), das aus drei verschiedenen, aber äquivalenten Reihen blauer Spielmarken besteht: A, B und C. Zunächst läßt man die mögliche Beziehung zwischen den roten Vergleichsmarken (R) und der Bezugsreihe B feststellen, indem man jede blaue Spielmarke von B auf eine rote Spielmarke von R legen läßt. Dann fragt man, ob man alle blauen Spielmarken der Reihe A mit den gleichen roten Spielmarken R bedecken kann (Antizipierung I), und läßt es anschließend tun. Dieselbe Frage (= Antizipierung II) für die Reihe C. Schließlich fragt man das Kind nach der numerischen Gleichheit oder Ungleichheit («ebenso viele Spielmarken oder nicht?») der Reihen A, B und C. Einige Minuten, dann eine Woche und schließlich einige Monate später verlangt man: 1. eine Evokation durch Erzählen und Zeichnen; und 2. eine Rekonstitution mit den Spielmarken. Um die operative Stufe des Kindes zu bestimmen, läßt man es (am Ende der zweiten Sitzung) den Versuch mit den Eiern und den Eierbechern durchführen: Vor 8 bis 10 Eierbecher werden ebenso viele Eier gelegt, wie es braucht, um alle zu füllen; dann werden die Eier zu einer längeren Reihe auseinandergerückt, worauf man das Kind fragt, ob es noch immer genügend, zu viele oder zu wenig Eier habe.

Die ein-eindeutige Zuordnung bewirkt von durchschnittlich 6½ Jahren an (75% der Kinder) eine operative Erhaltung der Äquivalenz. Die beobachteten Stadien lassen sich an folgenden Merkmalen erkennen: 1. Abschätzung der Quantität nur aufgrund der Länge der Reihen, ohne Zuordnung von Glied zu Glied; 2. Abschätzung nur aufgrund der optischen Zuordnung, die Zahl (Quote) kann sich verändern, wenn die Glieder auseinandergerückt werden und die Reihe so länger wird; 3. Erhaltung der Quote, aber nicht der Quantität («es sind 8 und 8 Marken vorhanden, aber hier macht das mehr»), falls die Glieder auseinanderge-

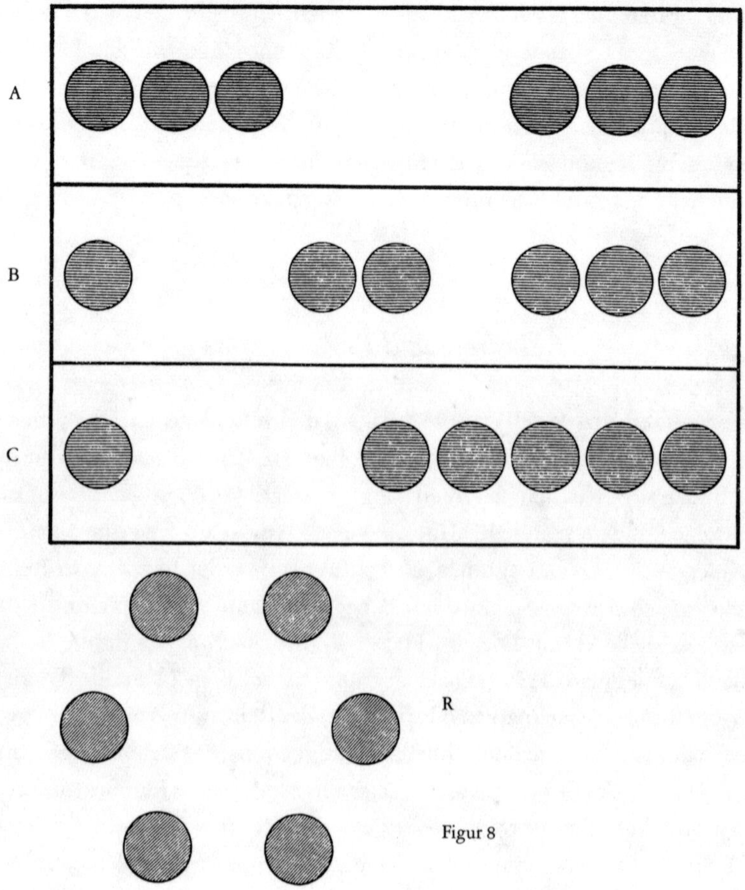

Figur 8

rückt werden; 4. Erhaltung der Quote und der Quantität (im Gegensatz zur Stufe 3 wird dann das Ganze aufgefaßt als gleich der Summe der Elemente). Selbstverständlich gibt es zwischen den einzelnen Etappen Zwischenstufen.

Aus diesen Stadien geht hervor, daß sich mit den nach unserer Technik vorgesehenen Fragen (Antizipierungen I und II) nach der Bedeckbarkeit die operative Stufe des Kindes nicht ganz bestimmen läßt. Nan (4:11) zum Beispiel antizipiert, nachdem er die Spielmarken R auf die Marken B gelegt hat, er könne auch die A («weil es genügend R hat») und ebenso die C («weil es viele davon hat») bedecken; die Reihen A («nicht viele»), B («wenige») und C («viele») bestehen hingegen für ihn nicht aus gleich vielen Elementen, und laut Eier-Eierbecher-Versuch befindet er sich im Stadium II. Bus (5:2) hält es für möglich, die A mit den R zu bedecken («weil es von beiden gleich viele gibt»), ebenso die C durch die R («weil ich weiß, wie viele es hat»); er folgert daraus die numerische Gleichheit A = B = C, aber er akzeptiert nicht die quantitative Gleichheit der Eier und der Eierbecher nach dem Auseinanderrücken, das heißt, er ist nicht sicher, ob auf jeden Eierbecher ein Ei kommt oder nicht (Stadium III).

Unsere Fragen nach der Bedeckbarkeit und der numerischen Gleichheit haben grundsätzlich den Sinn, die zu behaltenden Tatsachen im Gedächtnis des Kindes zu fixieren, ohne dadurch einen operativen Lernvorgang auszulösen, denn die festgestellten Tatsachen werden von jedem Kind an die Schemata seiner Stufe assimiliert. Unsere Hypothese nimmt an, daß die Erinnerung mehr von dieser operativen Stufe als von den aufgezeichneten «Eingängen» abhängt, und zwar dank der Wahrnehmung der Reihen, der Gegenüberstellung zwischen den Antizipierungen und der Kontrolle, die das Kind ausführt, indem es die sechs roten Spielmarken R auf die sechs blauen der Reihen A, B und C legt. Man könnte allerdings annehmen, die Informationen, welche das Kind dank seiner Wahrnehmung und vor allem durch die aufeinanderfolgenden Zuordnungsaktionen aufgenommen hat, würden den Kern dessen ausmachen, was beim Abruf aus der Reserve geholt wird. Doch man darf die Natur des Codes nicht vergessen, und gerade das ist unser Problem: Entweder ist der Code unveränderlich, sind unter dem qualitativen Gesichtspunkt die empfangenen Informationen in jedem Alter dieselben, sind die Unterschiede nur auf die Zahl der tatsächlich aufgezeichneten oder beim Abruf entzifferten Informationen zurückzuführen, wobei ihre Erhaltung in der Zwischenzeit eine noch offene Frage ist, oder aber der Code selbst verändert sich im Laufe der Entwicklung, so daß er von den Schemata (oder der Logik) des Kindes abhängt – und das ist eben unsere Hypothese. Die genannten Tatsachen sprechen bereits für ihre Wahrscheinlichkeit: Für Bus bewirken die Gleichheiten R = A, R = B und R = C auch die allgemeine Gleichheit A = B = C, die sich somit aus dem Vergleich der drei vorausgehenden Informationen von selbst ergibt; für Nan hingegen gilt zwar R = A, R = B und R = C, aber A, B und C sind dennoch ungleich, was entschieden einen anderen Code voraussetzt.

Wir wollen versuchen, von der bekannten operativen Stufe unserer Prüflinge aus die Form oder die mnemonische Stufe ihrer Evokations- und Rekonstitutionserinnerungen zu bestimmen. Dadurch können wir feststellen, in welchem Maße diese Erinnerungen von der mnemonischen Stufe abhängig sind oder nur bei den Wahrnehmungen oder Zuordnungen aufgezeichnete Tatsachen übersetzen.

2. *Die Formen und Stufen der Erinnerung*

Es ist zwar einigermaßen zu bewältigen, verschiedene Erinnerungsformen aufgrund der beobachteten Organisationstypen und ihrer Häufigkeit zu umschreiben, aber nichts ist so schwer, wie sie hierarchisch zu ordnen. Als natürlichste Antwort auf diese Frage scheint es sich aufzudrängen, den Grad an Wirklichkeitstreue dieser Erinnerungen, mit anderen Worten: ihren Gedächtnisertrag, zu messen. Doch diese Bestimmung ist in Wirklichkeit zum angenommenen «Code» relativ. Wenn zum Beispiel einige Kinder bei der Evokation oder Reproduktion die drei Reihen A, B und C in deutlich getrennte Untereinheiten aufteilen, ohne aber die numerische Gleichheit der Summen (6 = 6 = 6) zu berücksichtigen, während andere Kinder die drei Reihen mit Zuordnungen von Glied zu Glied, aber ohne Untereinheiten reproduzieren: welche Erinnerung ist dann wirklichkeitsgetreuer? Die Frage ist unlösbar, wenn man nicht den Code und seine mögliche Entwicklung berücksichtigt.

Eine andere Antwort könnte versucht werden, indem man sich auf die Entwicklung mit dem Alter stützt. Ein solches Kriterium schafft die Möglichkeit, die Stufen im operativen Bereich zu ordnen: Die Erhaltung der Quantität scheint dann auf einer höheren Stufe zu stehen als die Erhaltung der Quote, weil sie später in der Entwicklung ausgebildet wird. Nun ist es zwar richtig, daß die operativen Strukturen, mindestens bis in die Adoleszenz, mit dem Alter Fortschritte und keine Rückschritte machen, aber nichts beweist, daß das auch für das Gedächtnis gilt. Man kann es annehmen, aber das ist nur eine von drei möglichen Hypothesen. Eine zweite Hypothese würde von einem optimalen Alter ausgehen: mit 3 bis 5 Jahren zum Beispiel könnte das Gedächtnis besser sein als mit 10 oder 15 Jahren. Eine dritte Hypothese würde annehmen, daß die Erinnerungen im frühen Alter reicher, aber nicht so gut geordnet oder organisiert seien (der Abruf wäre deshalb eher launenhaft), bei älteren Kindern ärmer, aber dafür besser strukturiert seien. Die Altersstufen allein ergeben somit in keiner Weise ein ausreichendes Kriterium für die Stufen des Gedächtnisses.

Nehmen wir hingegen an, wir würden mit dem Alter verschiedene Organisationsstufen der Erinnerung finden, die verhältnismäßig deutlich ausgeprägt sind und jeweils bei einer gewissen Zahl von Kindern zu sehen sind. Nehmen wir weiter an, diese Typen würden bestimmte Beziehungen zur operativen Stufe dieser Kinder aufweisen, wie sich bei der Aneinanderreihung ziemlich deutlich gezeigt hat. In diesem Falle ist es erlaubt, von Gedächtnisstufen zu sprechen. Dies nicht notwendig im Sinne allgemeiner Stufen, denn sie können in einem bestimmten operativen Bereich speziell sein; auch nicht notwendig im Sinne einer fortschreitenden Wirklichkeitstreue der Erinnerung, denn die Schematisierungen können ebenso verformend (Kapitel IV) wie adäquat sein; aber im Sinne einer Entwicklung, die die Transformationen des Code selbst betrifft – und das ist eben das Problem, das uns interessiert. Bei den numerischen Zuordnungen, die im neuen Experiment zur Diskussion stehen, ist eine Beziehung zwischen den bekannten operativen Stadien und den von den Kindern angefertigten Evokationszeichnungen oder materiellen Rekonstitutionen kaum zu leugnen. Wir wollen deshalb bei den 29 Kindern im Alter zwischen 4 und 6½ Jahren, die mit diesem Experiment geprüft wurden, die folgenden vier Stufen unterscheiden:

Typ I. – Diesen Typ zeigen einige Vierjährige und die Zeichnung eines Fünfjährigen (dessen Rekonstitution den Typ III erreicht hat). Die beiden Erkennungsmerkmale sind: keine numerische Gleichheit zwischen mindestens zwei der drei Reihen, und die Enden der Reihen fallen nicht zusammen. Beide Merkmale zusammen scheinen eine vor allem figurative Form der Retention nahezulegen, die den numerischen Aspekt sogar in Form einer einfachen optischen Zuordnung[2] übersieht. Die tatsächlichen Zahlen sind bei den Rekonstitutionen wie auf den Zeichnungen sehr veränderlich: 12, 8 und 9 oder 4, 13 und 15 usw. Auch die Dichte der Reihen (Zwischenräume zwischen den Spielmarken der Untereinheiten) ist höchst beliebig, was wiederum von einer Gleichgültigkeit für die Zuordnung zeugt. Alle diese Kinder haben sich hingegen bei mindestens zwei der drei Reihen eingeprägt, daß die Spielmarken auf Untergruppen oder diskontinuierliche Segmente aufgeteilt sind, denen aber keine genauen Zahlenwerte zugeschrieben werden, außer in zwei Fällen beim einzelnen Element von C (die anderen Elemente waren dafür zu zahlreich) und in einem Fall bei einer Untergruppe von drei Elementen.

Diese gedächtnishafte Organisation der Tatsachen scheint alles in allem der Verständnisstufe dieser Kinder, die noch zu keiner Erhaltung der Äquivalenzen imstande sind, gut zu entsprechen. Alle Kinder gehören der präoperativen Stufe II an; keine Erhaltung der Menge oder auch nur der Quote (Zahl)[3]. Keines dieser Kinder glaubt deshalb an die Gleichheit der Reihen A, B und C, nicht einmal wenn es die Möglichkeit antizipiert, die Spielmarken R darauf zu legen. Diese Antizipierung bleibt in diesem Falle global, ohne numerische Genauigkeit – «weil es genügend hat», «weil es davon ebenfalls viele hat» usw.

Typ II. – Der zweite Erinnerungstyp ist im Gegenteil durch die Sorge um die numerische Gleichheit der Reihen gekennzeichnet. Er wurde bei 8 Kindern zwischen 4; 6 und 5; 6 Jahren gefunden. Doch die Gleichheit wird figurativ angegeben, durch eine globale optische Zuordnung zwischen den Reihen, wobei die Endglieder zusammenfallen, und mit homogener Dichte, aber ohne Untergruppen und ohne tatsächliche, es sei denn zufällige, numerische Gleichheit: entweder drei lange Reihen von gleicher Länge mit dicht gedrängten Elementen (zum Beispiel 15, 13 und 13 oder gar 21, 26 und 23) oder drei kurze, übereinanderliegende Reihen (zum Beispiel 7, 5 und 6). Unter dem Gesichtspunkt der von den Untergruppen empfangenen Eindrücke ist dieser Typ II weniger genau als der Typ I, aber er konzentriert sich auf die globale Zuordnung, was als ein Fortschritt in Richtung der numerischen Gleichheit interpretiert werden kann.

Auch hier scheinen die Leistungen des Gedächtnisses mit der Verständnisstufe verbunden zu sein. Von einem Fall der präoperativen Stufe II abgesehen, gehören alle Kinder der Stufe III an, die durch die Erhaltung der Quote, aber noch nicht der Quantität gekennzeichnet ist. Die meisten antizipieren die Bedeckbarkeit der Reihen A und C durch die roten Spielmarken R. 4 von 8 schließen daraus auf die Gleichheit von A, B und C. Die 4 anderen lehnen sie ab, nachdem sie sich vorher nicht hatten entschließen können, A = B und C = R zu antizipieren.

Typ III. – Bei diesem dritten Typ zeigt sich ein Fortschritt in der Erinnerung der numerischen Gleichheit (8 Fälle zwischen 4; 8 und 5; 10 Jahren), indem nämlich zwei der drei Reihen A, B und C mit derselben Zahl Marken (4, 4 und 8 oder 5, 5 und 8 usw.) gezeichnet oder rekonstruiert werden. Auch hier die Sorge um die Zuordnung, die im Zusammenfallen der Endglieder zum Ausdruck kommt (wie beim Typ II), wobei die Reihen in getrennte Sektoren oder Untergruppen aufgeteilt werden (wie beim Typ I), mit dem zusätzlichen Fortschritt in Richtung der numerischen Gleichheit der Summen. Nur sind diese beiden Forderungen, die die räumliche Anordnung (die nur beim Typ I verwirklicht ist) und die numerische Zuordnung (die beim Typ II beginnt) gewissermaßen miteinander verbinden, noch schlecht koordiniert, so daß die beiden gleichzahligen Reihen im allgemeinen bezüglich der Aufteilung in Untergruppen ähnlich gezeichnet werden: zum Beispiel 1 und 4 bei den Fünferreihen, 1 und 3 bei den Viererreihen usw. Ein Fünfjähriger hingegen zeichnet die beiden gleich langen Reihen mit 2 + 4 und 3 + 3 Marken.

2 dieser 8 Kinder stehen unter dem operativen Gesichtspunkt noch auf der Stufe III, während die 6 anderen beim Eier-Eierbecher-Versuch bereits das Stadium IV erreichen. Dieser Versuch gelingt allerdings etwas früher als der der Er-

haltung der Äquivalenzen unter Spielmarken, weil eine Beziehung Behälter–Inhalt mitspielt. Doch der Unterschied beträgt kaum sechs Monate, so daß er diesen leichten Vorsprung der operativen Stufe auf die Gedächtnisstufe nicht zu erklären vermag. Eines dieser 8 Kinder vom Typ III bestreitet aber noch, daß A = B = C ist, nachdem es festgestellt hat, daß jede dieser drei Reihen gleich wie R ist.

Typ IV. – Mit diesem letzten Erinnerungstyp wird schließlich die numerische Gleichheit der drei Reihen A, B und C erreicht (8 Kinder zwischen 4; 9 und 6; 5 Jahren). Doch nur 1 Kind (das älteste) hat interessanterweise die Reihen ganz wirklichkeitsgetreu reproduziert. Die 7 anderen machen jeweils eigene Assoziationen (zum Beispiel 3 + 3, 2 + 4 und 1 + 5 oder 3 + 3, 1 + 4 + 1 und 1 + 5 usw.). Das beweist, daß sie die Erhaltung und oft sogar die Assoziativität der additiven Gruppe begriffen haben, daß sich aber das Gedächtnis mehr auf die schematische Bedeutung als auf den figurativen Aspekt des Modells bezogen hat.

Alle 8 Kinder, auch das jüngste, gehören der Stufe IV des operativen Versuchs an. Sie beherrschen folglich die Erhaltung der Quantität und der Quote und die Regel der additiven Komposition, wonach das Ganze gleich der Summe der Teile ist.

3. Gedächtnis und operative Schemata

Die vorangehende Analyse scheint eine ziemlich enge Beziehung zwischen dem Erinnerungstyp und der operativen Stufe des Kindes zu zeigen, wobei das Gedächtnis verglichen mit den verfügbaren operativen Schemata leicht im Verzug ist. Die Situation läßt sich in den beiden folgenden Tabellen zusammenfassen. Die erste enthält, nach den beobachteten Erinnerungstypen[4] geordnet, die gelungenen Versuche und die innere Kohärenz der Kinder unter dem Gesichtspunkt der Antizipierungen R = A und R = C, nachdem R = B festgestellt ist, und der Schlußfolgerung A = B = C.

Wir bezeichnen mit a die Antizipierungen R ≠ A und R ≠ C, mit b die Antizipierungen R = A und R ≠ C oder umgekehrt, mit c die richtigen Antizipierungen R = A und R = C, mit d die Schätzung A ≠ B ≠ C (oder partielle Ungleichheiten) und mit e die Schätzung A = B = C. Man hat dann:

abd = falsche Antizipierungen und falsche Schlußfolgerung (trotz den Feststellungen);
cd = richtige Antizipierungen und falsche Schlußfolgerung (Inkohärenz);
abe = teilweise falsche Antizipierungen und richtige Schlußfolgerung (nach Feststellungen);
ce = richtige Antizipierungen und richtige Schlußfolgerung.

Daraus ergibt sich die Tabelle:

Tabelle VII
Verteilung der Erinnerungen
(in absoluten Zahlen)

Kombinationen	*abd*	*cd*	*abe*	*ce*
Erinnerungstypen:				
I	2	3	0	0
II	2	2	1	3
III	1	0	2	5
IV	0	0	1	7

Diese Tabelle hätte allein schon fast genügt (ohne Kontrollversuch mit den Eiern und Eierbechern), um die Verbindung zwischen den Erinnerungstypen und der operativen Stufe des Kindes zu zeigen. Die Antizipierungen an sich, für nur 6 Elemente in R und in A oder C, stellen bereits Zuordnungsversuche dar, die dadurch erleichtert werden, daß das Kind die R auf die B gelegt oder gesehen hat, wie sie darauf gelegt wurden. Die Schlußfolgerung A = B = C stellt einen anderen Zuordnungsversuch dar, denn mit Hilfe von R sollen drei verschieden unterteilte Reihen miteinander verbunden werden. Die Kinder vom Typ I bleiben dabei alle auf den Stufen abd und cd stehen, während die vom Typ IV, ausgenommen ein abe, alle ce erreichen. Die Typen II und III lassen einen Fortschritt zwischen den beiden Extremen erkennen. Also eine klare Korrelation.
Fassen wir jetzt die Beziehungen zwischen den Gedächtnistypen und den Erhaltungsstadien beim Eier-Eierbecher-Versuch zusammen, so ergibt sich:

Tabelle VIII

Erinnerungstypen und operative Stadien

Operative Stadien	II	III	IV
Erinnerungstypen:			
I	5	0	0
II	1	7	0
III	0	2	6
IV	0	0	8

Die Korrelation ist wiederum deutlich, aber mit dem interessanten Befund, daß bei 6 Kindern des Typs III, die mit den verfügbaren Schemata den Typ IV hätten erreichen können, die Erinnerung verglichen mit der operativen Stufe im Verzug ist (ein Kind vom Typ II hingegen zeigt einen Vorsprung der Erinnerung auf die Operation – der einzige Fall, wo man nach einer verbreiteten Vorstellung das Gedächtnis als eine Ergänzung in bezug auf die Intelligenz betrachten könnte!).

Wir haben zuwenig Kinder untersucht, als daß wir einen genauen Vergleich zwischen der Evokation durch Zeichnung und der Rekonstitution anstellen dürften. Wir begnügen uns deshalb mit einem Hinweis: bei einem Drittel der Kinder war die Rekonstitution der Evokation voraus (bei den anderen zwei Dritteln waren beide auf gleicher Stufe, eine Regression kam nicht vor), und zwar vor allem in Form von Übergängen von I zu II und II zu III.

Bezüglich der Beziehung zwischen dem unmittelbaren Gedächtnis und den späteren Sitzungen kann man nach einer Woche auf 7 Fälle je eine Regression und einen Fortschritt (bessere Schematisierungen usw., besonders auf der Stufe III) feststellen. Bei einem Kind von 5; 4 Jahren zum Beispiel ergab die unmittelbare Evokation drei Reihen von 9, 18 und 15 Elementen in jeweils zwei Untergruppen, die Evokation nach einer Woche hingegen Reihen von 6, 7 und 6 Elementen in zwei oder drei Untergruppen (Typ III).

Aus diesen Fakten ist zu schließen, daß das Gedächtnis der Zuordnungen und ihrer Erhaltung in verschiedener räumlicher Verteilung gleich wie das der Aneinanderreihungen von den in Entwicklung begriffenen operativen Schemata des Kindes abhängt. Zwischen den beiden Fällen bestehen jedoch zwei Unterschiede: Während bei den Aneinanderreihungen die Erinnerungsstufe ziemlich genau mit den operativen Schemata übereinzustimmen scheint, besteht bei der Zuordnung eher ein leichter Verzug; und während bei den Aneinanderreihungen die Erinnerung auffällige spontane Fortschritte macht, sind diese Fortschritte bei der Zuordnung sehr viel bescheidener. Der Grund dafür ist zweifellos darin zu suchen, daß die serialen Operationen bemerkenswert prägnante Anordnungen (wahrnehmungsmäßig und bildhaft «gute Formen», die, zumindest bei einem entwickelten Code, eine rationelle Kodierung veranlassen) bewirken, während bei unseren drei Spielmarken-Reihen die figürliche Anordnung willkürlich bleibt, insofern alle möglichen Formen ihre Äquivalenz bewahren. Deshalb kann das operative Schema für die Erhaltung dieser Äquivalenzen nur eine richtige Erinnerung veranlassen, wenn es von einer figurativen Akkommodation begleitet ist, die eine zusätzliche Schwierigkeit erzeugt.

Dennoch begnügen sich die Evokation oder die Rekonstitution bei keinem der vier beobachteten Erinnerungstypen damit, die figurativen Eingänge oder Inputs zu reproduzieren. Diese sind auf allen Stufen den operativen Schemata untergeordnet, die ihre Assimilation bestimmen. Man muß deshalb unterscheiden zwischen den wahrnehmungsmäßigen und den feststellenden Inputs, darin eingeschlossen die Feststellung der Äquivalenzen R = B, R = A und R = C und die Kodierung der Information im eigentlichen Sinne. Diese Kodierung hängt vom Code selbst ab, und dieser variiert mit der Organisation der Schemata. Der Code ist deshalb, von der Kodierung an, ein Organisations- und Transformationswerkzeug – und nicht nur eine Übermittlungs- und Übersetzungsfunktion. Diese Organisation beginnt aber erst mit der Kodierung, und sie geht während der Retention bis zum Abruf einschließlich weiter, insofern dieser aktiv und zum Teil Rekonstruktion ist. Mag diese ständige Organisation zu Fortschritten in der Erinnerung, wie das mit verschiedener Häufigkeit geschieht, zu Verzerrungen oder zu einfachen Erhaltungen führen, sie stellt jedenfalls eine für das Gedächtnis notwendige und von der Tätigkeit der Intelligenzschemata abhängige Strukturierung dar.

4. Die Erinnerung nach einigen Monaten

Von den 29 am Anfang geprüften Kindern konnten 22 wieder ausfindig gemacht werden, die meisten nach ungefähr einem Jahr. Die Ergebnisse sind vielleicht von diesem zu langen Zwischenraum, vor allem aber von der doppelten –

numerischen und räumlichen – Natur des vorgelegten Modells beeinflußt. Sie zeigen deshalb grundsätzlich eine Aufspaltung in die beiden Komponenten: Die Kinder erinnern sich einerseits an eine numerische Gleichheit, sie vergessen aber die räumliche Anordnung, so daß der Erinnerungstyp III (12 von 22 Prüflingen bei der Rekonstitution) überwiegt; keine einzige Erinnerung an die räumliche Verteilung der Elemente war andererseits genau, so daß der Typ IV verschwindet. Hingegen treten zwei neue Erinnerungstypen auf, die bei den ersten Sitzungen nicht gefunden wurden.

Untersuchen wir zuerst diese neuen Strukturen, denn ihre Interpretation bedingt das, was man über offensichtliche Regressionen oder eventuelle Fortschritte in diesen Monaten sagen kann. In beiden Typen besteht eine Erinnerung an untereinander ungleiche Untergruppen. Da die Anordnung aber vollständig vergessen wurde, werden diese Ungleichheiten schematisiert, wobei eine Tendenz zur Regelmäßigkeit zu bemerken ist, mit anderen Worten: Sie werden um eine Struktur bereichert, die im Modell nicht oder nur bruchstückhaft vorhanden war.

Die eine dieser Strukturen, die skizzenhaft in der Reihe B (1, 2 und 3 Spielmarken) vorgebildet ist, besteht in einer *Seriation,* die aber auf die Gesamtheit der Elemente ausgeweitet ist: Ser zum Beispiel, der nach einer Woche vom Typ IV gewesen war, fertigt eine Zeichnung mit 6 übereinanderliegenden Reihen von 6, 5, 4, 3, 2 und 1 Spielmarken an (bei der Rekonstitution legt er zuerst drei Reihen mit 8, 7 und 6 Marken, die er aber anschließend zu drei Reihen mit 8 Elementen auffüllt, also eine Erinnerung vom Typ III). Man findet auch Reihen mit 7, 6 und 5 oder 7, 8 und 9 oder 4, 6 und 9 usw. Marken.

Während diese Struktur eher begrifflich und numerisch ist, ist die andere gleichzeitig numerisch und figürlich: eine Tendenz zur *Symmetrie,* vielleicht nahegelegt durch die Reihe A der Vorlage, aber wiederum auf die Gesamtheit ausgeweitet. Eri zum Beispiel, nach einer Woche wie Ser vom Typ IV, zeichnet drei Reihen in der Zusammensetzung 3, 1, 3 – 2, 2, 2 – 4, 2, 4; bei der Rekonstruktion legt er 4, 1, 4 – 2, 1, 2 – 3, 1, 3. Die Aufteilung in Untergruppen erinnert an die Vorlage, aber die Gruppen haben eine allgemeine regelmäßige Gestalt erhalten, die sie nicht hatten. In anderen Fällen bleibt die Symmetrie unvollkommen (zum Beispiel 3, 3 – 2, 1 – 2, 2 oder 2, 2 – 2, 1, 2 – 3, 1, 6 mit Verdoppelung der letzten Untergruppe), aber sie zeigt eine Tendenz zur Schematisierung.

Insgesamt findet man 4 Seriationen und 5 Symmetrien auf 22 Zeichnungen und 3 Seriationen und 6 Symmetrien auf 22 Rekonstitutionen. Soll man darin Regressionen oder Fortschritte in der Erinnerung sehen? Beides: Fortschritt im Sinne der schematisierten Regelmäßigkeit, aber Rückfall beim Vergessen der numerischen Gleichheiten und der Anordnung der Untergruppen. Es mißlingt also vor allem die Synthese der räumlichen und der numerischen Komponente der Vorlage.

Bei den 13 anderen Evokationszeichnungen und Rekonstitutionen ist die vorherrschende Tendenz ein Bemühen um Ausgleichung der drei memorierten Reihen (in zwei Fällen sind es nur zwei Reihen, in einem Fall nur eine Reihe). Eine ungefähre Ausgleichung vom Typ II in 5 Zeichnungen (aber keiner Rekonstitution), und eine vollständige Ausgleichung vom Typ III in 7 Zeichnungen und 12 Rekonstitutionen. Der Typ I ist fast vollständig verschwunden, ausgenommen in einer zweifelhaften Zeichnung, die einer mißglückten Seriation gleicht. Beurteilt man diese 13 Fälle nach den Kriterien Fortschritt und Regression, so zeigen nur eine Zeichnung und zwei Rekonstitutionen eine klare Regression, nämlich einen Rückfall vom Typ IV nach einer Woche zum Typ III nach einem Jahr. Stationär sind 7 Zeichnungen (Typ II und vor allem III) und 2 Rekonstitutionen (Typ III). 5 Zeichnungen und 9 Rekonstitutionen[5] lassen Fortschritte erkennen, und zwar Übergänge von I zu II oder III und von II zu III. Das Bild wäre somit bezüglich der Verbesserung der Erinnerung im Sinne der numerischen Gleichheit der vorgelegten Reihen ziemlich günstig, wenn es nicht in den vorher erwähnten 9 Fällen getrübt würde durch den Konflikt mit der räumlichen Anordnung und durch die daraus sich ergebenden Tendenzen, Regelmäßigkeiten in der Richtung der Seriationen oder der Symmetrien zu suchen. Beurteilt man die Gesamtheit dieser 44 Zeichnungen und Rekonstitutionen nach einem Jahr, so ist der allgemeine Zug nach regularisierender Schematisierung die allen diesen Reaktionen gemeinsame dominierende Eigenschaft, ob sie der numerischen Äquivalenz, den Seriationen oder den Symmetrien zuneigen.

Der Konflikt zwischen der numerischen Gleichheit und der räumlichen Anordnung war im eben dargelegten Experiment freilich nur leicht, denn die gleichzahligen Reihen haben auch dieselben räumlichen Grenzen. Das nächste Kapitel führt uns einen analogen Konflikt vor, der aber viel heftiger ist, weil Zahlen und Grenzen zueinander in Gegensatz stehen.

Bevor wir die numerischen Zuordnungen verlassen, wollen wir noch darauf aufmerksam machen, wie sehr die doppelte Polarisierung dieser Erinnerungen nach einigen Monaten, ob sie mehr der Seriation oder der Symmetrie zuneigen (die eine Art figürliche Klassifizierungen sind), an die beiden Komponenten der Konstruktion der Zahl erinnert: die Seriation und die Klassifikation. Alles vollzieht sich so, als ob in diesem besonderen Fall das Langzeit-Gedächtnis, falls es das Modell nicht als ungeteiltes Ganzes behält, dazu gebracht würde, es nach seinen konstitutiv-operativen Schemata aufzuspalten.

[1] Unter Mitarbeit von P. Mounoud.

[2] Wir wollen daran erinnern, daß wir unter optischer Zuordnung eine Entsprechung von Glied zu Glied verstehen, die aber figurativ ist und keine Erhaltung der Äquivalenz im Falle einer Veränderung der räumlichen Anordnung der Elemente beinhaltet.

[3] Die Stufe I (Abschätzung der Menge nur aufgrund der Länge der Reihen) findet sich in Genf nur bei Kindern unter 4 Jahren.

[4] Dabei nimmt man für jedes Kind den höchsten Typ, den es erreicht hat; dieser Typ ist also nicht notwendig derselbe beim unmittelbaren Gedächtnis, nach einer Woche, bei der Evokation oder bei der Rekonstitution. Wir kommen weiter unten darauf zurück.

[5] Das ergibt auf 22 Kinder 23% Fortschritte bei der Zeichnung und 40% bei der Rekonstitution.

Kapitel IV

Die Erinnerung an antagonistische numerische und räumliche Zuordnungen[1]

Das vorliegende Experiment ist von derselben Art wie die in den beiden ersten Kapiteln. Es werden statische Figuren präsentiert, ohne daß auf eine Konstruktion oder Transformation angespielt wird. Das Kind kann aber, wenn es die Neigung dazu hat, darin das Resultat vorangegangener Aktionen oder Operationen sehen, so daß es sie in seinen Erinnerungen möglicherweise nach den Schemata verändert, über die es auf seiner operativen Stufe verfügt. Wir haben mehrere Anordnungen verwendet. Alle haben das gemeinsame Prinzip, daß zwei Längen oder zwei Paare von Längen vorgelegt werden, die durch vier Zündhölzer oder einfache Zeichnungen von Geraden konkretisiert sind. Die Längen sind objektiv gleich, aber in ihrer Form verschieden, so daß im Geist des Kindes ein Antagonismus zwischen ihren numerischen (4 und 4) und räumlichen Entsprechungen entsteht. Dabei verursachen die kontroversen Schemata längere Zeit Verzerrungen der Erinnerungen und nicht Fortschritte wie in den beiden ersten Kapiteln. Eines der zugrundeliegenden Schemata, auf das das Kind sich beziehen kann oder nicht, ohne daß es der Experimentator ausdrücklich aktiviert, ist uns seit langem bekannt: die Nichterhaltung und von 8 bis 9 Jahren an die Erhaltung einer Länge, deren Form verändert wird[2]. Präsentiert man zum Beispiel zwei parallel verlaufende und übereinanderliegende Gerade, die je aus vier übereinanderliegenden Zündhölzern bestehen, so ist die Gleichheit der Längen offensichtlich, und sie wird sogleich erkannt. Verändert man aber eine der Geraden, indem man die Zündhölzer im Zickzack oder zu einer Figur anordnet, deren gebrochene Linie einen rechten Winkel bildet usw., werden die beiden Linien nicht mehr als gleich lang beurteilt: die gebrochene Linie wird im allgemeinen als kürzer bezeichnet, weil ihr Ende das Ende der geraden Linie nicht erreicht (ordinale Schätzung mit Hilfe der Endpunkte), bisweilen wegen der Biegungen aber auch als länger usw. Die Erhaltung der Länge wird erst im Alter von 8 bis 9 Jahren anerkannt. Unabhängig vom Verlauf wird dann die Länge begrifflich als Strecke zwischen den Endpunkten geschätzt.

Nun zeigen wir zum Beispiel dem Kind die beiden Folgen von vier Zündhölzern, ohne auf die numerische Entsprechung hinzuweisen und ohne eine Frage über die Längen, die Transformationen, deren Resultanten diese Zustände sein könnten, oder die Erhaltung zu stellen. Das Kind betrachtet sie und beschreibt sie eventuell so, wie es sie versteht, genau gleich wie wir bei den Seriationen vorgegangen sind. Man fordert das Kind auf, sie sich gut einzuprägen, und untersucht die Erinnerung nach einer Stunde usw. Dabei wollen wir wie früher feststellen, ob diese Erinnerung nur die präsentierten wahrnehmbaren Fakten wie-

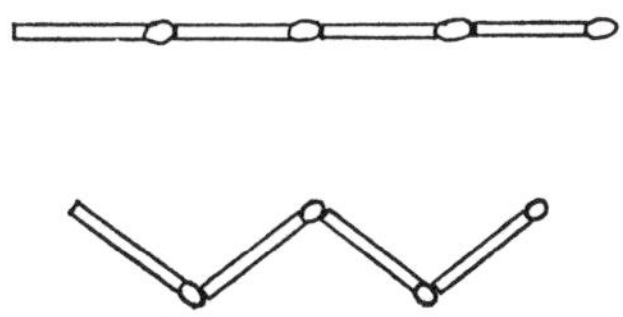

Figur 9

dergibt oder ob sie verschiedene Schematisierungen erkennen läßt, die von einer Assimilation an die operativen oder präoperativen Schemata des Kindes herrühren. Die zweite Möglichkeit ist die häufigere. Im Vergleich zu den Aneinanderreihungen in den beiden ersten Kapiteln ergibt sich dabei die besondere Situation, daß die mitwirkenden Schemata hier verschiedener Natur sind und unter dem räumlichen Gesichtspunkt miteinander in Konflikt geraten können (Schemata der ordinalen Schätzung und der Nichterhaltung, später der quasi-metrischen Schätzung mit Hilfe des Zwischenraums oder des Abstandes zwischen den Endpunkten und schließlich der Erhaltung auf der einen Seite und Schemata der optischen Entsprechung oder der Erhaltung der Zahl auf der anderen Seite). Dabei sind zahlreiche Möglichkeiten vorzusehen und zu analysieren.
Es ist zum Beispiel möglich, daß sich das Kind unter dem Einfluß der spontan festgestellten numerischen Entsprechungen an eine Gleichheit erinnert, daß es aber wegen seiner Schemata der ordinalen Schätzung und der räumlichen Nichterhaltung diese Gleichheit nur erkennen kann, wenn die Endpunkte der Linien zusammenfallen. Durch folgernde Transformationen wird dann die Erinnerung verändert, indem die in der Figur zu kurz erscheinenden Teile verlängert werden. Es kann aber auch umgekehrt die Ungleichheit als eine Tatsache hinnehmen und sie in der Erinnerung so akzentuieren, daß es die als kürzeste erscheinende Linie noch verkleinert. Hinsichtlich der figürlichen Wirklichkeitstreue, also des Genauigkeitsgrades in den Einzelheiten der Erinnerung, ist es wahrscheinlich, daß das vollständige operative Verstehen des Modells (Assimilation an die Schemata

der Erhaltung und der Schätzung mit Hilfe des Abstandes) zu einer genauen Erinnerung führt. Man kann sich aber auch eine vollständige Erinnerung vorstellen, wenn das Kind nach einer figurativen Methode vorgeht: dabei sind aber verschiedene räumliche Assimilationen möglich (Beziehungen zwischen dem leeren Raum unter der Geraden A und über der gebrochenen Linie A′ und dem von A′ eingenommenen Raum in der Figur 9 usw.), die den operativen Schemata nicht fremd sein können usw.

Befaßt man sich nicht nur mit den quantitativen Leistungen der Retention, sondern mit den Erhaltungsweisen der Erinnerung, so wie sie in den vorangehenden Kapiteln dargelegt wurden, dann geben diese kleinen Beobachtungen eine Menge möglicher Hinweise, die für eine allgemeine Interpretation nützlich sein können. Der Hauptunterschied zu den Situationen in den beiden ersten Kapiteln besteht darin, daß es bei der Aneinanderreihung keine Konflikte gibt: die Erinnerung wurde hier durch einfache Schemata und ihre ständigen Fortschritte organisiert. In der hier beschriebenen Situation kann es hingegen zu einem Antagonismus zwischen den räumlichen und den numerischen Schemata kommen. Dabei wollen wir feststellen, ob die Erinnerung durch den Konflikt beherrscht ist oder nicht und, wenn ja, auf welche Weise. Interessant ist hier somit nicht so sehr, ob die Erinnerungsbilder nach sechs Monaten besser sind oder nicht, sondern wie das Modell verzerrt wird oder nicht, je nach den operativen Schemata, über die das Kind verfügt, und nach ihren Konflikten oder ihrer fortschreitenden Koordinierung.

Das beschriebene Grundexperiment nach der Figur 9 wurde an 78 Kindern zwischen 5 und 8 Jahren durchgeführt. Diesem Experiment waren verschiedene Sondierungen mit Hilfe anderer Techniken vorangegangen. Diese Varianten, die an mehr als 100 anderen Kindern (in verschieden großen Gruppen) ausprobiert wurden, sind alle sehr instruktiv. Wir müssen sie aber nicht in der Reihenfolge beschreiben, die wir bei unseren zahlreichen Versuchen eingehalten haben. Wir analysieren sie deshalb erst nach den Ergebnissen des Grundexperiments als Gegenproben für die Prüfung der Hypothesen, die wir aus dem Grundexperiment ableiten. Der Leser soll aber jetzt schon wissen, daß die Einfachheit des Grundexperiments erst nach vielen Umwegen gefunden wurde. Wir wollen ihm diese nicht vorenthalten, aber wir wollen ihn auch nicht mit einer ausführlichen Beschreibung langweilen.

1. Das Grundexperiment

Jeweils rund 40 Kinder wurden nach zwei verschiedenen Techniken geprüft, wobei der einzige Unterschied darin bestand, daß bei der ersten eine Stunde nach der Präsentierung eine Zeichnung verlangt wurde, während diese zusätzliche Prüfung bei der zweiten ausblieb. Nach beiden Techniken zeigt man zuerst das Material, wozu man eine kurze Beschreibung verlangt[3], aber ohne Anspielung auf die numerischen und räumlichen Entsprechungen. Man fügt hinzu, das Material müsse gut eingeprägt werden, damit man es später aus dem Gedächtnis zeichnen könne. Nach der ersten Technik erfolgt also der erste Abruf nach einer Stunde, bei der zweiten Technik fällt diese zweite Sitzung aus, worauf man alle Kinder nach einer Woche wiedersieht. Dabei verlangt man von ihnen in dieser Reihenfolge: 1. eine Gedächtniszeichnung; 2. eine Rekonstitution mit Zündhölzern (wobei mehr als 8 zur Verfügung gestellt werden); 3. eine Schätzung der Zahl (gleiche oder ungleiche Anzahl Zündhölzer bei A und A'); und 4. eine Schätzung der Länge (wobei man von «gleich langem Weg» und nicht von Hinausragen spricht).

Die Resultate zeigen mit aller Klarheit, daß sich die Form der Erinnerungen entsprechend der operativen Stufe der Kinder und den verfügbaren Schemata mit dem Alter entwickelt.

Die rudimentärsten Erinnerungen, die wir als Typ I bezeichnen und die nur bei wenigen Fünfjährigen zu beobachten sind, bestehen aus einer einzigen Reihe Zündhölzer: entweder vertikal |||| oder horizontal — — — (was nur dem Element A des Modells in Figur 9 entspricht) oder aber schräg oder im Zickzack (was nur dem Element A' entspricht). Das Kind hat somit nicht behalten, daß zwei Elemente A und A' vorhanden waren; es scheint keinen Gegensatz zwischen ihnen gespürt oder ihn durch Verdrängung der einen Anordnung ausgeschaltet zu haben. Doch zwei der vier Kinder mit solchen Gedächtniszeichnungen zeigen bei der Rekonstitution nach einer Woche einen höheren Typ. Das eine insbesondere reiht drei Zündhölzer vertikal hintereinander, jedes mit einem horizontalen Zündholz darüber: also eine Zuordnung von Glied zu Glied, die den Konflikt löst.

Ein Typ II hingegen scheint vom Konflikt zwischen der numerischen Gleichheit und der Ungleichheit der ordinal (ungleich vorstehende Reihenenden) geschätzten Längen oder vielleicht einfach vom figürlichen Konflikt dieser ungleich langen Enden beherrscht zu sein. Es ist nicht leicht, diese beiden Faktoren auseinan-

derzuhalten, wenn man sich nur an die Ergebnisse der beschriebenen Technik hält. Im Zusammenhang mit einer der studierten Varianten (Abschnitt 4, III) wird sich zeigen, daß man nur die diskontinuierlichen Zündhölzer durch kontinuierliche Striche ersetzen muß, damit die Ungleichheit der Elemente A und A′ als eine Tatsache behalten wird und in der Erinnerung keinen Ausgleich mehr erfordert. Es scheint somit, daß der diskontinuierliche Charakter und die numerische Gleichheit der Zündhölzer beim Typ II eine noch zu beschreibende Rolle spielen, wobei figurative Faktoren auf verschiedene Weise mitwirken.
Dieser Typ II ist daran erkenntlich, daß das Element A′ der Figur 9 seine Zahl von 4 Zündhölzern und seine Ähnlichkeit mit einem abgeflachten W verliert; es erhält viele Segmente in Zickzackform. Das horizontale Element A wird ebenfalls verlängert, so daß die Enden (und natürlich auch die Anfänge) von A und A′ zusammenfallen: der Konflikt wird offensichtlich durch die Betonung der ordinal geschätzten Längen gelöst. Im einzelnen lassen sich drei verschiedene Reaktio-

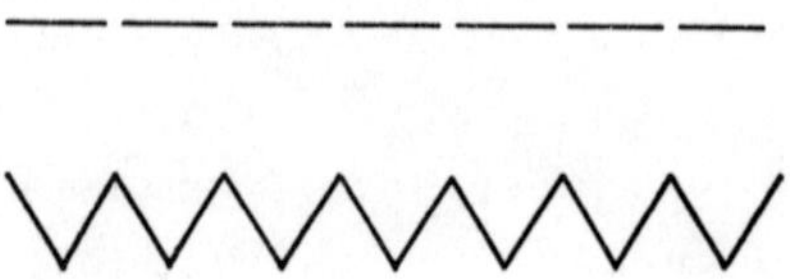

II A

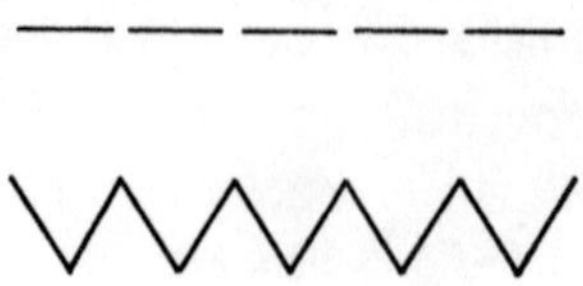

II B

Figur 10

nen unterscheiden. Der Untertyp II A besteht aus Zeichnungen mit unbeschränkten Verlängerungen (oft bis an den Rand des Blattes), der Untertyp II B aus kürzeren, aber ebenfalls übertriebenen Zeichnungen. Der Untertyp II C (der fast ausschließlich bei Kindern vorkommt, die eine Stunde nach der Präsentierung nicht geprüft wurden) ist dem Typ II B ähnlich, aber kürzer und als Ganzes geschlossen, indem die Segmente von A die Winkelöffnungen von A′ verschließen.
Der Reaktionstyp III ist vom Konflikt zwischen der numerischen Gleichheit und dem Nichtzusammenfallen der räumlichen Grenzen klar beherrscht: das Element A′ besteht aus 4 (oder 8) Segmenten, wird aber so in die Länge gezogen, daß die äußersten Spitzen des W mit den Enden der Zündhölzer A zusammenfallen. Deren Zahl ist übrigens bei III A variabel und bei III B immer genau 4.
Der Reaktionstyp IV kommt der Vorlage näher: Zum erstenmal ist das Element A etwas länger als A′, aber die Zahl der Segmente von A und A′ ist beliebig. Man

erhält deshalb den Eindruck, das Kind habe die Tendenz, die Zeichnungen von A und A′ zu verlängern, wie um die Enden zusammenfallen zu lassen, es halte aber kurz zuvor inne, weil das Nichtzusammenfallen der Enden von jetzt an behalten wird.

Der Typ V schließlich ist eine wirklichkeitsgetreue Wiedergabe. Beide Elemente bestehen aus je 4 Segmenten, und das Ende von A ragt über das Ende von A′ hinaus. In einigen wenigen Fällen sind die absoluten Zahlen nicht genau (5), aber die Figur ist wirklichkeitsgetreu: es erübrigt sich, zwei Untertypen V A und V B zu unterscheiden, denn das Verhältnis ist kleiner als 1:8.

Zuerst wollen wir zeigen, daß diese fünf Typen in den großen Zügen von der Altersstufe abhängen. Die erste Tabelle zeigt ihre absolute Häufigkeit, wobei die beiden Techniken zusammengefaßt und von jedem Kind die Zeichnungen nach einer Stunde und nach einer Woche sowie die Rekonstitution (also 3 oder 2 Antworten pro Kind, je nach Technik) gezählt werden.

Tabelle IX

Häufigkeit (in absoluten Zahlen der Antworten N)
der Typen I–V mit dem Alter

	I	II	III	IV	V	*N*
5 Jahre	8	29	2	9	6	54
6 Jahre	0	25	11	8	8	52
7 Jahre	0	15	9	8	18	50
8 Jahre	0	6	3	2	26	37
9 Jahre	0	4	4	2	25 (27)[4]	37

Man ersieht daraus: Der Typ I ohne sichtbaren Konflikt bleibt sehr ursprünglich, der Typ II (vor allem figürliche Lösung des Konflikts) nimmt mit dem Alter ab, der Typ III (halb-numerische, halb-figürliche Lösung) herrscht mit 6 bis 7 Jahren vor, und die richtigen Wiedergaben V rücken erst mit ungefähr 8 Jahren in den Vordergrund. Doch die Reaktionen müssen in den Einzelheiten analysiert werden. Das geschieht in der folgenden Tabelle, wo dieselben Ergebnisse nach den beiden Techniken und nach Evokation durch Zeichnung nach einer Stunde (S) oder nach einer Woche (W) und nach der Rekonstitution (R) des Modells mit Zündhölzern nach einer Woche aufgeteilt sind:

Tabelle X

Analyse der vorstehenden Ergebnisse
(in absoluten Zahlen der Kinder)

	Technik I					Technik II				
	I	II	III	IV	V	I	II	III	IV	V
5 Jahre:										
S	1	4	1	3	1					
W	2	4	0	3	1	2	8	0	1	1
R	2	4	0	2	2	1	9	1	0	1
6 Jahre:										
S	0	2	2	3	3					
W	0	6	3	1	0	0	5	2	1	2
R	0	4	4	2	0	0	4	2	1	3
7 Jahre:										
S	0	1	1	3	5					
W	0	2	3	1	4	0	5	1	2	2
R	0	3	2	0	5	0	4	2	2	2
8 Jahre:										
S	0	2	0	0	5					
W	0	1	0	1	5	0	2	0	1	5
R	0	0	2	0	5	0	1	1	0	6
9 Jahre:										
S	0	0	1	0	5					
W	0	1	0	0	5	0	2	2	1	3 (5)[5]
R	0	0	0	0	5	0	1	1	1	7

In dieser Tabelle fällt zuerst auf, daß nach einer Woche kaum Unterschiede zwischen der Evokationszeichnung (W) und der materiellen Rekonstitution (R) bestehen. Untersucht man die Kinder einzeln, so findet man Gleichheit in 65 Fällen. Nur in 11 Fällen steht die Rekonstitution höher und in 2 Fällen etwas tiefer. In den meisten anderen Experimenten hingegen weist die Rekonstitution auf die Evokation einen klaren Vorsprung auf, weil sie auf Verhaltensweisen zurückgreift, die zwischen der Evokation und dem Wiedererkennen stehen. Die Tatsache, daß es in diesem besonderen Fall kaum Unterschiede zwischen R und W gibt, scheint die Hypothese zu bestätigen, wonach die Erinnerung hier weniger auf die reine Retention als auf eine den Schemata konforme Retention zentriert ist und dahin tendiert, den Konflikt zwischen der numerischen Entsprechung und den räumlichen Grenzen zu unterdrücken: die wenigen Fortschritte zwischen W und R sind hauptsächlich Übergänge von Typ IV zu Typ V, also numerische Verbesserungen bei Kindern, die das Hinausragen von A über A′ bereits akzeptieren, oder von Typ II zu Typ III, also ebenfalls numerische Verbesserungen, aber bei Kindern, die dieses Hinausragen noch nicht akzeptieren oder behalten.

Eine zweite bemerkenswerte Tatsache: Die nach der ersten Technik geprüften Kinder erzielen nach einer Woche bessere Resultate W und R als die nach der zweiten Technik geprüften (denn nur eine Stunde nach der Präsentierung fand eine erste Evokation statt), aber zwischen ihrer Evokation S nach einer Stunde und der zweiten Evokation W nach einer Woche ist eine Regression und nicht ein Fortschritt festzustellen. Vergleicht man die beiden Techniken, so zeigen die nach der ersten geprüften Kinder nach einer Woche (W und R zusammengenommen) 4 Reaktionen I, 24 II, 14 III, 10 IV und 22 V auf insgesamt 74 Antworten, die nach der zweiten geprüften hingegen 3 I, 42 II, 7 III, 8 IV und 22 V auf 82 Antworten; bei den letzteren gibt es also mehr niedere Reaktionen I bis III und weniger höhere Reaktion IV bis V (bei denen die Linie A über das W von A′ hinausragt). Obwohl die nach der zweiten Technik geprüften Kinder, deren zweite Evokation W und Rekonstitution R durch die erste Evokation S erleichtert werden, überlegen sind, zeigt bei ihnen der Übergang von der ersten Evokation S zur zweiten W eine merkliche Verschlechterung. Die niederen Reaktionen nehmen zu (2 anstatt 1 I, 13 anstatt 9 II und 6 anstatt 4 III), die höheren nehmen ab (6 anstatt 9 IV und 10 anstatt 14 V). Wiederum scheint die Retention der Erinnerung mehr auf die Ausmerzung des Konflikts zwischen der numerischen Erhaltung und dem Zusammenfallen der räumlichen Grenzen als auf eine Verbesserung der Übereinstimmung mit dem Modell abzuzielen.

Insbesondere weisen die Sechsjährigen bei der Evokation nach einer Stunde (S) einen beachtlichen Vorsprung auf die Fünfjährigen auf. Doch dieser Fortschritt verschwindet nach einer Woche. Die Reaktionen W nach dieser ersten Technik sind sogar bei den Sechsjährigen weniger gut als bei den Fünfjährigen, als ob die bessere Evokation bei S den Konflikt akzentuiert und eine stärkere Tendenz zum Ausgleich in W ausgelöst hätte (nach der zweiten Technik zeigen die Resultate bei W im Gegenteil einen leichten Vorsprung der Sechs- auf die Fünfjährigen).

Alles in allem sind die Gedächtnisreaktionen auf die vorgelegte Anordnung (Figur 9) mit dem, was wir bei der Aneinanderreihung gesehen haben, sehr vergleichbar, in den Ergebnissen aber auch sehr verschieden. In beiden Fällen wird dem Kind ein statisches Modell gezeigt, das aber als Ergebnis einer Operation interpretiert werden kann: eine Aneinanderreihung im einen und eine eindeutige Zuordnung im anderen Fall. In beiden Fällen behält das Kind nicht so sehr die wahrgenommene Figur als figurative Gesamtheit, sondern die Resultante, die von den auf dieser bestimmten Entwicklungsstufe verfügbaren operativen Schemata abhängig ist. Bei der Aneinanderreihung unterdrückt die elementarste Reaktion die Größenunterschiede, so daß als Erinnerung einfach eine Reihe von gleich langen und ausgerichteten Stäbchen herauskommt. Beim vorliegenden Zündhölzerversuch wird als erste Reaktion ebenfalls die Zuordnung unterdrückt und eine Folge von ausgerichteten Zündhölzern behalten. Doch später zeugen die Erinnerungsbilder in beiden Fällen von Seriationen und Zuordnungen, die ziemlich konstant sind und von den operativen Möglichkeiten des Kindes abhängen, was sich darin zeigt, daß die Retention und die Evokation den Intelligenzschemata und nicht nur den wahrnehmungsmäßigen und figurativen Aspekten des präsentierten Modells untergeordnet werden.

Der grundlegende Unterschied zwischen den beiden Situationen besteht aber darin, daß die Reihenanordnungen in den beiden ersten Kapiteln keinerlei Konflikt enthalten, während sich in der Figur 9 eine numerische Entsprechung zwar unmittelbar aufdrängt; die Endglieder der beiden Elemente A und A′ fallen aber nicht zusammen, und gerade das ist für ein Kind in den Zwischenstadien (8 bis 9 Jahre) unumgänglich, um die Gleichheit der Längen zu akzeptieren. Das Kind, welches das Modell an seine in ständigem Fortschritt mit dem Alter befindlichen operativen Schemata assimiliert, aber an zwei Schemata zugleich, nämlich ein räumliches und ein numerisches, befindet sich gerade wegen dieser Assimilation in einer systematischen Schwierigkeit. Bei der Aneinanderreihung bewirkt der Fortschritt der Schemata eine Verbesserung der Erinnerung, und zwar eine ziemlich spektakuläre, denn er verbessert die Erinnerung über einen Zeitraum von sechs Monaten. Bei der doppelten, nämlich räumlichen und numerischen, Entsprechung hingegen akzentuiert der Fortschritt der Schemata zuerst den Konflikt, bevor er ihn im Alter von etwa 8 bis 9 Jahren überwinden kann. Die Erinnerung sichert dann nicht mehr die Wirklichkeitstreue des Modells, sondern sie organisiert sich als illusorische Problemlösung, nämlich als Ausgleichung der Linien A und A′. Diese Situation äußert sich in einem Überwiegen der Erinnerungstypen II bis III mit 5 bis 6 Jahren und ihrer Bedeutung noch mit 7 Jahren im Vergleich zu den Lösungsschemata IV bis V (24 gegen 26 mit 7 Jahren): sie steht natürlich einem Fortschritt der Evokation mit der Retentionsdauer entgegen und führt im Gegenteil zu ziemlich systematischen Verzerrungen. Das Gedächtnis der Seriation und das Gedächtnis dieser räumlich-numerischen Entsprechungen gehen zwar von demselben Grundprinzip der Assimilation an die operativen Schemata aus, aber sie können zu scheinbar genau entgegengesetzten Resultaten führen.

2. *Die Erinnerungen nach sechs Monaten*

Bevor wir zu den verschiedenen Gegenproben übergehen, wollen wir prüfen, was aus den eben analysierten Erinnerungen nach sechs Monaten geworden ist. 32 Kinder der ersten und 41 der zweiten Technik konnten wieder ausfindig gemacht werden. Zuerst wollen wir die Entwicklung unserer fünf Erinnerungskategorien betrachten.

I. – Definiert man den Erinnerungstyp I durch eine Unterdrückung des Konflikts zwischen den Elementen A und A′, indem eines der beiden Elemente ausgemerzt wird, so wird dieser Typ bis in ein Alter von etwa 8 Jahren nach sechs Monaten sehr häufig, nachdem er nach einer Woche nur bei einigen Fünfjährigen zu sehen gewesen war, und zwar in zwei Formen. Beim Untertyp I A zeichnet das Kind eine lange Zickzacklinie (oft mit entsprechenden Gebärden untermalt), mehrere Linien, die einen Weg, einen Stab usw. darstellen, eine geschlossene geometrische Figur (Quadrat usw.) oder eine Figur aus seinem Erfahrungsbereich («Fabrik» mit Welldach, Haus auf einem Berg usw.). Dazu kommt ein Untertyp I B, der bei den ersten Sitzungen nicht vorkam und der einen Versuch zur Differenzierung zwischen den Elementen A und A′, aber innerhalb einer stetigen (__/__/__) oder unstetigen (ein großes T oder ein großes V aus Zündhölzern oder kurzen Strichen) Gesamtfigur, darstellt.

II. – Den Typ II, der die Grenzen ausgleicht, aber sich nicht an die Zahl der Striche oder Zündhölzer erinnert, findet man nach sechs Monaten in jeder Altersstufe, aber nur selten und in ähnlichen Formen wie II C, oft jedoch umgekehrt oder als geschlossene Figur.

III. – Beim Typ III, bei dem zur Gleichheit der Längen eine numerische Zuordnung von Glied zu Glied hinzukommt, stellen wir die interessante Tatsache fest, daß solche Merkmale, die in den ersten Sitzungen auf jeder Altersstufe vorkamen, bei den Erinnerungen nach sechs Monaten erst ab sieben Jahren auftreten. Zwischen den Elementen A und A′, das muß betont werden, besteht zwar eine numerische Entsprechung und eine Gleichheit der Längen, aber die Formen der Figuren können etwas abweichen und sehr vielgestaltig werden. Der einfachste Fall, ein Übergang zwischen den vorstehenden Typen und diesem Typ III, ist eine Zeichnung mit vier aufeinanderfolgenden horizontalen Strichen über vier vertikalen Strichen. Dann kommen unregelmäßige Figuren, die aber aus vier Paaren von parallelen Strichen bestehen. Diese unregelmäßigen Formen weisen alle möglichen Übergänge zu regelmäßigeren, aber nicht rechtwinkligen Figuren auf, die ebenfalls aus vier Paaren von parallelen Strichen bestehen, bis zur extremen Form zweier paralleler Geraden aus jeweils vier Segmenten. Mangels einer besseren Lösung ordnen wir diesem Typ III auch den sehr seltenen Fall eines W zu, dessen beide V aus jeweils vier Zündhölzern zusammengesetzt sind. Die beiden V sind dann numerisch und längenmäßig gleich, aber sie liegen nicht übereinander.

IV. – Dieser Typ IV wurde nach sechs Monaten bei je einem Sieben- und Neunjährigen gefunden. Er entspricht der Beschreibung im 1. Abschnitt, außer daß der hinausragende Teil von A zu lang anstatt zu kurz war.

V. – Die richtige Zeichnung vom Typ V wurde bei Kindern zwischen 7 (1 Fall) und 8 bis 9 Jahren gefunden.

Die nächste Tabelle zeigt die altersmäßige Verteilung der oben beschriebenen Typen. Diese wurden entweder nach der Zeichnung oder der Rekonstitution festgestellt (die außer bei vier Kindern, auf die wir zurückkommen, jeweils gleich sind; bei diesen vier Fällen ist der bessere der beiden Typen berücksichtigt worden). O bedeutet ein Fehlen jeder Erinnerung.

Tabelle XI

Erinnerungstypen nach 6 Monaten

(in absoluten Zahlen)

	Technik I ($N = 32$)							Technik II ($N = 41$)						
	0	I *A*	I *B*	II	III	IV	V	0	I *A*	I *B*	II	III	IV	V
5 Jahre	1	2	1	1	0	0	0	0	11	0	0	0	0	0
6 Jahre	2	4	3	0	0	0	0	0	6	2	1	0	0	0
7 Jahre	0	2	0	0	4	1	1	0	2	0	2	3	0	0
8 Jahre	0	1	0	0	0	0	4	0	3	1	1	1	0	1
9 Jahre	0	0	0	1	0	0	4	0	0	0	2	2	1	2
Total	3	9	4	2	4	1	9	0	22	3	6	6	1	3

Zunächst ist festzustellen, daß die Retention bei der Technik I (Abruf nach einer Stunde und einer Woche) deutlich besser ist als bei der Technik II (Abruf nur nach einer Woche). Das ist im Hinblick auf die Fixierung der Erinnerung interessant. Von den vier Kindern, bei denen Rekonstitution und Zeichnung nicht identisch sind, zeigen zwei Achtjährige nur einen wenig signifikanten Unterschied von Typ V und Typ IV. Die beiden anderen, acht- und neunjährig, fertigen eine Zeichnung vom Typ III und eine Rekonstitution vom Typ V oder IV an.

Die Hauptbedeutung der Tabelle im Vergleich zu den Ergebnissen der beiden ersten Sitzungen (Tabellen 9 und 10) besteht aber darin, daß die Typen III bis V, die an der numerischen Entsprechung und der schrittweisen Lösung des Konflikts zwischen der Länge und der Zahl erkenntlich sind, erst von 7 Jahren an auftreten, also auf der operativen Stufe. Die Erinnerung nach sechs Monaten scheint somit der Entwicklung der Operationen untergeordnet zu sein, die ihr erst eine Bedeutung geben. Hier stellt man sogar (bei einem Siebenjährigen) einen Fortschritt zwischen den beiden Evokationen nach einer Woche und nach sechs Monaten (von Typ II zu Typ IV) fest, aber die letzte Erinnerung ist identisch mit jener nach einer Stunde. Die große Mehrheit der Kinder zwischen 5 und 9 Jahren ist hingegen entweder stationär (vor allem Typ V bei Acht- und Neunjährigen, Technik I) oder vor allem im Verzug verglichen mit den ersten Sitzungen, wie unter anderem die beträchtliche Zunahme des Typs I (A und B) zeigt.

3. Die Verbesserung der Erinnerung unter der Wirkung einer Zusammenziehung des Elementes A′ und seiner Ähnlichkeit mit besonderen Formen aus der Erfahrungswelt

Es ist nun an der Zeit, die verschiedenen Hypothesen des 1. Abschnitts an den Varianten des Experiments zu prüfen (die in Wirklichkeit bei verschiedenen Vorsondierungen studiert wurden).

Das Element A′ der Figur 9 besteht aus vier geraden Segmenten (Zündhölzern), die schwach gegeneinander geneigt sind, so daß es (von einem bestimmten Alter an) leicht und fast unvermeidlich ist, sie den vier Zündhölzern oder horizontalen Segmenten des Elements A zuzuordnen. Richtet man aber die vier Segmente von

A′ etwas stärker auf, so heben sie sich stärker vom Element A ab. Sie erinnern dann an bekannte Formen wie den Buchstaben W (bei Kindern, die lesen können[6]) oder an Dächer, Berge usw. (die ein Kind oft umgekehrt wie ein M zeichnet): was ergibt sich aus allen diesen Fällen, wo die Formen keine ein-eindeutige Zuordnung zu den Segmenten oder Zündhölzern des Elements A nahelegen, für das Gedächtnis?

Wir wollen festhalten, daß diese Veränderung nicht notwendig die Schemata überflüssig macht. Die vorherrschenden Schemata hängen vielmehr entweder von neuen räumlichen oder topologischen Verteilungen (geringere Nachbarschaftsbeziehungen zwischen A und A′) oder von Klassifizierungen (geringere Ähnlichkeit zwischen A und A′) ab: Einen Buchstaben W oder Häuser und Berge erkennen, bedeutet ebenfalls das Modell an Schemata assimilieren und die Erinnerung möglicherweise auf diese stützen. Der wesentliche Unterschied zur Figur 9 besteht darin, daß zwischen den Elementen A und A′ kein Konflikt eintritt, weil sie mangels solcher Zuordnungen als voneinander unabhängig betrachtet werden. Falls unsere Hypothesen richtig sind, darf man deshalb erwarten, daß die Erinnerung in diesem Fall nicht zu einer Ausgleichung der Enden führt, es sei denn, die numerische Zuordnung werde durch irgendein besonderes Verfahren ausgelöst.

Wir haben folgende Anordnung verwendet: 1. Vier Zündhölzer in einer Reihe (A) und darunter vier andere in Form eines W (A′) (Figur 11/I); 2. Dieselben Elemente, aber das W (A′) beginnt nicht gleich weit links wie in der Figur 9, sondern liegt in der Mitte unter der Linie A (Figur 11/II); 3. Dieselbe Anordnung wie bei 1, aber das Paar A + A′ wird ergänzt durch ein Paar B + B′ aus je vier Zündhölzern, die aber einander offensichtlich optisch zugeordnet sind (man sorgt dafür, daß das Kind diese Zuordnung bei B und B′ bemerkt, erwähnt aber mit keinem Wort die Längen oder die operativen Transformationen, die vom Paar BB′ zum Paar AA′ führen) (Figur 11/III); 4. Dieselbe Anordnung wie bei 1, aber die vier Zündhölzer des Elements A sind mit verschiedenen Farben angemalt, die den Farben der vier Zündhölzer des Elements A′ entsprechen (man weist nicht ausdrücklich auf diese Zuordnung hin); 5. Dieselbe Anordnung wie bei 2, aber wiederum mit entsprechenden Farben; 6. Zu Vergleichszwecken wurde auch die Figur 9 noch einmal verwendet, aber ebenfalls in Farben.

I. – Die mit den Modellen I und II (ohne Farben) erzielten Ergebnisse sind klar: Weil das Element A′ (das W) von der Linie A deutlich abgehoben ist und weil nichts eine numerische und räumliche Zuordnung aufdrängt, kommt es zu

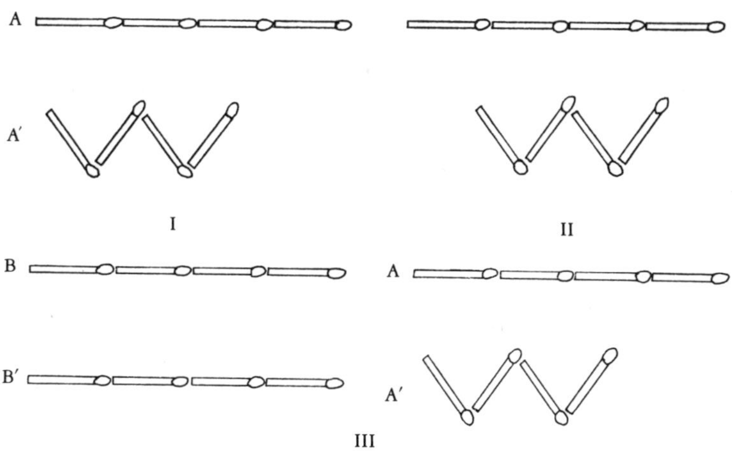

Figur 11

keinem Konflikt und zeigt sich keine Tendenz zur Ausgleichung der Enden mehr, ausgenommen einige wenige Fälle aus zweifellos vor allem figürlichen Gründen.
Die Figur 11/I wurde 11 fünfjährigen Kindern vorgelegt. 2 gehören zunächst teilweise zum Erinnerungstyp I, das heißt, ihre Erinnerung begnügt sich nach einer Woche damit, eine Reihe Zündhölzer ohne Unterschied zwischen den Elementen A und A′ zu zeichnen. Nach einer Stunde war jedoch ein differenziertes A′ vorhanden gewesen, wenn auch in unkenntlicher Form. Die Rekonstitution nach einer Woche ergibt beim einen Kind ein richtiges A′ zusammen mit einem A aus fünf Segmenten, beim anderen ein A′ in Trapezform ohne Grundlinie (vier Segmente) und ein A aus fünf Segmenten. Ein einziges Kind zeichnet eine Evokation vom Typ II (genauer: II A): die Enden eines A′ aus zahlreichen Segmenten und eines ebenfalls ziemlich langen A fallen zusammen. Bei der Rekonstitution kommt der Typ II C heraus: ein fast korrektes A′, geschlossen durch ein A aus zwei Segmenten. Hier dürfte die numerische Entsprechung eine gewisse Rolle gespielt haben, denn das Kind sagt dazu: zwei Zündhölzer (für die eine Hälfte des W), zwei (die andere Hälfte) und zwei (verkürztes Element A).
Die anderen 8 Kinder fertigen (nach einer Stunde wie nach einer Woche) lauter Evokationen und Rekonstitutionen vom Typ IV und V an: 4 IV und 4 V bei der Evokation, 3 IV und 5 V bei der Rekonstitution (je vier Zündhölzer für A und

A′). Doch diese genauen numerischen Entsprechungen erzeugen keinen Konflikt, da die Länge des zusammengezogenen W nicht wie bei Figur 9 mit den Endpunkten der Linie A verglichen wird. Ein Kind von 5; 5 Jahren hat sogar gesagt: «Hier (A) hatte es 4 und dort (A′) ebenfalls 4; zuerst habe ich gemeint, es habe mehr (in A), weil es länger ist, aber das ist so, weil es gerade ist, hier (A′) aber so (W).» Mit anderen Worten, das Kind hat die Äquivalenz «länger = mehr Segmente» nicht akzeptiert und hätte bei Figur 9 mit in die Länge gezogenem A′ die Schlußfolgerung «gleiche Zahl = gleiche Länge» gezogen; da aber das zusammengezogene W eine ganz andere Form als die Linie A hat, findet sich das Kind damit ab, daß gleichzeitig eine gleiche Zahl und verschiedene Längen vorhanden sind, ohne darin einen Widerspruch zu sehen. Weil es keinen Konflikt gibt, bleibt die Erinnerung genau.

II. – Bei der Figur 11/II mit dem W unterhalb der Mitte von A sind die Ergebnisse fast genau gleich: Von 11 Kindern zwischen 4; 6 und 6; 6 Jahren gehören 2 zum Typ I, ein einziges zum Typ II B, 6 zum Typ IV und 2 zum Typ V mit genauer numerischer Entsprechung. Die Kinder dieser beiden letzten Typen ersetzen das W oft durch ein M oder sogar ein N, wobei sie einfach von «einem Buchstaben» (wie von einem Berg oder einer Kirche) sprechen.

Die Färbung der Modelle I und II (jeweils ein Zündholz von A und A′ sind gleich gefärbt) hat an diesen Resultaten nichts geändert. Die Evokationen von 8 Fünfjährigen verteilen sich wie folgt: 1 vom Typ I, 1 vom Typ II A und 6 von den Typen IV und V. Behält man die Farben bei, verändert man aber das W so, daß das Element A′ dieselbe Form wie in der Figur 9 bekommt, so findet man wieder die im 1. Abschnitt beschriebenen Reaktionen: von 12 geprüften Kindern (zwischen 5 und 7 Jahren) ergibt eines (7 Jahre) bei der Evokation und der Rekonstitution immer den Typ IV; zwei andere schwanken zwischen den Typen II und IV, wobei sich das eine bei der Rekonstitution für IV entscheidet, das andere für II B; zwei Kinder bleiben beim Typ I und 7 weisen die im 1. Abschnitt beschriebenen Formen des Typs II auf.

III. – Jetzt nehmen wir wieder das zusammengezogene W (ohne Farben), aber zusammen mit AA′ ein Elementenpaar BB′ in entsprechenden Reihen (Figur 11/III). Man läßt diese numerische Entsprechung ohne Hinweis auf die Länge feststellen: Dabei wird der Konflikt zwischen der Zahl und der Länge sofort wieder sichtbar. Die Erinnerung der Fünf- bis Sechsjährigen läßt, wie beim Modell in Figur 9, die Enden zusammenfallen, indem entweder die Teile des W vervielfacht werden (bis 12 Segmente in 6 V) oder indem das W durch horizontale Striche an

den beiden oberen Enden verlängert wird. Das einzige Kind dieser Altersstufe, das eine wirklichkeitsgetreue Reproduktion (Typ V) vorlegt, erklärt diese Genauigkeit seiner Erinnerung mit einem bemerkenswerten Kommentar: «Die beiden Linien (A und A′) hatten das gleiche (numerische Entsprechung der Zündhölzer) und hatten nicht das gleiche (ordinal geschätzte Längen).»
Mit anderen Worten, obwohl in keiner Weise auf die Gleichheit oder Ungleichheit der Längen angespielt wird, sind die Kinder von diesem Problem vexiert, sobald es sich ihnen aufdrängt. Bei der Figur 9 mit dem langgestreckten und an keine vertraute Form erinnernden Element A′ ist diese numerische Entsprechung offensichtlich. Sie erzeugt einen Konflikt zwischen dieser Gleichheit und dem sichtbaren Fehlen der Gleichheit bei den Längen, weshalb die Erinnerung, die diese fehlende Gleichheit herstellen möchte, verzerrt wird. Beim zusammengezogenen W unterdrückt die deutlichere räumliche Abgrenzung gegenüber der Linie A und die vertrautere Form den Konflikt zwischen den beiden Entsprechungen, der räumlichen und der numerischen: die Erinnerung wird genauer, weil sie nur behalten muß, was präsentiert wurde. Beharrt man aber auf der numerischen Entsprechung, wie bei der Anordnung 11/III, so tritt der Konflikt bei den kleineren Kindern wieder auf. Die operativen Schemata, an die die Figur assimiliert wird, suggerieren ihnen, einer gleichen Anzahl von Zündhölzern in B und B′ und A und A′ müßten dieselben Längen entsprechen, die durch das Zusammenfallen der Enden bei A und A′ und B und B′ geschätzt werden: Deshalb die Tendenz, die räumliche Gleichheit durch eine Art gedächtnishafte Vorfolgerung, die die Erinnerung mit den Assimilationsschemata des Kindes in Einklang bringt, wiederherzustellen, indem man die Enden zusammenfallen läßt. Die einzige genaue Erinnerung, die bei dieser Altersstufe festgestellt wurde, kann hingegen als rein figurativ angesehen werden (im Gegensatz zu den Erinnerungen der älteren Kinder, die keinen Konflikt mehr zu überwinden haben, weil sie wissen, daß eine gebrochene Linie dieselbe Länge wie eine gerade Linie bewahren kann, ohne daß die Enden zusammenfallen müssen). Das Kind nimmt aber dieses Ärgernis nur zur Kenntnis, ohne es zu korrigieren. Seine Gedanken zu den beiden Linien, die «das gleiche hatten und nicht das gleiche hatten», bedeuten, daß die Zuordnung von Glied zu Glied normalerweise die Äquivalenz der Längen zur Folge hat, daß es aber neben dieser normalen Klasse, die die Schemata des Kindes befriedigt, eine abnormale und besondere (in jedem Sinne des Wortes) Klasse gibt, die gerade durch ihre Besonderheit die Erinnerung wachhält. Auch das ist wieder eine Bezugsetzung zu den operativen Schemata.

4. Das Wiederauftreten des Konflikts zwischen den numerischen Entsprechungen und den räumlichen Gegebenheiten bei der Verwendung rechtwinkliger Modelle und sein Verschwinden bei Figuren mit ausgezogenen Strichen

Wenn die räumliche Trennung und die Auffälligkeit des als W gezeichneten Elements A′ die Erinnerung an die Anordnungen der Figur 11 (I und II) begünstigen, weil sie den aus der (jetzt vernachlässigten) numerischen Entsprechung und dem Nichtzusammenfallen der Enden von A und A′ entstandenen Konflikt unterdrücken, muß es möglich sein, den Konflikt wieder auszulösen und die Erinnerung wieder wie im 1. Abschnitt zu verändern: Man muß das W durch eine rechtwinklige Figur A′ (ohne Bedeutung in der Erfahrung des Kindes) ersetzen, die eine numerische Entsprechung zwischen den Zündhölzern, die ihre Segmente darstellen, und dem Element A aufdrängt. Das wollen wir mit Hilfe der Modelle I und II der Figur 12 versuchen. Wenn die numerische Entspre-

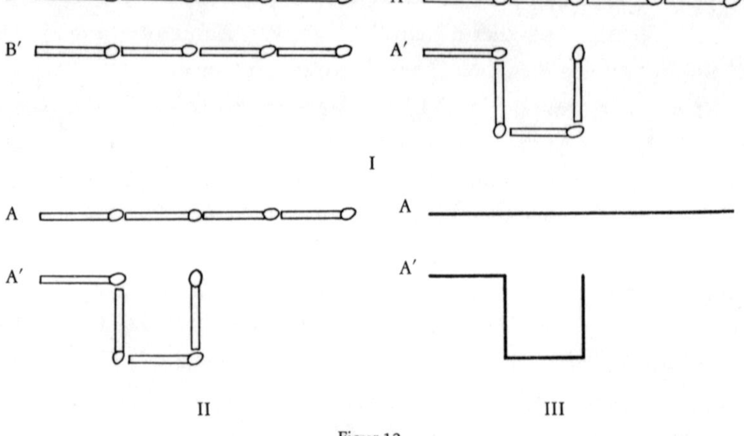

Figur 12

chung tatsächlich ihre störende Rolle spielt, indem sie in der Erinnerung zu einer Ausgleichung der Enden von A und A′ führt, so muß dieser Faktor dadurch zum Teil neutralisiert werden können, daß man das aus Zündhölzern zusammengesetzte Modell durch eine Vorlage aus ausgezogenen Strichen wie in Figur 12/III ersetzt.

I. – Beginnen wir mit dem Modell I von Figur 12. Es wurde dasselbe Vorgehen wie bei der Technik I des 1. Abschnitts gewählt: Präsentierung ohne jede Anspielung auf die numerische Entsprechung[7], Evokation nach einer Stunde, Evokation und Rekonstitution nach einer Woche usw.

Von 15 Kindern im Alter zwischen 5; 8 und 8; 3 Jahren liefern nur 2 (7; 8 und 8; 3 Jahre) eine genaue, numerische und räumliche, Erinnerung, was wir im 1. Abschnitt als Antworttyp V bezeichnet haben. Ein Kind von 5; 3 Jahren fertigte nach einer Stunde ebenfalls eine solche Zeichnung an, ging aber nach einer Woche zum Typ III über. Alle anderen Kinder gehören zu den Typen I bis IV, ähnlich denen im 1. Abschnitt.

Der Typ I unterdrückt das Element A, das A′ zugeordnet ist: Dieses wird mit zahlreichen Zündhölzern wiedergegeben. Nach einer Stunde macht nur ein Kind diese Gedächtniszeichnung, es geht aber nach einer Woche zum Typ II über. Nach sechs Monaten findet sich dieser Typ hingegen bei einigen Kindern.

Der Typ II verlängert das rechtwinklige Element A′ mit einer zusätzlichen Zahl von Segmenten. Das Ende von A′ fällt mit dem Ende von A zusammen, das ebenfalls aus zu vielen Segmenten besteht (mit oder ohne B und B′ von gleicher Länge): siehe Figur 13/II A. Mit II B bezeichnen wir eine Figur, in der das Element A′ die Form eines T oder eines Y annimmt. Beim Typ II C schließlich wird das Element A′ durch das Element A geschlossen. Diese Typen lassen sich bei Fünf-, Sechs- und bisweilen noch Siebenjährigen beobachten (B und B′ werden oft ausgelassen).

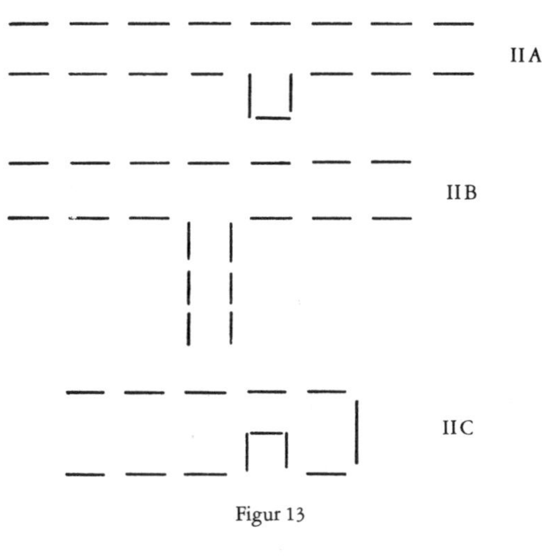

Figur 13

Beim Typ III wird das Element A′ zwar noch auf die Länge von A ausgedehnt, aber mit einer einigermaßen richtigen Anzahl von Segmenten: je 4 Zündhölzer für B, B′ und A, 5 oder 6 für A′. Dieser Evokationstyp ist von 5; 3 Jahren an zu finden.
Beim Typ IV schließlich ist das Element A wie beim richtigen Typ V länger als A′, aber beide Reihen bestehen aus einer beliebigen Zahl von Segmenten ohne genaue Entsprechung.
Die Erinnerungen an diese Anordnungen entsprechen in den großen Zügen denen bei der Figur 9. Bisweilen kommen natürlich Interpretationen hinzu, die sich aus Erfahrungsformen ableiten («Eisenbahnschienen» für B und B′, «Straßen» für A, «Hüte», «Lastwagen», «Garagen» usw. für A′. Sie bleiben aber alle innerhalb der Typen I bis IV, ausgenommen nach sechs Monaten, wo solche Schematisierungen zu abweichenden Formen führen, die vom Typ I abgeleitet sind.
Bei der Evokation nach einer Stunde findet man 1 Typ I, 5 Typ II (3 II A, je 1 II B und II C), je 3 Typ III, IV und V. Die Evokation nach einer Woche ergibt 0 Typ I, 8 II (5 II A, 1 II B und 2 II C), 3 III, 1 IV und 3 V, wovon ein Kind, das von IV zu V übergegangen ist; sieht man von diesem letzten Fall ab, findet man somit nach einer Woche eher Regressionen. Die Rekonstitutionen (ebenfalls nach einer Woche und kurze Zeit nach der beschriebenen Evokation) ergeben das gleiche Resultat, außer daß das Kind vom Typ IV zum Typ V übergeht, so daß insgesamt 4 Typ V herauskommen. Bei den 13 Kindern, die nach 6 Monaten wieder ausfindig gemacht werden konnten, ergeben die Evokationen und Rekonstitutionen (die jeweils miteinander identisch sind) 4 Typ I, 6 II (3 II A, 1 II B und 2 II C), 1 III, 1 IV und 0 V. Ein Kind, das nach einer Woche zum Typ V gehört hatte, erinnerte sich an nichts mehr.
Alles in allem kommen bei dieser Prüfung ähnliche Resultate wie bei der Figur 9 heraus.
II. – Die Figur 12/I enthält die beiden Elemente B und B′, die die numerische Zuordnung verstärken. Man muß deshalb auch prüfen, welche Erinnerungen das Modell 12/II bewirkt, das der im 1. Abschnitt studierten Figur 9 besser entspricht. Diese Figur 12/II weist einen Längenunterschied von zwei Zündhölzern zwischen den Elementen A und A′ auf, also fast gleichviel wie bei Figur 11/I und mehr als bei Figur 11/II, was die Unabhängigkeit des Elements A′ verglichen mit Figur 9 noch verstärken müßte. Das erste und das dritte Zündholz von A′ sind jedoch parallel zu A, was wiederum eine numerische Zuordnung zwischen A und A′ nahelegt. Man kann somit darauf gespannt sein, ob wieder ein Konflikt zwi-

schen den Zahlen und den Längen auftritt, oder ob diese Figur 12/II ohne Verzerrung durch Ausgleichung der Enden wie bei Figur 11/I und II behalten wird. Unter 21 Kindern[8] zwischen 5 und 7½ Jahren findet man zunächst ein Kind von 5 Jahren mit einer Erinnerung vom Typ I, wo A und A′ zu einer einzigen Figur verschmolzen sind. Bei der Rekonstitution hingegen sind zwei parallele, über einen rechten Winkel miteinander verbundene Linien vorhanden, wobei aber die eine Linie die A′ entsprechende rechtwinklige Konstruktion enthält: also ein Evokationstyp II. Ein zweites Kind verbindet ebenfalls A und A′ miteinander, aber in Form eines geschlossenen A′ (Quadrat) mit einem vorstehenden Element beidseits in der Verlängerung der oberen Seite; bei der Rekonstitution hingegen sieht man zwei Elemente, A geradlinig mit drei Zündhölzern, A′ auf der rechten Seite geöffnet und durch ein horizontales Zündholz ergänzt, das die Enden zusammenfallen läßt. Ein drittes Kind fertigt zunächst (nach einer Stunde) eine Zeichnung vom Typ IV an, geht aber nach einer Woche zum Typ I über (zwei aufgehängte A nebeneinander).
Bei Fünf- bis Sechsjährigen findet man 8 Evokationen vom Typ II. Das Element A′ wird mit einem horizontalen Strich (bei der Rekonstitution mit einem oder mehreren Zündhölzern) oben rechts verlängert, so daß die Endpunkte von A und A′ zusammenfallen. Ein Siebenjähriger beginnt nach einer Stunde eine solche Verlängerung, läßt sie aber unvollendet (also ein Typ zwischen II und IV), vervollständigt sie jedoch nach einer Woche (Typ II).
6 Zeichnungen und Rekonstitutionen von Kindern zwischen 6; 5 und 7; 5 Jahren zeigen zwar einen Unterschied zwischen A und A′, aber die beiden Reihen enthalten nicht die richtige Anzahl Segmente. 3 Sechs- bis Siebenjährige schließlich lassen genaue Erinnerungen erkennen.
Zusätzlich zu diesen 21 Kindern wurden 10 weitere nach einer ganz anderen Methode geprüft: zuerst mußten sie das Modell (Figur 12/II) abzeichnen, worauf nach einer Woche eine Evokationszeichnung und eine Rekonstitution verlangt wurden. Die Kopierzeichnungen waren natürlich alle richtig (mit tastenden Versuchen bei einem Fünfjährigen, der zuerst A mit A′ verband, sich aber sofort korrigierte). Die Evokation hingegen war nur bei 4 Kindern zwischen 6; 5 und 7; 2 Jahren richtig (Typ V). Ein eindeutiger Typ IV ließ sich nur bei der Rekonstitution finden (A mit 5 und A′ mit 7 Segmenten, wobei aber A über A′ hinausragt); bei der Evokation hatte dieses Kind einen Typ II (genauer II A) gezeichnet. Zwei andere Kinder stehen zwischen IV und II, zwei weisen bei den Evokationen und den Rekonstitutionen den Typ II (Zusammenfallen der Enden) auf,

und eines gehört zum Typ I. Man ersieht daraus, daß die Kopierzeichnung den Konflikt in keiner Weise unterdrückt hat. Sie mag vielleicht einige Reaktionen verbessert haben, aber die Erinnerung zeigt dieselben Verzerrungen wie bei Methoden ohne Kopierzeichnung.

III. – Nun kommen wir zur Kontrolle. Die vorstehende Figur wird in Form ausgezogener Striche und nicht von Zündhölzern präsentiert. Das beseitigt die numerische Entsprechung und folglich auch den Konflikt zwischen dieser und der Schätzung der Längen, die von den Endpunkten ausgeht.

10 Kinder zwischen 5 und 7 Jahren wurden mit dieser Figur 12/III geprüft. Nach einer Stunde und nach einer Woche wurde jeweils eine Evokationszeichnung verlangt. Alle 10 Kinder zeichnen Figuren, bei denen die Linie A über das Element A′ hinausragt. In den meisten Fällen (8 von 10) wird das Element A′ richtig wiedergegeben. In einem Fall wird es zu einer Treppe, in einem anderen Fall trägt es oben rechts einen kleinen Strich, der wie der Anfang einer Verlängerung aussieht. Doch das Kind will den Strich nicht bis an das Ende von A weiterziehen, obwohl ihm allerlei suggeriert wurde, um seinen Widerstand auf die Probe zu stellen.

Von den vier Kindern, die nach vier Monaten noch einmal geprüft wurden, hat jedoch keines eine adäquate Erinnerung bewahrt: Zwei haben das Element A vergessen, eines zeichnet die Gesamtfigur geschlossen, das vierte fertigt eine Zeichnung vom Typ II an, während die Reproduktion nach einer Stunde und nach einer Woche hinreichend wirklichkeitsgetreu gewesen war. Dieser Fall scheint darauf hinzuweisen, daß neben dem vorhin beschriebenen Konflikt zwischen den operativen Schemata ein dem Bild[9] eigentümlicher Grenzfaktor wirksam wird, den man folgendermaßen umschreiben könnte: Daß die Bilder im allgemeinen den Endpunkten eine Bedeutung zumessen, ist bekannt; ein Kind, das zwei anfänglich parallel verlaufende Linien mit dem gleichen Anfangspunkt evoziert, könnte deshalb die Tendenz haben, die Enden gleich lang zu zeichnen, auch wenn die zweite Linie Umwege enthält.

Wir haben deshalb noch vier Kinder im Alter von 4 und 5 Jahren untersucht, alle vier auf einer ziemlich niederen Stufe stehend und ohne jede Vorschulerziehung. Nach einer Stunde und nach einer Woche zeichneten sie ihre Erinnerungen an die Figur 12/III: Nach einer Stunde waren eine Zeichnung richtig und die drei anderen vom Typ II, nach einerWoche waren alle vom Typ II (zwei mit einer geschlossenen Figur, eine in T-Form und eine mit einer einfachen Verlängerung). Selbst in Fällen, wo keine numerische Entsprechung mitspielt, weil die

Striche ausgezogen sind, besteht somit eine Tendenz zur Ausgleichung der Enden, die auf eine einfache räumliche Entsprechung zurückzuführen ist. Dabei spielen natürlich die Gesetze der bildhaften Vorstellung eine Rolle, weil sich das Bild, wie wir schon oben angedeutet haben, ganz allgemein auf die Endpunkte ausrichtet.

Der figurative Faktor, der bei diesen Kindern offensichtlich eine Rolle zu spielen scheint, führt somit zu Verzerrungen der Erinnerung und nicht zur Wirklichkeitstreue, wie man bei von operativen Schemata wenig beeinflußten Erinnerungsbildern erwartet hätte. Man darf deshalb nicht einfach annehmen, je figurativer das Gedächtnis wegen des jugendlichen Alters der Kinder sei, desto adäquater sei es auch für die Wahrnehmung des Modells. Das Bild weist vielmehr seine eigenen systematischen Verzerrungen auf (Rolle der Endpunkte usw.), und vielleicht sind gerade diese Verzerrungen ein Hinweis auf einige der präoperativen Schemata des Kindes. Wir kommen im nächsten Abschnitt darauf zurück.

Doch diese besonderen figurativen Faktoren spielen nur auf einer sehr elementaren Stufe eine solche Rolle, denn die 10 Kinder zwischen 5 und 7 Jahren, von denen zuerst die Rede war, bringen auch noch nach einer Woche eine Evokation ohne Ausgleichung der Enden zustande. Auf dieser zweiten Stufe erleichtert somit das Fehlen der numerischen Entsprechung zwischen den Segmenten der beiden Elemente die Erinnerung, während das Mitwirken einer solchen Entsprechung einen Konflikt erzeugt, der bis zum 7. und manchmal 8. Lebensjahr (Tabellen 9 und 10) die Tendenz zur Ausgleichung fortbestehen läßt.

IV. – Um zu entscheiden, ob diese Tendenz zur Ausgleichung der Endpunkte allgemein ist, sei sie durch den Konflikt zwischen der numerischen Entsprechung und der scheinbaren räumlichen Nichtentsprechung oder durch figurative Faktoren, die sich nur auf die Endpunkte beziehen, verursacht, mußte auch noch das Wiedererkennen einbezogen werden. Das Wiedererkennungsgedächtnis ist viel ursprünglicher und funktioniert leichter als das Evokations- und sogar das Rekonstitutionsgedächtnis (wo das Material zur Verfügung steht), weil es durch den wahrnehmungsmäßigen Kontakt unterstützt wird. Würde das Kind in einer Situation, wo es bloß früher Wahrgenommenes wiederfinden und Nichtentsprechendes ausscheiden muß, gleich reagieren wie in den Evokations- und Rekonstitutionssituationen, wo es sich das nicht noch einmal gezeigte Modell vorstellen oder es rekonstruieren muß? Wir ließen 14 Kinder im Alter zwischen 5 und 7 Jahren zwischen Modellen wie in Figur 12/II und Wiedergaben der wichtigsten beobachteten Verzerrungstypen auswählen. Diese Wiedererkennungen wurden nach einer Woche verlangt, in einzelnen Fällen auch nach einer Stunde und nach vier Monaten.

Diese Wiedererkennungen standen, wie erwartet, oft auf einer höheren Stufe als die Evokationen und die Rekonstitutionen (zwischen denen im Experiment kaum ein Unterschied bestanden hatte): die Wiedererkennungen sind zu etwa einem Drittel mehr oder weniger richtig, mit einem über A′ hinausragenden Element A (Typen IV und V), wo die Evokationen noch den Typ I bis III aufwiesen; die restlichen Wiedererkennungen stehen auf derselben globalen Stufe (I bis III oder IV bis V) wie die Evokationen.

Die Wiedererkennung ist somit deutlich im Vorsprung, aber sie ist keineswegs immer genau. Sie zeigt vielmehr, wenn auch mit einem geringeren Anteil, die gleichen Verzerrungstypen wie die Evokationen und die Rekonstitutionen. Nach einer Woche wählen 7 von unseren 14 Kindern (und das bis in das Alter von 7; 11 Jahren) eine Auswahl von Figuren des Typs II, während sich die anderen 7 für den Typ IV und V entscheiden. Nach einer Stunde ist das Verhältnis 3 Typ II zu 4 Typ IV und V, nach vier Monaten sinkt es auf 2:1 (6 Figuren mit gleich langen und 3 Figuren mit ungleich langen Elementen). Die beschriebenen Vorgänge betreffen offensichtlich die Gesamtheit des Gedächtnisses. Die Verzerrungen sind nicht nur für das Evokationsbild charakteristisch, sondern dieselben Schemata sind schon auf der Stufe der Wiedererkennung wirksam.

5. Schlußfolgerungen

Um die Verbesserungs- und Verzerrungseffekte, die wechselweise (je nach Situation und Entwicklungsstufe) durch die figurativen und operativen Aspekte der Erinnerung erzeugt werden, und um vor allem, was unser Hauptanliegen ist, die Beziehungen zwischen dem figurativen Bild und dem operativen Schema in den in diesem Kapitel untersuchten Gedächtnismechanismen besser zu verstehen, wollen wir zuerst ein wenig Ordnung in die beobachteten Tatsachen bringen und sie sowohl nach Stadien als auch nach den verwendeten Modellen ordnen.

I. – Auf der elementarsten Stufe greift das Kind auf keinerlei numerische Entsprechung zwischen den Elementen A und A′ der Figuren, sondern nur auf räumliche Bezugsetzungen zurück. In den am meisten verwischten Fällen äußern sich diese

Beziehungen als einfache Nichtdifferenzierung: Das auffälligste Merkmal wird hervorgehoben, das heißt, ein Element wird akzentuiert und das andere vernachlässigt (Typ I), oder beide Elemente werden zu geschlossenen Figuren mit unterschiedlicher Bedeutung vereinigt. Doch schon sehr früh werden die Elemente A und A′ sowohl auseinandergehalten als auch zueinander in Beziehung gesetzt – entweder in Form einer räumlichen oder klassifizierenden Trennung ohne Zuordnung (Figur 11/I und II) oder in Form einer räumlichen Zuordnung (Figuren 9 und 12/I und II). Bei diesen Bezugsetzungen können topologische oder klassifikatorische Schemata mitspielen, aber die figurativen Faktoren spielen zweifellos noch eine vorherrschende Rolle. Doch diese Rolle kann sowohl die Verzerrungen in der Erinnerung als auch die Wirklichkeitstreue fördern. Bei den Figuren 11/I und II begünstigen die wahrnehmungsmäßigen Trennungen zwischen A und A′ die Bildung adäquater Bilder. Bei den Figuren 9 und 12/II und sogar 12/III (bei den jüngsten geprüften Jahrgängen) spielen die den Bildern innewohnenden Grenz-Faktoren (insbesondere bei der Figur 12/III, wo die ausgezogenen Striche jede numerische Entsprechung ausschließen) eine wichtige und bisweilen fast ausschließliche Rolle bei der illusorischen Ausgleichung der Endpunkte.

II. – In einer zweiten Phase bemerken die Kinder die numerische Entsprechung zwischen den jeweils 4 Zündhölzern der Elemente A und A′, und dieses operative Schema muß die Übereinstimmung der Erinnerung fördern. Doch die gleichen Kinder verfügen über noch kein Schema der räumlichen Erhaltung, sie begreifen folglich noch nicht, daß eine gebrochene Linie die Länge bewahrt, die sie als Gerade hatte. Daraus ergibt sich ein Konflikt zwischen der numerischen Gleichheit von A und A′ und ihrer scheinbaren räumlichen Ungleichheit, und daraus wiederum ergibt sich die Tendenz, die Erinnerung zu verzerren, jetzt aber unter dem Einfluß der operativen Schemata, besser gesagt, ihrer fehlenden Koordination. Man kann diese Verzerrungen auf eine Art gedächtnishafte «Vorfolgerung» nach dem Muster der wahrnehmungsmäßigen Vorfolgerungen oder sogar der präoperativen vorstellungsmäßigen Folgerungen zurückführen, und zwar in folgender Form: 1. Die Linien A und A′ sind gleich, weil sich ihre Segmente Glied um Glied entsprechen. 2. Wenn sie nach der numerischen Entsprechung gleich sind, müßten sie es auch der Länge nach sein. 3. Folglich müssen ihre Endpunkte zusammenfallen. Doch wann und wie kommt es zu dieser Folgerung? Sie scheint im Falle der Zündhölzer in zwei Phasen abzulaufen: Die eine betrifft die begriffliche Assimilation mit dem eben wahrgenommenen präsentierten Modell vor

Augen, die andere deren Übertragung in Erinnerungsbilder oder die mnemonische Assimilation.

Mit der Anordnung vor Augen, das heißt während der wahrnehmungsmässigen Musterung, kann die Assimilation offensichtlich nur begrifflich sein, denn zu diesem Zeitpunkt gibt es weder ein Vorstellungsbild noch eine Erinnerung, und die Wahrnehmung widerspricht der gewünschten Ausgleichung der Enden. Die Prämissen 1 und 2 des dargelegten Gedankenganges werden somit mehr oder weniger bewußt oder implizit akzeptiert, und sie erzeugen einen Konflikt mit den präsentierten Tatsachen. Würde man das Kind jetzt nach den Längen fragen, so käme folglich die Antwort, das Element A′ sei kürzer als A, weil A darüber hinausrage. Obwohl diese Konsequenz unausweichlich ist, wenn man die zur Verfügung stehenden Schemata berücksichtigt, bleibt das Kind unbefriedigt, weil eine Entsprechung von Glied zu Glied und folglich eine Art Gleichgewicht vorhanden ist.

Nach der Entfernung des Wahrnehmungsmodells schließt die zweite Phase an, in der das Erinnerungsbild konstruiert wird. Man kann zunächst über den Wert der Zeichnung als Ausdruck des Bildes und der Erinnerung diskutieren. Luquet hat gezeigt, und seine Feststellung ist berühmt geworden, daß das fünf- bis sechsjährige Kind von einem Gegenstand eher das zeichnet, was es weiß, als das, was es sieht oder gesehen hat. Die Zeichnung zieht folglich die Konsequenz 3 aus den Prämissen 1 und 2, sie stellt die beiden Linien gleich lang, mit zusammenfallenden Endpunkten dar. Ist das aber ein rein zeichnerisches Phänomen? Nein, denn das Wiedererkennen nach zur Auswahl vorgelegten Blättern (4. Abschnitt, IV) ergibt das gleiche Resultat. Aber auch weil das Vorstellungsbild ebenfalls ein Symbol ist, das den Begriff oder zumindest den verbegrifflichten Gegenstand symbolisiert, und zwar bisweilen mehr als den wahrgenommenen Gegenstand selbst. Die Übertragung des Wahrgenommenen in ein davon verschiedenes Erinnerungsbild ist somit ein wirkliches Phänomen, das unsere Beobachtung zum Teil unabhängig von der Zeichnung, die es zum Ausdruck bringt, festgestellt hat. Überraschend an den beschriebenen Experimenten ist, daß sich diese Übertragung sozusagen unmittelbar vollzieht – sobald nämlich das Modell nicht mehr vorhanden ist (Abschnitt 4, II) oder eine Stunde später liefert das Kind, das das Gesehene zeichnen soll, bereits eine Ausgleichung. Es scheint dafür nur eine Erklärung zu geben: Sobald die Wahrnehmung ihre kontrollierende und bremsende Rolle nicht mehr spielt, lösen die Prämissen 1 und 2 des angenommenen Gedankenganges die entsprechende Schlußfolgerung aus. Das Kind überlegt sich das natürlich nicht explizit, und schon gar nicht mit äußeren oder inneren Worten, sondern in Form einer Blockierung der Koordination der beteiligten Schemata: mit anderen Worten und ganz einfach ausgedrückt, die Entsprechung von Glied zu Glied bewirkt begrifflich oder als Implikation zwischen Schemata die ordinal aufgefasste Gleichheit der Längen. Dies aber vorerst nur als begriffliche oder interschematische Implikation. Zur Wirklichkeitsbeurteilung, das heißt zur Evokation des tatsächlich Gesehenen, kommt das Bild zu Hilfe. Hier verdeutlicht sich der Mechanismus der gedächtnishaften Evokation in seinen Möglichkeiten und in seinen Grenzen: Er besteht aus einer Erhaltung der Schemata und gleichzeitig aus einer figurativen Konkretisierung durch das Erinnerungsbild. Das Bild ist aber nur ein nachahmendes Symbol und keine Verlängerung der Wahrnehmung. Als Symbol stellt es zwar den Gegenstand dar, aber durch seinen Begriff hindurch. Falls das Kind das Bild rekonstruieren will, das es nicht mehr wahrnimmt, so ist es gezwungen, so wirklichkeitsgetreu wie möglich die schematische Assimilation zu symbolisieren, die es mit dem Modell vor Augen durchgeführt hat. Es gibt somit zwar das genaueste Bild dessen wieder, was es gesehen hat, das aber ebenso genau in bezug auf sein Denken wie in bezug auf seine Wahrnehmung ist. In bezug auf sein Denken ist es um so genauer, als dieses Denken noch immer funktioniert, während die Wahrnehmung vorbei ist und durch das Bild nicht ersetzt wird, denn das Bild kann ja die Wahrnehmung nur rekonstruieren, indem es sich auf das Denken stützt.

Auf dieser zweiten Entwicklungsstufe ist vor allem die Tätigkeit der operativen Schemata für die Verzerrungen der Erinnerung verantwortlich; es sind nicht mehr die figurativen Faktoren wie in gewissen Fällen der ersten Phase (zum Beispiel bei Figur 12/III). Falls diese figurativen Faktoren, etwa in den Figuren 11/I und II, die Elemente A und A′ ausreichend trennen, so stehen die numerischen und räumlichen Entsprechungen nicht mehr in Gegensatz zueinander, weshalb die Erinnerung besser wird. Betont man aber wieder die numerische Gleichheit (Figur 11/III), so tritt der Konflikt wieder auf. Seine Unterdrückung mit der Figur 12/III bestätigt andererseits die Rolle der fehlenden Koordinierung der operativen Schemata.

Damit sind wir aber noch nicht am Ende. Wir wollen auch zu verstehen versuchen, weshalb die Schemata nicht koordiniert sind. Nicht weil die numerische Zuordnung Fortschritte gemacht hat, sind oder bleiben die für diese zweite Etappe eigentümlichen Erinnerungen verzerrt (nachdem sie es während der ersten Phase vor allem wegen der figürlichen Entsprechung waren), sondern weil dieses numerische Schema noch nicht mit den späteren Schemata der (metrischen) Schätzung und der Erhaltung der Längen koordiniert ist. Daß diese Schätzung der Längen bei Fünf- bis Siebenjährigen ordinal und noch nicht metrisch ist, hängt nicht vom Bild, sondern von der Entwicklung der Operationen selbst ab. Diese ordinale Schätzung stützt sich hauptsächlich auf die Endpunkte der Figur, die systematisch privilegiert sind; dieses Privileg hängt zu einem guten Teil vom Bild ab, so daß es den verzerrenden Einfluß der in der ersten Phase hervorgehobenen figurativen Faktoren verlängert.

III. – In einer dritten Etappe schließlich, aber erst im Alter von ungefähr 8 bis 9 Jahren, kommt es zur operativen Koordinierung der numerischen Schemata und der räumlichen Schemata der metrischen Schätzung und der Erhaltung der Längen. Der Konflikt verschwindet, die Schemata erhalten ihre die Retention und die Wirklichkeitstreue der Erinnerung fördernde Rolle. Das Bild erwirbt seine Funktion als adäquates Symbol, es kommt zu einer Harmonie und Zusammenarbeit zwischen den figurativen und operativen Faktoren des Gedächtnisses. Diese Situation gilt für die Gesamtheit der vorgelegten Figuren und nicht nur für die aufgrund ihrer Struktur konfliktfreien; sie ist – das muß betont werden – nur dank der Entwicklung der operativen Schemata des Kindes möglich geworden. Weder die Wahrnehmung noch das Erinnerungsbild haben vorher die Figuren reproduzierbar machen können, die wie Figur 9 oder 12/I und II nicht an die Intelligenz des Kindes assimiliert werden konnten. Hier stimmt die vorliegende Arbeit mit den Ergebnissen der Seriationsversuche überein: Bei diesen wurde das präsentierte Modell, so einfach es sein mochte und so sehr es den Gesetzen der «guten Form» entsprechen mochte, durch die Schemata des Kindes bis zu dem Augenblick verzerrt, da diese die Assimilation möglich machten.

IV. – Alles in allem und trotz den Unterschieden, die wir im 1. Abschnitt zwischen den Fakten der beiden ersten Kapitel und den vorliegenden Resultaten aufgezeigt haben, sind die in beiden Fällen aufgedeckten Gedächtnismechanismen dieselben. Bei der Aneinanderreihung handelt es sich jedoch um ein einfaches Schema, das sich relativ früh entwickelt und dessen figurative Symbolik sich ohne größere Schwierigkeiten oder Konflikte an die Etappen ihrer operativen Dynamik anpaßt. Die anfänglichen Verzerrungen entsprechen somit den verschiedenen Formen dieser operativen Dynamik, und der Fortschritt der Erinnerung während der Retention ist auf ihre rasche Aufeinanderfolge zurückzuführen. Bei der Entsprechung der beiden Linien A und A′ in diesem Kapitel hat man es jedoch mit zwei verschiedenen Systemen von Schemata zu tun, von denen das eine früher entwickelt ist als das andere. Die verschiedenen Erinnerungsabarten, die man beobachten kann, spiegeln die möglichen Kombinationen wieder, und zwar vor allem in jenen Etappen, wo sie noch nicht miteinander koordiniert sind. Deshalb findet das Gedächtnis, das wie bei der Seriation die Organisation der aufgezeichneten Tatsachen anstrebt, diese Organisation lange nur in illusorischen Lösungen, die den Konflikt unterdrücken, aber dadurch die Tatsachen und ihre Erinnerung verzerren. Das Andauern der Retention führt deshalb nicht zu einer Verbesserung, denn das visuelle Bild mit seinen eher räumlichen als numerischen Eigenschaften kann diese schlecht koordinierten Situationen nur durch seinen Gesetzmäßigkeiten entsprechende figürliche Symbole (Grenzen, Endpunkte usw.) ausdrücken, die sich eher dazu eignen, die Zahlen und die Grenzen in Einklang zu bringen. Erst auf einer Entwicklungsstufe, wo die Koordinierung der genannten Schemata allmählich abgeschlossen wird (mit ungefähr 8 bis 9 Jahren), konnte noch nach sechs Monaten der Erinnerungstyp V gefunden werden.

[1] In Zusammenarbeit mit J. Bliss.

[2] Eine erst spät, bei geraden Linien durchschnittlich mit 9 Jahren, bei segmentierten Figuren vielleicht noch etwas später auftretende Erhaltung; noch viele achtjährige Kinder zählen zwar bei A und A′ je vier Zündhölzer, halten aber die Gesamtstrecken für ungleich lang.

[3] Die Zündhölzer sind Ende an Ende auf einem Karton aufgeklebt.

[4] In der Zahl 27 sind zwei Kinder eingeschlossen, die zwischen den Typen III und V schwankten.

[5] Die Zahl 5 in Klammern bezieht sich wieder auf die bereits genannten Kinder, die sich nicht zwischen den Typen III und V entscheiden konnten.

[6] In Genf mit 6 Jahren, wobei aber schon mit 5 Jahren einzelne Buchstaben gelernt werden.

[7] Im Gegensatz zum Vorgehen bei Figur 11/III.

[8] Von denen 8 die Evokationszeichnung unmittelbar nach der Präsentierung und nicht erst nach einer Stunde anfertigten, was im übrigen nichts änderte.

[9] Siehe J. Piaget und B. Inhelder, *L'image mentale chez l'enfant.*

Kapitel V

Das Gedächtnis einer Präsentierung transitiver Beziehungen[1]

Die in den vier ersten Kapiteln präsentierten Modelle enthalten zwei Aspekte, die in verschiedenem Grade die Aufmerksamkeit des Kindes auf sich ziehen können: einen figurativen Aspekt, der hauptsächlich in der vom Kind verlangten Gedächtniszeichnung zum Ausdruck kommt, und einen operativen Aspekt, der für die Verbegrifflichung der Anordnung aufgrund der Aktions- oder Operationsschemata des Kindes verantwortlich ist. Die Erfahrung hat gezeigt, daß dieser zweite Aspekt im Gedächtnis eine mindestens ebenso wichtige Rolle spielt wie der erste, den man eigentlich für den vorherrschenden hätte halten können. Deshalb muß man auch die Erinnerung von Situationen untersuchen, bei denen Folgerungen eine sichtbare Rolle spielen, wo die figürliche Anordnung nicht nur mit einer möglichen operativen Konstruktion, sondern mit einer wirklichen Deduktion verbunden ist, die je nach der operativen Stufe des Prüflings begriffen oder nicht begriffen wird.

Das Material besteht, wir kommen darauf zurück, aus drei Gefäßen verschiedener Form, die jeweils dieselbe Flüssigkeitsmenge enthalten. Diese Äquivalenz kann mit einem vierten Glas festgestellt werden, das leer ist und als gemeinsames Maß dient. Der Experimentator nimmt alle Handlungen selbst vor, aber das Kind muß die Ergebnisse antizipieren und anschließend feststellen. Die Erinnerung, die man nach einer Stunde, einer Woche und schließlich nach drei bis fünf Monaten evozieren läßt, ist folglich mit der Lösung eines Problems verbunden. Dieses Faktum bestimmt die Fragen, die wir zuerst diskutieren: Hängt diese Erinnerung mit den charakteristischen Schemata der Entwicklungsstufen beim Verstehen und bei der Problemlösung eng zusammen oder nicht? Ist der figurative Aspekt des Gedächtnisses dem operativen Aspekt stärker untergeordnet als bei der Seriation? Und so fort.

1. *Material und Methode*

Wir haben zwei Techniken angewendet.
Die Technik A arbeitet zunächst mit vier Gläsern: A lang und dünn, mit einer gelben Flüssigkeit gefüllt; B konisch, mit grün gefärbtem Wasser gefüllt; C breit und niedrig, mit einer roten Flüssigkeit gefüllt. Ein leeres Glas B′, das gleich wie B ist, dient der Prüfung der Äquivalenzen. Der Inhalt der vier Gläser ist gleich. Die Befragung erstreckt sich über vier Sitzungen.

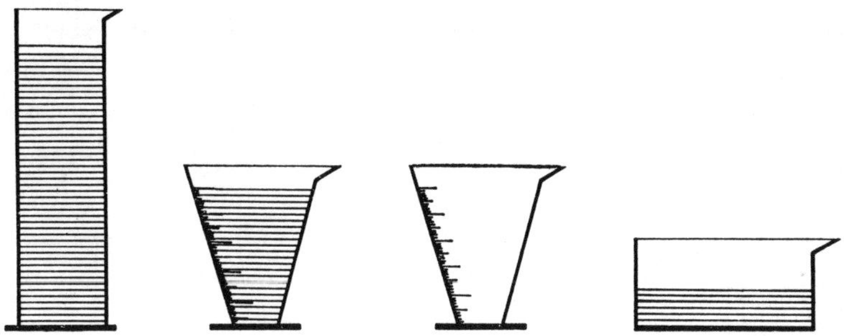

A B B′ C

Figur 14

An der ersten Sitzung präsentiert man dem Kind die vier Gläser, wobei A, B und C bereits mit der jeweils gleichen Flüssigkeitsmenge gefüllt sind: a) Der Experimentator gießt A in B′ um, worauf das Kind feststellen muß, daß der Wasserstand in B′ mit B übereinstimmt; hat es dies getan, gießt der Experimentator den Inhalt von B′ in A zurück. b) Dasselbe geschieht mit dem Glas C. c) Der Experimentator stellt die Gläser A und C nebeneinander und fragt das Kind: «Wenn ich das (A) trinke und du das (C), trinkt dann eines von uns mehr als das andere, oder trinken wir beide gleich viel?». Das Kind muß seine Antwort begründen. d) Der Experimentator stellt A, B und C nebeneinander und entfernt B′; er fragt das Kind, ob die drei Gläser dieselbe Flüssigkeitsmenge enthalten. Falls mit Ja geantwortet wird, verlangt man eine Begründung, falls die Antwort nein ist, wird gefragt, welches Glas am meisten Sirup enthalte.
Die zweite Sitzung findet eine Stunde später ohne jedes Material statt: a) Das Kind beschreibt verbal, was es vor einer Stunde gesehen hat. b) Dann muß es aus dem Gedächtnis die Gläser zeichnen, die es gesehen hat, und die Farbe der Flüssigkeit angeben, die darin enthalten war. Falls das Kind das leere Glas B′ zeichnet, fragt man, ob zwei Gläser gleicher Größe vorhanden waren. c) Man fordert das

Kind auf, zu beschreiben, was man gemacht habe, und die aufeinanderfolgenden Umgießungen mit Pfeilen auf seiner Zeichnung anzugeben; die Reihenfolge wird notiert. d) Das Kind muß sich die gestellten Fragen in Erinnerung rufen. Die dritte Sitzung findet eine Woche später statt und ist dreiteilig: I. Der erste Teil verläuft gleich wie die eben beschriebene Gedächtnisprüfung. II. Im zweiten Teil gibt man dem Kind die in der ersten Sitzung verwendeten Gläser (mit ihrem ursprünglichen Inhalt) und läßt es die damals beobachteten Umgießhandlungen reproduzieren. Falls das Kind die Flüssigkeiten vermischen will, läßt man es tun (der Sinn dieses Tuns wird noch klar werden). Man fragt den Prüfling, welche Fragen man ihm gestellt habe und welches der Sinn dieser Handlungen gewesen sei. Wichtig ist es, festzustellen, ob das Kind das Glas B′ als Mittelglied verwendet. III. Man prüft die Operativität (Nachtest) mit dem neuen Material D–H (Figur 15), das entgegen seinem Aussehen Ungleichheiten F > E > D enthält:

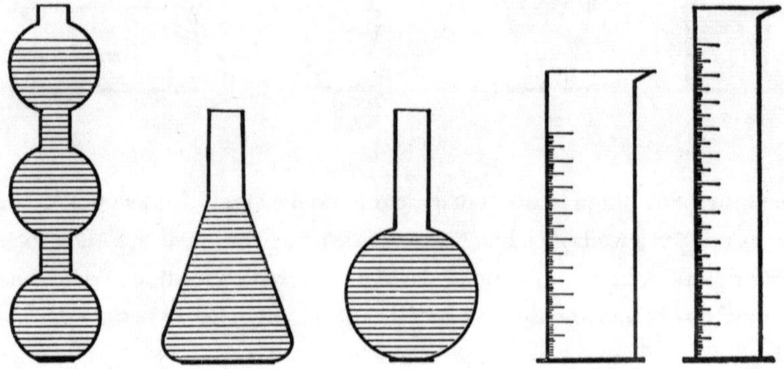

Figur 15

a) Man läßt das Kind zuerst beurteilen, welches der Gläser D–F am meisten Flüssigkeit enthält. b) Dann schlägt man ihm vor, seine Aussage zu prüfen und zu messen: Man gießt F in den Meßzylinder H um, läßt den Wasserstand feststellen, fordert das Kind auf, sich daran zu erinnern und gießt die Flüssigkeit in F zurück. c) Man gießt E in H um und geht gleich vor. Man fragt, ob die rote (F) oder die grüne (E) Flüssigkeit einen höheren Stand erreicht habe, und fordert das Kind wiederum auf, sich daran zu erinnern. Dann stellt man die Gefäße F und E vor das Kind und fragt, welches Glas mehr Sirup enthalte. d) Der Experimentator gießt E (grün) in G um und geht gleich wie bei H vor. Dann gießt er D (gelb) in G um, gießt die Flüssigkeit zurück in D und fragt, wobei er D und E nebeneinanderstellt, welches Gefäß mehr Sirup enthalte. e) Zum Schluß läßt man D mit F vergleichen, wobei die Antwort begründet werden muß. Die richtige Antwort setzt somit die Transitivität «F > D, weil F > E und E > D» (seriale Transitivität) voraus.

Eine vierte Sitzung findet 3, 4 oder 5 Monate später statt und besteht wiederum aus drei Teilen: I. Einfache Erinnerung mit Zeichnung wie in der ersten Sitzung und im I. Teil der zweiten. II. Rekonstitution wie im II. Teil der zweiten Sitzung. III. Neue operative Kontrolle wie im eben beschriebenen III. Teil.

Die Technik B unterscheidet sich von der vorstehenden darin, daß das Anfangsmaterial zwei leere Gläser B′ und B″ anstatt nur eines (Figur 14) enthält. Die erste Sitzung verläuft folgendermaßen: a) Man gießt A in B′ um, woraus sich A = B′ = B ergibt, und gießt B′ wieder in A zurück. b) Man gießt C in B′ um, worauf das Kind feststellt C = B′ = B, und gießt B′ wieder in C zurück. c) Man fragt, ob A = C ist. Nach der Antwort nimmt man das bisher nicht sichtbar gewesene Glas B″ hervor. Man läßt zuerst antizipieren, ob B = B′ = B″ gelten wird, sobald A in B′ und C in B″ umgegossen sein werden. Nach der Antwort und ihrer Begründung läßt man die Gleichheit feststellen.

Die folgenden Sitzungen fanden nach einer Stunde, einer Woche und schließlich nach sechs Monaten statt. Im allgemeinen wurden nur Zeichnungen und Beschreibungen verlangt, dazu einige Rekonstitutionen, aber ohne zusätzliche operative Prüfung. Diese Technik B haben wir als erste verwendet. Wir haben sie aufgegeben, um die Erinnerung zu vereinfachen, indem nur noch vier Gläser benützt wurden. Doch es lohnt die Mühe, die wichtigsten Ergebnisse zu erwähnen, weil sich daraus ersehen läßt, wie allgemein die beobachteten Reaktionen sind.

17 Kinder zwischen 5 und 7 Jahren wurden nach der Technik B, 23 Kinder zwischen 4 und 9 Jahren nach der Technik A geprüft. Wir beginnen mit den operativen Resultaten dieser zweiten Gruppe, denn sie dient uns später als Rahmen für die Analyse des Gedächtnisses.

2. Die operativen Reaktionen

Das beste Maß für die Transitivität liefert der Nachtest (Gläser D bis H) im III. Teil der dritten Sitzung (Technik A), der auf der Seriation F > E > D beruht. Die Kinder verteilen sich unter diesem Gesichtspunkt auf drei Stadien. Das klar präoperative Stadium I ist durch das völlig fehlende Verstehen dieser Transitivität charakterisiert, die von den Kindern durch den wahrnehmungsmäßigen Eindruck $D > E > F$ ersetzt wird. Im Stadium III hingegen wird sie verstanden und richtig begründet[2], was davon zeugt, daß die Operationen effektiv gebraucht werden. Dazwischen findet man ein Stadium II mit «mittleren» Reaktionen: eine richtige Schätzung der Menge, aber keine gültige Argumentierung, oder richtige Antworten, mit ersten brauchbaren Argumenten, die aber nicht stichfest genug sind, um sich bei den späteren Folgerungen zu bewähren. Als Beispiel für den ersten dieser beiden Typen des Stadiums II läßt sich etwa folgende Antwort zitieren: «Ich bin sicher, daß im roten Gefäß (F) mehr ist, aber ich kann es Ihnen nicht erklären.»

Die Transitivität des Stadiums III impliziert natürlich durch ihre allgemeine logische Struktur als auch durch die Prüfungsart der zur Diskussion stehenden Beziehungen die Erhaltung der Flüssigkeitsmengen. Die logische Struktur der Folgerung $F > D$, wenn $F > E$ und $E > D$, setzt voraus, daß sich die Mengen F, E und D im Laufe des Gedankenganges nicht verändern, wie man sie räumlich auch anordnet. Die Prüfung der Ungleichheiten $F > E$ und $E > D$ geschieht nebenbei durch ein Mittelglied H oder G, doch dieses gemeinsame Maß hat nur einen Sinn, wenn die Mengen von F, E und D – in H und G umgegossen – erhalten bleiben.

Die Erhaltung während einer einzigen Umgießhandlung impliziert zwar nicht die Transitivität, aber diese spielt mit, sobald zwei verschiedene Umgießhandlungen miteinander verbunden werden. A, das in x enthalten ist (was wir Ax nennen wollen), wird zum Beispiel umgegossen in y (Ay) und dann in z (Az). Die Erhaltung von A setzt die Transitivität $Ax = Ay$, $Ay = Az$, folglich $Ax = Az$ voraus. Das gilt auch für nur zwei Gefäße: $Ax = Ay$ und zurück $Ay = Ax$, folglich $Ax = Ax$ (bei der «empirischen Umkehrung» ohne Erhaltung, die sich um 6 Jahre herum beobachten läßt, hat man zwar $Ax = Ax$, aber weder $Ax = Ay$ noch $Ay = Ax$). Beim Grundversuch (Figur 14) spielen also verschiedene Formen der Transitivität mit, die auf Erhaltungen basieren. Die ausdrücklich gefragten sind nur Sonderfälle: $A = B'$, $B' = C$, daraus folgt $A = C$; oder $A = B'$, $B' = B$, daraus folgt $A = B$; und $C = B'$, $B' = B$, daraus folgt $C = B$.

Doch das alles ist nur Logik. Unter dem psychologischen Gesichtspunkt kann das Kind den Akzent entweder auf die Transitivität legen (das tut es beim Nachtest, indem es D und F vergleicht, nachdem es über zwei verschiedene Maße H und G die beiden Beziehungen $D > E$ und $E > F$ festgestellt hat) oder auf die

Erhaltung: Beim Grundversuch kommt es zum Beispiel vor, daß das Kind die Folgerung A = C zieht, ohne den Gedankengang A = B′, B′ = C, daraus folgt A = C ausdrücklich durchzuführen, sondern indem es einfach sagt, «die Gläser A und C enthalten dieselbe Menge, weil sie in B′ denselben Raum einnahmen», was eine auf der Erhaltung basierende Transitivität ist. Man kann sich deshalb fragen, ob zwischen den Erfolgen bei der Transitivität im Nachtest und dem Aufruf zur Erhaltung im Grundversuch eine Korrelation besteht oder nicht[3]. Die beiden folgenden Tabellen geben die Antwort. Die eine basiert auf den Altersstufen und den Stadien, die andere vergleicht die Stadien I bis III der Transitivität und der Erhaltung.

Tabelle XII

Die Stadien der Transitivität (T) und der Erhaltung (E) nach Altersstufen aufgeteilt

	Stadien							
	I		II		III		Total	
	T	*E*	*T*	*E*	*T*	*E*	*T*	*E*
5 Jahre	6	6	0	0	0	0	6	6
6 Jahre	5	5	1	1	0	0	6	6
7 Jahre	2	3	2	2	3	2	7	7
8 Jahre	1	2	1	0	2	4	4	6

Tabelle XIII

Korrelation zwischen den Stadien I–III der Transitivität (T) und der Erhaltung (E)

	I *E*	II *E*	III *E*
I *T*	14	0	0
II *T*	1	2	0
III *T*	0	1	4

Die Korrelation ist somit fast vollkommen. Eine Ausnahme bilden nur zwei Fälle, die beide einen gewissen Vorsprung der Transitivität auf die Erhaltung aufweisen. Falls sich das Faktum als allgemeingültig erweisen sollte, würde es zeigen, daß auch der allgemeinste Rahmen seine besonderen Inhalte strukturiert.

3. Das Gedächtnis der Beziehungen im präoperativen Stadium I

Der Leser, der uns durch die beiden letzten Abschnitte hindurch gefolgt ist, dürfte sich zweifellos gesagt haben, unsere ausdauernde Neugierde für die Ausformung der operativen Strukturen habe uns einmal mehr mitgerissen, und unter dem Gesichtspunkt des Gedächtnisses sei höchstens ein sehr banales Resultat zu erwarten: Die Kinder, die weder die Transformation noch die Erhaltung verstanden haben, werden diesbezüglich nur lückenhafte Erinnerungen haben, während die Kinder, die sie verstehen, behalten werden, was sie begriffen haben werden! Die Wirklichkeit ist zum Glück interessanter, sonst wäre dieses Kapitel kürzer ausgefallen. Die jüngsten Prüflinge, die die Bedeutung der Umgießhandlungen nicht begriffen haben, weil ihnen die Schemata der Erhaltung und der Transitivität fehlen, haben sie nämlich weder aus ihrer Erinnerung ausgemerzt, noch wirklichkeitsgetreu als empirische Feststellungen behalten, sondern sie haben sie auf ihre Weise umstrukturiert. Und diese Umstrukturierung ist spezifisch für die figurative Organisation des Gedächtnisses, auch wenn sie selbstverständlich (im logischen und nicht im reflexologischen Sinne) durch die Stufe der verfügbaren Schemata bedingt ist.

Der elementarste Erinnerungstyp, der bei Kindern des Stadiums I gefunden wurde, weist nämlich das überraschende Merkmal auf, daß er Umgießhandlungen evoziert, die kausal unmöglich sind und die deshalb keiner möglichen Aktion des Kindes oder des Experimentators entsprechen. Das Kind stellt sich zum Beispiel vor, es habe gesehen (es handelt sich tatsächlich um eine visuelle Erinnerung, die als solche angesehen wird, und nicht um eine hypothetische Konstruktion, die als möglich ausgegeben wird: «man hätte ... können» usw.), daß man die rote Flüssigkeit (C) in die grüne (B) umgoß und umgekehrt die grüne in die rote. Dieses kreuzweise Umgießen, ohne das Hilfsmittel eines leeren Glases, wird auf zwei gleichermaßen unwahrscheinliche Weisen kommentiert: Es geschieht entweder synchron, das heißt, vom Experimentator wird gesagt, er habe gleichzeitig die grüne Flüssigkeit in die rote und die rote in die grüne umgegossen; oder es geschieht sukzessiv, wobei aber unberücksichtigt bleibt, daß die Gläser voll (und auch voll gezeichnet) sind und daß die Flüssigkeiten miteinander vermischt hätten werden müssen, denn ein Kind dieser Stufe behauptet ganz schlicht, man habe Rot in Grün umgegossen und anschließend Grün in den leeren Behälter C, der vorher die rote Flüssigkeit enthalten hatte.

Bevor wir die Bedeutung dieser Ergebnisse unter dem Gesichtspunkt des Gedächtnisses diskutieren, wollen wir sie mit einigen Zitaten belegen[4]:

Mar (5; 9 Jahre alt, Technik B) zeichnet nach einer Woche eine Umgießung von C in B und «*gleichzeitig*» von B in C; ebenso «*gleichzeitig*» von A in B′ und B′ in A. Die Beschreibung, die den Zweck dieser Handlungen angeben soll, läßt sich in den Worten zusammenfassen: «*Weil Sie sagten, die Sirups dürften nicht in denselben Gläsern sein.*»

Cla (5; 0, A) zeichnet ebenfalls reziproke Umgießungen aus dem gelben Gefäß A in das grüne Gefäß B und umgekehrt, wobei präzisiert wird, daß anschließend «*Gelb dorthin (A) zurückgeht*»; ebenso mit Rot und Grün, wobei wiederum festgehalten wird, daß dann «*Rot und Grün umgekehrt*» sind. Das kreuzweise Umgießen geschieht hier somit sukzessiv: Grün in Gelb, dann Gelb in den Behälter B von Grün: «Wie kann Gelb heraus, um in den Behälter von Grün zu gehen, hast du eine Ahnung? – *Nein.*»

Ser (6; 10, B) zeichnet nach einer Stunde nur Umgießungen in einer Richtung. Nach einer Woche führt er aber kreuzweise und synchrone Umgießungen ein, und er ist bezüglich dieser Gleichzeitigkeit sehr entschieden: «*Man hat Gelb (A) in Grün (B) gebracht und Grün in Gelb.* – Vermischt sich das also? – *Nein, man kann beides gleichzeitig tun.* – Gut, versuchen wir es anschließend! – *Ja.* – Was gießest du aber zuerst? – *Beides gleichzeitig.*»

Mon (5; 6, A) sagt (und zeichnet), man habe Gelb in Rot gegossen. «Das Glas ist aber voll? – *Nein, man hat es so gemacht, und dann hat man Rot in Gelb getan.*» Also kreuzweises, aber sukzessives Umgießen.

Luc (5; 11, A) sagt, man habe «*gleichzeitig*» A in B und B in A gegossen. «Weshalb tat man das? – *Man wollte wissen, ob dieselben Sirups darin seien.* – Und wie weiß man, daß das möglich ist? – *Weil man die Gläser vertauschte.*» Also kreuzweises und synchrones Umgießen, das man sich als eine Prüfung der Äquivalenz vorstellen kann.

Na (5; 0, A): «*Man hat Rot ausgeleert und mit Gelb zusammengetan.* – Was geschah mit Gelb? – *Es wurde in Rot getan.* – Gleichzeitig? – *Ja.* – Haben sich Rot und Gelb vermischt? – *Ja, sie haben sich vermischt.* – Erkläre mir das! – *Rot war hier (C) und Gelb war dort (A).* – Und nachher? – *Gelb wurde dorthin zurückgegossen und Rot dorthin (A).*» Bei der anschließenden faktischen Rekonstitution will Na allen Ernstes C in A gießen: «*Man hat zuerst Rot in Gelb gegossen*», weil es aber nicht möglich ist, gießt sie C in B'.

Flo (5; 11, A): «*Man hat Rot dorthin (A) getan.* – Dort ist aber schon Gelb? – *Nein, man hat es dorthin (C) getan* – Kann man das, ohne die Sirups zu vermischen? – *Nein, man hat sie nachher wieder zurückgegossen.* – Sag mir, wenn man einen Sirup in einen anderen tut, vermischen sie sich dann? – *Einmal vermischen sie sich, ein anderes Mal nicht.*»

Mic (5; 0, A) zeichnet eine Umgießung von Gelb in Rot und umgekehrt: «Vermischt sich das nicht? – *Doch, aber man hat Rot herausgenommen.* – Ist das möglich? – *Ja, man hat Gelb in Rot und Rot in Gelb getan.*»

Diese Beispiele, über deren Allgemeingültigkeit keine Zweifel bestehen können, zeigen zunächst, daß das Gedächtnis ohne die Stütze eines operativen Rahmens zu jeder Unwahrscheinlichkeit fähig ist. Sie zeigen andererseits, daß diese Unwahrscheinlichkeiten nicht zufällig verteilt sind, sondern Gesetzen gehorchen, und zwar in diesem besonderen Fall den Gesetzen der Erinnerung und nicht der Aufzeichnungsart der Fakten. Das Kind hat sich sukzessive Umgießungen in zwei reziproken Richtungen gemerkt: zum Beispiel von A (Gelb) in das leere Glas B′ und wieder zurück von B′ in A. Die eben zitierten Kinder vergessen im allgemeinen das leere Glas nicht, aber sie machen keinen Gebrauch davon, weil sie seine Funktion im Gedankengang nicht begriffen haben. Weil sie sich deshalb nur mit den vollen Gläsern befassen und die Umgießung in jeweils umgekehrter Richtung behalten, verschmelzen sie die beiden Dinge zu einem einzigen Akt, nämlich dem sparsamsten Bild.

Man kann diese Verschmelzung zu einem einzigen Akt A ⇄ B mit einer «Kondensation» vergleichen, so wie etwa Freud die Vereinigung zweier oder mehrerer Bilder zu einem einzigen bei den Traumsymbolen beschrieben hat. Die Kondensation ist keine Besonderheit des Traums. Bei einer Bergwanderung auf einem Weg, den man gut zu kennen glaubt, kann es vorkommen, daß man in der Erinnerung zwei Täler zu einem einzigen oder zwei große Biegungen zu einem einzigen Bild «kondensiert» hat, das Merkmale beider enthält. Das kreuzweise Umgießen A ⇄ B, das sich unsere Kinder vorgestellt haben, dürfte deshalb vor allem ein Vereinfachungseffekt sein, der vom Erinnerungsbild herrührt. Dazu kommt aber die überraschende Tatsache, daß die Kinder ein solches Mischmasch für möglich halten. Das dürfte auf die bemerkenswerten präoperativen Symmetrien zurückzuführen sein, die man in diesem Alter oft im Bereich der Kausalität beobachtet.

Bezüglich der Absurdität dieser Vorstellung muß man sich zwei Gruppen von Tatsachen vor Augen halten. Die Kinder dieser Stufe I, die die Transitivität nicht erfaßt haben, begreifen die Bedeutung dieser Umgießhandlungen nicht und begnügen sich wie Mar mit der Begründung, «die Sirups dürften nicht in denselben Gläsern sein». Daß man A in B und B in A gießt, ist für sie deshalb natürlich. Man muß aber vor allem auch an die Armut und den statischen Charakter der präoperativen Vorstellungsbilder denken, auf die wir an anderer Stelle hingewiesen haben. Ein vier- bis sechsjähriges Kind evoziert ohne weiteres den Anfangs- und den Endzustand einer Transformation, aber nicht die Transformation selbst. Wenn es feststellt, daß man A in B und B in A gießt, kann es sich deshalb leichter ein direktes kreuzweises Umgießen vorstellen als in Gedanken den Durchgang durch das leere Glas B′ rekonstruieren.

Daß der dominierende Vorgang hier eine Vereinfachung des Erinnerungsbildes ist, läßt sich folgendermaßen beweisen: steht dem Kind eine noch einfachere Vorstellung zur Verfügung, so zieht es diese dem kreuzweisen Umgießen vor. Wir haben die Gegenprobe durchgeführt, indem wir die «Sirups» durch farbige Glaskugeln ersetzten, im übrigen aber die Technik A unverändert beibehielten. Die «kreuzweisen Umgießungen» kommen ebenso häufig vor, die Vorstellungsschwierigkeiten werden aber mit der prächtigen Ergänzung gelöst, die Glaskugeln seien zwischendurch auf den Tisch gelegt worden:

Fer (5; 7) sagt, die weißen Kugeln seien in den grünen Becher und die grünen in den weißen geleert worden. «Vermischen sie sich? – *Ein wenig.* – Bist du sicher? – *Nein, man hat die grünen Kugeln auf den Tisch gelegt und dann die weißen in das grüne Glas und die grünen in das weiße.* – Weshalb? – *Man wollte wissen, ob es gleich viele grüne wie weiße hat* (Ausgleichung).»

Pat (6; 1): «*Man hat die grünen Kugeln in das rote Glas getan und die roten in das grüne.* – Wie ist das möglich? – *Sie haben sie auf den Tisch gebracht* (ohne jede Angst vor einem Widerspruch, muß man festhalten), *dann die grünen in den Krug der roten und die roten in den Krug der grünen getan.*»

Überraschenderweise bemüht sich dieses Kind, obschon es zu dieser List fähig ist (denn diese falsche Erinnerung von Glaskugeln auf dem Tisch wird durch nichts gerechtfertigt), nicht stärker um die Erinnerung an das leere Glas B′, obwohl die-

ses in den meisten Zeichnungen (auch in denen der beiden zitierten Kinder) reproduziert wird.
Mit diesen kreuzweisen Umgießungen läßt sich ein anderer Erinnerungstyp verbinden, der ebenfalls falsch, aber einfacher und weniger häufig ist: die Vorstellung einer Vermischung, die von einigen der früher erwähnten Kinder (Na, Flo, Mic zum Teil) für möglich gehalten, aber spontan als ein vom Experimentator verwendetes Verfahren vorgestellt wird:
An (4; 11, A) sagt, *«man hat im kleinen Glas (C) Grün und Gelb vermischt.* – Hat man sie wirklich vermischt? – *Nein, am Boden war nur ein klein wenig Gelbes, etwa so* (zwei Lagen im grünen Becher).» Er betrachtet ganz versunken seine Zeichnung und fügt für das Glas A hinzu: *«Ich glaube, man muß auch Grün dorthin tun, wo es Gelbes hatte, und man hat Rot mit Grün zusammengetan.»* Mit anderen Worten, die kreuzweise Umgießung wird bei An eine bloße Vermischung.
Nin (6; 2, A): *«Man hat wenig Grün in Gelb getan.»*
Die Kinder, die sich für das kreuzweise Umgießen entscheiden, weil sie die Transitivität nicht verstehen, haben dennoch in manchen Fällen (Luc) erfaßt, daß mit dem Umgießen die Äquivalenz festgestellt werden sollte. In den meisten Fällen aber lag diesen Handlungen nur der Wunsch zugrunde, die Gläser auszutauschen. Die Mischungsreaktionen zeugen noch deutlicher vom gleichen Unverständnis, und Nin kann darin keinen anderen Zweck sehen als «Man wollte grün trinken ... und dann wollte man es nicht mehr trinken.»
Die folgenden Kinder zeigen nur noch mögliche Umgießungen an, aber obwohl sie das oder die leeren Gläser verwenden, beherrschen sie die Ausgleichung durch Transitivität nicht:
Man (5; 6, B) zeichnet fünf Gläser und gibt an $C \rightarrow B'$, $B \rightarrow B''$ (woraus nichts zu ersehen ist) und $A \rightarrow C$, aber ohne einen Zweck darin zu sehen.
Van (5; 7, A) will zuerst Gelb und Grün vermischen, zeichnet aber, auf eine entsprechende Frage hin, das leere Glas. Die Zeichnung enthält vier Gläser, aber ohne Ähnlichkeit zwischen B und B′ (leer): deshalb $B \rightarrow B'$ und $B' \rightarrow B$, $C \rightarrow B'$ und $B' \rightarrow C$, $A \rightarrow B'$, $C \rightarrow A$ und $A \rightarrow C$ und schließlich $B' \rightarrow A$. Alle Umgießungen sind möglich, aber Van glaubt, man habe *«einfach ein kleines Spiel»* machen wollen.
Cla (7; 0, B) zeichnet die fünf Gläser, und zwar $B' = B'' = B$ und gibt an: $B \rightarrow B'$, $C \rightarrow B''$, $A \rightarrow B$, $B \rightarrow A$, $B' \rightarrow B$ und $B'' \rightarrow C$, begnügt sich aber damit zu sagen: *«Man müßte darüber nachdenken, um zu zeigen, wie man es machen muß.»*
Pas (6; 7, B) zeichnet die fünf Gläser richtig und gibt an: $A \rightarrow B'$ und $B' \rightarrow A$,

C → B′, B → B″ und B′ → C, was, BB″ ausgenommen, auf eine Reihe von reziproken Umgießungen hinausläuft, sieht aber darin keinen anderen Zweck als zu *«wissen, ob man es wie der Herr* (der Experimentator) *machen kann.»*
Gab (6; 4, A) zeichnet die vier Gläser richtig und gibt an: B → B′, B′ → B, A → B′, B′ → A, C → B′ und B′ → C, wobei die Erinnerungen mit folgenden Worten zusammengefaßt werden: *«Das wurde gemacht, weil man sehen wollte, ob die drei Gläser gleich hoch seien, aber das gelbe (A) ist höher!»*
Rud (7; 1, A) zeichnet nach einer Stunde sieben Gläser (wir wollen die beiden zusätzlichen leeren mit D und D′ bezeichnen) und gibt an: C → D, D → A und B → A (worin bereits D enthalten ist), wobei die Gläser B′, B″ und D′ unbenützt bleiben, und folgert: *«Man hat alle Sirups in die drei Gläser getan, und sie waren gleich.»* Nach einer Woche bewirkt dieses Ausgleichungsschema eine Erinnerung, die sich in Form von vier Gläsern äußert, drei gleiche mit demselben Wasserstand, der Inhalt grün, rot und violett (zusätzliche Farbe) gefärbt, und das Glas A lang und dünn, der gelbe Sirup auf gleicher Höhe wie in den anderen Gläsern, aber die Basis etwas tiefer: *«Man wollte wissen, ob es immer die gleiche Menge sei.* – Und wie steht es damit? – *Ja, in allen vier Gläsern steht das Wasser gleich hoch.»*
Diese Kinder weisen verglichen mit den anderen einen Vorsprung auf, insofern sie sich nur an mögliche oder wirkliche Umgießungen erinnern. Doch wie die Kinder mit kreuzweisem Umgießen und Vermischen bewahren sie im allgemeinen keine Erinnerung an die Frage der Ausgleichung (Frage *d*), weil sie den Sinn der Umgießhandlungen nicht begriffen haben und darin nur ein kleines Spiel sehen. Diejenigen Kinder, die sich daran erinnern, wenden hingegen dieses Ausgleichsschema entsprechend ihrer präoperativen Stufe an und beurteilen die Gleichheit nach dem Wasserstand, unabhängig von der Form der Gefäße: Gab schließt daraus, Gelb stehe höher, während Rud zwar die Äquivalenz akzeptiert, aber nur dank einer Zeichnung, die die Basislinie verändert, um das Wasser im Gefäß A (gelb) auf denselben Stand wie in den anderen Gefäßen zu bringen.
Das für diese präoperative Stufe charakteristische Gedächtnis zeigt beim vorliegenden Versuch, kurz gesagt, entweder eine Verzerrung der Erinnerung durch Kondensation oder teilweise genaue Erinnerungen, die aber entsprechend den Schemata der aktuellen Entwicklungsstufe des Kindes organisiert sind.

4. *Das Gedächtnis im Zwischenstadium II und im operativen Stadium III*

Die Tabellen im 2. Abschnitt zeigen eine Korrelation zwischen dem Erfolg im Nachtest und den Erhaltungsreaktionen beim Hauptversuch, wobei die Transitivität leicht im Vorsprung ist. Im Ablauf der Stadien stellt man hingegen, unter Berücksichtigung des Hauptversuchs, ein Zwischenstadium II fest, wo das Kind eben erst die Erhaltung erreicht hat, aber für die Transitivitätsbeziehungen noch fast unempfänglich ist. Diese beiden Erfahrungen widersprechen sich nicht, wie man auf den ersten Blick meinen könnte, denn im Nachtest ist die Transitivitätsfrage explizit und die Erhaltung implizit (es handelt sich um Ungleichheiten), während das Kind im Hauptversuch von den Äquivalenzen und ihrer Erhaltung angesprochen wird, bevor es aus ihnen die Transitivität ableitet. Hier einige Beispiele dieses Stadiums II: Jul (6; 5, A) zeichnet die vier Gläser und gibt an: A → B′ und B′ → A, B → B′ und B′ → B, dann C → B′ und B′ → C, was richtig ist, aber BB′ ist überflüssig, weil die beiden Gläser gleich sind. «Weshalb hat man das alles gemacht? – *Weil man sehen wollte, ob alles gleich sei.* – Sind die drei gleich? – *Ja.* – Woher weißt du das? – *Ich erinnere mich nicht mehr daran.*» Also Ausgleichung von Glied zu Glied über das leere Glas B′, was natürlich die Transitivität impliziert, aber keine Erinnerung an den genauen Gedankengang.

Ber (7; 10, A) zeichnet dieselben Umgießhandlungen und gibt dieselben Antworten: «Was wollte man sehen? – *Ob alle gleich seien.*» Sie hatte anfänglich die Erhaltung angezweifelt, aber bei A und C akzeptiert, *«weil sie Rot (C) dorthin (B′) geleert haben, und das war gleich hoch wie Gelb (A).»* Doch bei der Erinnerung nach einer Stunde hat Ber den Eindruck, man habe zu C *«etwas Wasser hinzugefügt»*, und nach einer Woche begnügt sie sich damit, sich ohne Begründung an die Gleichheiten zu erinnern.

Bon (8; 7, A) ist ein interessanter Fall. Sie lehnt in der Präsentierungssitzung die Gleichheit trotz den Umgießungen in B′ ab: *«Nein, dort (A) hat es mehr als hier (B), und dort (C) weniger.»* Nach einer Stunde gibt sie folgende reziproken Umgießungen an: A → B′, B′ → A, dann C → B′, B′ → C, B → B′, B′ → B. «Warum hat man das gemacht? – *Man wollte sehen, ob es mit dem Glas (B′) gleich viel gibt.* – Gab es gleich viel? – *Ja, Gelb (A) war gleich viel wie Rot (C).* – Erkläre das. – *Ich weiß nicht wie.*» Man zeigt sich über ihre Meinungsänderung erstaunt, worauf sie sagt, sie habe es sich inzwischen «überlegt». Das bedeutet, daß sie die Meinung geändert hat. Die neue Aussage scheint von ihr selbst zu stammen, denn nach einer Woche tut und sagt sie wieder dasselbe, ohne zu zögern. Auch die Rekonstitution mit dem Material bereitet keine Mühe. Das gleiche nach drei Monaten.

Lou (7; 9, A) ist ein noch merkwürdigerer Fall. Hier kündigt sich das an, was wir über die Wiedergabe in Handlungen zu sagen haben werden. Bei der Präsentierung lehnt Lou alle Gleichheiten ab, und sowohl eine Stunde als auch eine Woche später ist ihre Erinnerung von der Nichterhaltung geprägt. «*Von Gelb hatte es mehr, weil es das größte war.* – Und als man es dorthin (B′) goß? – *Es war gleich* (wie das grüne B). – Und als man es in sein Glas zurückgoß (A)? – *Da hatte es von Gelb mehr.*» Nach sechs Monaten beharrt Lou noch immer auf der Ungleichheit. Sie hat das leere Glas B′ so gründlich vergessen, daß sie auf die Stufe der kreuzweisen Umgießungen (C → B und B → C gleichzeitig!) zurückfällt. Doch bei der Rekonstitution mit den Gläsern (bei der zweiten nach sechs Monaten; bei der ersten nach einer Woche hatte sich nichts geändert) findet Lou die richtigen Umgießungen, und sie folgert daraus: «*Die drei sind gleich, denn als man Rot dorthin (B′) goß, war gleich viel darin wie in Grün, und als man Gelb dorthin (B′) goß, war es auch gleich.* – Und jetzt (die Gläser A, B und C enthalten wiederum die gelbe, grüne und rote Flüssigkeit)? – *Man trinkt bei allen drei gleich viel, denn hier (B′) kam es auf das gleiche hinaus.*»

Mar (6; 11, A) gelangt am Ende in das Stadium III, geht aber zuerst durch die Zwischenetappe II. An der ersten Sitzung lehnt sie nämlich am Anfang die Gleichheit trotz den Umgießungen in B′ ab, worauf sie aber plötzlich ihre Meinung (wie Lou, aber sofort) ändert. «*Das hier (A) ist ein wenig mehr, nein, beide sind gleich* (A und B gleich wie B′).» Nach einer Stunde und nach einer Woche gibt sie die Umgießungen zwischen A und B′ und C und B′ (und umgekehrt) richtig an, ohne daß sie wie die eben erwähnten Kinder B → B′ hinzufügen muß. Zusammenfassend sagt sie, so habe man gesehen, daß alle gleich seien.

Hier schießlich noch einige klare Fälle des Stadiums III: Op (6; 11, A) zeichnet die vier Gläser mit Umgießungen von A in B′ und C in B′ und zurück, wobei die Gläser B und B′ sofort als gleich erkannt werden: «*Man wollte damit sehen, ob es in den Gläsern gleich viele Tropfen habe.*»

Nic (7; 1, B) zeichnet nach einer Stunde die fünf Gläser und beginnt mit einer Umgießung von B in B′: «*Das tat man, um zu sehen, ob sie gleich sind.*» Danach habe man A in B′ und C in B′ und zurückgeleert, um zu sehen, ob «*gleich viel Sirup verglichen mit dem (B′) da sei.*» Nach einer Woche dasselbe.

Pac (7:3, B): *«Man hat (C) in (B″) und (A) in (B′) geleert, und man hat gesehen, daß es gleich wie (B) ist.»*
Im Gegensatz zu den Kindern des Stadiums I weisen die Stadien II und III in ihren Evokationen keine auffälligen Verzerrungen mehr auf. Als einzige Veränderung bleibt in einigen Fällen die zusätzliche Umgießung von B in B′ und zurück bestehen, nämlich als eine einfache Verallgemeinerung der Erinnerung.
Wenn auch das Gedächtnis genau ist, sind dennoch zwei Ebenen zu unterscheiden: die Ebene der figurativen Elemente, die zur materiellen Anordnung gehören, und die Ebene der Bedeutungen und der Folgerungen, die den Umgießhandlungen einen Sinn geben. Die figurativen Elemente wurden von den Kindern des Stadiums I im allgemeinen gut angegeben, aber sie maßen den leeren Gläsern keine Bedeutung zu – deshalb die Verzerrungen oder die richtigen und möglichen, aber sinnlosen Umgießungen. Diese figurativen Erinnerungen erhalten aber in ihrer Gesamtheit Leben und einen allgemeinen Sinn, sobald das Gedächtnis des Problems und der Folgerungen da ist. Worin besteht aber das Gedächtnis einer Folgerung? Offensichtlich darin, daß man sie nachvollziehen und nicht einfach vorplappern kann wie bei einem zu schulmäßigen Examen, daß man sie also nicht einfach als eine von Bildern begleitete Folge von Worten evoziert. Wir stehen hier mit anderen Worten vor der typischen Situation, wo sich das Gedächtnis auf die Erhaltung eines Schemas stützt und wo diese Erhaltung auf ihr eigenes Funktionieren zurückzuführen ist.
Diese Reaktivierung des Schemas kann eine bloße Konsolidierung sein, wenn es seinen Gleichgewichtszustand schon erreicht hat, oder eine Entwicklung, wenn sich das Kind auf der Schwelle zu einem neuen Stadium befindet: Bon und Lou sind gute Beispiele dafür, sie erinnern an das, was wir bei der Seriation (Kapitel I) gesehen haben. Bon hat ihre Meinung über die Erhaltung innerhalb einer Stunde geändert, mag sie dazwischen «nachgedacht» haben oder nicht (doch wo ist der Unterschied zwischen einem «Nachdenken» und dem gedächtnishaften Abruf eines Gedankens?), und Lou wiederholt ihre falschen Ansichten noch getreulich nach sechs Monaten, bis sie sie bei der zweiten Rekonstitution der Umgießungen plötzlich operativ versteht.

5. Die Veränderungen der Erinnerungen mit der Zeit in der Zeichnung und bei der Rekonstitution durch Handlungen

Diese beiden Fälle führen uns zur zentralen Frage zurück, die wir schon bei der Aneinanderreihung angetönt haben: Ob nämlich die Erinnerung aufgrund der Entwicklung des Schemas, auf das sie sich stützt, Fortschritte macht. Wir wollen vorwegnehmen, daß die Ergebnisse bei der Transitivität weniger auffällig sind als bei der Reihenanordnung. Einer der Gründe dafür ist, daß es keine für die Transitivität charakteristische Anordnung gibt. Ebenso spielt der Gegensatz zwischen den Wiedererkennungen und den Evokationen, dem wir eine auslösende Rolle zugeschrieben haben (weil das Kind beim Betrachten seiner Zeichnung den Eindruck erhalten kann, es erkenne das evozierte Modell nicht vollständig wieder), bei Zeichnungen nicht mit, die das eben studierte Problem der Transitivität symbolisch darstellen. Zudem liegen die Stadien in der Konstruktion der Transitivität weiter auseinander, und sie sind weniger zahlreich als die mannigfaltigen Etappen beim Aufbau der Seriation[5], so daß man die Kinder, um einen Fortschritt zu beurteilen, nicht nach sechs, sondern nach zehn oder zwölf Monaten wiedersehen müßte. Verschiedene praktische Hindernisse hatten zur Folge, daß wir nur 23 Kinder wieder ausfindig machen konnten, und zwar im allgemeinen schon drei bis vier Monate nach der ersten Sitzung. Alle waren nach der Technik A geprüft worden. Man darf deshalb keine auffälligen Veränderungen erwarten.

I. – Einen ersten Hinweis gibt der Vergleich zwischen den Zeichnungen der zweiten Sitzung (eine Stunde nach der Präsentierung) und der dritten Sitzung (nach einer Woche). Bei den präoperativen Kindern ist das Gedächtnis der Umgießungen an der zweiten Sitzung in 5 von 12 Fällen besser als an der dritten. Dem stehen 5 Äquivalenzen und 2 Fortschritte gegenüber. Im Zwischenstadium und im operativen Stadium kommt es nach einer Woche zu keinen Regressionen, aber man sieht 3 Fortschritte und 8 Äquivalenzen, weil die Zeichnungen schon nach einer Stunde richtig gewesen waren. Die Zeichnungen des Materials selbst (also der Gläser als solchen) sind ebenfalls signifikant: im Stadium I stellt man nach einer Woche bei 10 (anstatt 8 nach einer Stunde) Kindern ein Vergessen des leeren Glases und Verzerrungen des Materials fest; die richtigen Wiedergaben gehen folglich von 4 auf 2 zurück. In den Stadien II und III kommt es hingegen zu einer leichten Verbesserung, wenn nach einer Stunde noch nicht alles richtig gewesen war (Ungleichheit von B und B').

II. – Hinsichtlich der Erinnerungen an der vierten Sitzung (nach drei bis fünf Monaten) muß man von einer wichtigen Bemerkung ausgehen: Von den 23 noch einmal geprüften Kindern weisen nur 5 beim Transitivitätsversuch oder Nachtest (Figur 15), der auch in der dritten Sitzung schon vorgelegt worden war, einen Fortschritt von einem Stadium (Van sogar von zwei Stadien) auf, nämlich Mic, Van, Nob, Lou und ein nicht erwähnter Fall. Der letztgenannte hat seine Erinnerung nicht verändert. Lou hat, wie wir gesehen haben, bei der letzten handlungsmäßigen Rekonstitution die Tatsachen richtig neustrukturiert, und zwar unmittelbar vor dem in der vierten Sitzung vorgesehenen Nachtest: der Fortschritt in der Erinnerung ist somit nicht während der Retention, sondern während der Aktualisierung dieser besonderen Erinnerungsform der Rekonstitution, auf die wir zurückkommen werden, eingetreten. Die drei anderen Kinder zeigen einen klaren Fortschritt der Evokationserinnerung seit der ersten Woche:
Mic (5; 4), der mit 5; 0 Jahren kreuzweise umgegossen hat, zeichnet nach vier Monaten ein Glas schwarz anstatt grün und vergißt das gelbe, aber er erinnert sich ausgezeichnet an das Prinzip der früher nicht begriffenen Umgießhandlungen: Rot und Schwarz werden in das leere Glas und zurückgegossen, woraus sich ihre Gleichheit ergibt.
Van (6; 1), die mit 5; 11 Jahren die Flüssigkeiten vermischt hatte und annahm, das alles sei nur ein «kleines Spiel», zeichnet nach zwei Monaten sogleich 4 Gläser, darunter das leere B′, das gleich groß wie B ist, und sie gibt die Umgießungen A in B′, C in B′ und B in B′ und jeweils wieder zurück an. Also ein deutlicher Fortschritt, ohne daß zwischen den Sitzungen eine neue Präsentierung stattgefunden hätte.
Nob (6; 3), der mit 5; 11 Jahren kreuzweise und synchrone Umgießungen zeichnete und sich noch bei der Manipulation an sie zu erinnern glaubte, zeichnet vier Monate später unsystematische und nicht verallgemeinerte Umgießungen, aber lauter mögliche. Von Vermischungen oder kreuzweisen Umgießungen ist nichts übriggeblieben.
Zu erwähnen wäre noch der Fall von Mon (5; 9), der im Nachtest keine operativen Fortschritte zeigte. Doch nach drei Monaten zeichnet er keine kreuzweisen Umgießungen mehr. Dieser Fortschritt zeigt einen operativen Vorsprung auf den Grundversuch selbst an.
Diese wenigen Beispiele zeigen eine Verbesserung der Evokationserinnerung, ähnlich wie bei der Seriation, die auf die Entwicklung des operativen Schemas zurückzuführen ist, mit dem sie verbunden ist.

Von den 17 anderen Kindern (ohne sichtbaren operativen Fortschritt im Nachtest oder beim Grundversuch) haben 12 nach drei bis fünf Monaten noch dieselben Erinnerungen wie nach einer Woche oder einer Stunde. 5 scheinen hinsichtlich der Genauigkeit der Erinnerung zurückgefallen zu sein. Mod (6; 5) etwa zeichnet nur noch drei Gläser, wovon ein leeres, und kreuzweise Umgießungen zwischen A und C, während er drei Monate früher Vermischungen angegeben hatte; das ist der einzige wirkliche Rückschritt, und zwar nicht so sehr wegen der Entstrukturierung der Erinnerung als wegen eines gewissen Breitenverlusts. Duc (7; 0) leert A in B′ und verwendet anschließend das leere Glas A als Maß zwischen B und C, was von der Folgerung her gesehen keine Bedeutung hat. 3 Kinder von 7; 0, 8; 11 und 9; 0 Jahren fügen schließlich zu den notwendigen Umgießungen die überflüssige von B in B′ und zurück hinzu – also eine unnötige Ausweitung oder Gleichschaltung der Erinnerung.

Nach drei bis fünf Monaten behalten somit die Kinder, die ihre operative Stufe nicht verändern, ihre Erinnerungen ohne weiteres, mit einigen kleinen Nuancen. Diejenigen, die operativ weitergekommen sind, verbessern ihr Gedächtnis des präsentierten Experiments.

III. – Wir müssen noch von der Rekonstitution der Umgießungen durch Handlungen mit dem Material selbst sprechen, einer Erinnerung, die zwischen dem Wiedererkennen und der Evokation steht: Sie hat etwas vom Wiedererkennen, denn das Kind erkennt die Gläser und Flüssigkeiten wieder, aber sie ist auch eine Art Evokation, denn die Umgießungen sind nicht gegeben (werden nicht vor dem Kind ausgeführt), sondern müssen aus dem Gedächtnis rekonstruiert werden, was bereits eine Evokation (in Akten und nicht in Bildern) ist.

Wegen dieser intermediären Stellung ist die Rekonstitution natürlich leichter als die reine Evokation oder die Evokationszeichnung. Bei 23 Kindern, die nach der Technik A geprüft wurden, sind nach einer Woche die Rekonstitutionen von 11 Kindern der unmittelbar vorher angefertigten Zeichnung voraus; bei den anderen 12 Kindern sind Rekonstitution und Evokation gleich. Nach drei bis fünf Monaten sind die Rekonstitutionen von 10 Kindern der Evokationszeichnung aus derselben Sitzung überlegen, bei den anderen 13 sind wieder beide gleich. Es gibt zwei Gründe für diesen Vorsprung oder diesen Unterschied.

Weil das Material zur Verfügung steht, ist erstens das leere Glas B′ vorhanden. Diese aktuelle und perzeptive Präsenz drängt das Kind dazu, sich seiner zu bedienen, während es, wie wir gesehen haben, dieses leere Glas auf seiner Zeichnung zwar darstellen, diesem aber keine Funktion geben kann. Dazu kommt als zweites, daß das kreuzweise und gleichzeitige Umgießen materiell unmöglich ist, so daß das Kind gezwungen wird, das leere Glas einzubeziehen. Wir haben eine Ausnahme erlebt, als nämlich ein Kind die beiden Gläser mit je einer Hand ergriff und sie kreuzweise ineinander entleeren wollte – doch es kam, und die Gründe dafür sind offensichtlich, nicht über den Versuch hinaus. Wenn die Gläser A, B und C nicht ganz gefüllt sind, beginnen die Kinder zu mischen, doch dabei wird ihnen das früher wahrgenommene Modell deutlicher sichtbar als bei der Zeichnung, so daß solche Vermischungen bei der Rekonstitution selten sind. Das erklärt die 11 erwähnten Fortschritte. Man muß auch die Rekonstitution nach einer Woche mit der in der vierten und letzten Sitzung vergleichen. Nach diesen drei bis fünf Monaten findet man bei 23 Kindern 6 Fortschritte, 2 Regressionen und 15 gleichgebliebene Verhaltensweisen. Eine der Regressionen ist diejenige von Mod, wo wir das gleiche schon bei der Zeichnung gesehen haben. Der zweite Fall ist ein Kind von 6; 11 Jahren, dessen Zeichnungen Umgießhandlungen ohne jedes System enthalten. Bei der ersten Rekonstitution (nach einer Woche) hatte sich dieses Kind jedoch über eine vollständige Transitivität ausgewiesen, die aber zweifellos auf einen momentanen Geistesblitz zurückzuführen war, denn nach 5 Monaten gehen weder die Zeichnung noch die Rekonstitution über den Anfangszustand hinaus.

Die sechs Fortschritte der zweiten Rekonstitution (nach 3 bis 5 Monaten) verglichen mit der ersten (nach einer Woche) sind ebenfalls den Erinnerungsfortschritten zuzuschreiben, die wir schon bei der Zeichnung (unter II) kennengelernt haben. Es sind nicht immer dieselben Kinder, aber jene, deren Zeichnung nach 3 bis 5 Monaten einen Fortschritt erkennen ließ, zeigten unmittelbar danach auch eine dieser Zeichnung ebenbürtige Rekonstitution. Duc, der bei der Zeichnung offensichtlich im Verzug war, findet jedoch bei der Rekonstitution ein Äquivalenzsystem, indem er sich des Glases B′ oder des in B′ entleerten Glases A bedient. Und Sab (7; 0), die bei der dritten Sitzung einfach ihre Zeichnung reproduzierte, kommt bei der Rekonstitution in der vierten Sitzung zu einer allgemeinen Ausgleichung.

Doch diese Verbesserung der Erinnerung während der handlungsmäßigen Rekonstitution ist etwas anders als der Fortschritt bei der reinen Evokation (mit Zeichnung). Bei der Evokation tritt die Verbesserung während der Retentionszeit oder der spontanen Erhaltung der Erinnerung ein; und wenn diese Erinnerung in der Zwischenzeit nicht reaktiviert wurde (was man ausschließen kann), so kann der Fortschritt nur auf die Entwicklung des operativen Schemas zurückzuführen sein, mit dem diese Erinnerung verbunden ist. Bei der Rekonstitution hingegen wird dieser mögliche Faktor ergänzt oder ersetzt durch eine Einübung, die auf die Rekonstitution selbst zurückgeht. Diese ist zwar eine Evokation in Akten, aber gleichzeitig auch eine operative Übung, denn das Kind denkt bei seinen Handlungen und berücksichtigt fortlaufend die gewonnenen Einsichten. Die Rekonstitution steht deshalb dem operativen Schema viel näher als die reine Evokation. Der mögliche Fortschritt, den die zweite Rekonstitution verglichen mit der ersten aufweisen kann, beginnt vielleicht schon in der Retentionsphase, aber er tritt vor allem und bisweilen sogar ausschließlich (wie man bei Lou im 4. Abschnitt gesehen hat) an Ort und Stelle ein.

Jede Erinnerung ist zugleich das Ergebnis einer Retention und das Produkt einer Rekonstruktion (und diese beiden Aspekte vermischen sich bei der Erhaltung der operativen Schemata): die Evokation durch Rekonstitution ist vor allem eine Rekonstruktion, und sie fällt oft mit einer Reaktivierung des operativen Schemas zusammen.

[1] In Zusammenarbeit mit J. Bliss und O. Maratos.

[2] Ausdrücklicher Bezug auf die Gläser H und G als notwendige Mittelglieder.

[3] Beim Umgießen von beispielsweise A in B′ fragt man im allgemeinen, ob es in B′ ebensoviel zu trinken gebe wie in A, was unabhängig von der Transitivität einen direkten Hinweis auf die Erhaltung gibt.

[4] M. Boehme hat bei einer Wiederholung dieses Gedächtnisexperimentes in der psychiatrischen Klinik von Dr. de Ajuriaguerra bei senilen Irren dieselben Fakten wiedergefunden.

[5] Die Reihenanordnung im ersten Kapitel besteht aus 10 Elementen, die Transitivität nur aus 4. Vielleicht hätte man mit einer Kette A = B, B = C, C = D ... I = K, also A = K zahlreichere Teilfortschritte erzielt.

Kapitel VI

Das Gedächtnis einer Präsentierung assoziativer Operationen[1]

Diese Arbeit will untersuchen, wie eine Abfolge von Operationen $A + (B + C) = D$ und $(A' + B') + C' = D' (= D)$ durch das Gedächtnis aufgezeichnet wird, je nachdem ob das Kind, mit den beiden Reihen $A = A'$, $B = B'$, $C = C'$ und $D = D'$ (Figur 16) vor Augen, diese Assoziativität (im logischen Sinne des Wortes) begriffen oder nicht begriffen hat. Dieses Problem unterscheidet sich von dem, das wir bei der Transitivität untersucht haben, denn diese bezieht sich auf additive Zusammensetzungen von Beziehungen (die im übrigen ebenfalls assoziativ sind, ohne daß man aber darauf hinweisen müßte), während sich das hier gewählte Beispiel mit additiven Operationen befaßt, die die Gegenstände selbst miteinander verbinden.

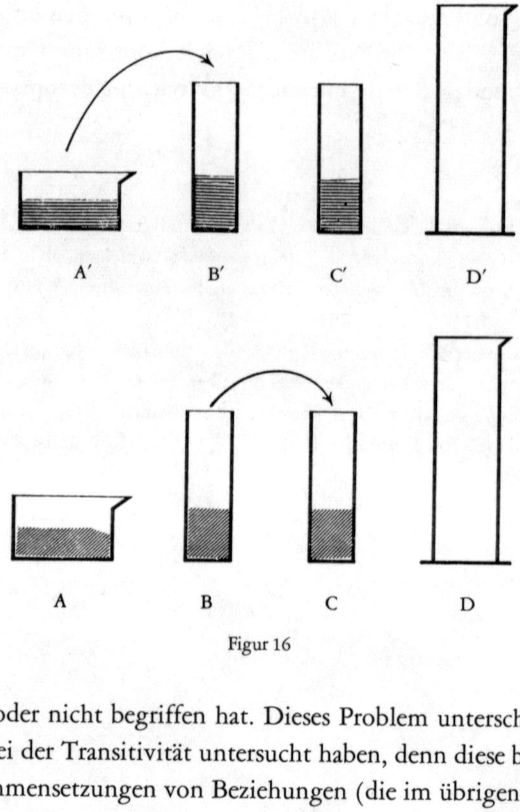

Figur 16

Selbstverständlich behält das Kind nur das, was es begreift, wird man sagen. Auch wenn das tatsächlich bekannt sein sollte, kann man sich fragen, ob es selbstverständlich ist, denn ein Phänomen muß keineswegs nur banal sein, damit auch die Erklärung klar und trivial sei. Wenn das Gedächtnis jede Erhaltung der Vergangenheit und ihre aktuelle Anwendung umfaßt, läßt sich nicht einsehen, weshalb es sich auf das Begriffene beschränken sollte. Man kann sich durchaus vorstellen, daß sich das Kind, das bei ungewöhnlichen Umgießhandlungen zugesehen und vor allem völlig unerwartet die Gleichheit $D = D'$ am Ende festgestellt hat, die über zwei verschiedene Wege zustande gekommen ist, die Gesamtheit dieser unabhängig von ihrem Verständnis wahrgenommenen Ereignisse in Erinnerung ruft (und das stellt man zum Teil, aber nur zum Teil, auch fest). Wenn jedoch die genaue Erinnerung an ein Verstehen gebunden ist, so spielt die Intelligenz mit – aber wie, und was wird aus dem Gedächtnis, wenn man es unter dem Gesichtspunkt seiner Unabhängigkeit oder seiner Unterordnung betrachtet? Also tatsächlich ein Problem.

Laut Woodworth und vielen anderen Autoren bis zu C. Florès[2] manifestiert sich das Gedächtnis in der Evokation (oder dem Abruf), im Wiedererkennen und in einem leichteren Wiedererlernen des bereits einmal Gelernten (oder Gesehenen). Gut, aber man fragt sich dann sofort: a) ob die aktuelle Reaktivierung des früher Erworbenen immer durch das Gedächtnis bedingt ist; und b) ob vom früher Gelernten oder Gesehenen und dann vom Gedächtnis Behaltenen alles wirklich erhalten geblieben ist (ob über längere oder kürzere Zeit, spielt keine Rolle), und weshalb es erhalten oder nicht erhalten geblieben ist.

Zu diesem ersten Punkt a könnte man zum Beispiel – ohne die Begriffe zu strapazieren – nicht sagen, die Anwendung des Identitätsprinzips $A = A'$ rühre vom Gedächtnis her, und dennoch ist es zum Teil erworben[3]. Beim zweiten Punkt b erklären jene Autoren, die das Gedächtnis zu einer unabhängigen «Fähigkeit» machen (die in der Erinnerung alles Gesehene oder Erlebte fixiert, um es möglichst vollständig, mindestens im Unterbewußtsein, zu erhalten), die weite Verbreitung des Vergessens mit Nützlichkeitserwägungen. Bei der Assoziativität, die wir untersuchen wollen, würden sie zum Beispiel sagen, es werde alles aufgezeichnet, aber das Unverstandene würde, weil unnütz, vergessen. Dazu möchten wir hinzufügen, daß die Assoziativität sogar in der hier dargelegten Form völlig unnütz ist (nützlich ist sie im Bereich der Ortsveränderungen als «Umweg»prinzip) und nur eine deduktive Folgerung aus der Erhaltung von $A + B + C = D$ darstellt. Festzustellen bleibt aber, ob die Nützlichkeit einfach mit der Häufigkeit der Anwendungen und der Abrufe oder mit der inneren Funktionsweise der organisierenden Schemata zusammenhängt, also mit Schemata, die unabhängig vom Gedächtnis aus sich selbst erhalten bleiben und allein über die Nützlichkeit (oder Nutzlosigkeit, falls sie ungenügend entwickelt sind) befinden. Und damit sind wir wieder bei unserem Problem der Beziehungen zwischen dem Gedächtnis und der (nicht im strengen Sinne des Wortes gedächtnishaften) Erhaltung der Schemata.

An zweiter Stelle befassen wir uns mit dem Problem der zeitlichen Abfolge. Die Erinnerungen werden ganz allgemein in einer zeitlichen Reihenfolge aufgezeichnet. Schließt aber die mögliche Erhaltung dieser Erinnerungen die Erhaltung ihrer Reihenfolge ein, oder muß diese anschließend durch eine auf der räumlichen Ordnung (für die Wege), der kausalen, logischen usw. Ordnung basierende folgernde Rekonstruktion wiederhergestellt werden? Beim Beispiel, mit dem wir hier die Assoziativität illustrieren wollen, handelt es sich um Umgießungen, die somit eine bestimmte zeitliche Reihenfolge voraussetzen. Stellt dieser Faktor ein zusätzliches Hindernis oder eine Erleichterung für die Erinnerung dar? Um diese Frage zu entscheiden, haben wir die bereits vorgestellte Anordnung mit derjenigen der Figur 17 verglichen. Hier gilt ebenfalls (A + B) + C = A + (B + C),

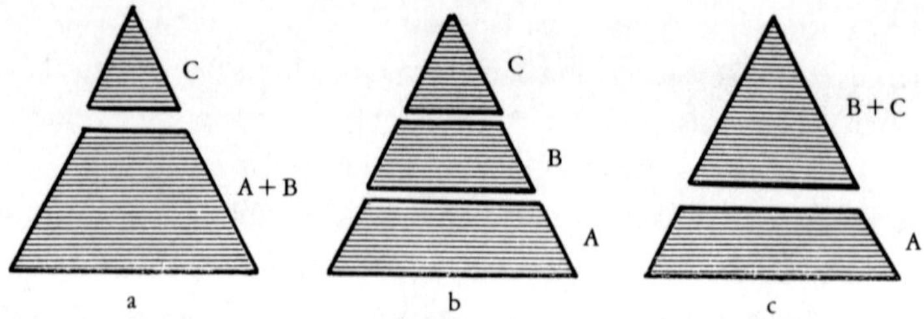

Figur 17

aber ohne daß eine zeitliche Reihenfolge mitspielt, außer in den Handlungen selbst (im Gegensatz zu den physikalischen Vorgängen in der Figur 16).

Als drittes Problem beschäftigt uns hier das Wiedererlernen. Im Gegensatz zu der Seriation und der Transitivität sind die Assoziativitätsformen Strukturen, die sich schlecht im Gedächtnis fixieren (vor allem die Figur 16) und die nach sechs Monaten einen verhältnismäßig großen Verlust aufweisen. Deshalb haben wir nach der Untersuchung zu diesem Zeitpunkt eine weitere Präsentierung eingeführt, um die Erinnerung daran noch einmal eine Woche später beurteilen zu können. Diese neue Erinnerung hat sich als klar überlegen erwiesen, und zwar nicht nur im Vergleich zu den ein wenig verdorbenen Evokationen nach sechs Monaten, sondern auch zum ersten Abruf eine Woche nach Beginn des Experiments. Das ist somit (neben der Evokation und dem Wiedererkennen) die dritte Manifestation, die üblicherweise dem Gedächtnis zugerechnet wird – also jene klassische Aussage, daß ein Wiedererlernen wegen der «Spuren», die das erste Erlernen hinterlassen habe, sich rascher vollziehe und die Einübung erleichtere. Bei der Assoziativität ist das Problem alles andere als einfach und deshalb besonders interessant. Der Fortschritt beim Wiedererlernen ist nämlich nicht quantitativer Natur oder von der Zahl der behaltenen Elemente abhängig, sondern qualitativ oder organisationsmäßig. Will man erklären, weshalb die neue Präsentierung eine bessere Organisation als die erste zur Folge hat, so kann man sich nicht mit dem Hinweis begnügen, neue «Spuren» würden hinzugefügt und über die früheren gelegt. Man muß vielmehr den Kontrast zwischen der ursprünglich fixierten, aber nach sechs Monaten verdorbenen Erinnerung und den Wirkungen der neuen Präsentierung, die nicht mit dem übereinstimmt, was antizipiert wurde, zur Erklärung heranziehen. Das ist ein Problem, und zwar nicht der kumulativen Assoziationen, aber der Assimilierung der neuen Präsentierung, der Entwicklung der Schemata, die der Assimilation der ersten Präsentierung gedient hatten, und der Koordination zwischen diesem neuen und dem beim ersten Kontakt mit der Anordnung konstruierten Schema. Wir sind somit wieder bei einer Frage nach der Beziehung zwischen dem Gedächtnis und der Schematik, aber aus einem anderen Gesichtswinkel, nämlich dem des Wiedererlernens.

Wir wollen in dieser Einleitung noch an folgendes erinnern: Während die Transitivität ein Werkzeug der Konstruktion oder der Entdeckung neuer Beziehungen ($A < C$, wenn $A < B$ und $B < C$) ist, ist die Assoziativität nur der Ausdruck einer inneren Kohärenz oder Erhaltung. Sie ist deshalb in jeder Erhaltung impliziert, sobald man mindestens drei Glieder unterscheidet. Das Kind verwendet sie unwissentlich vom Beginn der konkreten Operationen an: wenn es zum Beispiel zwei Rondellen, eine rote und eine weiße, und ein weißes Quadrat klassiert, so weiß es sehr gut, daß die Gesamtzahl gleich ist, ob man sie in «Rondellen und Quadrate» oder in «weiße und rote» unterteilt. Löst man hingegen wie in den genannten Fällen die Assoziativität aus ihrem Gesamtkontext (Klassifizierung oder Erhaltung usw.) heraus, um sie als einzelne Operation oder einzelne Zusammensetzung zu präsentieren, so nimmt man ihr jede aktuelle funktionelle Bedeutung für ein Kind, das auf Entdeckung und nicht auf Prüfung ausgerichtet ist: deshalb eine operative Verzögerung in bezug auf die seit dem Beginn der konkreten Operationen mitwirkende implizite Assoziativität und ein Gedächtnisproblem, das sich von dem im letzten Kapitel unterscheidet.

1. Die verwendeten Techniken

I. – Das Material der Figur 16 wurde für die Technik I verwendet. Das Experiment erstreckt sich über drei Sitzungen, für einige Kinder über fünf:
A. An der ersten Sitzung läßt man das Kind zuerst das Material kurz beschreiben. Dabei macht man es darauf aufmerksam, daß die Gläser A und A′, B und B′, C und C′ und D und D′ jeweils gleich groß sind, ebenso die Flüssigkeitsmengen in den einander entsprechenden Gläsern[4]. Dann gießt man vor den Augen des Kindes B in C und A′ in B′ um, was Ungleichheiten erzeugt. Darauf fragt man: «Wenn ich diese Gläser (A und C) in dieses (D) und diese Gläser (B′ und C′) in dieses (D′) gieße, ist dann in diesen beiden (D und D′) die gleiche Menge Sirup (oder ‹das gleiche›), oder enthält das eine Glas mehr und das andere weniger?» Das Kind muß seine Antwort begründen.
Jetzt gießt man A und C in D und wiederholt die Frage, damit die Antizipierung wiederholt wird: «Wenn ich jetzt das (B′ und C′) in dieses da (D′) gieße, gibt es dann gleich viel wie hier (D) oder mehr oder weniger?»
B′ und C′ werden in D′ gegossen. Man läßt das Kind die Gleichheit D = D′ feststellen, und es muß sie begründen.
B. An der zweiten Sitzung, eine Woche später, verlangt man vom Kind zunächst eine Gedächtniszeichnung des Materials und eine Evokation der ausgeführten Umgießhandlungen. Sobald die Erinnerungen genau beschrieben sind, nimmt man das Material wieder vor: Das Kind führt eine Rekonstitution der Umgießungen durch Handlungen durch. Sowohl während der Evokation als auch während der Rekonstitution, also mit und ohne Material, stellt man dieselben Fragen: «Was hat man dich gefragt?» und «Weshalb hat es gleich viel (in D und in D′)?».
C. Nach ungefähr sechs Monaten sieht man (wenn möglich) dasselbe Kind noch einmal und verlangt von ihm das gleiche wie an der zweiten Sitzung (B): eine Evokation in Zeichnungen und Worten und eine Rekonstitution mit dem Material.

D. Eine Anzahl Kinder wurde am Tage nach der dritten Sitzung (C) zu einer vierten Sitzung eingeladen, wobei man noch einmal das Material präsentierte und dieselben Umgießhandlungen wie an der ersten Sitzung (A) vornahm. Noch einmal die gleichen Fragen und die gleichen Antizipierungen.
E. Eine Woche nach dieser vierten Sitzung (D) kommt das Kind zur fünften und letzten Sitzung: Man verlangt dieselben Evokationen und stellt dieselben Fragen wie an den Sitzungen B und C, also Zeichnungen, Begründungen und handlungsmäßige Rekonstitution.
Einige Kinder wurden nach einer Methode befragt, die sich in einem Punkt von der vorstehenden unterscheidet (Technik I^{bis}): Zusätzlich zu den Gefäßen der Figur 16 wird zwischen A und B ein langes und dünnes Glas P und zwischen B′ und C′ ein niedrigeres und breiteres Glas Q eingeschoben. A und B werden in P, B′ und C′ in Q geleert. Darauf gießt man C und P in D, A′ und Q in D′.
II. – Die Prüfung mit den Dreiecken (Technik II) verläuft folgendermaßen:
A. An der ersten Sitzung präsentiert man zuerst das Material: die drei Einheiten a, b und c der Figur 17, die blau angemalt sind, und dann drei Elemente A′, B′ und C′, die gelb angemalt und mit den Elementen A, B und C des Dreiecks b kongruent sind. Dann fragt man das Kind, ob man die Figur a mit den Zusatzelementen überdecken kann. Nach der Antwort prüft das Kind seine Aussage durch eigene Versuche.
Als zweite Antizipierung folgt dasselbe für Figur c.
Zum Abschluß wird das Kind gefragt, ob man die Figuren a, b und c für äquivalent halten könne oder nicht, wenn man sie mit den Zusatzelementen habe zudecken können.
B. An einer zweiten Sitzung (eine Woche später) verlangt man vom Kind zweierlei Evokationen: zuerst eine Beschreibung, der eine Zeichnung folgt. Anschließend kommt, was etwas ganz anderes ist, eine handlungsmäßige Rekonstitution mit dem Material. Dieses besteht aus 15 Elementen, wobei die Elemente A, B, C, A + B und B + C der Figur 17 jeweils dreifach vorhanden sind. Die Elemente werden vermischt angeboten, und das Kind soll mit ihnen die Figuren a, b und c der ursprünglichen Präsentierung rekonstruieren.
Bei einigen Kindern wurde auch eine Technik IIbis angewendet. An der Präsentierungssitzung wird als Besonderheit nur auf figürliche Feststellungen aufmerksam gemacht, ohne Hinweis auf Folgerungen oder Assoziativitätsoperationen. Man zeigt dem Kind die zweite Figur auf einem Karton aufgeklebt, anschließend noch einmal die gleiche Figur, ebenfalls auf einem Karton aufgeklebt, wobei

man es auffordert, sie gut anzusehen und zu sagen, ob sie ähnlich seien (damit es sie aufmerksam betrachtet). Falls die zweite Figur nicht für ähnlich gehalten worden wäre, hätte man die erste noch einmal gezeigt, aber alle Kinder haben die Identität gesehen. Die zweite Sitzung (eine Woche später) verläuft wie nach der Technik II; der Unterschied besteht nur darin, daß die Antizipierungen und die Versuche mit den Figuren a, b und c an der ersten Sitzung ausgefallen sind.

2. Die Ergebnisse der Technik I (Flüssigkeiten) nach einer Woche

Die beiden erwähnenswerten Resultate des Versuchs I entsprechen zwar durchaus denen der früheren Versuche, aber sie sind doch recht eindrücklich, wenn man diese neue Tatsachenkategorie in den Einzelheiten betrachtet: einerseits die enge Beziehung zwischen der Erinnerung und der Verständnisstufe des Kindes und andererseits der offensichtliche Unterschied zwischen der Erinnerung durch handlungsmäßige Rekonstitution und der einfachen verbalen oder zeichnerischen Evokation.

I. – Wir klassieren die aufgezeichneten Erinnerungen nach drei Gruppen, wobei wir uns nicht zum voraus (wie im letzten Kapitel) mit dem operativen Stadium des Kindes befassen, so daß wir auch nicht die Beziehung zu diesen Stadien untersuchen müssen. Die Erinnerungsstufen beziehen sich somit nur auf die assoziativen Operationen, bei denen das Kind zugegen war und die es nicht oder mehr oder weniger begriff. Die Stufen hängen im großen und ganzen mit dem Alter zusammen.

Die Stufe I (Vier- bis Fünfjährige) läßt ein globales Verständnis der Anordnung erkennen. Die Gefäße werden unvollständig (zwei volle und ein leeres oder drei volle ohne ein leeres pro Reihe) oder vollständig, grundsätzlich aber figurativ wiedergegeben (insbesondere nach der Technik I^{bis}, wo es vorkommt, daß das Kind die beiden Reihen mit je fünf Gläsern zeichnet, aber ohne sich anschließend um P und Q zu kümmern). Die Gläser ein und derselben Reihe können alle ungleich sein, aber zwei sind oft identisch. Die Umgießhandlungen geschehen ohne Beziehung zwischen den verschiedenen Etappen, wobei die beiden Reihen vermischt werden (zum Beispiel Per, 5; 11 Jahre alt, gießt B in C, dann C in D′, B′ in C′ und C′ in D′, A in A′ und schließlich A′ in D) oder auch nicht vermischt werden (Pa, 5; 2 Jahre alt, gießt A in C, B in C, B′ in C′ und A′ in C′, die Gläser D und D′ fehlten auf der Zeichnung). Die Ausgleichung D = D′ (oder C = C′, falls kein D vorhanden ist) am Ende wird in der Beschreibung oft erwähnt, dasselbe gilt für die Absicht, man habe «sehen wollen, ob beides gleich sei». Das ist aber keinerlei Anzeichen für die Erhaltung (wir kommen darauf zurück), denn der Grund dafür kann auch die Gleichheit der Gläser D und D′ sein: «Weil diese beiden Gläser (D und D′) gleich groß sind», sagt Fab (5; 6).

Eine Stufe I B läßt einen Fortschritt erkennen, indem die Gläser der beiden Reihen geordnet sind, weil die Elemente A–D und A′–D′ (oder A–C und A′–C′) jeweils paarweise gleich sind. Doch die Umgießungen sind noch unvollständig und in der Reihenfolge nicht wirklichkeitsgetreu. Fu (5; 3) zum Beispiel zeichnet A′ über A, B′ neben B (aber davor) und D′ neben D. Dann gießt er (bei der Beschreibung) B′ in D′, dann B in D und schließlich A′ in D′ und A in D.

Die Stufe II ist im Vergleich dazu daran erkenntlich, daß die Umgießungen an die zeitliche Abfolge bei der Präsentierung angepaßt werden. Die Gläser werden wie bei I B schon geordnet (zum Beispiel C neben C′, dann B und B′, A und A′), aber noch nicht zu zwei getrennten und einander zugeordneten Serien aufgereiht. Die Zahl der Elemente ist oft reduziert, denn das Kind ist mehr um die Umgießungen und ihre Reihenfolge als um eine figurative Kopie besorgt. Die Größenverhältnisse der Gläser werden hingegen besser beachtet. Beispiele: Car (5; 9) gießt A′ in D′, dann B′ in D′ und A in D und schließlich B in D (C und C′ fehlen).

Auf der Stufe III kommen zwei neue Merkmale gleichzeitig hinzu. Die beiden Reihen A–C und A′–D′ werden auseinandergehalten und einander eindeutig zugeordnet (die Paare A–A′, B–B′ usw. stehen einander jeweils gegenüber). Und die Umgießhandlungen sind vollständig, aber sie berücksichtigen noch nicht die besonderen Assoziationen: A in D, dann B in D und C in D, A′ in D′ usw. oder (Typ III B) A in B, B in C und C in D, A′ in B′, B′ in C′ usw.

Die Stufe IV zeigt zusätzlich einsetzende besondere Assoziationen: A in B und B in D, dann C allein in D oder A allein in D, dann B in C und C in D. Die Assoziationen sind aber in beiden Reihen gleich, so daß das Kind die besondere Absicht der assoziativen Komposition (A + B) + C = A + (B + C) somit noch nicht begriffen oder behalten hat.

Die Erinnerungen der Stufe V schließlich geben eben diese Absicht wieder und entsprechen adäquat der ursprünglichen Präsentierung.

II. – Diese Erinnerungsstufen zeigen zunächst einmal, daß die Rekonstitutionen mit dem Material (sobald dieses dem Kind gegeben und von ihm benützt wird)

einen systematischen Vorsprung auf die reinen Evokationen durch Beschreibungen und Zeichnungen aufweisen. Von den 35 nach Technik I geprüften Kindern erreichen bei der Rekonstitution 23 die nächsthöhere Stufe (von I zu II, II zu III usw.), 11 bleiben, was für die höheren Typen selbstverständlich ist, auf derselben Stufe stehen (1 auf der Stufe II, 6 auf den Stufen III und IV und 4 auf der Stufe V); ein einziges Kind zeigt eine Regression (ein Fall der Stufe IV, der im Umgang mit dem Material seine beginnende Assoziation [A + B] + C vergißt).
Dieser Vorsprung der Rekonstitution ist nur natürlich, denn dem Kind stehen alle Gläser zur Verfügung. Es muß sie nur noch räumlich verteilen, um die Umgießhandlungen nachzuvollziehen, an die es sich erinnert. Erstaunlich ist eher das geringe Ausmaß dieses Vorsprungs. Einige Beispiele:
Zuerst ein Übergang von der Stufe I B zur Stufe III: Fab (5; 6) zeichnet sechs Gläser in einer einzigen Reihe: C, A, C′, B, A′ und B′, die angegebenen Umgießungen bestehen einfach darin, daß die kleinen Gläser in die großen C und C′ gegossen werden. Bei der Rekonstitution hingegen gießt Fab systematisch A, dann B und schließlich C in D und A′, dann B′ und schließlich C′ in D′.
Bert (6; 0) kommt bei der Evokation auf die Stufe II: D, A, B, B′, A′ und D′ mit Umgießungen von A in D, B in D und dann A′ und B′ in D′, während die Rekonstitution fast gleich wie die von Fab ist (Stufe III).
Klu (8; 1) fertigt eine Zeichnung der Stufe II–III an: sechs Gläser mit beginnender Zuordnung von A und A′ und B und B′, dann C und C′ für sich allein. Sie gießt A und B in C, dann A′ und B′ in D′. Die Rekonstitution hingegen zeigt eine beginnende Assoziation (Stufe IV): A′ in B′ und B′ in D′, dann C′ allein in D′; A in B und B in D, dann C in D.
Viele Fälle gleichen diesem letzten. Mit anderen Worten: wenn die Kinder die Gläser sehen, erinnert sie das daran, daß die Gefäße A–C oder A′–C′ nicht einzeln in D oder D′ gegossen, sondern daß einzelne zu Zweiergruppen zusammengefaßt wurden. Interessant ist aber die Feststellung, daß keines der beobachteten Kinder, und zwar weder nach der Technik I noch nach der Technik I^{bis}, beim Übergang von der einfachen Evokation zur Rekonstitution von der Stufe IV (identische Assoziationen in den beiden Reihen A–D und A′–D′) auf die Stufe V (richtige Assoziationen [A + B] + C und A′+ [B′+ C′]) gelangt ist. Anders ausgedrückt, wer die Ausgleichung am Ende trotz der verschiedenen Assoziationen, die dazu führen, begriffen hat, erinnert sich schon bei der Evokation durch Zeichnung daran, und wer diese besondere Zusammensetzung während der Evokation nicht behalten hat, findet sie auch bei der Rekonstitution nicht, und zwar

offensichtlich deshalb nicht, weil sie nicht begriffen wurde – ein weiterer Hinweis auf die enge Beziehung zwischen der Erinnerung und den Schemata des Verstehens.

III. – Die Aufteilung der Evokationen in der Zeichnung und in der Beschreibung nach den Erinnerungstypen zeigt als zweites eine interessante Korrelation zwischen den Erinnerungsstufen und dem operativen Stadium der Kinder. Diese Korrelation bezieht sich nicht direkt auf die Entwicklung der Assoziativität, sondern auf die Erhaltung der Flüssigkeiten, die eine Vorbedingung für die Assoziativität ist und notwendig zu dieser führt, sobald mindestens drei Elemente beteiligt sind, ohne daß aber diese Assoziativität unmittelbar und automatisch bewußt wird.

Am Ende der zweiten Sitzung (von der hier die Rede ist, also nach einer Woche) wird nämlich den Kindern als ergänzende Information über ihre intellektuelle Stufe ein Experiment über die Erhaltung der Flüssigkeiten (Erhaltung der Menge beim Umgießen eines Glases in ein anders geformtes Glas) und nicht eine zusätzliche Anordnung über die Assoziativität vorgelegt (denn aufgrund der Evokationen läßt sich ersehen, ob diese begriffen wurde oder nicht).

Die 35 nach Technik I geprüften Kinder verteilen sich diesbezüglich auf drei Stadien: klare Nichterhaltung (9 Vier- bis Fünfjährige und einige Sechsjährige), intermediäre Reaktionen (8 Kinder, davon zwei zwischen vier und sechs und die übrigen zwischen sechs und sieben Jahren) und klare Erhaltung (18 Kinder, die meisten zwischen sieben und neun und 2 bis 3 zwischen fünf und sechs Jahren). Hinsichtlich der Evokation durch Beschreibung und Zeichnung gehören die Kinder ohne Erhaltung fast alle zur Stufe I (zwei zur Stufe II), die Kinder im intermediären Stadium alle zur Stufe II (worunter eines im Übergang zwischen II und III), während die 18 Kinder mit Erhaltung auf den Stufen III bis V stehen (eines zwischen II und III, aber näher bei III). Anscheinend gelingt dem Kind bei der reinen Evokation (also ohne daß es durch das wahrnehmungsmäßige Wiedererkennen des Materials unterstützt wird) keine richtige Erinnerung an die Gesamtheit der Umgießungen (unabhängig von den «Assoziationen», also vom Stadium III an), wenn es nicht durch die Gewißheit der Erhaltung dazu gebracht wird. Ohne diese feste Kenntnis der Erhaltung bleiben nämlich die Umgießungen in ihrer vollständigen Form bedeutungslos: das Kind glaubt entweder wie (der bereits zitierte) Fab, die in D und D′ gegossenen Flüssigkeiten würden äquivalent sein, weil diese Gläser gleich sind, woher auch die Flüssigkeiten in A–C und A′–C′ stammen mögen, oder das Kind erwartet keine Gleichheit am

Ende, und dabei spielt es keine Rolle, ob die Umgießungen mehr oder weniger vollständig sind. Sobald hingegen die Erhaltung zur Gewißheit wird, muß man die Gesamtheit der präsentierten Gläser berücksichtigen.

Zum Unterschied zwischen den Kindern ohne Erhaltung (Erinnerungsstufe I) und denen des intermediären Stadiums (Evokationsstufe II) darf man annehmen, das beginnende Interesse für die Erhaltung, die dann allmählich ein Problem wird, löse eine bis dahin nicht bestehende Aufmerksamkeit für die zeitliche Reihenfolge der wieder in Erinnerung zu rufenden Umgießhandlungen aus. Das ist ein Hinweis unter vielen anderen dafür, daß die Erinnerungen nicht von selbst in der Zeit geordnet werden, solange nicht ein Grund, der auf die Kausalität oder die Logik zurückzuführen ist, oder irgendwelche Hinweise eine solche Ordnung aufdrängen.

Wenn wir jetzt zu den Rekonstitutionen übergehen, die verglichen mit den reinen Evokationen fast immer einen Fortschritt aufweisen, weil dem Kind das gesamte Material zur Verfügung steht, so unterscheiden sich die Kinder mit Erhaltung von denen früherer operativer Stadien dadurch, daß die wiedergegebenen Umgießhandlungen mehr oder weniger vollständig sind. Die Kinder ohne Erhaltung erreichen die Erinnerungsstufe II (und je drei von ihnen die Stufe III und ein Zwischenstadium zwischen II und III); die Kinder des intermediären Stadiums zwischen der Nichterhaltung und der Erhaltung gelangen fast alle auf die Stufe III (nur zwei bleiben halbwegs zwischen II und III stehen); und von den 18 Kindern mit stabiler Erhaltung kommen (oder bleiben) 12 auf die Stufen IV und V, wogegen nur sechs auf der Stufe III stehenbleiben.

Man ersieht daraus, eine gewisse Kenntnis der Erhaltungen bewirkt bei den Rekonstitutionen ein Verständnis für die assoziative Zusammensetzung. Mit sieben bis acht Jahren (die sechs Kinder der Stufe III sind mehrheitlich fünf bis sechs Jahre alt) konzentriert sich die Aufmerksamkeit auf die Assoziationen A + B oder B + C, während früher bei beiden Reihen A–D und A′–D′ die Assoziationen noch gleich evoziert werden.

Wie wir in der Einleitung zu diesem Kapitel gesagt haben, ist die Assoziativität eines der Gesetze der additiven Zusammensetzung von mehr als zwei Elementen, aber sie ist nicht ein Entdeckungs-, sondern nur ein Regelungs- oder Kohärenzprinzip. Ein Kind, das die Erhaltung als ein Produkt der reversiblen additiven Zusammensetzung erworben hat, nimmt vielleicht diese Assoziativität nicht bewusst zur Kenntnis, obwohl es sich ihrer in der Praxis bedient. Sie spricht deshalb bei der Präsentierung die Aufmerksamkeit nur wenig an, und das Gedächtnis bewahrt sie nur mit einem zeitlichen Verzug auf die Erinnerung der Gesamtausgleiche. Um so interessanter ist die Feststellung, daß nur Kinder mit einer stabilen Erhaltung die eine der beiden oder beide der präsentierten «Assoziationen» A + B oder B + C zu behalten imstande sind.

3. Die Ergebnisse der Technik I nach sechs Monaten (Evokation und Rekonstitution) und die Resultate einer neuen Präsentierung mit anschließender dritter Evokation

Einige der erwähnten Kinder konnten nach sechs Monaten wieder ausfindig gemacht werden. Sie unterzogen sich zusätzlich den Sitzungen 3 bis 5, die wir im 1. Abschnitt bei der Technik I beschrieben haben.

I. – Ein bemerkenswertes, wenn auch, berücksichtigt man die vorangehende Analyse, natürliches Faktum ist der sozusagen allgemeine Zerfall der Erinnerung im Laufe dieser sechs Monate: Von 13 Kindern geben 9 weniger gute Beschreibungen und Zeichnungen (wobei der Unterschied gewöhnlich eine Stufe ausmacht), 3 bleiben auf der früheren Stufe stehen, und nur eines kommt von der Stufe I B auf die Stufe II. Auffallend ist vor allem, daß die beiden Acht- bis Neunjährigen, die nach einer Woche die Stufe V aufgewiesen hatten, auf die Stufe IV zurückgefallen sind – das heißt, sie glauben sich daran zu erinnern, daß die Assoziationen in den beiden Reihen A–D und A′–D′ gleich gewesen sind, und haben somit die assoziative Zusammensetzung, die nach einer Woche richtig gewesen war, wieder vergessen.

Dieser Zerfall der Erinnerung, im Unterschied zu den fast allgemeinen Fortschritten bei der Seriation und den teilweisen, aber bedeutungsvollen (weil mit einem operativen Vorsprung verbundenen) Fortschritten bei der Transitivität, ist unter dem Gesichtspunkt des Gedächtnisses höchst instruktiv: Weil die Assoziativität nicht der Entdeckung dient, bildet sie kein operatives Schema für sich, sondern nur einen Aspekt, der in einem anders polarisierten Schema impliziert ist. Sogar die Kinder, die den Sinn der vor ihren Augen durchgeführten assoziativen Zusammensetzung bei der Präsentierung verstanden und nach einer Woche evoziert haben, haben deshalb keine Veranlassung, wie bei der Seriation und der Transitivität, die Erinnerung nach einigen Monaten wieder wachzurufen, denn die Schematik, auf die sich das Gedächtnis hätte stützen können, hat nicht in einer differenzierten Form Fortschritte gemacht, und es ist nicht einmal ein für die Assoziativität spezialisiertes Schema konstruiert worden. Man kann deshalb sagen, dieser Zerfall der Erinnerung im besonderen Falle der Assoziativität sei die negative Gegenprobe für die Interpretation, die wir für Situationen vorgeschlagen haben, wo die Erinnerung an ein in Entwicklung begriffenes Schema gebunden ist, daß nämlich die Retention der Erinnerung mit Aktions- oder Operationsschemata verbunden zu sein scheine, die durch ihr eigenes Funktionieren aus sich selbst erhalten blieben. Was hier erhalten blieb, ist nur auf die Erhaltungsschemata (oder in den präoperativen Fällen auf elementarere Aktionsschemata: Umgießungen ohne Invarianz usw.) zurückzuführen, und nicht auf die differenzierten Schemata, die für den Aufbau einer stabilen Erinnerung notwendig gewesen wären, denn diese sind nicht konstruiert worden.

II. – Ein zweites Ergebnis ist ebenfalls natürlich, daß nämlich die handlungsmäßige Rekonstitution nach sechs Monaten wie nach einer Woche besser ist als die Beschreibung oder die Zeichnung: 6 von 13 Kindern sind besser, 6 andere bleiben gleich, und 1 Kind fällt von der Stufe III bei der Zeichnung auf eine etwas niedrigere Stufe bei der Rekonstitution (zwischen II und III) zurück.

Vergleicht man aber die Rekonstitution nach sechs Monaten mit der nach einer Woche, so ist auch hier, ähnlich wie bei der reinen Evokation, ein Zerfall zu finden, der aber weniger akzentuiert ist: 7 fallen um eine Stufe zurück, 6 bleiben auf der gleichen Stufe.

III. – Nach diesen sechs Monaten führten wir das bereits erwähnte Zusatzexperiment durch, das interessante Ergebnisse erbrachte. Einen Tag nach dieser letzten Evokation wurde die Anordnung (Gefäße und Umgießhandlungen) noch einmal präsentiert. Eine Woche später verlangten wir an einer letzten Sitzung eine dritte Evokation durch Zeichnung und Beschreibung.

Von den 13 wiedergeprüften Kindern waren 2 ohne Erhaltung und 3 in einem intermediären Stadium (operatives Stadium II). Nach der letzten Evokation akzeptierten 4 dieser 5 Kinder die Erhaltung mit Gewißheit, und nur eines blieb bei der Nichterhaltung. Der Fortschritt der vier ersteren kann natürlich auf eine spontane Entwicklung zurückzuführen sein. Es ist aber auch denkbar, daß die hier beschriebenen Elemente diese Entwicklung einigermaßen gefördert haben. Bei dieser letzten Evokation (also eine Woche nach der zweiten Präsentierung) kamen folgende Ergebnisse heraus: 3 dieser 13 Kinder blieben im Vergleich zur ersten Evokation (1 Typ IV und 2 Typ V) auf der gleichen Stufe stehen, während die anderen Fortschritte von einer und bisweilen zwei Stufen (von III zu V) machten. Mit anderen Worten, nach dem unter I und II dargestellten Zerfall der Erinnerung löste schon nur eine neue Präsentierung bei 10 von 11 Kindern, die nicht schon die Stufe V erreicht hatten, verglichen mit dem Stand vor sechs Monaten einen bemerkenswerten Vormarsch aus.

Vor der Interpretation solcher Fakten muß man sich zuerst fragen, ob sie mit den klassischen Wiedererlernungssituationen, wo die früheren Lernvorgänge eine beschleunigende Wirkung ausüben, vergleichbar sind. Man gibt zum Beispiel dem Kind eine Aufgabe, die richtige und falsche Aussagen enthält, und stellt nach n-Versuchen unter genau bestimmten Bedingungen fest, daß die falschen Aussagen ausgemerzt sind. Sobald die Leistung vergessen ist, beginnt man wieder mit dem Lernen und beobachtet, daß jetzt n-m-Versuche genügen, um auf das gleiche Resultat zu kommen, woraus man schließt, daß «Spuren» des ersten Lernens erhalten geblieben sind, die das zweite Erlernen erleichtert haben. Bei unserem Assoziativitätsversuch kommt insbesondere noch hinzu, daß das zweite Erlernen bessere Resultate als das erste ergibt. Man würde somit sagen, nach dem ersten Erlernen seien noch x Irrtümer vorhanden gewesen, doch während des zweiten Erlernens habe diese Zahl abgenommen oder sei in bestimmten Fällen Null geworden.

Das Besondere unseres Versuchs besteht nun aber darin, daß vor dem Wiedererlernen nur eine Präsentierung stattgefunden hat, die im ganzen ungefähr fünf Minuten dauerte und die als Ergebnis nach einer Woche eine Evokation der Stufe N ergab. Sechs Monate später steht eine neue Evokation auf der Stufe N–Y. Nach einer zweiten und letzten Präsentierung von ebenfalls fünf Minuten Dauer folgt eine Woche später eine dritte Evokation der Stufe N + Z. Wie soll man einen solchen Fortschritt mit so wenigen «Spuren» erklären? Das ist die Frage.

Bei der Aneinanderreihung konnte der Fortschritt (bei der zweiten Evokation und ohne neue Präsentierung) ziemlich einfach durch die Tatsache erklärt werden, daß sich die Erinnerung auf ein in Entwicklung begriffenes Schema stützt und daß der Kontrast zwischen dem, was das Kind zeichnen kann, und dem Wiedererkennen (das ihm zumindest einen Unterschied zwischen dem Gezeichneten und dem vergessenen Modell aufzeigt) es schon bei der ersten Evokation durch Zeichnung dazu drängt, den Weg dieses in Entwicklung begriffenen Schemas einzuschlagen.

Obwohl das Kind für die Assoziativität kein Schema von vergleichbarer Bedeutung besitzt – vorhanden sind nur abgeschlossene oder in Konstruktion begriffene Erhaltungsschemata, aber erst spät, ungefähr mit 11 bis 12 Jahren, ein eigentliches differenziertes Assoziativitätsschema –, ereignen sich dennoch zwei ähnliche Phänomene.

Das erste ereignet sich bei der handlungsmäßigen Rekonstitution, der ersten nach einer Woche und der zweiten nach sechs Monaten. In beiden Fällen hat das Kind eben eine Zeichnung mit verbaler Rekonstitution angefertigt, die es für befriedigend oder unbefriedigend halten kann. Unmittelbar danach stellt man ihm die Gläser hin und verlangt man von ihm, daß es die Umgießungshandlungen materiell rekonstituiert. Diese handlungsmäßige Rekonstruktion führt, wie wir gesehen haben, zu Berichtigungen und Verbesserungen, womit die Konstruktion eines Schemas beginnt. Dieses Schema ist, wir wollen es noch einmal sagen, funktionell nicht so wichtig wie die Seriation. Deshalb zeigt sich auch bei der Evokation oder Rekonstitution nach sechs Monaten ein Zerfall und nicht ein Fortschritt der Erinnerung. Doch als Entwurf ist es vorhanden, und es kann in der Folge eine Rolle spielen.

Das zweite analoge Phänomen ereignet sich bei der zweiten Präsentierung der Umgießungen (vierte Sitzung). Diese zweite Präsentierung einen Tag nach der dritten Sitzung (mit der zweiten Evokation und Rekonstitution) spielt nicht nur die Rolle einer Wiederholung, wie wenn man an der ersten Sitzung die Anordnung zweimal anstatt nur einmal gezeigt hätte. Es kommt nämlich als grundlegendes Faktum hinzu, daß das Kind, das bei den Rekonstitutionen am Vortag aktiv gewesen ist, diese neue Präsentierung an seine eigene Aktivität assimiliert und darin die Antwort auf die am Vortag nicht gelösten Probleme findet. Das ist ein wesentlicher Beitrag zum Schema, das bei den Rekonstitutionen skizzenhaft entworfen wurde. Und der Fortschritt dieses in Konstruktion befindlichen Schemas erklärt den Fortschritt N + Z der letzten Evokation.

So verschieden dieses Gedächtnis der Assoziativität in seinen äußeren Bekundungen oder tatsächlichen Erlebnissen vom Gedächtnis der Seriation oder der Transitivität auch ist, man findet gewisse allen drei Arten von Reaktionen gemeinsame Mechanismen: die «Spuren», die den Fortschritt N + Z erklären, sind nichts anderes als ein in Ausformung begriffenes Schema, denn die Erinnerung bleibt in allen drei Fällen nur in Verbindung mit Schemata erhalten. Da aber dieses Schema erst in Bildung begriffen ist, kommt es bei der letzten Evokation nicht zu einem Fortschritt, sondern zu einem Zerfall, während eine neue Präsentierung eine Neustrukturierung des Ganzen zur Folge hat, die jetzt einen systematischen Fortschritt im Vergleich zu den vorangegangenen Evokationen oder Rekonstitutionen nach sich zieht.

4. Die Technik II (Dreiecke) und ihre Ergebnisse nach einer Woche

I. – Wichtig an diesem zweiten Gedächtnisversuch über die Assoziativität ist zunächst, daß er verglichen mit der Flüssigkeitsprüfung leichter ist, weil keine zeitlichen Abläufe in die präsentierten Vorgänge hineinspielen. Man wird eine einfachere Erklärung vorschlagen: Eine assoziative Zusammensetzung von Flächen ist eher figurativ, während die Umgießungen von Flüssigkeiten als Transformationen eine operative Interpretation notwendig machen. Doch die beiden Erklärungen meinen in Wirklichkeit dasselbe. Einerseits ist jedes nach einer Umgießung gefüllte oder leere Glas ein figurativer Zustand: Der einzige Unterschied ist somit der, daß bei den Flächen die drei Formen a, b und c der Figur 17 in jeder beliebigen Reihenfolge zusammengesetzt werden können, so daß man die figurativen Zustände unabhängig von der Abfolge der Handlungen sich einprägen kann, während bei den Flüssigkeiten die Zustände der Gläser A, B, C und D (Figur 16) durch Umgießungen in einer festgelegten zeitlichen Reihenfolge bestimmt sind, so daß der Akzent auf den Transformationen liegt.

Die zweite Bedeutung dieser Versuchsergebnisse ist auf den Gegensatz zwischen der Technik II, wo eine Folgerung verlangt wird (Äquivalenz der drei Flächen trotz verschiedener Zusammensetzung), und der Technik II bis zurückzuführen, wo das Kind die Anordnung nur ansehen muß, ohne daß etwas anderes von ihm verlangt würde, als das Gesehene in der Erinnerung zu fixieren. Für denjenigen, der Mühe hat, an die «Assimilation» der Fakten an die Schemata zu glauben, kommt dabei unerwarteterweise heraus, daß die Resultate der beiden Methoden sozusagen identisch sind. Man wird einwenden, die Technik II bewirke eben nur figurative Aufzeichnungen, und die verlangten Folgerungen würden für das Gedächtnis keine Rolle spielen. Das ist eine mögliche, diskussionswürdige Interpretation. Es gibt aber auch eine andere und ebenso kohärente: daß die Musterung der Figuren nach Technik II bis zu einer Assimilation an dieselben Schemata (Äquivalenz oder Nichtäquivalenz des Ganzen und der Summe der Teile, Erhaltung des Ganzen trotz den verschiedenen Assoziationen zwischen entsprechenden Teilen A, B und C in den drei Figuren usw.) führt, von denen das Kind nach der Technik II Gebrauch macht (obwohl es selbstverständlich nicht die gleichen Kinder sind), wenn man von ihm (in der ersten Sitzung) Antizipierungen verlangt.

II. – Bei den Evokationen und Rekonstitutionen der Kinder lassen sich vier aufeinanderfolgende Stufen unterscheiden, die in einem bestimmten Verhältnis zum Durchschnittsalter stehen und zum Teil den Ergebnissen der an der ersten Sitzung verlangten Antizipierungen entsprechen.

Die Stufe I ist durch eine relative Nichtunterscheidung zwischen dem Ganzen und dem Teil[5] gekennzeichnet, anders ausgedrückt: durch Zeichnungen von Dreiecken, die fast gleich und nicht unterteilt sind. Dup (4; 10) zum Beispiel zeichnet nach einer Woche drei große Dreiecke, von denen das eine (falls das mit Absicht geschah) als etwas flacher betrachtet werden kann, aber ohne Aufbau aus Teilen (die Beschreibung lautete: «Man hat zwei Tafeln gesehen, und sie wurden mit gelben Tafeln versteckt!»).

Die Stufe I B unterscheidet sich davon dadurch, daß das Kind eine symbolische Zerlegung zeichnet: Cha (4; 6) zum Beispiel zeichnet drei große Dreiecke, wobei zwei Seiten von Linien begleitet sind, die ein im größeren eingeschriebenes inneres Dreieck andeuten (aber mit der Absicht, eine Unterteilung anzugeben: «Es hatte Linien darin»; Figur 18 A). Diese interessante Reaktion zeigt, daß die addi-

Figur 18

tive Zusammensetzung auf dieser Stufe noch in keiner Weise erreicht ist und durch eine auf einer einfachen topologischen Umhüllung basierende Teilzusammensetzung ersetzt wird. Ste (4; 1) zeichnet drei ungleiche Dreiecke (Erinnerung an die Teile, die aber als Ganze wiedergegeben werden) mit einer symbolischen Unterteilung in Form äußerer Striche um die Figur (Figur 18 B), wobei er sich an die ungleichen Abstände zwischen diesen Unterteilungslinien erinnert.

Die Stufe II zeigt eine Fortschritt in der Zusammensetzung aus Teilen, denn die großen Dreiecke werden entweder durch Striche unterteilt oder (wie im Modell) durch diskontinuierliche Teile dargestellt. Die Formen a und c, bisweilen sogar alle drei Formen a, b und c, bestehen jedoch aus denselben Teilen. Zel (4; 6) zum Beispiel zeichnet drei gleiche Trapeze mit (in einem gewissen Abstand) drei gleichen Dreiecken darüber. Auch die Absicht versteht er nicht besser: «Man mußte die gelben auf die blauen legen. – Wie waren sie? – Sie waren flach, flach und darunter» (= Beschreibung der Trapeze).

Auf der Stufe III zeigt das Kind Unterschiede bei der Unterteilung der einzelnen Dreiecke. Man kann zwei Unterstufen unterscheiden, die aber nicht Entwicklungsunterschieden zu entsprechen scheinen. III A wäre an der falschen Zahl von Teilen erkenntlich: Fran (6; 6) etwa zeichnet zwei dreigeteilte und ein zweigeteiltes Dreieck, hat aber einen Teil der Absicht begriffen: «Man wollte sehen, ob man mit den gelben Stücken die blauen Dreiecke machen könne.» III B hingegen ist bei den Teilen genau, zeigt aber Irrtümer bei der Anordnung: Sou (5; 1) zum Beispiel zeichnet zwei (auf gleiche Weise) zweigeteilte und ein dreigeteiltes Dreieck, hat aber nur behalten: «Es hatte Zelte, und man hat gesehen, wo es Linien hatte.»

Die Stufe IV schließlich zeigt richtige Erinnerungen: zwei (auf ungleiche Weise) zweigeteilte und ein dreigeteiltes Dreieck.

III. – Jetzt wollen wir diese Evokationsstufen I–IV mit den Folgerungen der Kinder vergleichen. An der Präsentierungssitzung wird das Kind, wie wir bereits dargelegt haben, gefragt, ob das Dreieck a mit den drei Zusatzelementen zugedeckt werden könne, ob das auch beim Dreieck c möglich sei und ob schließlich die drei Flächen äquivalent seien. Darauf gibt es drei Arten von Antworten: α. Ablehnung der Kongruenz von a und c; β. Annahme des einen und Ablehnung des anderen; und γ. Annahme beider Aussagen und folglich Gleichheit der drei Dreiecke.

Auf der Stufe I findet man mehr α als β und kein einziges γ. Auf der Stufe II ist noch immer keine Antizipierung vom Typ γ festzustellen, aber es gibt mehr β als α; für die Stufe III gilt dasselbe, aber dort kommt bereits ein γ vor, und zwar bei einem Kind von 7; 2 Jahren, das sich der Stufe IV nähert. Alle Kinder dieser letzten Stufe antizipieren richtig (γ), und einige von ihnen begründen die assoziative Zusammensetzung ziemlich gut. Por (6; 4, Stufe III) gelingen die Antizipierungen nicht, aber beim Versuch mit der Figur C begreift er: «*Das ist gleich wie das (a)* – Weshalb? – *Es ist ein großes Stück (A + B) zusammen und eines für sich (C). Hier (c) sind zwei andere zusammen (B + C) und eines für sich (A).* – Und? – *Sie sind gleich.*» Rus (7; 2), der zur Stufe IV gehört, führt dieselbe Folgerung durch, sagt aber schon bei der Antizipierung: «*Man kann (A) und (B) darauf (A + B) legen und (C) hierher (a). Dort (c) kann man (B) und (C) darauf (B + C) legen und (A) hierher.*»

IV. – Es zeigt sich alles in allem, daß die Qualität der Erinnerung (Stufen I–IV) mit dem Verstehen (Antizipierungen α bis γ) übereinstimmt, wobei dieses merklich schneller ist als bei der Technik I. Auffällig ist hingegen, und das dürfte auf dieselbe Ursache zurückzuführen sein, daß der Stufenunterschied zwischen der Evokation (Zeichnung und Beschreibung) und der handlungsmäßigen Rekonstitution des Materials bei den Dreiecksflächen viel geringer ist als bei den Umgießungen von Flüssigkeiten (Technik I). Von den 47 geprüften Kindern wechseln nämlich 36, also rund 4/5, zwischen der reinen Evokation und der Rekonstitution die Stufe nicht, 2 zeigen eine Regression (von der Stufe III auf die Stufe II oder eine Zwischenstufe II/III) und nur 9 einen Fortschritt. Dieser Fortschritt ist zudem nur in 5 Fällen (Übergänge von I zu III oder II zu III und sogar IV) erheblich, in den anderen 4 aber nur gering (von II/III zu III oder III/IV zu IV). Mit anderen Worten, die visuelle Musterung der Figuren bei der Präsentierung (erste Sitzung) und insbesondere die Antizipierungen mit anschließender Überprüfung, die bereits eine Art Handlung (aber ausschließlich durch Bedekken der Figuren a, b und c mit den verschieden angeordneten Zusatzelementen A′, B′ und C′) einschloß, stellten eine virtuelle Handlung oder einen Anfang von virtueller Handlung dar. Das visuelle Erinnerungsbild, das sich daraus ergab, war ebenfalls bereits mit einer gewissen Aktivität verbunden: daraus ergibt sich, daß die materielle Rekonstitution mit Hilfe der beweglichen Kartons A, B und C nur wenig zu dem hinzufügt, was bei der Präsentierung oder der reinen Evokation begriffen oder nicht begriffen worden war.
Bemerkenswert ist die Tatsache, daß bei der Technik IIbis, die weder eine Antizipierung noch vor allem und folglich eine Überprüfung mit einem Anfang von Handlung enthält (da nicht einmal mehr die Zusatzelemente A′, B′ und C′ auf die Teile A + B, B + C oder A und C der Figuren zu legen sind), die Ergebnisse genau dieselben sind: von 23 Kindern zeigen nur 4 einen kleinen Fortschritt (von I B zu II oder II zu II/III) bei der Rekonstitution, bei den übrigen 19 stehen die Evokationszeichnung und die Rekonstitution auf der gleichen Stufe.
V. – Damit sind wir beim Hauptproblem angelangt, das diese Fakten aufwerfen: daß die Resultate der Technik II und der Technik IIbis unter allen Gesichtspunkten sozusagen gleich sind, obwohl sich die beiden Methoden als solche beträchtlich voneinander unterscheiden. Wir haben bisher immer, ob es sich um die Aneinanderreihung, die Transitivität oder die Assoziativität handelte, auf den engen Zusammenhang zwischen den figurativen Erinnerungen und den sie stützenden operativen Schemata hingewiesen. Der Leser hat sich zweifellos gesagt, daß das

weiter nicht überraschend sei, da die Präsentierung der Anordnung schon eine gewisse begriffliche Analyse einschließe (ausgenommen die Technik I bei den Experimenten über die Seriation und die Seriation in M-Form des 2. Kapitels). Für die hier diskutierte Technik IIbis gilt dies nicht mehr. Dem Kind wird eine rein visuelle Darstellung präsentiert. Es kann zwar darin, wenn es will, eine additive Zusammensetzung sehen, aber es ist dazu in keiner Weise gezwungen wie zum Beispiel bei der Musterung einer richtig geordneten Reihe, die an die Seriationsoperation erinnert. Wie also die Identität der so erhaltenen Resultate mit denen der Technik II erklären, die Antizipierungen und Ansätze von Handlungen einschließt?

Wir haben die beiden möglichen Interpretationen schon (unter I) kennengelernt: Entweder sind schon die Reaktionen auf die Technik II rein figurativ, oder die visuelle Musterung der Bilder der Technik IIbis ist von einer Assimilation an die operativen Schemata begleitet, die dann durch ihre Erhaltung zu denselben mnestischen Evokationen wie in der Technik II führen.

Jetzt können wir auf diese beiden strittigen Punkte eine Anwort geben:

1. Man kann zunächst unmöglich behaupten, die nach der Technik II gewonnenen Fakten seien ausschließlich figurativ, denn diese Fakten zeigen eine offensichtliche Korrelation zwischen der qualitativen Stufe der Erinnerung und der Verständnisstufe, wobei diese durch Antizipierungen beurteilt wird (siehe unter III).

2. Bei den Resultaten der Technik IIbis kann die Tatsache, daß sie nach denselben Erinnerungsstufen (reine Evokation und handlungsmäßige Rekonstitution) und denselben Altersstufen verteilt sind, nicht zufällig sein. Sie zeigt, daß die visuelle Präsentierung, mit der man sich hier begnügt hat, nicht eine gleichmäßige Aufzeichnung, sondern eine fortschreitende Strukturierung veranlaßt. Da sich diese Strukturierung mit dem Alter rasch und beträchtlich entwickelt, kann sie nicht mit perzeptiven Gesetzen zusammenhängen, sondern sie muß auf die Zeichnung, also auf das Verständnis, zurückzuführen sein. Doch der «intellektuelle Realismus» der Kinderzeichnung ist, wie sein Name sagt, von der begrifflichen Interpretation beherrscht, und wir haben an anderer Stelle gezeigt, daß der Übergang vom intellektuellen Realismus zum visuellen Realismus einer Entwicklung der geometrischen Anschauungen vom Topologischen (cf. unter II den Fall Cha der Stufe I B) zum Metrischen und Projektiven entspricht[6]. Die Entwicklung des Verständnisses der präsentierten Figuren ist bei der Technik IIbis ebenso klar wie bei der Technik II: auf der Stufe IV zum Beispiel sagt Gil (8;5):

«Sie sind alle gleich groß, aber nicht gleich geschnitten», was der anschauungsmäßige und visuelle Ausdruck der Assoziativität ist.
Kurz, wenn eine Erinnerung als bezeichnendes Bild grundsätzlich figurativ ist, muß sie deshalb noch nicht ohne jede verbegrifflichte Bedeutung sein, die operativen Schemata untergeordnet ist. Wenn Gil sagt, die Dreiecke seien verschieden «geschnitten», so bedeutet das, daß sie aus Transformationen resultierende Zustände darstellen. Weil die jüngeren Kinder diese nicht gesehen haben, ist ihre Erinnerung unvollständig und verzerrend, während sich das adäquate Gedächtnis auf die Einsichtigkeit stützt. Jede beliebige Erinnerung, so banal, vereinzelt und individuell (das heißt auf ein einmaliges und im wesentlichen konkretes Ereignis bezogen) sie auch sein mag, setzt eine Welt von räumlichen, zeitlichen, kausalen usw. Beziehungen und eine ganze Hierarchisierung der Wirklichkeitsebenen (Beziehungen zwischen dem Ich und den Gegenständen) voraus, so daß sie sich nicht von einem Schematismus trennen läßt, der so komplex ist, daß er sich dem Bewußtsein des Kindes entzieht. Die kleinen Beispiele, die uns die Technik IIbis gezeigt hat, sind deshalb sehr repräsentativ für das, was in den alltäglichen Gedächtnisprozessen geschieht. Sie zeigen uns: Wo wir eine einfache, kontingente und zufällige Kopie eines winzigen Ausschnitts des Wirklichen behalten zu haben glauben, konnte dieses Erinnerungsbild, so vereinzelt es auch sein mag, sich nur fixieren und erhalten bleiben, weil es in eine Gesamtorganisation eingefügt war. Diese ist zwar zum größten Teil ununterbrochen in Bewegung und im Werden, aber sie hat auch einen stabileren, auf den allgemeinsten Koordinierungen unserer Aktionen und folglich auf unseren grundlegenden operativen Schemata basierenden Kern.
VI. – Hinsichtlich der Erinnerung an diese Dreiecksfiguren nach sechs Monaten findet man einen klaren Fall (8; 1 Jahre alt) von Fortschritt bei der Rekonstitution (nach einer Woche hatte dieses Kind zweimal 1–2 und 3 und einmal 1, 2, 3 kombiniert, nach sechs Monaten aber ist ihm die vollständig richtige Rekonstitution gelungen). Unter den gelungenen (Typ IV) oder fast gelungenen (Typ III B) Rekonstitutionen sind mehrere Fälle stationär. Die übrigen Kinder, das heißt die große Mehrheit, sind kaum in Begriffe wie Fortschritt und Regression zu fassen. Das dominierende Phänomen, und das ist nicht weniger interessant, ist eine ziemlich starke Schematisierung, die aber von Kind zu Kind jeweils anders orientiert und auch bei ein und demselben Kind nicht koordiniert ist. Ein Vierjähriger (Phi, 4; 1) zum Beispiel zeichnet eine Figur, die keine Dreiecke mehr enthält, sondern Kreisbögen, ein Rechteck und ein Quadrat (Figur 19).

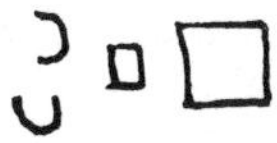

Figur 19

Man kann darin eine Art Verallgemeinerung der Elementvergleiche und -differenzierungen sehen. Ein anderes Kind (Ber, 6; 2) erinnert sich an eines der geteilten Dreiecke, zeichnet aber auch ein zweigeteiltes Rechteck und einen zweigeteilten Kreis (Figur 20). Dies mag man als Verallgemeinerung eines Teilungs-

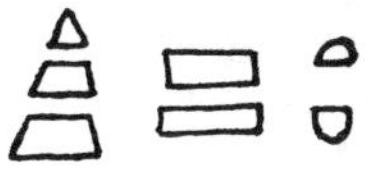

Figur 20

schemas ansehen. Ein drittes Kind (Cla, 6; 6) zeichnet eine Art Pyramide mit einem Dreieck obenauf (Figur 21) – eine Verallgemeinerung der serialen Zusammensetzung der Teile. Die jüngsten Kinder hingegen neigen nicht immer zu einer Schematisierung, sondern stellen auch empirische Formen (Berge, Häuser usw.) dar.

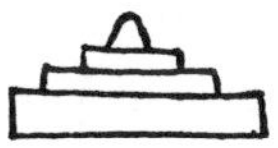

Figur 21

Unter solchen Umständen ist es nicht leicht, Rekonstitutionen und Zeichnungen gegeneinander abzuwägen: Die Zeichnungen können von den unterteilten Dreiecken abweichen, aber das Material für die Rekonstitution enthält nur die Dreiecke. Bei Kindern mit modellgetreuer Zeichnung ist aber der Vorsprung der Rekonstitution auf die Evokation deutlich zu sehen. Ein Kind von 6; 6 Jahren zum Beispiel, dessen Zeichnung aus drei nicht unterteilten Dreiecken (zwei gleich kleine und ein großes) besteht, fertigt bei der Rekonstitution drei verschieden unterteilte Figuren an usw.
Ein Unterschied zwischen Technik II und Technik IIbis ist nicht festzustellen.

5. Das Wiedererkennen der Dreiecke nach einer Stunde

44 weitere Kinder wurden nach der Dreieck-Methode über das Wiedererkennen nach einer Stunde untersucht. Man präsentiert dem Kind eine Tafel mit 12 Figuren, die je in drei Reihen zu vier Figuren angeordnet sind (Figur 22). Man ersieht aus der Abbildung, daß die Form 11 richtig ist, ebenso die Form 12 (mit Vertauschung von a und c). Die Form 10 ist gleichflächig, weist aber für a, b und c andere Schnittebenen auf, und bei den Formen 9 und 8 sind zugleich die Flächen ungleich. Die Formen 4, 5 und 7 sind symmetrisch, die Formen 1 und 6 enthalten ein oder drei ungeteilte Dreiecke, und die Formen 2 und 3 sind mit je einem viergeteilten Dreieck versehen.

Man sagt dem Kind, es solle «alle» Figuren gut ansehen, bevor es seine Wahl trifft. Nach dieser ersten Wahl muß es unter den verbliebenen Figuren jene auslesen, die dem Modell am ehesten und am wenigsten gleichen, bis keine mehr übrigbleibt. Dazu werden Begründungen oder Beweise verlangt. Dann legt man dem Kind die Gesamtheit der klassierten Figuren, nach ihrer «Ähnlichkeit mit dem Modell» geordnet, noch einmal vor, und man verlangt eine nochmalige und endgültige Wahl.

Die Kinder wurden dazu in zwei Gruppen eingeteilt. Die Gruppe A beginnt mit dem Wiedererkennungsversuch (also eine Stunde nach der Präsentierung, Technik IIbis, wie im ersten und vierten Abschnitt beschrieben); dann wird eine Evokation durch eine Gedächtniszeichnung und schliesslich eine Rekonstitution verlangt. Die Gruppe B hingegen beginnt mit einer Evokation (Zeichnung); daran schließt das Wiedererkennen an, und als Abschluß folgen eine nochmalige Evokation durch Gedächtniszeichnung und eine Rekonstitution. Mit Hilfe der zweiten Gruppe sollen natürlich mögliche Störungen des Wiedererkennens unter dem Einfluß der Evokationsschemata analysiert werden.

Wir ordnen die Reaktionen nach Evokationsstufen (siehe den 4. Abschnitt) und nicht nach dem Alter oder nach dem Wiedererkennen, denn wir wollen dieses Wiedererkennen mit den Etappen der Evokationsschematisierung vergleichen.

Stufe I A (relative Undifferenziertheit des Ganzen und annähernde Äquivalenz der drei Dreiecke a, b und c). 8 Vierjährige entscheiden sich bei der abschließenden Wahl für die Formen 8–12 als beste Figuren; bei der ersten Wahl hatten sich schon 6 für 8, 9 bis 11 oder 12 entschieden, die beiden anderen hatten hingegen 5 (Symmetrie) und 6 gewählt. Zwischen den Gruppen A und B läßt sich kein Unterschied in der Versuchsabfolge feststellen.

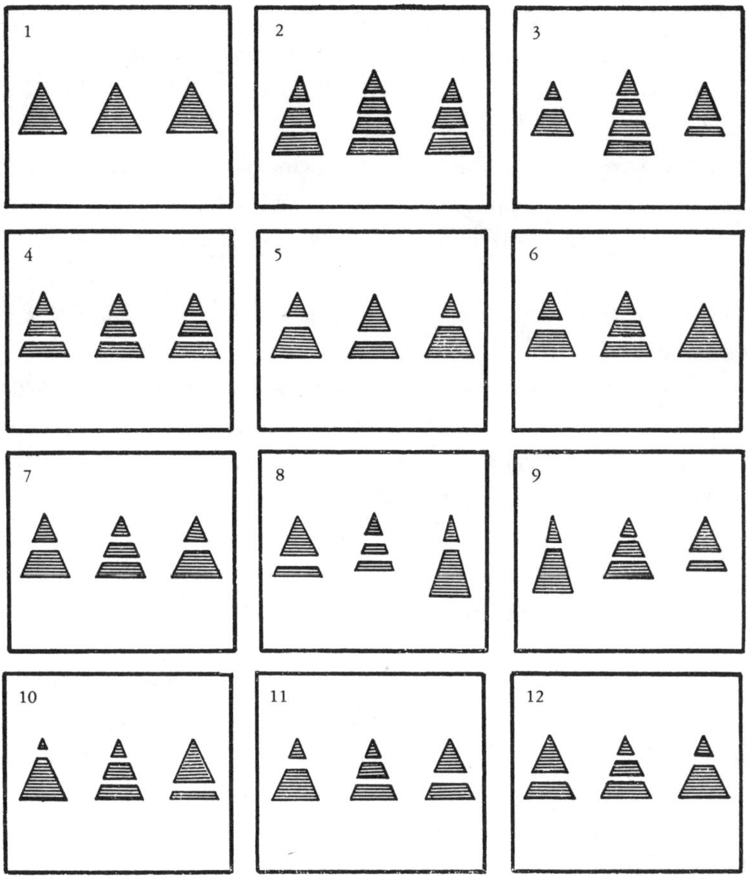

Figur 22

Stufe IB (Beginn einer mehr oder weniger symbolischen Differenzierung der Teile). 4 Kinder zwischen 4 und 5 Jahren wählen zuerst die Formen 10 und 11, eines die symmetrische Form 7, aber alle 5 (Gruppen A und B) entscheiden sich bei der zweiten Wahl für die Formen 3 und 4. Die Vergleiche in der Zwischenzeit haben somit die Wiedererkennungsstufe gesenkt.
Stufe II (klare Differenzierung der Teile, aber mit Symmetrien a = c). Die Wiedererkennungsstufe wird hier allgemein gesenkt: 3 Kinder der Gruppe A wählen zuerst die Formen 2, 3 und 7, bei der Wiederholung aber 4, 7 und 9. Die 3 Kinder der Gruppe B kommen zuerst auf 5, 7 und 8, dann aber alle 3 auf 7. Es läßt sich somit eine Tendenz zu den symmetrischen Formen 4, 5 und 7 erkennen.

Stufe III A (Unterschiede bei der Unterteilung der Dreiecke, aber falsche Zahlen). Die erste Wahl (Gruppe A und B) reicht von Form 6 (1 Fall) bis zu den Formen 10 und 11 (4 Fälle), die zweite von 7 (1 Fall) bis 8 (4 Fälle). Alle Kinder sind zwischen fünf und sechs Jahre alt.
Stufe III B (fast richtig). 11 (fünf- und vor allem sechsjährige) Kinder entscheiden sich bei der ersten und der zweiten Wahl für 10, 11 und 12.
Stufe IV (richtig). Die Reaktionen sind dieselben wie unter III B bei allen fünf Kindern[7].

Bemerkenswert an diesen Versuchsergebnissen ist der relative Erfolg der Stufe I, dem aber bei der zweiten Wahl ein relatives Absinken der Stufen II und I B folgt (wobei wir uns aber daran erinnern wollen, daß die Symmetrien das Kennzeichen der Stufe II sind), und der schrittweise Wiederaufstieg auf den Stufen III und IV. Daraus ließe sich die Hypothese ableiten, daß es zwei Formen von wirksamer Wiedererinnerung gibt: eine frühere und verglichen mit der Evokationsstufe im Vorsprung befindliche, eine spätere und mit den Evokationsschemata verbundene. Man könnte sogar in erster Annäherung annehmen, die Evokationsschemata würden zu Beginn ihrer Ausformung die frühzeitige Wiedererkennung behindern, bis ihre Fortschritte das Wiedererkennen vom zweiten Typ begünstigen.

Bevor man aber rundweg daraus folgert, die erste dieser beiden Wiedererkennungsformen sei nur figurativ, während die zweite die figurativen Elemente auf operative Schemata abstützen würde, muß diese auf den ersten Blick überraschende Entwicklung in den Einzelheiten geprüft werden:

1. Zunächst ist sorgfältig festzuhalten, daß die Wiedererkennungen der Stufe I A zwar gut, aber auch ungenau sind, wenn man so sagen darf: Sie lassen sich leicht daran erkennen, daß die Kinder die eine oder die andere der dem Modell ähnlichsten Formen auswählen, sie aber oft nicht voneinander unterscheiden können. Die Kinder der folgenden Stufen sehen hingegen Ähnlichkeiten oder Teiläquivalenzen, ohne daraus auf die Identität zu schließen (wie zum Beispiel 8 = 9 = 10 bei einem Kind von 4; 6 Jahren usw.).

2. Auch wenn keine solchen Gleichsetzungen stattfinden, zeigt das ziemlich systematische Zögern der Vier- bis Fünfjährigen, daß ihr Wiedererkennen nichts von einem zwingenden Eindruck an sich hat, der die Erinnerung so, wie sie war, erhalten hätte[8].

3. Dieses Wiedererkennen auf der Stufe I A basiert dennoch auf einer global genauen Erinnerung, denn die Kinder lehnen die Formen 1–3 und 6 (ausgenommen eine 6 bei der ersten Wahl) ab, und sie wollen auch nichts von den symme-

trischen Formen 2, 4, 5 und 7 wissen, die sich aufgrund der Gesetze der wahrnehmungsmäßig «guten Form» aufdrängen müßten.

4. Auf der Stufe I B verschlechtern die geforderten Vergleiche zwischen der ersten und der zweiten Wahl das Wiedererkennen (zugunsten der Formen 3–4): daraus läßt sich andererseits ersehen, daß diese frühzeitigen Erinnerungen nur wenig stabil und deshalb von einer anderen Art sind als die späteren.

5. In einer Zwischenphase (Stufe II) dominieren die symmetrischen Gestalten, wodurch die Annahme bestätigt wird, daß die Wiedererkennungen des höheren Typs eine Schematik voraussetzen, die den allmählich gewissermaßen operativ werdenden Evokationsschemata nahestehen. Weil sie auf der Stufe II noch unvollendet sind und weil die elementareren Wiedererkennungsverfahren nicht ausreichend stabil sind, greift das Kind der Zwischenstufe mangels eines besseren auf symmetrische Formen zurück (die, wir wollen noch einmal daran erinnern, für die Evokationen der Stufe II charakteristisch sind).

6. Der Erfolg wird von der Stufe III A bis zu den Stufen III B/IV schrittweise besser, was die zunehmende Ähnlichkeit zwischen den Wiedererkennungs- und Evokationsvorgängen zu bestätigen scheint. Während auf der Stufe I A nur 1 Kind die Form 11 (das Modell, das eine Stunde früher präsentiert worden war) wählt, sind es auf der Stufe I B 1 von 10, auf der Stufe II 0 von 12, auf der Stufe III A 2 von 10 und auf den Stufen III B/IV 17 von 27 Kindern.

7. Daß zwischen den Gruppen A und B der Kinder kein merklicher Unterschied zu finden ist, ist ebenfalls signifikant. Das Wiedererkennen auf der mittleren Stufe II wird somit nicht durch die vorangehende Evokation (Gruppe B) gestört, sondern zweifellos durch die Ausformung eines neuen Typs von Schemata. Da die fehlende Evokation (Gruppe A) andererseits die guten Wiedererkennungen der Stufen III B und IV nicht verändert, folgen diese offenbar aus ähnlichen Schemata wie die gelungenen Evokationen.

Aus diesen Tatsachen läßt sich somit nicht ableiten, den elementaren Wiedererkennungsformen fehle jeder Schematismus. Was die Kinder der Stufen I A und I B (die letzteren nur bei der ersten Wahl) wählen, gehört weder zu den beliebigen falschen Formen (1–3 und 6) noch zu den symmetrischen Formen (4, 5, 7) und ist auch nicht die zuvor gesehene Form 11, sondern bildet eine Art Klasse von Äquivalenzen 8, 9, 10 und 12. Es wäre willkürlich, sich hier auf den Synkretismus oder auf das Auffinden anhand kleiner Einzelheiten zu berufen, denn der erstere müßte zu einer viel umfassenderen Klasse führen, und sogar die kleinen Einzelheiten (ein kleineres oder ein größeres Dreieck, ein mehr der weniger schmales oder breites Trapez, ein oder zwei Zwischenräume usw.) finden sich in fast allen Figuren. Ebensowenig genügt es, sich auf die figurative Prägnanz des präsentierten Modells zu berufen, denn das rein Figurative müßte ein Wiedererkennen des Modells 11 selbst und nicht einer Klasse ähnlicher Formen veranlassen. Vor allem besteht aber nicht der geringste triftige Grund dafür, daß eine figurative «Spur», die mit ungefähr vier Jahren vor jeder Evokation ein gutes Wiedererkennen gewährleisten würde, später im gleichen Maße sich abschwächt, wie die Evokation Fortschritte macht. Würde das Figurative von Anfang an im reinen oder fast reinen Zustand siegreich sich durchsetzen, so müßte es in der Folge ganz im Gegenteil die Konstruktion der Evokationsschemata fördern; und es selbst müßte umgekehrt durch diese sich entwickelnde Schematik konsolidiert und nicht verschlechtert werden... Hängt hingegen das für das elementare Wiedererkennen eigentümliche figurative Element schon mit den Schemata zusammen, so versteht man besser, daß sich auf einer ersten perzeptiv-motorischen Stufe das Gleichgewicht zwischen diesen beiden Polen der perzeptiven oder figurativen Akkommodation im allgemeinen und der schematisierenden Assimilation mehr oder weniger stabil oder unstabil einstellen kann. Durch den Wechsel der Stufe würde es dann erschüttert, worauf es sich wieder auf Stufen konsolidieren kann, wo das Bild und der Begriff die Werkzeuge der ursprünglichen Stufe ersetzen, verlängern oder vervollständigen.

Wir kommen deshalb zu folgender Annahme: a) daß schon das Wiedererkennen Assimilationsschemata ins Spiel bringt; b) daß zwar diese Schemata in ihrer Funktionsweise von den Evokationsschemata verschieden sind; daß sie aber c) dennoch schon einen Entwurf oder eine Vorbereitung darstellen. Bevor wir diese drei Hypothesen begründen, müssen wir daran erinnern, daß es bei der Interpretation aller Entwicklungsvorgänge noch folgendes gibt: die These, daß die aufeinanderfolgenden Stadien voneinander verschieden sind; die Antithese, daß das Höhere auf das Niedrigere zurückzuführen oder daß das Höhere im Niedrigeren präformiert sei; und eine (These und Antithese «übersteigende») Synthese, daß nämlich stufenweise analoge oder konvergente Strukturen rekonstruiert werden, wobei jede neue Struktur die vorangehende ausweitet und bereichert, indem sie sie in sich integriert. Das werden wir hier bestätigt finden.

a) Daß das elementare Wiedererkennen bereits Assimilationsschemata ins Spiel bringt, dürfte sich von selbst verstehen, wenn es zu einer Strukturierung führt, die weit genug ist, um Varianten wie die Formen 8 bis 12 zu umfassen, und genau genug ist, um die anderen Formen auszuschließen. Die wahrnehmungsmäßige

Erklärung, die bei den Vergleichen und schon bei der Strukturierung des präsentierten Modells (11) mitwirkt, ist eine Akkommodation und nicht eine grobe oder passive Aufzeichnung. Jede Akkommodation ist aber die eines Assimilationsschemas, auch wenn dieses Schema ausschließlich perzeptiv ist. Diese Schemata gewährleisten ein gutes Wiedererkennen, ohne Evokationsfähigkeit, denn das Wiedererkennen ist möglich, weil das Wahrnehmungsmodell und andere ähnliche oder verschiedene Gegenstände vorhanden sind.

b) Daß diese Schemata der Wahrnehmungstätigkeit, die das Wiedererkennen ermöglichen (und die im Alltagsleben mit weiteren Aktionsschemata verbunden sind, wie etwa beim Wiedererkennen von Anzeichen, die mit den Gewohnheiten oder Familien von Gewohnheiten zusammenhängen), von den Evokationsschemata verschieden sind, versteht sich ebenfalls von selbst, wenn doch diese Evokationsschemata aus jenen Wahrnehmungsschemata hervorgehen. Die Evokationsschemata haben zwei verschiedene, wenn auch untrennbare Aspekte: 1. Einerseits handelt es sich um operative oder präoperative Assimilationsschemata: hier insbesondere um Teilungsschemata und Schemata der nach den verschiedenen möglichen Assoziationen geordneten Wiederzusammensetzung. Die Operation geht aber über die Wahrnehmungstätigkeit und auch die zur Stufe der Gewohnheiten usw. gehörenden Aktionen hinaus. 2. Andererseits setzt die Evokation ein Erinnerungsbild voraus; das Bild ist eine verinnerlichte Nachahmung, die ihrerseits die Akkommodation verlängert (die Nachahmung ist nämlich eine Akkommodation, die das Ausgangsschema bis zur mehr oder weniger vollständigen Entsprechung zum Modell verändert). Eine aktuelle Akkommodation an ein wahrgenommenes oder gegenwärtiges Objekt, die also nur im Kontakt mit diesem Objekt funktioniert, obwohl das so akkommodierte Schema auch in Abwesenheit des Objekts erhalten bleibt, ist aber etwas anderes als eine Akkommodation, die sich zu aufgeschobener und zu einem Bild verinnerlichter Nachahmung verlängert, die also in Abwesenheit des Objekts aktiviert werden kann. Beim akkommodierten Wiedererkennungsschema gibt es zwar schon eine Erhaltung, aber keine Reaktivierung in Abwesenheit des Objekts; eine neue Aktivierung findet nur beim Wiedererscheinen des Objekts statt. Beim Evokationsschema hingegen besteht das besondere des Bildes oder der verinnerlichten Nachahmung, die die Akkommodation verlängert, darin, daß es ohne neuen Kontakt mit dem Objekt nach Wunsch reaktiviert werden kann. Es gibt somit zwei verschiedene Ebenen. Diese Reaktivierungen mit Verzerrungen können, wie man jetzt versteht, auf der Stufe, wo die Evokation beginnt, wo sie aber noch ungenügend ist, wo sie im Praktischen scheitert und zu systematischen Fehlern führt (etwa zu den auf der Stufe II evozierten und nicht nur «wiedererkannten» symmetrischen Formen), das Wiedererkennen selbst stören: Die Nachahmung will die Akkommodation des Wiedererkennungsschemas auf die Ebene der Vorstellung verlängern, verzerrt sie aber mangels genügender Verinnerlichung, so daß im Endeffekt die Akkommodation behindert wird. Das Gleichgewicht zwischen der Akkommodation und der Assimilation wird gestört, und daraus ergeben sich die verzerrenden Veränderungen des Wiedererkennens.

c) Mag es auch zwei verschiedene Ebenen und zwei verschiedene Formen der Akkommodation geben – eine perzeptiv-motorische und eine nachahmende, sich zu ungenügenden oder genauen Bildern verlängernde –, es besteht dennoch eine gewisse funktionelle und sogar strukturelle Kontinuität zwischen dem Wiedererkennungs- und dem Evokationsschema. Funktionell geht es in beiden Fällen um Akkommodation von Assimilationsschemata, ob perzeptiv-motorisch oder nachahmend tut nichts zur Sache. Strukturell gibt es aber mehr: damit die Formen 8–12 sinngemäß gruppiert und von den Formen 1–7 unterschieden werden, aber auch damit das präsentierte Modell 11 wahrnehmungsmäßig strukturiert wird, so daß es in der Folge mehr oder weniger wiedererkannt werden kann, muß der Blick einige der Teile oder Elemente der Dreiecke zugleich unterschieden und vereinigt haben (positiv als Teile und negativ als Zwischenräume zwischen den Teilen); es muß also ein Mindestmaß von räumlichem Aufbau stattgefunden haben, aber ohne daß das perzeptiv-motorische Niveau überschritten wurde. Ein Ansatz nachahmender Akkommodation also, aber in Akten und nicht etwa in Bildern, nicht einmal in motorischen Evokationen. Diese Akkommodation ermöglicht in der Folge, indem sie sich stabilisiert und verinnerlicht, die gewollten Evokationen in Abwesenheit des Objekts, das heißt die Evokation durch das Bild. Diese figurative Evokation ist ihrerseits nur möglich, indem sie sich auf Schemata der Unterteilung und des räumlichen Aufbaus stützt: obwohl diese Schemata weit über die Wahrnehmungstätigkeit hinausgehen, müssen sie nichtsdestoweniger dieselben Beziehungen und dieselben Zusammensetzungen rekonstruieren, die die Wahrnehmungstätigkeit und die Wiedererkennungsschemata in gröberer Weise schon verwirklicht hatten. Sowohl von der schematisierenden Assimilation als auch von den Akkommodationen, Ursachen wahrnehmungsmäßiger oder bildhafter Vorstellungen, her gesehen, besteht somit eine gewisse Kontinuität zwischen der Evokation und dem Wiedererkennen. In beiden sind diese beiden Aspekte in einem Gleichgewicht zueinander. Wird dieses Gleichgewicht, das auf den Stufen I A und I B vorerst wenig stabil ist, auf der Stufe II zeitweilig erschüttert, so stellt es sich auf einer neuen Ebene und mit neuen Werkzeugen auf den Stufen III B und IV wieder ein, aber in Formen, in denen die ursprüngliche Stufe noch sichtbar ist und sich fortsetzt.

[1] In Zusammenarbeit mit P. Mounoud.

[2] In «*Traité de psychologie expérimentale*» von Fraisse und Piaget, Kapitel XIV: «*La mémoire*».

[3] Kleine Kinder lassen gelten, daß sie im Laufe ihres Wachstums sie selbst geblieben sind, aber sie akzeptieren das nicht bei einer Pflanze oder bei einem chemischen Gebilde, das sich innerhalb weniger Minuten vor ihren Augen entfaltet. Ein Quadrat, das auf eine Spitze gestellt wird, ist für sie nicht mehr dasselbe Quadrat, das vorher horizontal lag usw. Vergleiche *Etudes d'Epistémologie génétique,* Band XXIV (über die Identität).

[4] Die Gläser A–D sind mit einer roten, die Gläser A′–D′ mit einer blauen Flüssigkeit gefüllt.

[5] Das Ganze kann nur ein Nebeneinander von Teilen sein, die aber zu einer «figürlichen Sammlung» zusammengestellt sind.

[6] Siehe Piaget und Inhelder, *Die Entwicklung des räumlichen Denkens beim Kinde,* Kapitel II.

[7] Die vorstehende Analyse erfaßt nur 40 der 44 geprüften Kinder. 4 Kinder zwischen 3 und 4; 2 Jahren konnten nicht klassiert werden, weil sie sehr rasch sozusagen alle Figuren 1–12 als äquivalent empfanden und weil ihre Rekonstitutionen entweder nichts (über den Karton zerstreute Elemente) ergaben oder zu inadäquat waren, als daß man sie hätte ordnen können (fünf Gruppen zu drei Elementen). Bevor aber diese Kinder die Figuren durcheinanderbringen oder wenn sie am Ende eine nochmalige Wahl treffen müssen, bevorzugen sie die symmetrischen Figuren (7 und vor allem 2). Mit anderen Worten, sie lassen sich mangels ausreichender Erinnerungen allein von den Gesetzen der Gestalt leiten, während sich die Wahl von der Stufe I A an im Gegenteil nach global genauen Erinnerungen richtet.

[8] Mit einem anderen Material (zahlreichere oder weniger Figuren zur Auswahl) hätten die Wiedererkennungen natürlich anders sein oder aussehen können.

ZWEITER TEIL

Die Erinnerung der multiplikativen logischen Strukturen

Die Kapitel VII bis X dieses zweiten Teils bilden eine nahtlose Fortsetzung der sechs ersten Kapitel. Sie weiten jedoch die Analyse auf Strukturen mit zwei Dimensionen aus, wie es die multiplikativen Matrizen sind, und dazu auf den besonderen Fall der Überkreuzung der Klassen. Wir fügen eine «Anordnungs»-struktur im Sinne einer Koordinierung von Kombinationen und Permutationen hinzu. Vom Gedächtnis her betrachtet, besteht die Bedeutung dieser verschiedenen Konfigurationen in der möglichen Übereinstimmung oder Nichtübereinstimmung der figürlichen Faktoren und der beteiligten operativen Schemata. So entstehen Situationen, die in ihrer besonderen Komplexität einen Vergleich mit den im I. Teil analysierten Verhältnissen lohnen.

Kapitel VII

Die Erinnerung der doppelten serialen Zuordnungen[1]

Nachdem wir die Entwicklung der Erinnerungen an einfach additive Aneinanderreihungen (Kapitel I und II) untersucht haben, wollen wir nun prüfen, wie allgemein (oder nicht) die Beobachtungen gelten, die bei der Untersuchung des Gedächtnisses serialer Multiplikationen gesammelt wurden. Dabei ist eine Menge von Gegenständen zu ordnen, die sich durch zwei gleichzeitig aneinanderreihbare Merkmale voneinander unterscheiden, zum Beispiel in der Größe und in der Farbe. Die einfachste vollständige Darstellung dieser Operation ist eine Tafel mit zwei Eingängen: von links nach rechts sind die Elemente nach den Variationen des einen Merkmals (hier die Farben: Rosarot bis Rot in immer dunkleren Abstufungen), von oben nach unten nach den Werten des anderen Merkmals (hier die abnehmende Größe) geordnet. In einer solchen Struktur ergeben nur die Diagonalen und die zu ihnen parallelen Linien Reihen konnexer (in beiden Merkmalen verschiedener) Elemente, die beide Merkmale zugleich abwandeln (zum Beispiel 1, 6, 11, 16 oder 4, 7, 10, 13 oder 2, 7, 12 oder 5, 10, 15 oder 3, 6, 9 oder 8, 11, 14 oder 2, 5 oder 9, 14 oder 12, 15 oder 3, 8), während die horizontalen und vertikalen Reihen jeweils aus Elementen bestehen, die sich untereinander nur in einem Merkmal unterscheiden und beim anderen äquivalent bleiben. Damit die seriale Multiplikation vollständig ist, muß man aber diese Semiäquivalenzen berücksichtigen. Die Tafel läßt sich mit den Diagonalen allein nicht ausreichend konstruieren, und wenn man die zu ihnen parallel laufenden Linien hinzufügt, fällt man auf die oben erwähnte Tafel zurück.

Unter dem operativen Gesichtspunkt ist die Konstruktion einer solchen Struktur kaum schwieriger als die einfache Aneinanderreihung, wie die beiden Autoren zusammen mit A. Morf[2] haben zeigen können. Unter dem figurativen Gesichtspunkt ist jedoch die räumliche Anordnung anders und komplexer. Unter dem Gesichtspunkt des Gedächtnisses ist es zweifellos interessant, ob die gefundenen Organisationstypen der Erinnerung den Stufen der operativen Entwicklung nachgebildet sind oder eine andere Form aufweisen, aber auch ob die richtige Retention mit dem Alter des operativen Gelingens (7 bis 8 Jahre) zusammenfällt oder nicht. Mit den 16 Elementen des Modells (Figur 23) lassen sich des weiteren Anordnungen ganz anderer Art konstruieren, die einer symmetrischen Ge-

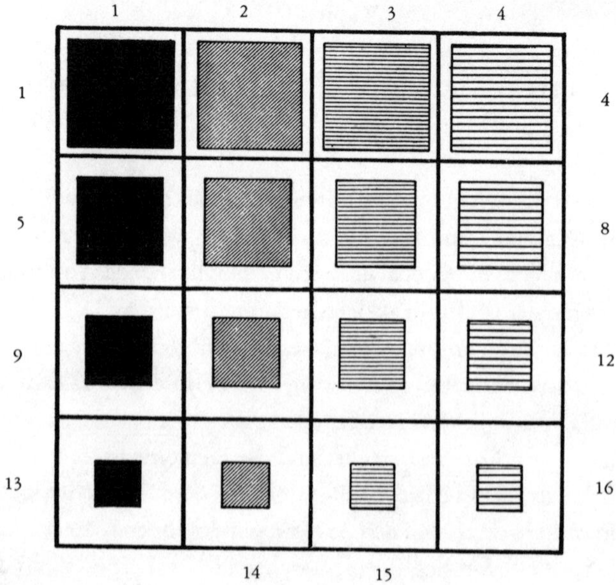

Figur 23

stalt näherstehen oder eine gewisse dekorative Wirkung haben. Auch das haben wir getan (siehe Figur 24), indem wir die vier großen Quadrate auf die vier Ecken des Gesamtquadrats verteilten; die vier kleinsten kamen in die Mitte zu liegen und die mittleren dazwischen, was (nach den horizontalen Reihen von oben nach unten geordnet) die folgende Verteilung ergibt: 2, 8, 5, 4/12, 14, 16, 11/9, 15, 13, 10/3, 6, 7, 1. Wir wollen daran untersuchen, ob diese verglichen mit Figur 23 ästhetischere Gestalt, der aber jede operative Bedeutung fehlt, von der Erinnerung im gleichen Durchschnittsalter behalten wird wie die seriale Multiplikation, ob sie ähnliche Stadien durchläuft oder ob die Entwicklung der Erinnerungen mit dem Alter anderen Gesetzmäßigkeiten folgt. Die Analyse des Gedächtnisses der multiplikativen Strukturen kann somit neue Erkenntnisse vermitteln und wiederholt nicht einfach das, was wir schon aus der Erinnerung der additiven Strukturen erfahren haben.

1. *Gewählte Technik und Erinnerungsstufen*

Das Modell für die Präsentierung der serialen Multiplikation (Figur 23) ist ein Karton von 28 cm Seitenlänge. Er ist in 16 Felder unterteilt, in die 16 Quadrate in vier verschiedenen Größen (5,5 cm, 4,5 cm, 3,5 cm und 2,5 cm Seitenlänge) und vier verschiedenen Farben zwischen Dunkelrot und Rosarot eingeklebt sind. Das Modell wird zwei Gruppen von Kindern präsentiert. Von der einen verlangt man eine einfache wahrnehmungsmäßige Prüfung, von der anderen eine Kopie, die der Rekonstitution entspricht.

Gruppe A. – Man fordert das Kind auf, sich das Modell gut anzusehen (30 Sekunden lang) und es dann zu beschreiben: «Sag mir, was du gesehen hast» und, wenn nötig: «Ist das alles?» usw. Dann entfernt man das Modell und verlangt sogleich eine Gedächtniszeichnung[3]. Jetzt gibt man dem Kind einen Karton von 40×28 cm Seitenlänge und 25 freie Quadrate, worunter 16, die mit denen des Modells übereinstimmen, und läßt eine genaue Rekonstitution anfertigen. Verwendet das Kind alle 25 Elemente, so gibt man ihm anschließend einen Karton von 28×28 cm Seitenlänge mit 16 leeren Feldern und die 16 Elemente des Modells und verlangt eine neue Rekonstitution.

Nach einer Woche erzählt das Kind zunächst, was es gesehen hat. Falls die Beschreibung lückenhaft ist, geht man nicht darauf ein. Dann fertigt das Kind eine neue Gedächtniszeichnung und anschließend eine neue Rekonstitution nach derselben Methode wie unmittelbar nach der Präsentierung an. Das gleiche wird nach sechs Monaten noch einmal wiederholt.

Gruppe B. – Man zeigt das Modell und läßt es vor den Augen des Kindes stehen. Dann breitet man die 25 Elemente auf dem Tisch aus und bittet das Kind, das Modell auf dem quadratischen Karton mit 16 Feldern zu rekonstruieren. Man prüft den unmittelbaren Abruf, nach einer Woche und nach sechs Monaten wie bei der Gruppe A: Beschreibung, Gedächtniszeichnung und Rekonstitutionen mit dem Material.

Bevor wir die beobachteten Erinnerungsstufen beschreiben, wollen wir ein interessantes Faktum festhalten. Die von den Kindern der Gruppe B verlangte Kopie des Modells mit 25 Quadraten, aus denen die richtigen ausgewählt werden müssen, gibt schon Hinweise darauf, wie das Modell an die Schemata assimiliert wird, über welche die Kinder der verschiedenen Altersstufen verfügen, und folglich wie es wahrscheinlich in der Erinnerung aufgezeichnet wird. Auf der niedrigsten Stufe ergreift das Kind auf gut Glück eines der 25 Quadrate und legt es, in wahrnehmungsmäßiger Zuordnung zum Modell, auf eine der leeren Flächen. Diese Methode rein perzeptiver tastender Versuche führt selten zu einer genauen Kopie. Auf einer zweiten Stufe geht das Kind mit einem Ansatz von System vor, aber eher nach einer Klassifizierung als nach einer Aneinanderreihung: Es stellt die gleichen oder ähnliche Elemente nach ihrer Größe und manchmal nach ihrer Farbe zusammen und plaziert sie entsprechend dem Modell. Das Schlußergebnis kann richtig sein. Die dritte Methode ist eine Seriation mit antizipierendem Schema, die aber nur ein Kriterium (meistens die Größe) berücksichtigt, mit tastenden Versuchen in bezug auf das zweite. Die vierte Stufe ist eine doppelte Seriation, die nach der Wahrnehmung des Modells unmittelbar antizipiert. Diese Methode läßt sich erst bei Sieben- bis Achtjährigen beobachten, die aber häufig erst auf Stufe III stehen, während die beiden ersten Stufen für Fünf- bis Sechsjährige eigentümlich sind.

Die verbalen Beschreibungen oder Kommentare der Kinder geben kaum zusätzliche Hinweise. Dieselben Beobachtungen wie bei er einfachen Aneinanderreihung (Kapitel II): Dichotomische (große und kleine Quadrate) oder trichotomische (große, kleine und mittlere Quadrate) Aufteilungen; erst mit 7 bis 8 Jahren ist die Rede von «ein wenig größer» oder «dunkler» usw.

Die Erinnerungstypen oder -stufen (Evokation durch Zeichnung) lassen sich folgendermaßen aufteilen:

Typ I. – Verteilung ohne System: das Kind füllt sein Papier einfach mit Quadraten offensichtlich gleicher Größe (ausgenommen dass sie wegen zeichnerischer Ungeschicklichkeit bisweilen wie Rechtecke oder Trapeze aussehen). Wird nur eine einzige Farbe verwendet, so sprechen wir von Untertyp I A, während mehrere, wenn auch zufällig gewählte und im Modell nicht vertretene Farben den Untertyp I B kennzeichnen.

Ein weiterer Untertyp I C ist mehr auf die Reihenfolge des Füllens und weniger auf das Ergebnis (das ebenfalls unrichtig ist) zurückzuführen: Das Kind verziert zuerst den Umriß des Blattes mit einem Rahmen von beliebigen Quadraten und füllt erst anschließend das Innere aus. Das könnte ein Ansatz zu einer Gesamtdarstellung sein, vor allem wenn man mit gewissen abweichenden Formen des Untertyps I A vergleicht, wo das Kind nur eine Reihe von gleichen Quadraten, ohne Auffüllung in zwei Richtungen, zeichnet.

Typ II. – Das Kind nimmt einerseits Teilklassifizierungen vor: große und kleine oder große, mittlere und kleine Quadrate, entweder alle mit einheitlichem Farbton oder einige Quadrate nach zwei oder mehreren Farbnuancen klassiert. Andererseits sieht man Seriationen, die aber ebenfalls nur Ansätze bleiben. Man kann in dieser Hinsicht zwei Untertypen unterscheiden. Auf der Stufe II A kommt es zu Seriationen innerhalb der Klassen, aber diese werden untereinander nicht seriiert: die rote Gruppe zum Beispiel umfaßt große, mittlere und kleine Quadrate, die rosarote Gruppe ebenfalls; aber die Farbnuancen werden nicht gereiht, und die Größen werden nicht so angeordnet, daß sie sich von einer Klasse zur anderen entsprechen. Oder aber die Klasse der großen Quadrate wird anschließend in größere und weniger große oder nach den Farben unterteilt, die aber beliebig angeordnet werden. Man sieht auch Teilreihen.

Auf der Stufe II B stellt man einen Ansatz zu einer Gesamtorganisation fest, insofern die Klassen selbst ebenfalls aneinandergereiht werden. Ein Kind von 6; 5 Jahren zum Beispiel zeichnet zwei große Quadrate, darunter drei aneinandergereihte, etwas weniger große, in der dritten Reihe fünf kleinere und in der vierten Reihe sieben kleine. Also keine Zuordnung von Element zu Element, sondern Seriation der Klassen als solche (alle Quadrate sind von gleicher Farbe).

Typ III. – Hier kommt es zu einer serialen Zuordnung von Element zu Element, aber nur nach einem Kritierium, nämlich fast immer nach der Größe. Man findet solche Strukturen schon bei Fünfjährigen, aber selten und mit Fehlern (Untertypen A und B): nur zwei horizontale Reihen zu je drei Quadraten, die nach abnehmender Größe geordnet sind, und beide Reihen von Glied zu Glied einander entsprechend; oder sechs Reihen, von denen die vier ersten genau sind (je vier Quadrate nach abnehmender Größe geordnet), während die beiden untersten nur je drei Quadrate enthalten usw. Beim Untertyp III A ist die Farbe einheitlich, beim Untertyp III B verändern sich die Farben (je eine pro horizontale oder vertikale Reihe), aber sie sind nicht seriiert. Der Untertyp III C zeichnet die vier Reihen von Größen richtig und mit Zuordnung, aber die Farben dieser Reihen (eine pro Reihe) sind nur klassiert und nicht ihrerseits seriiert.

Typ IV. – Das Kind antizipiert und verwirklicht die doppelte Aneinanderreihung. Beim Untertyp IV A kommen noch figurative Fehler vor: Das Kind konstruiert zum Beispiel drei zugeordnete Reihen mit abnehmender Größe in der Vertikalen und Seriation der Farben in der Horizontalen (wie beim Modell), doch dann zeichnet es (vielleicht nur wegen Platzmangels) unterhalb der dritten vertikalen Reihe die richtig geordnete vierte Reihe. Oder das Kind zeichnet ganz richtig, reiht aber in der Waagrechten aneinander, was beim Modell in der Senkrechten (Größen) war und umgekehrt.

Der Untertyp IV B ist figurativ und operativ vollständig richtig.

2. *Die allgemeinen Ergebnisse*

I. – Interessant an diesen Erinnerungstypen ist zunächst ihre enge Beziehung zu den operativen Stufen und nicht soseher zum figurativen Aspekt des Modells. Unter dem figurativen Gesichtspunkt ist das Modell eine Gestalt, die zwar anders ist als die Seriation, aber mit ihren horizontal und vertikal angeordneten Reihen ebenso «gut» und prägnant. Der primitivste Erinnerungstyp behält von dieser schönen Form nur ein breites quadratisches oder rechteckiges Konglomerat mit vollständig ungeordneten Elementen: Weil das multiplikative operative Schema fehlt, wurde die Figur auf allerglobalste Weise wahrgenommen und behalten oder abgezeichnet und behalten, denn außer dem allgemeinen Rahmen fehlt jedes System (wie bei der Aneinanderreihung, wo der Typ I nur eine Reihe ohne jeden Ordnungsversuch ergibt). Dann kommen die Typen II und III, die Ansätze und Fortschritte der Seriationsschemata erkennen lassen, aber noch, ausgenommen in örtlichen Ausschnitten, keine multiplikative Koordinierung aufweisen. Der Typ IV schließlich erreicht eine genaue Strukturierung der Evokations- oder Rekonstitutionserinnerung. Diese Strukturierung ist aber nur auf die Erwerbung des entsprechenden operativen Systems und nicht auf eine einfache figürliche Durchdringung zurückzuführen, denn dies hätte schon viel früher geschehen können. Das Alter der genauen Erinnerung fällt mit dem Durchschnittsalter zusammen, in dem die Operationen erworben werden (7 bis 8 Jahre). Und dieses Alter fällt, mit einem leichten Verzug, mit der Stufe IV der operativen Konstruktion der Seriation zusammen. Das additive und das multiplikative System entwickeln sich somit parallel. Die folgende Tabelle zeigt die Vertei-

Tabelle XIV

Verteilung der Antworttypen beim unmittelbaren Abruf und nach einer Woche (In Zahl der Antworten: Zeichnungen und Rekonstitutionen)

	Gruppe *A*				Gruppe *B*			
Antworttypen.	I	II	III	IV	I	II	III	IV
5 Jahre (28 und 26)	14	8	6	0	8	10	7	1
6 Jahre (20 und 20)	2	6	8	4	0	5	15	0
7–8 Jahre (24 und 24)	0	0	6	18	0	1	14	9

lung dieser Typen nach dem Alter und bestätigt dadurch, daß die Entwicklung der Erinnerung eine Funktion der operativen Entwicklung ist.
II. – Der Vergleich zwischen den Gruppen A (mit einfacher Wahrnehmung des Modells bei der Präsentierung) und B (mit Kopierung des Modells aus 25 Quadraten, aus denen ausgewählt werden kann) ist im Hinblick auf die Rolle der operativen und präoperativen Schemata wichtig: Diese dienen nämlich als Code für die Verschlüsselung und die Entzifferung. Ihre Wirkweise verändert sich mit dem Alter, denn in diesem besonderen Fall wird der Code selbst im Laufe der Entwicklung transformiert, bis er mit 7 oder 8 Jahren seinen Gleichgewichtszustand erreicht.
Die aktive Wiedergabe des Modells bei der Präsentierung fördert die Retention und die Wirklichkeitstreue der Erinnerung ein wenig, aber nur bei Fünf- bis Sechsjährigen und nicht mehr bei Sieben- bis Achtjährigen. Diese Erleichterung könnte auf drei Arten von verschiedenen Faktoren zurückzuführen sein: 1. Einfach wahrnehmungsmäßige Faktoren, denn um das Modell zu kopieren, muß man mehr und aufmerksamer («analytischer», sagen die Gestalttheoretiker) hinschauen, als wenn man es nur mit der Aufforderung betrachtet, sich im Hinblick auf eine spätere Wiedergabe so gut wie möglich daran zu erinnern. 2. Motorische oder sensomotorische Faktoren, denn die reproduzierende Tätigkeit kann bedingte Reflexe oder Assoziationen veranlassen, die als solche erhalten bleiben und die zeichnerische Evokation und vor allem die Rekonstitution erleichtern können. 3. Die Kopierung des Modells ist aber auch eine Übung, die einen Fortschritt der präoperativen oder operativen Assimilationsschemata veranlassen kann, über die das Kind verfügt; diese konsolidierten und dank der aktiven Kopierung (Reproduktion) des Modells vervollkommneten Schemata würden dann die etwas höhere Retention, mnestische Evokation und Rekonstitution der Gruppe B im Vergleich zur Gruppe A bestimmen.
Wir haben bereits im 1. Abschnitt festgehalten, daß das Kopieren des Modells, so einfach es auch aussehen mag, auf den verschiedenen Altersstufen nicht gleich verläuft: auf der Stufe, wo es noch keine Schemata der multiplikativen oder auch additiven Seriation gibt, wird auf gut Glück und durch tastendes Versuchen kopiert. Deshalb die häufigen Mißerfolge. Im gleichen Maße, wie sich die Seriationsoperationen entwickeln, wird das Kopieren durch antizipierende Schemata bestimmt. Es fällt dank der Assimilation des Modells an diese Schemata immer leichter. Diese Tatsachen sind schon ein Hinweis auf die Bedeutung des dritten Faktors im Vergleich zu den beiden anderen.

Bemerkenswert ist einerseits, daß das Gelingen der Kopie noch keineswegs eine erfolgreiche Erinnerung, nicht einmal beim unmittelbaren Abruf, nach sich zieht, woraus man wieder die beschränkte Rolle der Faktoren 1 und 2 ersehen kann; und andererseits, daß sich die beim Kopieren verwendete operative Methode in der mnestischen Evokation und Rekonstitution gleich oder einfach verlängert wiederfindet.

Boul (5; 7) kommt durch rein wahrnehmungsmäßige Zuordnung zu einer genauen Kopie bezüglich der Größen und der Farben, nur daß er die Positionen 11 und 15 mit 12 und 16 verwechselt, was er aber bei der Prüfung der Figur korrigiert. Beim unmittelbaren Abruf häuft er Quadrate von lauter gleicher Größe an. Die Farben sind gemischt, ausgenommen die vorderste Vertikalreihe aus rosaroten Quadraten (man findet aber auch anderswo solche). Die (ebenfalls unmittelbare) Rekonstitution mit den 25 Quadraten auf dem nicht gefelderten Karton ergibt eine sehr unregelmäßige Figur ohne Seriation, aber mit Gruppen gleich großer Formen. Mit den 16 Quadraten auf dem eingeteilten Papier werden die Größen gereiht, die Farben aber durcheinandergebracht (ausgenommen wiederum eine vorderste rosarote Vertikale). Nach einer Woche dieselbe Zeichnung (gleiche Größenseriation, Farben unregelmäßig, ausgenommen die vorderste Reihe), aber bei der Rekonstitution mißlingt jeder Reihungsversuch: Die Farben werden klassifiziert, aber nicht seriiert.

Ner (5; 6) gelingt durch tastendes Versuchen und rein wahrnehmungsmäßige Zuordnung die Kopie des Modells, von einem einzigen Fehler bei den Größen abgesehen. Der unmittelbar anschließende Abruf ergibt eine Zeichnung voller nichtgereihter Quadrate und bunt vermischter roter, grüner, gelber und blauer Farben. Die Rekonstitution ist nicht besser.

Zil (5; 1) gelingen im Gegensatz zu den beiden genannten Kindern die drei vorderen vertikalen Reihen mit Hilfe von Seriationsversuchen. Bei der vierten Reihe legt er einfach zwei große und zwei kleine Quadrate hin, ohne sich um die Farben zu kümmern (die bei den drei anderen Reihen richtig waren). Beim unmittelbaren Abruf füllt er sein Blatt ungeordnet (über die ganze Fläche zerstreut) mit vertikalen Reihen von drei Quadraten, zwei großen und einem kleinen oder einem großen und zwei kleinen (alle rot, ausgenommen ein rosarotes). Die Rekonstitution zeigt dieselben Teilantizipierungen und dieselbe Ordnungslosigkeit, abgesehen von einer gewissen Klassifizierung der (nicht seriierten) Farben.

An (5; 7) gelingt eine genaue Kopie – bei den Größen mit tastendem Versuchen, bei den Farben mühelos. Beim unmittelbaren Abruf sagt sie «rot, fast ein wenig rot, rosarot, ein wenig mehr rosarot (= heller), dann hellrosa», und ihre Zeichnung bestätigt diese Meinung. Die Aneinanderreihung der Größen besteht jedoch nur aus einem kleinen Quadrat, gefolgt von fünf bis acht großen Rechtecken. Die Rekonstitution ist ähnlich, ohne eine quadratische Gesamtform (vertikale Reihen aus 4–8 Elementen).

Diese Beispiele (man könnte sie beliebig vermehren) zeigen somit deutlich, daß das Gelingen der Kopie durch wahrnehmungsmäßige Zuordnung (Faktor 1) in keiner Weise für ein wirklichkeitsgetreues Gedächtnis, auch nicht beim unmittelbaren Abruf, genügt. Der beim Kopieren angewandte Aktivitätstyp (Faktor 2) findet sich in der Erinnerung in dem Maße wieder, wie diese Aktivität durch Schemata gelenkt wird, die der operativen Stufe des Kindes entsprechen. Dieser Faktor 2 ist somit dem Faktor 3 untergeordnet, der der entscheidende zu sein scheint. Der Vorsprung der Kinder der Gruppe B auf die Gruppe A hat seinen Grund in einer operativen Übung, die nichts von einem klassischen Lernvorgang durch Verstärkung von außen an sich hat, sondern zur Konsolidierung und zum Fortschritt der für das Kind verfügbaren Schemata beiträgt.

III. – Damit kommen wir zum Vergleich der Erinnerungen beim unmittelbaren Abruf und nach einer Woche, bei der Evokation und bei der Rekonstitution. Bei diesem Experiment war schon beim unmittelbaren Abruf eine Rekonstitution vorgesehen, weil man dachte, sie würde möglicherweise bemerkenswerte Unterschiede zwischen der Gruppe B, wo diese Rekonstitution kurze Zeit nach dem Kopieren des Modells stattfindet, und der Gruppe A, wo diese Übung fehlt, sichtbar machen. Das ist, wie wir gesehen haben, in geringem Maße tatsächlich der Fall. Wegen dieser Rekonstitution hat jedoch der Vergleich zwischen der unmittelbaren Evokation und der Evokation nach einer Woche nur einen beschränkten Sinn. Der Vergleich zwischen den beiden Rekonstitutionen, unmittelbar nach der Wahrnehmung und nach einer Woche, bleibt hingegen sinnvoll.

Zuerst die Zeichnungen. Nach einer Woche findet man bei beiden Gruppen zusammen 3 Rückschritte, 29 gleichbleibende Fälle und 3 Fortschritte, sofern man nur die großen Unterschiede von einem Erinnerungstyp zum anderen (I–IV) in Betracht zieht. Berücksichtigt man auch die Untertypen, so stellt man bei der Gruppe A 1 Rückschritt, 12 Gleichgebliebene und 5 Fortschritte, bei der Gruppe B 4 Rückschritte, 10 Gleichgebliebene und 3 Fortschritte fest. Die Rekonstitutionen hingegen ergeben für die Gruppe A 1 Rückschritt, 16 Unveränderte und 1 Fortschritt (unter Berücksichtigung der Untertypen: 4 Rückschritte, 12 Unveränderte und 2 Fortschritte) und für die Gruppe B 0 Rückschritte, 13 Gleichgebliebene und 4 Fortschritte (mit den Untertypen: 1 Rückschritt, 10 Unveränderte und 6 Fortschritte). Die ausgeprägteren Fortschritte der Gruppe B bei den Rekonstitutionen gleichen aber nur eine gewisse Unterlegenheit dieser Gruppe bei den Sechs- bis Achtjährigen aus (Tabelle 14). Es sieht somit so aus, als würden bei der Gruppe B das Kopieren und die Rekonstitutionen einen fortschreitenden Lernvorgang nach sich ziehen, als hätte aber die erste Kopie nicht den erwarteten Effekt einer aktiven Strukturierung gezeitigt, so daß der Gesamteindruck bei den Sieben- und Achtjährigen passiver oder automatischer geblieben wäre als nach der perzeptiven Prüfung der gleichaltrigen Kinder der Gruppe A.

Dieser Eindruck wird bestätigt, wenn man die Zeichnungen und Rekonstitutionen der ersten Sitzungen miteinander vergleicht. In der Gruppe A findet man 11 Rekonstitutionen, die den entsprechenden Zeichnungen überlegen sind, 25 gleichgebliebene und keinen einzigen Rückschritt. Bei der Gruppe B sind hingegen auf 12 Fortschritte 18 unveränderte und 5 Rückschritte (nur die Haupttypen ohne Untertypen) zu beobachten.

Bei den Erinnerungen nach sechs Monaten sind, die beiden Gruppen A und B zusammengenommen (sie weisen untereinander keine Unterschiede auf), 13 Rekonstitutionen der Zeichnung voraus, 16 Fälle sind gleich, und in 3 Fällen ist die Zeichnung überlegen. Die Erinnerungsstufen hingegen sind je nach Gruppe ein wenig verschieden (Zeichnungen und Rekonstitutionen zusammen):

Tabelle XV

Die Erinnerungen nach sechs Monaten
(in absoluten Zahlen)

	A				*B*			
Typen	I	II	III	IV	I	II	III	IV
5 Jahre (8 und 5 Kinder)	5	6	3	0	3	5	2	0
6 Jahre (4 und 5 Kinder)	1	2	5	0	1	3	6	0
7–8 Jahre (5 und 6 Kinder)	0	0	4	6	0	2	7	3

Auch bei diesen 33 nach einigen Monaten wieder ausfindig gemachten Kindern stellt man wieder fest, daß die Verteilung der Erinnerungsstufen eine Funktion der Entwicklungsstufe der Kinder ist – wahrscheinlich somit auch eine Funktion

der operativen Stufe. Man findet auch wieder denselben Rückstand der Sieben- bis Achtjährigen der Gruppe B verglichen mit der Gruppe A.
Kommen wir zu den Fortschritten und Rückschritten zwischen den Erinnerungen nach einer Woche und dem Gedächtnis nach sechs Monaten (wobei wir uns vorsichtshalber an die Typen I bis IV halten und die Untertypen nicht berücksichtigen wollen): bei der Gruppe A findet man 2 Fortschritte (ein Übergang mit fünf Jahren von Typ I zu II und mit sechs Jahren von II zu III bei den Rekonstitutionen), 3 Rückschritte (von III zu II mit fünf Jahren und IV zu III mit sieben und acht Jahren, der letztere bei der Zeichnung)[4] und 27 stationäre Fälle (Zeichnungen und Rekonstitutionen einzeln gezählt). In der Gruppe B zählt man 6 Fortschritte, 11 Rückschritte und 15 gleichbleibende Fälle. Die Fortschritte sind mit fünf Jahren Übergänge von I zu II, mit sechs und acht Jahren von II zu III und mit sieben Jahren von III zu IV. Die Rückschritte lassen Kinder mit fünf Jahren von Typ II zu I oder III zu II, mit sechs Jahren von III zu II bei der Rekonstitution und III zu I bei der Zeichnung, mit sechs und sieben Jahren von III zu II oder IV zu III und mit acht Jahren von IV zu III, aber nur bei der Rekonstitution, zurückfallen.
Auf 64 Zeichnungen und Rekonstitutionen der Gruppen A und B zusammengenommen stellt man somit 8 Fortschritte, 14 Rückschritte und 42 gleichbleibende Situationen fest. Solche Erinnerungen sind also recht stabil, um so mehr als die Rückschritte in der Regel nur eine Stufe ausmachen.

3. Die Erinnerung einer symmetrischen «Gestalt» aus den 16 gleichen Elementen

Nun müssen wir noch die grundlegende Gegenprobe untersuchen, nämlich das Gedächtnis einer dekorativen und symmetrischen Gestalt, die aus denselben Elementen besteht, aber keine – noch so einfache – Operation enthält. Die Ausführungen in den beiden ersten Abschnitten scheinen nahezulegen, daß die Erinnerung einer doppelten Seriation ziemlich genau eine Funktion der operativen Schemata ist, über die das Kind verfügt, um (mehr oder weniger gut oder schlecht) eine solche Struktur in jenen Situationen zu konstruieren, wo sie erfunden und nicht nur mnestisch behalten werden muß, ungeachtet wie sie zustande gekommen ist. Mit anderen Worten, die Erinnerung scheint sich auch hier wieder mehr auf die operativen Schemata als auf den figurativen Aspekt des Modells zu stützen. Um das zu bestätigen, drängt sich eine Gegenprobe auf: Aus denselben Elementen soll eine besser symmetrische (und von den Größen her gesehen sogar ganz symmetrische[5]) Figur konstruiert werden, die eher von den Gesetzen der wahrnehmungsmäßigen und sogar dekorativen Gestalt abhängt, und es soll nach demselben Verfahren geprüft werden, ob die Erinnerung daran gleich gut, besser oder schlechter ist.

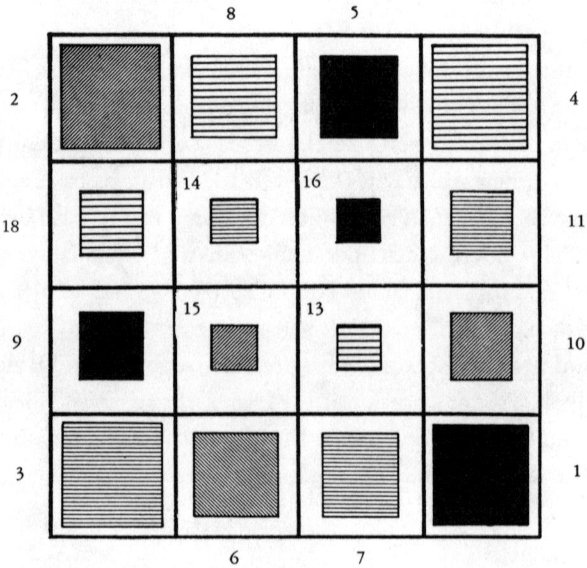

Figur 24

Die Resultate dieser Kontrolle waren eindeutig: Die Erinnerung an eine solche Figur ist viel weniger wirklichkeitsgetreu als die an die doppelte Seriation, und zwar schon nur bei der Verteilung der Quadrate nach ihrer Größe. Es lohnt sich deshalb, diese Ergebnisse etwas genauer zu untersuchen.

Wir unterscheiden fünf Erinnerungstypen:

I. – Anhäufung von Quadraten ohne Differenzierung nach den Größen; einheitliche Farben oder Verteilung der Farben dem Zufall überlassen.

II. – Suchen einer Organisation: Erinnerung an die erste horizontale oder vertikale Reihe, an die vier Ecken oder an die kleinen Quadrate in der Mitte.

III. – Eine Gesamtorganisation, aber mit Vereinfachungen (Lücken) und mit Fehlern bei der Anordnung der mittleren Glieder.

IV. – Richtige Wiedergabe des Modells nach den Größen, aber nicht nach den Farben (siehe III im letzten Abschnitt) oder umgekehrt: richtige Farben und Fehler bei den Größen.

V. – Genaue Wiedergabe der Größen und der Farben (bis auf kleine Fehler bei den letzteren, wobei aber der Wechsel zwischen helleren und dunkleren Tönen beachtet wird).

Die folgende Tabelle zeigt die Verteilung dieser fünf Typen an den beiden ersten Sitzungen und nach sechs Monaten (in absoluten Zahlen der Zeichnungen und Rekonstitutionen, also vier oder zwei pro Kind):

Tabelle XVI
Die Erinnerung einer symmetrischen Gestalt
(in absoluten Zahlen)

	Unmittelbarer Abruf und nach einer Woche					Nach sechs Monaten				
	I	II	III	IV	V	I	II	III	IV	V
5 Jahre	15	8	1	0	0	8	3	1	0	0
6 Jahre	11	7	0	0	0	3	7	0	0	0
7–8 Jahre	4	16	0	0	0	4	6	0	0	0
9–10 Jahre	0	9	5	2	0	0	5	2	0	1
11–12 Jahre	0	4	0	1	7	2	0	0	0	2

Dazu ist festzuhalten, daß das einzige Beispiel von Typ III mit fünf Jahren bei der Rekonstitution erreicht wurde.

1. Beginnen wir bei den zwei ersten Sitzungen. Auffällig an dieser Tabelle ist, daß der Reaktionstyp I (einfaches Füllen des Blattes und Anhäufung von Quadraten ähnlicher Größe in einer einzigen oder in zufällig verteilten Farben) bis und mit acht Jahre fortbesteht; aber auch das späte Auftreten der Typen IV (neun Jahre) und V (erst mit zehn und elf Jahren) bei den Evokationen und Rekonstitutionen.

Nur dieser Erinnerungstyp I ist für die doppelte Seriation und die hier behandelte symmetrische Figur gleich, denn er zeichnet sich durch das Fehlen jeder Organisation aus. Bei den multiplikativen Seriationen findet man diese Reaktionen nach dem fünften Lebensjahr nicht mehr, weil schon früh einfache Seriationen oder zumindest Klassifizierungen mit Ansätzen zu kleinen Reihen versucht werden. Bei unserer symmetrischen Gestalt, die immerhin vier große Quadrate in den vier Ecken der Figur, vier kleine in der Mitte und je zwei Paare von mittleren zwischen den großen, symmetrisch auf der vertikalen oder horizontalen Achse einander zugeordnet, enthält, wird diese figürliche Anordnung bezeichnenderweise überhaupt nicht behalten, und zwar nicht nur von der großen Mehrheit der Fünf- und Sechsjährigen, sondern auch von einer beträchtlichen Anzahl Sieben- und Achtjähriger:

Car (8; 10) zum Beispiel zeichnet 60 Quadrate in derselben Farbe. Bei der Rekonstitution (um die Aufgabe zu erleichtern, wurden nur die 16 Quadrate des Modells vorgelegt) bildet sie auf dem nicht eingeteilten Karton drei vertikale Reihen von ungleicher Länge, die erste aus den vier großen Quadraten, aber auch mit zwei mittleren, die zweite und die dritte aus mittleren und kleinen Quadraten. Auf dem gefelderten Karton gelingt ihr ebensowenig eine quadratische Gesamtform. Sie verteilt die Quadrate auf gut Glück: große Quadrate in zwei Ecken und nicht in allen vier, die kleinen längs der rechten Seite.

Lin (7; 8) zeichnet beim unmittelbaren Abruf 14 Quadrate, die er auf vier nicht klar hervorgehobene vertikale Reihen mit 3, 5, 4 und 2 Elementen verteilt. Eine horizontale Ordnung fehlt, alle Elemente bis auf ein etwas größeres sind gleich, und sie sind in drei Farben gehalten. Nach einer Woche nimmt die Unordnung zu, und bei den Rekonstitutionen werden Größen und Farben nach Lust und Laune gemischt.

Eines der wenigen sechs Jahre alten Kinder (Mar, 6; 7), das beim Abruf nicht diese einfache Anhäufung wiedergegeben hat (das selbstverständlich sowenig wie alle anderen den Versuch mit der doppelten Seriation mitgemacht hat), zeichnet an der ersten Sitzung zwei schöne abnehmende und einander zugeordnete Reihen von Quadraten in vier Größen, jede der beiden Reihen in einer anderen Farbe, als würde es sich um eine unvollständige Retention der Figur 23 handeln! Bei anderen Sechsjährigen findet man lange vertikale Reihen von (7 bis 13) Quadraten, die sich Glied zu Glied entsprechen und sich nur durch die Farbe (darunter auch Blau usw.) voneinander unterscheiden. Diese gereihten Quadrate sind entweder alle gleich oder nach großen (drei Reihen) und kleinen (eine Reihe) vertikal aufgeteilt usw. Es gibt dabei etwas wie ein Suchen oder eine Art implizites Bedürfnis (das aber bei Mar sehr explizit ist) nach einer serialen Ordnung.

Vom Erinnerungstyp I wird keineswegs sogleich ein Sprung zu den richtigen

Formen IV und V gemacht, sonst könnte man vermuten, die Kinder dieses Typs würden sich nur aus mangelndem Interesse für die Gesamtfigur an eine Anhäufung halten. Zwischen dem Typ I und dem Typ II mit ersten Organisationsrudimenten findet man Kinder, die eine Gesamtform zu suchen scheinen, wie aus der zeitlichen Reihenfolge der Zeichnungen zu ersehen ist: Sie setzen zuerst einige Richtpunkte rungsherum, weil sie sich an eine strukturierte Gesamtform erinnern; weil sie diese jedoch nicht mehr wiederfinden, füllen sie den Rest des Blattes auf gut Glück. Dann folgen die Typen II und III, die Fortschritte bei der Organisation erkennen lassen, bis zu den Stufen IV und V, wo die Organisation endlich behalten wird.

Lil (9; 9) steht zwischen den Stufen III und IV. Beim unmittelbaren Abruf zeichnet sie vier große Quadrate in den vier Ecken, zwei mittlere zwischendrin in den vertikalen Reihen und zwei kleine und ein mittleres im Zentrum. Die erste Rekonstitution ist ähnlich, aber nach einer Woche geben die Zeichnung und die Rekonstitution nur mehr große Quadrate in den Ecken, mittlere dazwischen und die kleinen im Zentrum wieder, insgesamt nur 10 Quadrate anstatt 16. Die Farben sind zufällig.

Mil (9; 10) mit 16 Quadraten ist weiter voran, aber er macht Fehler im Zentrum, indem er große und kleine Quadrate durcheinandermischt. Die Gesetzmäßigkeit der Farben hat er begriffen: «Ich sehe, daß ein rosarotes Quadrat neben einem roten liegt.» Die Rekonstitutionen sind ähnlich (Typ IV).

Dup (11; 0) verteilt die Größen richtig, vertauscht aber einige Farben (Typ IV).

Bon (11; 7) erreicht Stufe V: «In den vier Ecken die ganz großen Quadrate, dann kleinere, hier noch kleinere und die kleinsten in der Mitte.» Er zögert aber lange bei den Farben: «Ich habe gesehen, daß hier ein dunkles, ein helles, ein dunkles und ein helles Quadrat aufeinander folgen (erste vertikale Reihe). Hier (vierte Reihe) ist es gerade umgekehrt.» Nach einigen Zweifeln verallgemeinert er schließlich in der Mitte.

Man ersieht daraus, wie auffallend die Schwierigkeiten bei den beiden Versuchen verschieden sind und wie spät dieses zweite Modell erst gelingt, während die Retention der doppelten Seriation schon auf der Entwicklungsstufe erfolgreich ist, wo diese Operation normalerweise erworben wird.

2. Und nun noch die Erinnerungen nach sechs Monaten. Im Unterschied zur serialen Matrix findet hier, einige Spezialfälle, von denen wir bei den Rekonstitution reden müssen, ausgenommen, im Laufe der Retention kein Fortschritt statt. Auf 22 Zeichnungen findet man keinen einzigen Fortschritt, 5 Rückschritte und

17 stationäre Fälle. Bei der Rekonstitution ist das Verhältnis: 4 Rückschritte, 12 stationäre Fälle und 6 Fortschritte. Beim unmittelbaren Abruf und nach einer Woche waren die Rekonstitutionen bezeichnenderweise nicht besser als die Zeichnungen gewesen: 3 waren unterlegen, 41 gleich und nur eine einzige überlegen (der Fall des Fünfjährigen, der von Stufe I auf III übergegangen ist). Nach sechs Monaten gaben wir den Kindern den Karton mit 16 Feldern und die 16 Quadrate der Vorlage, weil wir sehen wollten, ob diese Vereinfachung die Reaktionen bei der Rekonstitution verändern würde. Dennoch gab es, verglichen mit der ersten Rekonstitution, nur 6 Fortschritte. 8 Rekonstitutionen waren besser als die gleichzeitige Zeichnung. Ein einziges Kind (9; 10 Jahre alt) ist vom Typ III zu Typ V übergegangen, die anderen (5 und 6 Jahre alt) haben sich vom Typ I auf die Stufe II entwickelt, aber, und das ist wiederum bezeichnend, in einem operativen und nicht in einem gestalttheoretischen Sinne (vgl. Mar, 6; 7, den wir beim unmittelbaren Abruf zitiert haben): sie lieferten nämlich Seriationen oder Klassifikationen (alle großen Quadrate zusammen usw.), aber keine symmetrische Figur, die mehr oder weniger an das Modell erinnert hätte. Gol (5; 1) zum Beispiel, der an den ersten Sitzungen die Quadrate auf gut Glück angeordnet hatte, klassifiziert nach fünf Monaten nach den Größen, indem er kleine Haufen von Quadraten nach zunehmender Fläche ordnet.

Sowohl nach einigen Monaten als auch an den beiden ersten Sitzungen ist somit dieses dekorative Modell in den mnestischen Resultaten der serialen Matrix unterlegen. Die Ergebnisse nähern sich manchmal der serialen Struktur, wodurch sie sich von der den Kindern präsentierten Form entfernen.

[1] In Zusammenarbeit mit Tuât Vinh-Bang.

[2] B. Inhelder und J. Piaget, La genèse des structures logiques élémentaires, Kapitel X (Seite 270–280).

[3] Mit Farbstiften, die mehr Farbabstufungen zulassen als das Modell.

[4] Dieses Kind von 8; 3 Jahren ist interessant und zeigt (was auch bei anderen der Fall ist), daß sich der Rückschritt der Erinnerung als eine operative Schematisierung vollzieht, die einen der wesentlichen Aspekte der Struktur festhält: während es beim unmittelbaren Abruf eine doppelte Seriation gezeichnet hatte, gibt es nach sechs Monaten nur noch eine vertikale Reihe mit fünf abnehmenden Größen wieder, die jeweils heller getönt sind. Mit anderen Worten, von der Matrix behält es nur die Diagonale. Dieser Fehler kommt häufig vor, wenn Kinder aus Gegenständen mit doppelten Eigenschaften, die ungeordnet präsentiert werden, eine seriale Matrix konstruieren müssen.

[5] Die Farben konnten unmöglich gleich symmetrisch verteilt werden, wenn man die 16 Elemente der Figur 23 verwendete. Sie gehorchen dennoch einem Gesetz: auf jedes dunklere Quadrat folgt horizontal und vertikal ein helleres, und auf jedes hellere entsprechend wieder ein dunkleres.

Kapitel VIII

Die Erinnerung der doppelten Klassifizierungen[1]

Diese Untersuchung befaßt sich mit der Erinnerung an ein System von roten und blauen Quadraten und Kreisen, das in Form einer Tafel mit zwei Eingängen oder Matrix mit vier Feldern (die jedoch nicht eingezeichnet sind) präsentiert wird: Die beiden oberen Feldern enthalten links drei rote Kreise und rechts fünf rote Quadrate, die beiden unteren links vier blaue Kreise und rechts drei blaue Rechtecke. Das Modell enthält somit eine logische Struktur multiplikativer Klassierung, aber auch eine recht prägnante symmetrische Anordnung, die in ihrem figürlichen Aspekt ziemlich genau der operativen Struktur entspricht. Die Kreise und die Quadrate bestehen zudem alle aus Holz, womit symbolisch zum Ausdruck gebracht wird, daß es sich um eine Gesamtklasse handelt, die nach Formen und Farben in vier Unterklassen aufgeteilt wird.
Dieses Modell soll die Frage beantworten, ob die figurativen Faktoren der Vorlage auf allen Altersstufen, unabhängig von der Entwicklung der logischen oder operativen Strukturen der Kinder, die Ausbildung wirklichkeitsgetreuer Erinnerungen nach sich ziehen; oder ob wir im Gegenteil wie bei den doppelten Seriationen Gedächtnisstufen antreffen werden, die mit dieser operativen Entwicklung übereinstimmen: mit Entsprechungen bis in das Durchschnittsalter und vielleicht mit Verzögerungen oder Vorsprüngen des Gedächtnisses verglichen mit dem logischen Verständnis.

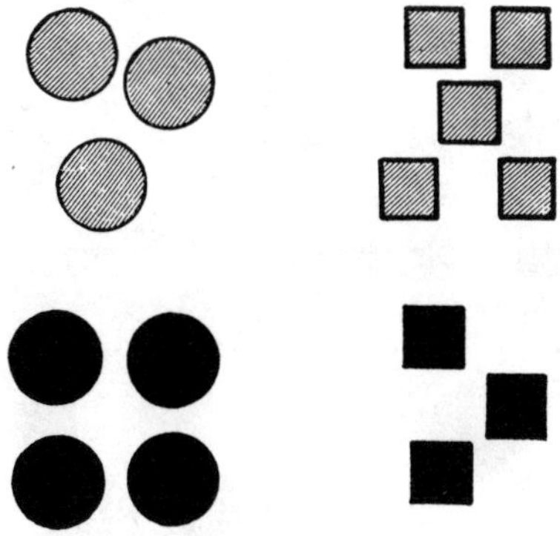

Figur 25

1. *Technik und beobachtete Stufen*

Es wurden zwei verschiedene Methoden angewendet. Nach der einen wird das Modell gezeigt, ohne daß eine Beschreibung verlangt wird. Man sagt dem Kind einfach, es solle sich die Vorlage gut ansehen, damit es alles «in seinem Kopf» behalte, denn es werde wiederkommen, um das, woran es sich erinnere, zu zeichnen. Die zweite Methode hingegen beginnt mit einer Beschreibung: das Kind soll «alles sagen, was es sieht». Falls die Einzelheiten zu summarisch ausfallen, fragt man weiter, ob das wirklich alles sei, was es sagen könne. Wird mit «ja» geantwortet, so stellt man keine Fragen mehr, sondern teilt dem Kind wie bei der ersten Methode mit, es werde eine Gedächtniszeichnung anzufertigen haben. Beide Methoden wurden durch zwei Untertechniken ergänzt. Nach der einen verlangt man nach einer Stunde eine Evokationszeichnung, nach einer Woche eine zweite Evokationszeichnung und unmittelbar anschließend eine Rekonstitution der Vorlage, wobei mehr Material, als ursprünglich vorhanden war, zur Verfügung steht. Die zweite Untertechnik verzichtet auf die Evokation nach einer Stunde, ist aber im übrigen gleich.

Nach diesen Methoden wurden die folgenden Erinnerungstypen abgeleitet, wobei die altersmäßige Verteilung zeigt, daß es sich um Stufen handelt. Sie hängen in erster Linie vom operativen Stadium ab, welches das Kind erreicht hat, in geringerem Maße aber auch von den behaltenen figurativen Elementen:

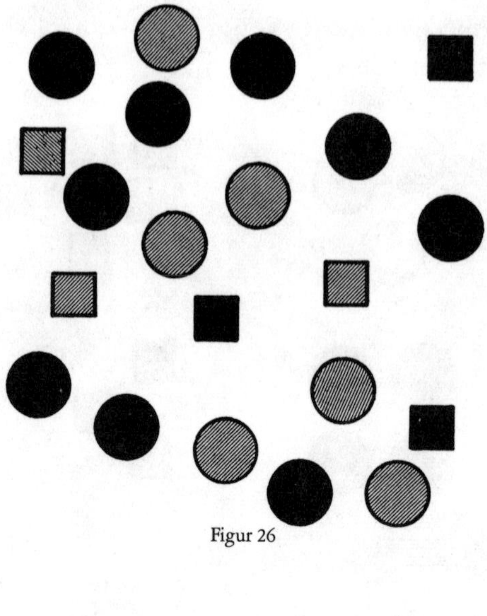

Figur 26

Typ I. – Diesem Typ begegnet man sozusagen ausschließlich bei Vier- und Fünfjährigen und nur ausnahmsweise später. Die Form I A besteht aus einer Anhäufung oder einer Reihe von Holzmarken ohne Beziehung zum Modell. Die Form I B enthält nur eine einzige Klasse (Quadrate oder Kreise, aber in derselben Farbe) oder auch nur eine einzige Holzmarke, die rot und blau zugleich ist.

Typ II. – Jetzt kommt es zu einer Klassifizierung, aber ohne Matrix oder multiplikatives System (im allgemeinen insgesamt zwei Klassen). Es lassen sich verschiedene Spielarten unterscheiden, die aber (bei unseren 58 Kindern) nicht als Unterstufen betrachtet werden können. Es gibt zunächst Kinder, die zwei oder mehrere ähnliche Knöpfe in einer Klasse (auf einem Haufen oder ungeordnet) vereinigen, und andere, die sich mit einem exemplarischen Beispiel (einem einzigen Knopf pro Klasse) begnügen. Daneben gibt es, ohne Beziehung zu diesen beiden Möglichkeiten, Dichotomien, die auf einem einzigen Prädikat basieren: ein blauer Kreis und ein roter Kreis oder zwei blaue Kreise und zwei rote Kreise. Es gibt aber auch Dichotomien, bei denen sich das zweite Glied vom ersten durch zwei Prädikate unterscheidet: ein blauer Kreis (oder zwei bis drei) und ein rotes Quadrat (oder mehrere). Neben solchen dichotomischen Klassifizierungen findet man schließlich (mit exemplarischen Beispielen oder in Vielzahl und einem oder zwei Prädikaten), wenn auch selten und nach sechs Monaten praktisch gar nicht mehr, Strukturen mit drei Klassen: ein roter und ein blauer Kreis und ein rotes oder blaues Quadrat. Ein Ansatz von Erinnerung an die Multiplikation. Die betreffenden Kinder sind aber zu selten und zu jung (4 und 5 Jahre), als daß man darin eine Unterstufe sehen könnte, die den Spielarten mit zwei Klassen dieses Typs überlegen wäre.

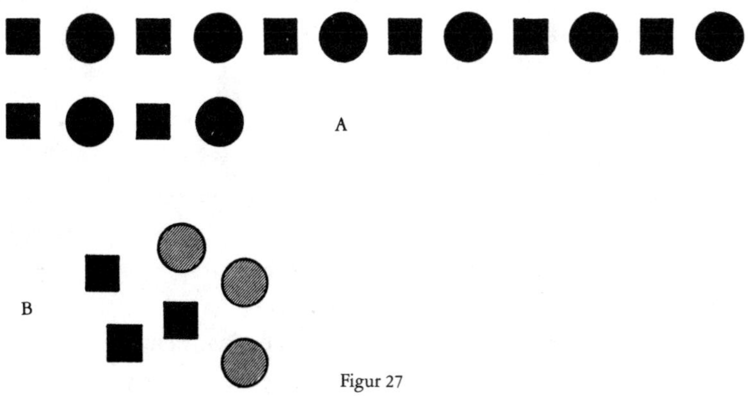

Figur 27

Typ III. – Ausgenommen bei Fünfjährigen, wo dieser Typ III seltener ist als der Typ II, und bei Achtjährigen, wo er häufiger vorkommt als II, scheint der Typ III derselben operativen Stufe anzugehören wie der Typ II: Er reproduziert dessen Spielarten ausnahmslos, aber mit dem Zusatz, der unter dem Gesichtspunkt des figurativen Gedächtnisses von Bedeutung ist, daß die Matrix richtig behalten und gezeichnet wird. Daraus ergibt sich für die Dichotomien (die weitaus am häufigsten sind), daß zwei der vier Matrizenfelder dieselben Elemente (oder dasselbe) wie die beiden anderen enthalten, und für die Trichotomien, daß eines der Felder den gleichen Inhalt wie ein anderes hat.

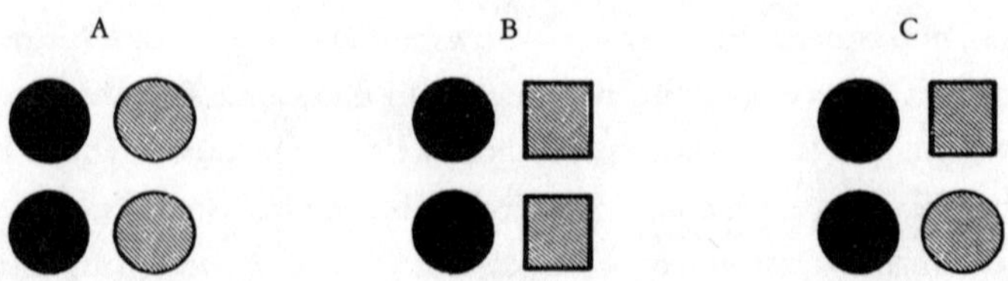

Figur 28

Die Tabellen im zweiten Abschnitt geben die Verteilung dieser Typen II und III an, zuerst getrennt und dann zusammen.

Typ IV. – Es handelt sich wieder, wie bei II, um Erinnerungen, die die Matrix nicht wiedergeben, die aber als großen Fortschritt eine multiplikative Struktur aufweisen: Die vier Klassen sind mit ihren unterschiedlichen Merkmalen und

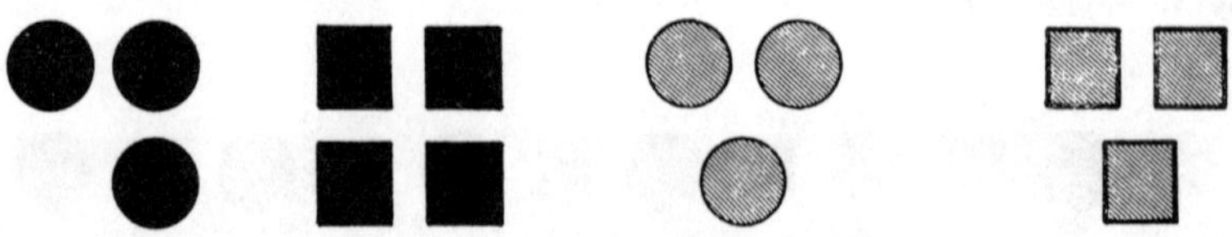

Figur 29

genau dargestellt. Das kann mit einem einzigen Beispiel geschehen: ein roter und ein blauer Kreis, ein rotes und ein blaues Quadrat (zum Beispiel in einer Reihe angeordnet); oder mit mehreren Beispielen für jede Gruppe, wobei diese ohne Ordnung oder in Reihen verteilt sein können.

Typ V. – Bei diesem letzten Typ ist die Matrix angegeben. Selbstverständlich fehlen auch nicht die vier Klassen, aber sie können mit einem oder mehreren Beispielen wiedergegeben sein. Neben Matrizen, die mit der Vorlage übereinstimmen, beobachtet man auch Verteilungen in der Diagonalen: die blauen Quadrate etwa im linken oberen Feld und die blauen Kreise im rechten unteren Feld. Da sich

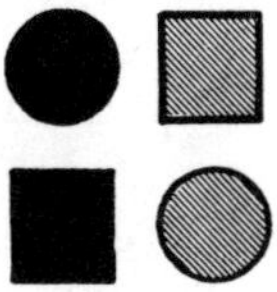

Figur 30

diese Anordnung bei derselben Altersstufe wie die vertikal-horizontale Tafel findet, erübrigt es sich, daraus eine Unterstufe zu machen.

2. Die Ergebnisse nach einer Stunde und nach einer Woche

Diese verschiedenen Organisationstypen der Erinnerung entsprechen in den großen Linien den Stufen, die sich beobachten lassen, wenn man Kinder rote und blaue Quadrate und Kreise klassieren läßt. Das zeigt einmal mehr, daß die Organisation der Erinnerung mit der operativen Stufe des Kindes in Beziehung steht. Davon gibt es freilich zwei Ausnahmen. Die eine ist der Typ III: Das Gedächtnis bewahrt die figurative Form der Matrix und die Elemente, die diese Felder füllen, aber ohne daß das Kind die multiplikative Zusammensetzung begriffen hätte. Die zweite ergibt sich aus den Aufteilungen nach dem Alter, die auf den folgenden Tabellen vorgenommen werden. Hier findet man nicht das gleiche Ergebnis wie bei der operativen Analyse, wo man eine gleichzeitige und nicht eine aufeinanderfolgende Ausbildung der additiven und multiplikativen Zusammensetzungen feststellt. In diesem besonderen Fall scheint die additive der multiplikativen Operation vorauszugehen, weshalb die erstere leichter zu behalten wäre als die letztere, während bei der aktiven Klassifizierung beide miteinander einherzugehen scheinen. Das wäre ein neues Problem, das noch zu lösen ist.
Hier nun die Aufteilung nach dem Alter, wobei die Kinder, die Beschreibungen gegeben oder nicht gegeben haben, und diejenigen, die erst nach einer Woche oder schon nach einer Stunde und nach einer Woche geprüft wurden, in denselben Tabellen zusammengefaßt sind:

Tabelle XVII

Evokationen nach einer Woche (alle Gruppen zusammen)
(in %, in Klammern die absoluten Zahlen der Kinder)

	I	II	III	II+III	IV	V	IV+V	*N*
4–5 Jahre	12 (4)	37 (12)	28 (9)	65 (21)	6 (2)	15 (5)	22 (7)	32
6 Jahre	3 (1)	50 (15)	36 (11)	86 (26)	3 (1)	6 (2)	10 (3)	30
7 Jahre	0	39 (13)	36 (12)	75 (25)	9 (3)	15 (5)	24 (8)	33
8 Jahre	0	17 (3)	29 (5)	47 (8)	12 (2)	41 (7)	53 (9)	17

Tabelle XVIII

Rekonstitutionen nach einer Woche (alle Gruppen zusammen)

	I	II	III	II+III	IV	V	IV+V	*N*
4–5 Jahre	9 (3)	19 (6)	16 (5)	34 (11)	28 (9)	28 (9)	56 (18)	32
6 Jahre	0	33 (10)	10 (3)	43 (13)	20 (6)	37 (11)	56 (17)	30
7 Jahre	0	15 (5)	30 (10)	45 (15)	18 (6)	36 (12)	54 (18)	33
8 Jahre	0	0	22 (4)	22 (4)	28 (5)	50 (9)	77 (14)	18

Man ersieht aus diesen Zahlen, daß die Entwicklung ziemlich deutlich mit dem Alter übereinstimmt. Mit ungefähr acht Jahren gelingen die Versuche annäherungsweise (Typ IV) oder vollständig (Typ V) bei 50 bis 75% der Kinder, wie es auch bei den operativen Prüfungen der Fall ist. Einmal mehr scheint es somit klar zu sein, daß sich die Erinnerung mehr auf die operativen Schemata als auf den figurativen Aspekt des Modells stützt, ausgenommen beim Typ III, wo die Anordnung in vier Feldern behalten wird, ohne daß die multiplikative Zusammensetzung begriffen ist. Doch die Ausnahme ist nur eine halbe, denn die Kinder, die sie zeigen, verwenden ein operatives Schema, aber ein einfacheres, nämlich dichotomisches, und die räumliche Gestalt der Matrix enthält sowohl logisch-geometrische als auch wahrnehmungsmäßige Symmetrien.

Doch die vorstehenden Tabellen geben eine Zusammenfassung aller Kinder: mit und ohne Beschreibung, mit und ohne erste Prüfung nach einer Stunde. Hinsichtlich der Rolle der Beschreibung könnte man sich deshalb fragen, ob sich die Erinnerung nicht stärker auf die begriffliche Analyse bezieht, die durch diese Beschreibung gefördert wurde, als auf das Modell als solches, insofern es einfach betrachtet wurde. Es ist nicht nötig, detaillierte Tabellen aufzustellen. Man kann sagen, daß die gegebene oder fehlende verbale Beschreibung des präsentierten Modells bei Vier- bis Fünfjährigen und bei Achtjährigen zu keiner signifikanten Veränderung führt. Bei Sechs- und Siebenjährigen hingegen macht sich die mit der fehlenden Beschreibung verbundene mangelnde begriffliche Analyse durch ein leichtes Vorherrschen des Typs III bemerkbar, wo das figurative Element ein Gegengewicht zum operativen Aspekt des Modells zu bilden scheint. Die zusätzliche Beschreibung fördert somit natürlicherweise in den Zwischenaltern den Einfluß der operativen Schemata. Doch der Einfluß ist nur gering, und auch wenn die Beschreibung fehlt, sind die Schemata von sieben bis acht Jahren an den rein figurativen Aspekten der Erinnerung spontan überlegen. Bei Vier- bis Fünfjährigen reichen andererseits die figurativen Erinnerungen an das Modell noch nicht aus, um den Mangel der noch nicht konstruierten operativen Schemata zu beheben. Die Situation mit sechs bis sieben Jahren ist folglich einfach die einer Entwicklungsstufe, wo die in Konstruktion begriffenen Schemata stärker mit den vorhandenen figürlichen Elementen zusammenarbeiten, falls sie durch eine Beschreibung gestützt werden, aber etwas weniger, wenn diese Hilfe fehlt. Deshalb auf dieser Altersstufe das Vorherrschen des Typs III.

Bei den Evokationen nach einer Woche sind die Unterschiede zwischen den Kindern, die nach einer Stunde eine Gedächtniszeichnung angefertigt haben oder nicht, zufällig und statistisch bedeutungslos. Bei einem Versuch, wo die Retention mehr an die operativen oder präoperativen Schemata als an den rein figurativen Aspekt der Vorlage gebunden ist (auch der Erinnerungstyp III behält, daran sei noch einmal erinnert, nur den globalen Rahmen der Matrixfigur und nicht die Eigenschaften der Unterklassen, die rein dichotomisch verteilt werden), versteht sich das übrigens von selbst. Man darf sich deshalb nicht wundern, wenn man bei den 58 Kindern, die beide Sitzungen mitgemacht haben, die Evokationen nach einer Stunde und nach einer Woche vergleicht, daß man 44 stationäre Fälle, 4 Fortschritte und 10 leichte Verschlechterungen (wobei dieses Verhältnis bei Kindern mit oder ohne Beschreibung offensichtlich gleich ist) findet.

Der Vergleich zwischen den Rekonstitutionen mit dem Material und den Evokationen zeigt, wie gewohnt, einen sicheren Vorsprung der Rekonstitutionen (R = Rekonstitutionen, E = Evokationen):

$R > E$	$R = E$	$R < E$
31	71	10

Das Verhältnis $R > E$ zu $R < E$ ist somit 3:1, sowohl mit wie auch ohne vorher-

gehende Beschreibung. Auch das zeigt wieder das Vorherrschen der operativen Schemata über das figurative Erinnerungsbild.
Die Entwicklung der Erinnerungen bei den multiplikativen Klassifizierungen scheint die gleiche Form wie der Ablauf des Gedächtnisses bei den serialen Anordnungen aufzuweisen, aber mit zwei zusätzlichen Komplikationen: Die Konstruktion der multiplikativen Schemata ist etwas schwieriger und erfolgt später als die Seriation, sie überschneidet sich fortwährend mit dem Aufbau der Schemata der einfachen oder dichotomischen Klassifizierungen. Bei den Matrizen der Klassen wie bei den Aneinanderreihungen entspricht die figurative Struktur des Modells ziemlich genau seiner operativen Struktur, was die Erinnerung erleichtert, aber die Trennung der beiden Faktorenarten erschwert. Vielleicht kann deshalb die Prüfung einer Situation, wo sich die Multiplikation der Klassen mit der figürlichen Anordnung nicht mehr in Einklang, sondern in Konflikt befindet (was hier möglich ist durch Gegenüberstellung mit der Seriation), interessante Aufschlüsse vermitteln. Das wollen wir im 4. Abschnitt versuchen.

3. Die Erinnerung nach sechs Monaten

Zuerst wollen wir aber untersuchen, wie sich die Erinnerungen bei den 88 Kindern, die wir wieder ausfindig machen konnten, im Laufe einiger Monate verändert haben. Hier zunächst die beiden Tabellen für die Erinnerungen nach einer Woche:

Tabelle XIX

Die Erinnerungen nach sechs Monaten (alle Gruppen zusammen)

	I	II	III	II+III	IV	V	IV+V	*N*
Evokationen:								
4–5 Jahre	33 (9)	55 (15)	0	55 (15)	11 (3)	0	11 (3)	27
6 Jahre	26 (5)	63 (12)	5 (1)	68 (13)	0	5 (1)	5 (1)	19
7 Jahre	0	70 (21)	10 (3)	80 (24)	10 (3)	10 (3)	20 (6)	30
8 Jahre	8 (1)	50 (6)	16 (2)	66 (8)	16 (2)	8 (1)	25 (3)	12
Rekonstitutionen:								
4–5 Jahre	30 (8)	15 (4)	11 (3)	26 (7)	33 (9)	11 (3)	44 (12)	27
6 Jahre	5 (1)	26 (5)	5 (1)	31 (6)	26 (5)	37 (7)	63 (12)	19
7 Jahre	0	16 (5)	10 (3)	26 (8)	43 (13)	30 (9)	73 (22)	30
8 Jahre	0	8 (1)	8 (1)	16 (2)	41 (5)	41 (5)	83 (10)	12

Vergleicht man diese Tabelle 19 mit den Tabellen 17 und 18, so stellt man fest: Die Evokationszeichnungen sind auf allen Altersstufen nach sechs Monaten ziemlich deutlich niedriger als nach einer Woche; die Rekonstitutionen hingegen sind diesen Zeichnungen auf allen Altersstufen hoch überlegen, und zwar nach sechs Monaten viel ausgeprägter als nach einer Woche. Ausgenommen bei Vier- bis Fünfjährigen, wo die Erinnerung nach sechs Monaten sogar bei den Rekonstitutionen schlechter wird, weisen nach sechs Monaten die Rekonstitutionen bei Sechs- bis Achtjährigen verglichen mit denen nach einer Woche einen beträchtlichen Fortschritt auf: nämlich 63% gegen 56% bei Sechsjährigen, 73% gegen 54% bei Siebenjährigen und 83% gegen 77% bei Achtjährigen erreichen die Stufen IV und V. Kein massiver, aber doch ein beträchtlicher Fortschritt, um so mehr weil er sich durchschnittlich auf der Stufe der konkreten Operationen (oder unmittelbar davor) einstellt. Es lohnt sich, die Frage sowohl von den individuellen Beispielen als auch von der statistischen Verteilung her zu prüfen. Beginnen wir bei der letzteren. Zunächst eine Tabelle, die dreierlei nützliche Auskünfte enthält. Mit $R > Z$ bezeichnen wir die Fälle, wo die Rekonstitution besser ist als die Zeichnung, beide nach sechs Monaten, mit $R < Z$ die umgekehrten und mit $R = Z$ die gleichbleibenden Fälle. $R_2 > R_1$ bedeutet, daß die Rekonstitution nach sechs Monaten besser ist als nach einer Woche, $R_2 < R_1$ das Gegenteil. $Z_2 > Z_1$ und $Z_2 < Z_1$ meinen dasselbe bei den Zeichnungen. Die Fortschritte, Rückschritte und Gleichgebliebenen werden nur berücksichtigt in bezug auf die Stufen I bis V, nicht auf die Untertypen:

Tabelle XX

Vergleich der Zeichnungen und der Rekonstitutionen nach einer Woche und nach sechs Monaten

	$R > Z$	$R = Z$	$R < Z$	$R2 > R1$	$R2 = R1$	$R2 < R1$	$Z2 > Z1$	$Z2 = Z1$	$Z2 < Z1$
4–5 Jahre	13	9	5	3	7	17	2	5	20
6–8 Jahre	39	21	1	19	30	12	7	30	24
Total	52	30	6	22	37	29	9	35	44

Man stellt zunächst fest, daß sich die Erinnerung auf der eindeutig präoperativen Stufe (4 bis 5 Jahre) nach sechs Monaten ganz allgemein verschlechtert, sowohl bei den Rekonstitutionen als auch bei den Evokationszeichnungen. Die meisten Zeichnungen vom Typ IV–V und ein Drittel der Rekonstitutionen dieser Stufe fallen auf die Typen II–III zurück, diese nach sechs Monaten sogar oft auf den Typ I. In mehreren Fällen findet man einen Untertyp (wir haben ihn unter I eingereiht), der bei den ersten Sitzungen nicht vorgekommen war, bei dem sich die Kinder nur noch, in einem oder mehreren Exemplaren, an eine der vier Klassen erinnern. Diese Rückschritte hindern die Vier- bis Fünfjährigen nicht daran, 13 bessere Rekonstitutionen als Zeichnungen zu liefern, doch das war schon an den ersten Sitzungen so und kann auch gar nicht anders sein, denn das zur Verfügung stehende Material weckt gewisse Erinnerungen, die nicht ausgereicht hätten, um eine Evokation zu veranlassen. Diese Erinnerungen der Vier- bis Fünfjährigen scheinen alles in allem grundsätzlich figurativer Natur zu sein, was nicht ausschließt, daß an den ersten Sitzungen 7 von 32 Kindern die Typen IV und V aufweisen. Das erklärt aber, daß diese Typen nach sechs Monaten auf 3 abnehmen.
Bei den 61 Kindern zwischen 6 und 8 Jahren stellt man zwei interessante Tatsachen fest. Ihre Rekonstitutionen sind massiv besser als ihre Evokationszeichnungen (39 Verbesserungen und nur ein Rückschritt). Während die Evokationszeichnungen nach sechs Monaten sichtlich schlechter ausfallen (24 Rückschritte gegen 7 Fortschritte), sind nach sechs Monaten 19 Rekonstitutionen besser als nach einer Woche (verglichen mit 12 Rückschritten, mehrere aber nur von V auf IV). 30 Kinder bleiben gleich. Zunächst einige Beispiele:
Ein Rückschritt: Gia (7; 10) zeichnet nach einer Woche zwei Klassen mit doppelten Prädikaten: rote Kreise und blaue Quadrate (Typ II); bei der Rekonstitution kommen rote und blaue Quadrate und blaue Kreise heraus (Typ III). Nach sechs Monaten gelingen bei der Rekonstitution wie bei der Evokationszeichnung nur Erinnerungen vom Typ II mit einfachen Prädikaten: rote und blaue Kreise.
Mod (7; 5) ist nach einer Woche mit der Zeichnung und der Rekonstitution auf derselben Stufe II: rote Quadrate und blaue Kreise. Nach sechs Monaten ist die Evokationszeichnung gleich, aber die Rekonstitution ergibt eine schöne Matrix mit roten Quadraten oben links, roten Kreisen unten links, blauen Quadraten oben rechts und blauen Kreisen unten rechts.
Tis (7; 4) zeichnet und rekonstituiert nach einer Woche eine regelmäßige Matrix mit vier Feldern, zwei mit roten Kreisen, die beiden anderen mit roten und

blauen Quadraten. Nach sechs Monaten ist die Zeichnung ein Rückschritt: zwar noch eine Matrix, aber zwei Fächer mit roten Kreisen und die beiden anderen mit blauen Kreisen (Rückschritt von Stufe III auf Stufe II), während die Rekonstitution eine vollständige Matrix ergibt. Zur Zeichnung wurde sie gefragt: «Ist das alles? – *Ja, ich glaube.*» Bei der Rekonstitution kommentiert sie ihre Arbeit: «*Quadrate oben, Kreise oben, die roten hier* (rechte vertikale Reihe) *und die blauen hier* (zeigt auf die linke Reihe). – Wie hast du dich daran erinnert? – *Das ist von alleine gekommen.*»

Als erste Hypothese möchte man natürlich sagen, daß diese Fortschritte nicht das Gedächtnis selbst betreffen, da sie sich nicht auf die Evokation als solche auswirkten, und daß die Kinder mit den Holzmarken vor Augen sich ganz einfach operativ einüben, ohne Bezug auf die Vergangenheit. Dasselbe hätten diese Kinder aber auch sechs Monate früher bei der ersten Rekonstitution tun können, denn bei den multiplikativen Operationen mit Klassen kann innerhalb von sechs Monaten der Fortschritt nur gering sein (im Gegensatz zu den Seriationen, wo man zahlreiche Unterstadien unterscheiden kann). Der Grund für die 19 Fortschritte bei der Rekonstitution von sechs- bis achtjährigen Kindern scheint somit auf zwei kombinierte Faktoren zurückzuführen zu sein: eine schwache operative Entwicklung und eine nicht figurative, sondern aktive Erinnerung, die von der ersten Rekonstitution herrührt und durch eine verbale Beschreibung vielleicht noch verstärkt wird.

Zwei Drittel der Sechs- und Siebenjährigen, die nach sechs Monaten bei der Rekonstitution einen Fortschritt aufweisen, gehörten zu den beiden Gruppen, von denen eine Beschreibung verlangt wurde, das sei als interessantes Ergebnis ebenfalls festgehalten. (Zwischen den Gruppen, die nach einer Stunde und nach einer Woche oder nur nach einer Woche eine Evokationszeichnung angefertigt hatten, ist hingegen nach sechs Monaten kein Unterschied festzustellen.) Dieses Verhältnis von zwei Dritteln zu einem Drittel auf einer Altersstufe, wo man schon nach einer Woche dank der Beschreibung eine Verbesserung der Erinnerungen melden konnte (während sowohl bei Achtjährigen als auch bei Vier- bis Fünfjährigen weder nach einer Woche noch nach sechs Monaten etwas Ähnliches zu sehen ist), scheint eine Kombination von Gedächtnisfaktoren und operativen Faktoren nahezulegen. Einer solchen Kombination darf man zweifellos sämtliche festgestellten Fortschritte zuschreiben, denn auch ohne eine verbindliche Beschreibung kann es bei gewissen Kindern spontan zu einer begrifflichen Analyse gekommen sein. Und diese Analyse wirkte sich zusammen mit der Rekonstitutionserinnerung dank den leichten operativen Fortschritten, die man bei Kindern dieser Altersstufe innerhalb von sechs Monaten erwarten darf, auch später noch aus.

4. *Das Gedächtnis einer schlechten figurativen Form der logischen Multiplikation*[2]

Das Gedächtnis der Matrizen wird dadurch erleichtert, daß es sich um gute figürliche Formen handelt (obwohl diese allein, wie wir gesehen haben, nicht genügen, um nach sechs Monaten eine gute Evokation durch die Zeichnung zu bewirken). Wie einer der Autoren an anderer Stelle[3] nachgewiesen hat, kann das Problem, das leere Feld einer schon konstruierten Matrix (Raven) zu füllen, wahrnehmungsmäßig und figurativ gelöst werden (von Fünf- und Sechsjährigen), ohne daß eine operative Struktur vorliegt. Es ist deshalb verlockend, eine Sondierung über das Gedächtnis einer Figur vorzunehmen, deren figürliche Form offensichtlich schlecht, aber nicht absurd ist (denn ein Symbolismus ist als Bedeutungsträger gut oder schlecht, ohne daß dadurch die Bedeutung der bezeichneten Dinge verändert würde).
Nehmen wir an, man würde von einer Tafel mit zwei Eingängen oder Matrix mit zwei Dimensionen ausgehen und auf ihr die Gegenstände klassieren (nach groß G, klein K, schwarz S und weiß W). Sie werden aber nicht, wie üblich, in die vier Felder gelegt, sondern ausschließlich auf die Seitenlinien oder den Umfang (Figur 31). Die äußeren Seiten würden dann die wirklichen Produkte darstellen:

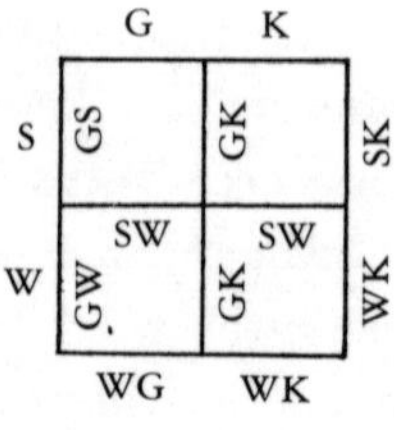

Figur 31

GS, GW, KS und KW, die inneren Seiten der Figur aber entgegengesetzten Produkten entsprechen (GK und SW), weil diese Strecken gleichzeitig zu den Rechtecken G und K oder S und W gehören.

Um die Widersprüche oder Ungereimtheiten aufzuheben, muß man jetzt nur die Rechtecke K und G kreuzweise übereinanderlegen, so daß ihre Umfänge jede gemeinsame Seite vermeiden (es bleiben nur die vier Punkte, in denen sich die Rechtecke schneiden, die man aber vernachlässigt, denn es geht um willkürliche Symbole und nicht um Geometrie). In diesem Falle (Figur 32 a) ordnet man die

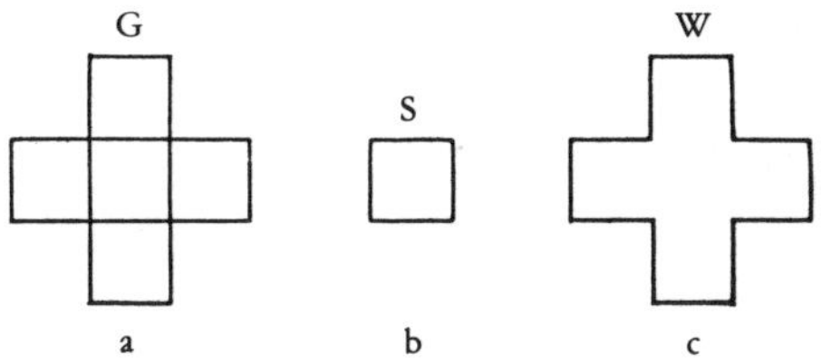

Figur 32

schwarzen (S) und die weißen (W) Elemente auf denselben Seiten, aber nach einer anderen Dichotomie an: die schwarzen S gehören zum Beispiel zum inneren Quadrat (Figur 32 b) und die weißen W zum äußeren Kreuz (Figur 32 c), so daß jedes der Segmente der Gesamtfigur (32 a) eindeutig GS, GW, KS oder KW ist.

Diese etwas komplizierte Anordnung kann man vereinfachen, indem man die Rechtecke durch sich überschneidende Kreise (Figur 33 a) ersetzt: Der obere

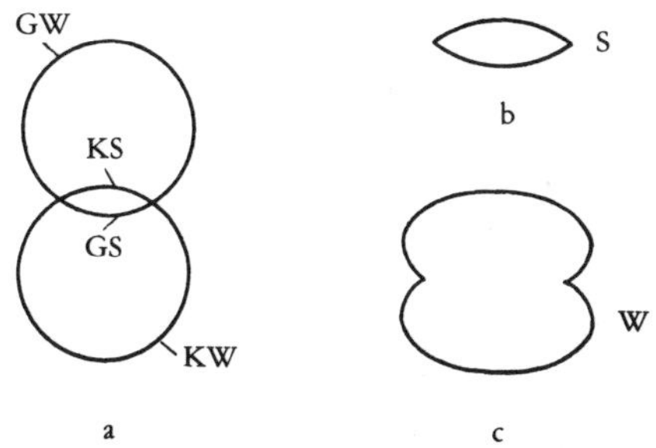

Figur 33

Kreis ist derjenige der G, der untere der K, die innere Linse (Figur 33 b) entspricht den S, der äußere Umfang (Figur 33 c) den W. Also vier Kreisbögen GW, KS, GS und KW. Man muß sich nur bewußt sein, daß diese Struktur unter dem operativen Gesichtspunkt nichts von einer einfachen Überschneidung an sich hat, denn es sind vier und nicht drei Klassen vorhanden. Die Überschneidung betrifft nur den figurativen Aspekt der Anordnung, also den Bedeutungsträger, während die operative Struktur eine logische Multiplikation ist (die zwar Überschneidungen enthält, aber vollständige wie eine Matrix, indem jedes Feld zugleich einer vertikalen und einer horizontalen Reihe angehört, was eben die vier Klassen und nicht nur drei zur Folge hat). Diese Mischung von einer einfachen Überschneidung als bezeichnende Figur mit einer vollständigen Multiplikation von Klassen oder einem materiellen Produkt als bezeichnete Struktur macht die figurative Form schlecht und den ganzen Versuch ein wenig absurd. Nachdem wir das Gedächtnis von Strukturen untersucht haben, die figürlich durch bestmögliche Formen ausgedrückt werden, kann es aber ganz lehrreich sein zu untersuchen, was das Gedächtnis der Anordnung in Figur 33 ergibt, und zwar unter dem Gesichtspunkt der visuellen Erinnerungen an die Form als auch dem der Erinnerung an die Bedeutungen, also die operative Struktur.

Wir wollen die drei Resultate gleich vorwegnehmen, damit die dieser Sondierung gewidmete Zeit nicht für verloren gehalten wird. Das erste Ergebnis ist, daß die präsentierte Struktur selbstverständlich später begriffen wird als die matrizielle Multiplikation mit vier Klassen (in ihren üblichen figurativen Formen) und sogar die Überschneidung (drei Klassen). Das zweite Ergebnis besagt, daß das Gedächtnis nach einer Woche ziemlich genau der Verständnisstufe und nicht der bloßen visuellen Musterung entspricht, auch wenn in diesem besonderen Fall dieses Verständnis des multiplikativen Status vom Verständnis einiger Konventionen, die sich auf eine Struktur trügerischen Aussehens beziehen, begleitet ist. Das dritte Resultat zeigt, daß sechs Monate später 7 von 34 Kindern ihre Erinnerung verbessern; die Gründe dieser Verbesserung sind etwas anders als bei den anderen Untersuchungen.

I. – Die ganze Untersuchung dauert vier Sitzungen. An der ersten werden dem Kind Gegenstände gezeigt, die auf zwei Kreisen wie in Figur 33 angeordnet sind: 40 fast aneinandergrenzende Spielmarken, die nach ihren Eigenschaften GW (groß und weiß), KW (klein und weiß), KS (klein und schwarz) und GS (groß und schwarz) auf die vier Kreisbögen verteilt sind. Dann verlangt man vom Kind: a) daß es jeden Gegenstand nach seinen unterschiedlichen Merkmalen benennt; b) daß es die allgemeine Anordnung der Figur beschreibt; und c) daß es die Klassifizierungskriterien für die einzelnen Teile der Figur angibt: G und W usw. Bei einer kleinen Gruppe von Kindern wurden 18 Tiere verwendet, die ebenfalls schwarz oder weiß und groß oder klein waren, aber 18 verschiedenen Arten angehörten. Das steigert die figürliche Attraktivität der Gesamtanordnung, erschwert aber, zumindest in der Erinnerung, das Abstrahieren der Größen- und Farbeigenschaften.

Die zweite Sitzung findet eine Stunde nach der ersten statt. Das Kind beschreibt zuerst, ohne daß die Vorlage noch einmal gezeigt wurde, was an der ersten Sitzung geschehen ist; es fertigt aber keine Zeichnung an. Dann präsentiert man noch einmal das Modell (mit zwei zusätzlichen Spielmarken oder Tieren), worauf das Kind die als Modell präsentierte Klassifizierung sofort rekonstituiert. Zum Schluß fordert man das Kind auf zu sagen, ob es von dieser Rekonstitution befriedigt ist oder nicht und weshalb; es soll also eine Interpretation geben.

Die dritte Sitzung nach einer Woche verläuft zunächst wie die zweite. Doch dann mischt man die Spielmarken oder Tiere durcheinander und verlangt vom Kind eine erste Klassifizierung nach mindestens einem und eine zweite Klassifizierung nach einem anderen Kriterium (was einer doppelten Klassifizierung oder logischen Multiplikation entspricht).

Die vierte Sitzung folgt nach sechs Monaten und gleicht der zweiten. Sie war aber nur bei Kindern, die mit den Spielmarken geprüft wurden, erfolgreich. Die Gründe dafür werden wir später kennenlernen.

II. – Insgesamt wurden 48 Kinder zwischen 5 und 12 bis 14 Jahren mit den Spielmarken und rund 50 derselben Altersstufen mit den Tieren untersucht. Bei der Analyse der Versuchsanordnung an der ersten Sitzung stellt man, wie bereits gesagt, fest, daß sie sehr spät begriffen wird und, was auf den ersten Blick sehr merkwürdig erscheint, daß die Versuchsanordnung mit den Tieren viel schwieriger zu begreifen ist als die mit den Spielmarken. Bei den Tieren findet man richtige Erinnerungen erst bei Zehnjährigen, nämlich bei 4 von 11, und bei 6 von 12 Elf- bis Vierzehnjährigen! Bei den Spielmarken lauten die entsprechenden Zahlen: 3 richtige Erinnerungen von Neunjährigen, 16 von 18 bei Zehn- bis Vierzehnjährigen. Daß die richtige Interpretation erst spät gefunden wird, ist ohne weiteres verständlich, denn die Anordnung ist sehr zweideutig; sie ist ja weder eine Überschneidung mit drei Klassen (sie gelingt bei operativen Prüfungen 58% der Sieben- bis Achtjährigen und 83% der Neun- bis Zehnjährigen) noch eine richtige Multiplikation in Matrixform (das Matrixprodukt gelingt operativ von 7–8 Jahren an).

Interessant bleibt der große Gegensatz bei den Reaktionen auf die Spielmarken und auf die Tiere. Er findet sich nach sechs Monaten wieder: Die nach der Technik mit den Tieren geprüften Kinder sagen an dieser vierten Sitzung fast ausnahmslos, sie könnten sich an nichts erinnern, nur daß es sich um Tiere handelte. Man kann diesen Gegensatz damit erklären, daß alle Tiere verschieden sind (denn es wurden 18 verschiedene Arten ausgewählt und nicht 18 Exemplare von nur 4 verschiedenen Arten) und daß deshalb das Abstrahieren der Größen- und Farbeigenschaften schwieriger ist als bei gleichartigen Spielmarken. Da aber jedes Kind bei der Präsentierung des Modells diese Größen- und Farbqualitäten für jedes Element genannt hat, erstreckt sich diese Schwierigkeit nur auf die mnestische Retention der multiplikativen Klassifizierung und nicht auf ihre Aufzeichnung. Man erkennt auch hier wieder die Rolle des klassifizierenden Schemas, dessen Erhaltung für die Erinnerung notwendig gewesen wäre, im besonderen Fall der Tiere aber durch die Vielfalt der Anordnungsinhalte beeinträchtigt war.

III. – Die Prüfung der Erinnerungen nach einer Woche ergibt klare Resultate. Von 10 Kindern, die die Anordnung der Tiere begriffen hatten, können nur 5 sie an dieser dritten Sitzung wiedergeben. Ein Kind reproduziert sie, ohne sie an der ersten Sitzung richtig analysiert zu haben. Von 19 Kindern, die die Anordnung der Spielmarken begriffen hatten, geben hingegen 18 sie an der dritten Sitzung gut wieder, dazu eines, das sich an der ersten Sitzung zweifellos schlecht ausgedrückt hatte. Die Erinnerung ist somit offensichtlich an das Verständnis gebunden, um so mehr als dieses, wie wir schon einmal gesagt haben, auch die Assimilation der gewählten Konventionen impliziert.

Auch die Verzerrungen in der Erinnerung verdienen eine kurze Überprüfung. Der ursprünglichste Typ findet sich bei einem Kind von 5; 5 Jahren, das die Tiere in einfachen, geradlinigen Reihen ohne Klassifizierung anordnet. Daran schließen Ordnungsversuche nach einem einzigen Kriterium in Form zweier getrennter oder konzentrischer Kreise an, wobei der letztere Fall sehr häufig vorkommt. Man beobachtet interessanterweise auch sich überschneidende Kreise, aber mit dichotomischer Klassifizierung, zum Beispiel nach G und K, wobei die Farben vermischt werden. Diese Tendenz ist ohne weiteres verständlich, denn die logische Struktur des Ganzen umfaßt zwei Dichotomien, und die additiven Schemata können, wie wir in den beiden ersten Abschnitten gesehen haben, die multiplikativen beherrschen.

Falls zwei Kriterien gebraucht werden, können sie ohne Beziehung zur Anordnung im Modell verteilt sein: zum Beispiel zwei konzentrische Kreislinien, die beiden oberen Hälften GW und GS und die beiden unteren Hälften KW und KS. Oder sie sind koordiniert wie beim Modell, aber ohne Überschneidung (wiederum zwei konzentrische Kreislinien, die in obere und untere Hälften geteilt sind). Oder auch zwei Dichotomien, die nicht zu einer Gesamtheit vereinigt werden.

Zwischen den verschiedenen Erinnerungstypen und der Analyse, die das Kind an der ersten Sitzung vorgenommen hat, besteht – wir wiederholen es – eine enge Entsprechung. Da die figürliche Form willkürlich und nur eine kleine Zahl von Klassen (4) beteiligt waren, wäre ebensogut ein passives und rein figuratives Gedächtnis der wahrgenommenen Anordnung möglich gewesen.

IV. – Und nun zu den Erinnerungen nach sechs Monaten. 30 der mit den Spielmarken und 4 (die anderen hatten alles vergessen) der mit den Tieren geprüften Kinder konnten noch einmal befragt werden. 7 dieser 34 Kinder verbessern ihre Erinnerung, 14 stehen auf einer tieferen Stufe, und 13 haben noch dieselben Erinnerungen wie nach einer Woche.

Beginnen wir bei den Verbesserungen. Ein Kind von 5; 5 Jahren, das mit der Tier-Methode befragt worden war, geht von zwei getrennten Kreisen (dritte Sitzung) zu zwei konzentrischen Kreisen über, bleibt aber bei einer Dichotomie nach zwei Kriterien. Ein neun- und ein zehnjähriges Kind bleiben bei der Struktur der konzentrischen Kreise, organisieren aber die vier Klassen besser. Ein Kind von 6; 3 Jahren, das sich an der dritten Sitzung mit zwei konzentrischen Kreisen und einer einfachen Dichotomie (KW und GS) begnügt hatte, zeichnet wieder zwei konzentrische Kreise, die aber jeweils in vier Sektoren unterteilt sind: deshalb eine Verteilung nach vier Klassen (GS, GW, KS und KW), die je zwei Sektoren einnehmen, einen auf dem großen und einen auf dem kleinen Kreis (also dasselbe wie eine Tafel mit zwei Eingängen, aber in Kreisform). Drei Kinder von 6; 4, 11; 0 und 11; 9 Jahren, die an der dritten Sitzung ebenfalls konzentrische Kreise gezeichnet hatten, erinnern sich nach sechs Monaten an zwei sich überschneidende Kreise, wobei die Lage der vier Klassen mehr oder weniger wirklichkeitsgetreu angegeben ist.

Das erste dieser Kinder scheint sich damit zu begnügen, die beiden getrennten Kreise, an die es sich bei der dritten Sitzung zu erinnern glaubte, in ein besseres Ganzes zu integrieren. Bei den anderen Kindern scheint der Antrieb für solche Fortschritte in den Konflikten zu liegen, die zwischen der figürlichen Form mit drei Flächeneinheiten (Intersektion) und dem strukturellen Inhalt mit vier Klassen (Matrix) entstanden sind – durch die verschobene Anordnung, die bei der ersten Sitzung präsentiert wurde. Das Kind bleibt entweder bei den konzentrischen Kreisen und versucht die Anordnung der vier Klassen sektorenweise besser unterzubringen. Oder diese konzentrische Anordnung befriedigt es wegen der

Willkürlichkeit der Unterteilungen nicht, so daß es auf die Überschneidungsform zurückkommt, wobei es die vier Klassen, an die es die Erinnerung bewahrt, anordnet, so gut es geht.
Die 13 Kinder mit gleichen Erinnerungen an der dritten und vierten Sitzung stellen keine Probleme, vor allem nicht, wenn diese Erinnerungen mit dem präsentierten Modell übereinstimmen. Erwähnenswert sind nur zwei Kinder von 7; 5 und 9; 2 Jahren, die die konzentrischen Kreise ihrer ersten Zeichnung in zwei Ovale verwandelt haben – zweifellos eine Erinnerung an die Linsenform des gemeinsamen Teils der sich überschneidenden Kreise im präsentierten Modell.
Bei den verblaßten Erinnerungen stellt man die folgenden Kategorien fest: a) Trennungen (konzentrische Kreise werden getrennte Kreise); b) Vereinfachungen (zwei konzentrische Kreise, bei denen der Kreis der S in K und G und der Kreis der W in K und G unterteilt gewesen war, werden zu einem einzigen Kreis mit vier Sektoren zusammengefaßt); c) und vor allem (6 Fälle) eine Unterteilung in Sektoren nach einem einzigen Kriterium, wobei die Elemente in bezug auf das andere, vernachlässigte, durcheinandergemischt werden.
Diese Erinnerungen nach sechs Monaten neigen alles in allem zu einer Schematisierung. Diese kann drei verschiedene Richtungen haben und in bezug auf die Wirklichkeitstreue der Erinnerung zu drei verschiedenen Ergebnissen führen:
1. Zu einer Schematisierung durch Vereinfachung, die mehr dem figurativen als dem operatorischen Schema zuneigt und oft auch einen Informationsverlust bewirken kann.*
2. Zu einer logizisierenden Schematisierung (also mehr dem operatorischen als dem figurativen Schema zugeneigt), die, falls das Modell nicht logisch war, kohärente Neubildungen erzeugt, sich aber von dem entfernt, was bei der ersten Präsentierung wahrgenommen oder aufgezeichnet wurde. In diesem Falle führt das Schema zu Verzerrungen des Modells, aber im logischen Sinne.
3. Zu einer logizisierenden Schematisierung schließlich, die das bewahrt und vor allem rekonstituiert, was im präsentierten Modell an Logik vorhanden war und den Fortschritt an der letzten Sitzung erklärt, falls bei der ersten Sitzung nicht alles richtig gesehen und aufgezeichnet worden war.
Diese Sondierungen über eine Situation, wo ein Konflikt zwischen dem Schema der doppelten Klassifizierung und einer figürlichen Anordnung ohne natürliche

* A.d.Ü.: Wir geben das Wort «schéma» mit «figuratives Schema» wieder. Das Wort «schème» übersetzen wir hier und an andern Stellen, wo es direkt neben dem seltenen «schéma» steht, mit «operatorisches Schema»; sonst mit «Schema».

Entsprechung zu dieser operativen Struktur besteht, zeitigen somit zwei Resultate, die festgehalten zu werden verdienen:

a) Die Organisationstypen der Erinnnerung sind dieselben wie bei der in den beiden ersten Abschnitten untersuchten Matrixanordnung: beliebige figurative Anordnungen (vgl. Typ I), einfache Dichotomien (vgl. Typ II) und multiplikative Zusammensetzungen beliebiger Formen (Typ IV) oder mit dem Modell übereinstimmender Formen (Typ V). Auch der Typ III ist vorhanden, wo die figurative Gestalt des Modells (hier die sich überschneidenden Kreise anstatt die Tafel mit zwei Eingängen) behalten, aber mit einfachen Dichotomien gefüllt wird.

b) Die Erinnerung ist somit in diesem paradoxen Fall wie bei der Matrix mehr eine Funktion der operativen Schemata, über die das Kind verfügt, als der figürlichen Form des Modells. Diese Form wird in diesem besonderen Fall im allgemeinen in Richtung einer Anpassung an diese operativen Schemata korrigiert. Falls das Schema der doppelten Klassifizierung durch einen allzu reichen Inhalt behindert wird, oder falls die großen Unterklassen GS, GW, KS und KW eine Vielfalt von möglichen und verschiedenartigen Unterteilungen enthalten (die Tiere im Gegensatz zu den Spielmarken), so zerfällt die Erinnerung, weil sie sich nicht auf eine einfache Struktur stützen kann. Die Sondierung bestätigt somit in allen diesen Fällen die Ergebnisse, die wir an der gewöhnlichen Matrix gewonnen haben. Sie ist eine Art Beweis per absurdum.

[1] In Zusammenarbeit mit J. Bliss.

[2] In Zusammenarbeit mit E. Schmid-Kitzikis und Ch. Widmer.

[3] Siehe B. Inhelder, *De la configuration perceptive aux structures opératoires* in *Le problème des stades en psychologie de l'enfant* (Presses Universitaires de France), 1955, Seite 140. Siehe auch Inhelder und Piaget, *La formation des structures topiques élémentaires,* Delachaux, 1959.

Kapitel IX

Die Erinnerung der Intersektionen von Klassen[1]

Wir haben festgestellt, daß die Erinnerung der multiplikativen Beziehungs- und Klassenmatrizen sich in einer Form ausbildet, die fast genau mit dem Alter übereinstimmt, in dem die zugeordneten operativen Schemata funktionstüchtig werden. In dieser Entwicklung folgen die Fortschritte des Gedächtnisses ziemlich genau den Fortschritten der Schemata. Im Anschluß daran untersuchen wir jetzt, was die Erinnerung bloßer Intersektionen von Klassen ergibt. Man denkt vielleicht, diese Ergänzung sei völlig uninteressant, da die Intersektion als multiplikative Operation nur einen Sonderfall der Matrizen im letzten Kapitel darstelle. Wir glauben im Gegenteil, daß sich hier ein neues und wirkliches Problem stellt, denn die Intersektion kann (und muß in unserem Sinne sogar) als eine isolierte und folglich unvollständige Operation betrachtet werden, während die multiplikative Matrix (die einem Descartesschen Produkt entspricht) eine vollständige Operation ist. Unter dem Gesichtspunkt des Gedächtnisses und auch der Intelligenz ist es zweifellos bedeutungsvoll, ob die Erinnerung einer unvollständigen Struktur mehr oder weniger leicht zu formen und zu behalten ist als die einer vollständigen Struktur.

Um das Problem einsichtig zu machen, muß man sich in der Sprache der Logik ausdrücken. Wir wollen aber hier weder Symbole noch Formeln verwenden, sondern dieselben Worte gebrauchen, wie wir sie für unsere Prüflinge im Kindesalter gewählt haben. Gegeben sind die Klasse der blauen Knöpfe und die Klasse der runden Knöpfe. Man kann beide darstellen durch Kreise, in deren Innerem sich diese Gegenstände befinden (Figur 34/I): die Intersektions-Operation besteht darin, das Gemeinsame dieser beiden Klassen zu finden, beim gewählten Beispiel also die Unterklasse der blauen und runden Knöpfe. Die nicht gemeinsamen Teile der beiden Klassen bilden dann die Unterklasse der blauen und nicht runden, also beispielsweise der blauen und quadratischen, Knöpfe, und die Unterklasse der runden und nicht blauen, also beispielsweise der runden und roten, Knöpfe. Mit diesen drei Unterklassen beschäftigen wir uns in diesem Kapitel, indem wir sie, um den figurativen Aspekt der Erinnerung zu fördern, in den sich überschneidenden Kreisen der Figur 34/I präsentieren.

Man sieht sofort, daß diese drei Unterklassen Teil einer Tafel mit zwei Eingängen

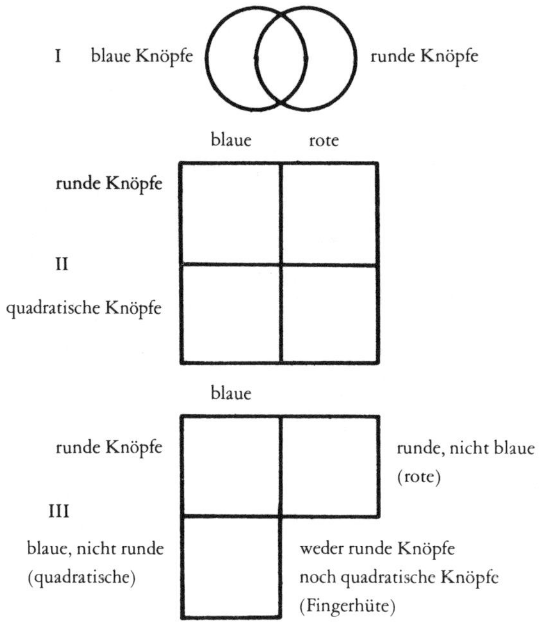

Figur 34

oder multiplikativen Matrix bilden, und zwar der gleichen, deren wir uns im letzten Kapitel (1. Abschnitt) bedient haben und die in Figur 34/II dargestellt ist: Die beiden vertikalen Reihen bestehen aus den blauen und roten Knöpfen, die beiden horizontalen aus den runden und quadratischen Knöpfen. Nur stellt hier die Matrix eine vollständige Operation dar, weil alle vier Möglichkeiten verwirklicht sind, auch die roten und quadratischen Knöpfe, die im Schema I nicht erscheinen. Man stellt zudem fest, daß die Matrix II die Intersektions-Operation verallgemeinert, denn jedes der vier Felder der Tafel gehört zu zwei Klassen *zugleich:* der blauen oder roten Knöpfe *und* der runden oder quadratischen Knöpfe. Die Intersektion nach dem Schema I ist somit verglichen mit der Tafel II eine unvollständige Operation, die man mit dem Schema III der Figur 34 darstellen kann, die mit dem Schema I identisch ist. Dieses Schema III ist aber in Form zweier Rechtecke gezeichnet (die runden oder die blauen Knöpfe) und hat einen gemeinsamen quadratischen Teil (die gleichzeitig runden und blauen Knöpfe). Die Vollständigkeit oder Unvollständigkeit der Operation wird vor allem in der Negation sichtbar: in der Tafel II können die Gegenstände, die weder blaue noch runde Knöpfe sind, quadratische und rote Knöpfe sein; sie sind es sogar in Anbetracht der Zusammensetzung notwendig. In den Schemen I (sich überschneidende Eulersche Kreise) und III (Rechtecke in Intersektion) befinden sich die Gegenstände, die weder blaue noch runde Knöpfe sind, außerhalb der Figur: sie können etwas Beliebiges sein, zum Beispiel quadratische und rote Knöpfe, aber auch Steine oder Bäume. In unserem Experiment haben wir außerhalb der Kreise des Modells I Fingerhüte in allen Farben aufgestellt, die keine Knöpfe mehr sind und deshalb auf der Tafel II ausgeschlossen wären (auf der die Negationen, die das vierte Feld charakterisieren, hinsichtlich der nächsten Gesamtklasse komplementär sind, so daß wir immer bei Knöpfen bleiben).

Daraus ergibt sich das folgende psychologische Problem. In einer Untersuchung über die Entstehung der multiplikativen Operationen[2] haben zwei der Autoren schon früher nachgewiesen, daß – unter dem Gesichtspunkt der Intelligenz – die vollständigen oder matriziellen Multiplikationsoperationen (Descartessches Produkt) leichter fallen und früher auftreten als die einfachen Intersektionen. Präsentiert man zum Beispiel die Matrizen nach der Technik Ravens, bei der ein leeres Feld zu füllen ist, so finden die Kinder leichter den Inhalt eines der Felder der Tafel II, wo der Inhalt der drei anderen Felder gegeben ist, als den gemeinsamen Teil des Schemas III, wo nur die zwei anderen gegeben sind (und das sogar bei der Multiplikation von Unterklassen: grüne Gegenstände auf der einen und Pflanzenblätter auf der anderen Seite, wo also der gemeinsame Teil nur die grünen Blätter sind). Während die vollständigen Multiplikationen nach dieser Methode mit 7 bis 8 Jahren beherrscht werden, werden die einfachen Intersektionen erst mit ungefähr 9 Jahren gelöst. Mit anderen Worten, die Gesamtstrukturen sind psychologisch einfacher als die Einzeloperationen, die davon durch Abstraktion abgeleitet werden, während für den traditionellen logischen Atomismus der Logistik die Intersektion eine einfachere, weil «elementare» Operation ist und die vollständigen Matrizen von Intersektionen abgeleitete Zusammensetzungen darstellen.

Um nun auf das Gedächtnis zurückzukommen: Im Zusammenhang mit unseren Untersuchungen, nach denen sich die Erinnerungen auf Intelligenzschemata zu stützen scheinen, ist es dann zweifellos interessant zu überprüfen, ob es Unterschiede zwischen der Retention und der Evokation eines vollständigen multiplikativen Systems wie desjenigen des Kapitels VIII und eines scheinbar einfacheren Systems wie des Schemas I der Figur 34 gibt oder nicht gibt. Um dieses Nebenproblem zu lösen, haben wir dasselbe Material noch einmal verwendet, ausgenommen die roten und quadratischen Knöpfe (die zusätzliche Klasse der Fingerhüte hatte keine zusätzlichen Schwierigkeiten zur Folge, sondern bewirkte im Gegenteil, wie erwartet, daß die Klasse der Knöpfe stärker in sich selbst geschlossen wurde). Zusätzlich und als Kontrolle haben wir in Form vier getrennter Klassen (vier Kreise im Abstand von 5–10 cm in einer Reihe) die drei Unterklassen der blauen und quadratischen Knöpfe, der blauen und runden Knöpfe, der roten und runden Knöpfe und die Klasse der Fingerhüte präsentiert, um festzustellen, ob die Erinnerung dieser vier Gesamtheiten sich in dieser diskontinuierlichen figurativen Form von der Evokation derselben Gegenstände in Form des Schemas I unterscheide.

1. Technik und Erinnerungsstufen

Das Schema der Figur 34/I wird den Kindern einer ersten Gruppe in Form von Kreisen aus Eisendraht präsentiert: der gemeinsame Teil enthält drei blaue und runde Knöpfe, der Kreis links fünf blaue und quadratische, der Kreis rechts vier rote und runde Knöpfe (Figur 35). Rings um die ganze Anordnung werden acht

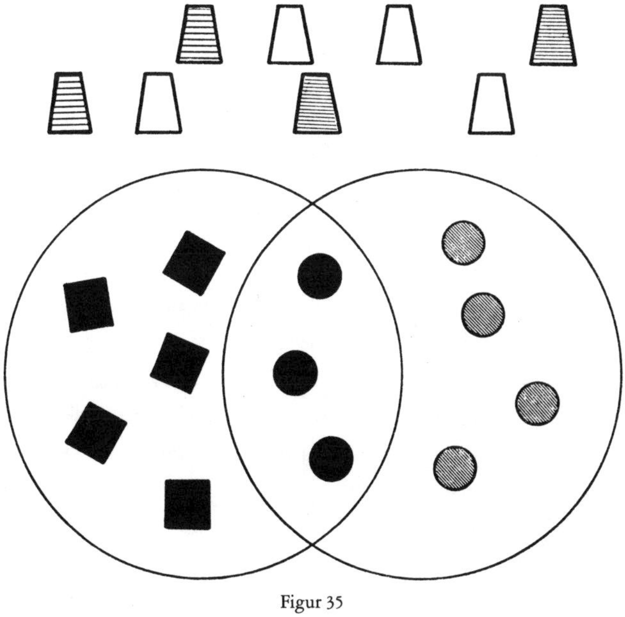

Figur 35

Fingerhüte in verschiedener Farbe aufgestellt. Das Kind wird an einer ersten Sitzung aufgefordert, sich die Anordnung gut anzusehen und zu beschreiben, was es sieht. Falls die Beschreibung zu summarisch ausfällt, werden zusätzliche Fragen gestellt: Und was noch? Wie ist das? Was sieht man dort? usw. Man geht somit bei der Präsentierung gleich vor wie bei der 2. Technik des Kapitels VIII (1. Abschnitt): eine Präsentierung mit Beschreibung. Eine Woche später verlangt man eine verbale und zeichnerische Evokation, dazu eine Rekonstitution mit dem Material. Noch einmal das gleiche nach sechs Monaten. Eine zweite Gruppe von Kindern wird auf die gleiche Weise geprüft, aber indem man die vier Klassen in getrennten Kreisen präsentiert.

I. – Die beiden Gruppen bestanden aus 57 und 52 Kindern im Alter zwischen vier und zehn Jahren. Wir wollen mit einer Analyse der Erinnerungstypen der ersten Gruppe beginnen. Sie entsprechen in den großen Linien denjenigen, die wir bei der Matrix des Kapitels VIII kennengelernt haben, mit gewissen Anpassungen an die Situation der sich überschneidenden Kreise.

Typ I. – Er zeichnet sich durch das Fehlen jeder Klassifizierung und mehr oder weniger figürliche Anhäufungen mit vermischten Elementen und Lücken aus. Dieser Typ I ist grundsätzlich vielgestaltig, und es wäre unnatürlich, darin Untertypen zu unterscheiden. Eine extreme Form zeichnet Gil (4; 6): drei aneinandergedrängte (sich aber nicht überschneidende) Kreise, aber er weiß nicht, was er hineintun soll; bei der Rekonstitution füllt er einen der Kreise mit allen Elementen, bunt vermischt, die darin Platz finden. Mon (5; 10) zeichnet nur einen Kreis und bringt von allem, auch Fingerhüte, hinein. And (4; 7) gibt die sich überschneidenden Kreise richtig wieder, läßt aber den linken Kreis und den gemeinsamen Teil leer und bringt alles, die Fingerhüte eingeschlossen, im verbleibenden Teil des rechten Kreises unter. Das andere Extrem findet man bei einem Kind, das sehr unvollständig nur einzelne Beispiele wiedergibt, indem es zwei vereinzelte Elemente, einen roten runden und einen roten quadratischen Knopf (der im Modell nicht vorkommt), ohne Kreise zeichnet.

Es gibt auch Übergänge zwischen den Typen I und II, das heißt noch sehr unvollständige Ansätze zu einer Dichotomie. Cri (5; 7) zeichnet zwei Kreise, den einen mit zufällig zusammengewürfelten Knöpfen, den anderen mit Fingerhüten.

Typ II. – Dieser Typ unterscheidet sich vom vorangehenden dadurch, dass Ansätze einer Klassifizierung durch Dichotomien zu sehen sind. Die Fingerhüte zum Beispiel werden durchgehend abseits gestellt. Er unterscheidet sich aber vom Typ III dadurch, daß das figurative Modell der sich überschneidenden Kreise

nicht memoriert wurde, denn entweder fehlen die Kreise, oder sie stehen einfach nebeneinander. Bei einem Untertyp II A zeichnet das Kind (zum Beispiel Mar, 6; 11) zwei Kreise nebeneinander, den einen mit einer einzigen Unterklasse (blaue und quadratische Knöpfe), den anderen mit allen möglichen Knöpfen (darunter auch solche in nicht vorhandenen Farben) bunt vermischt, wobei aber die Fingerhüte außerhalb der Kreise bleiben. Bei einem Untertyp II B sind zwei der Unterklassen getrennt angegeben, während die dritte vergessen wurde (sechs- bis achtjährige Kinder), die Kreise können fehlen oder überschneiden sich nicht. Der Untertyp II C ist ähnlich, nähert sich aber dem Typ III, indem er ansatzweise eine figurative Symbolik zwischen einem bloßen Nebeneinander und einer Überschneidung der Kreise zeigt: ein Schema in Form einer ∞, wobei die beiden Kreise mit je einer Unterklasse besetzt sind (Sieben- bis Achtjährige).
Zu diesem Typ II kann eine verbreitete Form von Einzelbeispielen gezählt werden, die noch unvollständig, aber dem Typ I überlegen sind: Cla (6; 1) etwa zeichnet einen blauen runden und einen roten quadratischen Knopf mit links und rechts zwei bis drei Fingerhüten für sich.
Typ III. – Bei der Matrix des Kapitels VIII haben wir Kinder gefunden, die die figürliche Form der Gesamtanordnung behalten haben, darin aber einfache Dichotomien unterbringen (wobei dann eine der Unterklassen in zwei verschiedenen Feldern wiederholt wird). Auch hier zeigt sich der gleiche Erinnerungstyp: das figurative Schema der sich überschneidenden Kreise wird genau angegeben, aber mit Dichotomien ausgestattet. Ein Untertyp III A läßt den gemeinsamen Teil leer und besetzt die beiden Restkreise mit entgegengesetzten Unterklassen: roten runden und blauen runden Knöpfen, blauen quadratischen und roten runden Knöpfen oder roten quadratischen (die es nicht gibt) und roten runden Knöpfen usw. Ein Untertyp III B füllt den gemeinsamen Teil, aber mit Elementen, die schon in einem der beiden Restkreise vorhanden sind (sieben- bis zehnjährige Kinder wie III A): blaue runde Knöpfe im einen der Kreise, den gemeinsamen Teil eingeschlossen, und rote runde Knöpfe im anderen Restkreis usw. Ein Untertyp III C kommt zu Symmetrien zwischen den beiden Restkreisen: rote runde Knöpfe im gemeinsamen Teil und blaue runde Knöpfe in den beiden anderen Teilen der Figur (Die, 7; 8) oder (Isa, 10; 4) blaue runde Knöpfe im gemeinsamen Teil und rote quadratische Knöpfe in den beiden Restkreisen usw.
Typ IV. – Mit dieser Erinnerungsstufe beginnt das Verständnis und die Retention der Intersektion der Klassen als logisches Schema. Wie bei den Matrizen des Kapitels VIII gibt es auch hier bei gewissen Kindern (hier acht- bis zehnjährigen,

bei den Matrizen vor allem sieben- bis achtjährigen) eine Erinnerung an die logische Intersektion, aber nicht an die figürliche Darstellung in Form sich überschneidender Kreise. Bei einem Untertyp IV A, der den Übergang zwischen den Typen III und IV bildet, zeichnet das Kind zwar Kreise, lokalisiert aber die gemeinsame Unterklasse (die blauen runden Knöpfe) nicht nur im gemeinsamen Raumteil: Arc (9; 0) bringt zum Beispiel blaue quadratische Knöpfe im linken Teil des linken Restkreises unter, schließt daran rechts und im gemeinsamen Teil der beiden Kreise die blauen runden Knöpfe an und ordnet schließlich die roten runden Knöpfe im rechten Restkreis an. Bei einem Untertyp IV B fehlen die Kreise ganz, aber die Unterklassen sind richtig geordnet, nämlich die gemeinschaftliche zwischen den beiden anderen; oder es sind (Syl, 8; 3) zwei getrennte Kreise vorhanden, der eine mit den blauen quadratischen, der andere mit den roten runden Knöpfen, und dazwischen (im Zwischenraum zwischen den beiden Kreisen) die blauen runden Knöpfe. Bei der Rekonstitution kommt Syl auf die richtige Figur.

Typ V. – Die vollständig, figurativ wie logisch richtige Erinnerung (1 Achtjähriger, 3 Neun- bis Zehnjährige bei der Evokation, aber schon 2 oder 3 Fünf- bis Sechsjährige bei der Rekonstitution).

Bevor wir auf die quantitativen Ergebnisse eingehen, wollen wir kurz die mehr oder weniger entsprechenden Erinnerungsstufen erwähnen, die wir bei der zweiten Gruppe von Kindern (vier getrennte Kreise mit denselben Klassen und Unterklassen als Modell) gefunden haben:

Typ I: keine Klassifizierung, gleiche oder vereinzelte Knöpfe ohne Kreise ringsherum;

Typ II: Knöpfe zweier verschiedener Sorten (mit möglicher Vermischung in einer der beiden Klassen);

Typ III: drei Klassen ohne eine Ordnung, die der logischen Intersektion entsprechen würde;

Typ IV: vier Klassen ohne eine der Intersektion adäquate Anordnung.

Typ V: vier Klassen, wobei die blauen runden Knöpfe zwischen den blauen quadratischen und den roten runden Knöpfen liegen (die umgebenden Kreise können vorhanden sein oder fehlen; sie werden im allgemeinen erst ab sieben Jahren angegeben).

2. *Die Resultate nach einer Woche*

I. – Die Tabellen 21 und 22 geben zunächst die Verteilung der Erinnerungstypen bei den beiden Gruppen von Kindern wieder. Die Ergebnisse sind in Prozente umgerechnet. Die absoluten Zahlen sind in Klammern hinzugefügt:

Tabelle XXI

Die Erinnerung der Intersektionen (sich überschneidende Kreise)

	Gedächtniszeichnungen					Rekonstitutionen				
	I	II III	II–III	IV V	IV–V	I	II III	II–III	IV V	IV–V
4–5 Jahre (13) .	53 (7)	(4) (2)	46 (6)	(0) (0)	0	23 (3)	(3) (2)	38 (5)	(2) (3)	38 (5)
6 Jahre (10). . .	0	(7) (2)	90 (9)	(1) (0)	10 (1)	0	(2) (4)	60 (6)	(2) (2)	40 (4)
7 Jahre (10). . .	0	(5) (5)	100 (10)	(0) (0)	(0)	10 (1)	(2) (4)	60 (6)	(1) (2)	30 (3)
8 Jahre (11). . .	9 (1)	(3) (4)	63 (7)	(2) (1)	27 (3)	9 (1)	(1) (5)	55 (6)	(2) (2)	36 (4)
9–10 Jahre (13) .	0	(1) (5)	46 (6)	(4) (3)	54 (7)	7 (1)	(2) (0)	15 (2)	(4) (6)	77 (10)

Tabelle XXII

Ergebnisse der zweiten Gruppe (nebeneinandergestellte Kreise)

	Gedächtniszeichnungen					Rekonstitutionen				
	I	II III	II–III	IV V	IV–V	I	II III	II–III	IV V	IV–V
4–5 Jahre (11)	27 (3)	(2) (5)	63 (7)	(0) (1)	9 (1)	0	(1) (0)	9 (1)	(4) (6)	90 (10)
6 Jahre (10).	0	(1) (6)	70 (7)	(1) (2)	30 (3)	0	(0) (1)	10 (1)	(4) (5)	90 (9)
7 Jahre (9)	0	(1) (4)	55 (5)	(3) (1)	44 (4)	0	(0) (1)	11 (1)	(3) (5)	89 (8)
8 Jahre (11).	0	(1) (8)	82 (9)	(1) (1)	17 (2)	0	(0) (3)	27 (3)	(4) (4)	72 (8)
9–10 Jahre (11)	0	(1) (3)	36 (4)	(2) (5)	63 (7)	0	(3) (0)	27 (3)	(1) (7)	72 (8)

Beginnen wir bei unserem Hauptproblem. Vergleicht man die Evokationen und Rekonstitutionen bei der Intersektion mit den entsprechenden Tabellen über das Gedächtnis der Matrizen (ebenfalls nach einer Woche, Kapitel VIII, 2), so sieht man, daß die Erinnerung solcher Intersektionen ziemlich deutlich schwieriger ist als die der Tafeln mit zwei Eingängen. Bei der Intersektion fehlen die Erinnerungstypen IV und V fast vollständig bis zum abgeschlossenen siebten Lebensjahr, und sie werden erst von etwa einem Viertel der Achtjährigen erreicht; bei den Matrizen findet man aber dieselben Typen bei 10 bis 24% der Fünf- bis Siebenjährigen und bei der Hälfte der Achtjährigen. Die Rekonstitutionen gelingen bei den Matrizen mit ungefähr acht Jahren (77% der Achtjährigen) und bei den Intersektionen erst mit neun oder zehn Jahren.

Worauf läßt sich diese größere Schwierigkeit, die Intersektion zu memorieren, zurückführen? Ein möglicher Faktor wäre natürlich die Übereinstimmung oder Nichtübereinstimmung zwischen der figurativen Präsentierung des Modells und seinem begrifflichen Inhalt sowie den figürlichen inneren Qualitäten dieser figurativen Anordnung. Doch bei diesen Fragen tappt man noch im dunkeln.

II. – Zu den Kreisen aus Eisendraht, die von einer bestimmten Altersstufe an Symbole darstellen, die das Verständnis der Intersektion sicher fördern, ist festzuhalten, daß sie bei den Evokationen der Vier- bis Sechsjährigen systematisch fehlen und erst ab sieben bis acht Jahren spontan gezeichnet werden. Suggeriert man sie Vier- bis Sechsjährigen, so können sie sogar Regressionen in bezug auf den Erinnerungsinhalt zur Folge haben, indem der Rahmen in Richtung getrennter Klassen oder von Symmetrien verzerrt wird. Man denke an die Figur in Form einer ∞, die diese Tendenz zum Ausdruck bringt. Zum anfänglichen Fehlen des Rahmens aus Eisendrähten wollen wir ebenfalls festhalten, daß zwar die Matrizen des Kapitels VIII keine Umrandung aus Draht oder mit gezeichneten Strichen enthielten (weil diese Untersuchung lange vor den Intersektionen begonnen worden war), daß aber die serialen Matrizen des Kapitels VII sehr sorgfältig gezeichnete Abgrenzungen (der 16 Elemente) hatten. Auch dieser Rahmen wird von den Fünf- und Sechsjährigen nicht gezeichnet und tritt erst in den Evokationen der Sieben-, manchmal sogar der Achtjährigen auf.

Der (abschwächende oder fördernde) Einfluß der sich überschneidenden Kreise zeigt sich aber deutlich, wenn man die Resultate der zweiten Gruppe (getrennte Kreise in einer Reihe) mit denen der ersten vergleicht: sie sind bei den Vier- bis Siebenjährigen merklich besser. Bei der Rekonstitution sind sie sogar ausgezeichnet (89 und 90% richtige Wiedergaben der Fünf-, Sechs- und Siebenjährigen). Sie beweisen jedoch, daß die Intersektion als solche in Erinnerung behalten und begriffen worden ist. Wenn die richtigen Rekonstitutionen bei Acht- und Neunbis Zehnjährigen von 90 auf 72% zurückgehen, so muß man daraus schließen, daß das Gedächtnis mit 4 bis 7 Jahren grundsätzlich figurativ geblieben war und daß mit der Bewußtwerdung des Problems (8 bis 10 Jahre) die Erinnerung weniger gut wird. Die zeichnerische Evokation wird bei den beiden Gruppen von Kindern (sich überschneidende oder getrennte Kreise) mit 8 bis 10 Jahren sichtlich gleich (41% Typen IV und V bei beiden Gruppen, also 10 von 24 oder 9 von 22 Kindern). Man kann deshalb die verspätete Erinnerung der Intersektion (verglichen mit der vollständigen Multiplikation) kaum nur den sich überschneidenden Kreisen oder einem fehlenden oder vorhandenen symbolischen Rahmen zuschreiben.

Betrachtet man die inneren figürlichen Eigenschaften des präsentierten Matrixmodells (quadratische Tafeln mit zwei Eingängen) und des Intersektionsmodells, so könnte man auch auf den Gedanken kommen, die quadratische Anordnung der vier Unterklassen der Matrix sei prägnanter als die der zwei Klassen bei der Intersektion, die dann nur drei Unterklassen enthält. Die quadratische Figur hat zwei Symmetrieachsen, die sich überschneidenden Kreise haben nur eine. Weshalb sollten aber zwei Symmetrien «besser» als nur eine sein? Wir haben im Kapitel VII gesehen, daß eine dekorative Gestalt in quadratischer Form und mit wirklichen Symmetrien schwieriger zu behalten ist als eine Matrix mit doppelter Seriation. Und bei der doppelten Klassifizierung (vollständige Multiplikation) enthält die Figur nicht einmal wirkliche Symmetrien: die Quadrate stehen den Kreisen gegenüber und die blauen Marken den roten entsprechend den beiden Dimensionen. Also eine zweidimensionale Überschneidung, bei der man nicht einsieht, weshalb sie figürlich prägnanter sein sollte als eine eindimensionale Überschneidung.

Es scheint deshalb, der entscheidende Faktor liege nicht nur bei den figurativen Eigenschaften, sondern auch bei der begrifflichen Struktur (deren figürlicher Aspekt zwar ein Symbol von nicht zu vernachlässigender Wichtigkeit darstellt, aber weil er seiner Bedeutung adäquat ist und nicht nur weil er figürlich prägnant ist): die matrizielle Multiplikation ist «vollständig» und als solche befriedigend, und das ist die einfache Intersektion nicht. Sie enthält nur drei anstatt vier Unterklassen, also eine Lücke, deren Sinn dem Kind erst aufgehen muß. Halten wir zunächst fest, daß das Kind oft (einige bis sie zehn Jahre alt sind) rote quadratische Knöpfe evoziert (bei der Gedächtniszeichnung, aber nicht mehr bei der Rekonstitution), entweder zusätzlich zu den drei anderen Unterklassen oder anstelle einer von ihnen. Wirklich, weshalb sollten sie denn fehlen, wenn nicht infolge einer willkürlichen Ausscheidung innerhalb der vier Möglichkeiten? Wir würden deshalb sagen, ein vollständiges Modell sei für das Gedächtnis wie auch für die Intelligenz besser als ein unvollständiges. Seine figurativen Eigenschaften, beispielsweise die Anordnung in einem Quadrat, sind in dem Maße gut, wie sie die Vollständigkeit zum Ausdruck bringen. Die sich überschneidenden Kreise, die die einfache Intersektion darstellen, sind behindernd, weil sie die Unvollständigkeit oder die Lückenhaftigkeit hervorheben, während die voneinander abgehobenen aufgereihten Kreise diese Lücke nicht unterstreichen, weil sie aus jeder Klasse oder Unterklasse ein unabhängiges Ganzes machen.

Das ist nicht alles. Die Unvollständigkeit der sich überschneidenden Kreise oder einfachen Intersektionen ist noch dadurch ausgezeichnet, daß sie Negationen impliziert: Die blauen runden Knöpfe des gemeinsamen Teils des Modells sind zugleich rund und blau, während die Restkreise durch Negationen und Affirmationen gekennzeichnet sind, denn die anderen blauen Elemente der Figur sind zwar blau, aber nicht rund, und die anderen runden Elemente sind zwar rund, aber nicht blau. In der vollständigen Multiplikation, wie sie für die Matrix eigentümlich ist, gibt es umgekehrt nur gemeinsame Teile, da jede Unterklasse zwei Merkmale zugleich aufweist: hier ist die Negation als solche unnötig, denn man kann alles in Komplementaritäten ausdrücken wie in der «Logik ohne Negationen» des holländischen Logikers Griss. Unter dem psychologischen Gesichtspunkt ist diese Nuance sehr wichtig. Die durchgehend positiven und nicht teilweise negativen Eigenschaften der vollständigen Struktur erklären ihre begriffliche und figürliche Prägnanz.

III. – Wir haben noch die Evokationen und die Rekonstitutionen zu vergleichen. Bei beiden Gruppen sind die letzteren viel besser. Sie sind auch im Vergleich zu den Evokationen viel besser als bei den matriziellen Multiplikationen. Man erinnert sich, daß dort bei den Rekonstitutionen auf drei Fortschritte ein Rückschritt festzustellen war. Bei den Intersektionen findet man, wenn R > E einen Fortschritt der Rekonstitution in bezug auf die Evokation bezeichnet:

Tabelle XXIII

Vergleich der Evokationen und Rekonstitutionen (nach einer Woche)

	R > E	*R = E*	*R < E*
Sich überschneidende Kreise	27	26	4
Nebeneinandergestellte Kreise	28	23	2

Also 7 Fortschritte auf 1 Rückschritt bei der Figur mit den sich überschneidenden Kreisen und 14 Fortschritte auf 1 Rückschritt bei den vier nebeneinandergestellten Kreisen. Bei den Matrizen bleiben 71% der Kinder stationär, hier aber nur 45 und 43%.

Der Grund für diese Unterschiede ist klar, wenn das vorhin Gesagte richtig ist. Falls das Prinzip bei den Matrizen richtig verstanden oder überhaupt nicht begriffen wurde, kommt es zu keinem Fortschritt bei der Rekonstitution, im zweiten Falle aber häufig zu einem Rückschritt. Falls das Prinzip fast verstanden wurde, zeigt sich ein Fortschritt im Sinne einer besseren Klassifizierung mit dem Material vor Augen. Für die Intersektion gilt natürlich dasselbe. Es kommt aber hinzu, daß die möglichen Unterklassen unvollständig und die Lücken willkürlich sind: so wird es, mit dem Material vor Augen, viel leichter, das früher Gesehene wiederzuerkennen und vom nicht Gesehenen auseinanderzuhalten. Daraus ergibt sich ein Fortschritt in der figurativen Erinnerung, der bei den Vier- bis Siebenjährigen der zweiten Gruppe beträchtlich ist und die möglichen operativen Fortschritte ergänzt. Obwohl dieser Vorsprung der Rekonstitution bei der Intersektion in Wirklichkeit ein Einholen ist, kommt das Ergebnis bei den sich überschneidenden Kreisen nicht an das Resultat bei der Rekonstitution der Matrizen heran. Achtjährige verstehen die Matrizen eindeutig besser. Nur die getrennten und in eine Reihe gestellten Klassen sind wegen ihrer figurativen Einfachheit auch im Vergleich zu den Matrizen leichter zu behalten.

3. Die Resultate nach sechs Monaten

Man erinnert sich, bei Vier- bis Fünfjährigen führten die multiplikativen Strukturen mit vier Klassen nach sechs Monaten zu einem gewissen mnestischen Verfall, während die Rekonstitutionserinnerung bei Sechs- bis Achtjährigen mehr Fortschritte als Rückschritte aufwies. Erhielt man andererseits beim unmittelbaren Abruf oder nach einer Woche Erinnerungen, in denen die vier präsentierten Klassen auf drei reduziert worden waren, so verschwand diese Trichotomie nach sechs Monaten wieder: im Falle eines Fortschritts zugunsten von vier Klassen, im Falle eines Rückschritts zugunsten von einfachen Dichotomien des Typs II oder III. Diese fehlende Prägnanz und diese Instabilität der Strukturen mit drei Klassen erklären zweifellos den operativen Verzug der Intersektionen auf die matrizielle Multiplikation und, wie wir gesehen haben, ihre schwierige mnemonische Fixierung. Nachs sechs Monaten wird das Phänomen noch klarer im Sinne eines systematischen Verfalls, zumindest zwischen 4 bis 5 und 8½ Jahren (die Kinder im Alter zwischen 8; 6 und 10 Jahren werden unter III diskutiert).

I. – Wir hielten es deshalb für richtig, die Fünf- bis Achtjährigen nach sechs (in Wirklichkeit handelte es sich um fünf bis zehn) Monaten auf ihr Wiedererkennen zu prüfen, um die Gründe für diesen Verfall besser analysieren zu können. Selbstverständlich geschah dies *nach* der Evokationszeichnung und erst noch eine Woche später, um deren Einfluß möglichst abzuschwächen. Für das Wiedererkennen verwendeten wir elf Farbfotos der Knöpfe und der Fingerhüte, die so angeordnet waren, daß außer den beiden mit den Modellen übereinstimmenden Formen (sich überschneidende oder nebeneinandergestellte Kreise) auch die neun von den Kindern am häufigsten gezeigten Irrtümer vertreten waren (Figur 36).

Diese Farbfotos werden vor dem Kind ausgebreitet, worauf es dasjenige zeigen soll, das dem vor einigen Monaten präsentierten Modell am besten entspricht. Man fordert es zudem auf, diejenigen Formen zu zeigen, die ihm am weitesten vom früher präsentierten Modell entfernt zu sein scheinen, und seine Wahl, ob richtig oder falsch, zu begründen.

Bei 28 Kindern zwischen 5 und 8; 2 Jahren, je 14 aus den Gruppen A und B, findet man ein verhältnismäßig gutes Wiedererkennungsgedächtnis. Das scheint zu zeigen, daß die schlechten zeichnerischen Evokationen derselben Kinder nicht so

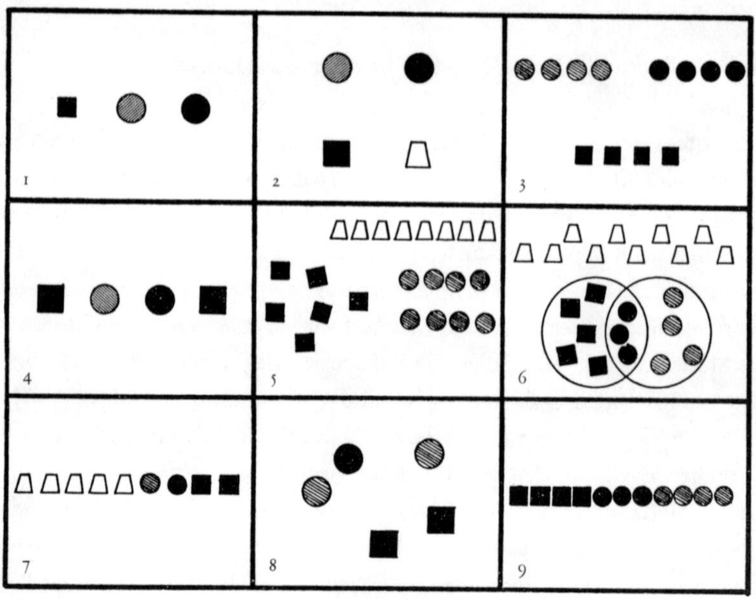

Figur 36

sehr auf den Verlust aller figurativen Erinnerungen, sondern vor allem auf das Fehlen von Bedeutungen zurückzuführen sind, die diesen unvollständigen Strukturen verliehen werden könnten.

Von den 14 Kindern der Gruppe A, denen also die Struktur der sich überschneidenden Kreise präsentiert worden war, halten 12, und zwar schon Sechsjährige, die Wiedergabe des Modells für richtig, 11 äußern keinerlei Zweifel daran. 13 dieser Kinder wählen zudem nur Fotos, auf denen die Kreise aus Eisendraht wiedergegeben sind.

Von den 14 Kindern der Gruppe B hingegen, denen die gleichen drei Klassen von Knöpfen und die Fingerhüte in getrennten und nebeneinandergestellten Kreisen präsentiert worden waren, erkennen nur 7 das richtige Modell. Nur 8 wählen die Fotos mit den symbolischen Kreisen. Von diesen 8 entscheiden sich 4 zuerst für das Modell mit den sich überschneidenden Kreisen (das sie nie vorher gesehen hatten), bevor sie dem richtigen Modell mit den nebeneinandergestellten Kreisen den Vorzug geben.

Dieser Kontrast zwischen den beiden Gruppen zeigt ziemlich klar, daß das Modell mit den sich überschneidenden Kreisen die Kinder wahrnehmungsmäßig anspricht und vom Wiedererkennungsgedächtnis behalten werden kann: Alle sieben- bis achtjährigen Kinder haben es ohne Zögern wiedererkannt. Wenn es bei der Evokation nicht wiedergegeben wird, muß das andere Gründe haben.

Zunächst einige Beispiele der Gruppe A:

Myr (5; 0) wählt das richtige Farbbild. «Weshalb? – *Ich wußte es, weil die anderen anders sind. Dort* (9) *sind die Knöpfe richtig, aber sie sind in einer Reihe, und hier* (im Modell) *waren sie nicht in einer Reihe.* – Welches Bild ist am meisten falsch? – *Das* (1), *denn es hat hier keine Fingerhüte, und das hier* (2), *denn es hat nur einen Fingerhut darauf.*» Bei der Evokation zeichnete Myr nur einen Typ I (runde Knöpfe = eine einzige Klasse) ohne die Kreise.

Gia (6; 0): «*Dieses da* (6, richtig), *weil es runde Knöpfe hatte.* – Und dieses hier (2), wie steht es damit? – *Nein, es hatte nur zwei, und sie waren groß.* – Und welches Bild ist am meisten falsch? – *Dieses da* (1), *weil die anderen Knöpfe und die Fingerhüte nicht darauf sind.*» Bei der Evokation hatte Gia ebenfalls einen Typ I gezeichnet (einen einzigen Knopf und einen Fingerhut).

Lis (6; 4) ist ein instruktiver Fall. Ihre Evokation war vom Typ II: drei rote runde und drei blaue runde Knöpfe in zwei Reihen und dann einige Fingerhüte. Beim Wiedererkennen wählt sie ohne Zögern das richtige Modell, und sie sagt dazu: «*Weil ich fast das gleiche gezeichnet habe.*»

Man (6; 6) gibt bei der Evokation zwei Klassen, in Kreise eingefügt, wieder; beim Wiedererkennen wählt er sowohl die vier nebeneinandergestellten Kreise als auch die beiden sich überschneidenden Kreise. «Weshalb? – *Weil sie so und so waren.*»

Mad (7; 10) zeichnet bei der Evokation einen großen einzelnen Kreis, auf dessen Umfang er viele runde Knöpfe in allen Farben und von gleicher Größe plaziert. Beim Wiedererkennen entscheidet er sich dennoch ohne weiteres für das richtige Modell. Das am meisten falsche Bild ist 7, «*weil alle Knöpfe auf einer Reihe sind und weil welche fehlen*!»

Bei den Kindern der Gruppe B kommt es, wie gesagt, vor, daß sie (7 von 14) Farbfotos ohne die äußeren Kreise oder auch mit sich überschneidenden Kreisen auswählen; von den 7, die das richtige Modell finden, wählen 4 zuerst ein anderes, obwohl sie bis dahin nichts Ähnliches gesehen hatten.

Mar (6; 6) zögert zwischen 5 Karten: «*Die anderen gehen nicht.* – Und wenn du eine einzige auswählen müßtest? – *Diese da* (6, Intersektion), *weil alle Sorten* (= Klassen) *darauf sind. Und die auch, auf diesen beiden ist alles.*» Bei der Evokation hatte er drei getrennte Kreise gezeichnet, von denen der eine leer blieb und die beiden anderen dieselbe Klasse (blaue runde Knöpfe) enthielten.

Sté (7; 6) hatte bei der Evokation zwei Klassen gezeichnet, aber beim Wiedererkennen wählt er 6 (Intersektion), «*weil es mehr Fingerhüte hat*», und anschließend 5, weil darauf ebenso viele Fingerhüte wiedergegeben sind!

Die sich überschneidenden Kreise haben somit auf dieser Altersstufe keine Bedeutung und bleiben nur figurativ erhalten. Sie sind aber figürlich auffälliger und werden deshalb im Wiedererkennungsgedächtnis besser fixiert als beliebige Nebeneinanderstellungen.

II. – Kommen wir jetzt zum Evokationsgedächtnis. Bei den 28 Kindern zwischen 5 und 8; 2 Jahren erhalten wir die folgenden Ergebnisse:

Tabelle XXIV

Die Evokationstypen nach sechs Monaten

	I	II	III	IV	V
Gruppe *A*	7	5	1?	1	0
Gruppe B	3	9	0	2	0

Die Klassierung dieser Reaktionen, insbesondere der vier Fälle III und IV, hat sich als schwierig erwiesen. In der Gruppe A findet man auf den hier betrachteten Altersstufen keine einzige Zeichnung mit Kreisen in Intersektion, ausgenommen bei einem Kind von 7; 11 Jahren, das zuerst drei sich schneidende und dann acht sich überschneidende Kreise zeichnet, die aber alle leer bleiben. Die Knöpfe sind außerhalb der Kreise wiedergegeben und nur in zwei Klassen unterteilt: kleine und große runde. Wir ordnen diesen Fall beim Typ III ein. Das mit einem Fragezeichen beim Typ IV eingeordnete Kind zeichnet hingegen nur einen Kreis, in dem sich ein blauer runder, ein roter runder und, fast genau zwischen diesen beiden, ein blauer quadratischer Knopf befinden: das wäre richtig, wenn nicht die Fingerhüte durch grüne und gelbe runde Knöpfe ersetzt wären. In der Gruppe B ist eines der unter IV eingereihten Kinder 6; 6 Jahre alt. Es zeichnet (in dreieckiger Anordnung und ohne große Kreise) ein blaues Quadrat, und je einen blauen und roten Kreis, wobei der Fingerhut in eine Schnecke verwandelt wird, die sich «außerhalb der Zeichnung» befindet. Das Kind betont, und das ist bemerkenswert, daß es «keine roten Quadrate» gab, was mit Evidenz zeigt, wie künstlich für es eine Multiplikation von Klassen mit nur drei anstatt den vier normalen Gliedern ist.
Das andere unter IV eingeordnete Kind (es ist ebenfalls sechs Jahre alt) zeichnet zwei Fingerhüte, dann einen blauen quadratischen, einen roten runden, einen roten quadratischen und einen blauen runden Knopf, was eine vollständige Multiplikation ergibt, ohne daß das Kind dies ausdrücklich gesagt hätte, aber um so deutlicher im Ergebnis, denn der erste Knopf war rot gewesen und wurde in Blau korrigiert!
Alle anderen Kinder zeichnen nur eine Klasse, ein willkürliches Gemisch (Typ I) oder eine Dichotomie (Typ II). Ein oder zwei Kinder fertigen Zeichnungen mit drei Klassen, aber ohne Intersektion an (zum Beispiel zwei rote runde, zwei blaue runde und zwei braune runde und quadratische Knöpfe): wir ordnen sie ebenfalls beim Typ II ein, weil sie genaue Dichotomien enthalten, aber wie beim Stadium I aufgefüllt sind (das eben erwähnte Kind, immerhin 7; 5 Jahre alt, sagt ganz einfach: «Es hatte mehrere Farben, ich mache noch eine andere», und fügt die braunen Figuren hinzu).
Verglichen mit den Wiedererkennungen sind diese Evokationen alles in allem höchst armselig, und zwar weil die Kinder offensichtlich die Bedeutung der Intersektion nicht begriffen haben. Das Modell der sich überschneidenden Kreise, das der Gruppe A vorgelegt worden war, hatte, nach einer Woche wie auch nach

sechs Monaten, weniger gute Evokationen zur Folge, während die Wiedererkennungen dieser Gruppe besser sind. Und deshalb zeichnen auch die besten Kinder der Gruppe B eine vollständige Multiplikation, sei es als Vergleich mit der Intersektion, sei es um sie zu ersetzen. Die symbolischen Kreise werden nur von drei Kindern der Gruppe B und sechs Kindern der Gruppe A behalten. Fünf von diesen sechs stellen sie aber getrennt dar, und nur eines zeichnet eine Überschneidung, aber ohne Inhalt. Ein Drittel der Kinder zeichnet einzelne Knöpfe (im Verhältnis von 2; 1, falls keine umgebenden Kreise dargestellt sind). Um diese Exemplarität mit der Erinnerung an eine große Zahl von Elementen zu vereinbaren, fügen sie zu den behaltenen Figuren zahlreiche andere von gleicher Form und mit neuen Farben hinzu, wodurch ebenfalls jede multiplikative Struktur verwischt wird.

Nach einer Woche und noch mehr nach sechs Monaten zeigt sich zwischen der Erinnerung der Intersektion und dem Gedächtnis der vollständigen Multiplikation (Kapitel VIII) ein starker Gegensatz, der, so scheint es, auf zwei miteinander zusammenhängende Gründe zurückzuführen ist. In einer Menge blauer Gegenstände B und roter Gegenstände R oder runder Gegenstände S und quadratischer Gegenstände Q bilden die vier Klassen SB, SR, QB und QR ein vollständiges System, die drei Klassen SB, SR und QB hingegen wegen der Lücke bei den roten quadratischen Gegenständen QR ein unvollendetes Ganzes. Dazu kommt der zweite, ebenso wesentliche, wenn nicht noch wichtigere Grund, daß in einer Multiplikation $(S+Q)\times(B+R)$ die gemeinsamen Teile zwischen S, Q und B, R vollständig und folglich die vier Unterklassen SB, SR, QB und QR getrennt und symmetrisch sind, während es im System SB, SR und QB ohne QR keine Symmetrie gibt und die Klassen der blauen (QB+SB) und der runden (SB+SR) wegen der Intersektion SB nicht mehr getrennt sind. Man ersieht daraus einmal mehr, wie sehr das Gedächtnis der operativen Schematik untergeordnet ist.

III. – Nun zu den Kindern zwischen 8; 6 und 10 Jahren. Bei der zeichnerischen Evokation sind wir bei ihnen gleich vorgegangen wie bei den jüngeren Kindern. Anstelle des Wiedererkennungsversuchs, dessen Ergebnisse bei den Fünf- bis Achtjährigen beweiskräftig genug sind, haben wir von ihnen nach der Evokation eine Rekonstitution verlangt, wie schon eine Woche nach der Präsentierung. Für uns war es wichtig, bei einer Gruppe von Kindern zwei Rekonstitutionen mit 6 bis 12 Monaten Zwischenraum vergleichen zu können, weil diese Gegenüberstellung bei den multiplikativen Matrizen (Kapitel VIII) ganz andere Ergebnisse als bei der Evokation gezeitigt hatte (nämlich zahlreiche Fortschritte bei der Rekonstitution und Verfall der Erinnerung bei der Evokation). Andererseits sind selbstverständlich der Wiedererkennungs- und der Rekonstitutionsversuch nicht miteinander vereinbar, weil sie sich gegenseitig erleichtern würden. In diesem besonderen Fall wollten wir, um den Grad mnemonischer Prägnanz der Intersektion beurteilen zu können, die Ergebnisse der beiden Versuche ohne irgendeine neue Präsentierung des Materials erhalten. Deshalb haben wir den Wiedererkennungsversuch für die Fünf- bis Achtjährigen aufgespart, weil sein mögliches Gelingen (wie es der Fall war) um so mehr auch für die 8; 6 bis 10 Jahre alten Kinder gelten würde, und den Rekonstitutionsversuch für eben diese Altersstufe, weil sein mögliches Mißlingen um so mehr auch für die jüngeren Kinder Gültigkeit hätte.

Leider konnten wir nur 14 Kinder zwischen 8; 6 und 10 Jahren wieder ausfindig machen, 10 davon aus der Gruppe A, die anderen 4 aus der Gruppe B; sie genügen immerhin, um die allgemeinen Linien in der Entwicklung der Erinnerung sichtbar zu machen.

Man findet zunächst bei einem Kind von 8½ Jahren aus der Gruppe A einen Fortschritt: Nach einer Woche hatte es zwei nebeneinandergestellte Kreise gezeichnet, den einen mit 4 roten runden Knöpfen, den anderen mit 4 blauen quadratischen, dazu 5 Fingerhüte außerhalb der Kreise (die Rekonstitution war fast gleich, ausgenommen daß die Kreise getrennt waren, während die Zeichnung eine ∞ gezeigt hatte, wozu die Bemerkung «ein Eisendraht» fiel). Nach sieben Monaten kommen bei der Rekonstitution wie bei der Zeichnung zwei zusammenhängende Kreise heraus, der eine mit 5 roten runden, der andere mit 5 blauen runden und 6 blauen quadratischen Knöpfen, dazu 10 Fingerhüte in verschiedenen Farben. Daraus ersieht man, daß zwar die Rolle der Kreise aus Eisendraht nicht immer begriffen wird, daß aber die Klassen in ihrer richtigen Zusammensetzung ergänzt werden.

In der Gruppe B ist auch ein Fall von Fortschritt zu erkennen, aber nur bei der Zeichnung, denn die Rekonstitution war schon nach einer Woche richtig gewesen. Das Kind war 9 Jahre alt. Seine Zeichnung hatte nach einer Woche drei getrennte Kreise enthalten mit jeweils einem einzigen blauen runden, roten quadratischen und noch einmal roten quadratischen Knopf darin, plus Fingerhüte außerhalb der Kreise. Nach einigen Monaten war die Rekonstitution immer noch richtig, aber ihr ging auch eine genaue Zeichnung voraus, von einem Fehler abgesehen: Das Kind zeichnet zuerst drei getrennte Kreise mit jeweils 10 Finger-

hüten in 9 verschiedenen Farben, 10 blauen quadratischen und 10 roten runden Knöpfen darin. Bei der Durchsicht der Zeichnung bemerkt es aber, es habe eine Einzelheit «vergessen» (die vier Löcher, um die Knöpfe anzunähen), worauf es einen vierten Kreis mit 10 runden blauen Knöpfen hinzufügt, den es aber nicht mehr neben die blauen quadratischen Knöpfe plazieren kann.
Weitere fünf Kinder weisen ein Gemisch von Fortschritten und Rückschritten auf, sie sind aber interessant wegen ihren Schematisierungen. Das erste (nach 6 Monaten genau zehn Jahre alt) hatte nach einer Woche eine lange Reihe von vier Klassen aneinandergereihter Elemente gezeichnet: rote runde, rote quadratische, blaue runde und blaue quadratische Knöpfe; die Fingerhüte stehen ebenfalls in einer Reihe, aber für sich; ein Kreis aus Eisendraht ist nicht vorhanden. Nach sechs Monaten enthält ein großes Oval (das aber mit drei Höckern aus Kreisbogen versehen ist) die Fingerhüte und rote und blaue runde Knöpfe. Nach einer Woche hatte die Rekonstitution aus den Fingerhüten, zwei großen Kreisen, der eine mit roten runden und der andere mit blauen quadratischen Knöpfen, drei kleineren Kreisen mit denselben Elementen und (quadratischen und runden) blauen Knöpfen außerhalb der Kreise bestanden – insgesamt eine vollständige Unordnung, aber die roten quadratischen Knöpfe fehlten wie in der Vorlage. Nach sechs Monaten umfaßt die Rekonstitution zwei Paare von übereinanderliegenden Kreisen (= «sie waren um beide herum» = Erinnerung der Intersektion, aber schematisiert zu vollständigen Überdeckungen): Das erste Paar enthält die Fingerhüte, blaue quadratische und rote quadratische Knöpfe, das zweite Paar dieselben Elemente plus rote runde Knöpfe (das Kind erinnert sich an das Fehlen der roten quadratischen Knöpfe). Ein neunjähriges Kind zeichnet nach einer Woche zwei sich überschneidende Kreise mit blauen runden Knöpfen im gemeinsamen Teil und einem der beiden Restkreise und roten runden Knöpfen im anderen Restkreis (zwei Klassen insgesamt). Nach sechs Monaten bleibt es bei den getrennten Kreisen, der eine mit blauen runden, der andere mit roten quadratischen Knöpfen (die in der Vorlage nicht vorhanden gewesen waren); es erinnert sich auch daran, daß eine dritte Klasse vertreten gewesen war, was ein Fortschritt ist. Es bildet sie aber aus gelben Ovalen (die es zwischen die beiden Kreise plaziert). Bei der Rekonstitution (die nach einer Woche richtig gewesen war) findet es diese Ovale im Material nicht vor, so daß es sich mit den beiden anderen Klassen begnügt. Ein drittes Kind (10 Jahre alt) hatte nach einer Woche zwei sich überschneidende Kreise mit einem leeren gemeinsamen Teil gezeichnet; die beiden Restkreise enthielten blaue quadratische und rote runde Knöpfe. Nach

sieben Monaten zeichnet es das gleiche, fügt aber blaue runde Knöpfe hinzu, was ein Fortschritt ist. Seine Rekonstitution, die nach einer Woche richtig gewesen war, enthält nach sieben Monaten: a) blaue quadratische Knöpfe, b) blaue und rote runde Knöpfe und c) einen gemeinsamen Teil mit roten runden und blauen quadratischen Knöpfen. Ein viertes Kind (8½ Jahre, Gruppe B) zeichnet nach einer Woche zwei Klassen ohne Kreise (blaue runde, 1 roten runden Knopf, dazu Fingerhüte), nach sieben Monaten aber ohne Zweifel drei Klassen (scharlachrote, dunkelrote und gelbe runde Knöpfe, dazu Fingerhüte). Die Rekonstitution war nach einer Woche richtig gewesen und ist es auch noch nach sieben Monaten, nur daß die Kreise fehlen.

Ein neunjähriges Kind (Gruppe A) schließlich fertigt nach einer Woche eine Zeichnung und eine gleiche Rekonstitution an: sich überschneidende Kreise, der Sektor a mit blauen runden und quadratischen Knöpfen, der gemeinsame Teil mit blauen runden und der Sektor c mit blauen runden und quadratischen Knöpfen. Nach acht Monaten steht die Zeichnung tiefer (4 Klassen), aber die Rekonstitution ist besser schematisiert: zwei leere Kreise in Intersektion und (daneben) quadratische und runde blaue und runde rote Knöpfe; mit anderen Worten, die Kreise sind für nichts da, aber die drei Klassen sind richtig wiedergegeben und voneinander getrennt.

Dann kommen vier Kinder mit einer Mischung von stationärem Zustand (im allgemeinen bei der Rekonstitution) und Rückschritt (im allgemeinen bei der Zeichnung) nach sechs bis zehn Monaten. Ein neunjähriges Kind rekonstituiert nach einer Woche und nach sechs Monaten richtig; die Zeichnung war nach einer Woche ebenfalls richtig gewesen; nach sechs Monaten enthält aber der gemeinsame Teil der sich überschneidenden Kreise blaue quadratische Knöpfe, während die Restkreise mit roten quadratischen und roten runden Knöpfen versehen sind: also Symmetrie und nicht mehr Intersektion der Klassen. Ein Kind von 8; 10 Jahren zeichnet nach einer Woche drei Klassen (aber mit roten quadratischen Knöpfen und ohne sich überschneidende Kreise), nach sieben Monaten aber nur zwei Klassen; doch die Rekonstitutionen sind beide vom Typ IV. Ein anderes Kind (8; 6) macht eine Rekonstitution vom Typ IV wie das eben erwähnte Kind, aber seine Zeichnung geht von sich überschneidenden Kreisen (mit leerem gemeinsamem Teil) zu getrennten Kreisen (drei richtige Klassen) über. Das vierte Kind (8 Jahre alt) fertigt hingegen gleichwertige Zeichnungen (zwei Klassen) an, aber seine Rekonstitution geht vom Typ V zum Typ III zurück. Man sieht, ausgenommen bei diesem letzten Kind (in dieser Gruppe der

Acht- bis Zehnjährigen übrigens eines der jüngsten) betreffen alle Rückschritte nur die Zeichnungen.

Schließlich finden wir drei Kinder mit schlechteren Zeichnungen und Rekonstitutionen. Ein Kind von 8; 10 Jahren zeichnet nach einer Woche zwei getrennte Kreise mit den drei richtigen Klassen, doch die blauen runden Knöpfe liegen zwischen den beiden Kreisen. Nach acht Monaten erinnert es sich an zwei übereinanderliegende Kreise, ohne Knöpfe und Fingerhüte. Die Rekonstitution nach einer Woche war richtig gewesen, nach acht Monaten ist sie noch richtig in bezug auf die Stellung der Klassen, aber von Kreisen ist nichts mehr zu sehen. Ein Kind von 9; 6 Jahren der Gruppe B hatte nach einer Woche eine richtige Zeichnung und eine genaue Rekonstitution aufgewiesen; nach acht Monaten enthält die Zeichnung die drei Klassen, aber die blauen runden Knöpfe sind grün geworden und die Kreise aus Eisendraht liegen außerhalb; die Rekonstitution ist vom gleichen Typ. Das dritte Kind (9; 7) hatte eine Zeichnung mit nur zwei Klassen (plus Fingerhüte) und eine richtige Rekonstitution angefertigt. Nach sieben Monaten enthalten die Rekonstitution wie die Zeichnung vier Kreise, und die Klassen sind in allen vier miteinander vermischt.

Bei diesen 14 Kindern finden wir alles in allem 8 Rekonstitutionen, die der Zeichnung überlegen sind, 5, die gleich sind, und 1, die tiefer steht. Es ist aber nicht mehr dieser auffällige Fortschritt zwischen der Rekonstitution nach einer Woche und der nach einigen Monaten, wie er sich bei den Matrizen des Kapitels VIII gezeigt hatte. Diese Kinder zwischen 8; 6 und 10 Jahren behalten aber ihre Erinnerungen viel besser als die Fünf- bis Achtjährigen: 2 Fortschritte, 5 mit einer Mischung von Teilfortschritten und leichten Verschlechterungen, 4 mit einer Mischung von stationärem Zustand und Teilrückschritten und 3 mit allgemeinem, aber ebenfalls begrenztem Rückschritt. Die Ergebnisse bei den Acht- bis Zehnjährigen und bei den Fünf- bis Achtjährigen konvergieren somit: Die Symbolik der sich überschneidenden Kreise wird in diesem Alter kaum verstanden und folglich schlecht behalten; und die Intersektion als solche (mit oder ohne unterstützende Kreise) bleibt eine unvollständige und, verglichen mit den Descartesschen Produkten, teilweise künstliche Operation, woraus sich der klare Unterschied bei den mnestischen Reaktionen auf diese beiden Arten von Strukturen, insbesondere bei den Rekonstitutionen, erklären läßt.

[1] In Zusammenarbeit mit E. Schmid-Kitzikis und A. Bauer.

[2] Siehe B. Inhelder und J. Piaget, *La genèse des structures logiques élémentaires,* Kapitel VI.

Kapitel X

Das Gedächtnis der Anordnungen [1]

Bei einer gegebenen Menge von Gegenständen besteht die oft «Anordnung» genannte Operation darin, diese Gegenstände n zu n zu kombinieren und nach den verschiedenen möglichen Ordnungen zu permutieren. Es handelt sich dabei also nicht um eine multiplikative Operation im Sinne der Kapitel VII bis IX, aber man kann sie eine multiplikative Operation im weiten Sinne (so wie die Quadrierung ein Sonderfall der Multiplikation ist) nennen, denn sie ist eine Operation in zweiter Potenz: Eine Kombination n zu n ist nämlich eine Klassifizierung aller Klassifizierungen, die bei einer gegebenen Menge möglich sind (also ihre «Menge von Teilen»), und eine Permutation ist eine Seriation aller Seriationen oder möglichen Anordnungen der gleichen Glieder. Die Untersuchung des Gedächtnisses solcher Strukturen ist deshalb interessant, weil sie auf einer höheren operativen Stufe als die Multiplikation von Klassen und (insbesondere serialen) Beziehungen stehen. Die einfachen Multiplikationen oder Multiplikationen erster Potenz sind in ihrer operativen Form dem Kind schon auf der Stufe der sogenannten konkreten Operationen (sieben bis acht Jahre) verständlich, die auf den «Gruppierungs»-Strukturen beruhen, also schrittweise vorgehen und ohne jede Kombinatorik auskommen. Die Kombinationen, Permutationen und Anordnungen setzen hingegen höhere Strukturen, nämlich das hypothetisch-deduktive oder «formale» Denken voraus, mit anderen Worten: die Aussage-Operationen, die selbst kombinatorisch funktionieren.

Als Abschluß der beiden ersten Teile dieses Buches, die dem Gedächtnis der logischen Strukturen gewidmet sind, wovon alle der Stufe der konkreten Operationen angehören, wollen wir deshalb an einer kombinatorischen Struktur, die sich in ihrer operativen Form erst bei Elf- bis Zwölfjährigen ausbildet, überprüfen, ob die Erinnerung dieser nur wahrgenommenen (und vom Kind unter keinen Umständen operativ konstruierten) Struktur denselben Gesetzen gehorcht wie die anderen logischen Strukturen: sich also erst auf der Stufe, wo die entsprechende Operation als solche verstanden wird, adäquat und wirklichkeitsgetreu ausformt.

1. *Technik und Erinnerungsstufen*

Wir haben möglichst einfache Modelle ausgesucht: Mengen von drei Elementen, die in Zweiergruppen angeordnet werden. Die Modelle sind so einfach, daß wir angenommen hätten, sie müßten eine leichte und frühzeitige Erinnerung ergeben, wenn wir nicht schon früher[2] die Entwicklung der Kombinations-, Permutations- und Anordnungsoperationen studiert hätten. Bei der einen Gruppe wurden drei geometrische Formen (Figur 37/I): ein Quadrat, ein Kreis und ein

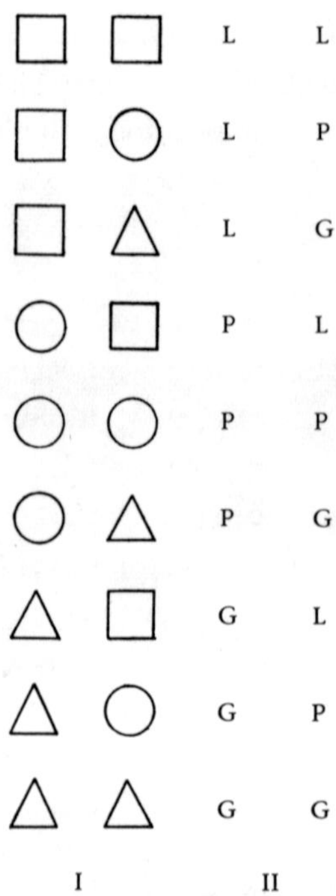

Figur 37

Dreieck, in einer einzigen Figur mit neun möglichen Kombinationen präsentiert. Bei der anderen Gruppe präsentiert man zusammen drei gezeichnete Gegenstände, eine Lokomotive, einen Personenwagen und einen Güterwagen (L, P und G in der Figur 37/II), in einer doppelten Kolonne mit den neun möglichen Anordnungen. Die Figur I wurde 32 Kindern im Alter zwischen 4 und 12; 11 Jahren vorgelegt, die Figur II 28 anderen Kindern derselben Altersstufen.

Während der Präsentierung gibt das Kind eine kurze Beschreibung dessen, was es sieht, und es äußert seine Meinung zur Anordnung: «Findest du, es sei alles durcheinandergemischt, oder siehst du etwas Ordnung?» usw. Dann verlangt man sofort nach der Präsentierung eine Zeichnung des Gesehenen. Nach einer Woche folgt eine zweite Gedächtniszeichnung und eine Rekonstitution mit dem Material (wobei mehr bewegliche geometrische Formen oder Lokomotiven und Wagen zur Verfügung stehen, als auf den präsentierten Kartons vorhanden gewesen waren). Dieselben Fragen noch einmal nach sechs Monaten.

Dabei konnte man die folgenden Erinnerungstypen oder -stufen beobachten:

Typ I. – Die Elemente werden nicht paarweise wiedergegeben. Man kann zwei Untertypen unterscheiden. Der erste, IA, füllt das ganze Blatt oder einen Teil des Zeichenpapiers mit einer Menge von zufällig verteilten Elementen: And (4; 7) zum Beispiel zeichnet 35 Kreise, einige in Reihen (am Rand oder im Inneren des Blattes) angeordnet, andere nicht, 8 Quadrate und 7 Dreiecke, alle beliebig verteilt. Der zweite Untertyp, IB, gibt von jedem Element nur einzelne Beispiele wieder (Step, 4; 11, zeichnet einen einzigen Kreis, ein einziges Quadrat und ein einziges Dreieck), was bei den Matrizen und Intersektionen von einem verhältnismäßig wirklichkeitsgetreuen Gedächtnis der präsentierten Struktur zeugte, was aber hier bedeutungslos bleibt. Nur sehr junge oder in der Entwicklung zurückgebliebene Kinder zeigen deshalb die Typen IA und IB.

Stellt man den Kindern des Untertyps IB Fragen, um mehr herauszubekommen, so zeichnen sie im allgemeinen bezeichnende Formen (ein Haus, einen Tunnel, einen Feuerwehrhelm). Falls man nach der Anordnung fragt, erhält man die Antwort, das Modell sei «gut angeordnet gewesen, weil es schön war» usw.

Typ II. – Jetzt werden Paare gezeichnet, ohne daß aber versucht wird, sie voneinander abzuheben. Die Kinder scheinen sich zwei Ziele zu setzen: sie wollen Paare von Figuren zeichnen, wie es auf dem Modell vorgegeben war, und sie wollen viele Paare zeichnen, um damit ihr Zeichenblatt zu füllen, so wie auch der präsentierte Karton davon gefüllt war. Das Blatt wird also wieder gefüllt, aber mit Zweiergruppen, die sich oft über das ganze Blatt verstreut wiederholen, wobei das Kind mangels einer ausreichenden Methodik nicht versucht, diese Wiederholungen zu vermeiden. Es ist insbesondere festzuhalten, daß Paare von gleichen geometrischen Symbolen oder Eisenbahnwagen nur selten vorkommen oder fehlen. Beispiel: Mar (4; 11) zeichnet nach einer Woche 21 Paare von nur 6 verschiedenen Typen: Quadrat–Quadrat (1), als erstes und zweifellos zufälliges Paar, Dreieck–Kreis (6), Quadrat–Kreis (6), Kreis–Quadrat (5), Kreis–Dreieck (2) und Dreieck–Quadrat (1); die Paare, die sich wiederholen (6, 6, 5 und 2) stehen dicht neben- oder untereinander. Es sieht so aus, als seien sie durch bloßes tastendes Versuchen gefunden worden. Auch die Inversionen sind zufällig. Man kann dem Typ II (aber nicht als Untertyp, weil sie nicht in genügender Anzahl vorkommen) zwei abweichende Fälle zuordnen, die anstatt Paare Dreiergruppen gezeichnet haben, was vielleicht eine Verwechslung zwischen den drei Elementen und ihren Zweierassoziationen ist, und die diese Dreiergruppen so oft wiederholen, bis das Zeichenblatt damit gefüllt ist.

Typ III. – Das Kind verfolgt jetzt zwei Hauptziele: Es will voneinander verschiedene Paare konstruieren – wobei es darauf achtet, daß sie sich nicht wiederholen – und sie vermehren, insbesondere durch Inversion. Wenn nur die eine dieser beiden Tendenzen zu erkennen ist, sprechen wir von einem Untertyp III A: Joe (7; 5) zum Beispiel kommt auf fünf verschiedene Paare, wovon drei aus Paaren von jeweils gleichen Elementen bestehen, aber er erinnert sich an keine Inversion; Mag (7; 0) hingegen zeichnet acht Paare, wovon vier aus Inversionen hervorgehen, die aufeinander folgen. Sind die beiden Tendenzen miteinander koordiniert, werden also die Inversionen systematisch vorgenommen und kommen keine Wiederholungen vor, so haben wir den Untertyp III B vor uns, der der richtigen Lösung schon sehr nahe steht: Ber (8; 10) und Ped (8; 7) haben fünf und sechs Paare mit einem Ansatz von System behalten: Inversion der memorierten Paare, oder aber sechs Paare, wovon drei mit einem Kreis beginnen, mit zwei Inversionen und ohne Wiederholung.

Wir unterscheiden noch einen Untertyp III C, wo dieses Gemisch von tastendem Versuchen und in Bildung begriffener Systematik zu einer vollständigen Wiedergabe der neun Paare führt. Dieses zufällige Teilgelingen läßt sich aber leicht von den genauen Erinnerungen des Typs IV abgrenzen, denn diese Paare sind nicht gruppiert nach Dreierfolgen, die jeweils mit dem gleichen Glied beginnen. Phi (9; 8) zum Beispiel gibt vom Eisenbahnzug neun Paare, wobei die vorderen Elemente in dieser Reihenfolge angegeben sind: P, L; P, G; L, G; P, G und L. Das zeigt den Anteil des Zufalls bei dieser Retention. Sie ist zwar vollständig, aber es fehlt ihr zur vollständigen Richtigkeit das System.

Typ IV. – Die richtige Erinnerung: neun Paare in drei Dreierfolgen, die jeweils mit demselben Element beginnen. Man kann diesen Typ in die beiden Untertypen IV A und IV B aufteilen, je nachdem die Regelmäßigkeit unvollkommen (die Elemente der hinteren Kolonne stehen nicht in derselben Reihenfolge hintereinander wie die der vorderen Kolonne) oder vollkommen ist.

2. *Allgemeine Ergebnisse*

Aus der Verteilung dieser Erinnerungstypen bei den 58 untersuchten Kindern ergibt sich auf den ersten Blick, daß es sich um Entwicklungsstufen handelt (in absoluten Zahlen):

Tabelle XXV

Die Erinnerung der Anordnungen (unmittelbarer Abruf)

	I *A*	I *B*	II	III *A*	III *B*	III *C*	IV *A*	IV *B*	I–II	III	IV
4 Jahre (6)	2	2	2	0	0	0	0	0	6	0	0
5 Jahre (7)	2	2	2	0	1	0	0	0	6	1	0
6 Jahre (6)	0	1	0	5	0	0	0	0	1	5	0
7 Jahre (12)	0	0	2	5	4	1	0	0	2	10	0
8 Jahre (9)	0	0	1	0	6	2	0	0	1	8	0
9 Jahre (5)	0	1	0	0	2	1	0	1	1	3	1
10 Jahre (6)	0	0	0	0	2	2	1	1	0	4	2
11–12 Jahre (7)	0	0	0	1	2	0	0	4	0	3	4

Trotz der kleinen Zahl Kinder zeigt es sich klar, daß dieser Fortschritt mit dem Alter zusammenhängt (falls er weniger deutlich sichtbar gewesen wäre, hätte man die Kinder auch zu Blöcken – Vier- bis Fünfjährige, Sechs- bis Siebenjährige, Acht- bis Neunjährige und Zehn- bis Zwölfjährige – zusammenfassen können). Man sieht aber auch, daß die richtigen Erinnerungen, wie erwartet, erst auf der Stufe der Aussage- oder «formalen» Operationen beginnen: sieben Kinder, nämlich eines von 9; 6 Jahren, zwei Zehnjährige und vier Elf- bis Zwölfjährige. Die präsentierte Figur, die ausschließlich betrachtet und beschrieben, aber natürlich nicht operativ konstruiert werden muß, ist als Anordnung von einer elementaren Einfachheit und Regelmäßigkeit: drei Gegenstände A, B und C, die sich in der linken Kolonne jeweils dreimal wiederholen – AAA, BBB und CCC – und hinter denen in der rechten Kolonne gleiche Dreiergruppen (A)A, (A)B, (A)C, (B)A, (B)B, (B)C und (C)A, (C)B, (C)C stehen! Man hätte deshalb annehmen können, dank der Beschreibung und den Fragen zur Reihenfolge sei die Konfiguration rein bildlich und ohne jeden Bezug auf das Gesetz der operativen Konstruktion behalten worden, denn es ging ja nicht um eine Konstruktion, sondern nur um eine Aufzeichnung der gegebenen Anordnung. Auch hier wieder stellen wir fest: Um eine Struktur mit einer Genauigkeit, die für ihre Retention und Entzifferung ausreicht, zu verschlüsseln, braucht man einen Code, der der Operation selbst entspricht. Mit anderen Worten, um eine Anordnung zu behalten, muß das Kind imstande sein, sie tatsächlich herzustellen oder wiederherzustellen.

Der Vergleich der Erinnerungen unmittelbar nach der Präsentierung und nach einer Woche ist in dieser Hinsicht ziemlich instruktiv, vor allem auch der Vergleich zwischen der zweiten Gedächtniszeichnung und der Rekonstitution, wo das Kind materiell rekonstruiert, so daß sich daraus einige Hinweise auf seine wirkliche operative Stufe ergeben.

Bei den Evokationen nach einer Woche haben wir im Vergleich zum unmittelbaren Abruf nur vier Veränderungen festgestellt, so daß man die Erinnerungen dieser zweiten Sitzung nicht in einer besonderen Tabelle zusammenstellen muß. Es gibt selbstverständlich zwei oder drei Kinder, die sich beim unmittelbaren Abruf mit einzelnen geometrischen Figuren oder Eisenbahnwagen begnügen, aber bei der zweiten Sitzung das Blatt füllen oder umgekehrt. Dadurch wird ihre Stufe (I A oder I B) jedoch in keiner Weise verändert. Interessant sind hingegen die folgenden vier Fälle:

1. Ein Kind von 5; 2 Jahren zeichnet bei der unmittelbaren Evokation zahlreiche Paare (Typ II), verliert aber diese Erinnerung und füllt nach einer Woche bei der Zeichnung das Blatt mit einfachen Figuren. Die Rekonstitution zeitigt dasselbe Ergebnis (Typ I A).

2. Ein anderes Kind im Alter von 9; 8 Jahren kommt durch tastendes Versuchen beim unmittelbaren Abruf auf den Typ III B (acht Paare, aber nicht geordnet). Dieser Ansatz zu einer Koordinierung ermöglicht es ihm nach einer Woche, wieder durch tastendes Versuchen neun Paare herauszubringen, die aber immer noch ungeordnet sind (Typ III C). Bei der Rekonstitution fällt es aber auf die Stufe III B zurück.

3. Ein Kind von 10; 9 Jahren zeigt beim unmittelbaren Abruf eine Erinnerungsstufe vom Typ III C. Weil es in seinem Alter auf der Schwelle zur formalen Operation steht, gelingt ihm bei der Evokation nach einer Woche und bei der Rekonstitution je ein Typ IV A.

4. Interessant ist ein Kind von 8; 4 Jahren. Es beginnt bei der unmittelbaren Evokation mit einer Reaktion, die ein vollkommenes System zu enthalten scheint: In der vorderen Kolonne reiht das Kind je drei Quadrate, drei Kreise und drei Dreiecke aneinander, und in der hinteren Kolonne verbindet es paarweise mit den Quadraten ein weiteres Quadrat, einen Kreis und ein Dreieck. Hinter den obersten Kreis der vorderen Kolonne setzt es ebenfalls ein Quadrat. Man erwartet,

daß es so weiterfährt. Also ein sehr früher Typ IV B. Doch an eben dieser Stelle hört es auf, als ob ihm das Bild fehlen würde, und es vervollständigt seine Zeichnung erst auf entsprechende Fragen hin. Bei der Evokation nach einer Woche und ebenso bei der Rekonstitution beginnt es mit drei Paaren von Quadraten, dann setzt es die drei Kreise und die drei Dreiecke, richtig mit ihren Partnern assoziiert, hin. Das ist der einzige Fall einer rein figurativen Erinnerung, die fast zu einer ganz richtigen Evokation geführt hätte. Nach einer Woche sieht man aber, daß eigentlich kein Gedächtnis des Systems, sondern nur einige halb-wirklichkeitsgetreue und halb- (teilweise falsch) rekonstituierte Erinnerungsbilder vorhanden waren: Die drei Paare von gleichen Quadraten sind ein klarer Hinweis darauf.

Zwischen der Evokation nach einer Woche und der unmittelbar daran anschließenden Rekonstitution beobachtet man bei unseren 60 Kindern sechs Veränderungen. Einige Übergänge von I B zu II A muß man unberücksichtigt lassen, denn es ist, wenn man rund 30 Gegenstände (worunter auch Rechtecke, die beim Modell nicht vertreten waren) zur Verfügung hat, verführerischer, mehr als nur drei exemplarische Gegenstände zu verwenden. Bisweilen kommt diese Exemplarität jedoch auch bei den Rekonstitutionen vor, was bei den multiplikativen Strukturen der vorangehenden Kapitel nie festgestellt werden konnte. Diese sechs auffälligen Veränderungen sehen folgendermaßen aus:

1/2. Zwei Kinder von 6; 8 und 7; 5 Jahren gehen bei der zweiten Evokation vom Typ III A zum Typ III B über, weil sie offensichtlich, trotz Inversionen, die Zweiergruppen auseinanderhalten wollen.

3. Ein Kind im Alter von 8; 1 Jahren geht vom Typ II zum Typ III A über.

4/6. Drei Kinder von 7, 8 und 9 Jahren fallen hingegen vom Typ III C zum Typ III B zurück, woraus man ersieht, daß die für diesen Typ III C charakteristischen Entwürfe (die neun richtigen Paare, ungeordnet, durch tastendes Versuchen gefunden) zufällig bleiben und nicht mit der Entdeckung eines Systems verbunden sind, das eine Wiedergabe gewährleisten würde, nicht einmal in dieser Situation einer materiellen Aktion, wie die Rekonstitution sie darstellt.

Veränderungen zwischen der zweiten Evokation und der Rekonstitution sind somit selten (eines von zehn Kindern) und nicht polarisiert: drei Rückschritte und drei Fortschritte, die einen wie die anderen geringfügig und kaum die Grenzen des betrachteten Typs überschreitend. Es kommt zu einem klaren Fortschritt von der Evokation zur Rekonstitution, wenn das Kind die präoperativen oder operativen Schemata beherrscht, die die Erinnerung im Umgang mit dem Material besser strukturieren. Im Einzelfall, falls unsere Analyse richtig ist, bilden sich die kombinatorischen Schemata, die für die Beherrschung der Anordnungsstrukturen notwendig sind, erst im Alter zwischen 10 und 12 Jahren aus, und auch dann erst ansatzweise, weshalb die Typen I bis III zwischen 4 und 9–10 Jahren in der Erinnerung systematisch vorherrschen. Mangels solcher in Ausformung begriffener Schemata (die «konkreten» Operationen der Sieben- und Acht- bis Zehn- und Elfjährigen enthalten keinerlei Kombinatorik) kommt es folglich hier zu keinen Fortschritten zwischen den Evokationen und den Rekonstitutionen und weisen insbesondere die Typen III C keine Übergänge zum Typ IV auf. Der einzige derartige Fortschritt wurde bei einem Kind von 10; 9 Jahren festgestellt, aber schon zwischen der ersten und der zweiten Evokation, so daß es bei der Rekonstitution nichts mehr zusätzlich erwerben konnte.

Alles in allem stellt man bei den Erinnerungen der zweiten Woche wie beim unmittelbaren Abruf fest, daß die Evokation und sogar die Rekonstitution einer Figur mit Anordnungen von drei Elementen in Zweiergruppen den Kindern erst gelingen, wenn sie die entsprechenden Operationen aufzubauen beginnen. Bei Vier- bis Fünfjährigen bleibt die Erinnerung rein figurativ. Sie ist bezüglich der Elemente auf das Vorhandensein von Paaren beschränkt, die aber völlig regellos verteilt werden. Zwischen dem sechsten und dem neunten Lebensjahr setzt die Strukturierung ein, zunächst aber in einer rein empirischen Form und ohne jede Systematik: Hier herrschen der Typ III und seine Untertypen vor, wobei ein allmählicher Fortschritt von III A zu III C festzustellen ist. Erst bei Zehn- und Elf- bis Zwölfjährigen erreichen die wirklichkeitsgetreuen Erinnerungen einen Anteil von 33 bis 57%. Diese Entwicklung weist somit einmal mehr auf die enge Beziehung zwischen der Organisation der Erinnerung an eine statische Figur und den für ihre Konstruktion notwendigen Operationen hin; auch die Rekonstitution scheint ganz dieser allgemeinen Bedingung untergeordnet zu sein.

3. Die Erinnerung nach sechs Monaten[3]

Von den 58 erwähnten Kindern konnten 49 nach sechs (in Wirklichkeit fünf bis sieben) Monaten wieder ausfindig gemacht werden. Sie wurden aber durch eine neue Mitarbeiterin geprüft. Sie erzählten mit einigen Worten, woran sie sich erinnerten, und fertigten dann eine Zeichnung an. Die Kinder, die mit dem

Eisenbahnzug gearbeitet hatten, benötigten keinerlei Hilfe. Die anderen mußten zuerst etwas ermuntert werden, wobei man sich aber mit vagen Hinweisen begnügte, ohne die einzelnen Gegenstände besonders zu erwähnen: «Erinnerst du dich an ein großes blaues Ding? Man hatte etwas darauf geklebt.» Ein einziges Kind (4 Jahre alt) verweigerte jede Evokation, was jedoch nicht beweist, daß jede Erinnerung fehlte. Von den 48 übrigen Kindern hatten 26 die geometrischen Formen und die 22 Eisenbahnzüge als Modell präsentiert erhalten.

Nehmen wir einige Besonderheiten dieser Erinnerungen nach sechs Monaten vorweg. Neun Kinder haben ein Element, zwei Kinder zwei Elemente vergessen (die meisten dieser elf Kinder gehörten zur Gruppe mit den Eisenbahnzügen, deren figurative Einzelheiten stärker verlorengegangen sind als bei den guten geometrischen Formen). Fünf Sechs- bis Siebenjährige fügen zu den geometrischen Figuren noch Ovale oder Rechtecke hinzu. Vor allem ab sieben Jahren findet man Kinder, die anstatt Paare Dreiergruppen zeichnen (17 Kinder vom Typ II, verglichen mit 2 nach einer Woche), und die Kleineren verlängern bisweilen ihre Eisenbahnzüge, indem sie den gleichen Wagen wiederholen.

Vergleicht man die Erinnerungsstufen beim unmittelbaren Abruf oder nach einer Woche mit den Evokationen nach einigen Monaten, so stellt man zunächst vier Fortschritte fest: Ein Kind von 5; 1 Jahren geht von I B zu III A über, ein gleichaltriges fertigt einfach eine systematischere Zeichnung an (Paare von gleichen Figuren, während nach einer Woche einfach das Blatt gefüllt worden war); und zwei Kinder von 8 und 11 Jahren wechseln von der Stufe III auf die Stufe IV A.

24 der 48 Kinder, also die Hälfte, bleiben stationär. 7 davon konnten aber gar keine Fortschritte machen, weil sie das Stadium IV bereits erreicht hatten. Die 17 anderen verteilen sich folgendermaßen: 2 Stufe I, 3 Stufe II und 12 Stufe III, die somit die Regelmäßigkeiten schon recht gut memoriert hatten. Von den 20 verbleibenden Kindern zeigen 8 einen klaren Rückschritt (Stadien II und III A oder B, aber kein einziges Stadium IV) und 12 einen halben Rückschritt, der aber im wesentlichen darauf zurückzuführen ist, daß sie Dreiergruppen anstatt Paare zeichnen, wodurch die Anordnung viel schwieriger wird. Sie geben jeweils mehrere Möglichkeiten an, aber natürlich mit bestimmten rückständigen Verhaltensweisen (Wiederholungen derselben Dreiergruppen usw.), woraus sich ihre Halbrückschritte ergeben.

Man ist ganz allgemein erstaunt, wie leicht die Kinder gewisse Regelmäßigkeiten behalten haben, und zwar sowohl bei den Erinnerungen nach einigen Monaten als auch beim unmittelbaren Abruf oder nach einer Woche. Die für die Anordnungen charakteristische Operation, also Permutation und Kombination miteinander verbunden, hängt zwar mit der Entwicklungsstufe der Aussage- oder hypothetisch-deduktiven Operatoren zusammen, weshalb es ganz normal ist, daß man richtige Erinnerungen des Typs IV erst bei Elf- bis Zwölfjährigen und bei einigen frühreifen Neun- und Zehnjährigen antrifft. Bemerkenswerterweise erinnern sich nach sechs Monaten 7 von 9, also 77% der Kinder, zwischen 10; 6 und 12 Jahren gemäß der Stufe IV. Es ist aber ebenso bemerkenswert, daß die sieben- bis zehnjährigen Kinder, die sich allerdings noch nicht alle Anordnungen in Erinnerung rufen können, beim unmittelbaren Abruf und nach einigen Monaten zahlreiche Regelmäßigkeiten behalten haben. Das zeigt ebenfalls, wie sehr der operative Aspekt, zum figurativen Aspekt hinzu, oft ihn ergänzend oder in eine bestimmte Richtung lenkend, in der Erinnerung mitspielt. Der mnestische Irrtum, die Paare durch Dreiergruppen zu ersetzen (17 Kinder) zum Beispiel, betrifft nur den figurativen Inhalt, denn das Schema der Anordnungen selbst wird ganz natürlich verallgemeinert, sobald einmal die unmittelbare Erinnerung getrübt ist.

[1] In Zusammenarbeit mit Ch. Widmer.

[2] J. Piaget und B. Inhelder, *La genèse de l'idée de hasard chez l'enfant,* Kapitel IX (Presses Universitaires de France, 1951).

[3] In Zusammenarbeit mit C. Challande.

DRITTER TEIL

Die Erinnerung der kausalen Strukturen

Von den Zusammenhängen zwischen dem Gedächtnis und der Intelligenz her gesehen, mit denen sich dieses Buch ausschließlich befaßt, beziehen sich die alltäglichen Erinnerungen entweder auf statische Anordnungen, die aus Aktionen oder Operationen sich ergeben können (die das Subjekt ebenfalls behält), oder aus Zuständen, die untereinander durch kausale Zusammenhänge verbunden sind (die ihrerseits im Gedächtnis behalten werden können). In den beiden ersten Teilen haben wir das Gedächtnis einiger dieser Konfigurationen oder operativen Strukturen untersucht. Wir wandten uns zuerst den logisch-arithmetischen Formen zu. Die spezifisch räumlichen Formen sparten wir für den IV. Teil auf, weil sich hier die Frage der Beziehungen zwischen dem Figurativen und dem Operativen mit besonderer Schärfe stellt. Jetzt ist es an der Zeit, die Erinnerung kausaler Strukturen zu prüfen. Wir kennen die Entwicklung dieser Strukturen in den Einzelheiten unter dem operativen Gesichtspunkt erst schlecht. Wir wissen aber, daß die Kausalität in den verschiedenen aufeinanderfolgenden Entwicklungsstufen als ein System von Aktionen und dann von Operationen im eigentlichen Sinne des Wortes erscheint, die den Objekten «zugeschrieben» und nicht nur zu ihrer Beschreibung «angewendet» werden. Nun wollen wir untersuchen, ob die Erinnerung dieser kausalen Strukturen denselben Gesetzen gehorcht wie das Gedächtnis der logisch-arithmetischen Strukturen, oder ob diese Gesetze anders sind. Darüber geben die Kapitel XI bis XIV Auskunft.

Kapitel XI

Die Erinnerung eines mit Hebeln verbundenen kausalen Vorganges[1]

Das für dieses Kapitel verwendete Material besteht aus zwei Anordnungen, die im statischen Zustand fast gleich aussehen, sich aber in ihrem kausalen Mechanismus stark unterscheiden. Die erste, die wir mit B bezeichnen (mit einer blauen Zündholzschachtel darauf), besteht aus einem Stück. Ihre Segmente sind rechtwinklig fest miteinander verbunden. Drückt man auf den Stiel a, so werden die Teile b und c einfach nach oben geschoben (wie man aus Figur 38/II ersieht). Die Anordnung R (mit einer roten Zündholzschachtel darauf) hingegen ist eine Art Hebel, dessen drei Segmente mit zwei Schrauben untereinander verbunden sind: drückt man auf den Stiel a, so werden sie Segmente b und c nach unten verschoben (siehe Figur 38/IV). Die beiden Anordnungen B und R sind auf einem Brett befestigt.

1. *Technik und Probleme*

Die Präsentierung beginnt mit einer Zustandsbeschreibung: «Was ist auf dem Brett?» Dann fordert man das Kind auf, die beiden Stiele nach oben zu drücken (die Richtung wird mit einer Handbewegung angegeben) und gut aufzupassen, was es sehe – die sogenannte direkte Aktion (Richtung der Pfeile bei 38/I und III). Dann zieht es die beiden Stößel selbst wieder zurück (was wiederum mit einer Handbewegung gezeigt wird) – die inverse Aktion (Richtung der Pfeile bei 38/II und IV). Man mahnt das Kind noch einmal, genau hinzusehen. Jetzt lenkt man das Kind eine Minute lang ab und räumt das Material weg, worauf eine erste Evokation durch Beschreibung und Zeichnung verlangt wird. Eine Woche später folgt eine zweite Evokation durch Beschreibung (sie soll möglichst spontan sein und nicht manipuliert werden) und Zeichnung. Die Zeichnung muß vom Kind kommentiert werden, wobei man gegebenenfalls Holzstäbchen zu Hilfe nimmt, um den Kommentar zu konkretisieren und zu symbolisieren. Nach sechs Monaten noch einmal dasselbe.

Das Problem, das sich uns stellt, ist wie üblich, ob es, abhängig von der Entwick-

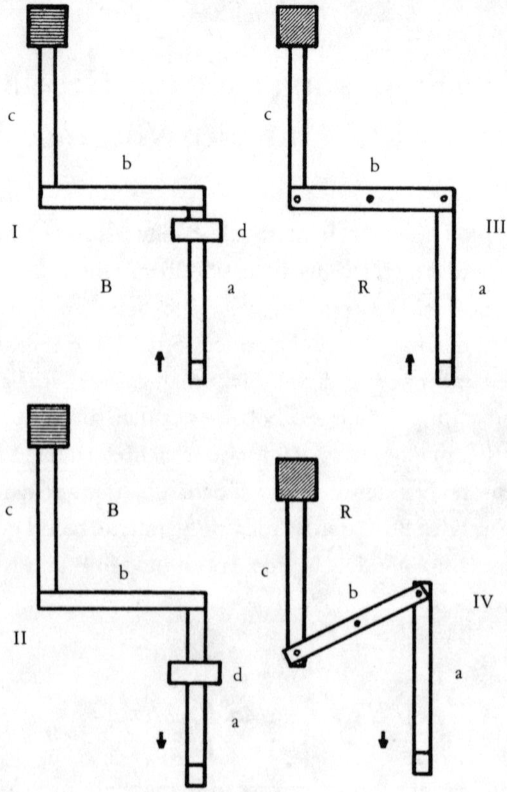

Figur 38

lung des Kindes, verschiedene Stufen der Erinnerung oder bei der Organisation der Erinnerung gibt. Weiter aber auch, ob eine Beziehung zwischen diesen Erinnerungsstufen und dem Verständnis der Kinder zu sehen ist oder nicht, oder ob das Gedächtnis im wesentlichen ganz einfach die Inputs in Form der aufgezeichneten Wahrnehmungstatsachen wiedergibt. Man wird einwenden, das Problem sei schon lange gelöst. Es ist aber gar nicht so umfassend gelöst, wie es aussieht, und zwar weder unter dem Gesichtspunkt des Gedächtnisses, das uns hier interessiert, noch hinsichtlich der Kausalität, auf die sich dieses Experiment bezieht. Vom Gedächtnis her gesehen, stellt sich auch hier wieder das Problem, wie die Erinnerung verschlüsselt wird, insbesondere ob sich der Code mit dem Alter aufgrund der Intelligenz- oder Transformationsschemata des Kindes verändert oder nicht. Wenn das Gedächtnis (und jetzt geht es um die Kausalität) sich damit begnügt, das aufzuzeichnen, zu behalten und wieder abzurufen, was vom Kind wahrgenommen wurde, und zwar unabhängig von jeder transformierenden Verbindung, so bedeutet das, daß es sich an das «Beobachtbare» hält. Bei den mechanischen oder physikalischen Beziehungen, zu denen die verwendeten Anordnungen gehören, wäre das Beobachtbare die Beschreibung, zweifellos verbunden mit einer immer genaueren Analyse, aber diese Analyse würde nicht über das Gegebene hinausgehen. Das Gedächtnis würde somit, falls diese Möglichkeit zutrifft, die reine Gesetzmäßigkeit behalten, mit anderen Worten: die Gesamtheit der beobachtbaren und wiederholbaren Beziehungen, die von den rohen Tatsachen zum Gesetz führen. Behält hingegen das Kind vor allem das, was es «begreift», so bedeutet dies, daß es bei aller Beobachtung und Retention der Tatsachen und der Gesetze (so bescheiden diese Gesetze als wiederholbare Fakten oder Beziehungen, beide elementar, auch sein mögen) auch und schon von Anfang an die Interpretation oder die Erklärung behält, die es sich von ihnen gibt. Falls wir uns darauf einigen, als «Kausalität» die Erklärung der Entstehungsweise der beobachteten Beziehung und des beobachteten Phänomens zu bezeichnen, so findet man schon bei den allerrohesten Erinnerungen unserer Anordnung einen Kausalitätsaspekt, der mit dem Beschreibungs- und Gesetzmäßigkeitsaspekt mehr oder weniger innig verbunden ist.

Unser kleines Experiment soll somit die Frage beantworten, ob das Gedächtnis rein beschreibend ist oder ob schon immer Erinnerungen einer kausalen Interpretation mitspielen; oder ob auf ein elementares Retentionsstadium, das nur der Gesetzmäßigkeit zugewendet ist, ein anderes Stadium folgt, in dem die kausalen Beziehungen hinzukommen. In den Situationen, die in den Kapiteln XIII und XIV untersucht werden, bleibt der kausale Mechanismus des dem Kind präsentierten Phänomens seiner Aktion äußerlich. Hier ist es vor allem interessant, ob die Kinder ihre Erinnerungen aufgrund der Erklärung, die sie sich geben, und vor allem aufgrund dessen, daß sie sich eines Problems bewußt werden, organisieren oder nicht. Bei der Versuchsanordnung dieses Kapitels scheint das Phänomen durchschaubarer zu sein (was im übrigen zu untersuchen ist), vor allem aber handelt das Kind selbst: es stellt sich deshalb notwendig die oben erwähnte Frage, ob es von seinem Tun nur eine Abfolge von Ereignissen behält (wodurch das Gedächtnis auf ein assoziationistisches Schema und die Kausalität auf das Schema von Hume einer anfänglichen «Konjunktion» ohne «Konnexion» reduziert würden) oder ob es dieses Tun aufgrund eines kausalen Verständnisses, das sich stufenweise entwickelt, aber auf allen Stufen kausal ist, memoriert.

Halten wir fest, daß es nicht möglich war, in zwei Schritten vorzugehen, wie man es sich vielleicht gewünscht hätte, nämlich (vor oder nach dem Gedächtnis) die Stufe der kausalen Erklärung und die Erinnerungsstufe des Kindes jeweils für sich zu prüfen: die Beschreibungen, Zeichnungen und Kommentare des Kindes bei der unmittelbaren Evokation und nach einer Woche (zwischen diesen beiden Evokationen bestand nur ein geringer Unterschied) geben gleichzeitig über die Gedächtnis- und die Verständnisstufe Auskunft. Und das um so mehr, als die Beschreibung des Kindes nur ein Ausdruck seiner zeichnerischen Vorstellung ist und manchmal symbolisch und gegenüber dem verbalen Kommentar leicht in Verzug bleibt.

Unsere Ergebnisse zeigen, daß die Erinnerung im wesentlichen das wiedergibt, was verstanden wurde. Es lassen sich drei Stadien unterscheiden. Im Stadium I wird eine direkte und globale Beziehung zwischen dem Tun und seinem Ergebnis behalten: Man stößt, die eine Schachtel geht nach oben, die andere nach unten, und man zieht, worauf die eine wieder nach unten, die andere wieder nach oben geht. Das Kind erinnert sich gut an die allgemeine gemeinsame Form der beiden Anordnungen B und R, oft auch an eine Reihe von Einzelheiten. Doch das «Wie» entgeht ihm, ja es beschreibt sogar nicht einmal die Gelenke (drei Segmente, eine Schraube auf der einen, aber nicht auf der anderen Seite usw.), und der Gegensatz zwischen B und R wird in der Äußerung zusammengefaßt, R habe sich «gefaltet», B nicht. Das Stadium II gibt die Einzelheiten der Gelenke in der Zeichnung oder in der Beschreibung wieder und stellt sie in ihren raumzeitlichen Beziehungen dar, doch das «Wie» wird noch nicht begriffen, da die kausale Beziehung zwischen der Aktion und ihrem Ergebnis direkt bleibt. Im Stadium III schließlich enthalten die Beschreibung und die Zeichnung auch das «Wie» durch die Aktion der Elemente aufeinander (der «Nagel», der b festhält usw.) und nicht mehr nur durch das Einwirken des Kindes auf die Gesamtheit der Anordnung.

2. *Das Stadium I*

Zu dieser Stufe gehören 14 Kinder im Alter zwischen 4; 6 und 5; 11 Jahren. Ihre Zeichnungen haben als Merkmal gemeinsam, daß sie die Anordnung durch einfache gerade Stäbe (Figur 39/I) oder zwar richtig gebrochen, aber alles aus einem Stück (Figur 39/II) wiedergeben. Im Stadium II hingegen sind die Gelenke

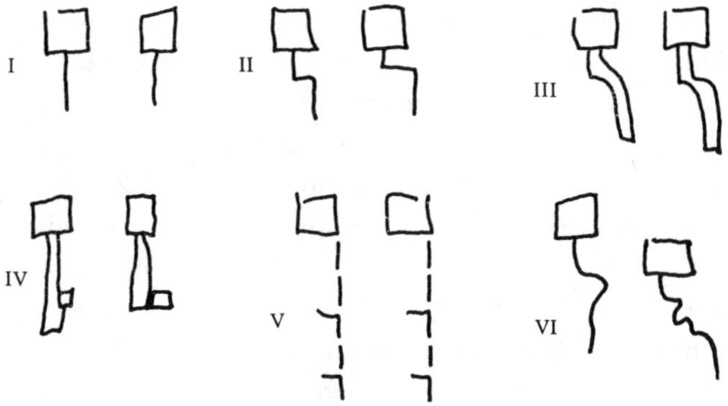

Figur 39

durch drei klar voneinander getrennte Segmente markiert. Ein einziges Kind (4; 10) versucht eine solche Differenzierung, kommt aber nach einer Woche nur auf zwei Segmente (Figur 39/IV), während es beim unmittelbaren Abruf ein Gebilde aus einem Stück gezeichnet hatte (siehe Figur 39/III). Ein anderes Kind (4; 7) stellt symbolisch durch getrennte Striche (Figur 39/V) einen Ansatz von Gelenken dar, wobei aber die Striche völlig inadäquat angeordnet sind. Ein Knabe von 4; 6 Jahren, der beim unmittelbaren Abruf eine Zeichnung der Form II angefertigt hatte, zeichnet nach einer Woche dieselbe Form II, fügt aber eine symbolische Verbildlichung der beiden verschiedenen Bewegungen von B und R hinzu (siehe Figur 39/VI) und sagt: «Das Rote machte ein wenig Zickzack.» Ein einziges Kind zeichnet bei B den Schieber (siehe d in Figur 38), nicht aber bei R, ohne ihm irgendeine Funktion zuzuschreiben.

Diese Gedächtniszeichnungen, hinter denen man zunächst einfach zeichnerische Schwierigkeiten vermuten könnte, sind in Wirklichkeit als Symbole für den globalen Charakter des behaltenen Mechanismus höchst treffend. Man kann das zusammenfassen in dieser lapidaren Formulierung von Gen (5; 7; von ihm stammt die Zeichnung 39/V): «Dort (B) drückte man, und dann kam das nach oben, und dort (R) drückte man, und dann kam das nach unten.» Oder mit diesem noch beredteren Kondensat: «Dort (B) hat man hinaufgehoben und dann wieder heruntergeholt» und für R: «Man hat heruntergeholt und dann hat man hinaufgehoben» (Par, 4; 9). Diese Formulierungen werfen zwei Grundprobleme auf: 1. Wo ist die Grenze zwischen dem Tun des Kindes («man drückte») und den Interaktionen zwischen den Teilen des Gegenstandes (dem Griff a, dem festgemachten oder beweglichen Mittelstück b und dem Schlußsegment c in Figur 38, die Gen mit dem Globalbegriff «das» bezeichnet: «das kam nach oben») anzusetzen? Und besteht 2. diese in der Beschreibung von Gen behaltene Beziehung aus einer reinen zeitlichen Abfolge (die Konjunktion ohne Konnexion von Hume), und hat der Ausdruck «und dann» in «man drückte, und dann kam das nach oben» denselben Sinn wie das «dann», das die beiden zeitlich auseinanderliegenden Aktionen in «man hat heruntergeholt und dann hat man hinaufgehoben» miteinander verbindet? Oder findet eine Evokation eines kausalen Zusammenhangs (wie in den Ausdrücken «X war schwer und dann drückte es auf Y» oder «X war schwer und dann versank es im Wasser», wo das «dann» die kausale Beziehung zwischen dem Gewicht und seinen Auswirkungen ausdrückt) statt? Die beiden Probleme hängen zum Teil miteinander zusammen: Wenn es zwischen der Aktion des Kindes und den Bewegungen des Gegenstandes oder seiner Teile keine Grenze gibt, anders gesagt, wenn im Objekt als solchen und zwischen seinen Teilen noch kein Zusammenhang gesucht wird, so versteht es sich von selbst, daß der spezifische Kausalitätscharakter des eigenen Tuns die Gesamtheit der behaltenen Vorgänge einschließt; wenn hingegen zwischen der eigenen Aktion und den inneren Beziehungen des Gegenstandes eine Grenze gesetzt wird, so muß man noch untersuchen, ob diese Beziehungen ebenfalls kausal sind oder nur gesetzmäßig bleiben (diese Frage stellt sich hier nicht, aber wir werden im Stadium II wieder auf sie stoßen).

Die Beschreibungen oder Kommentare zu den Gedächtniszeichnungen, denen man in diesem Stadium I begegnet, scheinen gerade diese allgemeine Eigenschaft zu haben, daß der evozierte Vorgang undifferenziert bleibt, daß der Gegenstand keine eigenen Verbindungen oder Beziehungen aufweist. Wenn Par sagt, «man hat hinaufgehoben» oder «man hat heruntergeholt» oder auch «man hat wieder heruntergeholt» usw., so faßt das Kind seine Aktion nicht als beim Stiel a (Figur 38) aufhörend auf: Die Aktion erfaßt die ganze Anordnung, diese ist in ihrer Gesamtheit dem eigenen Tun ausgesetzt. Wenn Gen sagt, «man drückte, und dann kam das nach oben», so ist zwar das «das» vom eigenen Tun verschieden, aber so wie die Wirkung von ihrer Ursache verschieden ist, und nicht weil das «das» Sitz irgendeiner Abfolge von Ursachen und Wirkungen sein könnte, die das eigene Tun zwar fortführen, aber von ihm verschieden sind – zum Beispiel, die Hand wirkt auf a, a wirkt auf b, und b wirkt auf c (Figur 38).

Andere Formulierungen aus den aufgezeichneten Beschreibungen sind in dieser Hinsicht typisch. Mar (4; 11) zum Beispiel sagt, nachdem er gerade eine Zeich-

nung von der geraden Form (Figur 39/I) angefertigt hat: «Man drückte, und es mußte sich falten», als ob die durch die Bewegung von R entstandenen Winkel das Ergebnis des kindlichen Drückens und nicht auf die Gelenke des Gegenstandes zurückzuführen wären. Dasselbe Kind sagt zu B: «Das mußte ganz gerade gehen», als ob wiederum der Gegenstand durch das auf ihn ausgeübte Tun gerade gemacht würde. Hul (5; 10) faßt die Situation beim unmittelbaren Abruf folgendermaßen zusammen: «Es hatte kleine Hölzer, wenn man dann nach oben schiebt, geht das auch nach oben; man schiebt nach oben und dann geht es» (das «und dann» steht hier für «wenn – dann», hat also einen kausalen Sinn). Nach einer Woche: «Es waren kleine Hölzer da mit Kartons (Schachteln), einem roten und einem blauen, und dann, wenn man drückte, bewegte das die Kartons.»
Mit einem Wort, das Kind behält das, was es begreift, und es begreift eben, daß sich die Bewegung des Subjekts, seine Bewegung, auf die Gesamtheit der Anordnung bis zu den Schachteln am oberen Ende überträgt. Weil ihm diese Übertragung als Erklärung genügt, weil es das «Wie» nicht sucht, besteht kein Grund für eine Unterscheidung zwischen dem, was vom Kind kommt, und dem, was für die Gelenke des Gegenstandes charakteristisch ist. Daraus ergibt sich der globale (im Sinne von nicht differenziert) Charakter der Zeichnungen und Beschreibungen.
Diese Undifferenziertheit zeigt sich insbesondere in der Sprache, die das Kind verwendet, um seine Aktionen und die Bewegung der Schachteln zu beschreiben (wobei nur die «spontanen», von den Formulierungen des Experimentators bei seinen Fragen unbeeinflußten Ausdrücke festgehalten werden). Man stellt nämlich fest, daß von 16 Kindern unter sechs Jahren (wovon 14 zu diesem Stadium I und 2 zu einem Zwischenstadium gehören) 10 dasselbe Verb (oder denselben verbalen Syntagmus) benützen, um ihr eigenes Tun und die Bewegung der Schachteln auszudrücken: «hinaufheben» (monter), «herunterholen» (descendre), «nach oben schieben» (avancer), «anhalten» (arrêter), «so machen» (faire comme ça). Syl (5; 6) zum Beispiel: «Wenn man hinaufgehoben hat, hob es sich, wenn man heruntergeholt hat, kam es herunter» (siehe auch den schon zitierten Hul, 5; 10: «wenn man nach oben schiebt, geht das auch nach oben»). Von den 30 Kindern über sechs Jahre verwendet hingegen nur noch ein einziges solche Ausdrücke, alle anderen wählen andere Verben. Die benützten Verben können einen transitiven oder intransitiven Sinn haben: keines der kleinen Kinder deutet einen transitiven Gebrauch an, indem es ein Objekt oder eine beliebige Satzaussage hinzufügt.

Möglicherweise können innerhalb dieses Stadiums I zwei Unterstadien oder -typen unterschieden werden (doch dazu müßten mehr Kinder untersucht werden). Bei I A ist das Kind hauptsächlich auf die Bewegung der Schachteln ausgerichtet, ohne sich um die Zwischenglieder oder die Übertragung zu kümmern. Daraus ergeben sich einfache Gegensätze für die Anordnungen B und R wie «hinaufheben – herunterholen», «nach oben schieben – falten», «nach oben schieben – Zickzack machen». Bei I B scheint das Kind die Gesamtheit des Apparates in seine Beschreibung einzuschließen, wobei es aber für beide Anordnungen dieselbe einfache Übertragung annimmt und nur im Ergebnis einen Unterschied sieht: «Das ging in einer Richtung» und «man ließ es nach unten gehen», sagt Fra (5; 11). (Siehe dazu auch den bereits zitierten Gen, 5; 7.)
Was das Problem der Sukzession (oder Gesetzmäßigkeit) und der Konnexion (oder Kausalität) betrifft, so ist der Inhalt dieser elementaren Erinnerungen tatsächlich äußerst kausal, denn er bezieht sich, und zwar ausschließlich, auf die Erzeugung eines einzigen Phänomens, welches anfänglich das Kind interessiert, nämlich die Bewegung der Anordnung. Die Gelenke und das «Wie» sind unwichtig, denn diese Bewegung ist für das Kind auf dieser Stufe klar: Es ist jene Bewegung, die es den «Holzstücken» und Schachteln aufgedrückt und übertragen hat. Es sieht natürlich auch und interessiert sich ebenfalls dafür, daß die Bewegung von B «geradeaus» und «nach oben» geht, während die von R «ein wenig Zickzack macht» oder «nach unten» geht usw. Gerade dafür werden die Kinder höherer Stufen eine Erklärung suchen müssen. Doch in diesem Stadium I genügt es, mit Par zu sagen «man hat nach oben geschoben» und «man hat nach unten geschoben», denn das hat man durch sein eigenes Tun fertiggebracht, und mehr ist darin nicht zu suchen.
Man hat vielleicht den Eindruck, diese Interpretation sei ein wenig simplistisch, sie schreibe den Kindern bezüglich des Inhalts ihrer Erinnerungen auch gar armselige Gedanken zu. Doch diese ersten Begriffe des Kindes sind gar nicht so einfach, sie stehen den entgegengesetzten Vorstellungen eines Hume oder eines Maine de Biran sogar gründlich fern. Dieses Experiment über das Gedächtnis war aber nicht die richtige Gelegenheit, um die Kausalität des Kindes zu untersuchen. Andere Arbeiten, die sich mit der Kausalität und nicht mit den Erinnerungen befaßten, haben eine wesentliche Tatsache herausgestellt: G. Voyat, der Kinder dieser Altersstufen über die transitive Bewegung (eine Kugel, die vom Kind oder von einer geeigneten Apparatur in Bewegung gesetzt wird und andere Kugeln in Bewegung setzt) befragt hat, konnte für eine der elementaren Stufen zei-

gen: Ist die erste Bewegung auf das eigene Tun zurückzuführen, so gilt sie als übertragen und stellt nach Meinung des Kindes «dieselbe» Bewegung dar, auch wenn sie auf andere Gegenstände übergegangen ist; ist hingegen die erste Bewegung auf einen Apparat, eine schiefe Ebene usw. zurückzuführen, so überträgt sie sich zwar auch, aber diese übertragene Bewegung ist dann nicht mehr identisch mit dem Anfangsimpuls. Berücksichtigt man diese Tatsachen, so wird man uns beipflichten, daß die Kinder der Stufe I gar nicht so beschränkt sind, wenn sie die Bewegung der Anordnungen B und R ohne weiteres dem eigenen Tun zuschreiben. Sie bleiben insofern begrenzt, als sie nicht zu erklären versuchen, weshalb diese übertragenen Bewegungen bei B und R Wirkungen in entgegengesetzter Richtung zur Folge haben, obwohl sie deutlich wahrnehmen, daß diese Richtungen entgegengesetzt sind. Es gehört aber wesenhaft zum Suchen der Kausalität, daß es etappenweise vorgeht – jede Erklärung wirft neue Probleme auf, die neue Erklärungen notwendig machen. Das werden wir beim Stadium II wieder sehen. Für den Augenblick ist aber das wichtig, was das Kind am Anfang begreift, und daß sein Gedächtnis im wesentlichen das behält, was es begriffen hat, und nichts mehr, ausgenommen einige figurative Einzelheiten (die Farbe der Schachteln usw; ein einziges Kind von 4; 10 Jahren zudem «Stäbe, Schachteln, Schrauben»), die aber für den Sinn der Beschreibung oder der Zeichnung bedeutungslos sind.

3. Die Stadien II und III

Die 14 Kinder zwischen 5; 7 und 7; 8 Jahren, die wir auf einer zweiten Stufe II A (darin sind sechs Kinder zwischen I und II eingeschlossen) einordnen, zeichnen sich dadurch aus, daß sie sich bemühen, die entgegengesetzten Wirkungen bei B und R zu berücksichtigen, indem sie die Gelenke der Anordnungen analysieren. Sie holen noch nicht die Einzelheiten der kausalen Abläufe heraus, beschreiben aber so sorgfältig, wie sie nur können, die mitwirkenden raumzeitlichen Zusammenhänge. Also ein klarer Fortschritt in Richtung der Gesetzmäßigkeit. Nicht nur das. Ihre Gedächtniszeichnungen und Beschreibungen haben die Tendenz, die Kausalität auf den Gegenstand selbst zu überantworten oder zu übertragen. Das eigene Tun ist dann in den Augen des Kindes nur mehr dazu da, die Bewegung in Gang zu bringen. Die Fortsetzung der Bewegung erfordert eine Erklärung, die den Gegenstand und seine Gelenke miteinbezieht. Für die Stufe II A ist es charakteristisch, daß diese kausale Übertragung dem Kind bei der Anordnung B klar ist, daß es aber die Anordnung R noch nicht versteht. Die Anordnung R stellt ihm ein Problem, aber es findet auf dieser Stufe noch keine Lösung.

Diese Neuorientierung des kindlichen Geistes zeigt sich schon in der Aufzeichnung der Tatsachen bei der Präsentierung. Als wichtiges Symptom stellt man beispielsweise bisweilen eine Überraschung fest. Das Kind wird sich, mit anderen Worten, des Problems bewußt, während im Stadium I eben gerade diese Problematik fehlte. Cri (5; 7) zum Beispiel drückt den Griff von B nach oben, wobei er sorgfältig beobachtet, aber ohne sein Tun zu unterbrechen; sobald er R in Bewegung setzt, ist er hingegen offensichtlich überrascht, er hält kurze Zeit inne, bevor er langsam weiterstößt. Par (5; 7) bewegt B kontinuierlich nach oben; bei R stößt sie zunächst, zieht aber in der Gegenrichtung zurück, sobald sie sieht, wie die Schachtel nach unten kommt, dann stößt sie wieder; beim Zurückziehen sieht sie die Schachtel von B überhaupt nicht an, aber sie beobachtet sorgfältig, wie die Schachtel R wieder nach oben geht.

Auffallend ist bei allen diesen Kindern der Stufe II A die Gedächtniszeichnung, und zwar nach einer Woche als auch beim unmittelbaren Abruf. Sie besteht aus drei Segmenten (mit Doppelstrichen dargestellt) und enthält oft die Nägel und die Gleitschiene, ausgenommen bei einem Mädchen, das einen einfachen Strich zeichnet (wie in Figur 39/II), aber die Gleitschiene und die Nägel von R angibt. Das soll nicht heißen, daß die Gelenke immer richtig wiedergegeben werden, im Gegenteil[2] (das Kind durchschaut ja noch nicht die Einzelheiten der kausalen Abfolgen wie im Stadium III), aber sie werden bei der Präsentierung geprüft und in der Erinnerung behalten. Darin äußert sich eben die neue Haltung, daß in den inneren Zusammenhängen des Gegenstandes selbst die Erklärung für das unterschiedliche Verhalten von B und R gesucht wird. Typisch ist die Zeichnung von Kel (5; 9), die den Anfangszustand (Figur 40/I und II) und den Endzustand (Figur 40/III und IV) der Bewegungen von B und R darstellt: Man erkennt die drei

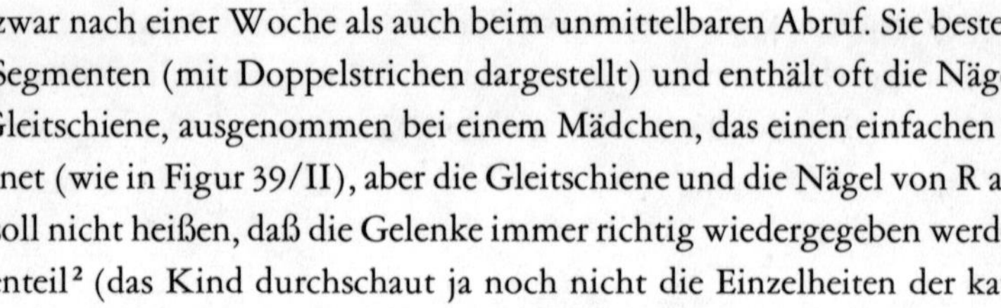

Figur 40

diskontinuierlichen Segmente der Anordnung R bei II und ihre gefaltete Form bei IV («man könnte sagen ein N», sagt Kel dazu); man sieht insbesondere den Nagel bei IV, und zwar betont an der Stelle, wo a und b zusammenstoßen, und dann noch einmal für sich gezeichnet darüber. Bei der ersten Evokation erklärt Kel hierzu: «Dort hatte es einen kleinen Nagel. Der Holzstab berührte den kleinen Nagel. Dort (III) hatte es keinen Nagel.» Die Farben der Schachteln hingegen werden oft verwechselt. Auch andere Anzeichen verraten, daß die figurativen Einzelheiten oft zugunsten der Erforschung der Gelenke als solcher, auch wenn sie nicht vollständig begriffen werden, vernachlässigt sind.

Für die Beschreibungen ist es signifikant, daß die auf das eigene Tun bezogenen Ausdrücke im gleichen Maße abnehmen, wie das Interesse für die Gelenke zunimmt. Darin zeigt sich nicht ein Zerfall der Kausalität zugunsten der Gesetzmäßigkeit, sondern eine fortschreitende Übertragung des eigenen Tuns auf den Gegenstand, weil die Gesetzmäßigkeit mehr ins einzelne geht und genauer wird. Anders gesagt, das Verhältnis ist zweifellos umgekehrt (doch das ist schwierig zu beweisen): Im gleichen Maße, wie sich diese Übertragung auf den Gegenstand entwickelt, wird die Analyse der Zusammenhänge gefördert und die Gesetzmäßigkeit folglich verbessert. Bae (6; 4) zum Beispiel sagt: «Es hatte Holzstücke, Nägel, kleine Schachteln, dann drückte man auf die beiden kleinen Dinge (die Stiele a), dann bewegten sie sich (a, b und c), dann zog man es zurück. Hier (R) war es anders... es ist anders geworden, es war so (siehe Figur 40/II), dann nachher war es so (Zickzack). Hier (B) ist es gleich geblieben.» Und Dan (6; 11): Man drückte, «dann ging das (B) einfach ein wenig höher». Hier (R) «kam das so herunter, weil es etwas hatte, das es hinuntergehen ließ» usw.

Man sieht, diese Kinder unterscheiden in ihrer Erinnerung klar zwischen dem eigenen Tun, nämlich am Stiel stoßen, und den der Anordnung inhärenten Zusammenhängen. Die Gegenstände enthalten ihre eigene Kausalität. Diese ist klar bei B, weil sich alle Teile in derselben Richtung verschieben. Sie bleibt jedoch geheimnisvoll und unverstanden bei R, aber sie wird dennoch gesehen, «denn es hatte etwas, das es hinuntergehen ließ». Würde man diese R inhärente Kausalität als solche (also nicht nur im Hinblick auf das Gedächtnis) analysieren, so würde man zweifellos viele überraschende Aspekte finden. Begnügen wir uns hier mit der Folgerung, daß die Kausalität zwar anerkannt, aber noch nicht begriffen wird, und daß sich das Stadium II so vom Stadium III unterscheidet.

Die Kinder der Stufen II B und III (16 Fälle im Alter zwischen 7; 4 und 12; 2 Jahren) durchschauen in wechselndem Grade das «Wie» des kausalen Vorganges, der den Unterschied zwischen B und R bewirkt. Merkwürdig ist aber, daß zwar ihre Gedächtniszeichnungen alle die Nägel oder Schrauben enthalten, die den Bewegungsablauf bei R erklären, daß sich aber ihre Beschreibungen in einer ersten Periode darauf beschränken (und deshalb muß man diesbezüglich ein Unterstadium II B ausscheiden, das bei Sieben- bis Zehnjährigen gefunden wird), die Ereignisse aufzuzählen, ohne ihre Kausalität zu erwähnen. Erst wenn man die Evokationszeichnung mit Hilfe von Stäbchen durch eine symbolische Rekonstitution ergänzen läßt, kommt die Kausalität einigermaßen zum Ausdruck, während das gleiche Vorgehen bei II A nicht mehr als die Beschreibung ergibt.

Lur (9; 9) zum Beispiel beschreibt genau die Veränderungen bei B und R, aber gleich wie sie es auf der Stufe II A getan hätte; bei der Rekonstitution jedoch entwickelt sie ihre Vorstellungen: «Dort (R) war es anders gemacht: es hatte die Schrauben. Die Schrauben können sich mit dem Holzstück drehen.» Ebenso Cla (9; 6): «Weil es dort (B) die beiden Schrauben und den Nagel nicht hatte... Dort (R) macht der Nagel (die Schraube), daß es sich dreht, und das wird so (gewinkelt), wenn man gestoßen hat.» Doch von 10 bis 11 Jahren an (Stadium III) wird die Kausalität schon in der Beschreibung sichtbar: Rus (9; 9) sagt beim ersten Kommentar spontan, B sei als Ganzes nach oben geschoben worden, weil die einzelnen Teile miteinander verleimt gewesen seien, «während es bei R eine Schraube hatte». Bei der zweiten Evokation: «Dort (B) war alles verschraubt, und dort (R) hatte es eine Schraube in der Mitte», und dazu zeigt er, wie sich die einzelnen Teile gegeneinander verschoben. Ain (9; 10) sagt bei der ersten Evokation: «Der Nagel (= die Schraube) hat bewirkt, daß das Holz sich bewegte, er läßt es nach unten gehen.» Nach einer Woche ist er sich beim Zeichnen unschlüssig, wo der Nagel, der das Segment b fixiert, und die Schraube, die für die Drehung verantwortlich ist, hingehören: «Die Schraube stört mich, war sie hier oder hier, denn als ich drückte, mußte sie... also war sie oben. Es war so (richtige Zeichnung), so konnte es sich drehen...» usw. Wal (11; 3) zeichnet richtig «einen Nagel, der es (Segment b) am Brett festhielt, und dort eine Schraube (Verbindung von a und b), so kann es sich frei bewegen (dazu zeigt er die möglichen Drehbewegungen an den beiden Enden von b)». Kurz, diese Kinder begreifen fortschreitend den kausalen Mechanismus der Anordnung, im Gegensatz zu den Kindern der Stufe II A, aber sie (II B) beginnen erst bei der symbolischen Rekonstitution davon zu sprechen, weil sie die Kausalität noch nicht wirklich verstanden haben. Später (III) nehmen sie schon bei der Beschreibung und der Gedächtniszeichnung darauf Bezug.

4. Die Erinnerung nach sechs Monaten

36 der erwähnten Kinder konnten nach sechs Monaten wieder ausfindig gemacht und noch einmal befragt werden. Es lassen sich keine Verbesserungen der Erinnerungen, aber einige Verschlechterungen feststellen. Bemerkenswert ist aber die Entsprechung zwischen den behaltenen Tatsachen, vor allem ihrer Schematisierung, und den vorher beschriebenen Entwicklungsstufen.

10 Kinder des Stadiums I zeichnen zunächst entweder gleiche Formen für B und R wie in Figur 39/I und II (4 Fälle) oder Quadrate und Rechtecke, die durch vertikale oder horizontale Striche miteinander verbunden oder einfach nebeneinandergestellt sind (6 Fälle). Die Beschreibungen scheinen die Aufteilung in ein Unterstadium I A, das sich ganz auf die Zündholzschachteln konzentriert, und in eine Stufe I B, die die Gesamtbewegung berücksichtigt, zu rechtfertigen. Die an den ersten Sitzungen unter I A eingereihten Kinder behalten bisweilen nur die Schachteln ohne jede Aktion: «Es waren mehrere Stücke, sie lagen nebeneinander. – Welche Farben? – ein rotes, ein gelbes, ein blaues, ein dunkelgrünes» (Pat, 4; 7–5; 5). «Es hatte Schachteln. – Was tatest du? – Ich tat nichts, ich schaute zu. – Wer tat etwas? – Sie. – Was? – Sie bewegten die Zündholzschachteln. – Wie? – Ich weiß nicht wie, mit dem Ding aus Holz» (Ros, 4; 6–5; 2). «Es waren Dinge, die man bewegen konnte» (Syl, 5; 6–6; 2). Die als I B klassierten Kinder begnügen sich damit, die Aktion zu beschreiben: «Wenn man drückte, ging es nach oben, dann kam es wieder herunter» (Val, 5; 6–5; 10). Pas (5; 10–6; 2) unterscheidet B und R: «Man mußte drücken, die Kartons gingen nach oben. Es hatte noch einen anderen, einen blauen, den man drücken mußte, aber er ging weniger weit.»

Bei den 12 Kindern der Stufe II A (5; 7 bis 7; 6, jetzt 5; 11 bis 7; 10) sind die Reaktionen sehr verschieden, je nachdem ob es sich um die 6 Fälle zwischen den Stufen I und II oder eindeutige Fälle von Stufe II handelt. Die ersten zeigen einen systematischen Zerfall der Erinnerung, als ob die Ansätze einer Übertragung der Kausalität auf den Gegenstand sie in einen Konflikt gebracht hätten, der jede Erinnerung abschwächte: «Ich erinnere mich nicht mehr: kleine Holzstücke und zwei Punkte, ein roter und ein blauer Punkt» (Pat, 6; 2–7; 0). Die anderen sechs Kinder hingegen zeichnen drei Segmente (siehe Figur 40/I und II), bei B und R fast identisch, ausgenommen ein oder zwei Fälle (siehe Figur 40/III und IV) mit einer schematisierten Beschreibung: «Wenn man zog, ging es nach unten, und wenn man am anderen zog, so ging es nach oben» (And, 6; 11–7; 7) oder «das hier faltete sich, dann ging das andere nach oben» (Dan, 6; 11–7; 8). Doch nur 2 dieser 12 Zeichnungen der Stufe II A enthalten nach sechs Monaten Nägel und Schrauben, um die Gelenke von R hervorzuheben, und das entspricht vollauf dem, was wir im 3. Abschnitt über das fehlende Verständnis der Kausalität bei R in diesem Stadium gesagt haben. Eines dieser beiden Kinder ist Kel, von dem wir schon die erste Zeichnung kennengelernt haben (Figur 40). Man hätte damals meinen können, dieses Kind würde das Problem der Erklärung schon fast lösen, aber nach sechs Monaten bringt es den Nagel über der Verbindungsstelle zwischen den Segmenten b und c an (siehe Figur 38), und zwar als Hindernis, welches das Anhalten von R erklärt: «Dort hatte es den kleinen Nagel, es konnte nicht nach oben gehen» (Kel war, wie erinnerlich, schon bei der ersten Evokation ein wenig in dieser Richtung orientiert).

Nun zu den Zeichnungen und Beschreibungen der Stufen II B und III. 9 von 14 Kindern zeichnen die Schrauben, 2 sprechen davon, ohne sie zu zeichnen. Sieht man von den drei Kindern ab, die sich nicht mehr an die präsentierten Formen erinnern[3], so beobachtet man im allgemeinen eine ausreichende Erinnerung an die beiden schematischen Anordnungen mit oder ohne bewegliche Segmente: «Beim einen war es gelenkig mit Schrauben, beim anderen war es festgemacht, das hielt, und wenn man drückte, ging es nach oben» (Wal, 11; 3–11; 7). Sogar jene Kinder, welche die Einzelheiten vergessen haben, behalten diese schematischen Anordnungen in Erinnerung: «Hier (R) ging es anders, weil es eine Schraube hatte, die sich gedreht hatte, ich weiß nicht mehr recht wie» (Mar, 8; 11–9; 2). Cla (9; 5) betont, daß «die Stäbe in eine gewisse Ordnung gebracht, miteinander verbunden waren», und die durch die Schrauben bewirkte Biegung von R ist auf ihrer Zeichnung festgehalten.

Trotz der figurativen Verschlechterungen entsprechen somit die Erinnerungen nach einigen Monaten recht genau dem, was auf den drei verschiedenen Entwicklungsstufen verstanden worden war oder nicht. Im Stadium I zeigt sich das etwa darin, daß 9 von 10 Zeichnungen keinen Unterschied zwischen den Anordnungen B und R machen. Im Stadium II A hingegen sind 4 von 12 Zeichnungen differenziert, auf den Stufen II B und III sogar 11 von 14, wobei 2 der drei nicht differenzierenden Kinder in ihrer Beschreibung hinzufügen, daß R «eine andere Form hatte» (Fra, 9; 2).

5. Schlußfolgerungen

Man ersieht aus diesen Ausführungen die Ähnlichkeiten und Verschiedenheiten zwischen dem Gedächtnis eines kausalen Vorganges und den Erinnerungen an die operativen Strukturen. In beiden Fällen gibt die Erinnerung die Verständnisstufe des Kindes wieder: wie es aufgrund eines Code, der je nach den verfügbaren Schemata variiert, die aufgezeichneten Tatsachen strukturiert. Das ist bei der Kausalität so klar wie bei den logischen Strukturen, wenn man zum Beispiel die Beschreibungen und Zeichnungen der Stufe I mit denen der Stufen II und III vergleicht. Dennoch besteht ein Unterschied zwischen den beiden Bereichen, der zweifellos eine gewisse Kluft zwischen den Evokationen der Stadien II und III erklärt. Bei den logisch-mathematischen Strukturen präsentiert man dem Kind eine Anordnung, die zwar nicht von ihm konstruiert wird, die sich aber in seinem Gedächtnis eben in der Form reflektiert, die es ihr gegeben hätte, wenn es sie selbst konstruiert hätte (Seriationen, Zuordnungen usw.), denn es handelt sich um Strukturen, die grundsätzlich von der Tätigkeit eines Subjekts abhängen. Wenn hingegen im kausalen Bereich ein Erwachsener die Anordnung aufgestellt hat, so wendet er dennoch nur die für den Gegenstand eigentümlichen Gesetze und seine Kausalität an. In die Erinnerung wird dann übersetzt, wie die Kinder, je nach ihrer Stufe, diese gesetzmäßigen Zusammenhänge oder diese Ursachen auffassen, und nicht, wie sie selbst die Anordnung konstruiert hätten. Ein grundlegender Unterschied, denn die logisch-mathematische Operation transformiert letzten Endes die Gegenstände, indem sie ihnen verschiedene Kompositionsformen (Reihen, Gesamtheiten usw.) aufzwingt. Die Kausalität hingegen ist eine Operation, die mit ihren eigenen und vom Subjekt unabhängigen Merkmalen dem Gegenstand selbst zugeschrieben wird, nachdem sie zuerst durch ein (freilich vorkausales) Stadium der Nichtunterscheidung zwischen dem eigenen Tun und dem Gegenstand hindurchgegangen ist. In diesem ersten Stadium einer vorkausalen Nichtunterscheidung bringt die Erinnerung, das sei festgehalten, die Kausalität, wie das Kind sie auffaßt, am besten zum Ausdruck. Je mehr die Kausalität sich objektiviert und vom eigenen Tun löst (um ein System von Operationen zu werden, die das Kind dem Gegenstand selbst «zuschreibt»), desto stärker konzentriert sich das Kind der Stufe II, das sie postuliert, aber noch nicht begreift, und sogar das Kind der Stufen II B und III, das sie (in diesem besonderen Fall) immer besser versteht, bei seiner Beschreibung auf die beobachteten Ergebnisse und weniger auf den kausalen Mechanismus. Im logischen Bereich sind Ergebnis und Operation eins, denn diese ist zeitlos. Im kausalen Bereich hingegen ist es zweierlei, die Ergebnisse und die Wirkungen zu beschreiben oder ihre in der Zeit sich abspielende Entstehung nachzuzeichnen. Man muß deshalb (was bei den Seriationen usw. wenig oder keinen Sinn hatte) zwischen dem, was das Kind in seiner übertragenen oder materialisierten Evokation erzählt und zeichnet, und dem, was es wirklich in seiner inneren und realen Evokation behalten hat, unterscheiden: Es braucht einige diskrete Fragen oder eine symbolische Rekonstitution, damit das Kind seine wirkliche Erinnerung der Kausalität preisgibt, damit es also sagt, was es von seiner Interpretation der Entstehungsweise der beobachteten Abfolgen und nicht nur von den festgestellten Ergebnissen behalten hat.

Was wir eben gesagt haben, mag hinsichtlich dessen, was uns das Gedächtnis der Kausalität lehrt, etwas restriktiv erscheinen. Man muß deshalb ausdrücklich hinzufügen, daß sich diese Bemerkungen nur auf die beschriebene Anordnung beziehen, bei der alle Teile zu einem nicht zerlegbaren und beliebig wieder zusammenstellbaren Mechanismus verbunden sind (man hätte das zweifellos tun müssen, aber das wäre ein ganz anderes Problem gewesen). Um die Erinnerung der kausalen Zusammenhänge im allgemeinen beurteilen zu können, muß man jetzt eine Situation untersuchen, bei der voneinander getrennte Gegenstände oder Teile in einer Abfolge von gut verständlichen Ursachen und Wirkungen und gut sichtbar aufeinander einwirken. Das geschieht im Kapitel XII. Dann wollen wir eine Situation untersuchen, deren Kausalität das Verständnis der Kinder bis in ein Alter von 11 bis 12 Jahren übersteigt. Das folgt im Kapitel XIII. Und zum Schluß wenden wir uns im Kapitel XIV einer Situation zu, wo der wesentliche Faktor der mnestischen Aufzeichnung und Retention nicht mehr die ebenfalls dem Kind nicht zugängliche Erklärung, sondern die fortschreitende Bewußtwerdung des Problems ist, die ebenfalls von der intellektuellen Entwicklungsstufe abhängt.

[1] In Zusammenarbeit mit P. Mounoud.

[2] Es gibt sogar erfundene.

[3] Zwei dieser drei Kinder zeichnen Anordnungen mit 5 und sogar 7 Segmenten, als ob die beginnenden mechanischen Interessen (im Alter von 8 bis 9 Jahren) mit einem Suchen unnötiger Komplexitäten verbunden wären, die aber die Wirkungen der beobachteten Gelenke noch betonen.

Kapitel XII

Die Erinnerung einer Bewegungs-Übertragung[1]

Schon das letzte Kapitel bezog sich auf eine Bewegungs-Übertragung, aber innerhalb einer instrumentalen Anordnung, bei der das Tun des Kindes die Ursache der Bewegung war und die beweglichen Teile fest miteinander verbunden waren. Die Situation, deren wir uns für diese Gedächtnisprobe bedienen, besteht aus der Bewegung von drei Kugeln. Die erste Kugel A (rot) beginnt ihre Bewegung von selbst oben an einer schiefen Ebene, ohne daß sie vom Experimentator

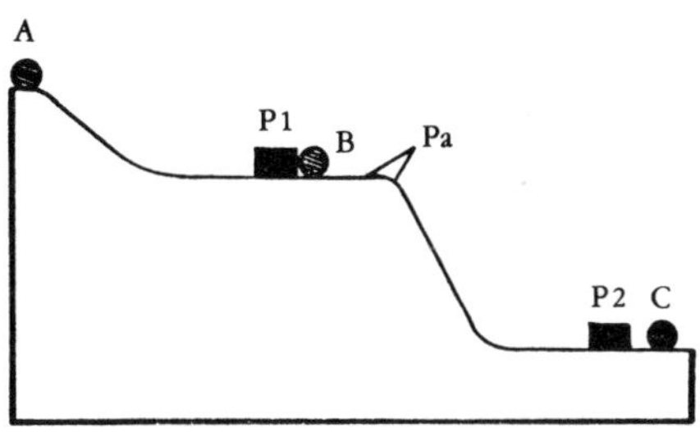

Figur 41

in Bewegung gesetzt wird. Sie stößt auf einen ersten festgemachten (was man dem Kind zeigt) Block P1, durch den die Bewegung auf eine zweite Kugel B (grün) übertragen wird, die vor einem Anschlag Pa aus Plastilin zum Halten kommt. Der Experimentator nimmt den Anschlag weg, worauf die Kugel B auf einen zweiten festgemachten Block P2 stößt, hinter dem sich, aber mit einem deutlich sichtbaren Zwischenraum, eine dritte Kugel C befindet. Diese Kugel wird folglich nicht in Bewegung gesetzt.

Interessant an dieser Situation ist natürlich, daß die Bewegung zwar von A auf B, nicht aber von B auf C übetragen wird, aber auch daß der Experimentator selbst keinerlei Bewegung überträgt. Er läßt A wegrollen und nimmt ein Hindernis weg, damit B weiterrollen kann. Nun wissen wir aber, daß kleine Kinder die Bewegung einer Kugel (oder des Wassers) auf einer schiefen Ebene damit erklären, «daß nichts sie zurückhält». Später folgt die Erklärung durch die schiefe Ebene und noch später die durch das Gewicht. Man darf deshalb auf die Erinnerung einer solchen Anordnung gespannt sein.

1. *Technik und Erinnerungsstufen*

Man verlangt zunächst eine detaillierte Beschreibung der aufeinanderfolgenden Ereignisse mit der Anordnung vor Augen. Dann wird das Material weggenommen und das unmittelbare Gedächtnis geprüft: zuerst durch eine Beschreibung, dann durch eine Zeichnung des Gesehenen, wobei diese Zeichnung erläutert werden muß, was somit auf eine zweite Beschreibung hinausläuft. Dasselbe nach einer Woche und nach vier bis sechs Monaten. Bei dieser letzten Zeichnung verlangt man eine allgemeine Begründung und eine Erklärung dafür, daß sich die letzte Kugel nicht in Bewegung setzt, falls das Kind dieses Thema aufgreift. Insgesamt wurden 13 Kinder zwischen 4; 6 und 5; 11 Jahren, 10 Sechs-, 9 Sieben-, 8 Acht-, 8 Neun- und 6 Zehnjährige geprüft.

Es ist jeweils nicht leicht, Kriterien für die Unterscheidung von Stufen aufzustellen. Man kann es aber hier recht genau unter zwei Gesichtspunkten tun: dem des kausalen Inhalts der Erinnerungen und, in groben Zügen, dem der Wirklichkeitstreue oder der Übereinstimmung mit dem Modell (evozierte oder nicht evozierte Beziehungen und vor allem nicht mit dem Modell übereinstimmende, aber plausible oder nicht plausible Zusammenhänge).

Unter dem ersten dieser beiden Gesichtspunkte erstreckt sich eine erste Stufe bis in ein Alter von ungefähr sechs Jahren (mit noch vier oder fünf Siebenjährigen). Sie ist erkenntlich an einer Erklärung der Kugelbewegungen, die das Tun des Experimentators («man hat sie rollen lassen» oder «hinunterrollen lassen») mit einer Eigenbewegung der Kugel («sie ist gerollt» oder «geglitten» oder «gefallen» oder «nach unten gegangen» usw.) verbindet. Wir wissen aus anderen Arbeiten, daß diese Eigenbewegung bis zu einem gewissen Grade psychomorphistisch verstanden wird. Dieses Erklärungsschema erklärt zweifellos, daß die Kinder dieser Stufe die Übertragung der Bewegung von A auf B durch den Block P1 hindurch, und ebenso die Nichtübertragung von B auf C, nicht begriffen haben (zwei besonders frühreife Kinder von 4; 9 und 4; 11 Jahren sagen zwar, aber erst nach sechs Monaten, A habe B «gestoßen»!). Diese Kinder konzentrieren sich aber auffällig (16 von 17 oder 18) auf die Tatsache, daß man das Plastilin entfernt hat, damit B nach dem Anhalten weiterrollen konnte!

Eine zweite Stufe beginnt bei 6 Jahren (7 von 10 Kindern, aber auch 2 Vierjährige und ein Kind von 5; 11 Jahren). Dazu gehören 4 von 9 Sieben-, 3 von 8 Acht-, 4 von 8 Neun- und noch 1 von 6 Zehnjährigen. Die Kinder auf dieser Stufe bejahen die Übertragung der Bewegung von A auf B durch den ersten Block hindurch, verstehen aber noch nicht, weshalb sich die Bewegung nicht von B auf C überträgt, sobald das Plastilin Pa entfernt wird (dieses Plastilin wird übrigens vor allem am Anfang häufig vergessen, weil es nicht mehr die kausale Bedeutung wie für die Kinder der Stufe I hat). Für die Übertragung von A auf B wird keine Erklärung gegeben, es sei denn durch eine Bewegung des Blocks P1 (obwohl er festgemacht ist). Die Unbeweglichkeit von C wird dadurch unerklärlich (bisweilen wird das Fehlen einer schiefen Ebene dafür angeführt).

Eine dritte Stufe läßt sich bei 1 von 10 Sechs-, 1 von 9 Sieben-, 5 von 8 Acht-, 4 von 8 Neun- und 5 von 6 Zehnjährigen beobachten. Diese Kinder finden eine Erklärung dafür, daß sich die letzte Kugel C nicht bewegt: Dies wird richtigerweise dem Zwischenraum zwischen C und dem Block P2 zugeschrieben oder aber dem Block P2 allein, der den Impuls nicht weitergegeben habe, weil er groß und schwer sei oder aus einem besonderen Material bestehe (ein Kind in einem Zwischenstadium zwischen II und III nennt als Grund eine fehlende «große Erschütterung»).

Hinsichtlich der Wirklichkeitstreue der Erinnerung verglichen mit dem Modell zeichnet sich die Stufe I vor allem dadurch aus, daß sie die aufeinanderfolgenden Ereignisse nicht richtig aneinanderreihen kann oder dabei Schwierigkeiten hat. Man ersieht das aus der Beschreibung oder der Zeichnung, wo die Kugeln sich nicht auf der Rollbahn befinden oder (unabhängig von der Originalfarbe) eine falsche Position einnehmen. Die Beschreibung bleibt global oder zählt einfach auf, wobei der Ablauf wiederum ungeordnet ist. Mit der Stufe II beginnt eine ziemlich gleichbleibende Ordnung, wobei aber viele Beziehungen erwähnt werden, die nicht mit dem Modell übereinstimmen, und viele Verzerrungen festzustellen sind, die von der gewählten Erklärung herrühren (steile schiefe Ebene für B und keine schiefe Ebene für C zum Beispiel). Die Stufe III hingegen ist zwar zur Stufe II nicht klar abgegrenzt, aber sie weist eine verhältnismäßig höhere, jedoch nicht immer vollständige Wirklichkeitstreue auf.

2. *Die Stufe I*

Die zentrale kausale Vorstellung der Kinder dieser Stufe (die wir aus zahlreichen laufenden Untersuchungen über die Kausalität kennen[2]) läßt sich so umschreiben, daß ein beweglicher Gegenstand (Wasser, Kugel usw.) in Bewegung gesetzt wird oder sich in Bewegung setzt, wenn nichts ihn zurückhält. Nicht die schiefe Ebene spielt somit die einzige oder hauptsächliche kausale Rolle, sondern eine Mischung von Spontaneität (das Wasser fließt, die Kugel gleitet oder rollt) und Aufnahmebereitschaft für die übertragenen Bewegungen. Die Kinder der Stufe I sagen zwar, die Kugel gehe oder falle nach unten, ebenso sie «rolle»; oder sie erwähnen, man setze sie nach unten in Bewegung oder lasse sie rollen. Doch die schiefe Ebene ist nur beschreibend, noch nicht erklärend. Der wichtigste Grund für die Bewegung hingegen ist der, daß man das entfernt, was sie aufhält: deshalb betonen diese Kinder das Plastilin Pa, das weggenommen wird. Im Geiste des Kindes bedeutet das, daß ein Widerstand ausgeschaltet wird, der sich der halb-spontanen Bewegung entgegenstellt, und daß letzten Endes eine Bewegung ausgelöst wird. Ein Kind von 7; 10 Jahren (Dan), das noch zum Stadium I gehört, sagt (nach vier Monaten und zu einer Zeichnung ohne schiefe Ebene, aber mit zwei Stockwerken) sogar, daß sich die Kugel A «zum Plastilin hin bewegt hat, weil Sie den ersten Block weggenommen haben» (die Zeichnung zeigt einen Block, der A davon abhält, sich in Bewegung zu setzen), und daß die Kugel C «bleibt, weil es nichts hatte, das sie zurückhielt». Damit meint dieses Kind offensichtlich, vor C habe es keinen Block und kein Plastilin gegeben, die man hätte wegnehmen können, um die Kugel in Bewegung zu setzen. Es fügt aber sogleich hinzu «es war flach», wodurch die Stufe II angekündigt wird.

Von einer Übertragung der Bewegung von A auf B durch den Block P1 hindurch wollen diese Kinder nichts wissen. Es gibt aber andere Situationen, wo sie eine solche Übertragung akzeptieren: wenn eine vom Kind in Bewegung gesetzte Kugel A eine stehende Kugel B ins Rollen bringt oder wenn die Kugel A die Kugel E durch drei stehende Kugeln B, C und D hindurch (wobei E unmittelbar neben D stehen muß) in Bewegung setzt. Bei der vorliegenden Versuchsanordnung sagen die Kinder höchstens: «Sie haben die Kugel (A) hinunterrollen lassen, die andere (B) ist nach unten losgerollt, dann ist die blaue (C) nicht weggerollt, sie ist dort geblieben» (Man, 4; 10) oder «die rote ist hinuntergerollt, und die grüne ist zum Plastilin hin weggerollt» (Ag, 5; 1). Das stellt eine teilweise Ordnung dar, drückt aber in keiner Weise ein Anstoßen aus, wie es ein Kind der Stufe II tut: «Eine Kugel stieß die andere an», sagt zum Beispiel Pac (5; 5) nach sechs Monaten; an den beiden ersten Sitzungen hatte er (mit 4; 9 Jahren) erst Abfolgen formuliert. Die «und» und «und dann» können zwar, wie wir im 2. Abschnitt des letzten Kapitels gesehen haben, einen kausalen Sinn haben. Doch der ganze Kontext dieses Stadiums zeigt eine Mischung von Spontaneität der bewegten Gegenstände und Unterordnung unter das Tun des Experimentators: «Sie bewegten sich, diese Dinge (Blöcke und Plastilin) und diese Kugeln», so faßt ein Kind von 4; 10 Jahren die Situation zusammen, wie es sie sieht. Ein Kind dieser Altersstufe akzeptiert die Übertragung, wenn sie auf einen Gegenstand zurückzuführen ist, der von Menschenhand oder mit einem Antriebsgerät in Bewegung gesetzt wurde. Hier wird jedoch eine einzige ständig formulierte Ursache hervorgehoben (die Entfernung des Plastilins oder eines Blocks), so daß auf dieser Stufe und mit diesen Ausdrücken die Vorstellung einer Übertragung durch einen festgemachten Block hindurch wenig wahrscheinlich wird. Sechs- bis Siebenjährige bringen sie aber mehr oder weniger klar und mit ebenso einfachen Formulierungen zum Ausdruck.

Unter dem Gesichtspunkt des Gedächtnisses beginnt diese Stufe I bei der Zeichnung mit Nebeneinanderstellungen und bei der Beschreibung mit Aufzählungen, die von globalen Formulierungen wie «sie sind gerollt» begleitet sind. Diese häufige Äußerung findet sich zum Beispiel im unmittelbaren Abruf von Oli (4; 9), der drei Kugeln in einer Reihe zeichnet. Nach einer Woche kommt zu den drei Kugeln ein Haus (= Block) hinzu, der Kommentar bleibt ähnlich. Nach sechs Monaten sieht man vier Kugeln und ein Stück Plastilin dahinter. Die Beschreibung (man erkennt darin die oben beschriebene Kausalität wieder) lautet dann: «Es hatte Knetmasse, und man hat Kugeln aneinanderstoßen lassen.» Der Kommentar zur Zeichnung: «Die rote ist gerollt, die grüne, die blaue und die schwarze ebenfalls. Das Plastilin hat sie angehalten.» Pat (4; 10) reiht drei Kugeln, das Plastilin und die beiden Blöcke nebeneinander. Die unmittelbare Beschreibung lautet: «Man ließ eine Kugel nach unten rollen, und die andere ist weggerollt; Sie haben das Plastilin weggenommen, Sie haben die andere Kugel gestoßen, und die blaue ist nicht weggerollt.»

Die gleiche Beschreibung nach einer Woche. Nach sechs Monaten kommt es aber zu einem Fortschritt bei der Zeichnung, die eine schiefe Ebene mit der roten Kugel A oben, dem Plastilin in der Mitte, der blauen Kugel weiter unten und einem Block ganz unten festhält: «Man hat das Plastilin weggenommen, die rote Kugel ist zur blauen gerollt, man nimmt den Block weg, die blaue rollt hinunter und die rote bleibt stehen.» Mehrere Fünfjährige drücken sich ähnlich aus. Andere zeichnen die schiefe Ebene, so etwa Mic (5; 8), der nach einer Woche sagt: «Es hatte Plastilin und ein großes Stück Holz; als das Plastilin nicht mehr da war, ist die grüne Kugel gerollt.» Tier (6; 0) zeichnet die schiefe Ebene und die Blöcke, doch die Kugeln befinden sich außerhalb der Rollbahn: «Eine Kugel, noch eine;

Sie haben das Plastilin hingetan, Sie haben die rote nach unten gerollt, dann ist die grüne gleichzeitig weggerollt (!). Sie haben das Plastilin weggenommen, und die grüne ist weitergerollt.» Flo (7; 6) zeichnet die schiefe Ebene mit der roten Kugel oben, dann einen Block, dann die grüne Kugel, aber mit großem Zwischenraum zum Block und nahe beim Plastilin, dann dieses Plastilin und schließlich wieder die grüne Kugel auf der anderen Seite des letzten Blocks: «Sie haben das Plastilin weggenommen, die beiden Kugeln sind gerollt, sie haben ihre Plätze gewechselt, die grüne war hier (jenseits des Blocks) und die rote dort (unterhalb des letzten Blocks).» Die Blöcke haben somit keinerlei Funktion. Nach einer Woche ist aber die Logik stärker: «Die erste ist an die Stelle der zweiten gegangen, und dafür mußte man den Block wegnehmen.» Nach vier Monaten ist die Schematisierung noch hübscher: die Zeichnung stellt eine große schiefe Ebene dar mit einer roten Kugel oben, die von Plastilin zurückgehalten wird, die rote Kugel in der Mitte wird durch ein zweites Plastilinstück festgehalten, und die grüne Kugel unten: «Man nimmt das Plastilin weg, die rote geht hierher, man nimmt das zweite Plastilinstück weg, und die rote rollt weiter. Die grüne bleibt, weil das Stück (der Rollweg) flach war (unten) und *weil es kein Plastilin hatte, das man wegnehmen konnte!*» (Siehe dazu weiter oben die Erklärung von Dan.)
Man ersieht daraus, zwischen 4 und 7 Jahren bewahren die Gedächtniszeichnungen und Beschreibungen dieser Stufe dieselben Merkmale: Es fehlt eine Ordnung und es fehlen die Bewegungsübertragungen durch die Blöcke hindurch; oder die Übertragung wird durch Entfernen der Blöcke unterdrückt oder durch eine einfache Abfolge von unabhängigen Bewegungen ersetzt. Die Tatsachen selbst werden aufgrund der allgemeinen kausalen Interpretation des Kindes systematisch verändert.

3. Die Stufe II

Zunächst ein Kind, das den Übergang vom Stadium I in das Stadium II sehr schön zeigt: Eri (6; 2) sagt beim unmittelbaren Abruf: «Die Kugel ist nach unten gerollt, dann ist die andere auf das Plastilin gestoßen, dann haben Sie das Plastilin weggenommen, und sie (die Kugel) ist weitergerollt»; die Zeichnung zeigt eine schiefe Ebene mit einem riesigen Buckel auf der Höhe des Plastilins. Nach einer Woche wird die Zeichnung besser, ebenso die Beschreibung: «Es hatte die Kugel, dann das Plastilin und nachher eine andere Kugel dahinter; nachher hatte es ein Stück Holz, und es ging nach unten; man hat gestoßen, und das ging nach unten.» Doch sechs Monate später überschreitet Eri (jetzt 6; 8) die Grenze zum Stadium II: «Die Kugel stößt gegen das Holz, dann rollt die andere Kugel.» Die folgenden Kinder sind typisch für das Stadium II. Interessanterweise vergessen sie oft das Plastilin. Yve (6; 8) zeichnet eine schiefe Ebene mit Stufen, die beiden Blöcke sind am richtigen Platz: «Sie haben eine (A) rollen lassen, und das brachte die andere ins Rollen; Sie haben sie (B) weiterrollen lassen, und die andere (C) ist nicht gerollt.» Gleiche Beschreibung und Zeichnung nach einer Woche (nach sechs Monaten hingegen steht Yve wieder auf der Stufe I: Die Blöcke sind nicht mehr vorhanden, sie sind ersetzt durch das Plastilin, das «Sie weggenommen haben»). Did (6; 11): «Man ließ die rote rollen, sie hat die andere gestoßen» usw. (die Zeichnung ist richtig, ausgenommen eine Verdoppelung der Kugel B und ihres Blocks); für die Kugel C gilt dasselbe, aber «das brachte sie nicht ins Rollen». Das ist die ganze Erklärung. Phil (7; 1) läßt das Plastilin in seiner sonst richtigen Zeichnung aus und sagt nach der ersten Sitzung und nach einer Woche: «Eine Kugel (A) ist nach unten gerollt und hat die andere (B) nach unten rollen lassen, und eine (B) ist nach unten gerollt, und sie hat die andere nicht nach unten rollen lassen.» Cla (8; 1) mit einer Zeichnung, die die Kugeln in dem Augenblick festhält, da sie auf die Blöcke und das Plastilin aufprallen: «Die rote Kugel hat die grüne gestoßen ... die grüne ist hinuntergerollt und hat die andere (C) nicht angestoßen.» Nach sechs Monaten dasselbe, aber «die letzte (C) ist weggerollt. Ach nein, sie ist nicht weggerollt, weil sie nicht viel Schwung hatte!» Mar (9; 2) hingegen äußert sich an den beiden ersten Sitzungen nicht zu den Bewegungen von C. Nach sechs Monaten vereinfacht er das Problem: «Diese (A), die gerollt ist, hat die in der Mitte (B) gestoßen, und diese hat ebenfalls gestoßen (C), und alle befanden sich unten.» Die erste Zeichnung zeigt Kugeln vor und hinter den Blöcken (im Augenblick des Aufprallens), aber nach sechs Monaten hat es nur noch einen Block am Ende der Rollbahn.

Diese wenigen Beispiele zeigen wieder die enge Beziehung zwischen dem Verständnis der Kausalität und der Gedächtnisstufe. Auf das Kausalitätsverständnis müssen wir nicht zurückkommen: Man sieht, daß die Kinder die Übertragung der Bewegung von A auf B durch den Block P1 hindurch ohne weiteres annehmen und sich diesbezüglich unzweideutig ausdrücken (stoßen, anstoßen, zusammenstoßen usw.), aber sie haben offensichtlich nicht begriffen, weshalb C nicht wegrollt, obwohl ähnliche Bedingungen wie zwischen A und B herrschen. Deshalb schweigen die Kinder dazu, oder sie suchen andere Erklärungen wie zum Beispiel die fehlende Neigung. Gewisse Fortschritte des Gedächtnisses sind selbstverständlich auf die allgemeine Entwicklung der Kinder zurückzuführen, wenn man dieses Stadium mit der Stufe I vergleicht (zum Beispiel die Möglichkeit, die Ereignisse richtig zu ordnen). Es wird aber nicht weniger tief durch dieses neue Gesetz der Kausalität verändert, das dieser Ordnung erst einen Sinn gibt. Das Verständnis der Bewegungsübertragung konsolidiert somit einerseits das Gedächtnis, und es drängt eine einsichtige Reihenfolge auf. Aber es bewirkt auch bestimmte Verzerrungen, zum Beispiel, daß das Plastilinstück Pa vergessen oder in einen übertragenden Block verwandelt wird. Die Blöcke ihrerseits werden bisweilen vermehrt (siehe Did), manchmal aber auch ausgelassen, weil sie kein Hindernis für den Bewegungsablauf mehr darstellen. Die Erinnerungen werden aber auch verzerrt, weil die Unbeweglichkeit der letzten Kugel C noch nicht verstanden wird: weil der Zwischenraum zwischen dem Block P2 und der Kugel C keinen Sinn hat, wird er sowohl ausgelassen als auch betont. Das Kind, das eine Erklärung für das fehlende Wegrollen von C sucht, kann auch dazu gedrängt werden, den Kontrast zwischen der waagrechten Lage dieses letzten Rollbahnabschnitts und der Neigung des zweitletzten Abschnitts zu übertreiben: die Neigung wird überhöht usw. Cat (9; 11) zum Beispiel begann an den beiden ersten Sitzungen mit Zeichnungen, die einheitliche und starke Neigungen aufwiesen, was das Geheimnis von C noch vertiefte. Nach einigen Monaten hingegen zeichnet sie eine allmählich geringer werdende Neigung, die in einen langen waagrechten Rollweg mündet, und sie sagt dazu: «Die Kugel ist nicht gerollt, weil es ganz flach war.» In anderen Fällen wird das Problem, weil es nicht gelöst werden kann, vom Gedächtnis unterdrückt: diese dritte Kugel C rollt entweder weg wie die beiden anderen (Mar), oder die Erinnerung führt ein erklärendes Hindernis ein (einen zusätzlichen Block, der C an der Bewegung hindert), oder sie stellt C vor und nicht hinter den letzten Block. Oder es wird gar vom Experimentator angenommen, er habe den Block wie vorher das Plastilin entfernt, um das Wegrollen von C zu ermöglichen.

Kurz, die Erinnerungen dieser Stufe II zeichnen sich durch zwei Eigenschaften aus: Einerseits wird aufgrund der Bewegungsübertragung eine Reihenfolge erworben; andererseits kommt es zu einem Vergessen und zu Verzerrungen, die auf die prägnante Rolle dieser Übertragung, die jetzt wichtiger ist als das Entfernen des Plastilins, oder auf das fehlende Verständnis für das Nichtwegrollen von C zurückzuführen sind.

4. Die Stufe III

Die kausale Erklärung, die für dieses Stadium kennzeichnend ist, ergänzt die Ansätze des Stadiums II bei der Kugel B und verallgemeinert sie für die Kugel C. Daß sich diese nicht bewegt, wird eben gerade durch die Bedingungen interpretiert, die jetzt das Kind an die Übertragung durch einen Block hindurch stellt, und nicht mehr durch die fehlende Neigung oder den fehlenden Anstoß oder als unlösbares Geheimnis Die richtige Erklärung für den Zwischenraum zwischen P2 und C wird schon von einem Sechs-, dann von einem Sieben-, 3 Acht-, 2 Neun- und allen Zehnjährigen gefunden. Doch auch auf der Stufe III gibt es ungenügende Erklärungen für die Faktoren der Übertragung. Ren (8; 6) etwa schreibt die fehlende Übertragung bei P2 der Tatsache zu, daß dieser Block «größer» sei (sagt er) als P1, daß er also nicht die notwendigen Eigenschaften für eine gute Übertragung aufweise (er zeichnet die Kugel C ohne Zwischenraum neben P2). Jac (9; 2) unterdrückt ebenfalls den Zwischenraum und nimmt zunächst einfach zur Kenntnis, daß C nicht wegrollt; nach sechs Monaten gibt er als Grund dafür an, das Holz von P2 sei zu schwer, bestehe also aus einem anderen Material als P1. La (10; 4) läßt zwar in seinen Zeichnungen zwischen P2 und C Raum frei, schreibt aber die fehlende Übertragung der Tatsache zu, daß P2 «gut befestigt» sei, womit er durchblicken läßt, daß die Übertragung durch P1 hindurch auf eine Verschiebung dieses Blocks zurückzuführen sei. Lis (9; 11) schließlich ist ein bemerkenswerter Fall. Sie schreibt die Übertragung der Bewegung von A auf B einer Erschütterung des Blockes P1 zu. Daß C nicht wegrollt, erklärt sie mit der fehlenden Neigung. Nach vier Monaten erinnert sie sich gut an alles, aber sie fügt hinzu, das sei «nicht logisch, denn der andere (Rollweg von B) war ebenfalls gerade (waagrecht). Das verwirrt mich, ich verstehe nichts mehr.» Sie kommt dann auf die Vermutung, daß bei P2 die Bedingungen für eine «große Erschütterung» nicht erfüllt seien. Daß der Zwischenraum zwischen P2 und C eine Rolle spielen könnte, sieht sie nicht, obwohl sie ihn auf ihren Zeichnungen gut angibt.

Bezüglich der Wirklichkeitstreue des Gedächtnisses hat die beschriebene und von den Kindern in Erinnerung behaltene Kausalität natürlich eine größere Übereinstimmung mit dem präsentierten Modell zur Folge. Das gilt vor allem für den Zwischenraum zwischen P2 und C: Auf den Zeichnungen der Stufe II fehlt er häufiger, als er vorhanden ist. Auf der Stufe III wird er von 14 (gegen 2) Kindern bei der ersten Zeichnung, von 13 (gegen 3) bei der zweiten und von 11 (gegen 2) bei der dritten Zeichnung nach vier oder sechs Monaten angegeben. Die anderen haben P2 oder C vergessen. Das Gedächtnis nach vier bis sechs Monaten kann signifikante Schematisierungen enthalten: Tri (10; 5) zum Beispiel, die an der ersten und zweiten Sitzung einfach sagt, daß C «sich nicht bewegt hat», wobei sie an der zweiten (nicht aber an der ersten) Sitzung den Zwischenraum wiedergibt, vergißt nach vier Monaten den Block P2 und setzt die Kugel C hinter das Plastilin. Dazu sagt sie: «Sie bleibt stehen, weil sie das Plastilin nicht berührt.» Dan hingegen (6; 0, sehr frühreif) begründet das Nichtwegrollen von C an den beiden ersten Sitzungen mit «sie ist nicht beim Holz, sie kann nicht wegrollen», aber nach sechs Monaten ist die Erinnerung vollständig verschwunden: nur noch eine Kugel und vier über die ganze Rollbahn verteilte Plastilinstücke, die man nacheinander wegnimmt. Dan ist folglich von der Stufe III auf die Stufe I zurückgefallen.

Von solchem Erinnerungszerfall nach vier bis sechs Monaten oder von den Verzerrungen durch Verallgemeinerung (Tri) abgesehen, sind jedoch die Erinnerungen der Stufe III viel adäquater als die der Stufe II. Die Frage ist natürlich, ob der Fortschritt des Gedächtnisses den seines Inhaltes (bezüglich der Kausalität) nach sich zieht, was der Fall sein könnte, wenn die Erinnerung eines Zwischenraums zwischen P2 und C von einer richtigen Erklärung für die Unbeweglichkeit der Kugel C begleitet ist; oder ob im Gegenteil der Fortschritt der Kausalität den der mnemonischen Genauigkeit zur Folge hat; oder schließlich ob die beiden Arten von Fortschritt in ihrer Ursache voneinander unabhängig sind (obwohl sie sich natürlich gegenseitig stützen würden) und ganz einfach auf die allgemeine Entwicklung des Kindes zurückgehen.

Die «allgemeine Entwicklung» ist aber keine Erklärung, solange man nicht ihre Mechanismen genau umschreibt. Man hat somit nur die Wahl zwischen den beiden ersten Lösungen. Dazu muß man aber nicht nur die drei Stufen insgesamt in Erwägung ziehen, man muß auch die Erinnerungen beim unmittelbaren Abruf, nach einer Woche und nach vier bis sechs Monaten miteinander vergleichen.

5. *Die Entwicklung der Erinnerungen im Laufe der drei aufeinanderfolgenden Sitzungen*

Die Veränderungen zwischen der ersten Sitzung und der Evokation nach einer Woche und insbesondere zwischen dieser zweiten Sitzung und der letzten Prüfung nach vier bis sechs Monaten können, in der Beschreibung wie in der Zeichnung, durch die Kriterien «Fortschritt» oder «Rückschritt» beschrieben werden. Man kann auch die allgemeinen Tendenzen, deren auffälligste zweifellos die starke Vermehrung der Interpretationen an der Schlußsitzung ist, als Maßstab nehmen.

I. Bezüglich der Fortschritte und Rückschritte läßt sich die folgende Tabelle aufstellen, wobei W > U einen Fortschritt innerhalb der ersten Woche nach der Präsentierung und M > W einen Fortschritt nach vier bis sechs Monaten bedeutet:

Tabelle XXVI

Fortschritte und Regressionen der Erinnerungen

	$W > U$	$W = U$	$W < U$	$M > W$	$M = W$	$M < W$
Stufe I	1	13	1	2	4	7
Stufe II	1	21	1	3	8	11
Stufe III	0	16	0	4	5	6

Die Beziehungen zwischen den beiden ersten Sitzungen geben keinerlei Probleme auf, ausgenommen bei einem Kind von 5; 10 Jahren, das erst nach einer Woche die Stufe II erreicht. Die Fortschritte innerhalb von vier bis sechs Monaten lassen sich folgendermaßen umschreiben. Auf der Stufe I wird einfach die Zeichnung besser: das Plastilin wird festgehalten, falls es (in der Zeichnung, nicht bei der Beschreibung) an den ersten Sitzungen vergessen worden war. Bei der Stufe II haben wir (im 1. Abschnitt) bereits die beiden Kinder von 4; 9 und 4; 11 Jahren erwähnt, die nach sechs Monaten die Bewegungsübertragung entdecken («die eine Kugel stieß die andere» und «sie bewegt die andere», wobei der Block von beiden richtig zwischen den Kugeln gezeichnet wird). Im zweiten Fall ist der Fortschritt von einer auffälligen Verbesserung der Gedächtniszeichnung begleitet, die fast richtig geworden ist, während an den beiden ersten Sitzungen die Kugeln außerhalb der Rollbahn lagen und die Blöcke nicht existierten. Ein drittes Kind (Eri, 6; 2) entdeckt die Übertragung ebenfalls erst in der Erinnerung nach einigen Monaten. Und schließlich die vier Fortschritte auf der Stufe III: zwei Kinder von 8; 6 und 8; 9 Jahren entdecken die Funktion des Zwischenraums für das Stehenbleiben von C erst nach einigen Monaten in ihrer Erinnerung (auf den Zeichnungen der drei Sitzungen wird der Zwischenraum zunehmend größer!); und die beiden bereits erwähnten Kinder von 9; 11 und 10; 4 Jahren finden oder suchen erst an der dritten Sitzung eine Erklärung (ungenügender Anstoß oder zu stark befestigter Block).

Bei den Rückschritten handelt es sich im allgemeinen um eine bloße Verschlechterung der Erinnerung, die, das wollen wir festhalten, für niedrigere Kausalitätsstufen etwas stärker ist: 54 und 50% auf den Stufen I und II und 40% auf der Stufe III. Auf der Stufe III kommt ein Rückschritt beim Verständnis dazu (Dan, 6; 0, der von Stufe III auf Stufe I zurückfällt); ein Kind von 9; 5 Jahren zeichnet den Block hinter anstatt vor C (ein schematisiertes Stehenbleiben), und ein Kind vereinfacht, indem die dritte Kugel wie die beiden anderen wegrollt.

II. Das führt uns zur auffälligsten und allgemeinsten Eigenheit dieser Entwicklung der Erinnerung innerhalb von vier bis sechs Monaten (wobei, das sei wieder einmal betont, außer den Gedächtniszeichnungen des Kindes selbst nichts die erste Präsentierung erneuert oder belebt): Das Interpretierende des Gedächtnisses wird im Gegensatz zur figurativen Genauigkeit der bildhaften Darstellung deutlich verstärkt. Berücksichtigt man nur, was in den Zeichnungen festgehalten wird, so findet man bei Sechs- bis Zehnjährigen zwischen dem unmittelbaren Abruf und den Evokationen nach vier bis sechs Monaten folgende Veränderungen in den Beziehungen zwischen der Kugel A, dem Block P1 und der Kugel B: an der ersten Sitzung 40 figurativ richtige Zeichnungen und eine interpretationsmäßige Verzerrung; aber an der letzten Sitzung nehmen die ersteren von 40 auf 23 ab und die letzteren von 1 auf 19 zu. Das ist aber nicht ein einfacher «Gedächtnisverlust» im assoziationistischen Sinne, weil keine Beziehungen ausgeschieden werden, sondern eine Neuinterpretation mit, wie wir gesehen haben, 3 und 4 ziemlich spektakulären Fortschritten (Stufen II und III). Hinsichtlich der Beziehungen zwischen der Kugel B und der Plastilinmasse findet sich zwischen der ersten und der letzten Sitzung kaum ein Zerfall, aber die Plastilinmasse wird oft vergessen, besonders am Anfang des Stadiums II, wenn sie die kausale Bedeutung, die sie auf der Stufe I aufwies, verliert (bei ein oder zwei Kindern konnten wir auch feststellen, daß das Plastilin in einen Block verwandelt wird, dessen Funktion als Überträger eben entdeckt wird). Hinsichtlich der Beziehungen zwischen der Kugel B, dem Block P2 und der Kugel C verschlechtert sich auf der Stufe II oft die richtige figurative Evokation der beiden ersten Sitzungen nach vier bis sechs Monaten. Die Gründe dafür haben wir kennengelernt (die Funktion des Zwischenraums wird nicht verstanden). Doch diese Verschlechterung ist nicht immer ein Vergessen des Zwischenraums, sondern oft eine Verzerrung, die die Situation unter dem Gesichtspunkt des Kindes kohärenter macht (ein Block hinter C, der die Kugel festhält, oder Auslassung des Blocks). Beim Stadium III hingegen wird diese Beziehung zwischen den ersten und den letzten Sitzungen bestätigt und verstärkt.

Die Entwicklung der Erinnerung zwischen der ersten und der letzten Sitzung erscheint alles in allem als ein umfassender Übergang von einer unter dem figurativen Gesichtspunkt ziemlich wirklichkeitsgetreuen Erinnerung zu einer konstruierten oder neuinterpretierten Evokation, die das Figurative schematisiert und den Erfordernissen eines kausalen Verständnisses des präsentierten Vorgangs unterordnet. Für unsere Kenntnis der Gedächtnismechanismen ist eine solche Situation sehr bedeutsam.

6. *Schlußfolgerungen*

Greifen wir das am Ende des 4. Abschnitts aufgeworfene Problem wieder auf. Man scheint kaum bestreiten zu können, daß der Fortschritt des intelligenzmäßigen Verständnisses bei diesem Experiment über die Kausalität für die Erinnerungen die gleiche strukturierende Rolle wie bei den Experimenten über das Gedächtnis der logisch-mathematischen Strukturen spielt. Man konnte im letzten Kapitel Zweifel daran bekommen, weil jene Stadien in der Entwicklung der Kausalität nicht die Klarheit, nicht einen solchen Grad von Neuerwerbungen von einer Stufe zur anderen wie die hier diskutierte Anordnung aufwiesen. Werden jedoch diese Stufen unter dem Gesichtspunkt der Intelligenz genügend scharf auseinandergehalten, so stellt man ebenso prägnante Unterschiede zwischen den aufeinanderfolgenden Stadien der mnemonischen Organisation fest.

Was die Beziehungen zwischen dem Verständnis und dem Gedächtnis betrifft, kann man unmöglich entscheiden, in welchem Maße das eine das andere stützt und in eine bestimmte Richtung lenkt, solange man sich an eine einzig Stufe hält: die des Erwachsenen zum Beispiel. Betrachtet man aber unsere drei Stadien und die Veränderungen, die zwischen den ersten und den letzten Sitzungen eintreten, so kann man vier verschiedene Situationen feststellen:

a) Die Fakten werden schlecht behalten und schlecht interpretiert. Die Erinnerung ist verzerrt durch Lücken und fehlende Zusammenhänge, etwa auf der Stufe I oder im Laufe der Entwicklung der Erinnerung in der Zeit. Man kann in solchen Fällen kaum bestreiten, daß ein bessseres Verständnis die Erinnerung gefördert hätte. Beim einzigen Beispiel, wo das lückenhafte Gedächtnis für den Zerfall des Verständnisses verantwortlich zu sein scheint (Dan, 6; 0, der nach einigen Monaten von der Stufe III auf die Stufe I zurückfällt), sieht es so aus, als sei die frühe Einsicht dieses Kindes gerade, weil sie zu früh war, noch hinfällig gewesen.

b) Die Fakten werden schlecht behalten und gut interpretiert. Die Erinnerungen sind oft verzerrt durch Umstellungen, aber nicht mehr durch Zerfall, so daß, von der Verständnisstufe des Kindes her gesehen, eine größere Kohärenz erreicht wird. In solchen Fällen leitet natürlich die Einsicht die Bewegung, indem sie der Erinnerung, in Einklang mit dem Denken und zum Nachteil der figürlichen Genauigkeit des Erinnerungsbildes, Schematisierungen oder Vereinfachungen aufzwingt.

c) Die Fakten werden gut behalten, aber schlecht interpretiert – das ist der seltenste Fall. Das typische Beispiel dafür ist jenes Kind, das den Zwischenraum zwischen dem Block P2 und der Kugel C, die von der auf den Block aufprallenden Kugel B nicht in Bewegung gesetzt wird, festhält. In diesem Falle ist die Erinnerung rein figurativ, und die Einsicht ist nicht dafür verantwortlich. Doch das ist eben keine allgemeine Erscheinung. Oft zeichnet das Kind, weil es nicht versteht, weshalb C nicht wegrollt, die Kugel unmittelbar neben P2, als ob sie hätte wegrollen müssen (also der Fall b).

d) Die Fakten werden gut behalten und richtig interpretiert: dieser Fall ist für sich allein unentscheidbar, und er würde unentscheidbar bleiben, wenn es die beiden anderen nicht gäbe. Doch es gibt sie eben, und die Kinder, die zu a oder b gehören, werden mit dem Alter wegen ihrer Entwicklung zu d übergehen. Eine allgemeine Entwicklung, die die Fortschritte des Gedächtnisses und des Verständnisses zugleich erklären würde, erklärt, wie wir schon weiter oben sagten, in Wirklichkeit nichts, weil sie analysiert werden müßte: Man begreift ohne weiteres, weshalb die intellektuelle Konstruktion der Kausalität mit dem Alter Fortschritte macht, aber man würde kaum einsehen, wie ein von der Intelligenz losgelöstes, ganz aus sich selbst und folglich figurativ funktionierendes Gedächtnis ebenfalls Fortschritte machen könnte, denn jeder Mensch kann, schon bevor er senil wird, selbst feststellen, wie schwierig es ist, die sich ununterbrochen anhäufenden Erinnerungen mit ausreichender figürlicher Genauigkeit zu behalten. Alles scheint somit darauf hinzudeuten, daß das Gedächtnis im Bereich der Kausalität, gleich wie bei den logischen und mathematischen Strukturen, fortwährend durch die Schemata unterstützt werden muß, über die das Kind verfügt. Die sieben klaren Fortschritte, die wir auf den Stufen II und III in der Zeit zwischen den Sitzungen nach einer Woche und nach vier bis sechs Monaten verzeichnet haben, erinnern an jene, die wir bei der Entwicklung der operativen Schemata diskutiert haben. Die allgemeine Korrelation zwischen der Verbesserung bei der Organisation der Erinnerungen und der Entwicklung der Kausalitätsschemata entspricht ebenfalls den Verhältnissen bei den operativen logischen oder arithmetischen Schemata.

Schlußbemerkung. – Eine im Gange befindliche Untersuchung über die Übertragung einer Bewegung von einer Kugel A auf eine Kugel C durch Blöcke B hindurch scheint zu zeigen, daß auf der Stufe I die Transitivität AC effektiv nicht verstanden wird, wenn der Block B an Ort und Stelle bleibt. Wird hingegen der Block B durch den Aufprall von A ein wenig verschoben, so wird die Übertragung in der gleichen Art wie bei den werkzeuglichen Aktionen akzeptiert. Zu den in diesem Kapitel beschriebenen Untersuchungen ist festzuhalten, daß am Anfang gerade kleine Kinder dazu neigten, die Übertragung der Bewegung durch den Block P 1 hindurch anzuerkennen, weil sie ihn für beweglich hielten: sobald man darauf aufmerksam machte, daß er befestigt sei, erhielt man die dargelegten Ergebnisse (1. und 2. Abschnitt und Tabelle 26).

[1] In Zusammenarbeit mit C. Fot.

[2] Sie werden in den *Etudes d'épistémologie génétique* erscheinen.

Kapitel XIII

Die Erinnerung eines dem Kind unverständlichen kausalen Vorganges[1]

Eine kausale Situation wie die transitive Bewegung, bei der das Verstehen zwischen dem 4. und dem 10. Lebensjahr in rasch aufeinanderfolgenden Etappen Fortschritte macht, stellt für die Beziehungen zwischen dem Verständnis und dem Gedächtnis ein beliebtes und folglich verdächtiges Indiz dar. Man muß deshalb auch die Erinnerung einer den Kindern derselben Alterstufen unverständlichen Situation überprüfen. Unverständlich ist jedoch ein sehr relativer Begriff: Er sagt dem Gebildeten etwas, während kleine Kinder und Ungebildete alles zu verstehen glauben. Das ist übrigens für unser Vorhaben kein Nachteil, im Gegenteil. Die ein wenig entwickelteren Kinder müssen sich ganz auf die Gesetzmäßigkeit konzentrieren, weil sie den einfachen Erklärungen nicht mehr trauen und die komplizierteren noch nicht im Griff haben. Die Erinnerungen gesetzmäßiger Beziehungen werfen dann die interessante Frage auf, ob sie ebenso gut wie begriffene Beziehungen behalten werden oder ob das Gedächtnis, weil es keine befriedigende kausale Erklärung behalten kann, mit der Retentionsdauer eher schlechter wird. Bei den noch älteren Kindern wird man einen Ansatz von kausaler Erklärung im eigentlichen Sinne feststellen. Auch hier wird es wieder instruktiv sein, deren Wirkungen auf das Gedächtnis zu untersuchen.

1. *Technik und Stufen*

Man präsentiert dem Kind auf einem Karton zwei gleiche Gläser G 1 und G 2, die lang und verhältnismäßig dünn sind, und zwei Schalen S 1 und S 2, die gleich hoch mit blauer Flüssigkeit F 1 und roter Flüssigkeit F 2 gefüllt sind. In den beiden Schalen steht je eine Kerze. Diese Anordnung wollen wir «Anfangssituation» (AS) nennen.

Man fordert das Kind auf, das vorhandene Material zu beschreiben. Es stellt zudem fest, daß der Wasserstand in S 1 und S 2 gleich hoch ist und daß die beiden Schalen je zur Hälfte mit Flüssigkeit gefüllt sind.

Jetzt mahnt man das Kind, aufmerksam hinzusehen. Man taucht das Glas G1 in die blaue Schale S1, zündet die Kerze in S2 an und stülpt das Glas G2 darüber. Das Ergebnis wird «Endsituation» (ES) genannt (Figur 42). Wird G1 rasch und genau senkrecht in das Gefäß gestellt, so kann die Luft nicht aus dem Glase entweichen: sie verdrängt blaue Flüssigkeit, so daß diese in der Schale höher steigt. In G2 hingegen brennt die Kerze noch 2 bis 3 Sekunden lang, worauf sie erlischt,

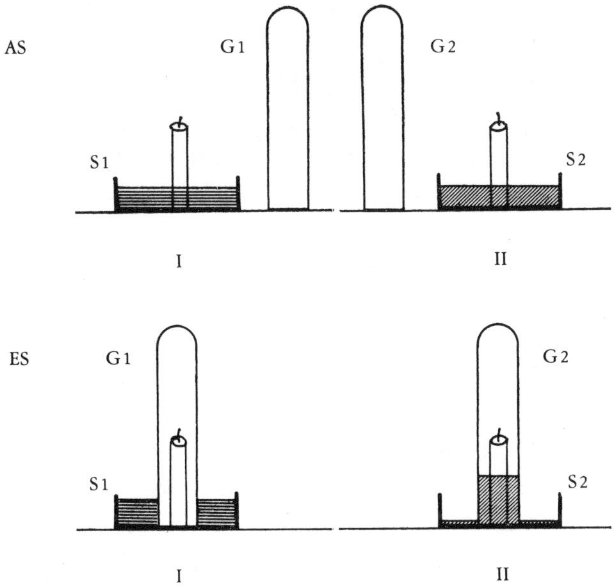

Figur 42

weil der Sauerstoff aufgebraucht ist. Der Sauerstoff ist zu wasserlöslicher Kohlensäure verbrannt: die rote Flüssigkeit, die unmittelbar beim Eintauchen von G2 in der Schale ebenfalls höher gestiegen war, fließt nun, während die Kerze noch brennt, in das Glas G2 hinein, weil der Druck hier abnimmt. Dazu kommen andere Faktoren wie Wärme usw., so daß die gesamte Erklärung des Phänomens ziemlich komplex ist.

Sobald die Versuchsanordnung weggestellt ist, beschreibt das Kind, was es gesehen hat, ohne daß der Experimentator zusätzliche Fragen stellt. Dann werden eine Zeichnung, wenn möglich zwei Zeichnungen für AS und ES verlangt. Daran schließt eine zweite Beschreibung an, wobei das Kind die eigenen Zeichnungen vor Augen hat. Man fragt es, ob die rote und die blaue Flüssigkeit in der Anfangs- und in der Endsituation gleich hoch gewesen seien. Bei jüngeren Kindern, die mit dem Zeichnen Mühe haben, und in allen anderen Zweifelsfällen verteilt man ein vorgedrucktes Schema mit AS und ES, auf dem das Kind nur noch den Wasserstand eintragen muß.

An den Sitzungen nach einer Woche und nach sechs Monaten geht man gleich vor.

Bezüglich der Kausalität kann man drei Stufen unterscheiden. Bis zu einem Alter von ungefähr 7 Jahren stellt man kein intellektuelles Erstaunen fest. Das Kind ist zwar überrascht, wie bei jedem ihm unbekannten Effekt, aber es ist nicht ein Erstaunen wie vor etwas Unerklärlichem. Das Kind behilft sich nämlich mit dem doppelten Erklärungsschema, das es auf dieser Stufe meistens verwendet: die Macht des Erwachsenen und die Spontaneität der beweglichen Gegenstände (die in Formulierungen wie «Du hast angezündet, und das Wasser läuft hinein» zusammengefaßt werden). Zwischen 6 bis 7 und 9 bis 10 Jahren versucht das Kind nicht so sehr, den Vorgang zu erklären, sondern es zieht es oft vor, nur die gesetzmäßigen Beziehungen zu analysieren. Die Kausalität beginnt sich somit zu objektivieren, sie verlangt, daß Zusammenhänge zwischen den Teilen der Anordnung gesucht werden (im Gegensatz zu einer globalen Spontaneität der Dinge). Dieses Bestimmen der Zusammenhänge wird auf der Stufe III die Regel, so daß sich in diesem letzten Stadium die Interpretationsversuche vervielfachen: Wärme, Luft usw. Das Suchen einer Erklärung konzentriert sich bisweilen auf einen der wenigen Punkte, die einem erwachsenen Nichtphysiker klar sind, der aber dem Kind, das das «Wie» in den Griff zu bekommen versucht, Probleme aufgibt: wie nämlich das Wasser unter dem Glas G2 hindurchfließen kann, wenn dessen Rand auf den Boden der Schale S2 gedrückt wird. Das Kind ist sich in diesem Alter noch nicht bewußt, daß Wasser durch eine noch so schmale Spalte fließen kann.

Bezüglich des Gedächtnisses, das heißt der Gesamtheit der wirklichkeitsgetreu behaltenen Beziehungen, kann man ebenfalls drei Stufen unterscheiden. Der Zusammenhang zwischen der Kausalität und dem Gedächtnis ist auf den beiden ersten Stufen offensichtlich. Die Stufe III des Gedächtnisses ist in ihren Beziehungen zur Stufe III der Kausalität von verschiedenen Anzeichen abhängig, unter anderem mit der von den Kindern dieser Altersstufe manchmal aufgeworfenen Frage, «wie» und «weshalb» das Wasser im Glas aufsteigt (G2) oder nicht aufsteigt (G1).

Die erste dieser drei Organisationsstufen der Erinnerung ist an der geringen oder fehlenden Differenzierung zwischen den beiden Anordnungen I und II in der Endsituation und vor allem an einer ziemlich systematischen Schwierigkeit (bis in ein Alter von 5; 11 Jahren), zwischen der Anfangs- und der Endsituation zu unterscheiden, erkenntlich. Das weist auf einen Mangel an zeitlicher Organisation hin und spiegelt die Undifferenziertheit der beginnenden Kausalität wider, wo sich die Macht des Tuns und die Spontaneität des Objekts noch miteinander vermischen.

Die zweite Stufe reicht von 6 bis 8 (in einem Fall bis 9; 8) Jahren. Man erkennt sie an einer fortschreitenden Differenzierung zwischen I und II und AS und ES, aber auch an einer immer reicheren Retention der verschiedenen Beziehungen. Von einer auffälligen Ausnahme abgesehen, halten diese Kinder weder in der Beschreibung noch in der Zeichnung fest, daß bei ES das Wasser in der Schale S1 höher steht, nachdem das Glas G1 eingetaucht wurde. Da Wasserstände von 4 bis 5 Jahren an leicht wahrgenommen und ohne weiteres abgelesen werden (vorher glaubt das Kind nicht an die Erhaltung von Flüssigkeiten bei Umgießexperimenten), muß man in dieser ziemlich systematischen Lücke einen fortbestehenden Mangel beim Vergleichen der Situationen AS und ES sehen: Diese werden schon unterschieden, aber noch nicht zu einem Gesamtsystem zusammengefaßt, weil die Kausalität und der Begriff einer notwendigen Erhaltung der Flüssigkeitsmenge in G1 und S1 zusammen vielleicht noch fehlen.

Auf der Stufe III hingegen wird diese Beziehung richtig behalten. Die Erinnerung ist folglich einigermaßen vollständig, aber mit einer Ausnahme am Anfang des Stadiums (weshalb man Unterstadien IIIA und IIIB unterscheiden kann): Das Kind behält erst allmählich die Tatsache, daß das Wasser zuerst in S1 und S2 steigt, bevor es in S2 wieder sinkt, weil es in G2 hineinfließt. Die Stufe III setzt folglich verhältnismäßig vollständige Beziehungen zwischen AS und ES voraus, und gleichzeitig suchen die Kinder wieder nach Erklärungen, aber sie können keine befriedigenden finden. Für unser Thema ist es deshalb interessant zu untersuchen, was aus dem an den beiden ersten Sitzungen ausgezeichneten Gedächtnis nach sechs Monaten wird, wobei der Erfolg oder der Mißerfolg dieser dritten Evokation auf das Bewußtsein des Problems (und zwar eines Problems, das subjektiv wie objektiv nicht gelöst ist) als auch auf ein (zu einem schönen Teil illusorisches) Erklärungsschema zurückzuführen sind.

2. *Die Stufe I*

Die für diese erste Stufe charakteristische Kausalität spiegelt sich in den Aussagen von Pat (4; 6) sehr schön wider: «Wie hast Du *das* im Glas gemacht? – Was glaubst du? – Du hast angezündet, und *das* hat Wasser kommen lassen.» Nach einer Woche: «Man hat das Glas (G2) hingetan, man hat die Kerze angezündet (vgl. die umgekehrte zeitliche Reihenfolge), *das* hat die Kerze ausgelöscht, und das Wasser ist nach oben gekommen» (S2). Aber bei S1 ebenso: «Man hat das Glas ins Wasser getan, und *das* stieg» (in S1, wie auch aus der Zeichnung zu ersehen ist). Was bedeutet zunächst das Wort «das»? Es ist, wenn man so will, beschreibend, es bezeichnet aber ein Konzept und nicht nur Ereignisse: Es beschreibt eine Macht, die alles erklärt und sowohl von den Aktionen des Experimentators als auch von der Spontaneität der Gegenstände ausgeht. Unter solchen Umständen spielt die Reihenfolge der Ereignisse kaum eine Rolle. Pat evoziert in seinen Erinnerungen tatsächlich die Schalen, die Kerzen, die Gläser und die Flüssigkeiten, aber er ist schon beim unmittelbaren Abruf nicht imstande, die Anfangs- und Endzustände zu unterscheiden, denn seine Zeichnungen und Beschreibungen sind für AS und ES praktisch gleich: Das Wasser ist in beiden Gläsern gestiegen und steht in beiden Schalen gleich hoch: «Das da (AS), war es am Anfang oder am Ende so? – Am Ende... nein, am Anfang. – Hatte es in beiden gleich viel Wasser? – Nein, dort rotes und dort blaues» usw. Pat ergänzt die vorgedruckten Zeichnungen: wieder dasselbe. «Das da (AS), ist es am Anfang so? – Am Ende. – Und das da (ES)? – Am Anfang. – Ist es vielleicht umgekehrt? – Es war umgekehrt.» «Erzähle weiter. – Man hat das Glas in das Wasser getan, und das stieg. Ich habe das Wasser nicht hoch (genug) gezeichnet»: er fügt etwas Wasser in eines der Gläser und gleich viel in das andere. Nach einer Woche genau die gleichen Reaktionen. Nach sechs Monaten: «Das ist ausgelöscht, als es Wasser hatte.» I und II sind noch immer gleich gezeichnet, in den Gläsern ist ein wenig Wasser (in beiden gleich hoch), doch in den Schalen ist keines mehr.

Dieser Fall ist für alle Kinder der Stufe I repräsentativ. Unter dem Gesichtspunkt der Kausalität finden sich gewisse Varianten. Für Mic «hat man das Glas darüber getan, dann hat man angezündet (vgl. die zeitliche Reihenfolge), dann hat man ausgelöscht, und der ganze Rauch ist nach unten gekommen, und das Wasser ist gestiegen.» Die Zeichnungen sind für I und II gleich, aber nach einer Woche fügt er anschließend etwas Wasser in G2 (ES) hinzu, womit das Stadium II sich ankündigt; nach sechs Monaten ist aber nichts davon übriggeblieben, die Zeichnungen sind wieder gleich. Fra (4; 8) reagiert bei I und II wie Mic, aber er erinnert sich nach sechs Monaten daran, obwohl er die gleichen Zeichnungen anfertigt. Nach sechs Monaten ist bei ihm dennoch ein gewisser Fortschritt zu beobachten, denn er zeichnet, wenn auch für I und II gleich, die Anfangs- und die Endsituation und stellt nicht mehr nur zwei Reihen von blauen und roten Elementen nebeneinander. Ein solcher Fortschritt, den man bei zwei Kindern feststellen konnte, ist vielleicht auf einen Ansatz von Bewußtwerdung des Problems zurückzuführen. Ala (5; 1) erinnert sich an den beiden ersten Sitzungen nur daran, daß eine Kerze angezündet wurde und die andere nicht: «Dann haben Sie das Glas darauf getan, das hat die Kerze ausgelöscht.» Das Wasser steht bei I und II gleich hoch (die Gläser sind leer), zwischen AS und ES bestehen keine Unterschiede. Nach sechs Monaten hingegen erinnert er sich daran, daß das Wasser gestiegen ist: «Sie haben das Wasser hinaufgebracht, dann hat das die Kerze ausgelöscht.» Die Zeichnungen und Beschreibungen bleiben aber für I und II gleich. Andere Kinder sagen ähnlich, das Wasser sei wegen des Dampfes gestiegen, oder weil man die Kerze angezündet habe, oder in Verbindung mit dem Rauch (zum Beispiel Mar, 5; 8, der sich im übrigen daran zu erinnern glaubt, daß man beide Kerzen angezündet habe). Cat (5; 6) zeigt skizzenhaft einen Unterschied zwischen I und II wie auch AS und ES, womit sich das Stadium II andeutet, aber eben sehr skizzenhaft, und zwar sowohl bezüglich des Gedächtnisses (je eine brennende Kerze bei I und II) als auch der Kausalität: bei II ist «die Kerze verlöscht, dann ist das Wasser im roten Glas gestiegen», bei I hingegen hat man «das Feuer hingetan», dann ist die Kerze verlöscht, und «das Wasser ist gesunken und ganz klein geworden».

Man ersieht aus diesen Beispielen, wie einheitlich die Reaktionen dieses Stadiums I sind. Vom Gedächtnis her gesehen, erinnern sich diese Kinder an eine gewisse Zahl von Abfolgen: Man hat eine Kerze (oder zwei) angezündet, man hat ein Glas darüber gestülpt, das Wasser ist gestiegen usw. Offensichtlich gibt es somit für sie eine Anfangs- und eine davon verschiedene Endsituation. Es ist aber zweierlei, sich daran zu erinnern, daß es solche Abfolgen gibt und sie als in der Zeit ablaufende Aktionen zu evozieren, oder die Reihenfolge der Ereignisse zu rekonstituieren und nach der Präsentierung den Unterschied zwischen der Anfangs- und der Endsituation angeben zu können. Eben diese Unterscheidung gelingt den Kindern nicht. Wenn die zweite Situation in ihrem Geiste einmal evoziert ist, so können sie sich nicht mehr von ihr lösen, so daß sie die beiden Situationen gleich oder fast gleich beschreiben oder zeichnen.

Dieser Mangel an Ordnungsvermögen macht das andere Merkmal der Erinnerungen dieser Kinder verständlich, das auf den ersten Blick überraschender ist als das erste: den fehlenden Unterschied zwischen den Anordnungen I und II. Mehrere Kinder glauben sich nämlich daran zu erinnern, daß man beide Kerzen angezündet hat. Aber auch die Kinder, die die Tatsache behalten haben, daß nur eine Kerze gebrannt hatte, zeichnen und beschreiben I und II gleich, als ob das Wasser in den beiden Gläsern G1 und G2 gestiegen wäre und bei I und II auf gleicher Höhe stehen würde. Diese seltsame Lücke scheint sich dadurch zu erklären, daß das Kind von diesem Vorgang zwar betroffen ist, seine Etappen aber nicht rekonstituieren kann, so daß es den Endzustand bei I (nicht angezündete Kerze) wie bei II verallgemeinert, gleich wie es später AS und ES gleichsetzt.
Diese schwerwiegenden Gedächtnismängel zeugen offensichtlich von einer systematischen Schwierigkeit des zeitlichen Ordnungsvermögens (die bis in die Einzelheiten sichtbar wird: die Kerze wird angezündet, nachdem das Glas G2 bereits darüber gestülpt ist usw.). In einer verständlicheren Situation wäre natürlich diese Aneinanderreihung der Ereignisse in der Zeit besser geglückt. Bei der Bewegungsübertragung (Kapitel XII) zeichnet keines der Kinder der Stufe I die Kugeln zum Beispiel oben an die schiefe Ebene, nachdem sie hinuntergerollt sind. Die Mängel des Gedächtnisses decken hier Mängel der Kausalität auf. Cat ist diesbezüglich typisch: Sie behauptet, ohne mit den Wimpern zu zucken, nach dem Erlöschen der Kerze sei das Wasser bei II in der Röhre gestiegen, bei I aber gesunken. Sie erinnert sich nicht im geringsten daran, daß das Wasser bei I deswegen sank, weil keine Kerze brannte, und bei II gerade aus dem entgegengesetzten Grunde stieg. Eine seltsame Kausalität und eine nicht minder seltsame mnestische Retention. Da aber die Kausalität in diesem Stadium ganz einfach darin besteht, daß je nach den Fähigkeiten des Experimentators und den Launen der mit Spontaneität ausgestatteten Gegenstände alles möglich ist, ist das alles unter dem kausalen Gesichtspunkt weiter nicht erstaunlich. Mangels einsichtiger Schemata gibt es dann aber auch keine Möglichkeit mehr, die zeitliche Reihenfolge der Ereignisse in der Evokation zu rekonstituieren. Die scheinbare Inkohärenz dieser Reaktionen des Stadiums I ist somit in Wirklichkeit nur ein Ausdruck einer ziemlich auffälligen inneren Kohärenz.

3. Die Stufe II

Zwischen der eben beschriebenen Stufe I und den richtigen Erinnerungen der Stufe III kann es natürlich keinen abrupten Übergang geben. Während des Stadiums II treten deshalb fortlaufend Verbesserungen ein, angefangen bei Kindern zwischen dem Stadium I und der Stufe II (im Alter zwischen 5; 11 und 6; 3 Jahren) und weiter bei mehreren Kindern zwischen 6; 0 und 8; 1 (und sogar zwei Fällen von 8; 9 und 9; 8) Jahren.

Bezüglich der Kausalität stellt man neu das Erstaunen der Kinder fest, das bei den Kleineren merkwürdigerweise fehlte und oft bei Sechsjährigen sichtbar wird. Dieses Erstaunen hat natürlich eine feinere Analyse der mitspielenden Beziehungen und der (raumzeitlichen und gesetzmäßigen) Zusammenhänge innerhalb der beiden Anordnungen zur Folge, was selbstverständlich zu einer besseren Organisation und einer größeren Wirklichkeitstreue der Erinnerung führt.

Beginnen wir bei den Zwischenstadien. Arc (5; 11) unterscheidet in seinen Beschreibungen und Zeichnungen zwischen der Anfangs- und der Endsituation, denn das Wasser steht bei ES höher als bei AS, aber er macht keinen Unterschied zwischen dem Wasserstand bei I und bei II. Beim unmittelbaren Abruf sagt er: «Man hat eine Kerze angezündet, und die andere war ausgelöscht», wogegen er sich nach einer Woche daran zu erinnern glaubt, daß beide gebrannt hatten, aber mit verschiedener Wirkung: «Man hat noch die andere hingestellt, und das hat nichts ausgemacht.» Auf eine entsprechende Frage hin korrigiert er seine Zeichnung, indem er die Flamme bei I auswischt. Sechs Monate später erinnert er sich daran, daß die beiden Kerzen nicht gleich gewesen waren, aber er vergißt, daß das Wasser aufgestiegen war: Die beiden Zeichnungen für I und II sind gleich, ausgenommen die Flamme bei I, und zwischen AS und ES ist kein Unterschied mehr zu sehen.

Klare Fälle der Stufe II findet man von 6 Jahren an. Fra (6; 0) zeigt bei der Präsentierung ihr Erstaunen und fertigt zwei Zeichnungen an, bei denen sie sich ohne Zögern zwischen AS und ES entscheidet: Auf der ersten steht das Wasser in S1 und S2 gleich hoch, während auf der zweiten bei II das Wasser in G2 höher und in S2 tiefer steht (sie hat somit behalten, daß das Wasser, das in die Röhre G2 hineinfließt, in der Schale S2 fehlt). Bei I ist die Röhre G1 richtig, also ohne Flüssigkeit, gezeichnet, und in der Schale S1 steht das Wasser gleich hoch wie bei AS (der höhere Wasserstand in S1 in der Endsituation wird bekanntlich erst im Stadium III behalten). Nach einer Woche sind die Evokationen durch Beschreibung und Zeichnung immer noch richtig. Nach sechs Monaten hat sich die Erinnerung etwas verschlechtert, aber I und II sind noch ungleich: «Man hat ein Zündholz angezündet, und das hat mehr ins andere gebracht» (eine überkreuzte Kausalität). Bei der Zeichnung: «Sie haben ein Zündholz angezündet, aber ich weiß nicht mehr, wo ich es hin tun soll!», und schließlich: «Sie haben zwei Flaschen genommen und mehr in die rote getan» (die Zeichnung stellt nur noch diese beiden «Flaschen» dar, ohne Unterscheidung zwischen den Gläsern G und den Schalen S).

Dor (6; 3) betrachtet zuerst die ganze Anordnung mit erstaunter Miene und gibt die Situationen AS und ES in der Zeichnung richtig wieder. Sie hält fest, daß die Kerze angezündet wurde, die andere aber nicht, vergißt jedoch, daß das Wasser stieg (und ebenso natürlich den Wasserstand in S1 bei ES). Nach einer Woche fängt sie gleich an, erinnert sich aber rasch, daß in G2 das Wasser aufstieg; sie betont, daß das nur bei der angezündeten Kerze der Fall war und nicht in S1, aber eine Erklärung dafür hat sie nicht: «Ich weiß nicht weshalb.» Bog (6; 7) hingegen schreibt das Aufsteigen des Wassers dem «Rauch» zu, der auch die Kerze in G2 auslöscht. Sim (7; 2) zeichnet G2 und S2 bei AS und ES richtig: Das Wasser steigt in G2 und sinkt in S2; er verneint jedoch beim unmittelbaren Abruf, daß man G1 in S1 gestellt habe. Nach einer Woche steht in seiner Zeichnung das Glas trotzdem in der Schale, er kommt aber darauf zurück und stellt es neben S1, womit zweifellos der Kontrast zwischen den beiden Vorgängen I und II in der Erinnerung betont werden soll. Pel (7; 0) gibt eine richtige Beschreibung (ausgenommen immer der Wasserstand in S1 bei ES) und erklärt das Aufsteigen des Wassers: «Wenn die Kerze auslöscht, gibt das einen Druck. – Was ist das, ein Druck? – Es hat viel Luft, hier (G2) mehr, glaube ich, das sog das Wasser an. Die Kerze verlöschte, weil es mehr Luft hatte.»

Die Stufe II ist alles in allem dadurch ausgezeichnet, daß sie die Beziehungen zu koordinieren bemüht. Es gibt zeitliche Koordinierungen, denn die Reihenfolge der Ereignisse ist nicht mehr gleichgültig wie im Stadium I, sondern sie wird oft bis in die Einzelheiten respektiert (in G2 sinkt das Wasser zuerst, bevor es kräftig aufsteigt), und räumliche Koordinierungen, denn in S2 sinkt das Wasser, wenn es in G2 aufsteigt usw. Die Aufmerksamkeit konzentriert sich auf die Anordnung II. Die gesamte Erinnerung wird immer genauer behalten. Die Veränderung des Wasserstandes in S1, wenn das Glas G1 bei ES in die Schale eingetaucht wird, wird entweder vom Kind nicht bemerkt oder jedenfalls nicht im Gedächtnis behalten. Das ist bei sieben- und achtjährigen Kindern noch der einzige Unterschied zwischen den Stadien II und III.

Nach sechs Monaten unterscheiden sich jedoch die Kinder des Stadiums II von denen des Stadiums III in ihren Reaktionen erheblich. Im Stadium I ist die Erinnerung nach sechs Monaten grundsätzlich figurativ, ausgenommen die beiden leichten Fortschritte, die zweifellos auf eine beginnende Bewußtwerdung des Problems zurückzuführen sind. Im Stadium III ist das Gedächtnis nach sechs Monaten entweder genau oder auf das Problem als solches konzentriert, wobei hinsichtlich der Anordnung mehr oder weniger beträchtliche Verzerrungen vorkommen. Im Stadium II ist weder das eine noch das andere zu beobachten, sondern ein allgemeiner und ziemlich systematischer Zerfall. Sim (7; 2) und Cor (7; 5) erinnern sich an nichts mehr. Eli (6; 2) und Pie (7; 0) haben gerade noch zwei Gläser und die rote und blaue Flüssigkeit behalten (Eli evoziert sie verbal, aber nicht in der Zeichnung). Pat (6; 10) erwähnt die zwei Kerzen in den beiden Schalen S1 und S2, die eine brennend in dem Glas, das mehr Wasser enthielt, die andere ausgelöscht in einem Glas, das nur halb mit Wasser gefüllt war, vergißt aber die Gläser G1 und G2, die über die Kerzen gestülpt wurden, womit die ganze Problematik verschüttet war.

Mar (8; 1) erinnert sich an S1 und S2, vergißt aber die Kerzen und ersetzt sie durch ein Zündholz, das angezündet wurde und verlöschte, als man ein Gefäß darüber legte – die ganze Problematik ist durch ein Schaugepränge ohne jedes Geheimnis ersetzt worden. Ria (7; 11) zeichnet ebenfalls die beiden Gläser G1 und G2 (aber ohne die Schalen S), jeweils halb mit Wasser gefüllt und mit einer Kerze darin, die in G1 brennt und in G2 nicht: «Als Sie das Glas hierher stellten (G2), ist es ausgelöscht.»

Dieser ziemlich systematische Zerfall, der sich sowohl auf die Anordnung (im Gegensatz zum Stadium I) als auch auf das Problem (umgekehrt wie im Stadium III) erstreckt, scheint mit der Kausalitätsstufe der Kinder in dieser besonderen Situation zusammenzuhängen. Sie begnügen sich nicht mehr mit den vordergründigen Erklärungen des Stadiums I und erreichen noch nicht die Anfänge einer rationalen Kausalität wie das Stadium III. Die Kinder des Stadiums II beschränken sich deshalb auf Beschreibungen, die so genau und «gesetzmäßig» wie möglich sind. Man hätte deshalb annehmen können, sie würden bessere (wie es beim unmittelbaren Abruf und nach einer Woche tatsächlich der Fall ist) und folglich um so dauerhaftere Erinnerungen daraus ableiten. Die Reaktionen nach sechs Monaten zeigen aber ganz im Gegenteil (was jedoch mit unseren Ergebnissen beim Gedächtnis der operativen Situationen übereinstimmt), daß sich der Mangel an Konstruktion oder an Komposition hinsichtlich der Kausalität äußert in einem Mangel an Organisation in bezug auf das Gedächtnis. Mit anderen Worten, die Wirklichkeitstreue der Erinnerung scheint hier mehr vom Bemühen um eine kausale Erklärung als von der genauen Beschreibung der Gesetzmäßigkeiten abhängig zu sein.

4. Die Stufe III

Unter dem Gesichtspunkt der Kausalität werden die Erklärungen etwas häufiger. Jac (7; 9) schreibt das Aufsteigen des Wassers dem Dampf zu, der seinerseits auf die brennende Kerze zurückzuführen ist. Vio (9; 2) kommt auf dieselbe Erklärung wie Pel, daß die Luft, die die Kerze ausgelöscht hat, auch für das Aufsteigen des Wassers in V2 verantwortlich ist; sie hat aber nichts zur Verdrängung des Wassers in V1 zu sagen. Rao (9; 5) hingegen entdeckt, daß die Luft das Wasser aus G1 vertreibt, und schreibt der Wärme dessen Aufsteigen in G2 zu: «weil das erhitzt, dann tut es so, als würde es ansaugen». Hier steigt das Wasser nicht wegen der Luft, sondern es produziert Luft beim Aufsteigen: «Weil das Wasser gestiegen ist, hat es dann zuviel Luft, und dann ist die Kerze verlöscht.» Dom (9; 11) nimmt mit Recht an, die Kerze sei verlöscht, weil keine Luft mehr vorhanden war, aber «es hatte Druck, weil der Kerzenrauch das Wasser steigen ließ: weil es warm war, und die Wärme ließ das Wasser steigen.» Cri (11; 0) erklärt zunächst ganz einfach, das «Wasser steigt wegen der Wärme», und präzisiert später, daß «die Wärme die Luft wegnimmt, und das Wasser steigt». In bezug auf das Glas G1 ist die Erklärung bisweilen richtig: die Luft verdrängt das Wasser.
Dieser letztere Punkt, der sich als einziger auf diese Stufe kausal erklären läßt, macht es zweifellos verständlich, weshalb einige Kinder sich zuerst einmal fragen, wie das Wasser unter dem Rande hindurch in das Glas G2 fließen kann, wenn doch dieses Glas auf den Boden der Schale gedrückt wird. Bern (10; 5) sagt, es sei «gestiegen, bevor das Glas (ganz) am Boden war», während Pau (10; 7) im Gegenteil annimmt, das Glas könne, nachdem es abgesetzt wurde, durch den Rauch wieder gehoben werden, «der Rauch? – Ja, das ist der Dampf.»
Die Objektivierung der Kausalität, die auf der Stufe II begonnen hat, führt in diesem Stadium III zu einer Dialektik zwischen den gesetzmäßigen und den kau-

salen Beziehungen: Die Entdeckung eines konstanten Zusammenhanges zieht das Bedürfnis nach sich, diesen Zusammenhang zu erklären, und die auf diesen Verbindungen zwischen den Teilen der Anordnung aufgebaute Erklärung veranlaßt ihrerseits wieder die feinere Beobachtung neuer Beziehungen. Unter dem Gesichtspunkt des Gedächtnisses wird dadurch die Organisation der Erinnerung verbessert und ihr Inhalt bereichert: Deshalb wird das Aufsteigen des Wassers in S1, entsprechend seinem Sinken in G1, behalten – ein Zusammenhang, der den meisten Kindern zwischen 6 und 7 Jahren vollständig entgeht, weshalb sie eben zum Stadium II gehören. Diese neue Genauigkeit der Erinnerung ist verbunden mit der Erhaltung der Materie. Bei Umgießversuchen mit Flüssigkeiten wird diese Erhaltung um 6 bis 7 Jahre entdeckt (wie wir bei einigen Kindern des Stadiums II überprüft haben). In diesem besonderen Fall geht es aber um mehr als nur eine Erhaltung, denn dazu kommt eine kausale Transformation, weil das durch die Luft aus G1 verdrängte Wasser sich in S2 verlagert, also gleichzeitig Druck oder Verdrängung und Erhaltung. Deshalb muß man zweifellos die Erneuerung der Erklärung in diesem Stadium III abwarten, damit dieser Vorgang beobachtet und in seinen Einzelheiten behalten wird.

Nach sechs Monaten weist das Gedächtnis dieser Kinder entweder eine befriedigende Wirklichkeitstreue oder aber einen auffälligen Kontrast zwischen der Retention des zentralen Phänomens, das heißt des im Glas mit einer angezündeten Kerze aufsteigenden Wassers, und der Armseligkeit der Zeichnung oder der figurativen Evokation auf. Beginnen wir mit diesen Fällen. Kinder, die sich an den Vorgang II erinnern, haben oft die Anordnung I, das heißt das Sinken des Wassers in G1, vergessen, obwohl sie dieses besser erklären konnten. Sie begnügen sich in diesem Falle damit, ein Gefäß mit anders gefärbtem Wasser zu zeichnen. Es kommt insbesondere vor, daß die Zeichnung für den Vorgang II ebenfalls rudimentär bleibt. Alf (8; 7), der zwischen den beiden ersten Sitzungen immerhin versucht hat, daheim das Phänomen zu reproduzieren, zeichnet nur gerade vier zylindrische Gefäße, zwei leere und zwei mit einer Kerze und Wasser auf gleicher Höhe. Er zeigt auf eine der Schalen und sagt dazu: «Man hat Wasser hineingetan, dann ist es gestiegen, und die Kerze ist erloschen.» Cel (9; 6) zeichnet zwei große Würfel, der eine nur mit blauer Flüssigkeit, ohne etwas anderes, gefüllt, der andere mit einem leeren Glas darin, aber bis oben mit roter Flüssigkeit gefüllt. Dazu ein magerer Kommentar: «Sie haben das Glas in die rote Schale gestellt, und das Wasser ist gestiegen.» In Erinnerung behalten wird somit im wesentlichen die seltsame Tatsache, daß das Wasser aufgestiegen ist, entweder übertrieben schematisiert, so daß alle figurativen Einzelheiten verlorengehen, oder mit einer richtigen Zeichnung der Anordnung II, wobei aber I vergessen wird. Vier Kinder behalten und zeichnen freilich alles. Pie (9; 5): «Eine angezündete Kerze, man stülpte ein Ding darüber, und drinnen stieg es bis hierher auf, und dann stellte man in die blaue Schale ebenfalls eine Röhre, und es stieg außerhalb auf.» Fra (9; 0) vergißt in ihrer Zeichnung das Sinken des Wassers bei II, erwähnt es aber in der Beschreibung, die besser strukturiert ist als nach einer Woche.

5. *Schlußfolgerungen*

Wir haben dieses besondere Problem untersucht, weil wir uns fragten, ob die Erinnerung eines unerklärbaren kausalen Vorganges mit dem Gedächtnis von Phänomenen vergleichbar sei, die – wie zum Beispiel die Bewegungsübertragung des Kapitels XII – dem Kind ziemlich bald vollständig einsichtig werden. Versuchen wir zusammenzufassen, wie es damit steht.

1. Zunächst sei festgehalten, daß das in diesem Kapitel präsentierte Modell hinsichtlich seiner raumzeitlichen Struktur und seiner figürlichen Anordnung nicht komplizierter ist als das Experiment mit der schiefen Ebene, den drei Kugeln, den zwei Blöcken und dem Plastilin, wie es im letzten Kapitel durchgeführt wurde. Das wird auch dadurch bewiesen, daß die Erinnerungsstufe III nach einer Woche mit durchschnittlich 8 bis 9 (von sechs Kindern schon mit 7 bis 8) Jahren erreicht wird (bei der Versuchsanordnung des Kapitels XII aber erst mit 9 bis 10 Jahren). Das letzte Anzeichen, das man sich in diesem Kapitel einprägen mußte (den Wasserstand in G1 bei ES), wurde somit vor dem schwierigsten Anzeichen bei der Bewegungsübertragung des letzten Kapitels (dem Zwischenraum zwischen dem letzten Block und der letzten Kugel) behalten, von einigen figurativen Erinnerungen dieses Versuchs abgesehen.

2. Daß das Gedächtnis dieser neuen Anordnung von 8 bis 9 Jahren an beim unmittelbaren Abruf und nach einer Woche ausgezeichnet ist, hängt, wie wir gesehen haben, nicht mit einem Fortschritt der für die präsentierten Vorgänge gefundenen Erklärungen (denn die richtige Erklärung geht über die Möglichkeiten der Kinder dieser Stufe hinaus, ausgenommen zum Teil das Phänomen I), sondern mit dem Fortschritt der Kausalitätsschemata dieser Kinder im allgemeinen zusammen. Durch eine immer feinere Analyse gelingt ihnen eine immer bessere

Retention der beteiligten Zusammenhänge. Wenn das Kind von der psycho- oder biomorphen Kausalität der Stufe I zu einer objektiven, die Verbindungen zwischen den Teilen des Gegenstandes suchenden Kausalität übergeht, bemerkt und behält es eine Gesamtheit von Beziehungen, die dem jüngeren Kind fremd sind. Insbesondere das Erstaunen angesichts des im einen Glas aufsteigenden Wassers, das auf der Stufe I merkwürdigerweise fehlt, ist ein kräftiger Antrieb für die Erforschung und Memorierung, der den raschen Erfolg des Gedächtnisses erklärt.

3. Doch vom unmittelbaren oder um eine Woche aufgeschobenen Gedächtnis zu den Erinnerungen nach einigen Monaten verändert sich das Bild vollständig. Während das Gedächtnis der Bewegungsübertragung innerhalb dieser Zeit 9 klare Fortschritte (2 davon hinsichtlich der Blöcke, aber 7 in bezug auf die Struktur des kausalen Vorganges), 17 gleichbleibende Erinnerungen und nur 24 Kinder mit Erinnerungszerfall aufweist, findet man beim Experiment mit dem aufsteigenden und dem sinkenden Wasser keinen einzigen klaren Fortschritt, 3 leichte Fortschritte (Verbesserungen bei der Anfangs- und der Endsituation im Stadium I und in der Organisation der Beschreibung auf der Stufe III), 3 stationäre Fälle (Stufe III) und 27 Rückschritte oder Verarmungen[2]. Der Grund für die fehlenden Erinnerungsfortschritte springt in die Augen. Solche Verbesserungen, zum Beispiel bei der Seriation für die operativen Strukturen vom logischen Typ oder bei der transitiven Bewegung für die Kausalität, lassen sich dann beobachten, wenn das Kind über in Entwicklung begriffene organisatorische oder explikative Schemata verfügt. Diese Schemata vervollkommnen sich, werden deshalb ergänzt oder kommen durch Einübung wieder ins Gleichgewicht, sie bewirken außerhalb der Experimentsituation durch ihren eigenen Ablauf gewisse Neustrukturierungen der Erinnerungen, die sich dann darauf stützen können. Im vorliegenden Fall, wo das Kind vor einem Problem steht, das seine Möglichkeiten übersteigt, steht hingegen dem Prüfling kein derartiges Schema zu Verfügung.

4. Der Zerfall der Erinnerungen nach sechs Monaten, vor allem auf der Stufe II, aber auch teilweise bei Kindern der Stufe II, rührt von einem ähnlichen Mechanismus her. Dennoch ist es überraschend, daß ein Phänomen, das beim Kind Erstaunen ausgelöst und Erklärungen nach sich gezogen hat, die zwar inadäquat waren, es aber doch einigermaßen befriedigten, daß also ein solches Phänomen seine eigene Erinnerung oder zumindest seine eigene Interpretation, als Organisation der wichtigsten wahrgenommenen Beziehungen, nicht besser erhält.

Wahrscheinlich waren die Erklärungen nicht ausreichend strukturiert, um eine Erinnerung zu veranlassen, die als organisiertes System hätte erhalten bleiben können. Eine rationale kausale Erklärung schreibt den Gegenständen selbst Operationen zu, die zu denen isomorph sind, die das Kind dank seinen logisch-mathematischen (einschließlich seiner räumlichen) Strukturen durchführen konnte. Vor dieser Entwicklungsstufe besteht aber die Erklärung nur darin, daß den Gegenständen irgendwelche, denen des Kindes ähnliche Aktionen zugeschrieben werden, jedoch in einer anthropozentrischen Form, weil eben die operative Dezentration, eine Vorbedingung für die Objektivität oder die Objektivierung der Kausalität, noch nicht erreicht ist. Im Falle eines unerklärlichen Vorganges, wie zum Beispiel das Aufsteigen des Wassers im Glas G2, bleibt die Kausalität selbstverständlich auf dieser vorrationalen Stufe: Die Wärme saugt das Wasser an, die Luft zieht es nach oben oder verdrängt es, die Bewegung des Wassers ist von der Luft abhängig oder erzeugt diese, alle möglichen und unmöglichen Kombinationen. Man findet in solchen Fällen keine auf eine operative Weise organisierten Systeme, deren Schemata der Erinnerung nach einigen Monaten Abstand als Stütze dienen könnten. Fortschritte sind praktisch undenkbar, der Zerfall der Erinnerung ist fast unvermeidlich. Alf (8; 7), den wir bereits zitiert haben, bringt nach sechs Monaten als Erklärung für das Aufsteigen des Wassers gerade noch zusammen: «Man hat das Wasser umgegossen, dann blieb die Kerze angezündet, dann hat man in das andere umgegossen, und dann ist sie, glaube ich, verlöscht.» Das fehlende Schema entspricht einer besonders verarmten und nicht nur, wie im letzten Kapitel, einer vereinfachten oder schematisierten figurativen Erinnerung.

5. Zwar vergessen die jüngeren Kinder nach sechs Monaten sogar das Aufsteigen des Wassers, weil es für sie nicht weiter erstaunlich war, doch alle Kinder der Stufe III und sogar einige der Stufe II erinnern sich sehr gut daran als an ein überraschendes Ereignis, völlig unabhängig vom genaueren Kontext. Dabei muß man zwei Dinge auseinanderhalten, und das soll unsere letzte Bemerkung sein: die Erinnerung an eine organisierte Struktur, wozu auch die Anordnung gehört, in der sie Gestalt annimmt (und gerade das fehlt), und die Erinnerung an ein Problem als eine offene Frage, die zu den gewohnten Schemata in Widerspruch steht. Das Bewußtsein eines Problems kann ein Faktor sein, der die Erinnerung fördert, weil eine Lücke oder ein intellektueller Konflikt besteht, die die Aufmerksamkeit wachhalten oder neue Untersuchungen auslösen (siehe Alf, der als Achtjähriger das Experiment daheim wiederholt hat). Doch auch dieser Faktor

hängt von der Kausalität ab, denn um sich eines Problems bewußt zu werden, muß man dazu imstande sein: muß man also eine gewisse Stufe in der Entwicklung der Schemata erreicht haben. Die Erinnerung eines unerklärlichen Phänomens weist somit andere Merkmale, gewissermaßen als Negativ zum Positiv, auf als die Erinnerung eines organisierten und erklärten Systems, sie enthält aber auch einen positiven Aspekt, nämlich als Erinnerung an ein problematisches Ereignis. Das wollen wir im nächsten Kapitel untersuchen.

Die wichtigste Erkenntnis aus dem vorliegenden Experiment ist die höchst instruktive Korrelation zwischen den Stufen der Kausalität und denen der Erinnerung nach sechs Monaten. Auf der Stufe I, wo das Kind sich über nichts wundert und für alles eine verbale Erklärung findet, ist die Erinnerung nach sechs Monaten grundsätzlich figurativ, aber auch gesamthaft schlechter, ausgenommen die beiden kleinen lokalen Verbesserungen (Endsituation), die zeigen, daß das Problem ansatzweise bewußt wird. Auf der Stufe III, wo das Problem voll bewußt wird und sich einige Ansätze zu einer rationalen Erklärung zeigen, ist die Erinnerung nach einigen Monaten bisweilen genau oder, falls nicht, nur figurativ verschlechtert, wobei sie sich auf das Problem selbst konzentriert, das dann in seinen Gegebenheiten mehr oder weniger schematisiert wird. Im dazwischenliegenden Stadium II hält sich das Kind, das jetzt auf die präkausalen Erklärungen der Stufe I verzichtet, ohne schon die Ansätze zu einer kausalen Strukturierung wie das Stadium III zu erreichen, vor allem an die gesetzmäßigen Beschreibungen, die genau genug sind, damit die Erinnerung bis zum unmittelbaren Abruf und bis zur zweiten Sitzung nach einer Woche behalten wird. Doch dann, und dieses Faktum verdient eine Bemerkung, wird die Erinnerung nach sechs Monaten maximal schlecht. Zweifellos genügt eine gesetzmäßige Beschreibung für sich allein nicht, solange sie keine kausale Bedeutung hat: Der Mangel an kausaler Komposition äußert sich in diesem Falle durch einen Mangel an Organisation der Erinnerung. Wäre das Gedächtnis vor allem figurativer Natur (Erinnerungs«bilder»), so hätte man von einer guten gesetzmäßigen Beschreibung, unbelastet von jeder kausalen Konstruktion, eine – zumindest bezüglich der präsentierten Anordnung – stabilere Erinnerung erwarten dürfen.

[1] In Zusammenarbeit mit R. Maier.

[2] Nach sechs Monaten ergeben sich somit für die transitive Bewegung 18% klare Fortschritte, 34% stationäre Fälle und 48% Rückschritte. Beim neuen Versuch erhält man keinen einzigen klaren Fortschritt, 9% leichte Fortschritte, 9% stationäre Fälle und 81% Regressionen.

Kapitel XIV

Die Entwicklung der Erinnerung in Abhängigkeit von der Bewußtwerdung eines kausalen Problems[1]

Die in der vorliegenden Untersuchung verwendete Anordnung (Figur 43) gleicht, soweit dies möglich ist, einer einfachen räumlichen oder physikalisch-räumlichen Gestalt. Ihre Merkmale können als reine Äquivalenzbeziehungen oder Unterschiede im Wasserstand behalten werden, so daß sie sich nur wenig

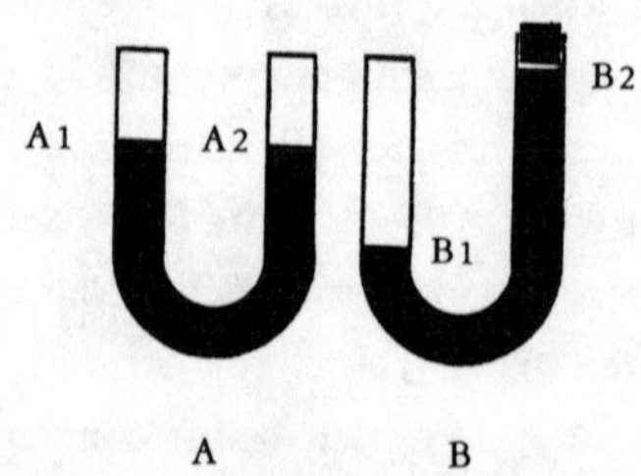

Figur 43

von den Gefäßen und Flüssigkeiten unterscheiden, mit denen in den Kapiteln V und VI die Erinnerung der Transitivität und der Assoziativität untersucht wurde. Doch diese beiden U-förmigen Röhren enthalten, obwohl sie der mnestischen Retention nur einen mit dem erwähnten vergleichbaren materiellen Inhalt anbieten, eine mögliche Bedeutung, die nicht logisch oder nicht räumlich ist. Sie hängt für uns offensichtlich vom kausalen Verständnis ab, denn die ungleichen Wasserstände B1 und B2 in der Röhre B sind mit einem Korken oben am rechten Schenkel verbunden, während die Wasserstände bei A, wo dieser Korken fehlt, gleich sind. Man kann sich somit fragen, ob das Gedächtnis dieser Konfiguration mehr oder weniger von einer erklärenden Strukturierung und nicht nur von den räumlichen Formen abhängig ist.

Es ist bekannt, daß das Verständnis für die gleichen Wasserstände in kommunizierenden Gefäßen erst mit 11 bis 12 Jahren beginnt und daß die Rolle des Luftdrucks in der Röhre B nicht vor 14 bis 15 Jahren begriffen wird. Die ungleichen Wasserstände in der Röhre B können, wenn sie mit den gleichen Wasserständen in A verglichen werden, ein Problem aufwerfen, der Korken bei B kann einen kausalen Einfluß nahelegen usw. In diesem Kapitel stellen wir uns deshalb die Frage, ob und wie die fortschreitende Bewußtwerdung dieses kausalen Problems die Erinnerung beeinflussen kann, auch wenn eine Erklärung noch nicht möglich ist. Zuerst analysieren wir (1. bis 4. Abschnitt) die Ergebnisse einer ersten Technik, die von der reinen Wahrnehmung der statischen Anordnung ausgeht, ohne daß das Kind durch eine zusätzliche Information oder einen Kommentar orientiert würde. Diese Ergebnisse ergänzen wir (5. Abschnitt) mit Tatsachen, die mit drei anderen Techniken gewonnen wurden, wobei aber die Bewußtwerdung gefördert wurde. Bei der einen (Technik II) sieht das Kind zu, wie die Röhren A und B gefüllt werden, bevor man von ihm verlangt, daß es diese Anordnung in Erinnerung behält. Die nächste (Technik III) fügt zu dieser Information eine Frage nach der Erhaltung der Flüssigkeiten bei diesem Auffüllen hinzu (das hat nichts mit der Kausalität des Phänomens in der Röhre B zu tun, löst aber im Geiste des Kindes zusätzliche Probleme hinsichtlich der gleichen oder ungleichen Wasserstände aus). Die letzte (Technik IV) wirft schließlich als Ergänzung die Frage der Kausalität auf. Diese Techniken II bis IV dienen vor allem als Gegenbeweise. Die Hauptfrage ist immer die, ob das Kind, das vor eine statische Anordnung gestellt wird, ohne daß man es darüber informiert, wie sie konstruiert wurde, eine nur auf die wahrnehmbare räumliche Konfiguration beschränkte Erinnerung behält, oder ob diese Retentionen und Evokationen durch die Entdeckung oder Bewußtwerdung eines kausalen Problems beeinflußt werden. Wo diese Bewußtwerdung nicht so klar oder ungenügend ist, liefern uns die Techniken II bis IV die notwendigen Ergänzungen, so daß wir am Ende des Kapitels die Hauptfrage beantworten können.

1. Die Technik I und die Erinnerungsstufen

Die Technik I besteht aus vier Sitzungen mit einem streng standardisierten Ablauf.

Die erste Sitzung (Präsentierung und unmittelbarer Abruf) ist vierteilig:

1. Zuerst macht man das Kind darauf aufmerksam, daß sich hinter dem Schirm, den es sieht, etwas befindet, das es gut ansehen muß, damit es nachher das Gesehene beschreiben und aus dem Gedächtnis zeichnen kann.

2. Jetzt wird der Schirm von den Röhren weggenommen (Figur 43): es handelt sich um richtige Röhren (und nicht nur Zeichnungen), die auf einem Karton

aufgeklebt sind und senkrecht präsentiert werden. Die Präsentierung dauert genau 45 Sekunden, ohne jede Handlung des Experimentators.

3. Nach der Präsentierung beschreibt das Kind, was es gesehen hat.

4. Dann wird von ihm eine Gedächtniszeichnung verlangt, also ein unmittelbarer Abruf und nicht wie bei anderen Experimenten eine Evokation nach einer Stunde.

Das Kind wird entlassen, ohne daß ihm gesagt wird (wie bei anderen Methoden), es müsse nach einer Woche und nach sechs Monaten noch einmal kommen.

Die zweite Sitzung findet nach einer Woche statt. Ohne daß die Röhren noch einmal gezeigt werden, verlangt man vom Kind wieder eine Beschreibung des Gesehenen und eine Gedächtniszeichnung. Anschließend stellt man dem Kind Fragen, um herauszufinden, ob es seine neue Zeichnung für gleich wie die erste hält, ob es mehr oder weniger damit zufrieden ist und ob es möglicherweise noch Fehler darin sieht.

Die dritte Sitzung findet nach sechs Monaten statt und verläuft gleich wie die eben beschriebene. Eine vierte Sitzung folgt nach einer weiteren Woche: an ihr wird das Wiedererkennen untersucht, indem das Kind aus zwölf verschiedenen Modellen das richtige auswählt.

60 Kinder sind so geprüft worden, nämlich 11 Vier-, 11 Fünf-, 10 Sechs-, 8 Sieben-, 8 Acht- und 12 Zehn- bis Vierzehnjährige; 46 von ihnen konnten nach sechs Monaten wieder ausfindig gemacht werden.

Wir unterscheiden fünf aufeinanderfolgende Erinnerungsstufen mit einigen Unteretappen, die einen objektiven Fortschritt erkennen lassen, für deren Chronologie aber keine Beweise vorliegen (Figur 44):

Die Etappe I ist daran erkennbar, daß noch kein Unterschied zwischen dem Behälter und dem Inhalt der Röhren A und B gemacht wird, daß also ein Bezug auf die Flüssigkeiten oder den Wasserstand fehlt. Bei IA zeichnet das Kind einfach zwei U (die es oft mit diesem Buchstaben bezeichnet), ohne Unterschied zwischen den Röhren und ihrem Inhalt; bei IB findet man Doppelstriche, doch die gekrümmten Röhren sind leer und in ihrer Form gleich; bei IC scheint die Flüssigkeit in den Röhren A und B verschieden hoch zu stehen, was auf die Stufe IV verweisen würde, aber die Kinder dieses Untertyps (4 bis 5 Jahre) evozieren in ihrer Beschreibung ausdrücklich keine Wasserstände, sondern die Buchstaben U und J.

Die Etappe II unterscheidet ausdrücklich zwischen dem Behälter (Röhren) und

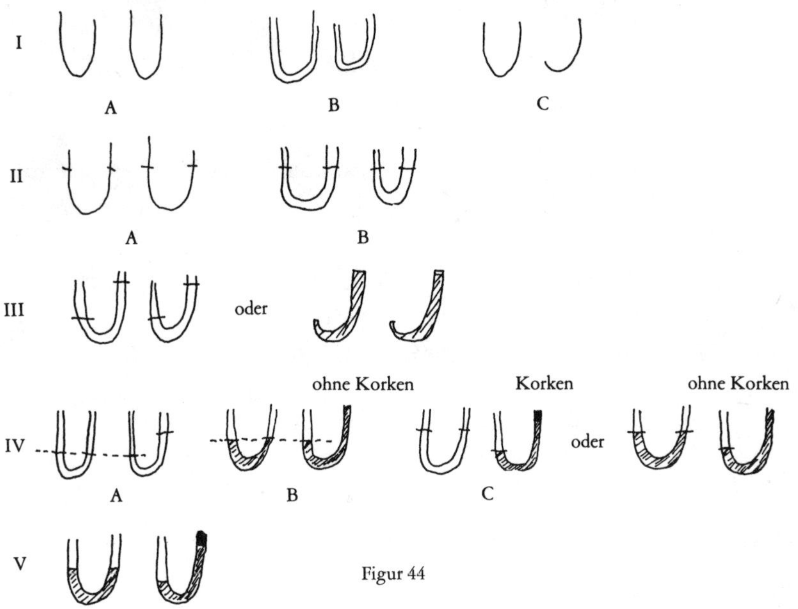

Figur 44

dem Inhalt (Flüssigkeiten von einer bestimmten Höhe), aber die angegebenen vier Wasserstände sind alle gleich: A1 = A2 = B1 = B2. Man kann in eine Unteretappe IIA mit Röhren aus einem einzigen Strich (wobei die Wasserstände durch Striche oder Kerben dargestellt werden) und eine Unteretappe IIB mit Röhren aus zwei Strichen einteilen. Es ist jedoch möglich, daß dieser Unterschied mit der Zeichentechnik und nicht mit der Genauigkeit der Erinnerung zusammenhängt. Es kann einen oder zwei oder gar keinen Korken haben.

Die Etappe III weist einen klaren Fortschritt auf: die Wasserstände B1 und B2 werden unterschieden; da aber die Röhre A gleich wie B gezeichnet wird, gilt A1 = B1 und A2 = B2.

In der Etappe IV wird ein Ansatz zu einer Unterscheidung von A und B sichtbar. Bei IVA ist A1 = A2 = B1, aber B2 steht höher als B1, ohne jedoch den oberen Rand der Röhre zu erreichen. Bei IVB ist ebenfalls A1 = A2 = B1, aber B2 erreicht den oberen Rand, während der Korken noch fehlt. Bei IVC gilt A1 = A2, B1 $<$ A2 und B2 $>$ B1; der obere Rand der Röhre wird von B2 erreicht oder nicht erreicht, aber im ersteren Falle fehlt der Korken (es wird somit alles behalten, ausgenommen der Gegenstand, der den Unterschied zwischen den Wasserständen in B erklären könnte).

Die Etappe V ist die vollständig richtige Darstellung.

2. *Vergleich zwischen dem unmittelbaren Abruf und der Evokation nach einer Woche*

I. – Zuerst wollen wir die Verteilung der Reaktionstypen I bis V bezogen auf die Altersstufen angeben (absolute Zahlen, in Klammern in Prozente umgerechnet):

Tabelle XXVII

Reaktionstypen beim unmittelbaren Abruf und nach einer Woche

	Unmittelbarer Abruf					Eine Woche					N Kinder
	I	II	III	IV	V	I	II	III	IV	V	
4 Jahre	7 (66)	4 (34)	0 (0)	0 (0)	0 (0)	6 (54)	5 (46)	0	0	0 (0)	11
5 Jahre	5 (46)	2 (18)	2 (18)	2 (18)	0 (0)	4 (36)	3 (26)	2 (19)	2 (14)	0 (0)	11
6 Jahre	1 (10)	3 (30)	1 (10)	5 (50)	0 (0)	1 (10)	3 (30)	1 (10)	5 (50)	0 (0)	10
7 Jahre	3 (38)	1 (12)	0 (0)	3 (38)	1 (12)	1 (12)	2 (24)	1 (12)	1 (22)	3 (40)	8
8 Jahre	0 (0)	1 (12)	1 (12)	5 (64)	1 (12)	0 (0)	1 (12)	2 (24)	5 (64)	0 (0)	8
10–15 Jahre . . .	0 (0)	0 (0)	0 (0)	4 (33)	8 (67)	0 (0)	0 (0)	0 (0)	7 (58)	5 (42)	12
4–5 Jahre	12 (54)	6 (27)	2 (9)	2 (9)	0 (0)	10 (45)	8 (36)	2 (9)	2 (9)	0 (0)	22
6–7 Jahre	4 (22)	4 (22)	1 (5)	8 (44)	1 (5)	2 (11)	5 (27)	2 (11)	6 (33)	3 (16)	18
8–15 Jahre . . .	0 (0)	1 (5)	1 (5)	9 (45)	9 (45)	0 (0)	1 (5)	2 (10)	12 (60)	5 (25)	20
Total	16 (26)	11 (18)	4 (6)	19 (31)	10 (16)	12 (20)	14 (23)	6 (10)	20 (33)	8 (13)	60

Wie man daraus ersieht, entsprechen die Stufen I bis V einer altersmäßigen Abfolge. Die Erinnerungen konzentrieren sich ziemlich offensichtlich immer mehr auf die Wasserstände A1 bis B2, obwohl dieses Problem für die große Mehrheit der Kinder fast unlösbar ist.

Bezüglich der Entwicklung der Erinnerungen zwischen dem ersten Abruf und der Evokation nach einer Woche bemerkt man zwei Dinge. Einerseits (Gesamttotal) nehmen die Erinnerungen vom Typ I und V ab zugunsten der Typen II bis IV; aber andererseits zeigen sich bei den Siebenjährigen Fortschritte: 2 Kinder vom Typ IV zum Typ V und andere Kinder vom Typ I zu den Typen II und III[2].

II. – Um diese Regressionen oder Fortschritte im einzelnen besser zu verstehen, wollen wir noch ihre Zahl je Altersstufe untersuchen:

Tabelle XXVIII

Veränderungen zwischen der ersten und zweiten Sitzung (absolute Zahlen, in Klammern umgerechnet in Prozente)

Altersstufen.	4 [11]	5 [11]	6 [10]	7 [8]	8 [8]	10–15 Jahre [12]
Regressionen	1 (9%)	1 (9%)	1 (10%)	0	1 (12%)	4 (33%)
Fortschritte	2 (18%)	1 (9%)	3 (30%)	4 (50%)	0	0
Stationäre Fälle . . .	8 (72%)	9 (82%)	6 (60%)	4 (50%)	7 (87%)	8 (66%)

Auf 60 Kinder somit 10 sichere Fortschritte, 1 auf 6 Kinder also. Bis zu den Sechsjährigen sind es 3 Fortschritte auf 22 Kinder, somit 1 auf 7, und zwischen 8 und 15 Jahren 0 auf 20 Kinder. Bei den Sechs- bis Siebenjährigen sind es jedoch 7 von 18 Kindern, also 1 auf 2,5. Regressionen gibt es nur 2 auf 22 Kinder zwischen 4 und 5 Jahren und 5 auf 20 Kinder zwischen 8 und 14 Jahren, aber nur 1 auf 18 Sechs- bis Siebenjährige. Es handelt sich um Regressionen von Stufe II auf Stufe I (2 Kinder) oder von Stufe IV auf III (1 Kind), V auf IV (2 Kinder) und V auf III (3 Kinder). Die Fortschritte führen von Stufe I auf Stufe II (4 Kinder), I auf III (1 Kind), III auf IV (3 Kinder) oder sogar V (1 Kind) und IV auf V (1 Kind). Aus diesen Fakten ergeben sich zwei Fragen: wie das unmittelbare Gedächtnis bei den Kindern, die zu einer besseren Erinnerung fähig wären, das Modell verändern kann, und wie ein späterer Fortschritt möglich ist.

Daß das Modell bei einer Erinnerung, die einige Minuten nach der Präsentierung abgerufen wird, bereits verändert sein kann, haben wir schon im Kapitel IV gesehen, wo einige Kinder unter 6 bis 7 Jahren, denen man eine Gerade und eine gebrochene Linie mit nicht zusammenfallenden Endpunkten präsentierte, beim unmittelbaren Abruf eine Figur mit ausgeglichenen Enden zeichneten. Das Problem ist hier dasselbe, ausgenommen daß in zehn Fällen später eine Verbesserung eintrat. Als erstes fragt man sich bei solchen unmittelbaren Veränderungen des Modells natürlich, ob sie nicht einfach auf nachlässiges Zeichnen oder Unaufmerksamkeit zurückzuführen seien, wie man von Kindern erwarten könnte, die für ein Experiment keine Begeisterung empfinden und sich möglichst einfach der Sache entledigen möchten.

Solche Veränderungen sind aber nicht nur wahrscheinlich, sondern allgemein verbreitet. Einer der Autoren hat an sich selbst eine Beobachtung gemacht, für deren Echtheit er garantieren kann. Er saß in einem Zimmer eines Berghauses und war mit Schreiben beschäftigt, als er durch das Fenster sah, wie der Besitzer des Hauses einen zylindrischen metallenen Körper auf die Erde stellte. Er hielt den Gegenstand für einen elektrischen Wasserkessel und sah, was wichtig ist, deutlich das Kabel, das zum Kessel gehörte, in der gleichen Hand, die den Gegenstand trug, zu einer Art Knäuel aufgewickelt. Einen Augenblick später erinnerte er sich aber, daß es in diesem Berghaus keinen elektrischen Anschluß gab und daß der Behälter folglich kein Wasserkessel sein konnte. Beim genaueren Hinsehen war weder ein Kabel noch sonst etwas zu sehen, das daran hätte erinnern können, und dennoch hatte er geglaubt, es gesehen zu haben, ja er war dessen sogar sicher. Es gibt dafür nur eine Erklärung, und sie ist sehr einfach: Dieses etwas zerstreute Hinsehen war keine Wahrnehmung, da es kein Kabel gab, sondern ein Vorstellungsbild, das sich gleich nach dem Hinsehen gebildet hatte; weil ein Wasserkessel dieses Modells ein Kabel voraussetzt, das im allgemeinen eingesteckt bleibt, hat sich die Wahrnehmung eines metallenen Körpers, der für einen Wasserkessel gehalten wurde, in ein Erinnerungsbild mit Kabel übersetzt (vergleiche die mnestischen Schlußfolgerungen, die wir im Kapitel V diskutiert haben). Ein schönes Beispiel für eine unmittelbare Erinnerung, welche das Modell verändert, die aber einen Augenblick später korrigiert wurde. Solche Beobachtungen macht man übrigens häufig mit Haushaltgegenständen: Man glaubt, die Schere an ihrem üblichen Ort gesehen zu haben, während man sie irgendwo sonst hingelegt hat usw.

Anerkennt man diese Möglichkeit eines wenig wirklichkeitsgetreuen unmittelbaren Gedächtnisses, so sind im Falle der beiden Röhren diese Anfangsfehler leicht als Schematisierungen erklärbar: Ausgleich der vier Wasserstände oder von drei, Symmetrie zwischen A und B usw.

III. – Die wichtigste Frage ist aber die nach dem Mechanismus des Fortschritts. In dieser kausalen Situation hat man es nicht mehr mit einfachen operativen Schemata, wie bei der Seriation, zu tun, wo der Fortschritt der Erinnerung mit den Fortschritten der Schemata selbst verbunden ist, die ständig außerhalb der Experimente eingeübt werden. Wie läßt es sich erklären, daß eine faktische Situation, in der das Kind zunächst nur die Aufgabe hat, die mitspielenden räumlichen Beziehungen gut zu beobachten, nach einer Woche eine bessere Evokation veranlassen kann als nach einigen Minuten?

Drei Beispiele helfen uns auf die Spur. Von den 60 geprüften Kindern haben nur 3 (10 und 11 Jahre alt) bemerkt, daß die ungleichen Wasserstände B1 und B2 verglichen mit der Gleichheit A1 = A2 ein Problem darstellen. Von besonderer Bedeutung ist: Sie haben es nicht bei der Musterung der Röhren, sondern kurze Zeit später, nämlich bei der ersten Gedächtniszeichnung, festgestellt. «Dieser Wasserstand (bei B1) erstaunt mich», sagte ein Elfjähriger, «denn er ist nicht gleich wie der andere... Man kommt darauf wegen des Korkens.» Eine Woche später fügt er zu seiner immer noch gleich genauen Zeichnung hinzu: «Ich habe es immer noch nicht begriffen.» Das Kind bemüht sich natürlich um so mehr um die Einzelheiten der Wasserstände, je mehr das für es ein Problem ist. Interessanterweise taucht aber in diesen Fällen das Problem erst bei der bildhaften Vorstellung und nicht bei der Wahrnehmung auf.

Diese Beispiele zeigen zunächst, daß ein Problem nicht sofort bewußt wird, sondern daß sich dieses Bewußtsein allmählich entwickeln kann. Diese Kinder haben die Problematik nicht schon bei der Fixierung der Erinnerung gesehen, aber sie hat sich ihnen unmittelbar nachher gezeigt. Die Art der Aufzeichnung scheint sie dazu gedrängt zu haben, indem sie eine Art impliziten Konflikt erzeugte. Solche Konflikte können somit schon in früheren Stadien vorkommen, wo sie zwar das Problem noch nicht bewußt machen, aber zumindest ein Unbefriedigtsein auslösen, das mit der Erinnerung fortdauert, und dadurch eine Art Suchen oder eine Tendenz zum Nachgrübeln. Als zweites hat die doppelte Beziehung «gleiche Wasserstände, kein Korken» und «ungleiche Wasserstände, mit Korken» das Fragen ausgelöst. Gleich wie das Erforschen der Gründe mit der Feststellung der Gesetze beginnt und davon ausgeht, richten hier die faktischen Beziehungen das Fragen aus. Auch hier wieder können schon auf früheren Stufen gewisse unvollständige Beziehungen sich aufgrund der Tatsache vervollständigen, daß sie ein ähnliches Ungleichgewicht erzeugen.

Wenn wir nun von der höheren Stufe der drei erwähnten Kinder (die zwischen den beiden ersten Sitzungen nur wegen ihres Nachgrübelns über die gestellte Frage Fortschritte machen) auf die nächstuntere Stufe übergehen, so stellen wir fest, daß einer der zwischen den beiden ersten Sitzungen beobachteten Fortschritte darin besteht, daß das betreffende Kind von einer Situation der Wasserstände A1 = A2 = B1 und B1 $<$ B2 (mit Korken) aus den Typ V (richtige Wasserstände) findet. Die Feststellung einer Asymmetrie zwischen den Röhren A und B und einer Beziehung zwischen der Asymmetrie von B mit Korken und der Symmetrie von A ohne Korken kann durchaus diese Art Ungleichgewicht oder latentes Erforschen auslösen, von der wir eben gesprochen haben. Dadurch würde die Asymmetrie von B (und die fehlende Symmetrie zwischen A und B) akzentuiert. Ebenso kann die Feststellung einer Asymmetrie von B (wobei der Korken unberücksichtigt bleibt) und einer Symmetrie bei A an der ersten Sitzung ein Unbefriedigtsein hinterlassen, weil man dafür keinen Grund sieht (auch ohne daß dieses Problem implizit bewußt wird). Dadurch würde die vage Erinnerung an einen Korken, die bei der ersten Zeichnung vernachlässigt wurde, bestärkt.

Fragt man die Kinder bei ihrer zweiten Zeichnung (nach einer Woche), ob sie davon mehr oder weniger befriedigt seien als von der ersten, so stellt man zunächst fest, daß die jüngeren keine genauen Vergleiche ziehen. Der fünfjährige Alb zeichnet an der zweiten Sitzung gerade Gefäße, während sie in der ersten Zeichnung richtig gebogen wiedergegeben worden waren, und behauptet, die beiden Zeichnungen seien «gleich». Man, ebenfalls 5 Jahre alt, gibt dieselbe Antwort, obwohl die erste Zeichnung $B1 < B2$, die zweite aber $B2 = B1$ wiedergab. San (6; 11) hingegen kommt von $A1 = A2 = B1$ (und $B1 < B2$) auf $A1 = A2 > B1$ und hat den Eindruck, diese Zeichnung sei genauer, ohne zu wissen weshalb. Las (7; 4) zeigt bei den Wasserständen den gleichen Fortschritt, bemerkt aber nur eine andere, ebenfalls wirkliche Verbesserung: «Diese ist richtiger, ich hatte den Korken vergessen.» Es sieht somit so aus, als habe die Wiedererinnerung an den Unterschied zwischen A und B bei den Korken den Gegensatz $B1 < A2$ $(= A1)$ nach sich gezogen. Bla (7; 2) kommt bei ihrer ersten Zeichnung zuerst auf $A2 = B1$, korrigiert sich aber «Oh, ich habe einen Fehler gemacht» zu einem kleinen Unterschied $A2 > B1$. Bei der zweiten Zeichnung wird der Unterschied stark betont, B1 wird ganz unten an der Röhre angesetzt. Per (8; 4) hat den Eindruck, seine zweite Zeichnung sei besser, weil $B1 > A2$ sei (erste Zeichnung: $A1 = A2 = B1$). Bec (8; 3) zeichnet an der ersten Sitzung $A1 > A2 > B1$ und an der zweiten $A1 = A2$ und $A2 > B1$ und ist sich bewußt, daß die zweite Zeichnung besser ist, ohne sich jedoch an die erste zu erinnern.

Nur die Kinder vom Typ V (bei beiden Zeichnungen) sind sicher, richtige Zeichnungen angefertigt zu haben. Roc (14; 3) etwa sagt: «Ich erinnere mich. Ich bin sicher.» Ron (14; 10): «Das ist nicht genau die gleiche Zeichnung, aber sie ist ebenso richtig.» Neb (11; 4) erinnert sich nicht an seine erste Zeichnung (Typ V), ist aber mit der zweiten zufrieden: «Eine Röhre war auf beiden Seiten gleich hoch gefüllt, die andere nicht.»

IV. – Ausgenommen bei den Kindern der Stufe V, die der Anordnung einen allgemeinen Sinn geben und sie gewissermaßen auf die Aussage eines Problems (ungleiche und gleiche Wasserstände) ausrichten, hat man alles in allem den Eindruck, daß die erste Zeichnung, also der unmittelbare Abruf, erst eine in Organisation begriffene Erinnerung ausdrückt. Diese Zeichnung befriedigt oder befriedigt nicht, je nachdem in ihr das Modell vollständig ist oder unvollständig wiedererkannt wird. Falls es unvollständig ist, wird die Erinnerung weiterentwikkelt. Auch ohne das reflexive Bewußtsein des Problems, das heißt ein Bewußtsein, das bis auf die Frage «weshalb?» zurückwirkt, kann eine solche Entwicklung der Erinnerung nur durch ein Schema gelenkt werden. Um nämlich zu erkennen, daß die Erinnerung E2 befriedigender ist als die Erinnerung E1, muß man auf das Modell M zurückgreifen, und wenn dieses nicht an ein Schema assimiliert worden ist, kann es nur dank der Erinnerung E1, die eben als unbefriedigend beurteilt worden ist, erkannt oder wiedergefunden werden. Weil es einen objektiv feststellbaren Fortschritt gibt, muß man deshalb einräumen, daß das Modell M anders als nur durch die Erinnerung E1 bekannt ist. Ohne daß dieses Schema sogleich stabilisiert wäre, hat die Musterung des Modells M während 45 Sekunden Feststellungen über die Gleichheit oder Ungleichheit der Wasserstände veranlassen müssen – vage Feststellungen, die die Erinnerung besser in den Griff zu bekommen versucht, oder genaue Feststellungen, die die Erinnerung wiederzufinden versucht. In beiden Fällen aber Assimilation an Schemata der Ausgleichung oder der Asymmetrie, auf die man folglich zurückgreifen muß, um diese Entwicklung der Erinnerung zwischen E1 und E2 zu erklären.

3. Die Evokationserinnerung nach sechs Monaten

Von den 60 erwähnten Kindern konnten wir 46 nach sechs Monaten wieder ausfindig machen. Ohne neue Präsentierung zeichneten und kommentierten sie aus dem Gedächtnis, was sie früher gesehen hatten. Die Ergebnisse sind recht vielsagend und ziemlich verschieden von dem, was zwischen dem unmittelbaren Gedächtnis und der Evokation nach einer Woche geschehen ist.

I. – Um es möglichst kurz zu sagen: Im Mittelpunkt steht die Beobachtung, daß sich die Reaktionen auf die Stufen III und IV konzentrieren. Beim Gedächtnis der jüngeren Kinder scheint das einen gewissen Fortschritt zu bedeuten, bei den älteren Kindern eine gewisse Verschlechterung. Dazu kommt in 8 von diesen 46 Fällen eine Schematisierung, die so weit fortgeschritten ist und derart aus dem

Rahmen des präsentierten Modells fällt (zum Beispiel nur noch zwei Flaschen mit ungleichem Wasserstand anstelle der Röhren mit zwei Schenkeln), daß diese acht Kinder nur mehr von den Wasserständen in den Gefäßen her klassifizierbar sind.

Prüfen wir zuerst die Verteilung der Reaktionen nach sechs Monaten mit einer ähnlichen Tabelle wie im 2. Abschnitt:

Tabelle XXIX

Gedächtniszeichnungen nach sechs Monaten

(absolute Zahlen, in Klammern umgerechnet in Prozente)

	I	II	III	IV	V	N
4 Jahre	1 (25)	3 (75)	0	0	0	4
5 Jahre	3 (30)	2 (20)	2 (20)	3 (30)	0	10
6 Jahre	1 (10)	1 (10)	5 (50)	3 (30)	0	10
7 Jahre	1 (14)	2 (28)	2 (28)	2 (28)	0	7
8 Jahre	0	0	5 (83)	1 (17)	0	6
10–15 Jahre	1 (12)	0	3 (33)	5 (55)	0	9
4–5 Jahre	4 (28)	5 (35)	2 (14)	3 (21)	0	14
6–7 Jahre	2 (11)	3 (17)	7 (41)	5 (30)	0	17
8–15 Jahre	1	0	8 (60)	6 (40)	0	15
Total	7 (15)	8 (17)	17 (37)	14 (31)	0	46

Nach sechs Monaten sind die Typen I und II (die letzteren zumindest im Vergleich zur Evokation nach einer Woche) weniger zahlreich. Der Typ IV wahrt seinen Anteil von 31%, nimmt aber verglichen mit dem Typ V, der vollständig verschwindet, erheblich zu. Am auffälligsten in dieser Tabelle ist das Übergewicht des Typs III, der von 6 und 10% auf 37% der Kinder zunimmt. Mit anderen Worten, das Kind erinnert sich vor allem an den ungleichen Wasserstand, vergißt aber den Unterschied zwischen den Röhren A und B: Die Röhre A mit den normalen Wasserständen ($A1 = A2$) wird somit assimiliert an die Röhre B, deren Wasserstände für das Kind ein Problem sind ($B1 < B2$). Eine bedeutungsvolle Beobachtung, vor allem wenn man sie mit der Tatsache verbindet, daß die Typen I und II zusammen (keine Unterschiede im Wasserstand) auf 32% abnehmen, denen 68% Kinder der Typen III und IV gegenüberstehen, während an den

beiden ersten Sitzungen 45 und 43% auf die Typen I und II entfallen und nur 53 und 56% auf III bis V. Das Gedächtnis scheint somit, wenn auch sehr unvollständig, an das gebunden zu sein, was problematisch ist, ohne daß sich diese Frage der Intelligenz des Kindes bewußt gestellt hat.
Die Regressionen und Fortschritte je nach Altersstufe sind in der folgenden Tabelle zusammengestellt:

Tabelle XXX

Beobachtete Veränderungen zwischen einer Woche und sechs Monaten (in Klammern zwischen dem unmittelbaren Abruf und sechs Monaten)

Alter	4	5	6	7	8	10–15	Total
Regressionen . .	0	0	2	3	3	7	15
Fortschritte . . .	1 (0)	2 (2)	2 (2)	0	1 (1)	0	6
Stationäre Fälle .	3	8	6	4	2	2	25

Man stellt zunächst einen Fortschritt mit 4 Jahren fest. Das Kind hatte nach einer Woche zum Typ I gehört, geht aber nach sechs Monaten zum Typ II über; beim unmittelbaren Abruf hatte es jedoch auch schon eine Zeichnung vom Typ II abgegeben. Dann kommen zwei Fünfjährige. Das eine verbesserte sich zwischen dem unmittelbaren Abruf und der Evokation nach einer Woche vom Typ I auf Typ II, nach sechs Monaten auf Typ III; das andere ging vom Typ II an den beiden ersten Sitzungen zum Typ III nach sechs Monaten über. Die Fortschritte der beiden Sechsjährigen sind dieselben (von II zu III), während sich der Achtjährige von II (an den beiden ersten Sitzungen) auf IV verbessert.
Diese Fortschritte treten vor allem im Alter zwischen 4 und 6 Jahren ein, wo man nur wenige Regressionen beobachtet. Diese sind aber überaus zahlreich (13) bei den Sieben- bis Fünfzehnjährigen, wo es nur noch einen Fortschritt (den erwähnten Achtjährigen) gibt. Diese Verteilung scheint zweierlei zu zeigen: Die jüngeren Kinder, die keine oder die gleichen Wasserstände gezeichnet hatten, werden dennoch von diesem Problem geplagt und machen dank der spontanen Organisation der Erinnerung bessere Angaben; die älteren Kinder hingegen, die die Wasserstände an den ersten Sitzungen besser festgehalten hatten, die aber trotz ihrem guten Willen keine Lösung für das aufgeworfene Problem fanden, haben nach sechs Monaten nicht behalten, was sie nicht assimiliert hatten.

Man beobachtet folglich nach sechs Monaten eine Situation, die mit der beim Übergang von der ersten zur zweiten Evokation vergleichbar und zugleich nicht vergleichbar ist. Hier, wo der Zwischenraum nur eine Woche beträgt, scheinen die festgestellten Fortschritte (und insbesondere mit 6–7 Jahren) hauptsächlich auf die Tendenz zurückzuführen zu sein, die das Kind dazu treibt, sich des Problems bewußt zu werden. Deshalb sind die Erinnerungstypen IV und V verhältnismäßig häufig. Das Fehlen jeder Lösung nach sechs Monaten erklärt hingegen die Rückschritte der Kinder zwischen 7 und 15 Jahren und die relative Häufigkeit der Typen III und IV (vgl. mit den ähnlichen Rückschritten im Kapitel XIII, für die ebenfalls das nicht verstandene Phänomen verantwortlich zu sein scheint). Vergleichbar an den beiden Situationen ist aber der Primat des Schemas der Wasserstände (teilweise Gleichheit und Ungleichheit), im Gegensatz zu den figurativen Einzelheiten der Röhren, die nicht in einem Verständnis verankert sind und sich im Laufe dieser sechs Monate beträchtlich verschlechtern. Das gleiche werden wir beim Wiedererkennen sehen.

4. *Das Wiedererkennen durch Auswahl unter 12 Figuren*

Eine Woche nach der letzten Evokation (sechs Monate) kamen 42 Kinder zu einer letzten Sitzung über das Wiedererkennen. Sie mußten aus 12 Formen diejenige auswählen, die am besten dem an der ersten Sitzung präsentierten Modell entspricht. Von den 12 Formen (siehe Figur 45) sind drei vom Typ I (A–C), drei vom Typ II, eine Schematisierung, die nach sechs Monaten häufig beobachtet wurde[3], eine vom Typ III, drei vom Typ IV (eine davon ist fast mit dem Typ V identisch, nur daß sie zwei Korken enthält) und eine richtige Form V. Zuerst wurde das ganze Blatt präsentiert und eine spontane Wahl verlangt. Dann legte man dem Kind verschiedene Einzelfiguren vor und fragte, ob sie ebenfalls dem Modell entsprächen und weshalb ja oder nein. Am Ende trafen die Kinder noch einmal eine Wahl unter den 12 Formen, die wir die Endwahl nennen wollen.

Das Wiedererkennen ist ganz allgemein merklich leichter als die Evokation; eine bereits gemachte Wahrnehmung muß nur wiedergefunden und nicht mittels eines Bildes reproduziert werden. Die vorliegenden Ergebnisse bei den U-förmigen Röhren sind deshalb interessant, weil sie zeigen, daß es nicht immer so ist und daß in diesem besonderen Fall das Wiedererkennen eine ähnliche Entwick-

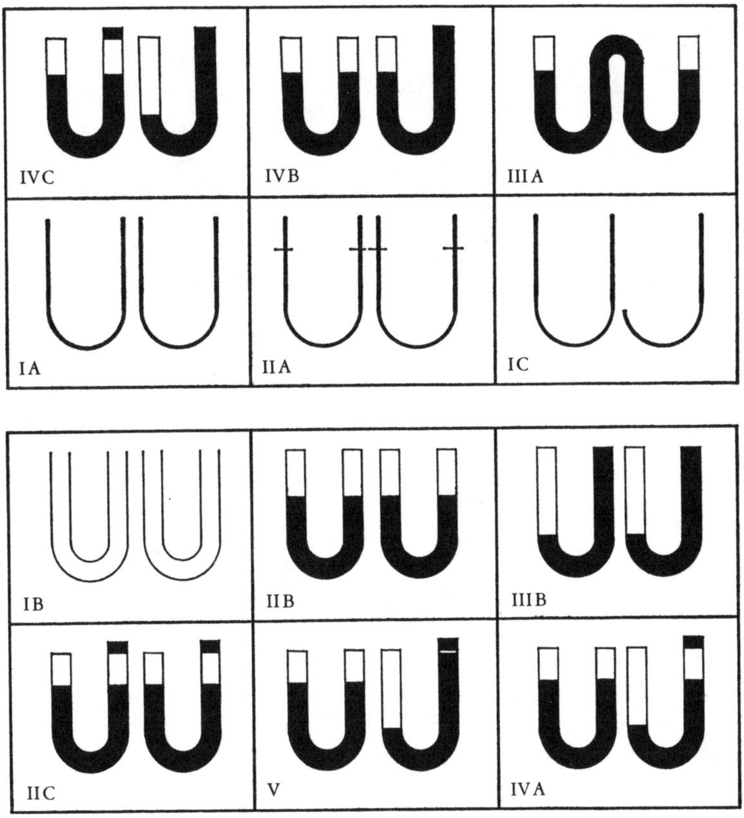

Figur 45

lung wie die Evokation selbst durchmacht. Die nächste Tabelle zeigt, wie die einzelnen Altersstufen gewählt haben.

Man stellt als erstes fest, und das hat seine Bedeutung, daß sich die Endwahl kaum von der Erstwahl unterscheidet: Fünf sind etwas besser, vier im Gegenteil etwas weniger gut, die anderen 33 bleiben im Irrtum oder in der Übereinstimmung konstant. Schon diese erste Tatsache zeigt deutlich, daß das Wiedererkennen in diesem besonderen Fall von der Entwicklungsstufe des Kindes abhängig ist und keine massierten Antworten vom richtigen Typ V veranlaßt: Die richtige Anordnung erhält nämlich nur 19 bis 21% der Stimmen. Das ist zwar ein merklicher Fortschritt verglichen mit der Evokation nach sechs Monaten, wo der Typ V überhaupt nicht mehr vertreten gewesen war, aber nur ein schwacher Fortschritt

Tabelle XXXI

Ergebnisse des Wiedererkennungsversuchs
(in absoluten Zahlen, in Klammern umgerechnet in Prozente)

	Erstwahl					Endwahl					
	I	II	III	IV	V	I	II	III	IV	V	*N*
4 Jahre	1	1	0	1	0	0	2	0	1	0	3
5 Jahre	3	1	2	2	1	3	2	1	1	2	9
6 Jahre	1	3	1	5	0	1	3	1	5	0	10
7 Jahre	1	0	2	1	2	1	1	1	1	2	6
8 Jahre	0	2	0	2	2	0	2	0	2	2	6
10–15 Jahre . . .	0	1	0	4	3	0	2	0	3	3	8
4–5 Jahre	4 (33)	2 (16)	2 (16)	3 (25)	1 (8)	3 (25)	4 (33)	1 (8)	2 (16)	2 (16)	12
6–7 Jahre	2 (12)	3 (19)	3 (19)	6 (37)	2 (12)	2 (12)	3 (19)	3 (19)	6 (37)	2 (12)	16
8–15 Jahre . . .	0 (0)	3 (21)	0 (0)	6 (43)	5 (35)	0 (0)	4 (29)	0 (0)	5 (35)	5 (35)	14
Total	6 (14)	8 (19)	5 (12)	15 (35)	8 (19)	5 (12)	11 (26)	4 (9)	13 (31)	9 (21)	42

verglichen mit den ersten Evokationen (beim unmittelbaren Abruf 16% und bei der Evokation nach einer Woche 13% der Kinder).

Daß das Wiedererkennen von der Entwicklungsstufe des Kindes abhängig ist, erkennt man klar an den Fortschritten mit dem Alter: Die Vier- bis Fünfjährigen wählen zu 49 bis 58% die Typen I und II und nur zu 32% die Typen IV und V; bei den Sechs- bis Siebenjährigen gehen die Typen I und II auf 37% zurück, die Typen IV und V nehmen auf 49% zu; mit acht bis fünfzehn Jahren schließlich verschwindet der Typ I ganz, der Typ II kommt nur noch auf 21 bis 29%, die Typen IV und V hingegen auf 70 bis 78%.

Besonders bemerkenswert an dieser Tabelle ist der beträchtliche Rückgang des Typs III (ungleiche Wasserstände bei A1 und A2, B1 und B2, aber A1 = B1 und A2 = B2), der eine Woche früher bei der Evokation nach sechs Monaten vorgeherrscht hatte (12 und 9% Typ III beim Wiedererkennen, 37% bei der Evokation). Mit anderen Worten, nach sechs Monaten erinnerten sich noch die meisten Kinder daran, daß bei den Flüssigkeiten gleiche und ungleiche Wasserstände vorgekommen waren; weil sie aber nicht begriffen hatten weshalb, wurden die Einzelheiten nicht behalten – am einfachsten war es dann sich vorzustellen

(A1 $<$ A2) = (B1 $<$ B2). Werden hingegen auf dem Blatt mit der Formenauswahl die verschiedenen Möglichkeiten wiedergesehen, so richtet sich die Wahl entweder nach den allgemeinen Gleichheiten (Typ I und II) oder nach den besser strukturierten Gleichheiten und Ungleichheiten (Typen IV und V), während der Kompromiß vom Typ III fast vollständig aufgegeben wird.

Die Erst- und Endwiedererkennungen stehen ganz allgemein dem unmittelbaren Abruf oder den Erinnerungen nach einer Woche näher als den Evokationen nach sechs Monaten, die doch nur eine Woche vor diesem Wiedererkennen durch Auswahl stattgefunden hatten. Dieses Faktum zeigt mit den anderen zusammen, daß das Wiedererkennen etwas anderes als die Evokation ist (sonst würden die Evokationen nach sechs Monaten weiterwirken und die Auswahl beim Wiedererkennen diktieren), daß aber beide auf denselben Schemata beruhen, denn sie entwickeln sich mit dem Alter, und man stellt eine Ähnlichkeit mit den Evokationen an den ersten Sitzungen (sechs Monate früher) fest. Selbstverständlich sind sie nicht miteinander identisch, wie man ohne weiteres ersieht, wenn man die Stufen des Wiedererkennens und die Stufen der Evokationen in den Einzelheiten miteinander vergleicht. Weil zwei Wiedererkennungen (I am Anfang und II am Ende) und drei Evokationen (die unmittelbare A, nach einer Woche B und nach sechs Monaten C) durchgeführt wurden, wäre das Ergebnis in sechs Tabellen festzuhalten, deren Vergleich ziemlich schwierig wäre. Wir haben uns deshalb für ein anderes Vorgehen entschieden. W $>$ E bedeute einen Vorsprung des Wiedererkennens auf die Zeichnung, wenn die beiden Reaktionen W I und W II von einem höheren Typ als die drei Evokationen A, B und C sind (W $<$ E das Umgekehrte). W $\geq$ E hingegen heißt, daß der Vorsprung von W nur einzelne Vergleiche betrifft und daß im übrigen auch Äquivalenzen vorkommen (zum Beispiel W I und W II $>$ A und B, aber W = C). W $\leq$ E sei wieder das Gegenteil. Daß $\geq$ und $\leq$ sich die Waage halten, kommt sehr selten vor; falls sie genau miteinander übereinstimmen, werden sie zu den Gleichheiten W = E gezählt. Die 42 Kinder verteilen sich wie folgt auf die fünf Gruppen:

W $<$ E	W $\leq$ E	W = E	W $\geq$ E	W $>$ E
8 (19%)	5 (12%)	12 (28%)	9 (21%)	8 (19%)

Die reinen Gleichheiten machen weniger als ein Drittel aus, die Fortschritte und die Rückschritte halten einander fast die Waage, und zwar in allen drei Altersgruppen 4 bis 5, 6 bis 7, 8 bis 15 Jahre (die vier Fälle, die bei W $\geq$ E überwiegen, gehören zur Gruppe der Acht- bis Fünfzehnjährigen). Das scheint darauf hinzuweisen, daß bei den Wiedererkennungen dieselben Schemata mitwirken wie bei den Evokationen. Würden zum Beispiel nur fünf (also eine je Typ I bis V) anstatt 12 Zeichnungen zur Auswahl vorgelegt, so wären die Ergebnisse zweifellos besser. Und wenn man den Kindern die richtigen Röhren mit verschieden gefärbten Flüssigkeiten und ungleichen Wasserständen und nicht nur Zeichnungen gezeigt hätte, wären sie vielleicht noch besser. Aber auch so zeigen diese Reaktionen, daß eine vom Kind nicht begriffene Anordnung beim Wiedererkennen keine merklich bessere Erinnerung als bei der Evokation ergibt, weil die figurativen Einzelheiten der Konfiguration völlig willkürlich bleiben[4].

5. *Die Techniken II bis IV, die die Bewußtwerdung des Problems fördern sollen*

Die nach der ersten Technik erzielten Ergebnisse haben gezeigt, daß die Erinnerung bei dieser Prüfung grundsätzlich nicht von der Lösung des kausalen Problems (denn diese ist nicht vor 14 bis 15 Jahren möglich), sondern von der Entdeckung, daß es überhaupt ein Problem gibt, abhängig ist. Die Bewußtwerdung dieses Problems kann gefördert werden, indem man die Ungleichheit der Wasserstände in der Röhre B (im Gegensatz zu der Röhre A) betont – nicht durch verbale Erklärungen des Experimentators, die völlig uninteressant wären, sondern indem man die Röhren A und B vor dem Kind füllt (und bei B mit einem Korken verschließt), und zwar mit zwei Flüssigkeitsmengen, die das Kind für gleich hält, weil sie aus zwei gleich großen Bechern stammen. Bei der Technik II zeigt man diese Umgießung, worauf man aus dem Gedächtnis die beiden Röhren A und B zeichnen läßt, wie sie nach dem Auffüllen ausgesehen hatten. Bei der Technik III müssen darüber hinaus die Flasche mit der Flüssigkeit, die beiden Becher mit ihrem (gleichen) Inhalt und die beiden Röhren A und B evoziert werden, wobei die Frage der Erhaltung der Flüssigkeiten gestellt wird. Bei der Technik IV läßt man das Kind die Umgießung in den Einzelheiten beschreiben, wobei man es nicht nur über die Erhaltung (wie bei der Technik III), sondern auch über die Kausalität, also weshalb die Wasserstände ungleich sind, befragt.

Die Technik II. – Der Experimentator zeigt die beiden gleichen Becher I und II und sagt dazu, der eine gehöre ihm, der andere dem Kind. Er füllt den ersten zu ¾ und fordert das Kind auf, gut aufzupassen, daß der andere mit derselben Menge («gleich viel zu trinken») Flüssigkeit gefüllt wird. Jetzt gießt man den Inhalt

von I in die Röhre A und fixiert diese auf einem vorbereiteten Karton. Dann gießt man den Inhalt von II in die Röhre B und hält diese schräg: der Korken wird so eingesteckt, daß die Konfiguration der Figur 43 herauskommt. Die Röhre B wird rechts von A auf dem Karton festgemacht. Nun zeigt man dem Kind den Karton 45 Sekunden lang, nachdem man es aufgefordert hat, gut hinzusehen, weil es die Anordnung nachher aus dem Gedächtnis beschreiben und zeichnen müsse. Dann stellt man den Karton hinter einen Schirm und verlangt, als unmittelbaren Abruf, eine verbale Beschreibung und eine Evokation durch Zeichnung[5]. Dasselbe nach einer Woche und nach sechs Monaten.
Die Ergebnisse dieser Technik II sind in der folgenden Tabelle zusammengefaßt. N bedeutet die absolute Zahl Kinder, in Klammern sind die Prozente wiedergegeben:

Tabelle XXXII

Erinnerungstypen nach der Technik II

	Unmittelbarer Abruf					Eine Woche					
	I	II	III	IV	V	I	II	III	IV	V	*N*
4 Jahre	5 (83)	1 (16)	0	0	0	6 (100)	0	0	0	0	6
5 Jahre	5 (15)	0	1 (10)	5 (45)	0	3 (27)	0	2 (19)	6 (54)	0	11
6 Jahre	2 (28)	1 (14)	1 (14)	3 (43)	0	0	3 (43)	1 (14)	3 (43)	0	7
7 Jahre	2 (20)	2 (20)	0	5 (50)	1 (10)	1 (10)	3 (30)	0	6 (60)	0	10
8 Jahre	0	0	1 (20)	0	4 (80)	0	0	3 (60)	0	2 (40)	5
9 Jahre	0	0	0	3 (37)	5 (62)	0	0	1 (12)	1 (12)	6 (75)	8
10–15 Jahre . .	0	0	0	3 (27)	8 (72)	0	0	0	4 (36)	7 (63)	11
4–5 Jahre . . .	10 (60)	1 (5)	1 (5)	5 (30)	0	9 (50)	0	2 (15)	6 (35)	0	17
6–7 Jahre . . .	4 (25)	3 (15)	1 (5)	8 (50)	1 (5)	1 (5)	6 (35)	1 (5)	9 (55)	0	17
8–15 Jahre . .	0	0	1 (4)	6 (25)	17 (70)	0	0	4 (16)	5 (20)	15 (63)	24
Total	14 (24)	4 (6)	3 (5)	19 (32)	18 (31)	10 (17)	6 (10)	7 (12)	20 (34)	15 (25)	58

Der Fortschritt der Erinnerungsstufen mit dem Alter ist besser als bei der Technik I. Diese Tatsache scheint zu zeigen, daß das Gedächtnis hier mehr an die operative Stufe der Kinder gebunden ist, denn der Präsentierung der Röhren mit gleichem (A) oder ungleichem (B) Wasserstand geht eine Handlung voraus, die die Gleichheit oder Ungleichheit deutlich sichtbar macht. Diese mit einer Handlung verbundene Präsentierung hätte zwei ganz verschiedene Wirkungen haben können, entweder eine einfache allgemeine Verbesserung der Erinnerung, die auf eine reichere Information im Zeitpunkt der Fixierung zurückzuführen wäre, oder eine schrittweise Verbesserung, die mit einer Bewußtwerdung des Problems zusammenhängen würde, wobei dieses Bewußtsein selbst in diesem Falle mit der operativen Stufe verbunden wäre. Man stellt nun fest, daß bei Vier- bis Fünfjährigen mit dieser Technik II keine Verbesserung der Erinnerung verglichen mit der Technik I eintritt: einerseits 60 und 50% verglichen mit 54 und 45% Typ I, aber andererseits 5 und 6 Kinder verglichen mit 2 und 2 vom Typ IV. Bei Sechs- und Siebenjährigen sind die Durchschnitte ebenfalls fast gleich, sogar mit einem Rückschritt vom Typ V nach einer Woche (so daß nach der Technik II kein Kind mehr zum Typ V gehört, während es nach der Technik I 3 gewesen waren). Von 8 Jahren an hingegen zeigt sich ein merklicher Fortschritt der Retention: 70 und 63% vom Typ V verglichen mit 45 und 25% nach der Technik I. Von dem Entwicklungsstadium an, da die Flüssigkeiten bei der Umgießung erhalten bleiben, scheint somit die Präsentierung mit Handlung eine Bewußtwerdung des Problems zu veranlassen. Diese, und nicht die Lösung des Problems (denn sie ist erst viel später möglich), steigert das Interesse und führt deshalb zu einer besseren Retention.

Die Veränderungen zwischen der ersten und der zweiten Sitzung (nach einer Woche) sind ebenfalls instruktiv (in runden Klammern die Prozentzahlen, in eckigen Klammern die absoluten Zahlen der Kinder):

Tabelle XXXIII

Regressionen und Fortschritte innerhalb einer Woche (Technik II)

Alter	4 [6]	5 [11]	6 [7]	7 [10]	8 [5]	9 [8]	10–15 [11]	Total
Regressionen	1 (16)	1 (9)	1 (14)	1 (10)	2 (40)	1 (12)	2 (18)	9
Fortschritte	0	3 (27)	2 (28)	1 (10)	0	1 (12)	0	7
Stationäre Fälle	5 (83)	7 (63)	4 (57)	8 (80)	3 (60)	6 (75)	9 (81)	42

Mit der Technik II gibt es somit nicht mehr Fortschritte nach einer Woche als mit der Technik I. Das ist nur natürlich, denn die Retention hängt vom Problembewußtsein und nicht von der Problemlösung ab, und die Technik II verstärkt dieses Bewußtsein schon bei der Präsentierung. Man sieht aber auch, daß die Fortschritte vor allem bei den Fünf- bis Sechsjährigen und nicht bei den Sechs- bis Siebenjährigen zu finden sind: Zwei Kinder von 5 Jahren gehen vom Typ I zu den Typen III und IV über (ein weiteres von I zu II), ein Kind von 6 Jahren vom Typ I zum Typ III (eines von 7 Jahren von I zu II). Von 7 Fortschritten bestehen somit 5 darin, daß der beim ersten Abruf vergessen gebliebene Wasserstand angegeben wird. Diese Fortschritte haben also nichts mit dem Bewußtsein des Problems (wie bei den Sechs- bis Siebenjährigen der Technik I), sondern nur mit den Tatsachen als solchen zu tun.

Die Technik III. – Bei dieser Methode wird gleich wie bei der Technik II präsentiert, aber bei der unmittelbaren Evokation wird – in neutraler Form – eine Frage nach der Erhaltung hinzugefügt: Man fragt, a) ob in den Röhren A und B gleich viel Sirup sei; falls die Antwort negativ ist, wird zusätzlich gefragt, b) weshalb die Mengen, die in den beiden Bechern I und II noch gleich waren, in A und B ungleich geworden seien. Es geht also nicht um das kausale Problem, weshalb die Wasserstände bei B ungleich seien, sondern nur um eine Begründung der Nichterhaltung, die das Kind behauptet.

Nach einer Woche (zweite Sitzung) werden aber nicht nur (wie nach den Techniken I und II) die Röhren evoziert und gezeichnet, sondern zusätzlich auch die Becher und die Flasche, die an der ersten Sitzung verwendet worden waren, ohne daß einer dieser Gegenstände erwähnt oder die Reihenfolge bestimmt wird. Aufgrund der Zeichnung werden nun weitere Fragen gestellt: Sind die Röhren oder die Becher gezeichnet, so fragt man, woher der «Sirup genommen» wurde; sind nur die Flasche oder die Becher gezeichnet, so fragt man, wohin «der Sirup anschließend gegossen» wurde usw. Man stellt schließlich wieder die Frage nach der Erhaltung der Flüssigkeit, wenn sie aus den Bechern in die Röhren geleert wurde.

An einer dritten Sitzung (mindestens eine Woche später) führt man den gleichen Wiedererkennungsversuch durch, wie wir ihn im 4. Abschnitt für die Technik I beschrieben haben. Bei der Technik II wurde dieser Versuch ausgelassen. Das Wiedererkennen wird somit etwa 14 Tage nach der Präsentierung geprüft (anders als bei der Technik I, wo dieser Versuch sechs Monate und eine Woche nach der Präsentierung durchgeführt worden war).

Die Evokation nach dieser Technik III ergab die folgenden Resultate:

Tabelle XXXIV

Erinnerungstypen nach der Technik III

	Unmittelbarer Abruf					Nach einer Woche					
	I	II	III	IV	V	I	II	III	IV	V	*N*
4 Jahre . . .	7 (100)	0	0	0	0	4 (100)	0	0	0	0	4
5 Jahre . . .	3 (37)	1 (12)	3 (37)	1 (12)	0	3 (37)	2 (25)	2 (25)	1 (12)	0	8
6 Jahre . . .	0	1 (11)	2 (22)	3 (33)	3 (33)	0	2 (22)	2 (22)	2 (22)	3 (33)	9
7 Jahre . . .	0	2 (18)	3 (27)	4 (36)	2 (18)	0	2 (18)	4 (36)	5 (45)	0	11
8 Jahre . . .	0	0	0	4 (44)	5 (55)	0	0	0	5 (55)	4 (44)	9
9 Jahre . . .	0	0	0	1	1	0	0	0	1	1	2
4–5 Jahre . .	7 (58)	1 (8)	3 (25)	1 (8)	0	7 (98)	2 (16)	2 (16)	1 (8)	0	12
6–7 Jahre . .	0	3 (15)	5 (25)	7 (35)	5 (25)	0	4 (20)	6 (30)	7 (35)	3 (15)	20
8–9 Jahre . .	0	0	0	5 (45)	6 (55)	0	0	0	6 (55)	5 (45)	11
Total	7 (16)	4 (9)	8 (18)	13 (30)	11 (25)	7 (16)	6 (14)	8 (18)	14 (32)	8 (18)	43

Diese Ergebnisse sind merklich besser als diejenigen mit der Technik I und entsprechen denjenigen der Technik II, ausgenommen daß sie noch besser je nach Altersstufe und Operativität verteilt zu sein scheinen.

Zwischen dem unmittelbaren Abruf und der Evokation nach einer Woche stellt man bei 43 Kindern 7 Regressionen, 4 Fortschritte und 32 stationäre Fälle fest. Auf die Wiedererkennungen kommen wir weiter unten zu sprechen.

Die Technik IV. – Sie entspricht der Technik III bis zur ersten Evokationszeichnung beim unmittelbaren Abruf. Dann folgt nach dieser Methode (immer noch an der ersten Sitzung) eine Art Lernvorgang, der folgendermaßen verläuft: a) man zeigt die Röhren A und B noch einmal, fixiert auf dem Karton, und verlangt eine Beschreibung der Einzelheiten, bis das Kind bemerkt, daß die Wasserstände bei A gleich und bei B ungleich sind und daß bei B ein Korken vorhanden ist (man dringt auch auf die Feststellung, daß sich der «Sirup» *in* den Röhren befindet); b) eine Antizipierungsfrage: «Was würde geschehen, wenn ich den Korken wegnähme?» und «Was würde geschehen, wenn ich ihn hierher (A) täte?»; c) eine Kausalitätsfrage: «Erstaunt dich etwas an diesen Röhren? Weshalb ist das so? Was meinst du, was ich gemacht habe?; d) eine Erhaltungsfrage: «Befindet sich in den Röhren A und B gleich viel Sirup? Weshalb ja oder nein?» Danach versorgt man das Material und verlangt eine zweite Gedächtniszeichnung, an der

das Kind so lange arbeitet, bis es damit zufrieden ist. Dann fordert man das Kind auf, seine allererste Zeichnung und anschließend diejenige, von der es befriedigt war, noch einmal anzufertigen.
In der folgenden Woche (zweite Sitzung) wieder eine verbale Beschreibung und eine Zeichnung, noch einmal eine Woche später (dritte Sitzung) der Wiedererkennungsversuch.
Diese Technik wurde bei nur 25 Kindern zwischen 5 und 9 Jahren angewendet. Damit wollten wir sondieren, ob die Elemente des präsentierten Modells, nachdem sie einmal alle bemerkt und beschrieben wurden und Objekte wirklicher Erhaltungs- und Kausalitätsprobleme geworden sind, nach einer Woche und schon von fünf Jahren an angemessen behalten werden können. Das Experiment hat eine positive Antwort auf diese Fragen gegeben. Die nächste Tabelle, in der die Kinder nach drei Altersstufen gruppiert sind, gibt zunächst die Zeichnungstypen beim unmittelbaren Abruf (vor dem Lernen) wieder und, in eckigen Klammern, die Erinnerung an diese ersten Zeichnungen nach dem Lernvorgang, also nicht die unmittelbare Evokation sogleich nach dem Lernen, sondern die Wiedererinnerung an die erste Zeichnung vor dem Lernen. Die unmittelbare Evokation nach dem Lernen muß nicht aufgezeichnet werden, da sie nach einer Woche genau gleich, ohne Fortschritte und Rückschritte, reproduziert worden ist:

Tabelle XXXV

Erinnerungstypen nach der Technik IV

	Unmittelbarer Abruf (vor dem Lernen)					Eine Woche					
	I	II	III	IV	V	I	II	III	IV	V	*N*
5 Jahre . .	2 [1]	1 [1]	4 [5]	0	0	0	0	1 (15%)	0	6 (85%)	7
6–7 Jahre .	2 [0]	0 [1]	4 [6]	4 [3]	3 [3]	0	0	1 (7%)	1 (7%)	11 (85%)	13
8–9 Jahre .	2 [1]	0 [0]	1 [1]	1 [2]	1 [1]	0	0	1 (20%)	0	4 (80%)	5

Das Gedächtnis der beiden Röhren ist somit für alle drei Altersstufen nach einer Woche zu 80 bis 85% genau (Typ V), wie übrigens schon unmittelbar nach dem Lernvorgang. Das zeigt, daß die Retention des Modells auf allen Altersstufen ausgezeichnet hätte sein können, wenn die Kinder daran interessiert gewesen wären, besser hinzusehen. Man wird darauf antworten, wie man bei der Darlegung unserer Experimente vielleicht schon oft geantwortet haben würde, diese erste Musterung betreffe die Wahrnehmung oder die Intelligenz als solche und nicht das Gedächtnis, da dieses nur bei der Retention dessen, was gesehen worden ist, und nicht bei der Aufzeichnung selbst mitwirke. Ohne daß wir noch einmal darauf hinweisen müssen, daß die Verschlüsselungen vom Code abhängig sind und daß das wirkliche Problem dasjenige seiner Natur ist, legen diese neuen Beobachtungen eine differenziertere Antwort nahe. Es gibt nämlich keinen Unterschied zwischen dem, was das Kind durch aufmerksames Prüfen, wozu es die Technik IV nötigt, «lernt», und dem, was es durch bloße perzeptive Erforschung lernen könnte, die ja den Kindern des Typs V immer genügt. Die sorgfältige perzeptive Explorierung einer komplexen Konfiguration setzt aber bereits das Gedächtnis voraus: Wenn es zum Beispiel darum geht, die Merkmale a, b, c, d und e (wie etwa vier Wasserstände und einen Korken) aufzuzeichnen, so genügt es nicht, sie nacheinander und jedes für sich wahrzunehmen (oder sie nacheinander innerhalb einer zunächst globalen Wahrnehmung zu analysieren). Man muß sie auch zueinander in Beziehung setzen und darf a nicht vergessen, wenn man zu b übergeht, und ebensowenig ab, wenn cd an die Reihe kommt usw. Das Gedächtnis ist somit ebenfalls am Werk, sobald die Wahrnehmung nicht augenblickshaft ist. Es wäre deshalb sehr künstlich, wollte man bei der Fixierung der Erinnerung eine Grenze zwischen dem, was nur Aufzeichnung ist, und dem, was schon Retention ist, festsetzen. Und es wäre ebenso künstlich, wollte man eine Barriere zwischen dem, was man für reines und rohes Gedächtnis hält, und dem, was nur intelligente oder schematisierte Bezugsetzung ist, einführen: deshalb glauben wir an eine Kontinuität zwischen der Aufzeichnungsweise, der Organisation der Retention und der Struktur der Evokation.

Die unmittelbare Evokation vor dem Lernen (aber nach den Handlungen, die für die Techniken II bis IV jeweils gleich sind) ist völlig normal. Interessant ist aber, daß die Wiedererinnerung des Kindes an seine erste Zeichnung nach dem Lernvorgang (die Zahl in eckigen Klammern) im allgemeinen von einem etwas höheren Typ ist, ausgenommen ein einziger Fall, der von IV auf III zurückgeht. Dem Kind, dessen erste Evokation verhältnismäßig ungenau war, gelingt es folglich nicht, sich an die erste Erinnerung zurückzuerinnern, ohne sie mit Dingen zu korrigieren, die es bei der zweiten Präsentierung bemerkt hat. Es gelingt ihm zwar, diese erste Erinnerung in einer tieferen Form als der der Evokation nach dem Lernen zu reproduzieren, aber es verbessert, ohne es zu wollen, diese erste Erinnerung dennoch aufgrund dessen, was es in der Zwischenzeit gelernt hat. Eine solche Beobachtung zeigt, daß eine Erinnerung keine automatische oder integrale Erhaltung ist, sondern daß die Erinnerung einer Erinnerung diese ungewollt verändert, und zwar aufgrund des in der Zwischenzeit Erlebten und Gelernten.

Die Erinnerungen nach sechs Monaten bei den Kindern der Techniken II bis IV. – Von den 58 Kindern, die nach der Technik II geprüft worden waren, konnten 46 nach sechs Monaten wieder ausfindig gemacht werden; ebenso wurden 33 der 43 Kinder der Technik III und 27 Kinder der Technik IV noch einmal geprüft. Dabei ergab sich die folgende Verteilung nach Erinnerungstypen:

Tabelle XXXVI

Die Erinnerungen nach sechs Monaten bei den Techniken II bis IV

	I	II	III	IV	V	*N* (Kinder)
Technik II:						
4–5 Jahre	3	1	8	0	0	12
6–7 Jahre	0	0	11	3	0	14
8–15 Jahre	0	0	8	10	2	20
Technik III:						
4–5 Jahre	3	1	5	0	0	9
6–7 Jahre	0	1	7	4	2	14
8–9 Jahre	0	1	4	5	0	10
Technik IV:						
4–5 Jahre	0	0	4	2	0	6
6–7 Jahre	0	0	1	3	1	5
8–9 Jahre	0	0	3	2	1	6
Total	6 (6)	4 (4)	51 (53)	29 (30)	6 (6)	96

Interessant ist, daß diese Techniken die Erinnerungen beim unmittelbaren Abruf und nach einer Woche klar verbessert haben, weil sie die Aufmerksamkeit des Kindes auf das Ungewöhnliche an den Wasserständen in den Röhren A und B lenkten. Aber das Problembewußtsein hat sich, ohne daß wir die unleugbare momentane Wirkung bestreiten, nicht als ausreichend für eine dauerhafte Retention erwiesen: Nach sechs Monaten sind die Erinnerungen wieder wie bei der Technik I (siehe Tabelle 29) auf die Typen III und IV konzentriert. Die Erinnerungen der Typen I und II (sie fehlen bei der Technik IV vollständig) sind allerdings verhältnismäßig weniger zahlreich, und einige Kinder weisen auch den Typ V auf, der bei der Technik I nach sechs Monaten völlig gefehlt hatte.

Hier noch eine Übersicht über die Regressionen, Gleichheiten und Fortschritte zwischen den Erinnerungen nach einer Woche (W) und denen nach sechs Monaten (M) (nur die Übergänge von einem Typ zum anderen werden gezählt, die Untertypen bleiben unberücksichtigt). Die Regressionen sind als W>M und die Fortschritte als W<M bezeichnet:

Tabelle XXXVII

Vergleich der Erinnerungen nach einer Woche und nach sechs Monaten (Techniken II bis IV)

	Technik II			Technik III			Technik IV		
	W > M	*W = M*	*W < M*	*W > M*	*W = M*	*W < M*	*W > M*	*W = M*	*W < M*
4–5 Jahre	7	4	1	3	3	3	4	1	1
6–7 Jahre	6	2	6	4	5	5	4	1	0
8/9–15 Jahre . .	13	7	0	7	3	0	4	1	1
Total	26	13	7	14	11	8	12	3	2

Die wenig zahlreichen Fortschritte ab 8 Jahren bei den Techniken II und III sind darauf zurückzuführen, daß alle noch einmal geprüften Kinder dieser Altersstufen schon den Typ IV oder V aufgewiesen hatten (ausgenommen drei Kinder vom Typ III, die stationär blieben). Bei der Technik IV fand man, wie man sich erinnert, schon von 5 Jahren an nach einer Woche 85% Typen V, so daß nach sechs Monaten die Fortschritte fast völlig fehlen (ausgenommen ein Fünfjähriger, der vom Typ III zum Typ IV, und ein Achtjähriger, der von IV zu V übergeht).

Bei der Technik I hatten wir bei 46 Kindern 15 Regressionen, 25 gleichbleibende Fälle und 6 Fortschritte festgestellt. Bei der Technik II jedoch ist das Verhältnis zwischen den Regressionen (26) und den stationären Fällen (13) gerade umgekehrt. Auch bei der Technik III überwiegen die Regressionen, bei der Technik IV sind sie massiv. Alle diese Fakten zeigen somit übereinstimmend, daß ein größeres Problembewußtsein zwar die Erinnerung bis eine Woche und mehr nach der Präsentierung merklich verbessern konnte, daß aber ein dauerhaftes Gedächtnis nur möglich ist, wenn es sich auf das Verständnis stützen kann. Dieses haben die Techniken II und IV nicht gefördert, und das wollten sie auch gar nicht, denn sie haben nur auf einer vollständigeren figürlichen Analyse (II–IV), auf der Frage der Erhaltung (III) und auf dem Problem der Kausalität (IV) bestanden, ohne jedoch die Probleme zu lösen.

Vergleicht man diese Ergebnisse mit denen des Kapitels XIII nach sechs Monaten in einer erst mit 14 oder 15 Jahren verständlichen kausalen Situation, so findet man immerhin 17 Fortschritte verglichen mit keinem einzigen klaren bei der Kerze (nur 3 leichte Verbesserungen in Einzelheiten), 27 stationäre Fälle verglichen mit 3 im letzten Kapitel und 52 Regressionen auf 96 Kinder verglichen mit 27 auf 33. Die Fortschritte waren im allgemeinen solche von den Typen I und II zu den Erinnerungstypen III und IV, bei zwei Kindern vom Typ IV zum Typ V nach Technik III und IV (die vier anderen Kinder vom Typ V nach sechs Monaten sind stationäre Fälle). Diese 18% Fortschritte bei den Techniken II und IV sind zwar nur wenig höher als die 13% (6 Kinder) bei der Technik I, aber dennoch interessant, vor allem auch weil das Verhältnis für die Technik III, die sich insbesondere um die Frage der Erhaltung bemüht, in Wirklichkeit 24% (8 von 33 Kindern) beträgt (das gilt auch für die Technik IV, bei der aber, wie wir gesehen haben, keine Fortschritte möglich waren).

Das Wiedererkennen nach vierzehn Tagen. – Die Kinder der Techniken III und IV unterzogen sich einem Wiedererkennungsversuch durch Auswahl aus 12 Modellen, also ähnlich wie im 4. Abschnitt beschrieben, jedoch vierzehn Tage und nicht sechs Monate nach der Präsentierung (wobei diese aber nach den Techniken III und IV suggestiver ist, weil sie zeigen, wie die Röhren gefüllt werden, und sich nicht mit dem Endzustand begnügen). Die Ergebnisse sind für beide Techniken offensichtlich gleich, und sie unterscheiden sich auch kaum von denen der Technik I nach sechs Monaten. In allen drei Fällen stellt man nämlich, im Gegensatz zu anderen Erfahrungen, keinen massiven Vorsprung des Wiedererkennens auf die Evokation fest, weil in diesem besonderen Fall das Wiedererkennen dieselben Schemata verwendet wie die Evokation. Diese Schemata beziehen sich aber mehr auf die Bewußtwerdung des Problems der Wasserstände als auf die figurativen Fakten. Einen etwas stärkeren Vorsprung des Wiedererkennens beobachtet man bei der den Vier- und Fünfjährigen, aber nur weil die Evokation auf dieser Altersstufe für das Kind am schwierigsten ist.

Hier (für alle Stufen und die Techniken III und IV zusammengefaßt) die Beziehungen zwischen dem Wiedererkennen und der Evokation, wobei dasselbe System wie im 4. Abschnitt gewählt wurde (53 Kinder):

$W < E$	$W \leq E$	$W = E$	$W \geq E$	$W > E$
14 (26%)	6 (11%)	5 (10%)	12 (23%)	16 (30%)

Die Ergebnisse stehen denen der Technik I ziemlich nahe, abgesehen von einer leichten Überlegenheit der W > E verglichen mit W = E, die auf die differenziertere Präsentierung des Modells zurückzuführen sein dürfte.

6. *Schlußfolgerungen*

Die Ergebnisse dieser Techniken II, III und IV bestätigen ziemlich deutlich die Interpretationen, zu denen uns schon die Resultate der Haupttechnik I geführt hatten. Charakteristisch für das vorliegende Experiment ist es, daß es die Kinder einem Phänomen gegenüberstellt, das vor dem 13. bis 15. Lebensjahr unverständlich ist, das aber je nach der operativen Stufe des Kindes als ein Problem empfunden werden oder kognitiv uninteressant bleiben kann. So oder so ist das präsentierte Modell (Figur 43) für die Wahrnehmung leicht, und man könnte deshalb meinen, es sei auch einfach zu behalten. Schon die nach der Technik I gesammelten Fakten zeigen aber, daß die Retention, sowohl vom Wiedererkennen als auch von der Evokation her gesehen, vom Bewußtsein des Problems, indirekt also von den operativen Schemata, abhängig ist: Entweder sieht das Kind kein besonderes Problem, dann verzerrt es in seiner Erinnerung die beiden Röhren so, daß zum Beispiel die Wasserstände fehlen (Typ I) oder daß die wahrscheinlichsten Wasserstände (Typen II und III) wiedergegeben werden; oder das Kind entdeckt einen merkwürdigen oder auffälligen Tatbestand, der an seine operativen Schemata nicht oder nur unvollständig assimilierbar ist, und es behält ihn als solchen, das heißt in Verbindung mit diesen Schemata oder ihrem Gesamtsystem.

Neu an den Techniken II bis IV ist, daß sie das Bewußtsein dieses Problems verstärken. Sie geben dem Kind neue Informationen über das Auffüllen der Röhren A und B mit zwei gleichen Flüssigkeitsmengen (Technik II). Oder sie werfen explizit die Frage der Erhaltung im Zusammenhang mit den festgestellten Wasserständen auf (Technik III), während diese Frage bei der Technik II implizit geblieben war. Oder sie nötigen zur Beobachtung aller Aspekte des Phänomens und stellen die Frage der Kausalität, die für Vier- bis Neunjährige unlösbar ist (Technik IV).

Von den klassischen Theorien über das Gedächtnis her betrachtet, wird also (zumindest bei den Techniken II und III, wo nicht wie bei der Technik IV ein Lernvorgang die Erinnerung auf irgendeine Weise fördert) die Zahl und die Komplexität der zu behaltenden Elemente vergrößert oder das zu behaltende beschränkte

Modell eingerahmt und werden neue Fakten zur Gesamtheit der präsentierten Elemente hinzugefügt. Das hatte zur Folge, daß die Aufmerksamkeit der Kinder auf die ungleichen Wasserstände bei B und auf deren Beziehungen zu denen bei A gelenkt wird, mit anderen Worten, es wird eine operative Arbeit oder Assimilationsarbeit ausgelöst, die durch die verfügbaren Schemata ausgerichtet wird, was die Erinnerung verbessert hat, anstatt sie mit verschiedenartigen Inhalten zu belasten. In der Informationssprache, wo die Einheit auf die Redundanzen und Verbindungen und nicht auf die Zahl der materiellen Fakten (oder Informationen im üblichen Sinne des Wortes) bezogen wird, erscheint ein solches Ergebnis als natürlich, aber es gibt einen Faktor, der zu oft vernachlässigt wird: Während der Entwicklung des Gedächtnisses sind die Fortschritte oder Regressionen nicht nur von den Verschlüsselungen und Entzifferungen abhängig, wobei der Code selbst sich nicht verändern würde; im Gegenteil, der Code selbst scheint sich in dem Maße, wie die operativen Strukturen konstruiert werden, zu verbessern[6]. Die in unserem Experiment dem Kind neu gelieferten Informationen zeitigen Ergebnisse, die merklich mit dem Alter variieren: Die Technik IV beweist, daß auf jeder Altersstufe eine ausgezeichnete Retention des präsentierten Modell möglich ist, wenn ein Lernen stattfindet; die Techniken II und III zeigen, daß die zusätzlichen Informationen die Retention um so mehr fördern, als sie ein besseres Problembewußtsein schaffen, das seinerseits natürlich vom Grad der operativen Entwicklung der Kinder abhängig ist.

Nach sechs Monaten zeigen die Techniken II bis IV hingegen, daß das Problembewußtsein keineswegs ausreicht, um eine dauerhafte Erinnerung zu gewährleisten, wie sie das Verstehen ermöglicht hätte: Von den 96 wieder geprüften Kindern befinden sich 52 in Regression zu den Erinnerungstypen III und IV, wo nur die ungleichen Wasserstände behalten werden. Bei den Acht- bis Zehnjährigen insbesondere sind kaum Fortschritte, aber sehr viele Regressionen zu beobachten, weil die Begriffe fehlen, die es hätten ermöglichen können, einer Lösung der kausalen Frage näherzukommen. Man findet hingegen 18% Fortschritte (17 Kinder) zwischen 6 und 7 Jahren und 24% bei der Technik III, wo es vor allem um die Erhaltung oder Nichterhaltung der Flüssigkeiten geht (sie liefert zwar keine Lösung, stellt aber die Frage der Gleichheit oder Ungleichheit der Mengen). Diese Erhaltung wird mit durchschnittlich 6½ Jahren erworben und bildet schon vorher ein Problem. Es ist deshalb nicht ausgeschlossen, daß in diesem besonderen Punkt das Bewußtsein dieses Problems (im Gegensatz zu dem des kausalen Problems selbst) die Schematisierung verbessert hat. Kinder von 6 und 7 (und schon einige von 5) Jahren, die nach einer Woche gleiche Wasserstände gezeichnet hatten, können von dieser Zeichnung unbefriedigt geblieben sein, worauf die (begriffliche) Meinung, etwas sei «anders» gewesen, die (figürliche) Symbolik der Erinnerung verändert haben könnte. Das kann beim Wiedererkennen (bei den Techniken III und IV nach vierzehn Tagen) geschehen sein, aber die Kinder der Technik II, die diesen Versuch nicht durchgeführt haben (dessen Ergebnis selbstverständlich auch die anderen Kinder nicht gekannt haben), weisen mit 6 bis 7 Jahren ebenfalls 6 Fortschritte auf. In diesem klar abgegrenzten Punkt beim Übergang von der Gleichheit der Wasserstände (Typ II und implizit in Typ I) zu einer Gleichheit der Menge (Erinnerungstypen III und IV) würde man somit ohne weiteres verstehen, daß in dem Alter, da sich der Begriff der Erhaltung der Flüssigkeiten bei Umgießhandlungen ausbildet, das Bewußtsein dieses Teilproblems die festgestellten Fortschritte veranlaßt hat.

[1] In Zusammenarbeit mit G. Voyat.

[2] Es ist festzuhalten, daß diese beiden Arten von Ergebnissen nicht mit der für die Etappen (I–V) gewählten Klassifizierung vergleichbar sind. Wir hatten mit einer Klassifizierung begonnen, die von der Gesamtheit der möglichen Informationseinheiten ausging. Die Entwicklung zwischen den Erinnerungen nach einer Stunde und nach einer Woche erschien dabei als eine Konzentration auf die mittleren Typen mit einigen offensichtlichen Fortschritten um das 7. Lebensjahr herum. Die Untersuchung der Reaktionen nach sechs Monaten, die unter dem Gesichtspunkt des Gedächtnisses selbst viel signifikanter sind, hat uns bewogen, das System zu wechseln. In beiden Systemen bleiben aber die Fortschritte innerhalb einer Woche dieselben.

[3] Diese Schematisierung (III A in Figur 45) wurde bei vier Kindern gefunden. Wir haben eines beim Typ II und drei beim Typ III eingeordnet, je nachdem, was die betreffenden Kinder in ihrem Kommentar (13) gesagt haben, und je nach dem Typ ihrer Zeichnungen.

[4] Bei der Rotation von Dreiecken (nächstes Kapitel) werden wir hingegen sehen, daß das Kind nur die zur Auswahl vorgelegten Zeichnungen ansehen muß, um sofort diejenigen zu erkennen, die einer Rotation oder zumindest einem Umlegen entsprechen. Eine Evokation setzt mehr voraus, weil die aktuellen und signifikanten wahrnehmbaren Tatsachen fehlen: Deshalb ist das Wiedererkennen von 5 Jahren an klar im Vorsprung. Der Gegensatz zur vorliegenden Situation ist sehr lehrreich.

[5] Das Kind darf Verbesserungen anbringen, wenn es von seinem ersten Versuch nicht befriedigt ist (siehe Technik I).

[6] Das besagt mit anderen Worten, daß die Informationseinheit zur Stufe des Codes relativ ist, und dasselbe gilt für die Redundanzen selbst: Was für einen gehobenen Code redundant ist, muß es keineswegs für einen anderen, schwächeren sein. Wenn man aus gleichen Behältern Umgießungen vornimmt, das Problem der Erhaltung antönt usw., liefert man folglich ganz verschiedene (positive oder nichtige) Informationen, die ebenfalls, je nach der Stufe der Kinder und ihrer Codes, von sehr verschiedenen Redundanzen herrühren.

VIERTER TEIL

Das Gedächtnis der räumlichen Strukturen

Wir haben die Untersuchung der Erinnerungen an die räumlichen Anordnungen und Transformationen an das Ende dieses Buches gestellt, anstatt mit ihnen zu beginnen, weil diese geometrischen Strukturen es ermöglichen, das Problem der Beziehungen zwischen den figurativen Aspekten und den operativen Schemata, die beim Gedächtnis mitspielen, genauer zu fassen. Diese abschließenden Analysen helfen mit, einige bisher in der Schwebe gebliebene Fragen zu lösen.

Kapitel XV

Das Gedächtnis einer geometrischen Transformation (Drehung)[1]

Das folgende Experiment folgt nicht dem Prinzip der Reihenanordnungen (Kapitel I und II), wo das Kind nicht zusieht, wie die Reihen konstruiert werden, noch sie selbst konstruiert. Die Methode ist vielmehr dieselbe wie bei der Transitivität (Kapitel V) und der Assoziativität (Kapitel VI): Das Kind sieht den Umgießungen zu, es wird aufgefordert, die Ergebnisse dieser Aktionen zu antizipieren, und es muß anschließend das Ganze entweder evozieren oder rekonstituieren. Bei der Transitivität oder Assoziativität ist allerdings die materielle Grundlage der Aktion sehr einfach, nämlich Umgießungen oder eine Zusammensetzung der getrennten Teile einer Dreiecksfläche. Das ganze Problem besteht nur in einer mehr oder weniger komplexen Kombination dieser einfachen Aktionen. Die Beziehung zwischen diesen kombinierten Aktionen und ihrem Resultat spricht in keiner Weise die Einbildungskraft an und stimuliert nicht die figurative Evokation. Bei der hier verwendeten räumlichen Anordnung (Figur 46) ist die Aktion – ein Dreieck wird an einer Ecke um 180° gedreht – mit ihrem Ergebnis – die Stellungen und Richtungen je eines blauen, grünen und roten Pfeiles werden umgekehrt – innig verbunden. Das könnte, möchte man auf den ersten Blick meinen, eine genaue visuelle Erinnerung unabhängig von jedem Verständnis veranlassen.
Dabei ergeben sich zwei ganz verschiedene Fragestellungen: das Gedächtnis der Drehungsoperation, soweit sie in verschiedenem Grade schematisierte Aktion ist, und die Erinnerung der Anfangs- und Endzustände, soweit diese beliebige Anordnungen oder Ausgangspunkte und Ergebnisse der operativen Transformation sind.
Das Gedächtnis der Operation ist zunächst etwas anderes als die Erhaltung des operativen Schemas. Das untersuchte Kind kann die Drehungsoperation schon beherrschen oder noch nicht beherrschen: Je nach seiner Stufe hat es dieses oder jenes Schema erworben, das durch sein eigenes Funktionieren erhalten bleibt, zeitweilig oder endgültig entsprechend der Stufe, und das Gedächtnis im strengen Sinne spielt bei dieser Erhaltung nicht mit. Diese Operation konkretisiere sich hingegen in irgendeiner besonderen Anwendung, die ein wiederholbares

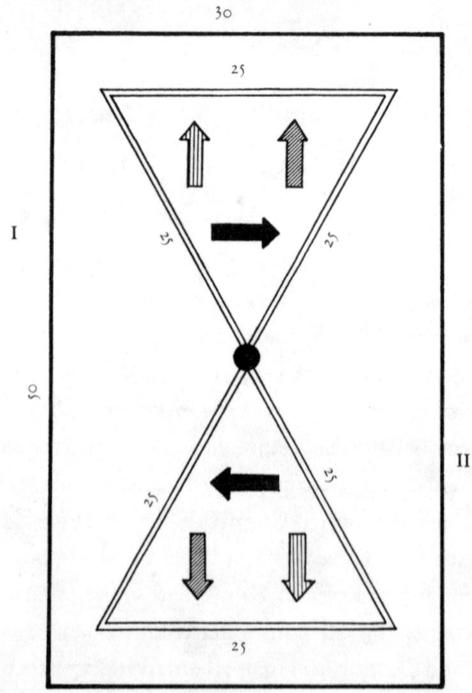

Figur 46

Die senkrecht schraffierten Pfeile sind grün, die schräg schraffierten blau und die schwarzen rot.

oder einmaliges Ereignis ist, wie zum Beispiel in der Drehung des Dreiecks (Figur 46), die vor den Augen des Kindes durchgeführt wird. Von dieser besonderen Ausführung kann es, sofern sie perzeptiv, konkret und differenziert ist, Gedächtnis im dreifachen Sinne von Wiedererkennen, Rekonstitution oder Evokation geben. Und dieses Gedächtnis wollen wir unter allen drei Aspekten untersuchen. Die Frage ist die, ob dieses Gedächtnis vom Verständnis der Operation (und folglich von der operativen Stufe des Kindes) unabhängig ist, was es bei der Transitivität und der Assoziativität nicht war. Bei einer Operation, die räumlich ist und die sich folglich stärker auf den figurativen Aspekt bezieht, könnte es eher möglich sein.

Diese einfache globale Aktion, ein Dreieck um 180° zu drehen, ist eine durchschaubare Operation, die jedem Kind vom abgeschlossenen ersten Lebensjahr an zugänglich ist[2]. Als Operation im eigentlichen Sinne des Wortes und nicht nur als beliebige Aktion ist sie aber von ihrem Ergebnis nicht zu trennen, denn sie besteht eben in diesem Übergang vom Anfangszustand I in den Endzustand II der Figur 46. Daraus ergibt sich das zweite Problem, nämlich das Gedächtnis dieser Zustände I und II. Ohne jedoch die Operation als Ursache für die Transformation von I in II zu verstehen und sogar ohne sich an die Transformation der Figur als solche zu erinnern, könnte sich das Kind, würde man auf den ersten Blick sagen, dennoch visuell an diese Zustände I und II als aufeinanderfolgende und nicht durch die Drehung miteinander verbundene oder aber als durch diese verbundene Anordnungen erinnern, wobei die Abfolge zwar als kausal empfunden, aber unverständlich bleiben würde. Wir wollen jetzt untersuchen, ob es sich so verhält oder ob das Gedächtnis dieser Anordnungen I und II nicht adäquat bleibt, wenn die Operation als solche nicht assimiliert wurde. Das würde bedeuten, daß das Gedächtnis der Operation unmöglich bleibt ohne das Verständnis.

1. Die Methode

Das Material besteht aus zwei gleichseitigen Dreiecken aus durchsichtigem Kunststoff; das obere ist beweglich, nämlich um seine untere Ecke drehbar, das andere unbeweglich; die Seiten sind jeweils 25 cm lang. Die in Figur 46 markierten sechs Pfeile sind blau, grün und rot angemalt. Wird das obere Dreieck um 180° gedreht, so kommen diese drei Pfeile genau über die drei des unteren Dreiecks zu liegen. Diese Kongruenz kann dank dem durchsichtigen Material und den gleichen Farben der Pfeile ohne weiteres festgestellt werden.

Wir wollen vorwegnehmen, daß wir zuerst mit vier Pfeilen arbeiteten. Wir werden einige Beispiele dieser ersten Technik erwähnen (ein senkrechter Pfeil ging vom Drehzentrum der Anordnung aus, der waagrechte Pfeil befand sich zwischen den Anfangspunkten des blauen und des grünen Pfeils). Als wir jedoch bei einer Sondierung die Pfeile durch beliebige andere Gegenstände ersetzten, stellten wir fest, daß das Kind nicht mehr als vier bis sechs Gegenstände in seiner Erinnerung behält. Es war deshalb angebracht, die Zahl der Pfeile auf 2×3 zu reduzieren, um das Gedächtnis nicht mit unnötigen Individualisationsproblemen zu belasten.

An der ersten Sitzung präsentiert man dem Kind die Anordnung. Vor jeder Drehung läßt man deren Ergebnis antizipieren: «Wo befinden sich der blaue, der grüne und der rote Pfeil, wenn man dieses obere Dreieck dreht, bis es das untere ganz bedeckt?» Auch die Richtung der Pfeile nach der Drehung wird selbstverständlich antizipiert. Sobald die Drehung materiell ausgeführt ist und das Kind festgestellt hat, daß die Pfeile des oberen und des unteren Dreiecks zusammenfallen, bringt man das obere Dreieck wieder in seine Ausgangslage und fordert das Kind auf, noch einmal gut hinzusehen und sich die ganze Anordnung im Hinblick auf eine spätere Sitzung gut einzuprägen.

Diese zweite Sitzung findet eine Stunde später statt. Man verlangt vom Kind eine Beschreibung und eine Zeichnung der beiden Dreiecke mit der Stellung der Pfeile.

Die dritte Sitzung (nach einer Woche) beginnt gleich wie die zweite. Anschließend verlangt man eine Rekonstitution: Man überläßt dem Kind zwei Dreiecke ohne Pfeile und eine Anzahl beweglicher Pfeile, die es an den richtigen Ort legen muß. Dann bestimmt man seine operative Stufe bezüglich der Drehung. Wir verwenden dazu ein früheres Experiment[3], bei dem eine Landschaftsskizze mit Gegenständen, deren Stellung und Orientierung zu wahren ist, gedreht wird. An der ersten Sitzung ließ sich diese Operativität aus den Antizipierungen bestimmen. Wir hielten es aber für wichtig, auch ein von der Grundanordnung unabhängiges Ergebnis zu kennen, weshalb, wird man noch sehen.

Die vierte Sitzung findet einige Monate später statt. Sie besteht wieder aus einer Evokation durch Zeichnung und einer Rekonstitution.

2. Die Erinnerungsstufen nach einer Stunde und nach einer Woche

Anders als bei den Arbeiten, wo wir die Erinnerungsstufen innerhalb der operativen Stadien einordnen konnten, muß man bei den vorliegenden Ergebnissen die Erinnerungsstufen und ihre Beziehungen zu den Stadien der operativen Entwicklung der Kinder getrennt untersuchen. Der Grund dafür ist der, daß diese beiden Arten von Stufen zwar isomorph sind (daß es sich somit um dieselben Etappen in der gleichen Reihenfolge handelt), daß sie aber nicht immer gleichzeitig oder synchron sind, als ob es zwei gleiche Konstruktionen, aber auf verschiedenen Gebieten, gäbe. Antizipiert man nämlich die Stellungen der Pfeile nach der Drehung (erste Sitzung), so leitet man sie von gegebenen und wahrgenommenen Elementen her ab (dasselbe gilt für den Nachtest an der dritten Sitzung, nur daß dort das Material komplexer ist); erinnert man sich aber an die Anfangs- und die Endzustände (I und II) mit der Transformation, so setzt dies eine vollständige (im Denken) oder partielle (Rekonstitution mit dem Material) Rekonstruktion voraus. Die beiden Aufgaben sind analog, so daß auch die Stadien oder Stufen ähnlich sind, aber sie sind nicht identisch, und diese Diskrepanz wirft ein Problem auf, das zu diskutieren sein wird.

Diese beiden Aufgaben sind nicht identisch, obwohl die Ähnlichkeit der Stufen zeigt, daß die Erinnerung in den großen Linien das Verständnis voraussetzt, denn bei diesen räumlichen Transformationen sind die Erinnerungen selbst nicht so homogen wie in den Kapiteln I bis X. Einerseits liefert selbstverständlich in einem solchen Bereich die einfache Retention einiges an Material. Das gilt für alle Erinnerungen, aber in dieser besonderen Situation ist diese Frage besonders akut. Da die Transformation räumlich ist, kann aber die Erinnerung andererseits entweder mehr oder weniger figurativ sein, oder sie bezieht sich vor allem auf die Zusammenhänge (Reziprozität der Stellungen, Orientierungen und Richtungen) als solche. Die jüngeren Kinder, deren Raum weniger durch Koordinatensysteme strukturiert ist, haben eine gewisse Fähigkeit, einen Gegenstand oder eine Tafel aus allen ihren Richtungen (Spiegelschrift, ein schräg oder sogar verkehrt aufgestelltes Bild usw.) betrachten zu können. Es fällt ihnen deshalb leichter als den älteren Kameraden, sich die Umkehrung des Dreiecks rein figurativ vorzustellen, ohne daß sie deshalb die Transformation als solche begriffen haben müssen.

Wir haben es somit mit drei mehr oder weniger voneinander getrennten Bereichen zu tun, nämlich mit der Stufe des operativen Verständnisses, mit der Erinnerung der Transformation (teilweise mit Rekonstruktion) und mit der figurativen Erinnerung. Es ist deshalb angezeigt, von den allgemeinen Erinnerungsstufen (Zeichnung und Rekonstitution) auszugehen und ihren Zusammenhang mit den Stufen der Antizipierung und des Nachtests erst anschließend zu untersuchen. Bei 48 Kindern zwischen 4 und 9 Jahren, die nach der endgültigen Technik geprüft wurden, und bei 34 Kindern derselben Altersstufen, denen man 2×4 Pfeile präsentiert hatte (die Erinnerungen sind qualitativ bezüglich der Stufen gleich, doch die unterschiedliche Prüfungsmethode legt es nahe, die beiden Gruppen von Kindern in den Statistiken getrennt zu behandeln), finden wir die folgenden vier Erinnerungsstufen. Ihnen liegen drei Arten von Überlegungen zugrunde. Die erste Erwägung, die für sich allein in keiner Weise genügen würde, wenn sie nicht durch die beiden anderen bestätigt würde, ist die logische Analyse der Bedingungen für das Verständnis der Drehung, das heißt also der Symmetrie- oder Reziprozitätsformen, die das obere und das untere Dreieck und ebenso die Stellungen (oben oder unten, links oder rechts), Orientierungen (senkrecht oder waagrecht) und Richtungen (nach oben oder unten, nach links oder rechts) der auf den beiden Dreiecken aufgezeichneten Pfeile miteinander verbinden. Die zweite Überlegung, die berücksichtigt werden muß, ist die Entwicklung der Gedächtniszeichnungen und der Rekonstruktionen mit dem Alter; diese Entwicklung hat sich als, und zwar recht stark, abhängig von diesen verschiedenen Reziprozitätsformen erwiesen. Schließlich sind die Gedächtniszeichnungen nach sechs Monaten erstaunlich schematisiert, zumindest diejenigen der ersten Stadien; die figurativen Faktoren dieses Schematismus machen rückwirkend die Intentionen der ersten Zeichnungen besser verständlich, wobei die Rolle der Symmetrien oder Reziprozitäten bestätigt wird.

Beginnen wir also mit einer Aufzählung dieser Reziprozitäten. Wir gehen dabei von der Hypothese (die, wie man noch sehen wird, durch die Tatsachen bestätigt wurde) aus, daß hier wie in anderen Fällen eine enge Beziehung zwischen den Stufen des Gedächtnisses und denen des Verständnisses besteht:

1. kann man nicht von Drehung sprechen, wenn das Kind nicht einsieht, daß der rote Pfeil, der im Dreieck I unter dem grünen und dem blauen Pfeil ist, im Dreieck II über diese beiden zu liegen kommt.

2. verändert der rote Pfeil seine Richtung: im Dreieck I weist er nach rechts, im Dreieck II nach links.

3. verändern der blaue und der grüne Pfeil ihre Richtung ebenfalls: im Dreieck I sind sie nach oben gerichtet, im Dreieck II nach unten.

4. permutieren diese Pfeile ihre Stellung: Der grüne ist im Dreieck I links vom blauen, im Dreieck II aber rechts davon.

5. bleiben die Orientierungen aller drei Pfeile unverändert, das heißt die senkrechten bleiben senkrecht und die waagrechten waagrecht.

Auf der Stufe I berücksichtigt das Kind die vier ersten Reziprozitäten nicht. Es zeichnet und rekonstituiert auch die Dreiecke häufig so, als hätte es keine Erinnerung an eine Bewegung bewahrt. Die fünfte Reziprozität respektiert es, nicht weil es sie verstanden hätte, sondern aus Beharrlichkeit. Am Anfang der Stufe II, wo die Bewegung in den Pfeilen, aber noch nicht im Dreieck als solchen zum Ausdruck kommt, wird hingegen die Reziprozität 5 manchmal nicht beachtet. Die Stufe II ist somit dadurch gekennzeichnet, daß die Bewegung hinzukommt. Die Bewegung erfaßt aber erst die Pfeile, ohne daß das Dreieck als Ganzes gedreht wird: deshalb fehlt die Reziprozität 1, dafür sind die Reziprozitäten 2 bis 5 einzeln oder mehrfach vorhanden.

Die Stufe III ist daran erkenntlich, daß eine Bewegung des Dreiecks in seiner Gesamtheit entdeckt wird, was sich in der Beachtung der Reziprozität 1 äußert. Doch es handelt sich noch nicht um eine Drehung im eigentlichen Sinne des Wortes, sondern die Antworten dieser Stufe schwanken zwischen einer Umklappung, einem Gemisch von Umklappung und Drehung und einer eigentlichen, aber vereinfachten Drehung.

Auf der Stufe IV schließlich wird die vollständige Drehung erreicht, wobei aber die Grundanordnung leicht verändert werden kann (ohne daß aber die senkrechten und waagrechten Richtungen oder die Reziprozität 1 betroffen sind).

Stufe I: Fehlende Hinweise auf die Bewegung. – Diese elementarste Stufe, elementar sowohl in bezug auf das Rekonstitutionsgedächtnis als auch die reine Evokation durch Zeichnung, ist also durch eine rein statische Erinnerung ohne jede Bewegung charakterisiert. Das bedeutet natürlich nicht, daß das Kind überhaupt kein globales Gedächtnis einer Bewegung bewahre (bei der Prüfung nach sechs Monaten wird sich das gleiche Problem stellen), doch der figurative Ausdruck des Erinnerungsbildes zeigt keine Spur davon.

Man kann diese erste Stufe in drei Unterstadien unterteilen:

I A, wenn die Pfeile einfach nebeneinandergereiht oder zusammengedrängt werden, ohne daß sich das Kind die Mühe nimmt, genau dieselbe Anordnung bei II wie bei I wiederzugeben (die Veränderungen sind jedoch zufällig und deuten keine Bewegung an, was sich daraus ersehen läßt, daß nicht einmal durchgehend gleiche Farben gezeichnet werden).

I B, wenn die Farben und ebenso die Anordnung der Pfeile bei I und II gleich sind, aber nicht dem Modell entsprechen; diese Pfeile sind oft alle senkrecht oder alle waagrecht (Figur 47).

I C, wenn das Modell richtig wiedergegeben ist und I und II übereinstimmen.

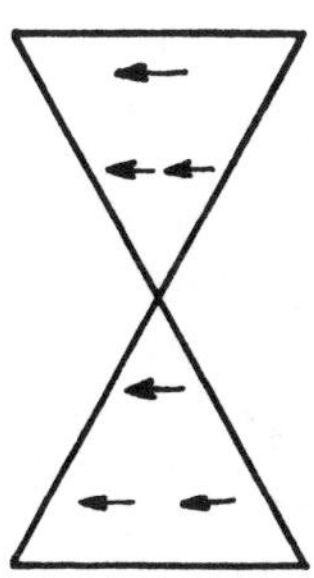

Figur 47

Einige Beispiele:

Hel (5; 4) zeichnet nach einer Stunde drei schräge Pfeile längs der rechten Seite des oberen Dreiecks I; diese sind im Dreieck II analog angeordnet, stimmen aber in den Farben nicht überein (I A). Bei der Rekonstitution liefert sie zuerst ein gleiches Modell, wobei aber die Farben einander entsprechen (I B). Nach einer (spontanen) neuen Antizipierung der Drehung plaziert Hel bei I einen roten waagrechten Pfeil über dem grünen und dem blauen, die aber ebenfalls waagrecht orientiert sind. Die Rekonstitution von II ist identisch (zwischen I B und I C).

Dar (5; 4) zeichnet die Dreiecke als Halbmonde oder Trapeze mit einer Diagonale. Die Pfeile sind in beiden Hälften wie beim präsentierten Modell angeordnet, aber ohne jeden Unterschied zwischen I und II (Typ I C). Die Rekonstitution stimmt damit überein.

Dec (5; 6) zeichnet nach einer Stunde zwei Dreiecke mit einer gemeinsamen Grundlinie (also in Form einer Raute): In I sind die Pfeile alle waagrecht; sie liegen in der Reihenfolge grün, blau und rot übereinander, der eine umgekehrt gerichtet wie die beiden anderen; die gleiche Anordnung findet sich auch im Dreieck II. Nach einer Woche gibt es einen kleinen Fortschritt: Die drei Pfeile stehen jetzt senkrecht, der eine wiederum umgekehrt gerichtet wie die beiden anderen, doch diese Richtungen werden im Dreieck II gewechselt (das Dreieck ist übrigens ein Quadrat geworden – also Übergang zur Stufe II).

Fab (5; 0) beginnt mit zwei Dreiecken, von denen sich das eine im Inneren des anderen befindet; es enthält sechs senkrechte Pfeile, je zwei (von jeweils gleicher Farbe) in jeder Spitze. Anschließend (immer noch nach einer Stunde) zeichnet er die Dreiecke richtig, die Pfeile wiederum senkrecht, je einen in jeder Spitze und in den beiden Dreiecken I und II gleich. Nach einer Woche hingegen sind die Pfeile noch immer senkrecht, aber sie werden beim Übergang vom Dreieck I zum Dreieck II in ihrer Richtung umgekehrt (Stufe II).

Man ersieht daraus, diese Kinder bewahren zwar eine gewissermaßen motorische und operationsmäßige Erinnerung an die Drehung, aber sie haben den operativen Mechanismus nicht begriffen[4]. Interessant an diesen Fällen ist, daß es der figurativen Erinnerung nicht gelingt, das Ergebnis der Drehung einzubeziehen. Selbst wenn das Kind eine der beiden Anordnungen I oder II (in der Regel II) genau behält, bleiben die beiden Dreiecke identisch oder analog, ohne jeden Hinweis einer Bewegung vom einen zum anderen, nicht einmal bei der Rekonstitution. Bei bestimmten Kindern (Dec und Fab) führt hingegen die Erinnerung an

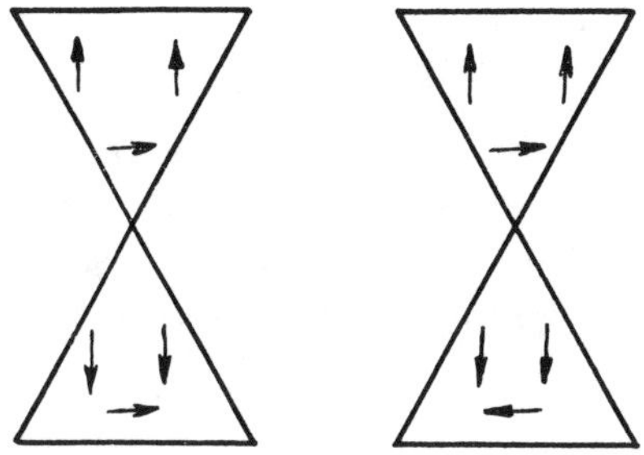

III A III B

Figur 48

die Bewegung, die in diesem Falle das statische Figurative beherrscht, nach einer Woche zu einer Umkehrung der Richtung der Pfeile (Stufe II). Dieser Fortschritt läßt sich bisweilen bei jüngeren Kindern beobachten, aber es gibt auch Rückschritte.

Stufe II: Drehung der Pfeile, aber noch nicht des ganzen Dreiecks. – Bei den Kindern dieser Stufe II äußert sich die Erinnerung an die Drehung in einer figurativen Veränderung der Gedächtniszeichnung der Dreiecke beim Übergang von I zu II. Da jedoch der operative Mechanismus noch immer nicht begriffen ist, wirkt sich diese Drehung nur auf die Pfeile und noch nicht auf ihre Beziehungen aus, das heißt das Dreieck in seiner Gesamtheit. Daraus ergibt sich, daß die Reziprozität 1 nicht immer vorhanden ist, daß aber die Reziprozitäten 2 bis 5 berücksichtigt sein können. Dabei ist festzuhalten, daß die Reziprozität 5 die senkrechte oder waagrechte Orientierung der Pfeile (im Gegensatz zu ihrer Richtung) wahrt, wodurch sie die einfachste der fünf zu sein scheint (was sie später auch tatsächlich wird) – aber sie wird im frühen Stadium II nicht beachtet. Wenn nämlich das Kind den Mechanismus der Drehung nicht versteht und sich damit begnügt, sie durch eine Veränderung der Pfeile allein anzudeuten, so gibt es keinen Grund dafür, nur die Richtungen und nicht auch die Orientierungen zu verändern.

Man kann diese Stufe II in die vier Unterstufen II A bis II D unterteilen, je nachdem ob nur eine der Reziprozitäten 2 bis 5 oder zwei, drei oder alle vier (aber immer ohne die Reziprozität 1) beachtet werden:

Pie (5; 4) zeichnet (nach einer Stunde) den roten Pfeil bei I waagrecht über die senkrechten grünen und blauen (was der Vorlage II entspricht). Im Dreieck II liegt jedoch der rote Pfeil senkrecht über den beiden anderen, die jetzt waagrecht

geworden sind und die Richtung umgekehrt haben. Dasselbe bezüglich der Pfeile nach einer Woche und bei der Rekonstitution, wo aber die signifikante Tatsache hinzukommt, daß bei beiden Dreiecken die Spitze nach oben gerichtet ist, als ob zwischen I und II keine Drehung stattgefunden hätte.
Sil (5; 5), auf den wir bei den Rekonstitutionen nach sechs Monaten zurückkommen werden, zeichnet im Dreieck II die am Modell II tatsächlich gesehene Anordnung und anschließend im Dreieck I einen waagrechten Pfeil mit unveränderter Richtung und zwei senkrechte Pfeile wie beim Modell, aber nach links und rechts permutiert (II B). Nach einer Woche vergißt er diese Permutation der Stellungen, kehrt aber dafür die Richtung des senkrechten wie auch der waagrechten Pfeile um (II C). Bei der Rekonstitution kommt Sil aber zur Reziprozität 1, also zur Drehung des gesamten Dreiecks und Umkehrung der Richtung des roten waagrechten und der senkrechten Pfeile, aber ohne Permutation links × rechts (Stufe III C).
Bru (6; 11) gibt im Dreieck I das Modell II richtig wieder, aber im Dreieck II wird nur die Permutation links × rechts der senkrechten Pfeile angegeben (II B). Die Zeichnung nach einer Woche und die Rekonstitution sind gleich.

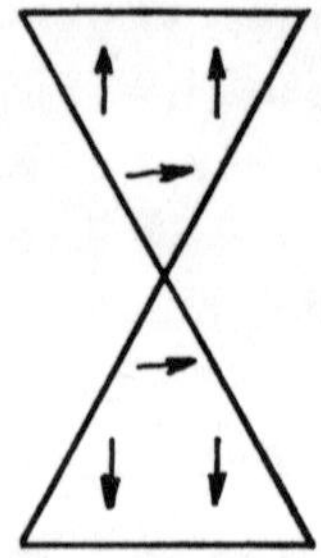

Figur 49

Van (7; 2) beginnt gleich, kehrt aber im Dreieck II die Richtung der senkrechten Pfeile um, ohne sie in ihrer Stellung links – rechts zu verändern (am roten Pfeil geschieht gar nichts). Dieselben Reaktionen nach einer Woche und bei der Rekonstitution (II B).
Diese Beispiele genügen durchaus. Die Variationen II A bis II D sind nicht als solche interessant, sondern nur durch ihr gemeinsames Kennzeichen, daß sie die Gesamt- oder «globale» Drehung (im Sinne des Physikers und nicht von Decro-

ly) durch lokale und untereinander nicht koordinierte Drehungen einzelner Pfeile oder des blau-grünen Paares allein ersetzen.

Stufe III: Gesamtdrehung des Dreiecks (mit erfolgreicher Reziprozität 1), aber fehlende Koordinierung der lokalen Reziprozitäten. – Der Erfolg mit der Reziprozität 1 zeigt, daß das Kind von jetzt ab versucht, die Figur in ihrer Gesamtheit zu drehen. Drei Kinder, die aber nicht als eine besondere Unterstufe gezählt werden (denn es handelt sich eher um einen unerlaubten Trick als um ein mnestisches oder operatives Rekonstitutionsverfahren), haben zuerst eines der Dreiecke aus dem Gedächtnis gezeichnet und dann die Zeichnung einfach um 180° gedreht, um zu sehen, was dabei herauskommt. Bei den ehrlichen Verfahren kann man drei Unterstufen unterscheiden (Figur 48):

III A: eine einfache Umklappung, die die Richtungen und Stellungen unten × oben, aber nicht die Stellungen links × rechts verändert.

III B: eine Mischung von Umklappung und Drehung. Und

III C: eine eigentliche, aber vereinfachte Drehung.

Per (6; 0) zeigt in seinen Zeichnungen eine Mischung von Umklappung und Drehung (III B): der grüne und der blaue Pfeil behalten ihre Stellung links – rechts, sie ändern aber die Richtung und kommen unter den roten Pfeil zu liegen, der seine Richtung ebenfalls verändert. Bei der Rekonstitution hingegen ist alles richtig transformiert, aber in vereinfachter Form, denn die drei Pfeile sind senkrecht orientiert (III C).

Aub (6; 1) zeichnet nach einer Stunde bei den Reziprozitäten 1 und 3 bis 5 eine Drehung, für den roten Pfeil, der seine Richtung beibehält, aber eine Umklappung (III B). Nach einer Woche gibt die Zeichnung eine allgemeine Umklappung wieder (III A). Doch die Rekonstitution ist wieder vom Typ III B, wenn auch etwas verändert; der rote Pfeil ist umgekehrt, aber der grüne und der blaue Pfeil ändern zwar ihre Richtung und ebenso ihre Stellung zum roten, behalten jedoch ihre Beziehungen links × rechts.

Der Typ III C weist bereits zur Stufe IV, unterscheidet sich aber von der Unterstufe IV A dadurch, daß alle Pfeile auf derselben Achse liegen, daß also nicht waagrechte und senkrechte Pfeile auseinandergehalten werden.

Stufe IV: vollständige Drehung (mit allen fünf Formen von Reziprozität). – Die richtige Memorierung, die faktisch einem vollständigen Verstehen der Drehung entspricht. Vom Gedächtnis her gesehen, kann man aber noch drei Unterstufen unterscheiden: IV A, wenn die Grundanordnung verändert, die beiden Orientierungsachsen aber respektiert werden; IV B, wenn bloß die Farben verändert sind; und IV C, wenn die gesamte Anordnung in den Einzelheiten behalten wurde.

II. – Man ersieht daraus ohne weiteres, daß diese Stufen in der Strukturierung der Erinnerung mit einer Rangordnung von operativen Stadien isomorph sind (wobei noch die Frage zu diskutieren wäre, in welcher Beziehung zueinander diese beiden Arten von Stufen in den einzelnen Individuen stehen). Die Rangordnung zwischen den verschiedenen Reziprozitätsformen bringt sowohl den Verständnisgrad des Kindes als auch die Genauigkeit seiner Erinnerung zum Ausdruck. Unter diesem zweiten Gesichtspunkt muß man zwar zwei Aspekte der Wirklichkeitstreue unterscheiden: die genaue figurative Wiedergabe der Pfeile auf dem Dreieck I und die wirklichkeitsgetreue Evokation oder Rekonstitution der Unterschiede und Veränderungen, die zwischen diesem Dreieck I und dem Dreieck II eingetreten sind. Nur auf dem statischen figurativen Aspekt begründete Stufen hätten eine rein zufällige Verteilung ergeben, ohne jede Beziehung zur Altersstufe und vor allem ohne eine notwendige Reihenfolge. Klassiert man hingegen die Stufen nach den vom Kind behaltenen Transformationen, so findet man auffallenderweise eine isomorphe kohärente Ordnung entsprechend den Verständnisstufen. Als zweites entspricht diese Ordnung in den großen Zügen einer altersmäßigen Entwicklung, wie aus der folgenden Tabelle zu ersehen ist (nach einer Woche und vor allem bei der Rekonstitution):

Tabelle XXXVIII

Verteilung der Kinder nach den Altersstufen

	Nach einer Stunde				Nach einer Woche				Rekonstitution				
	I	II	III	IV	I	II	III	IV	I	II	III	IV	*N*
5 Jahre	7	3	1	0	4	5	2	0	4	3	4	0	(11)
6 Jahre	2	3	4	1	4	4	2	0	4	4	2	0	(10)
7 Jahre	4	5	1	0	5	4	1	0	3	1	2	4	(10)
8 Jahre	1	3	2	3	0	3	5	1	0	3	6	0	(9)
9 Jahre	1	1	3	3	2	2	1	3	1	2	2	3	(8)
5 Jahre	7	3	1	0	4	5	2	0	4	3	4	0	(11)
6–7 Jahre	6	8	5	1	9	8	3	0	7	5	4	4	(20)
8–9 Jahre	2	4	5	6	2	5	6	4	1	5	8	3	(17)

Man stellt als erstes fest, daß diese Bild-Erinnerungen bei Achtjährigen, wo es noch mehr Stufen III als IV gibt, und sogar noch bei Neunjährigen, wo es eben gerade etwas mehr Stufen IV zu haben beginnt als mit 8 bis 9 Jahren, alles andere als vollkommen sind. Von 17 Kindern dieser Altersstufe erbringen nur 2 eine unvollständige (und spärliche) Antizipierung an der Präsentierungssitzung, den übrigen 15 gelingt sie vollständig. Man ersieht daraus zweierlei: Daß diese Gedächtnisstufen von den Stufen des operativen Verständnisses (Antizipierungen usw.) verschieden sind, daß sie aber mit ihnen, mit einem klaren Verzug auf die letzteren, trotz dieser Diskrepanz isomorph sind. Diese Verteilung der Bild-Erinnerung erinnert recht deutlich an die Entwicklung der kinetischen Antizipationsbilder (wo es um eine Antizipierung der bildhaften Vorstellung und nicht um eine antizipierende Deduktion geht, die rein operativ wäre) im bereits erwähnten Fall der Drehung eines Quadrates, von dem zwei Seiten an den Farben erkennbar sind: Hier[5] wird die Drehung um 180° von 22% der Fünf-, 25% der Sechs-, 35% der Sieben-, 40% der Acht- und 60% der Neunjährigen richtig dargestellt; erst mit 10 bis 12 Jahren wird eine Quote von 73% erreicht. Der Grund dafür ist eine Verwechslung zwischen der Drehung um eine Ecke und der Drehung um den Mittelpunkt des Quadrats. Dasselbe findet sich im vorliegenden Versuch, ebenso später auch (III A und III B) eine Verwechslung zwischen der Drehung und der Umklappung: «Wenn man zusammenfaltet, so sieht man, daß es richtig ist; wenn man es zusammenfaltet, ist es immer gleich» (Jor, 6; 11, Typ III A).

Die Tabelle ist für die drei Erinnerungsarten nicht gleich, so daß wir auch noch die Evokation nach einer Woche mit der Rekonstitution (ebenfalls nach einer Woche) und die Evokation nach einer Stunde mit der Evokation nach einer Woche vergleichen wollen.

III. – Zwischen der Rekonstitution R (mit den Dreiecken und den beweglichen Pfeilen) und der Gedächtniszeichnung Z nach einer Woche findet man die folgenden Beziehungen. Die Tabelle 39 bezeichnet mit den Symbolen $Z > R$ oder $Z < R$ eine Überlegenheit von Z über R oder umgekehrt, und zwar um eine Stufe (I bis IV). Das Zeichen $\geq$ soll Unterschiede um eine Unterstufe markieren. Da diese sehr unsicher sind, fügen wir zu den Gleichheiten $Z = R$ noch die um diese Unterschiede $\geq$ vermehrten Gleichheiten hinzu:

Tabelle XXXIX

Vergleich der Rekonstitutionen R und der Gedächtniszeichnungen Z nach einer Woche

	$Z > R$	$Z \geq R$	$Z = R$	$Z \leq R$	$Z < R$
5 Jahre	0	2	4 (8)	2	3
6 Jahre	0	1	5 (9)	3	1
7 Jahre	0	0	4 (4)	0	6
8 Jahre	2	0	7 (7)	0	0
9 Jahre	0	0	7 (7)	0	1
Stufe I	0	1	8 (10)	1	4
Stufe II	1	0	9 (11)	2	6
Stufe III	0	1	7 (10)	2	1
Stufe IV	1	1	3 (4)	0	0
Total	2	3	27 (35)	5	11

Ein interessantes Ergebnis: ein Vorsprung der Rekonstitution auf den Stufen I und II und bis zu einem Alter von 7 Jahren, während es auf den Stufen III und IV und mit 8 bis 9 Jahren keinen Unterschied mehr gibt (Vorherrschen von Z = R und Ausgeglichenheit zwischen den Ungleichheiten > und <). Das Faktum als solches bedeutet natürlich, daß hier bei den Drehungen die Evokation durch Beschreibung und Zeichnung zu einer Rekonstitution im eigentlichen Sinne des Wortes wird, die, aber zum Teil verinnerlicht, der handlungsmäßigen Rekonstitution mit dem zur Verfügung gestellten Material gleichkommt. Weshalb aber ist es so? Ganz einfach deshalb, weil bei den Dreiecken, die gedreht werden, die in ihrem Ablauf und in ihren Ergebnissen zu behaltende Transformation mit der Figur selbst zusammenfällt, so daß sich die Bild-Erinnerung und die Erinnerung an das logische Verständnis gegenseitig stützen, weshalb das Material vom Augenblick des Verstehens an überflüssig wird. Bei der Transitivität und der Assoziativität (Kapitel V und VI), wo das Gedächtnis auch auf dem Verständnis der Transformationen beruhte, hat das figürliche Bild der Gefäße keine direkte Beziehung zu der Erinnerung der Transitivität oder der Assoziativität der Transformationen durch Umgießungen, da die operative Kombination zu den materiellen Fakten hinzugefügt ist. Der materielle Nachvollzug der Handlungen war insofern nützlich, als er das evokatorische Bild des Modells wieder aufleben ließ. Im 4. Abschnitt des Kapitels VI haben wir gesehen, daß bei der Assoziativität der verschieden geschnittenen Dreiecke nur 9 von 47 (verglichen mit 16 von 48 beim vorliegenden Versuch) Kindern einen Fortschritt von der Evokation zur Rekonstitution aufwiesen, 6 davon der Stufen I und II, die im allgemeinen einen merklichen Fortschritt machen, und 3 der Stufen III und IV, für die einfach R = Z gilt: Die Situation ist somit mit der der gedrehten Dreiecke vergleichbar, und zwar aus dem gleichen Grund einer engen Beziehung zwischen dem figurativen Bild und der Transformation (die im übrigen bei der Assoziativität der Dreiecke ganz implizit bleibt).

Halten wir noch fest, daß wir bei der Prüfung nach der ursprünglichen Technik mit 2×4 Pfeilen, die figürlich schwieriger ist, aber dasselbe operative Verständnis anspricht, bei 28 Kindern zwischen der Evokation nach einer Woche und der Rekonstitution die folgenden Verhältnisse gefunden haben:

1 Z $>$ R, 2 Z $\geq$ R, 20 Z = R, 2 Z $\leq$ R und 3 Z $<$ R.

Bei den fünf Fällen von Z $\leq$ R oder Z $<$ R handelt es sich um Fünf- bis Siebenjährige.

Die Ergebnisse stimmen somit mit den besprochenen überein. Das gilt aber nicht für die figurative Wirklichkeitstreue der Erinnerung, auf die wir zurückkommen werden.

IV. – Der Vergleich zwischen der Gedächtniszeichnung nach einer Stunde und der nach einer Woche zeitigt unerwartete Ergebnisse, die zwar keine große Bedeutung haben, aber für die Beziehungen zwischen dem figurativen Aspekt der Bild-Erinnerung und dem Gedächtnis des logischen Verständnisses der Transformationen signifikant sind. Um diese Nebensächlichkeiten zu begreifen, ist es nützlich, zuerst die Ergebnisse der beiden Techniken mit 4 und mit 3 Pfeilen zu vergleichen.

Halten wir zunächst fest, daß trotz der unleugbaren größeren figürlichen Komplexität der ursprünglichen Technik mit 4 Pfeilen die beobachteten Stufen dieselben sind wie bei der Figur mit den 3 Pfeilen und daß sie bei den gleichen Altersstufen zu sehen sind. Hier die Ergebnisse der Zeichnungen nach einer Woche (33 Kinder):

Tabelle XL

Reaktionstypen mit vier Pfeilen

Stufen	I	II	III	IV	*(N)*
5 Jahre	6	0	3	0	(9)
6 Jahre	3	2	3	3	(11)
7 Jahre	2	1	3	2	(8)
8 Jahre	0	0	2	3	(5)

Der Vergleich der Gedächtniszeichnungen nach einer Stunde (ZS) und nach einer Woche (ZW) ergibt für die beiden Techniken (48 Kinder mit drei und 27 mit vier Pfeilen, wobei aber nicht alle Kinder beide Zeichnungen ZS und ZW angefertigt haben):

	ZS > ZW	ZS ≥ ZW	ZS = ZW	ZS ≤ ZW	ZS < ZW	(N)
3 Pfeile	13	6	24 (32)	2	5	(48)
4 Pfeile	1	2	14 (20)	4	7	(28)

Also eine klare Umkehrung der Situation zwischen drei und vier Pfeilen. Das war für uns unerwartet, denn wir hätten gedacht, je komplexer eine Anordnung figürlich sei, desto größer sei auch der Zerfall nach einer Woche, während die logische Schematisierung das Verständnis-Gedächtnis eher erhält. Die Tatsachen sind immer komplexer, als man sich vorstellt.

Um sie zu verstehen, wollen wir einige Beispiele von Verschlechterungen bei der Technik mit drei Pfeilen geben:

Per (6; 0) ordnet nach einer Stunde die Pfeile gut an und behält zwei koordinierte Reziprozitäten (zwei Richtungen, aber ohne Permutation der Stellungen der beiden senkrechten Pfeile). Nach einer Woche zeichnet er drei senkrechte Pfeile (figürliche Vereinfachung) und zeigt nur mehr eine Reziprozität: somit Übergang von der Stufe III auf die Stufe II.

Eli (6; 1) ordnet nach einer Stunde die Pfeile ebenfalls richtig an und permutiert die Reihenfolge und die Stellung der beiden senkrechten Pfeile, wobei er die Umkehrung des waagrechten angibt. Nach einer Woche vereinfacht er seine Zeichnung wie Per, aber die drei Pfeile sind waagrecht; da er sie nicht umkehrt, fällt er von Stufe III auf Stufe I.

And (6; 3) steht nach einer Stunde auf der Stufe IV, hat aber nach einer Woche die unglückliche Idee (Erinnerung oder Rekonstruktion?), seine Dreiecke liegend zu zeichnen (Figur 50), behält aber bei I die richtige Orientierung der Pfeile

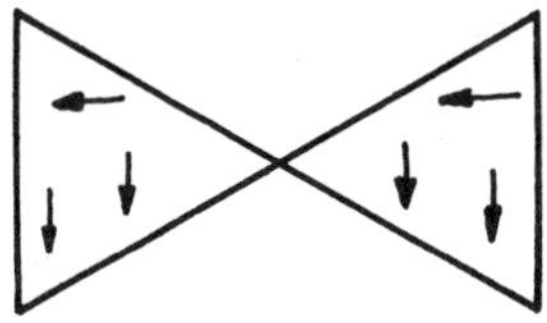

I II

Figur 50

bei. Er weiß nicht mehr, was er im Dreieck II tun soll, und fällt auf die Stufe I zurück.

Chan (8; 9) gehört nach einer Stunde ebenfalls zur Stufe IV. Nach einer Woche ist aber nur ein Pfeil senkrecht gerichtet, die beiden senkrechten sind durch zwei waagrechte mit entgegengesetzter Richtung ersetzt. Bei der Drehung (Dreieck II) kehrt sie die Richtung des senkrechten Pfeils richtig um, ebenso permutiert sie die Reihenfolge der waagrechten Pfeile richtig, richtet sie aber, um es besser zu machen, nach außen: also Übergang zur Stufe III.

Kurz, die Rückschritte der Kinder mit drei Pfeilen sind nicht auf ein verschlechtertes Verständnis, sondern auf Lücken in der figurativen Erinnerung zurückzuführen. Die Zeichnungen werden zu stark vereinfacht (Per und Eli) oder willkürlich rekonstruiert, so daß das Kind nicht mehr gleich viele Inversionen oder Reziprozitäten angeben kann und in seiner Stufe absinkt.

Die Fortschritte nach einer Woche sind im Gegenteil ausschließlich auf ein besseres Verständnis der Transformationen zurückzuführen, wobei die Zeichnung im übrigen dem Dreieck I des präsentierten Modells entspricht.

Wenn wir uns jetzt den Fortschritten der mit vier Pfeilen geprüften Kinder zuwenden (die Rückschritte sind ähnlich wie bei den obenerwähnten Kindern), so kehrt sich die Situation merkwürdig um, aber wiederum aus figurativen Gründen. Die Zeichnung nach einer Stunde ist im allgemeinen zu kompliziert, so daß die Vereinfachung nach einer Woche eine Verbesserung darstellt:

Mu (6; 3) zeichnet nach einer Stunde die vier Pfeile willkürlich zerstreut, ordnet sie aber nach einer Woche richtig an; somit eine Verbesserung der Reziprozitäten (Übergang von Stufe II auf Stufe III).

Tia (6; 9) zeichnet nach einer Stunde fünf Pfeile, wovon zwei waagrechte, reduziert aber ihre Zahl nach einer Woche auf die richtigen vier.

Gab (7; 2) ordnet nach einer Stunde die vier Pfeile kreuzförmig an (von einem gemeinschaftlichen Mittelpunkt aus), findet aber die richtige Anordnung nach einer Woche.

Andere Kinder geben den beiden senkrechten Pfeilen eine entgegengesetzte Richtung usw.
Kurz, bei den meisten Kindern mit vier Pfeilen besteht der Fortschritt nach einer Woche darin, daß dieselben Verständnisschemata auf vereinfachte Zeichnungen angewendet werden, so daß die Schematisierung besser gelingt.
Diese belanglosen Tatsachen sind nur deshalb interessant, weil sie das Problem der Beziehungen zwischen dem figurativen Aspekt der Bild-Erinnerung und dem Gedächtnis des Verständnisses, das sich auf die operativen Schemata des Kindes stützt, wieder stellen.

3. Die Gedächtniszeichnung und die Rekonstitution nach sechs Monaten

Sechs Monate später konnten wir 36 von 48 Kindern (8 Fünf-, 7 Sechs-, 8 Sieben-, 7 Acht- und 6 Neunjährige) wieder ausfindig machen. Sie zeichneten, selbstverständlich ohne daß die Präsentierung wiederholt wurde, noch einmal aus dem Gedächtnis, was sie gesehen hatten, rekonstruierten anschließend die Figur mit dem Material und gaben ihre Kommentare zu den Fragen, wie sie sich diese Anordnungen oder das, «was geschehen war», wieder in Erinnerung gerufen hatten. Diese nachträglichen Abrufe ergaben zwei auffällige Resultate: einerseits verschlechterten sich die figurativen Elemente, und zwar insbesondere bei den jüngeren Kindern, andererseits trat das operative Schema der Drehung hervor, und das sogar bei fünf- bis siebenjährigen Kindern, die nach einer Stunde oder nach einer Woche Erinnerungen gezeigt hatten, die ganz vom Bemühen um figürliche Rekonstruktion beherrscht gewesen waren. Der verschlechterte figurative Aspekt äußert sich nach sechs Monaten in einer ganzen Reihe von Anzeichen: Vielfach werden sogar die Dreiecke vergessen, oder es ist nur eines in Erinnerung geblieben, oder die Dreiecke werden durch Quadrate, durch Kreuze in +- oder ×-Form, durch vier kleine Dreiecke usw. ersetzt. Sogar auf den Stufen III oder IV werden mehr als sechs oder aber nur zwei usw. Pfeile gezeichnet. Bezüglich der operativen Stufe erinnern sich aber mit einer Ausnahme alle diese 36 Kinder daran, daß man die Figur gedreht hat, und sie versuchen, sich mit mehr oder weniger Erfolg daran zu erinnern, wie diese Drehung ausgesehen hat.
Diese doppelte Transformation der Erinnerung erschwert die Klassierung der

Zeichnungen und der Rekonstitutionen erheblich, falls man die im 2. Abschnitt beschriebenen Unterstufen beibehält. Obwohl die Einzelheiten beträchtlich verändert werden, erkennt man hingegen verhältnismäßig einfach die großen Stufen wieder, die wir weiter oben dargestellt haben. Auf der Stufe II äußert sich die Drehung nur in den Veränderungen der einzelnen Pfeile, die Stufe III ist durch eine Gesamtdrehung des Dreiecks charakterisiert (wobei dieses Dreieck von dieser Stufe an in einer erkennbaren Form wiedergegeben wird), aber die Drehung vermischt sich mit der Umklappung. Auf der Stufe IV schließlich gelingt die Drehung richtig, auch wenn die Darstellung etwas verändert ist. Die folgende Tabelle enthält die prozentuale Verteilung der Kinder in den verschiedenen Etappen der gesamten Untersuchung:

Tabelle XLI

Prozentsatz der Kinder bei den Zeichnungen nach einer Stunde (ZS), bei den Zeichnungen nach einer Woche (ZW), bei den Rekonstitutionen nach einer Woche (RW), bei den Gedächtniszeichnungen nach sechs Monaten (ZM), bei den Rekonstitutionen nach sechs Monaten (RM)

(in Klammern die absoluten Zahlen von 48 und 36 Kindern)

Stufen	*ZS*	*ZW*	*RW*	*ZM*	*RM*
I	31 (15)	31 (15)	25 (12)	13 (5)	13 (5)
II	31 (15)	37 (18)	27 (13)	44 (16)	44 (16)
III	23 (11)	23 (11)	33 (16)	31 (11)	31 (11)
IV	14 (7)	8 (4)	14 (7)	11 (4)	11 (4)

Interessant an dieser Tabelle ist, daß sie das illustriert, was wir eben gesagt haben, daß nämlich das operative Bewegungsschema zunehmend an Einfluß gewinnt, während die Erinnerung an die Anordnung selbst allmählich verblaßt. Die Stufe I zum Beispiel nimmt anteilmäßig ab, nämlich innerhalb von sechs Monaten von 31 und 25% auf 13% bei ZM und RM. Die Stufe II hingegen nimmt korrelativ dazu stark von 31 bis 37 oder 27% auf 44% zu. Mit anderen Worten, die Pfeile, die bei den jüngeren Kindern nach einer Stunde oder nach einer Woche noch unbeweglich geblieben waren, werden mit sechs Monaten Abstand als in Bewegung befindlich evoziert oder rekonstruiert. Die Stufe III (31%) bleibt bezüglich der Rekonstitutionen nach einer Woche stationär (RW und RM), bei den Zeichnungen ist hingegen der Fortschritt unverkennbar (ZS und ZW je 23%,

ZM hingegen 31%). Die Stufe IV kann jedoch ihren Anteil nicht vergrößern, zweifellos weil sich die figurative Erinnerung verschlechtert hat.

Zunächst einige Beispiele zur Stufe I:

Lil (5; 4) zeichnet drei senkrechte Pfeile nebeneinander, darunter drei andere Pfeile in anderen Farben, senkrecht und ebenfalls nebeneinander. Bei der Rekonstitution verwendet sie zwei Dreiecke, aber nicht übereinander. Das eine bleibt leer, das andere wird mit zwei senkrechten, nicht nebeneinander stehenden und zwei schrägen parallelen Pfeilen längs einer der schrägen Seiten ausgestattet.

An (5; 4) verteilt sechs senkrecht orientierte Pfeile auf beliebige Weise und reproduziert darunter eine ähnliche Anordnung. Bei der Rekonstitution behauptet er, die Dreiecke nie gesehen zu haben, setzt aber zwei Dreiecke an den Grundlinien zu einer liegenden Raute zusammen und plaziert einen Pfeil senkrecht auf die gemeinsame Basis und je einen senkrecht auf jede der drei Seiten.

Diese Zeichnungen oder Rekonstitutionen bleiben somit völlig statisch, vom ursprünglichen Aussehen ist nichts erhalten geblieben. Wir lassen jetzt einige Beispiele der Stufe II folgen, wo die figürlichen Veränderungen ebenso stark sind, wo aber die Drehbewegung der einzelnen Pfeile deutlich markiert wird. Doch das Dreieck als Ganzes, falls es angegeben wird, dreht sich nicht, und auch die Erinnerung an die Reziprozität 1 bleibt nicht erhalten:

Pie (5; 4) orientiert vier Pfeile nach den Kardinalpunkten und plaziert darunter vier gleich orientierte Pfeile, doch die beiden senkrechten roten Pfeile sind waagrecht und die beiden waagrechten blauen Pfeile senkrecht geworden. Bei der Rekonstitution gibt Pie dieselben Anordnungen wieder, aber innerhalb von zwei übereinanderliegenden Dreiecken, die beide mit der Spitze nach oben hingelegt werden. Pie sagt dazu, *«die Pfeile haben sich bewegt»*, also nichts von einer Drehung des Dreiecks.

Cha (5; 5) reagiert bei der Rekonstitution genau gleich. Doch bei der vorausgehenden Zeichnung ZM hatte er sich damit begnügt, ohne Dreiecke anzugeben, unter I vier Pfeile zu zeichnen, zwei schräge parallele mit entgegengesetzter Richtung und zwei senkrechte mit ebenfalls entgegengesetzter Richtung. Bei II ist die schräge und senkrechte Orientierung gleich geblieben, aber die Richtungen der Pfeile sind umgekehrt. Cha fügt hinzu: *«Man konnte sie drehen.»*

Kor (5;10) plaziert vier verschiedenfarbige Pfeile kreuzförmig (+), worauf sie mit Gesten das Kreuz um 90 ° dreht, so daß die beiden senkrechten Pfeile waagrecht werden und umgekehrt: *«Man drehte herum.»* Bei der Rekonstitution stellt Kor zwei Dreiecke richtig einander an den Spitzen gegenüber, aber liegend, und darin werden je vier Pfeile kreuzförmig (+) wie auf der Zeichnung angeordnet. Jetzt macht jedoch der grüne Pfeil eine Drehung um 180 °, während sich der rote mit 90 ° begnügen muß.

Mou (6; 5) läßt einen Fortschritt erkennen, indem sie bei I zwei getrennte Dreiecke (in beliebigen Stellungen) zeichnet, bei II zwei andere (ebenso), wozu sie sagt: *«Man hat die Dreiecke ausgetauscht.»* Doch die Pfeile liegen außerhalb der Dreiecke und kommen aus der waagrechten in eine senkrechte Stellung, ohne Beziehung mit der Bewegung der Dreiecke. Die Rekonstitution ist gleich.

Cri (6; 8) zeichnet sechs Pfeile, zwei senkrechte in der Mitte und vier in den vier Ecken ihrer Figur (ohne Dreiecke oder einen anderen Rahmen), je zwei nach außen und nach innen gerichtet. Dann sagt sie: *«Man dreht die Pfeile»,* und kehrt tatsächlich die Richtungen um, ausgenommen beim senkrechten Paar. Die Rekonstitution ist gleich, nur daß neben den Pfeilen zwei leere Dreiecke liegen, mit den Spitzen zueinander und liegend.

Pat (7; 5) zeichnet ein einziges Dreieck mit vier quadratisch angeordneten Pfeilen, von denen jeder seine Richtung ändert, aber die quadratische Gesamtform wird beibehalten. Bei der Rekonstitution legt er zwei getrennte Dreiecke in gleicher Orientierung hin, das obere mit denselben vier quadratisch angeordneten Pfeilen, die im unteren umgekehrt werden.

Mar (7; 2) zeichnet zwei Dreiecke ineinander. Im inneren Dreieck befinden sich vier kreuzförmig (+) angeordnete Pfeile, von denen gesagt wird, sie würden sich drehen. Bei der Rekonstitution sind die beiden Dreiecke getrennt. Die Pfeile sind in I wiederum kreuzförmig (+) angeordnet, in II dreht sich jeder um 90 °.

Geo (8; 3) zeichnet einen kleinen Kreis mit drei Pfeilen darum herum und deutet eine Drehung um 90 ° an. Bei der Rekonstitution werden zwei Dreieckspaare einander an den Spitzen gegenübergestellt. Beide Dreiecke I enthalten je einen einzigen senkrechten Pfeil. Von der gemeinsamen Spitze (also außerhalb der Dreiecke) geht ein waagrechter Pfeil aus. Das Dreieckspaar II enthält jetzt zwei waagrechte äußere Pfeile und einen senkrechten im unteren Dreieck. Es fand somit eine Drehung um 90 ° statt (die Farben wurden beibehalten).

Diese Beispiele zeigen sowohl die große figürliche Vielfalt dieser Reaktionen der Stufe II, die auf die figurative Verschlechterung der Erinnerung zurückzuführen ist, als auch das einheitliche gemeinsame Prinzip, nämlich die Drehung der Pfeile als solcher und nicht der Figur als Ganzes. Das entspricht somit der Stufe II nach einer Stunde oder einer Woche, doch hier wird die figurative Einzelheit wichtig (deshalb sind die Stufen I und II am Anfang zweifellos gleich häufig), während sie sich nach sechs Monaten bei den hier geprüften Kindern vollständig dem Schema der Drehung unterordnet und deshalb hinsichtlich des Figürlichen willkürlich bleibt.

Auf der Stufe III finden wir hingegen Gesamtbewegungen, die mit einfachen Umklappungen beginnen, die aber bisweilen schon in verschiedenem Grade die Drehung selbst andeuten:

Nad (5; 4), die nach einer Stunde und nach einer Woche zur Stufe I gehört, zeichnet nach sechs Monaten zwei richtige Dreiecke (sehr viel mehr als sechs Monate früher), das Dreieck I mit einem senkrechten blauen Pfeil, der von je einem schrägen und nach unten gerichteten roten und grünen Pfeil eingerahmt ist. Beim Dreieck II zeichnet sie eine richtige Umklappung mit dem blauen Pfeil in der Mitte (umgekehrte Richtung), eingerahmt von einem grünen und einem roten, nach oben gerichteten Pfeil. Bei der Rekonstitution ist dieselbe Grundstruktur zu sehen, doch der blaue Pfeil in der Mitte ist im Dreieck I über und im Dreieck II unter den beiden anderen Pfeilen. Also eine vollständige Umklappung, aber keine Drehung.

Vin (6; 6) reagiert bei der Rekonstitution fast gleich wie Nad: Im Dreieck I liegt der blaue Pfeil über, im Dreieck II unter dem grünen und dem roten Pfeil (vollständige Umklappung ohne Permutation links × rechts beim grünen und roten Pfeil, aber mit Umkehrung der Richtungen). In den vorausgehenden Zeichnung (zwei richtige Dreiecke und drei senkrechte Pfeile) befand sich der blaue Pfeil im Dreieck I wie im Dreieck II unterhalb.

Aor (7; 2) zeichnet zwei Paare von Dreiecken, die an der Spitze miteinander verwachsen sind. Beim ersten Paar befinden sich im Dreieck I zwei senkrechte, nach oben gerichtete Pfeile, die von einem dritten, grünen, waagrechten, nach links gerichteten Pfeil überragt werden. Im Dreieck II wird dieselbe Verteilung wiedergegeben. Beim zweiten Dreieckpaar wird aber im Dreieck I diese Anordnung des ersten Paares genau umgeklappt. Im Dreieck II wird diese Umklappung umgeklappt, so daß man wieder die Figur des ersten Paares vor sich hat. Das ist kein Zufall, denn Aor sagt ausdrücklich: «*Man drehte, und dann war es wieder das gleiche!*»

Cla (8; 0) zeichnet ebenfalls ein Dreieckspaar, aber mit richtiger Umklappung beim Dreieck II, wozu er sagt, das sei die Anordnung «*bevor man dreht*». Um das «*nachher*» darzustellen, zeichnet er das Dreieck II des ersten Paares noch einmal. Bei der Rekonstitution legt er nur insgesamt zwei Dreiecke hin, mit einer einfachen (und genauen) Umklappung.

Mar (9; 2): eine einfache Umklappung bei der Zeichnung und bei der Rekonstitution.
Bur (9; 2), nach einer Woche Stufe IV, zeichnet nach sechs Monaten ein Gemisch von Umklappung und Drehung (mit allen Reziprozitäten, außer daß die Richtung des waagrechten roten Pfeils nicht umgekehrt wird).
Man ersieht daraus, die meisten Kinder dieses Stadiums III bewahren eine Erinnerung an eine Gesamtbewegung des Dreiecks, aber diese Bewegung nimmt zuerst die einfachste Form an, nämlich die Umklappung. Die figurativen Einzelheiten haben auch hier stark gelitten, doch die Rekonstitution enthält im allgemeinen drei Pfeile (im Gegensatz zur Stufe II), und sie ist genau genug, um die für die Umklappung eigentümlichen Reziprozitäten festzuhalten, aber ohne Permutation links × rechts.
Hier noch die Vertreter der Stufe IV:
Sil (5; 5) fertigt trotz ihres Alters eine Zeichnung zwischen der Umklappung und der Drehung an: Die blauen und grünen Pfeile werden vom Dreieck I zum Dreieck II links × rechts permutiert, ohne aber ihre Richtung zu ändern (waagrechte Orientierung). Bei der Rekonstitution ist die Drehung jedoch unter allen Gesichtspunkten richtig, aber vereinfacht (zwei waagrechte Pfeile und ein senkrechter dazwischen). Nach einer Stunde und einer Woche hatte Sil zu den Stufen II und III (siehe 2. Abschnitt) gehört.
Mic (7; 6) stand nach einer Stunde und einer Woche bei der Gedächtniszeichnung auf der Stufe III und bei der Rekonstitution auf der Stufe IV. Nach sechs Monaten sind die Zeichnung wie auch die Rekonstitution auf der Stufe IV, aber das figurative Bild ist etwas verändert: Zwei senkrechte Pfeile, darunter und dazwischen ein waagrechter, nach rechts gerichteter Pfeil; im Dreieck II sind die senkrechten Pfeile permutiert, in ihrer Richtung umgekehrt, der waagrechte Pfeil zeigt nach links und ist nach links gerichtet. Es ist somit alles richtig, aber die figürlichen Einzelheiten stimmen nicht mit dem Modell überein.
Alb (9; 4): richtige Drehung, aber die beiden senkrechten Pfeile sind schräg geworden. Die Zeichnung und die Rekonstitution sind gleich, nur daß Alb bei der Zeichnung etwas zögerte: Weil er mit Dreieckspaaren (eine richtige Drehung zwischen I und II) begonnen hatte, wußte er nicht, was er mit dem zweiten Paar anfangen sollte.
Ack (9; 4): richtige Drehung.
Während diese Kinder nach sechs Monaten auf der gleichen Stufe stehen wie nach einer Stunde oder einer Woche, einen Teilfortschritt (Mic) oder einen voll-

ständigen Fortschritt (SiI) aufweisen, fallen andere Kinder, die ursprünglich zur Stufe IV gehört hatten, nach sechs Monaten auf die Stufe III zurück, weil sie die Drehung mit der Umklappung verwechseln. Von diesen Rückschritten abgesehen, die zweifellos auf die Interferenz zwischen figurativen und operativen Faktoren zurückzuführen sind, ist die Bewegungsschematik in den großen Linien dem figürlichen Aspekt der Erinnerung klar überlegen. Es sieht somit so aus, als habe am Anfang der figürliche Aspekt in einem gewissen Maße die Retention des allgemeinen Sinnes der Präsentierung verhindert, als sei aber mit der Zeit gerade dieser Sinn auf Kosten von Einzelheiten in der Anordnung hervorgehoben worden: deshalb die Fortschritte bis einschließlich der Stufe III. Läßt man aber von dieser Bild-Erinnerung der Dreiecke I und II zuviel fallen, so kann man nicht mehr mit Sicherheit entscheiden, ob die Gesamtbewegungen des Dreiecks eine Umklappung oder eine Drehung sind (bisweilen auch, ob eine Drehung um 90 ° oder um 180 °, siehe Stufe III). Deshalb wird dieser ziemlich allgemeine Fortschritt I bis III nicht zu einem systematischen Fortschritt von III zu IV und kommt es sogar zu einigen Rückschritten von der Drehung (IV) zur Umklappung (III).

4. *Das Wiedererkennen nach neun bis zehn Monaten*

Neun bis zehn Monate nach der Präsentierung des Modells, also drei bis vier Monate nach der eben besprochenen Untersuchung (ohne neue Präsentierung, aber mit materieller Rekonstitution), konnten wir 33 der 36 Kinder wieder ausfindig machen und einem Wiedererkennungsversuch unterziehen.

Die Methode bestand darin, daß dem Kind die acht Zeichnungen der Figur 51 vorgelegt wurden, nämlich die richtige Anordnung und die nach sechs Monaten am häufigsten beobachteten Fehlertypen. Das Kind sollte diejenige Zeichnung angeben, die am meisten dem Spiel glich, das es mit uns gemacht hatte. Nach dieser spontanen Wahl schlugen wir einige andere Lösungen vor, wobei wir eine Erklärung für die Ablehnung oder die Annahme verlangten. Dann ließen wir eine abschließende Wahl vornehmen.

Das auffälligste Ergebnis dieses Wiedererkennungsversuches war der durchgehende Vorsprung auf die Evokation und die Rekonstitution. Insbesondere hat kein einziges der 33 Kinder außer einem die Lösungen 3, 4 und 5 gewählt, die bei den Zeichnungen und Rekonstitutionen nach sechs Monaten (Stufen I und II)

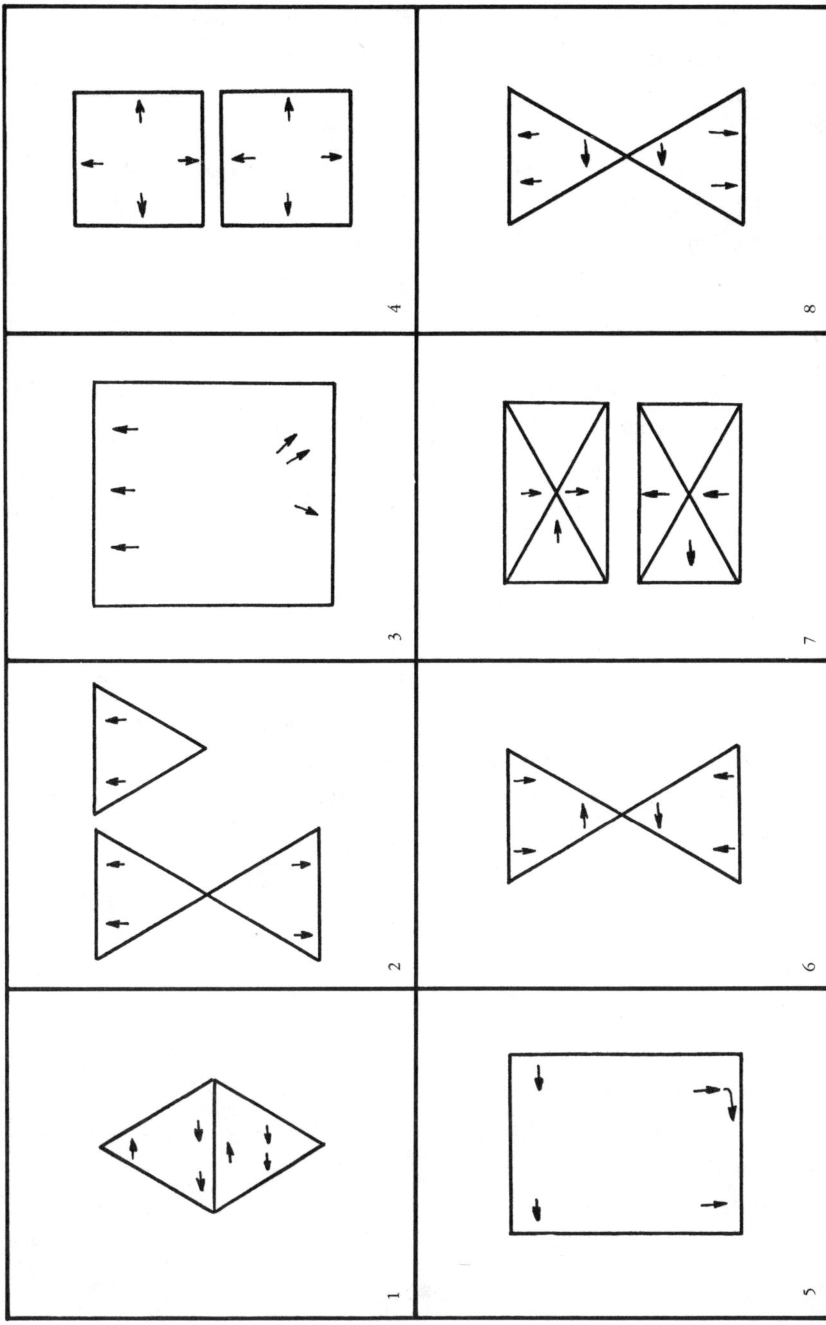

Figur 51

noch häufig gewesen waren. Schon ab sechs Jahren und bisweilen bei Fünfjährigen findet man hingegen zahlreiche richtige Lösungen.

Eine zweite auffällige Tatsache (sie stimmt gut mit dem überein, was wir am Ende des 3. Abschnitts über die Gründe für die geringen Fortschritte der Stufe IV nach sechs Monaten gesagt haben) ist die Mühe, mit der sich die Kinder zwischen der Lösung der Umklappung (Modell 8 in Figur 51) und der Drehung (Modell 6) entscheiden: Bei der spontanen Wahl erhält man (alle Altersstufen zusammengenommen) 13 Umklappungen und 13 Drehungen, bei der Endwahl noch 11 Umklappungen und 14 Drehungen. Wesentlich für die Erinnerung (ob Wiedererkennen, Evokation oder Rekonstitution) scheint es somit zu sein, daß die Anordnung eine Gesamtbewegung ausführte, nämlich eine «Drehung». Da aber kein genügendes figuratives Bild der Stellungen links – rechts des grünen und des blauen Pfeils und der Richtung des roten Pfeils (im Dreieck II verglichen mit dem Dreieck I) erhalten geblieben ist, kann diese Gesamtbewegung sowohl als eine Umklappung im Raum wie als eine Drehung in der Ebene in Erinnerung gerufen werden.

Bis zum 8. Lebensjahr einschließlich werden bisweilen die Lösungen 7, 2 und 5 spontan gewählt, aber bei den mehr als Siebenjährigen (operative Stufe) kommt es bei der Endwahl nicht mehr dazu. Vergleicht man nun die Stufe der Wiedererkennungen (wobei man von der besten Wahl – ob spontane Wahl oder Endwahl – ausgeht) mit den Evokationen nach sechs Monaten, einer Woche oder einer Stunde (auch hier nimmt man die beste) und den Rekonstitutionen nach einer Woche (nach sechs Monaten sind diese sozusagen gleich wie die Gedächtniszeichnungen), so findet man folgendes:

Tabelle XLII

Vergleich der Wiedererkennungen Wk mit den Gedächtniszeichnungen nach einer Woche ZW, nach sechs Monaten ZM und den Rekonstitutionen nach einer Woche RW

	$Wk > ZM$	$Wk \gg ZM$	$Wk = ZM$	$Wk < ZM$	$Wk > ZW$	$Wk \gg ZW$	$Wk = ZW$	$Wk < ZW$	$Wk > RW$	$Wk \gg RW$	$Wk = RW$	$Wk < RW$
5 Jahre	4	1	2	1	6	0	2	0	5	0	3	0
6–7 Jahre	6	4	2	0	8	2	1	1	6	0	4	2
8–9 Jahre	8	1	4	0	8	0	4	1	9	0	3	1
Total	18	6	8	1	22	2	7	2	20	0	10	3

Dieser Wiedererkennungsversuch liefert also deutlich bessere Ergebnisse als die Evokationen und sogar die Rekonstitutionen, obschon er sehr spät durchgeführt wird. Die Gründe dafür liegen auf der Hand, aber es ist auch nützlich festzuhalten, daß sich das Wiedererkennen in diesem besonderen Fall nicht aus einem unmittelbaren Eindruck des «bereits Gesehenen» (der allerdings auch mit einem Schema verbunden sein kann) ergibt, sondern sich auf figurative und zugleich operative Schemata stützt. Es ist nämlich auffallend, bei Fünfjährigen sind die Gründe für die Wahl mehrheitlich statisch («dieses da gleicht am meisten» usw.), aber schon in diesem Alter findet man auch Erinnerungen an die Bewegung («das war so, nachdem es gedreht wurde»), und diese herrschen in der Folge immer mehr vor. Die größeren, acht- bis neunjährigen, Kinder insbesondere wählen sogleich 6 und 8, «weil es sich drehte», und für die Umklappung entscheiden sie sich, weil ihnen diese Bewegung als die wahrscheinlichste erscheint: «Ja, ich wählte 8, denn wenn man es drehen würde (Bewegung des Umklappens), käme dasselbe heraus (wie das Modell).»

Dieser unerwartete Erfolg der Wiedererkennungen nach neun oder zehn Monaten hat uns zu einem weiteren Versuch angeregt:

Wir wollten wissen, was – bei 25 neuen Kindern zwischen 4; 10 und 9; 11 Jahren – eine Wiedererkennung nach einer Stunde mit den gleichen acht Modellen der Figur 51 ergeben würde. Jedem Kind haben wir zuerst die Grundanordnung (Figur 46) gezeigt, wobei es voraussagen mußte, wohin die Pfeile zu liegen kämen, wenn das obere Dreieck um 180 ° gedreht und so das untere Dreieck decken würde. Jede Antizipierung beinhaltete auch einen Hinweis auf die Stellung und die Orientierung der Pfeile. Dann ließen wir das Kind selbst die Drehung ausführen, bis das Dreieck I über dem Dreieck II lag, so daß es sich von der Identität der beiden Dreiecke überzeugen konnte. Darauf drehten wir das Dreieck I in seine frühere Stellung zurück und sagten dem Kind, es sollte sich alles gut ansehen, um später angeben zu können, was es gesehen habe. Eine Stunde später wurde die Wahl genau gleich wie beim letzten Versuch durchgeführt: Zunächst eine spontane Wahl, dann Gegenvorschläge und schließlich eine Endwahl. Die folgende Tabelle gibt die Ergebnisse verglichen mit denen nach neun bis zehn Monaten wieder:

Tabelle XLIII

Wiedererkennungen nach einer Stunde und nach neun bis zehn Monaten

	Spontane Wahl[6]								Endwahl							
	1	2	3	4	5	6	7	8	1	2	3	4	5	6	7	8
Nach einer Stunde (25 Kinder) . . .	0	1	0	0	1	14	0	9	1	1	0	0	0	13	0	10
Nach 9–10 Monaten (33 Kinder) . .	0	2	0	0	4	13	2	12	2	2	0	1	0	14	3	11

Die auffällige Konvergenz zwischen diesen beiden verschiedenen Arten von Wiedererkennen, die eine bald nach der Präsentierung, die andere erst nach einigen Monaten, bei verschiedenen Kindergruppen ist deutlich zu erkennen. In beiden Fällen herrscht die Wahl des richtigen Modells 6 vor, sind die Umklappungen 8 sehr häufig, während andere Auswahlen selten sind oder überhaupt fehlen.

5. Das figurative Erinnerungsbild – Gedächtnis der Transformationen und operative Stufe des Kindes

Die Ergebnisse dieser Drehungsversuche scheinen nahezulegen, daß die von den Kindern verlangten Erinnerungen zwei Komponenten enthalten, die sich normalerweise gegenseitig stützen, die aber auch auseinanderfallen, miteinander in Konflikt kommen und Schwierigkeiten oder Rückschritte des Gedächtnisses auslösen können. Diese beiden Komponenten sind einerseits der figurative Aspekt, der für das Erinnerungsbild als Bild eigentümlich ist und grundsätzlich den Gesetzen des Vorstellungsbildes folgt: Schematisierung im Sinne von figurativem und nicht von operativem Schema, Vereinfachungen, Pseudo-Erhaltungen usw. (siehe weiter oben die Prägnanz der Drehung um einen Mittelpunkt verglichen mit der Drehung um eine Spitze usw.), und andererseits die Erinnerung an die Transformationen, die mit den operatorischen Schemata und folglich mit der operativen Stufe des Kindes verbunden ist.

Von dieser operativen Stufe haben wir noch nicht gesprochen. Wir haben darüber zweierlei Informationen von ungleicher Bedeutung: Die Antizipierung der Stellung und Orientierung der Pfeile vor der tatsächlichen Drehung (an der Präsentierungssitzung) und einen Nachtest (nach einer Woche), der folgendermaßen vor sich geht: Man präsentiert dem Kind eine Landschaft, die von einer Straße und einem Fluß, beide etwas gewunden und sich überkreuzend, durchzogen ist. Als Merkpunkte dienen zwei Gebäude, die durch einen Weg miteinander verbunden sind, Hügel und drei Bäume. Man stellt eine kleine Figur an einen der typischen Punkte in der Landschaft, und das Kind muß eine zweite Figur in einer identischen, aber um 180 ° gedrehten Landschaft so plazieren, daß sie in dieselbe Richtung schaut[7]: also fünf Stellungs- und fünf Orientierungsfragen, die durch reines Nachdenken (ohne Beteiligung des Gedächnisses) zu lösen sind. Die beiden Modelle, das ursprüngliche und das um 180 ° gedrehte, bleiben nebeneinander liegen.

Die Antizipierung der Stellung und der Orientierung der Pfeile vor der Drehung des oberen Dreiecks I ist ebenfalls ein Problem operativer Überlegung. Es wird aber dadurch erleichtert, daß Pfeile gleicher Farbe und in der richtigen Orientierung schon auf dem unteren Dreieck II dargestellt sind: Das Kind muß deshalb nur voraussehen, ob der grüne Pfeil des Dreiecks I im Dreieck II auf den grünen oder den blauen zu liegen kommt und in welcher Orientierung usw. Daß das ein Problem ist, wird dadurch bewiesen, daß es Kinder gibt, denen alle drei Stellungen mißlingen oder denen nur eine von drei Orientierungen (die des senkrechten Pfeils) gelingt. Dennoch ist die Lösung wegen der figurativen Anordnung der Dreiecke leichter als in der Landschaft.

Vergleicht man die Ergebnisse der Antizipierung der Pfeile mit den Erinnerungsstufen bei der Evokation und der Rekonstitution, so gehen zwei Dinge klar daraus hervor: Zwischen den Antizipierungen und den mnestischen Stufen besteht eine gewisse Entsprechung, aber die Antizipierungen sind leichter als die Organisation der Erinnerung, und sie liefern dieser folglich im Hinblick auf das Gedächtnis der Transformationen einen operativen Rahmen.

Die Entsprechung zwischen diesen Antizipierungen und den Erinnerungsstufen ist zahlenmäßig schwer zu erfassen, weil es bei den Antizipierungen zweierlei Arten von gelungenen Versuchen gibt: drei Stellungen und drei Orientierungen. Die letzteren sind ein wenig einfacher als die ersteren (von 48 Kindern geben 7 bei der Stellung und 16 bei der Orientierung die bessere Antwort, die übrigen 25 sind in beiden Fällen gleich). Immerhin kann man die Antworten in drei Kategorien einteilen: drei richtig bei beiden (++), drei richtig bei der Stellung oder der Orientierung, aber nur 0 bis 2 richtig bei der anderen Kategorie (+–) und weniger als drei richtig in beiden Kategorien (––). Man erhält dann[8]:

Tabelle XLIV

Vergleich der Erinnerungen und der Antizipierungen

Erinnerungsstufe	I (36)	II (44)	III (36)	IV (27)
Antizipierungen:				
— —	14	7	3	0
+ —	9	24	7	2
+ + ...	13	13	26	25

Die Antizipierungen machen also mit den Erinnerungsstufen klare Fortschritte, aber man sieht auch, daß die vollständig richtigen Lösungen zahlreicher sind als bei den Evokationen oder Rekonstitutionen, findet man doch 13, 13 und 26 auf den Stufen I bis III.

Bei den Reaktionen auf die Landschaftsprüfung sind die Ergebnisse noch schwieriger abzuschätzen, denn es gibt je fünf Antworten bezüglich der Stellung und der Orientierung (und hier gelingt die Orientierung etwas weniger gut). Man kann die Antworten in vier Kategorien einteilen: weniger als drei richtig, drei oder mehr richtig, vier oder fünf richtig in jeder Kategorie und schließlich alle fünf richtig in beiden Kategorien. Man erhält dabei (44 Kinder nach den vier Stufen bei den Evokationen oder Rekonstitutionen verteilt):

Tabelle XLV

Vergleich der Erinnerungen und der operativen Reaktionen

Erinnerungsstufen .	I (27)	II (44)	III (36)	IV (23)
Operative Reaktionen:				
$<$ (3+3).	14 (51%)	16 (36%)	9 (25%)	3 (17%)
$\geqslant$ (3+3).	13 (49%)	28 (64%)	27 (75%)	20 (83%)
$\leqslant$ (4+4).	7	7	23	15
= (5+5).	7	3	5	8

Es gibt somit eine regelmäßige Beziehung zwischen den vier Erinnerungsstufen und der Verteilung der komplementären Klassen $< (3 + 3)$ und $\geq (3 + 3)$. Die Unterklassen $\geq (4 + 4)$ und $= (5 + 5)$ sind weniger regelmäsig verteilt.

Doch gerade diese Unregelmäßigkeit beweist, daß es keine sehr starke Korrelation zwischen der operativen Stufe und der Erinnerung gibt: Zwar findet man 7 + 3 = 10 Fälle von Erinnerungen der Stufen I und II (Evokation und Rekonstitution) bei Kindern, die den Landschaftsversuch richtig lösen (5 + 5), aber in Tabelle 38 haben wir gesehen, daß es noch einige Fälle von Stufe I oder II bei Acht- bis Neunjährigen gibt usw.

Halten wir noch fest, daß zwischen dem vollständigen Erfolg bei den Antizipierungen der Stellungen und Orientierungen der Pfeile (+P) und dem teilweisen Erfolg $\geq$ (3 + 3) beim Landschaftsversuch (+L) eine verhältnismäßig gute Korrelation besteht:

+P / +L	+P / –L	–P / +L	–P / –L
21	4	5	17

Aus alledem können wir ableiten, daß die Erinnerungen an Transformationen abhängig sind vom operativen Stadium des Kindes, daß sie aber auch zusätzliche Schwierigkeiten enthalten, die unter anderem auf die Notwendigkeit zurückzuführen sind, die Wiedererinnerung an das Verständnis in einem figurativen Bild zu konkretisieren, das im einzelnen den verstandenen Transformationen entspricht.

Diese Untersuchung über das Gedächtnis der Drehungen ergibt somit alles in allem Resultate, die auf den ersten Blick paradox erscheinen können. Der psychologische Hauptunterschied zwischen einer geometrischen Operation wie der Drehung und den logisch-mathematischen Strukturen, die – wie die Seriation, die Transitivität oder die Assoziativität – auf Gesamtheiten von diskreten Objekten wie auch auf Teile kontinuierlicher Objekte angewendet werden können, besteht darin, daß die geometrische Operation ein mögliches Bild enthält, das so eng seinem Gegenstand entspricht, daß man die «geometrische Anschauung» lange als ein demonstratives und nicht nur heuristisches Instrument betrachtet hat, wobei ihr heuristischer Wert im übrigen unbestreitbar ist. Man hätte deshalb erwarten können, daß das Gedächtnis der Drehungen ebenso einfach, wenn nicht noch einfacher, wie das der Seriationen oder der Transitivität sein würde (die Assoziativität ist aus Gründen, die wir kennengelernt haben, schwieriger, denn sie ist ein Werkzeug der Kohärenz und nicht der Entdeckung). Es zeigt sich aber, daß es nicht so ist: Bei 48 Kindern der Technik mit 3 und bei 33 Kindern der Technik mit 4 Pfeilen findet man eine ganze Anzahl von Erfolgen des Typs IV A, wo alles verstanden wurde und alles behalten wurde, was verstanden worden war, wo aber das Bild der Anordnung nicht ganz wirklichkeitsgetreu ist. Und man findet nur 6 Kinder von sechs, sieben, acht und neun Jahren, die 9 Erinnerungen (nach einer Stunde oder bei der Rekonstitution, aber nur 3 nach einer Woche) vom Typ IV B liefern – also ein vollständig genaues Bild. Mit anderen Worten, die Erfolgsstufe bei diesem Gedächtnis der Drehungen steht den – zu einem guten Teil kontingenten – geometrischen Figuren der Kapitel XIX und XX näher als dem Gedächtnis der Seriations- und Transitivitätsoperationen oder -anordnungen.

Der Grund für diese Schwierigkeit ist uns in den Abschnitten 2 und 3 wiederholt sichtbar geworden. Bei der Seriation oder der Transitivität ist das Bild fast vollständig durch die operativen Strukturen des Kindes bestimmt, so daß diese Erinnerung stark von diesen abhängig ist und das Figurative durch die operativen Schemata aufbaut, die sein Träger sind. Bei der Drehung hingegen handelt es sich um die Transformation eines Gegenstandes und nicht um die Anordnung einer Gruppe von Gegenständen, und diese Transformation ist ebensosehr von diesem Gegenstand wie von den Aktionen des Kindes abhängig (denn die geometrsiche Erfahrung ist zugleich physikalisch und logisch-mathematisch). Das Bild des Gegenstandes ist somit nicht mehr nur der Widerschein der operativen Stufe des Kindes, sondern weist eine gewisse Unabhängigkeit und einen gewissen Widerstand auf. Daraus ergibt sich, daß die Erinnerung nicht mehr von zwei Bereichen abhängig ist, den operativen Schemata des Kindes mit ihrer eigenen Erhaltungsweise und dem figurativen Bild als Symbol der Konkretisierung dieser Schemata in einem besonderen Ereignis. Außer den operativen Schemata des Kindes ist der figurative Aspekt des Gegenstandes zu berücksichtigen, also das Bild in seiner relativen Unabhängigkeit, und, wegen ebendieses Widerstandes, das Gedächtnis des Verständnisses, welches das operative Schema und das Bild zu einem Ganzen zusammenfaßt. Wir haben tatsächlich wiederholt diesen Widerstand des Bildes festgestellt: Die Pseudo-Erhaltungen, die der Transformation der Stellungen und Richtungen entgegenwirken und die eine Drehung um den Mittelpunkt anstelle der Drehung um die Spitze suggerieren, die Vereinfachungen und Schematisierungen im Sinne eines Schematismus und nicht des Schemas. Es hat somit seinen Grund, daß die genaue Erinnerung der Drehung so verzögert ist. Was wir an anderer Stelle[9] über den Verzug des räumlichen Bildes auf die Operation (Erfolge erst mit 9–10 Jahren im allgemeinen, seltener mit 8–9 Jahren) erkannt haben, erklärt die in diesem Kapitel untersuchten Schwierigkeiten der Kinder. Sind die Schemata der Drehung um eine Spitze, der Drehung um den Mittelpunkt und der Umklappung einmal vollständig ausgebildet, wobei die Operation und das Bild mithelfen, so werden selbstverständlich die figurativen Aspekte der Dreiecke und ihrer Pfeile für das Verständnis völlig einsichtig. Dann wird das Gedächtnis der Transformationen mit dem Gedächtnis jedes anderen operativen Vorgangs vergleichbar: mit einer Erhaltung der Schemata, die ihren eigenen Gesetzen gehorcht, und einer Retention der Erinnerungsbilder, die sich auf diese Erhaltung stützt.

[1] In Zusammenarbeit mit J. Bliss.

[2] Man muß sich auch daran erinnern, daß zwar diese Aktion als globale Handlung leicht vorstellbar ist, daß aber das Bild der Drehungsetappen, also der mittleren Zustände zwischen den Extremen I und II, vor 7 bis 8 Jahren große Schwierigkeiten bereitet (siehe *Le développement de l'image mentale chez l'enfant,* Kapitel III und IV), was die Vorstellung einer fortlaufenden Transformation ausschließt. Hier ist somit ein Problem vorhanden, so daß man mit Recht zu bestimmen versuchen kann, was die Erinnerung dieser Operation unabhängig oder in Verbindung mit ihrem Verständnis ist. Mit Recht kann man deshalb auch zwischen dem Gedächtnis der Operation als fortlaufender Transformation und insbesondere als Transformation (und nicht nur als Bewegung) und dem Gedächtnis der Anfangs- und der Endzustände unterscheiden.

[3] Siehe Piaget und Inhelder, *Die Entwicklung des räumlichen Denkens beim Kinde* (Klett), Seite 488, Abb. 27.

[4] Man beachte den Unterschied zwischen den Begriffen «operationsmäßig» (= Aktionen und Operationen) im Gegensatz zu «figurativ» (Wahrnehmung, Nachahmung und Bild) und «operativ» (= nur auf die reversible Operation bezogen).

[5] Piaget und Inhelder, *L'image mentale chez l'enfant,* Kapitel IV, Tabelle 40.

[6] Eines der Kinder, das nach neun bis zehn Monaten 5 gewählt hat, und vier der Kinder, die 6 gewählt haben, sind der Meinung, 8 stimme ebenfalls mit dem Modell überein. Umgekehrt akzeptieren vier der zwölf Kinder, die 8 gewählt haben, auch 6 als richtig.

[7] Siehe *Die Entwicklung des räumlichen Denkens beim Kinde,* Seite 488.

[8] Die Zahlen der Tabelle entsprechen den drei Stufen der 48 Kinder: Evokationen nach einer Stunde, nach einer Woche und Rekonstitutionen.

[9] *L'image mentale chez l'enfant.*

Kapitel XVI

Die Erinnerung waagrechter Wasserstände[1]

Die Begriffe der Horizontalität und der Vertikalität (zum Beispiel die Antizipierung des Wasserspiegels in einem Gefäß, das man in verschiedene Lagen neigt) werden bekanntlich erst mit neun bis zehn Jahren erworben, wenn die Bezugs- oder Koordinatensysteme aufgebaut werden. Die Wahrnehmung der Horizontalität, die natürlich bei Neun- bis Zehnjährigen unter dem Einfluß der sich entwickelnden operativen Verhaltensweisen[2] verändert wird, liefert hingegen schon früh eine zwar ziemlich grobe, aber global adäquate Abschätzung der Waagrechten, und zwar auf die Blickrichtung und die Stellung des Körpers bezogen. In unserem Kontext ist es deshalb von Bedeutung, was die Erinnerung der Horizontalität ergibt.

Unsere Untersuchung entwickelte sich folgendermaßen. Am Anfang zeigten wir dem Kind Zeichnungen von drei Gegenständen: eine liegende Flasche mit einer roten Flüssigkeit im unteren Teil, ein seitlich-unten rot angemaltes Spielzeugauto und eine verkehrt aufgestellte, zu ¾ mit einer roten Flüssigkeit gefüllte Flasche. Bei 14 Kindern zwischen 5 und 6 bis 7 Jahren haben mindestens 4 von 7 Sechsjährigen und 2 Siebenjährige geglaubt, sie hätten eine aufgestellte Flasche mit einem senkrecht verlaufenden Wasserspiegel gesehen, wobei das Wasser gegen eine der Wände gedrückt gewesen wäre. Von 20 Kindern, denen nur die Zeichnungen der liegenden Flasche und des Spielzeugautos gezeigt worden waren, konnten 15 die Modelle richtig wiedergeben, die anderen 5 reagierten wie oben oder ähnlich. Aus diesen ersten Ergebnissen ergaben sich somit zwei verschiedene Probleme: die Erinnerung wird reorganisiert in Richtung der normalsten Stellung einer Flasche (aufrecht und nicht verkehrt), aber die Lage der gegen die Wand gedrückten Flüssigkeit (Figur 52/A) bewahrt; und eine Erinnerung, die der Wahrnehmung widerspricht und mit den präoperativen Begriffen übereinstimmt, für die ein waagrechter Wasserspiegel und die räumliche Konstruktion dieser natürlichen Koordinate noch kein physikalisches Erfordernis sind. Diesem zweiten Punkt war der zweite Teil der Untersuchung gewidmet: Wir präsentierten 66 Kindern die Zeichnung einer um 45° geneigten Flasche mit einer roten Flüssigkeit und einem waagrechten Wasserspiegel auf einem Drittel der Gesamthöhe. Die Erinnerung an diese Zeichnung wurde entweder nach einer

Stunde und einer Woche oder nur nach einer Woche geprüft; wir werden sehen, daß die Erinnerungen viel stärker mit der Entwicklung der präoperativen und später operativen Begriffe als mit der Wahrnehmung verbunden sind.

1. *Das liegende Gefäß*

Das präsentierte Material bestand also aus einer mit rot gefärbter Flüssigkeit halbgefüllten Flasche (Figur 52/A), deren waagrechter Wasserstand zu einer ausgezogenen Grundlinie und zu einem roten Streifen im unteren Teil der Karosserie eines kleinen Spielzeugautos neben der Flasche in Bezug gesetzt werden konnte.

Figur 52

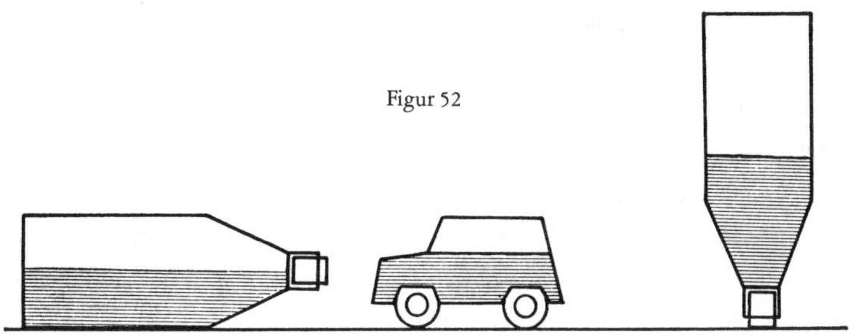

Ein umgekehrtes Gefäß befand sich in der Verlängerung der beiden genannten Gegenstände, wurde aber später weggelassen. Die Fragestellung ist ohne weiteres zu sehen: Wird das Kind, von dem man eine Wiedergabe dieser Figuren aus dem Gedächtnis verlangt, diese wirklichkeitsgetreu evozieren, oder wird es die Flasche, die ja nicht immer liegt oder auf den Kopf gestellt ist, in seiner Erinnerung aufstellen? Halten wir fest, daß es nur um die Erinnerung geht. Dem Kind wird keine Frage gestellt, es muß nur beschreiben, was es sieht; nur was es gesehen hat, absolut nichts anderes, muß es behalten, um es später zu zeichnen. Falls das Kind in seinem Gedächtnis die Stellung der Gefäße verändert, wird es sich dann zumindest an den waagrechten Wasserspiegel erinnern, um so mehr als es auch das kleine Spielzeugauto mit dem roten Streifen zeichnen muß und ein Auto üblicherweise nicht aufrecht steht? Wir haben eben daran erinnert, daß der Begriff der Horizontalität und ganz allgemein die natürlichen Koordinatensysteme erst mit neun bis zehn Jahren erworben werden. Wenn man einem fünf- bis siebenjährigen Kind sagt, man werde ein Gefäß schräg stellen, das es vor Augen hat, und von ihm verlangt, den Wasserspiegel zu antizipieren (indem es ihn auf einer Zeichnung der schräg gestellten Flasche farbig einträgt), so ist es eine ganz allgemeine Reaktion, daß die äußeren Bezüge der Flasche nicht berücksichtigt und beliebig gerichtete Wasserspiegel (geneigte und sogar senkrechte) vorausgesehen werden, als ob die Flüssigkeit ihre Stellung in bezug auf die Flasche und nicht in bezug auf den Tisch behalten würde.

Wenn sich also das Kind an Gefäße in normaler und aufrechter Stellung zu erinnern glaubt, weil es entweder bei der Präsentierung nichts Ungewöhnliches bemerkt hat (die liegende oder verkehrte Stellung wird in der verbalen Beschreibung nicht immer erwähnt) oder zwar die Orientierungen vergessen, aber die Gegenstände behalten hat, die es dann in ihrer üblichen Stellung zeichnet, so ist es zweifellos für unser Thema interessant, ob es die Flüssigkeit in senkrechter Stellung gesehen zu haben glaubt oder mindestens die waagrechte, gefärbte Schicht behalten hat, die es im Hinblick auf eine spätere Zeichnung gut ansehen sollte. Zahlreiche Untersuchungen über die Aussagen haben ergeben, daß eine ungenaue Erinnerung die Richtung des Wahrscheinlichsten einschlägt. Wenn das Wahrscheinlichste proportional zur objektiven Häufigkeit ist, so besteht keinerlei Zweifel daran, daß der waagrechte Wasserspiegel einer ruhenden Wassermenge der Wahrscheinlichkeit 1 entspricht. Wenn sich aber das Kind an die Ereignisse so erinnert, wie es sie assimiliert, und wenn unsere früheren Beobachtungen wirklich häufigen Assimilationsschemata entsprechen, so spricht nichts dagegen, daß statische Formen ohne Transformationen wie die der Figur 52 aufgrund präoperativer Strukturen memoriert werden, die unter dem empirischen Gesichtspunkt völlig abweichen, aber die Stufe der operativen Entwicklung des Kindes ausdrücken.

Technik. – Die Methode ist höchst einfach: An der ersten Sitzung zeigt man die Zeichnungen, läßt sie beschreiben und ermahnt die Kinder, sie sich gut einzuprägen.

Die zweite Sitzung findet eine Stunde später statt: Man verlangt nur eine Gedächtniszeichnung ohne eine andere Frage.

Die dritte Sitzung folgt nach einer Woche und beginnt mit einer neuen Gedächtniszeichnung. Anschließend bestimmt man die operative Stufe, indem man dem Kind falsche Zeichnungen vorlegt, falls seine eigene richtig war, und es fragt, ob diese Stellung möglich sei und weshalb ja oder nein.

Die fünfjährigen Kinder. – Von den 8 Kindern dieses Alters fällt eines aus (seine Flasche ist zu einer «Rakete» geworden). Von den 7 verbleibenden zeichnen nur 3 liegende Flaschen mit richtigen Wasserspiegeln. Die anderen 4 geben aufgestellte Flaschen wieder:

Sil (5; 8) zeichnet die Flasche nach einer Stunde aufrecht, mit der Flüssigkeit senkrecht gegen die eine Wand gedrückt. Die zweite Flasche ist richtig, mit einem waagrechten Streifen, wiedergegeben. Dazu sagt er nur, die Flasche «hatte Sirup: eine Hälfte». «Zeichne, was du gesehen hast» (er zeichnet Figur 53). Nach einer Woche die gleiche Zeichnung, aber mit der Flüssigkeit auf der linken Seite. «Ist das richtig so? – Ja. – Was hast du getan, um dich daran zu erinnern? – Ich habe in meinem Kopf nachgedacht.»

Figur 53

Mic (5; 3) zeichnet zwei aufrechte Flaschen mit der Flüssigkeit senkrecht und seitwärts. Man zeigt ihm ein Auto mit einem waagrechten Streifen, aber er läßt sich nicht beirren und beharrt darauf, der Streifen sei senkrecht gewesen. Man legt ihm eine Zeichnung mit einer liegenden Flasche vor, die Flüssigkeit senkrecht nach hinten: «Nein, das ist nicht das, was Sie mir gezeigt haben.»

Pie (4; 4) zeichnet das Auto richtig, ebenso die Flasche B (Figur 52). Die Flasche A steht jedoch aufrecht wie B, die Flüssigkeit senkrecht gegen die Wand wie in Figur 53: «Hast du das gesehen? – Ja.» Nach einer Woche dieselbe Zeichnung.

Pat (5; 6) nach einer Woche (eine Stunde nach der Präsentierung war sie nicht da): «Das ist leicht! Ich muß Flaschen und ein Auto zeichnen, ich erinnere mich daran, weil ich nachgedacht habe»: Das Spielzeugauto hat einen waagrechten Streifen, ebenso die Flüssigkeit in der zweiten Flasche. Doch die erste Flasche liegt nicht, sondern steht aufrecht, die Flüssigkeit senkrecht gegen die Wand.

Hel (5; 7) zeichnet die eine der Flaschen ganz richtig, verfällt aber bei der anderen auf die List, sie vollständig zu füllen. Nach einer Woche legt man ihr anschließend an ihre richtige Zeichnung falsche Bilder vor. Sie akzeptiert ein liegendes Gefäß mit der Flüssigkeit senkrecht nach hinten; sie hält sogar eine auf den Kopf gestellte Flasche mit der Flüssigkeit oben für möglich. Bei der aufrechten Flasche mit der Flüssigkeit senkrecht gegen die Wand sagt sie: «Ja, das ginge, aber es ginge auch ganz voll», was ihr Zögern und die gefüllt gezeichnete Flasche verständlich macht.

Man ersieht daraus, das Kind hat wirklich den Eindruck, das zu zeichnen, was ihm gezeigt worden ist. Zeigt man Mic eine falsche Zeichnung, so antwortet er nicht, das sei unmöglich, sondern: «Das ist nicht das, was Sie mir gezeigt haben.» Wären die operativen Reaktionen der Kinder dieser Altersstufe nicht bekannt, so würde man natürlich den Schluß ziehen, das Kind glaube sich daran zu erinnern, daß man ihm bei der Präsentierung etwas vormachen wollte, und es müßte jetzt diese Scherzzeichnung wiedergeben. Diese Kinder sind aber ehrlich davon überzeugt, man habe ihnen vorgelegt, was sie zeichnen, und sie halten auch diese Stellungen keineswegs für unverwirklichbar: An (5; 6) fertigt eine richtige Zeichnung an, akzeptiert aber auch alle anderen und zögert nur ein wenig beim aufrechten Gefäß mit der Flüssigkeit senkrecht an der Wand.

Die sechs- bis siebenjährigen Kinder. – Von den 7 sechsjährigen Kindern zeichnet eines volle Flaschen, zweifellos aus dem gleichen Grund wie Hel. Ein anderes Kind zeichnet nach einer Stunde die Flaschen voll, nach einer Woche aber liegend. 3 Zeichnungen sind richtig, 2 Flaschen sind aufrecht mit der Flüssigkeit an der Wand.

Dem (6; 3) zeichnet die liegende Flasche richtig, stellt aber das aufrechte Gefäß als ein Parallelepiped mit der Flüssigkeit senkrecht an der linken Wand dar. Man zeigt ihm die richtige Zeichnung der Flasche B (Figur 52): «Hast du nicht das gesehen? – Nein. – Kann es auch so sein? (Flüssigkeit von oben herunterhängend.) – Ja, der Sirup kann auch so sein.» Ta hingegen zeichnet alles richtig. «Bist du sicher? – So habe ich es gesehen.»

Die Flasche A und das Spielzeugauto. – 20 fünf- bis siebenjährige Kinder wurden anschließend mit einer Zeichnung ohne die umgekehrte Flasche B geprüft, also nur mit der Flasche A und dem Spielzeugauto der Figur 52. 15 dieser Kinder fertigten eine richtige Zeichnung an (eine davon besteht einfach aus einem roten Flecken, von dem man aber später feststellen konnte, daß er ein Symbol für die Horizontalität ist). Die 5 anderen Kinder (5 Jahre alt) zeichneten folgendes: eines eine aufrechte Flasche mit der Flüssigkeit senkrecht an der Wand (wie in Figur 53)[3], eines eine liegende Flasche mit der Flüssigkeit senkrecht gegen hinten

(Figur 54/I), eines eine schräg gestellte Flasche mit der Flüssigkeit an der Wand und oben (Figur 54/II), eines eine liegende Flasche mit zunächst waagrechtem und dann leicht aufsteigendem Wasserspiegel (Figur 54/III) und eines eine schräg nach unten gerichtete Flasche vom Typ der Figur 54/II.

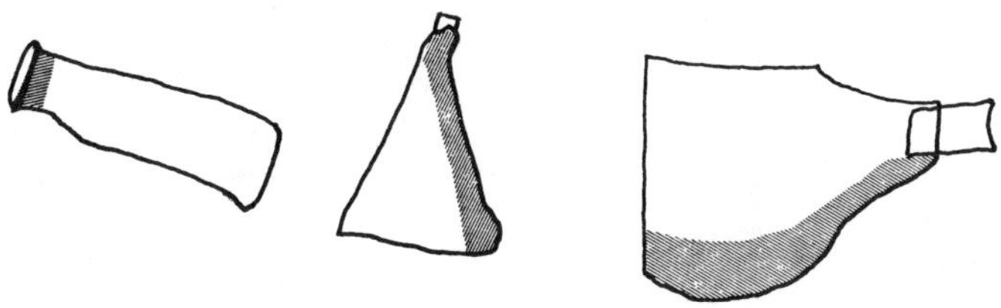

I II III

Figur 54

Das Ergebnis ist somit viel besser, als wenn die ganze Figur 52 präsentiert wird. Das zeigt, daß zahlreiche Kinder unter dem Einfluß der verkehrt stehenden Flasche B keine genaue Erinnerung an die Flasche A der Figur 52 behielten. Weil sie sich A aufrecht, wenn auch nicht umgekehrt, wie B vorstellten und die rote Flüssigkeit an die untere Wand der Flasche A gedrückt wahrgenommen hatten, rekonstruierten sie dieses Gefäß *zugleich* aufrecht und mit dem Wasser an der Wand, woraus sich die senkrechte Stellung dieser Flüssigkeit ergibt.
Sobald aber die aufrecht stehende Flasche aus der Vorlage entfernt wird, findet sich diese Vorstellung nur noch bei einer von 20 Evokationen; zwei Zeichnungen stellen die Flasche schräg dar. Doch es sind immer noch fünf Zeichnungen, also eine auf vier, die die Flüssigkeit in senkrechter und schräger Stellung evozieren, wobei diese Anordnung für richtig gehalten wird, weil die Flüssigkeit an einer Wand oder am Boden der Flasche (Figur 54/I) haftet. Dieses Verhältnis (1:4) bei Vorlagen, die nur auf den Boden gestellte Gegenstände mit waagrechter Markierung (die rote Flüssigkeit oder der rote Streifen am Spielzeugauto) enthalten, zeigt wiederum, daß die Erinnerung an die Stellung im Raum vom Typ der begrifflichen Strukturierung beeinflußt sein kann, der von der operativen Entwicklung und nicht nur von der Wahrnehmung bei der Präsentierung abhängt. Diese Hypothese sollte anschließend bestätigt werden, indem man nur noch einen einzigen Gegenstand, aber um 45 ° geneigt, präsentierte, um zu sehen, was aus der Erinnerung an die Horizontalität würde.

2. *Die schräg gestellte Flasche*

Die in der Figur 55 wiedergegebene Zeichnung wurde nach derselben Methode, wie wir sie eben beschrieben haben, 66 Kindern im Alter zwischen 5 und 9 Jahren gezeigt. Die Kinder wurden in zwei Gruppen aufgeteilt: die eine kam nach einer Stunde und nach einer Woche wieder. Dabei ergaben sich die folgenden Erinnerungstypen:

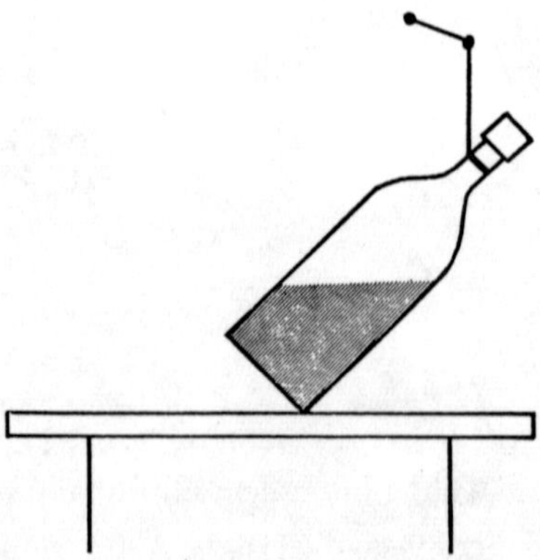

Figur 55

Typ I: Die Flaschen stehen aufrecht oder schräg, aber die Flüssigkeit ist an eine der Wände gedrückt (cf. Figur 53 oder 54/II).

Typ II: Die Flasche ist geneigt, aber der Wasserspiegel ist parallel zum Boden und bildet deshalb mit der Neigungsfläche (oder der Flaschenachse) einen Winkel von 90 °.

Typ III: Die Flasche steht schräg, der Wasserspiegel ebenfalls (zum Beispiel 60 oder 30 ° zur Flaschenachse), also nicht waagrecht.

Typ IV: Die Flasche steht senkrecht, doch der Wasserspiegel ist geneigt (30 bis 40 °).

Typ V: Das Problem wird verdrängt, die Flasche steht aufrecht mit richtigem waagrechtem Wasserspiegel, oder sie steht aufrecht oder schräg, ist aber gefüllt.

Typ VI: richtige Erinnerung.

Hier die Ergebnisse bei dieser Gruppe nach einer Stunde und nach einer Woche:

Tabelle XLVI

Die Erinnerungen der ersten Gruppe

	Nach einer Stunde							Nach einer Woche						
	I	II	III	IV	(I–IV)	V	VI	I	II	III	IV	(I–IV)	V	VI
5 Jahre [*N* = 8].	2	1	3	0	(6)	1	1	3	1	1	0	(5)	2	1
6 Jahre [7]	0	3	2	0	(5)	1	1	1	2	3	0	(6)	1	0
7 Jahre [9]	0	1	4	2	(7)	1	1	0	1	5	2	(8)	0	1
8 Jahre [7]	0	0	4	1	(5)	0	2	0	0	3	0	(3)	1	2

Und hier die Ergebnisse bei der zweiten Gruppe (nur eine Gedächtniszeichnung nach einer Woche) und für beide Gruppen nach einer Woche zusammen:

Tabelle XLVII

Die Erinnerungen der zweiten Gruppe
und beider Gruppen zusammen

	Zweite Gruppe (nach einer Woche)							Beide Gruppen (nach einer Woche)							
	I	II	III	IV	(I–IV)	V	VI	I	II	III	IV	(I–IV)	V	VI	N
5 Jahre [6]	0	3	1	1	(5)	0	1	3	4	2	1	(10)	2	2	14
6 Jahre [7]	0	2	4	0	(6)	0	1	1	4	7	0	(12)	1	1	14
7 Jahre [7]	0	3	1	2	(6)	0	1	0	4	6	4	(14)	0	2	16
8 Jahre [9]	0	2	3	0	(5)	1	3	0	2	6	0	(8)	1	5	15
9 Jahre [6]	0	1	1	1	(3)	0	3	0	1	1	1	(3)	0	3	6
Total								4	15	22	6	(47)	4	13	

Man ersieht aus diesen vier Halbtabellen, daß die richtige Erinnerung VI erst von einem Drittel der Achtjährigen (etwas mehr bei den Neunjährigen) erreicht wird, während bis zum siebten Jahr die Fehler I bis IV bei etwa drei Viertel der Kinder vorkommen. Zwischen den beiden Evokationen nach einer Stunde und nach einer Woche sind keine Unterschiede festzustellen: 21 stationäre Fälle, 4 Fortschritte, 4 Rückschritte und ein nicht klassierbarer Fall (die Flasche war an der einen Sitzung gefüllt). Auch die beiden Gruppen (mit einer oder mit zwei Evokationen) ergeben fast dieselben Reaktionen.

Diese Resultate sind insofern bemerkenswert, als sie (die seltenen Fälle des Typs V ausgenommen) das gleiche ergeben, wie wenn man die Figur 55 ohne Flüssigkeit präsentiert und die Kinder aufgefordert hätte, den Wasserspiegel sich vorzustellen oder abzuleiten anstatt anzusehen und zu memorieren. Mit anderen Worten, die Entwicklung dieser Erinnerungen stimmt mit der Entwicklung des Begriffs bei den deduktiven Antizipierungen und nicht mit der der Wahrnehmungen überein. Bei Fünf- bis Sechsjährigen beobachtet man die Reaktionen I bis II, die anschließend stark abnehmen und das erste Entwicklungsstadium des Begriffs darstellen (die Flüssigkeit bewahrt die Stellung, die sie hätte, wenn das Gefäß senkrecht stünde); bei den Sieben- bis Achtjährigen dominieren die Reaktionen III bis IV, die dem zweiten Entwicklungsstadium entsprechen (der Wasserspiegel ist beliebig geneigt[4]); die Reaktionen VI werden erst mit 8 bis 9 Jahren allgemeiner, gleich wie im dritten Stadium der Entwicklung des Begriffs.

Zwischen diesen Reaktionen und denen des 1. Abschnitts besteht somit offensichtlich eine Parallele, insofern in beiden Fällen die einfache Retention der wahrgenommenen Tatsache durch eine transformierende Deduktion ersetzt wird. Bei den Kindern des 1. Abschnitts mit einer Gedächtniszeichnung vom Typ der Figur 53 erinnert sich das Kind daran, daß die Flüssigkeit an der einen Wand der Flasche lag, vergißt aber die liegende Stellung und schließt daraus, daß in der aufrecht stehenden Flasche das Wasser an die rechte Wand geklebt bleibt. Beim vorliegenden Versuch erinnert sich das Kind an die schräg gestellte Flasche, vergißt aber die Stellung des Wassers und leitet deshalb für sich ab, wie sich das Wasser verteilen würde, wenn man von einer aufrechten oder liegenden Flasche ausginge und sie um 45 ° neigte. Die Erinnerung ist somit in beiden Fällen interpretierend und nicht nur aufzeichnend oder behaltend. Jetzt müssen wir noch untersuchen, auf welcher Ebene des Erinnerungsvorgangs diese Deduktion vorgenommen wird – schon bei der Aufzeichnung, während der Retention oder erst im Augenblick der Evokation?

Vorher wollen wir aber noch die Erinnerungen nach sechs Monaten überprüfen. 55 Kinder konnten nach dieser Zeit wieder ausfindig gemacht werden: Alle erinnern sich daran, eine halb gefüllte Flasche gesehen zu haben. Alle sechs Reaktionstypen sind wieder vorhanden. Zwischen den beiden Gruppen – Evokation nach einer Stunde und nach einer Woche oder Evokation nur nach einer Woche – besteht kein Unterschied, außer daß man bei der zweiten Gruppe nach sechs Monaten etwas mehr genaue Erinnerungen vom Typ VI erhält. Das ist vor allem auf die Fortschritte der neunjährigen Kinder zurückzuführen, die in der ersten

Gruppe gefehlt hatten. Die folgende Tabelle faßt die Ergebnisse nach sechs Monaten für beide Gruppen zusammen:

Tabelle XLVIII

Die Erinnerungen nach sechs Monaten

Erinnerungstypen . .	I	II	III	IV	(I–IV)	V	VI	*N*
5 Jahre	2	1	2	0	(5)	5	0	10
6 Jahre	1	2	4	0	(7)	4	1	12
7 Jahre	0	1	6	1	(8)	0	5	13
8 Jahre	0	3	4	1	(8)	0	6	14
9 Jahre	0	0	1	0	(1)	0	5	6
Total	3	7	17	2	(29)	9	17	55

Vergleicht man diese Resultate mit denen nach einer Woche, so stellt man sofort fest, daß die richtigen Evokationen (Typ VI) bei den Fünf- bis Sechsjährigen abgenommen haben. Bei den Sieben- bis Neunjährigen nehmen sie aber von 10 von 37 auf 16 von 33 zu, was einige Teilfortschritte voraussetzt. Die allgemeine Verteilung der Erinnerungstypen ist jedoch fast genau gleich wie nach einer Woche, insbesondere hinsichtlich der relativen Häufigkeit des Typs III (schräger Wasserstand in einer geneigten Flasche). Der Typ V hat bei den Fünf- bis Sechsjährigen stark zugenommen (von 10 auf 40%), und zwar vor allem wegen der Tendenz, die Flaschen in eine senkrechte Stellung aufzurichten, wie bei den Kindern des 1. Abschnitts.

Die Fortschritte und Rückschritte lassen sich im einzelnen zahlenmäßig erfassen, wenn man anstatt der bisherigen sechs nur drei Stufen unterscheidet. Es wäre tatsächlich willkürlich, zwischen den Typen III, IV und V einerseits und den Typen I und II andererseits eine Reihenfolge festzulegen, insbesondere da es zwischen den beiden letzteren viele Zwischenstufen gibt. Wir gehen deshalb im folgenden nur von 3 Stufen aus: 1 (I + II), 2 (III – V) und 3 (VI), so daß ein Fortschritt M > W zwischen einer Woche und sechs Monaten einen Übergang von 1 zu 2 oder von 2 zu 3 bedeutet, M < W das Umgekehrte. Man findet unter dieser Voraussetzung:

M < W	M = W	M > W
6	32	17

Die Rückschritte M $<$ W sind vor allem bei den jüngeren Kindern zu beobachten. Zwei Fälle sind besonders interessant. Das eine Kind hatte mit 5 Jahren einen waagrechten Wasserstand (Typ VI) gezeichnet (ein anderes Kind vom gleichen Typ konnte nicht mehr ausfindig gemacht werden), fällt aber nach sechs Monaten auf den Typ II (liegende Flasche mit senkrechtem Wasserstand) zurück. Das zweite Kind, 6 Jahre alt, hatte nach einer Stunde den Typ VI gezeichnet, fällt aber nach einer Woche und nach sechs Monaten auf den Typ II zurück (hier also M = W). Aus diesen beiden Fällen zeigt sich deutlich, daß die erste gute Erinnerung nicht mit einem operativen Verständnis gekoppelt war, so daß die Erinnerung schlechter wird. Drei Rückschritte sind bei den Sieben- bis Achtjährigen zu beobachten, nämlich zwei von der Stufe 2 auf die Stufe 1 und einer vom Typ VI (Stufe 3) auf den Typ III (Stufe 2), woraus sich ergibt, daß das Verständnis am Anfang noch unvollkommen war (sofern es sich nicht einfach um eine figurative Erinnerung gehandelt hatte).

Stationäre Fälle finden sich auf allen Stufen und in jedem Alter. Die 17 Fortschritte beginnen schon bei Fünfjährigen (Übergänge von I zu III oder IV) und Sechsjährigen (ebenfalls und von II zu III oder IV und in einem Fall von III zu VI), sind aber vor allem bei den Sieben- bis Neunjährigen interessant, denn in diesem Alter beginnen sich aus dem zwei- und dreidimensionalen Messen heraus die räumlichen Koordinaten auszubilden. Am häufigsten sind die Fortschritte vom Typ III zur richtigen Erinnerung VI. Wenn man Gegenfragen stellt («einer deiner Kameraden hat sich daran erinnert»: Zeichnung der Flasche mit schrägem Wasserspiegel), kann man abschätzen, welches Verständnis diese Erinnerung stützt: «Das ist falsch, wenn die Flasche nämlich schräg gestellt wird, bleibt der Wasserspiegel gerade» usw. Bei anderen Kindern, sogar noch bei Neunjährigen, trifft man auf Erinnerungen, die eben erst richtig geworden sind (sechs Monate vorher war der Wasserspiegel sehr schräg gezeichnet worden: Typ III), bei denen aber das Verständnis noch nicht ganz ausgewogen ist: Mat zum Beispiel zeichnet die Wasseroberfläche zuerst schräg, korrigiert sich aber zu waagrecht. Der Frage «Ist es jetzt richtig?» weicht sie aus («ich weiß es nicht mehr»), und auf Gegenfragen hin krebst sie zurück. Doch auch die Erinnerung dieser beiden Kinder ist verglichen mit einer Woche ein klarer Fortschritt. Der Typ VI wird dennoch erreicht.

Solche Übergänge zeigen zusammen mit den stabilen Fortschritten mit aller Deutlichkeit, wie sehr die Verbesserung der Erinnerung bei dieser logisch-räumlichen Struktur mit dem Fortschritt des zugrunde liegenden operativen Schemas verbunden ist. Diese 17 Fortschritte auf 55 Kinder (11 von 33, also ein Drittel, bei den Sieben- bis Neunjährigen) erinnert an die 19 Fortschritte auf 60 sechs- bis achtjährige Kinder bei der Multiplikation von Klassen, wo es sich aber nur um Fortschritte bei der Rekonstitution handelte (mit Rückschritten bei der Evokation), während es hier Fortschritte bei der Evokation selbst, also bei der Bild-Erinnerung, sind, und dies zweifellos aufgrund der räumlichen Natur des Modells.

3. Schlußfolgerungen

Aus diesen Fakten ergeben sich zweierlei Auskünfte bezüglich der Lösung von zwei Problemen, die sich bei mehreren Arbeiten dieses Buches und insbesondere beim Gedächtnis der Drehungen (Kapitel XV) gestellt haben: Einerseits die Beziehung zwischen dem, was in der Erinnerung fixiert ist, und dem, was das Kind wahrgenommen oder begriffen hat, und andererseits zwischen dem, was es in der Erinnerung behalten hat, und dem, was es im Augenblick des Abrufs deduktiv rekonstruiert.

I. – Das erste dieser beiden Probleme ist besonders heikel. Man könnte in vielen Fällen sagen (und der Leser hat sich das zweifellos oft gesagt), da die Erinnerung erst nach Abschluß der Wahrnehmung beginne, betreffe die Frage nach dem, was das Kind in seine Erinnerung hineinbringe, nicht das Gedächtnis, sondern ausschließlich die Wahrnehmung und die Intelligenz; die spezifische Frage der Erinnerung beschränke sich darauf, wie das Kind behalte und später evoziere (oder wiedererkenne oder auch rekonstituiere), was es am Anfang verschlüsselt habe. In einem solchen Falle würde das Gedächtnis des Kindes wie das des Erwachsenen funktionieren, außer daß es andere Inhalte für seine Retention gewählt hat. Doch diese Interpretation ist diskutabel, denn es gibt die ganz andere Hypothese, wonach die Art der Erhaltung (und nicht nur die Quantität oder Wirklichkeitstreue) der Erinnerung zum Teil von ihrer Organisation im Augenblick der Fixierung abhängig sei und umgekehrt. Wir haben zum Beispiel in den Kapiteln I und II Erinnerungen an eine Reihenanordnung kennengelernt, die innerhalb von sechs Monaten Fortschritte machten. Wir haben in diesem Kapitel Erinnerungen vor uns, die innerhalb einer Stunde oder einer Woche die Ausgangstatsache modifizieren, wenn auch auf inadäquate Weise. Man kann in beiden Fällen annehmen, daß die merkwürdige Art der Erhaltung mit Transformation des mnestischen Inhalts auf die Organisation im Augenblick der Fixierung zurückzuführen ist.

Wo aber liegt die Grenze zwischen der Organisation der Erinnerung als solcher und den Schemata, Auffassungen und Wahrnehmungen, die das bestimmen, was das Kind in seine Erinnerung aufnimmt? Falls das Kind Transformationen betrachtet, ist die Grenzlinie schwierig zu ziehen, aber bei einer Reihenanordnung oder bei den hier verwendeten, auf dem Kopf stehenden oder schräg gestellten Flaschen, wo nur ein Zustand präsentiert wird, kann man sie festlegen, indem man die objektive Tatsache mit der evozierten Erinnerung vergleicht: 1. was das Kind gesehen hat, 2. was es nicht bemerkt hat und 3. wie das, was es gesehen hat, durch die vorhandenen Assimilationsschemata verändert worden ist.

Bei der Flasche A (Figur 52) hat das Kind gesehen und behalten: a) eine Flasche, b) mit einer gefärbten Flüssigkeit längs der langen Seite des Gefäßes; c) daß die Flasche liegt, kann es aber bemerkt haben oder auch nicht. Bei der Figur 55 hat es gesehen: a) ein Flasche, die b) schräg gestellt ist; es kann aber c) den waagrechten Wasserspiegel übersehen haben. Es hat aber ganz sicher keine Flüssigkeit mit senkrechter oder schräger Oberfläche gesehen. Aufgrund dieser Tatsachen können wir folgern, daß das Kind zwar a) und b), aber nicht notwendig c) in seine Erinnerung aufgenommen hat. Wenn es sich später an eine senkrechte oder schräge Wasseroberfläche zu erinnern glaubt, so deshalb, weil es diese Fakten a) und b) an Schemata assimiliert hat, so daß das Merkmal b) einer längs der langen Seite eines Gefäßes ausgebreiteten Flüssigkeit mit der senkrechten oder schrägen Stellung dieses Gefäßes nicht unvereinbar ist.

In diesem Fall gibt es zwei Möglichkeiten. Entweder hat das Kind das Merkmal c) bemerkt und erinnert sich richtig an eine liegende Flasche mit Flüssigkeit längs der liegenden Seite oder an die schräg gestellte Flasche mit dem waagrechten Wasserspiegel: Die wahrgenommenen Tatsachen sind folglich nicht verändert worden. Erst bei der operativen Prüfung sieht man, ob das Kind die Möglichkeit einer in der Luft schwebenden, einer schräg oder senkrecht stehenden Flüssigkeitsmenge akzeptiert, was bei diesen Kindern nichts mit dem Gedächtnis zu tun hat. Oder das Kind hat c) nicht bemerkt und nur a) und b) aufgezeichnet: In diesem Falle glaubt es schon nach einer Stunde, eine Flasche in normaler Stellung gesehen zu haben, die also aufrecht stand. Der Grund dafür ist eine gewisse Wahrscheinlichkeit aufgrund der durch Erfahrung festgestellten Häufigkeiten, die vor der Organisation der Erinnerung bekannt sind. Es glaubt aber auch, die Flüssigkeit senkrecht gesehen zu haben, weil sie der langen Seite des Gefäßes anhaftete, und das Gefäß aufrecht. Ebenso glaubt es, eine schräg gestellte Flasche mit einem Wasserspiegel gesehen zu haben, der zur Achse dieses Gefäßes senkrecht stand oder stärker als das Gefäß selbst geneigt war usw. Diese Merkmale wurden am Modell nicht wahrgenommen, sondern zu den Tatsachen hinzugefügt. Das konnte aber nicht im Augenblick der Organisation der Erinnerung geschehen, denn die Wahrnehmung des Modells hätte diesem Fehler widersprochen und ihn ausgeschlossen. Das erste dieser Merkmale (eine aufrecht stehende und nicht liegende Flasche) erstaunt uns nicht, weil es die wahrscheinlichste Stellung wiedergibt und auf objektive Informationen des Kindes vor dieser Organisation zurückzuführen ist. Das andere hingegen geht aus den präoperativen Schemata des Kindes hervor und löst sich in der Folge von ihnen ab.

Wesentlich ist aber, daß die Erinnerung – nach ihrer Organisation – verändert worden ist und daß diese Erhaltung mit inneren Transformationen auf ebendiese Organisation zurückzuführen ist, insofern diese Tatsachen wahrgenommen wurden, aber auch insofern sie an bestehende Schemata assimiliert werden. Das ist folglich der Beweis dafür, daß die Organisation der Erinnerung im Augenblick der Fixierung zum Teil die Wirklichkeitstreue der Erhaltung und die Menge der behaltenen Elemente bestimmt. Sie bestimmt aber vor allem auch die Qualität der Erinnerung, denn diese neigt zu Transformationen, sowohl zu vernüftigen als auch zu irrigen, die aber in der Folge korrigiert werden können. Das haben wir schon bei den Seriationen gesehen, und das sehen wir hier (2. Abschnitt) wieder, nämlich nach sechs Monaten bei einem Drittel der sieben- bis neunjährigen Kinder (11 von insgesamt 33).

II. – Das zweite Problem, das wir aufgrund der vorliegenden Tatsachen angehen können, ist noch wesentlicher: Ob diese Veränderungen in der Erhaltung der Erinnerung, im weiteren ob die adäquaten und mit dem Modell übereinstimmenden Merkmale während der Retention als solcher (die angenommene Erhaltung) entstanden sind und behalten wurden, oder ob sie alle das Ergebnis von Rekonstruktionen im Augenblick der Evokation selbst sind. Bei der Drehung der Dreiecke (Kapitel XV) hat man den Eindruck haben können, alle Erinnerungen, auch die genauen, seien das Ergebnis einer abermaligen Antizipierung oder einer Rekonstruktion im Zeitpunkt der Gedächtniszeichnung. Für Janet weist bekanntlich jede Evokationserinnerung dieses Merkmal («Erzähl-Verhalten») auf, während Penfield seither bewiesen hat, daß bestimmte Erinnerungsbilder (die Schemata stellen ein ganz anderes Problem dar) erhalten bleiben. Bei der Drehung der Dreiecke und in vielen anderen Fällen kann man die jeweiligen Anteile der Erhaltung (mit oder ohne Transformationen) und der Rekonstruktion unmöglich auseinanderhalten, denn es handelt sich, vom Experimentator gewollt (Drehungen) oder nicht, um ein Gedächtnis, das sich auf Transformationen bezieht.

Auch hier bringen die besprochenen Tatsachen eine offenbar entscheidende Klärung. Das Problem ist nämlich in diesem besonderen Fall, wie das Kind auf den folgenden Gedankengang gekommen ist: (aufrechte Flasche) × (Flüssigkeit längs der langen Seite) = (senkrecht stehende Flüssigkeit) oder (schräg gestellte Flasche) × (Flüssigkeit im unteren Drittel) = (parallele oder schräge Orientierung am Grunde der Flasche). Dieser Gedankengang kann unmöglich im Augenblick der Fixierung der Erinnerung durchgeführt worden sein, denn er wäre durch die perzeptiven Fakten widerlegt worden: Diese Tatsachen werden aber gut behalten (zumindest a) und b), während c) im allgemeinen schlecht beachtet wird), denn Mic sagt noch nach einer Woche zu einer Zeichnung mit der Flüssigkeit gegen den Flaschenboden: «Nein, Sie haben es nicht so gezeigt.» Diese Folgerung stellt ebensowenig das Ergebnis eines expliziten oder impliziten Gedankenganges im Augenblick der Evokation dar, weil sich kein Transformationsproblem stellt, ausgenommen falls eine richtige Antwort nach einer ursprünglich falschen Erinnerung gegeben wird. Hätte man dem Kind als zu memorierendes Modell eine Flasche vorgelegt, die sukzessive in verschiedene Stellungen geneigt wird, wobei sich das Kind an die Neigungen des Gefäßes und die Stellungen der Flüssigkeit erinnern sollte, so wäre im Augenblick des Abrufs durch Evokation der Anteil der Deduktion, der nochmaligen Antizipierung und der Rekonstruktion zweifellos beträchtlich gewesen. Doch hier erinnert sich das Kind einfach an ein zum Beispiel längliches Gefäß mit Flüssigkeit längs der einen Seite, und es zeichnet dieses Gefäß ohne zu zögern aufrecht, weil es glaubt, die Flasche so gesehen zu haben. Es hat sich somit nicht zu fragen, wie die Flüssigkeit orientiert sein würde, wenn man die Stellung des Gefäßes veränderte, denn es «sieht» in seinem Erinnerungsbild sowohl das aufrechte Gefäß als auch die Flüssigkeit längs einer Seite. Man würde überhaupt nicht von einem Gedankengang sprechen, wenn nicht die Tatsache wäre, daß die senkrecht stehende Flüssigkeit nicht wahrgenommen worden sein konnte und deshalb zu irgendeinem Zeitpunkt gefolgert worden sein muß. Wann aber?

Falls es nicht im Augenblick der Fixierung der Erinnerung geschah, falls keine Transformationen vorgekommen sind und auch keine Überlegung zur Zeit der Evokation möglich war, muß diese Folgerung während der Retention des Erinnerungsbildes stattgefunden haben – in der Art der «Vorfolgerungen», die Helmholtz intuitiv (dixit Pawlow) der Wahrnehmung zugeschrieben hatte und deren Realität man schließlich anerkennen mußte, nachdem man lange daran gezweifelt hatte. Zwischen der Hypothese einer bloßen Erhaltung der Erinnerung und der Annahme einer bloßen Rekonstruktion im Augenblick der Evokation gibt es tatsächlich Platz für eine dritte Interpretation: eine Erhaltung mit verschiedenartigen Transformationen, darunter auch folgernden. Im vorliegenden Fall ist die Folgerung sehr einfach. Sie vereinfacht zunächst die Fakten im Sinne des Wahrscheinlichsten, was zur Erinnerung an eine aufrecht stehende Flasche führt. Dann wird diese Veränderung mit der Erinnerung an eine Flüssigkeit koordiniert, die der langen Seite der Flasche anhaftete. Und diese sozusagen unmittelbare Koordinierung wird ermöglicht durch die Schemata der räumlichen Koordination (immer genauere topologische Koordination ohne Kenntnis der Koordinatensysteme und deshalb Vernachlässigung der Waagrechten).

Diese Folgerungen, die während der Erhaltung der Erinnerung mit Transformationen geschehen, können dann konvergieren mit den Rekonstruktionen oder Wiedererarbeitungen, die während der Evokation eintreten. Bei der Seriation zum Beispiel sind die Fortschritte, die wir bei der Erinnerung nach sechs Monaten festgestellt haben, auf die spontane Entwicklung des operativen Schemas zurückzuführen, auf das sich die Bild-Erinnerung stützt. Die Transformation dieser Erinnerung unter dem Einfluß des Schemas setzt jedoch ähnliche Vorfolgerungen voraus wie diejenigen, die wir eben bei den schräg gestellten oder verkehrten Flaschen angenommen haben. Diese Vorfolgerungen, die die Struktur der Reihenanordnung verändern, sind die gleichen, die das Kind benützen würde, wenn es die Reihe im Zeitpunkt der Evokation rekonstruieren müßte.

Die 17 Verbesserungen der Erinnerung, die in diesem Kapitel (2. Abschnitt) nach sechs Monaten festgestellt wurden, sind natürlich auf die Fortschritte des operativen Schemas der räumlichen Koordinaten zurückzuführen. Die neue Folgerung, die in gewissen Fällen jeder Wasseroberfläche eine waagrechte Stellung zuschreibt (und diese Folgerung ist neu, denn die Erinnerung war sechs Monate früher anders gewesen), wird notwendig auf die Erinnerung selbst (oder *auch* auf die Erinnerung) angewendet, sobald dieses Schema allgemein geworden ist. Darin das Ergebnis einer Deduktion ausschließlich im Zeitpunkt der Evokation zu sehen, ist ebenso unbegründet wie dort, wo sich das Kind an eine schräge Wasserfläche zu erinnern glaubte.

Man kann deshalb ganz allgemein sagen, die Erhaltung der Erinnerung spiele sich auf drei Ebenen ab: reine Retention bestimmter Fakten ohne jede Veränderung, Erhaltung mit Transformationen, die sich zum Teil aus Folgerungen ergeben, und Rekonstruktion im Zeitpunkt der Evokation. Wir haben eine gewisse Konvergenz zwischen der zweiten und der dritten dieser Ebenen angenommen. Wir haben soeben gesehen, daß die Erhaltung mit Transformationen zum Teil durch die Organisation der Erinnerung im Augenblick der Fixierung bestimmt ist, die übrigens die Ursache der Retentionen ohne Veränderung ist. Im Mechanismus des Gedächtnisses findet sich deshalb eine grundlegende funktionelle Einheit, die aber nur in dem Maße verständlich ist, wie die figurativen Aspekte der Erinnerung, also die Bilder, in eine allgemeine Schematisierung integriert werden, deren wesentlicher Antrieb das Funktionieren und die Erhaltung der Intelligenzschemata bleibt.

[1] In Zusammenarbeit mit J. Bliss.

[2] In dem Sinne, daß das operative Denken dann angibt, was man als Bezug suchen muß, und so die Wahrnehmung auf das ausrichtet, was aufgezeichnet werden muß. Siehe J. Piaget, *Les mécanismes perceptifs,* Seite 210.

[3] Es handelt sich um ein Kind von 5; 8 Jahren, das nach einer Stunde und einer Woche diese Zeichnung anfertigt; nach sechs Monaten korrigiert es sich und zeichnet einen waagrechten Wasserspiegel.

[4] Im allgemeinen aber verbunden mit den Ecken der parallelepipedförmigen Flasche, wie wir schon früher bei der operativen Prüfung beobachtet haben.

Kapitel XVII

Die Erinnerung an drei Rechtecke von verschiedener Form und gleicher Fläche[1]

Nachdem wir das Gedächtnis von Anordnungen untersucht haben, die aus Drehungsoperationen und anschließend Bezugsetzungen (natürliche Koordinaten) hervorgehen, müssen wir unbedingt auch noch die Erinnerungen an räumliche Formen und Größen in einem System überprüfen, wo sie einem Erhaltungsgesetz untergeordnet sind. Wir kennen bereits (Kapitel III) die Schwierigkeiten, die es bereitet, ein Erhaltungsgesetz in Begriffe der Bild-Erinnerung zu übertragen, denn die Erhaltung ist keine Anordnung, sondern eine rationale Beziehung, die mit den Transformationen zusammenhängt, durch die zwei Zustände oder zwei Anordnungen miteinander verbunden sind. Ob man die Transformationen selbst durchführt oder sie durch das Kind vornehmen läßt, man läuft Gefahr, ein rein begriffliches oder logisches Gedächtnis auszulösen, dessen Erfolge oder Mängel selbstverständlich einfach ein Ausdruck der operativen Schemata des betreffenden Kindes sind. Man kann zwar versuchen, diese Schwierigkeit so zu umgehen, wie wir es im Kapitel III getan haben, daß man dem Kind äquivalente Größen in verschiedener Anordnung (dort drei Mengen von jeweils sechs Spielmarken, die verschieden unterteilt waren) präsentiert, wobei man annimmt (was sich in diesem besonderen Fall bestätigt hat), daß die Erinnerung dieser Anordnungen von der operativen Stufe und den Erhaltungsschemata des Kindes abhängen würden. Wie kann aber das Kind im Falle von räumlichen Größen – wie den Flächen, mit denen wir uns beschäftigen werden – die Gleichheit beurteilen, wenn nicht durch ein genaues Messen oder durch Zusehen bei den elementaren Transformationen (Zerschneiden und Wiederzusammenfügen), von denen es nur das behalten wird, was seiner Stufe entspricht, so daß sich also die Frage allein auf die Evokation der Resultate unter dem Gesichtspunkt der Formen und Dimensionen usw. bezieht? Wir werden deshalb so vorgehen: Gegeben sind drei Rechtecke aus dünnem Karton mit den Maßen 4×16 cm; man läßt das Kind diese Gleichheit feststellen; das eine Rechteck zerschneidet man in zwei Hälften von 4×8 cm, die man zu einem Quadrat zusammensetzt; das andere zerschneidet man in zwei andere Hälften von 2×16 cm, die man der Länge nach zusammenfügt, so daß ein Rechteck von 2×32 cm entsteht; all das geschieht vor den Augen des Kindes. Die Figuren werden dann folgendermaßen nebeneinandergestellt: links das Rechteck von 4×16 cm aufrecht, daran anschließend das Quadrat und rechts das lange Rechteck liegend. Man fragt das Kind, ob die Flächen immer noch gleich seien, aber ohne zu insistieren. Die Antwort wird – gleichgültig, wie sie ausfällt – einfach zur Kenntnis genommen. Dann werden die Figuren weggelegt. Das Kind beschreibt und zeichnet aus dem unmittelbaren Gedächtnis, was es gesehen hat (für die Zeichnung stellt man kariertes Papier zur Verfügung, damit das Kind diese mögliche Hilfe ausnützen kann, falls es genaue Maße angeben will).

Man ersieht daraus die Fragestellung: In welchem Grade stimmt die Bild-Erinnerung dieser drei Formen und Größen einfach mit den Wahrnehmungstatsachen überein, oder kann man je nach Alter Verzerrungen wegen der Nichterhaltung oder im Gegenteil ein Bemühen um Flächenausgleich wegen der Erhaltung erkennen? Die Frage stellt sich hier aber ganz anders als bei den numerischen Zuordnungen im Kapitel III oder allgemein bei den Beziehungen zwischen einem operativen Schema wie dem der Aneinanderreihung und der Erinnerung an die Anordnungen, die sich aus seiner Anwendung ergeben. Wir stellen somit in diesem besonderen Fall in keiner Weise die Hypothese auf, es gebe einen spezifischen und isolierbaren Faktor, also einen Begriff der Erhaltung der Flächen, der die Wahrnehmung und die Erinnerung der Flächen so beeinflussen würde, wie die Zuordnungsoperation zusammen mit der Erhaltung der Äquivalenzen die Erinnerung an die Spielmarkenreihen im Kapitel III verändert oder wie die Aneinanderreihungsoperation die Reihenanordnungen der Kapitel I und II strukturiert. Es gibt nämlich keine Erhaltungsoperation. Die Erhaltung ist immer nur ein Aspekt eines jeden operativen Systems, das eben so funktioniert, daß es transformiert und zugleich erhält, also zum Beispiel die Merkmale a, b und c usw. transformiert, aber bestimmte Beziehungen zwischen ihnen (ihre Summe oder ihr Produkt usw.) erhält. Bei der Erhaltung der Flächen besteht die mitwirkende Operation darin, daß die gegebenen Dimensionen verändert werden, und zwar koordiniert, indem die Verkleinerung von a durch die Vergrößerung von b ausgeglichen wird, so daß das Produkt ab konstant bleibt (was bei einem Rechteck unmittelbar sichtbar ist). Bei unseren Flächen (und geometrischen Figuren im allgemeinen) sind die Dimensionen a und b physische Eigenschaften des Gegenstandes, aber auch Effekte des Zerschneidens und Wiederzusammenfügens, die auf die Aktionen des Experimentators zurückgehen. Sie sind keine Strukturmerkmale, die wie bei den Zuordnungen und Aneinanderreihungen durch die

Operation aufgedrängt werden. Mit anderen Worten: Bei einem Rechteck ist die eine Seite länger als die andere, auch wenn niemand da ist, um das festzustellen, aber die beiden Mengen haben nur dieselbe Zahl 6 (als Zahl 6, die auf 5 folgt und vor 7 kommt), wenn ein Subjekt sie einander zuordnet und vorher die additive Reihe der ganzen Zahlen konstruiert. Um sich die drei präsentierten Figuren (das aufrechte Rechteck A, das Quadrat B und das liegende Rechteck C) einzuprägen, muß das Kind sie nur ansehen, falls niemand von ihm verlangt (auch wir nicht), das Produkt aus der Länge a und der Breite b zu berechnen. Wie wird es sie aber ansehen und in seiner Erinnerung fixieren? Das ist eben die Frage.

Diese Frage stellt sich folgendermaßen. Bei verschiedenen Experimenten über die physikalische Erhaltung (Erhaltung der Materie, des Gewichts usw. einer Tonkugel, die zu einer Wurst ausgezogen wird) läßt sich beobachten, daß jüngere Kinder nicht gleichzeitig die Veränderung beider Dimensionen bemerken und sich auf eine einzige konzentrieren: daher eine Nichterhaltung. Wenn nämlich die Kugel länger wird, ohne dünner zu werden, so enthält sie selbstverständlich mehr Ton. Richtet man die Befragung nicht auf die wahrgenommenen Tatsachen aus, sondern auf die Antizipierung durch das Vorstellungsbild dessen, was die Transformation ergeben wird, so kann man feststellen[2], daß die Zeichnungen der jüngsten Kinder eine Verlängerung ohne ein gleichzeitiges Dünnerwerden angeben. Da das antizipierende Bild dem Erinnerungsbild nahesteht, kann man sich begründeterweise fragen, wie wir es hier tun, ob die Evokationserinnerung oder auch die Wiedererkennungserinnerung der drei veränderten Figuren auf der Stufe der Nichterhaltung dieselbe ist wie auf der Stufe der Erhaltung der Flächen. Das bedeutet keineswegs, daß die Erhaltung als solche die Erinnerung verändern könnte. Das wäre offensichtlich eine zu einfache Interpretation. Unsere Hypothese besagt genauer, daß die Schemata in ihrer Gesamtheit, die die Variationen der Dimensionen fortschreitend koordinieren, gleichzeitig einerseits auf der Ebene des Gedächtnisses mehr oder weniger veränderte oder genaue Erinnerungen der wahrgenommenen Formen und Größen und andererseits auf der Ebene der Operation für die Erhaltung der Fläche mehr oder weniger günstige Konstruktionen bewirken. Wenn wir eine Beziehung zwischen dieser Erhaltung und den Erinnerungstypen finden, so rührt das nicht daher, daß sich die Erhaltung direkt auf die Erinnerungstypen auswirkt. Beide spiegeln vielmehr eine perzeptive, vorstellungsmäßige (bildhafte), mnestische und begriffliche Organisation wieder, deren Schemata sowohl auf der Ebene der Erinnerung als auch auf der Ebene der Operationen wirksam würden. Deshalb sprechen wir in diesem Buch immer von der Aktion der Schemata auf das Gedächtnis und nicht von Operationen im eigentlichen Sinne des Wortes, da die Assimilationsschemata den gemeinsamen Ursprung des für die mnemonische Verschlüsselung und Entzifferung zuständigen Code und der eigentlichen operativen Strukturen darstellen. Es mußte sich deshalb lohnen, eine Sondierung zu versuchen, um diese allgemeine Hypothese bis hin zur Erhaltung der Flächen zu bestätigen, so heikel dieser Versuch auch sein mußte.

1. Die Entwicklung der Gedächtniszeichnungen mit dem Alter

Es ist bei dieser Untersuchung nicht einfach, klar unterschiedene Erinnerungstypen aufzustellen. Die Anordnung ist nicht im geringsten kompliziert: drei einfache Figuren, deren Reihenfolge und Stellung keine besondere Bedeutung haben. Hingegen lassen sich einige auffällige und ausreichend verbreitete Transformationen feststellen, die die Zeichenbilder der Kinder aufgrund des Alters verändern. Unter einem solchen Gesichtspunkt kann man von Stufen sprechen, wobei man sich aber vor Augen halten muß, daß es alle möglichen Übergänge gibt.
Stufe I. – Die vierjährigen Kinder fertigen Gedächtniszeichnungen an, die ihrer Natur nach jede Erhaltung der Fläche ausschließen oder, besser gesagt, für eine solche Fragestellung völlig ungeeignet sind. Sie erinnern sich grundsätzlich an drei Figuren ähnlicher Form (ausgenommen bisweilen das lange Rechteck C, das oft durch einen einfachen Strich dargestellt wird), aber verschiedener Länge, die man als Dreier-Aneinanderreihung darstellen kann. Ein typisches Beispiel ist Gra (4; 8), ein guter Zeichner, der zuerst drei gleiche Rechtecke zeichnet, so wie sie vor dem Zerschneiden aussahen. Dann zeichnet er in einer Reihe und aufrecht ein sehr kurzes Rechteck (B), ein etwas längeres (A) und ein noch längeres (C), die Längenunterschiede sind etwa gleich, die Breite ist konstant (gleich wie bei den drei ursprünglichen Quadraten). Dieses Modell findet sich immer wieder. Manchmal nimmt sogar die Breite leicht zu, während die Länge rasch wächst, so daß das lange und schmale Rechteck (C) dreimal länger und anderthalbmal breiter als das kürzeste Rechteck (B) wird. Andere Kinder, die nicht so geschickt zeichnen, begnügen sich mit drei Strichen ungleicher, manchmal aber fast gleicher Länge (der Grund dafür ist das fehlende Verständnis für die Seriation und nicht etwa ein Bedürfnis nach Erhaltung). Bea (4; 8) zeichnet drei Würste, die

größte sechsmal länger und zweimal breiter als die kleinste. Das Anliegen des Kindes ist es somit in erster Linie, drei verschiedene Längen wiederzugeben, ohne jede andere Analyse der Dimensionen, die die Formunterschiede berücksichtigen würde. Die leichte Verbreiterung, die mit der Verlängerung verbunden ist, entspringt dem Wunsch, die gemeinsame (wenn auch illusorisch gemeinsame) Form der drei Gegenstände zu erhalten.

Stufe II. – Auch bei Fünfjährigen findet man noch eine oder zwei solche Seriationen von Figuren ähnlicher Form nach der Länge, aber die Mehrheit der Kinder dieser Altersstufe und ebenso die Sechsjährigen betonen im Gegenteil die Form, wobei die Größen ($B < A < C$) etwas vernachlässigt werden. Ein typischer Fall ist Mic (5; 5). Er zeichnet sorgfältig, wie zwei Rechtecke zerschnitten wurden, so daß B und C in der Vorlage Zusammensetzungen der beiden Hälften von A werden, je nachdem ob A der Breite nach (für das Quadrat B) oder der Länge nach (für das lange Rechteck C) geteilt wurde. In Mics Zeichnung beim unmittelbaren Abruf ist das Quadrat B gleich breit wie das Rechteck A, als ob man einen kleinen Teil davon abgeschnitten, den Rest zweigeteilt und die Teile wieder miteinander verbunden hätte. Das Rechteck C ist viel länger als A, aber ohne daß die Proportionen in der Breite beachtet werden (das Rechteck ist viel schmäler als die Hälfte von A). Nach einer Woche ist C doppelt so lang wie A und B doppelt so breit wie A, so daß für die Flächen die Beziehungen $C = 2\,A$ und $B =$ (ungefähr) $1\frac{1}{2}A$ gelten. Fel (5; 7) zeichnet ebenfalls das Quadrat B viel zu groß und das Rechteck C viel zu kurz: Die Formunterschiede werden festgehalten, aber die Dimensionen bleiben unberücksichtigt. Beg (5; 9) kommt auf ein Quadrat B, das etwa doppelt so groß wie das Rechteck A ist, während dieses bei Car (5; 10) drei- bis viermal kleiner ist; C wird gleich lang wie A, aber um die Hälfte schmaler. Man (6; 2) zeichnet ein C, das zehnmal länger und fast zweimal breiter als A ist; das Quadrat B ist flächenmäßig merklich kleiner. Kurz, diese Kinder bemühen sich, die durch das Zerschneiden veränderten Formen festzuhalten, aber sie lassen die Dimensionen unberücksichtigt, so daß die Flächen oder Größen beim Wiederzusammenfügen der Hälften nicht erhalten bleiben.

Stufe III. – Bei einigen Sechsjährigen und vor allem mit 7 Jahren kommt ein dritter Typ von Bild-Erinnerungen vor, der durch alle möglichen Übergangsformen mit dem Typ II verbunden ist. Das Kind beginnt, mit einer gewissen Genauigkeit, die Dimensionen zu behalten, es begnügt sich nicht mehr wie früher mit einer Seriation äquivalenter Formen nach der Länge oder etwas später mit einer Differenzierung nach den Formen, ohne die Größen genügend genau zu umschreiben. Doch dieses einsetzende Bedürfnis nach Genauigkeit in den Dimensionen zeigt sich auf eine Weise, die mit ihren indirekten Beziehungen zu der Konstruktion der Erhaltungen wiederum interessant ist: das Kind versucht nur, die eine Dimension sorgfältig zu bestimmen, bei der anderen schätzt es nur ab, das heißt, es verläßt sich auf die Gesamtform, an die es sich erinnert und die ihm einen ausreichenden Zusammenhang zwischen den beiden Größen zu gewährleisten scheint. Hinsichtlich der genau berücksichtigten Dimension muß man sich daran erinnern, daß die Kinder auf kariertes Papier zeichnen (mit Quadrätchen von 8×8 mm). Das spontane Messen, bei dem das Kind die Einheiten selbst konstruiert[3], bildet sich erst mit 8 Jahren aus; bereits vorhandene Einheiten, die dem Messen durch einfache Anwendung der Zahl dienen, werden aber schon von 7 Jahren an verwendet, wobei sich diese Methode vor allem auf die Transitivität stützt. Die Kinder der beiden ersten Stufen kümmern sich in keiner Weise um das karierte Papier (ausgenommen eine Minderheit von Sechsjährigen). Die Siebenjährigen hingegen bedienen sich dieser Häuschen, weil sie eben eine gewisse Genauigkeit in der Darstellung der einen Dimension erreichen wollen. Da sich ihre Zeichnungen an die vorgedruckten Linien des Papiers halten, kann man dann leicht feststellen, ob sie für beide Dimensionen oder nur die eine Genauigkeit erstreben. Auf dieser Stufe III wird also nur eine Dimension genau wiedergegeben. Dan (6; 10) zum Beispiel zeichnet zuerst das Rechteck A und stellt das Rechteck C dar als eine Zusammenfügung der beiden Längshälften von A; sie zählt zweimal die gleiche Anzahl Häuschen ab, so daß C doppelt so lang wie A wird, aber die Breite ist viel zu gering, weil sich Dan um diese Dimension nicht mehr kümmert; das Quadrat B ist zwar gleich breit wie A, aber viel zu hoch, weil die Höhe aufs Geratewohl abgeschätzt wurde. Cla (7; 2) zeichnet die drei ursprünglichen Rechtecke mit 3×4 Häuschen Seitenlänge. Die Figur B besteht dann aus zwei Hälften von je zwei Einheiten Seitenlänge, aber die Höhe wird aufs Geratewohl geschätzt (ungefähr drei Einheiten); das Rechteck C ist richtig zweimal 4 Einheiten lang und somit genau doppelt so lang wie A, aber die Breite beträgt nur ungefähr eine Einheit anstatt 1½. Nic (7; 11) zeichnet C ebenfalls doppelt so lang wie A, aber zu breit; das Quadrat A wird ganz aufs Geratewohl geschätzt und hat eine viel größere Fläche als A. Cyr (8; 0) zeichnet das Quadrat B aus zwei Hälften mit je der Breite von A, aber es wird zu hoch; sein Rechteck C ist doppelt so lang wie A, aber viel zu schmal usw.

Stufe IV. – Die Gedächtniszeichnungen dieser vierten Stufe stützen sich wie die vorangehenden auf eine genaue Erinnerung an das Zerschneiden und Wiederzusammenfügen, aber das Kind ist zudem darauf bedacht, eine genaue Vorstellung seiner Erinnerungen wiederzugeben, indem es beide Dimensionen der Figuren sorgfältig festlegt. Cir (8; 4) zum Beispiel zeichnet die drei ursprünglichen Rechtecke aus 9×2 Häuscheneinheiten. Neben einem der Rechtecke (A) zeichnet er zwei Hälften von 2×5 Häuschen, worauf er zum ursprünglichen Rechteck eine zusätzliche Häuschenzeile hinzufügt, so daß es 2×10 Einheiten groß wird. Dann zeichnet er die beiden gleichen Hälften zu einem Viereck von 4×5 Häuschen (= B) zusammengefügt. Neben einem weiteren ursprünglichen Rechteck von 9×2 Einheiten zeichnet er zuerst zwei parallel laufende Hälften von 1×9 Einheiten, dann die gleichen Hälften noch einmal, aber hintereinander, so daß C = 1×18 wird; da er aber am Blattrand ankommt, bleibt es bei 1×16. Bla (9; 3) zeichnet ein Rechteck A von 4×14 Einheiten, ein B von (4+4)×7 und ein C von (14+14)×2 Einheiten. Man ersieht daraus, von jeder beliebigen Grundvorstellung von A aus erinnert sich das Kind dieser Stufe an ein B und ein C, die aus den beiden Hälften von A, der Länge oder der Breite nach zusammengefügt, bestehen, und es bestimmt beide Dimensionen genau. Die quadratische Form von B wird dieser Genauigkeit geopfert, aber für die Flächen gilt (ohne daß das Kind eine Rechnung anstellt, aber weil es alle Handlungen genau reproduziert) A = B = C, was auf dieser Stufe im allgemeinen ausdrücklich betont wird (ausgenommen merkwürdigerweise Bla, für den das Quasi-Quadrat B «mehr Platz einnimmt»).

Die folgende Tabelle gibt die ungefähre Verteilung dieser vier Typen nach dem Alter wieder:

Tabelle IL

Reaktionstypen nach Altersstufen

	I	II	III	IV
4 Jahre (6)	6	0	0	0
5 Jahre (7)	2	5	0	0
6 Jahre (9)	0	5	4	0
7 Jahre (5)	0	1	4	0
8 Jahre (7)	0	1	4	2
9–11 Jahre (7)	0	0	3	4

Diese Typen entsprechen somit offensichtlich Entwicklungsstufen.

2. *Das Wiedererkennen nach einer Woche und nach sechs Monaten*

Nach der zweiten Gedächtniszeichnung mußten die Kinder die drei richtigen Figuren aus 7 Kartonmodellen (A = 4×16 cm, B = 8×8 cm, C = 2×32 cm, D = 2×16 cm, E = 4×22 cm, F = 8×11½ cm und G = 2×22 cm) auswählen, die ungeordnet und beweglich präsentiert wurden.
Dabei kam folgendes heraus:

Tabelle L

Das Wiedererkennen nach Altersstufen

	A					*B*				*C*					
	A	*D*	*E*	*F*	*G*	*A*	*B*	*F*	*G*	*A*	*C*	*D*	*E*	*F*	*G*
4 Jahre (5)	1	1	2	1	0	0	3	1	1	0	4	0	0	1	0
5 Jahre (7)	6	0	0	0	1	0	3	3	1	0	4	1	0	0	2
6 Jahre (9)	9	0	0	0	0	1	5	3	0	0	5	0	1	0	3
7 Jahre (5)	2	1	1	1	0	0	5	0	0	0	2	1	1	0	1
8 Jahre (7)	7	0	0	0	0	0	7	0	0	1	3	1	0	0	2
9–10 Jahre (7) . .	7	0	0	0	0	0	6	1	0	0	7	0	0	0	0
Total (40)	32	2	3	2	1	1	29	8	2	1	25	3	2	1	8

Bei jüngeren Kindern kann das Wiedererkennen ziemlich gut sein (siehe C), aber ungenau bleiben: Mehrere Vorlagen werden als äquivalent akzeptiert. Es ist zudem festzuhalten, daß von den 40 Kindern nur 13 alle drei Figuren wiedererkannt haben: alle zwischen 7 und 10 Jahre alt, ausgenommen ein Vierjähriger, der die präsentierten Elemente seriiert hat (das kürzeste und das längste, das mittlere auf gut Glück).
Vergleicht man diese Wiedererkennungen mit den Gedächtniszeichnungen, so sind zwei Punkte hervorzuheben. Erstaunlich ist zunächst die Tatsache, daß bei den Kindern des Typs I das Wiedererkennen viel besser als die Zeichnung zu sein scheint. Man darf aber dieses Wiedererkennen der Vierjährigen nicht mißverstehen: In Wirklichkeit wählen diese Kinder das kürzeste Element (B) und das längste Element (C); beim mittleren Element zögern sie zwischen A, D, E und F.

Aber fast alle haben B und C richtig ausgewählt, und bei den Fünfjährigen haben 6 gegen 1 auch A wiedererkannt. Dieser relative Vorsprung des Wiedererkennens auf die Evokation bei den Typen I und II zeigt, daß es zweierlei ist, einerseits wahrzunehmen und wiederzuerkennen, was man wahrgenommen hat, und andererseits die Gesamtheit der wahrgenommenen Elemente sich zu merken und zu behalten. Wenn die Kinder bei unseren bekannten Experimenten mit der Tonkugel, die zu einer Wurst verlängert wird, ihre Aufmerksamkeit auf die Verlängerung konzentrieren und das Dünnerwerden vernachlässigen, so haben sie zwar beides bemerkt, aber sie haben das Dünnerwerden in ihren Überlegungen nicht berücksichtigt. Ein ähnliches Phänomen zeigt sich hier bei den Evokationen des Typs I, deren Schematik ganz auf die Seriation der Längen ausgerichtet ist und die anderen wahrgenommenen Merkmale außer acht läßt. In einer Situation des Wiedererkennens werden diese Merkmale dennoch wirksam.
Als zweites stellt man fest, daß die Form A insgesamt am besten von allen drei wiedererkannt wird. B wird oft mit F (ein wenig höher als das Quadrat, aber gleich breit) und C oft mit G (das längere Rechteck, aber verkürzt) verwechselt. Auch in den Evokationszeichnungen sind das die verbreitetsten Fehler. Man muß daraus schließen, daß sich das Wiedererkennen stärker auf die eigenen Zeichnungen des Kindes als auf die präsentierten Modelle bezogen hat, die in diesen Zeichnungen wiedergegeben wurden, daß also das Wiedererkennen, obwohl es leichter als die Evokation und dieser voraus ist, auf dieselben Schemata zurückgreift. Als man nicht nur die Kinder, die die Evokations- und sogar die Rekonstitutionsprüfung durchgemacht hatten, auf das Wiedererkennen untersuchte, sondern eine andere Kindergruppe nach einer Stunde allein im Hinblick auf das Wiedererkennen prüfte (wie wir es schon im Kapitel XV, 4. Abschnitt, bei der Drehung der Dreiecke gemacht haben), konnte man feststellen, daß die beiden Gruppen in bezug auf das Wiedererkennen genau die gleichen Ergebnisse aufwiesen. Ein solches Faktum zeigt, daß bei der Evokation und beim Wiedererkennen eine gemeinsame Schematik wirksam wird. Und diese Gemeinsamkeit der Schematik zeigt sich schon in deren elementaren Formen, denn die verhältnismäßig guten Wiedererkennungen der Vier- bis Fünfjährigen sind zum Teil auf das Vorgehen durch Seriation nach der Länge zurückzuführen, das schon bei der Evokation vorgeherrscht hatte.
Das Wiedererkennen nach einigen Monaten (3 bis 8 Monate nach der Präsentierung, wobei aber diese zeitlichen Unterschiede die Resultate nicht beeinflußten) weist dieselben Eigenarten auf. Bei 10 Fünf- und Sechsjährigen (kein einziger

Vierjähriger konnte mehr ausfindig gemacht werden) beobachtet man 5 Rückschritte und 5 Gleichheiten. Bei den 17 Sieben- bis Elfjährigen hingegen findet man 4 Rückschritte, 3 Fortschritte und 10 stationäre Fälle.

3. Die Erinnerungen nach einigen Monaten[4]

Nach 3 bis 8 Monaten konnten also 27 der erwähnten Kinder noch einmal geprüft werden, aber durch eine andere Mitarbeiterin (was das Gedächtnis zweifellos beeinträchtigt).

Von den drei Fünfjährigen (Vierjährige konnten nicht mehr geprüft werden) blieben 2 im gleichen Stadium II, einer fiel auf die Stufe I zurück, indem er einfach drei Gerade der Länge nach aneinanderreihte. Von 7 Sechsjährigen bleiben 3 auf der Stufe II und ebenfalls 3 auf der Stufe III, einer fällt zurück von II auf I (einfache Seriation). Die 5 Siebenjährigen bleiben in bezug auf die Zeichnung auf derselben Stufe wie nach einer Woche, doch ein Kind der Stufe II läßt bei der Beschreibung einen Fortschritt in Richtung der Erhaltung der Flächen erkennen: «Man muß die Häuschen zählen» (also die Papiercarrés), sagt er, aber er kommt nur für eine der Figuren und eine Dimension zur Beziehung 1 : 2. Ein anderes Kind erinnert sich daran, daß man die ursprünglichen Rechtecke halbiert und die Hälften der Länge oder der Breite nach zusammengesetzt hatte, doch die Zeichnungen bleiben ungenau. Ein anderes versucht die Flächen mit Hilfe der Papiercarrés gleich groß zu machen, kommt aber nur auf 5×10 und 6×8, dann auf 5×10, 7×8 und 6×9. Von den 6 Achtjährigen geht eines von der Stufe II auf die Stufe III über (8×2, 16×1 und 8×2), 2 fallen von III auf II zurück, die anderen sind stationär. Die Neun- bis Elfjährigen bleiben im großen und ganzen auf ihren Stufen III und IV.

Interessant an diesen Resultaten ist aber nicht so sehr die Zahl der Regressionen oder der wenigen Fortschritte, sondern das allgemeine Schema der Erinnerung und dessen allgemeine Entwicklung mit dem Alter. Diesbezüglich stellt man fest, daß sich die 3 Fünfjährigen, 3 von 7 Sechsjährigen, 2 von 5 Siebenjährigen und 1 von 6 Achtjährigen nicht spontan daran erinnern, daß die Rechtecke zerschnitten wurden: «Die Dame hat sie verwandelt», sagt ein Kind von 6; 7 Jahren. Erinnert man das Kind an dieses Zerschneiden, so wird es zuerst als einfache Entfernung eines Stücks am Rande der Zeichnung dargestellt. Dann kommt es zu

Zerstückelungen in der Längsrichtung, so bei einem Sechsjährigen, der das ursprüngliche Rechteck in drei lange und dünne Rechtecke zerlegt. Andere Kinder kommen auf zwei Teile, die sie aber nicht aneinanderfügen, um ein Rechteck von doppelter Länge zu konstruieren. Mit 7 bis 8 Jahren herrscht die hälftige Teilung und Zusammenfügung der Rechtecke der Länge nach vor: Das lange Rechteck wird deshalb (immer in der Zeichnung) öfters richtig wiedergegeben als das Quadrat. Von 8 bis 9 Jahren an überwiegt schließlich die Erinnerung an beide Rekonstruktionen: Rem (8; 4, noch einmal geprüft mit 9; 2) etwa sagt: «Die Dame teilte sie, dann hatte es ein längeres Rechteck und ein Quadrat (richtige Zeichnung)», oder Luc (8; 6–9; 2): «Es hatte zweigeteilte Rechtecke, das ergab ein Quadrat, und das ergab der Länge nach geteilt einen langen Stab (richtige Zeichnung). – Waren sie gleich groß? – Wenn man es zerschneidet, bekommt man die gleiche Anzahl Stücke» (Papiercarrés, die er sorgfältig gezählt hat).

Man ersieht daraus, wenn man sich an das allgemeine Schema der Erinnerungen hält, daß das Gedächtnis nach 3 bis 8 Monaten von einer Entwicklung mit dem Alter zeugt. Die Vereinfachungen machen den Grund für die Abfolge der vier Stadien des 1. Abschnitts sichtbar: Am Anfang ist das Kind allein für die Größen (I) und die Formen (II) empfänglich, es vernachlässigt die Transformationen durch das Zerschneiden oder sieht darin nur Formveränderungen. Anschließend richtet es sein Hauptaugenmerk auf eben diese Transformationen. Mehr oder weniger rasch erkennt es darin quantitative Veränderungen, zuerst aber nur in einer bevorzugten Dimension, nämlich der Länge[5] (III). Zuletzt behält es die quantitativen Variationen beider Dimensionen für die Figuren B und C (und nicht nur C allein), so daß nicht nur die Flächenerhaltung, sondern auch ihre Ursachen in Erinnerung bleiben (IV).

4. Die Evokation der Formen und die Erhaltung der Flächen

Kommen wir auf den unmittelbaren Abruf und die Evokation nach einer Woche zurück. Alle Kinder auf allen untersuchten Altersstufen haben begonnen, die Einzelheiten und den Sinn der Handlungen zu behalten, denen sie zugesehen haben: Drei gleiche Rechtecke, von denen eines als Musterbeispiel (A) unverändert bleibt, während die beiden anderen der Länge oder der Breite nach zerschnitten werden, worauf die beiden Hälften derart zusammengefügt werden, daß sie ein Quadrat (B) oder ein schmales und sehr langes Rechteck (C) bilden. Untersucht man allerdings, wie die gleichen Kinder die Flächen B und C wiedergeben, und vergleicht man (in der Zeichnung) die Flächeninhalte von B und C mit A, so stellt man stark heterogene Reaktionen je nach Alter fest: während sich die jüngeren Kinder die Frage überhaupt nicht stellen, nimmt die Sorge um die Beziehungen zwischen den Dimensionen und um eine wirkliche Flächengleichheit zwischen A, B und C mit dem Alter ziemlich regelmäßig zu. In der folgenden Tabelle sind die Gleichheiten A = B und A = C, jeweils für sich gezählt, beim unmittelbaren Abruf und nach einer Woche, also für vier Zeichnungen pro Kind, festgehalten (in %, in Klammern sind die absoluten Zahlen hinzugefügt):

Tabelle LI

Gleichheiten in Prozent nach der Anzahl der Zeichnungen

4–5 Jahre (52)	6 Jahre (36)	7 Jahre (20)	8 Jahre (28)	9–10 Jahre (28)
2% (1)	8% (3)	15% (3)	50% (14)	75% (21)

Diese Tabelle ist selbstverständlich approximativ (wenn A zum Beispiel aus 4×7 Einheiten[6] und C aus 2×15 anstatt 2×14 Papiercarrés besteht, so darf man einen Fehler beim Zählen annehmen und mehr die Absicht berücksichtigen als die Verwirklichung). Diese Prozente bringen aber eine unzweifelhaft objektive Tatsache zum Ausdruck: Daß nämlich das Kind mit der fortschreitenden Koordinierung der Dimensionen (zunächst global, Übergang vom Evokationstyp I zum Typ II, dann analytisch und sogar metrisch, Übergang von III zu IV) allmählich zu einer Ausgleichung und folglich zu einer Erhaltung der Flächen gelangt. Hat es das aber gewollt und ist es sich dessen bewußt, oder stellt die Koordinierung der Dimensionen, sowohl von den Operationen als auch von der mnestischen Strukturierung her gesehen, das primäre Faktum dar? Wahrscheinlich ist die zweite Lösung richtig – zunächst, weil diese Koordinierung unter dem operativen Gesichtspunkt die Operation selbst darstellt, während die Erhaltung der Fläche nur die mit ihr verbundene Unveränderliche ist; dann aber auch, weil das Evokationsbemühen sich unter dem mnemonischen Gesichtspunkt auf das Bild der Figuren A, B und C und nicht auf die begriffliche Frage ihrer Flächengleichheit bezieht.

Die Erhaltung der Flächen bildet sich mit 8 bis 9 Jahren aus, das heißt auf den Altersstufen, wo die wirksame Koordinierung der Dimensionen in den Entwicklungsstadien sich bestätigt. Diese Erhaltung ist in der additiven Form (zwei gleiche Teilflächen von zwei gleichen Gesamtflächen wegnehmen, ohne daß diese letzteren auf andere Weise verändert werden) etwas früher (6½ bis 7 Jahre), während sie bei den multiplikativen Strukturen (Koordinierung der beiden Dimensionen bei einer Veränderung der Gesamtform, wobei die eine Dimension größer und die andere entsprechend kleiner wird) erst mit 8 bis 9 Jahren verwirklicht wird. Die Hauptursachen für diese Schwierigkeit sind darin zu suchen, daß die Fläche eine zu konstruierende und nicht direkt wahrnehmbare Menge ist und daß für das Kind der verfügbare «Platz» je nach Form (bei gleicher Menge) zu variieren scheint; andererseits wird auch erst sehr spät zwischen der Fläche und dem Umfang unterschieden, die sich tatsächlich nicht gleich verändern. In den Beschreibungen aus dem Gedächtnis bleiben deshalb die Ansichten des Kindes über die Gleichheit und die Erhaltung der Flächen sehr zweideutig (weil das Vokabular noch nicht genügend differenziert ist und weil man bei der Befragung nicht zu weit geht). Nur die Zeichnungen und die Kommentare dazu sind somit signifikant.

Umgekehrt haben wir gesehen, wie instruktiv die Erinnerungen nach 3 bis 8 Monaten sind, da die Nichterhaltung in ihnen in einem Vergessen der Transformationen (Zerschneiden und Wiederzusammensetzen) zum Ausdruck kommt und weil sich später die Fortschritte der Erhaltung im Gedächtnis der Wiederzusammenfügungen äußern, zunächst vor allem in der Länge (Rechteck C), schließlich aber auch in der Breite (Quadrat B).

Die Beziehungen zwischen der Organisation der Erinnerungen und der Erhaltung der Flächen, die wir in diesem Kapitel untersucht haben, könnten folgendermaßen formuliert werden. Die Erinnerungen zeugen von einer fortschreitenden Strukturierung, wie man sie bei allen Erhaltungsexperimenten findet, bei denen zwei oder drei räumliche Dimensionen beteiligt sind: zunächst eine Konzentrierung auf eine davon, dann Koordinierung mit der oder den anderen. Das erkennt man hier global in der Abfolge der Typen I (Seriation nach der Länge) und II (Gesamtform), dann analytisch und sogar metrisch in der Abfolge der Typen III (sorgfältiges Bestimmen oder Messen einer einzigen Dimension) und IV (dasselbe bei beiden Dimensionen). Diese fortschreitende Koordinierung stellt die gemeinsame Schematik für die räumlichen Operationen dar, die zur Erhaltung der Flächen und zur spontanen Organisation der Erinnerung an die Formen A, B und C führen, und darin besteht Korrelation zwischen den Erinnerungen und der Ausbildung der Erhaltungen. Es wäre aber übertrieben zu behaupten, eine bewußte Absicht zur Erhaltung wirke auf die Struktur der Erinnerung ein oder verändere die Evokation (das kann vorkommen, aber nur ausnahmsweise). Wesentlich ist und bleibt die gemeinsame Schematik: Sie ist Faktor der Strukturierung der Erinnerung, wenn das Problem darin besteht, sich an die Formen zu erinnern, nachdem man gesehen hat, wie sie sich verändert haben; sie ist aber auch Faktor des Verständnisses der Erhaltung, wenn das Problem darin besteht, zu entscheiden, was im Laufe der Transformationen sich verändert hat und was unverändert geblieben ist (diese Transformationen werden dann als solche in Frage gestellt, aber beim vorliegenden Experiment ging es vor allem um die Erinnerung an die erhaltenen Ergebnisse).

[1] In Zusammenarbeit mit S. Opper.

[2] J. Piaget und B. Inhelder, *L'image mentale chez l'enfant,* Seite 320–327.

[3] J. Piaget, A. Szeminska und B. Inhelder, *La géometrie spontanée de l'enfant,* Kapitel I.

[4] In Zusammenarbeit mit M. Depotex.

[5] Wenn das Kind des Stadiums III das lange Rechteck zusammensetzt, indem es die beiden Längshälften des Ausgangsrechtecks nebeneinanderstellt, so vernachlässigt es die Breite nicht (es schätzt sie ab, aber im großen und ganzen richtig). Es vergißt aber, auch aus den beiden Querhälften des Rechtecks ein Quadrat zu konstruieren, indem es die beiden Teile (der Breite nach) nebeneinanderstellt. Diese mnestische Priorität der Erinnerung an das lange Rechteck vor der Erinnerung an das Quadrat scheint auf einen ursprünglichen Primat der Länge vor der Breite hinzudeuten.

[6] Sorgfältig den Linien des karierten Papiers folgend.

Kapitel XVIII

Das Gedächtnis der Stellungen und Orientierungen eines beweglichen Körpers[1]

In der Untersuchung des Kapitels XV wurden die beweglichen Teile (Pfeile) von der Drehung des Trägers mitgezogen, mit dem sie verbunden waren. In der folgenden Untersuchung verändert sich der bewegliche Körper selbst auf einer kreisförmigen Bahn: vier Schnecken auf einem Band in Form einer liegenden 8 (∞). Damit aber die mnestische Evokation nicht von einem Rekonstruktions- oder Antizipierungsbemühen überdeckt wird, geht es nicht um die Bewegung selbst, sondern einfach um die Erinnerung an vier Stellungen, je zwei innerhalb und außerhalb des Bandes (deshalb die Form einer 8 und nicht nur ein Kreis). Wir haben schon früher derartige Probleme unter dem Gesichtspunkt des antizipierenden Bildes untersucht und kennen deshalb die Schemata der Kinder zwischen 4 und 8 Jahren[2]. Hier hingegen spielt die Antizipierung keine Rolle, es geht ausschließlich um das Gedächtnis: hinsehen und sich erinnern (durch Evokation, Rekonstitution oder Wiedererkennen).

Gefragt ist folglich einmal mehr nach den Beziehungen zwischen der Erinnerung und den Schemata des Kindes, doch das ist ein unerschöpfliches Problem. Die Schemata, die hier mitspielen, sind solche der Stellung auf dem Band (innerhalb oder außerhalb der Schlingen) und der Orientierung. Wenn das Kind nicht den ganzen Zusammenhang aufgrund der Bewegung einer einzigen Schnecke rekonstruiert, welche die Seite, auf der sie am Anfang ist, außer in einer der Techniken nicht verläßt, so ist die Einprägung mit dem Weg verbunden. Wenn aber das Kind die Bewegung nicht versteht und sich Gegensatzpaare merkt, so kann es sich erinnern, 1. daß sich die beiden Schnecken links innerhalb der Schlingen und die beiden Schnecken rechts außerhalb der Schlingen befinden, 2. daß sich die beiden oberen Schnecken den Rücken, die beiden unteren Schnecken aber die Köpfe zuwenden. Die vier Beziehungen rechts – links, oben – unten, innerhalb – außerhalb und Symmetrie der Gesichts- oder der Rückenseite würden ihm somit genügen, um die ganze Anordnung zu behalten, was keinerlei Komplikationen zu enthalten scheint[3]. Doch in Wirklichkeit bereitet die Erinnerung Mühe, wie schon in unserer früheren Untersuchung über die Antizipierung durch bildhafte Vorstellung die Bestimmung der Stellungen und der Orientierungen auf einer liegenden 8 viel mehr Mühe bereitete als auf Ovalen oder Kreisen. Das ist wahrscheinlich darauf zurückzuführen, daß es dem Kind nicht gelingt, das Bild in seinem Gedächtnis nur von der Reihenfolge her zu fixieren, und unter diesem Gesichtspunkt gibt es zwei aufeinanderfolgende und zyklische Umkehrungen: 2 ist umgekehrt wie 1 bezüglich der Orientierung, 3 umgekehrt zu 2 bezüglich der

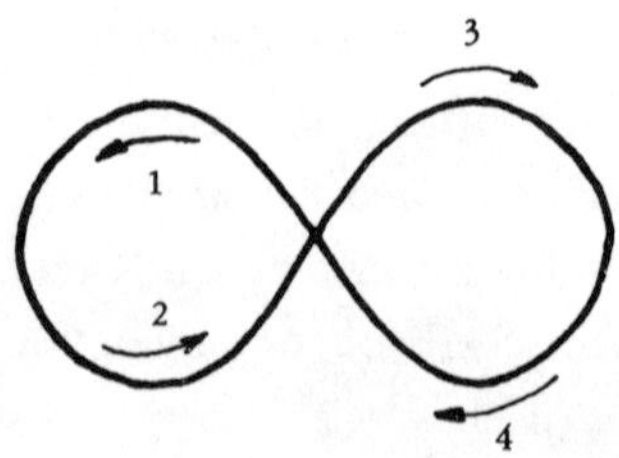

Figur 56

Stellung (innerhalb oder außerhalb), 4 umgekehrt zu 3 bezüglich der Richtung und 1 umgekehrt zu 4 bezüglich der Stellung. Es wäre somit von Bedeutung festzustellen, ob die Schematisierung der Erinnerung die gleichen Gesetzmäßigkeiten aufweist wie die Antizipierung und daß die beiden Reversibilitäten für beide Fälle ein und dasselbe Hindernis darstellen.

Um diese Frage zu entscheiden, haben wir einige Sondierungen und Gegenproben vorgenommen. Wir verwendeten zum Beispiel einen Kreis anstelle der liegenden 8, was bei der Erinnerung zu den gleichen Ergebnissen führte wie bei der Antizipierung. Bei einer zweiten Sondierung haben wir die Erinnerung an die Stellungen und Richtungen auf drei Autos und eine Straßenkreuzung reduziert. Bei einem weiteren Experiment führt die Schnecke einen Purzelbaum aus, so daß sich ihre Stellung (innerhalb – außerhalb) in bezug auf das Band, aber nicht die Richtung verändert, wodurch ein Gedächtnis des Zufälligen als neues Element und als besondere Klasse hinzukommt.

1. *Die Haupttechnik*

An der ersten Sitzung präsentiert man zuerst das Material, wobei man sich versichert, daß das Kind richtig zwischen dem Kopf und dem Schwanz der Schnecke unterscheidet: Die Fühler sind in den Modellen aus rotem Karton deutlich hervorgehoben. Nachdem eine Kartonschnecke besonders ausführlich geprüft worden ist, holt man die ∞ aus Metall hervor, ein 8 mm breites Band, dessen eine Seite weiß und dessen andere rot angemalt ist. Die beiden Schlaufen der ∞ haben jeweils 10 cm Durchmesser. Das Kind wird aufgefordert, gut hinzusehen, denn eine Woche später seien die Schnecken weggegangen, und es müsse sie dann an die beobachteten Stellen setzen.

Die zweite Sitzung folgt nach einer Woche. Zuerst fragt man nach der Zahl und der Farbe der Schnecken, dann verlangt man eine Zeichnung der ganzen Anordnung (falls das Kind Mühe hat, eine liegende 8 zu zeichnen, so zeichnet man sie ihm vor). Dann nimmt man die Zeichnung weg und gibt dem Kind eine Schnecke nach der anderen, damit es sie so in die Anordnung hineinstellt, «wie sie gewesen waren».

Bei 30 Kindern zwischen 4 und 11 Jahren (wovon 13 vier- bis fünfjährige) stellt man zunächst fest, daß das Gedächtnis der kontingenten Merkmale Zahl und Farbe nicht vom Alter abhängt: 10 von 13 Vier- bis Fünfjährigen, 7 von 10 Sechs- bis Achtjährigen und 6 von 7 Neun- bis Elfjährigen behalten das eine oder das andere.

Die Erinnerung der Stellung folgt hingegen einem klaren Entwicklungsgesetz. Bei den Vier- bis Fünfjährigen findet man unter 13 Kindern nur ein einziges, 5; 11 Jahre alt, das die Stellungen in seiner Zeichnung und bei der Rekonstitution richtig angibt; ein anderes, ebenfalls 5; 11 Jahre alt, kommt nur bei der Rekonstitution auf ein richtiges Ergebnis. Unter den 10 Sechs- bis Achtjährigen findet man 5 richtige Erinnerungen, davon eine nur bei der Rekonstitution. Von den 6 Neun- bis Elfjährigen schließlich zeichnen und rekonstituieren 4 richtig.

Der Hauptfehler in bezug auf die Stellung besteht bei den Kindern zwischen 4 und 7 Jahren darin, daß alle Schnecken innerhalb oder außerhalb der Schlaufen aufgestellt werden, während die Irrtümer bei den älteren Kindern auf schlecht rekonstruierte Alternanzen zurückzuführen sind: Schnecke 1 (Figur 56) außerhalb der Schlingen, wenn Schnecke 2 sich innerhalb befindet, während dieser Gegensatz in Wirklichkeit zwischen den Schnecken 1 und 3 vorkommt usw.

Neben der Stellung in bezug auf die Gesamtheit der ∞ gibt es die, wie wir sie bei der bildhaften Antizipierung genannt haben, «lokale Stellung» der Schnecke zum schmalen Bandabschnitt, bei dem sie sich befindet: Anstatt mit dem Fuß am Band zu haften, wenn sie sich an dessen Unterseite befindet (Stellungen 1 und 4), kann sie vom Kind «natürlich» aufgestellt werden, das Häuschen oben und der Fuß unten, so daß es so aussieht, als wäre sie über den Häuschenrand mit dem

Band verbunden. Solche Fehler lassen sich noch bei 25 bis 36% der vier- bis siebenjährigen Kinder beobachten. Die lokale Stellung wird, allgemein gesagt, von 15 der 23 Vier- bis Siebenjährigen behalten, von weiteren 5 nur bei der Rekonstitution (1 nur in der Zeichnung), während sie von den Acht- bis Elfjährigen richtig angegeben wird.

Die Orientierung der Schnecken ist hingegen nur von 2 der 4 Elf- und Zwölfjährigen und von einem Kind von 7; 9 Jahren ganz wirklichkeitsgetreu behalten worden. Die Orientierung ist offensichtlich schwieriger zu behalten als die Richtung. Bei unserem früheren Versuch über die bildhafte Antizipierung der Schnecke bei 1 fiel die Orientierung besser aus als die Richtung (67% verglichen mit 33% mit 7 Jahren), weil man die Bewegungsrichtung des Tieres auf dem Band mit einer Handbewegung andeutete, worauf anschließend nur einige aufeinanderfolgende Stellungen antizipiert werden mußten. Beim vorliegenden Gedächtnisversuch sind jedoch die Stellungen im statischen Zustand gegeben. Verlangt ist nur die Erinnerung, wobei sich das Kind frei entscheiden kann, ob es diese Erinnerung durch die Rekonstruktion der Bewegung, aus der die Stellungen hervorgehen, zu fixieren und zu behalten versucht, oder ob es sich mit Schemata, Teilreihenfolgen oder auch nur paarweisen einfachen oder kombinierten Gegensätzen begnügen will.

Die Untersuchung der Teil- oder Ganzerfolge oder -fehler ist diesbezüglich instruktiv. Die Erfolge sind offensichtlich auf ein Reihungsschema zurückzuführen, das auf die Bewegung angewendet wird: Wählt man eine bestimmte Ausgangsstellung, so schließen sich die drei anderen Stellungen durch eine operative Rekonstruktion der Bewegung kontinuierlich an. Neben solchen ganz schematisierten Erinnerungen gibt es andere, die es nur teilweise für drei von vier Orientierungen sind. Das gilt für ein Kind von 6; 5 Jahren, 2 Sieben- und Achtjährige und 2 noch ältere. Dann kommen die Kinder, die die liegende 8 in ein System von zwei Kreisen verwandeln und für jeden Kreis ein kohärentes Paar von Orientierungen angeben, ohne sich um den anderen zu kümmern: 1 Kind von 5 Jahren und 3 Kinder von 7 Jahren, alle bei der Rekonstitution und nicht in der Gedächtniszeichnung. Oder die Gesamtheit der liegenden 8 wird wie ein Oval behandelt, was entsprechende Orientierungen nach sich zieht: 2 Kinder von 4 bis 5 Jahren. Oder das Kind wählt, von der Gesamtheit der Figur ausgehend, als Methode Gegensatzpaare, wobei die Orientierungen links und rechts sowie oben und unten einander entgegengesetzt sind. Auch dieses Vorgehen entwickelt sich regelmäßig mit dem Alter, aber im Gegensatz zu den Teilantizipierungen im abnehmenden Sinne: 50% mit 4 bis 5 Jahren (also 13 von 26 Zeichnungen und Rekonstitutionen), 46% mit 6 bis 8 Jahren und 20% mit 9 Jahren und mehr. Auch zum Teil zufällige Orientierungen kommen vor.

Halten wir noch fest, daß eine Kombination Orientierung–Stellung dieselben Resultate ergibt wie die Orientierung allein, was mit anderen Worten heißt, daß Erfolge bei der Orientierung diese bei der Stellung implizieren, aber nicht umgekehrt.

Hinsichtlich der Beziehungen zwischen der Gedächtniszeichnung und der Rekonstitution am Modell kommt man für die drei Merkmale allgemeine Stellung, lokale Stellung und Orientierung (in Klammern zusätzlich noch die Zahl) auf folgende Ergebnisse ($Z > R$ bedeutet, daß die Zeichnung der Rekonstitution überlegen ist):

Tabelle LII

Vergleich der Evokationen durch Zeichnung mit den Rekonstitutionen

	$Z > R$	$Z = R$	$Z < R$	N Zahl der Merkmale	Kinder
4–5 Jahre	2 (2)	19 (27)	6 (7)	27 (36)	9
6–8 Jahre	4 (4)	19 (29)	10 (11)	33 (44)	11
9–11 Jahre	2 (2)	15 (21)	1 (1)	18 (24)	6

Bei den jüngeren Kindern ist somit die Rekonstitution ein wenig besser als die Zeichnung, weil sie eine teilweise Neuerarbeitung nach sich zieht. Bei den neun- bis elfjährigen Kindern sind beide vollständig gleichwertig, eine Folge der besseren Schematisierung der Erinnerung.

Diese verschiedenen Beobachtungen weisen alle darauf hin, daß der Fortschritt der Erinnerung mit dem Alter darauf zurückzuführen ist, daß die statische Schematisierung zugunsten einer auf der Reihenfolge und der Bewegungsrichtung gründenden Schematisierung zurückgebildet wird. Ein ähnliches Ergebnis wie beim Experiment mit der Drehung (Kapitel VII), nur daß dort die statische Schematisierung eine Pseudo-Erhaltung der Stellungen und Orientierungen bewirkte, bevor die richtigen Umkehrungen behalten wurden, während sich hier die Pseudo-Erhaltung nur auf die Stellungen bezieht (wenn alle innerhalb oder außerhalb der liegenden 8 gewählt werden).

2. *Die ergänzenden Experimente*

I. – Wir wollen mit einer Sondierung beginnen, die an sechs Kindern zwischen 5; 0 und 5; 9 Jahren vorgenommen wurde. Die liegende 8 wurde mit acht verschiedenen Stellungen präsentiert, wozu die folgenden drei Ergänzungen kamen:
1. An der Präsentierungssitzung zeigt man dem Kind den von der Schnecke zurückgelegten Weg und dazu vier typische Stellungen.
2. Nach einer Woche zeichnet das Kind den von der Schnecke zurückgelegten Weg (es gibt nur einen). Dann fordert man es auf, die Stellung (außerhalb oder innerhalb) und die Orientierung der Schnecke an den vorgesehenen Punkten anzugeben, aber in einer beliebigen Reihenfolge und nicht nach der Ortsveränderung geordnet (es sind die vier Stellungen der Figur 56, dazu zwei am linken und am rechten Ende und 2 nahe der Mitte der Figur).
3. An einer Sitzung nach drei Wochen bestimmt man durch den Versuch mit dem Flugzeug und dem Piloten[4], dem ebenfalls eine liegende 8 zugrunde liegt, die operative Stufe des Kindes.
Die Ergebnisse unterscheiden sich erheblich von den vorliegenden. 2 der 6 Kinder (5; 7 und 5; 9 Jahre alt) wiesen vollständig genaue Erinnerungen auf (dem einen gelang auch der Flugzeug-Versuch ganz, dem anderen nur zur Hälfte), 3 haben die Stellungen und Orientierungen an 4 von 8 Punkten richtig behalten, und nur einem Kind mißglückte der ganze Versuch. Von den 21 Fehlern bei der Stellung und der Orientierung zusammen betreffen 15 die Stellung und nur 6 die Orientierung, so daß also die Orientierung leichter wird, sobald das Gedächtnis auch den durchlaufenen Weg einbezieht. Zwischen diesen Gedächtnisreaktionen und dem operativen Versuch besteht entweder vollständige Äquivalenz (2 Kinder), ein Vorsprung bei der operativen Antizipierung (1 Kind) oder umgekehrt (1 Kind).
Die Sondierung ergibt somit interessante Resultate, aber wir haben sie nicht weiterverfolgt, weil schwierig zu unterscheiden ist, was von der mnestischen Erhaltung und was von der deduktiven Rekonstruktion oder der aktuellen Neuantizipierung herrührt.
II. – Eine andere Sondierung mit einer kreisförmigen Bahn anstatt der liegenden 8 wurde an acht Kindern zwischen 4; 10 und 5; 10 Jahren vorgenommen. Die Methode ist die gleiche wie beim Hauptversuch. Die Schnecken befinden sich an den vier Kardinalpunkten.
Von diesen 8 Kindern erinnern sich 7 genau an die allgemeinen Stellungen und je

6 an die lokalen Stellungen und die Orientierungen. Die Zahl der Kinder war zwar gering, aber die Verhältnisse erinnern an die Ergebnisse mit fünfjährigen Kindern (20 an der Zahl) beim früheren Versuch mit Antizipierung durch das Bild[5]: 88 gegen 80% richtige Lösungen bei der Stellung und 75 gegen 66% bei der Orientierung.

Diesbezüglich sei aber festgehalten, daß auch die Resultate des Hauptversuchs (1. Abschnitt) den Ergebnissen bei der bildhaften Antizipierung nicht widersprechen, denn für die Stellung und Orientierung zusammen findet man bei diesem Versuch nur 0–12% Erfolge mit 4 bis 5 Jahren, 20% mit 6 Jahren und 28% mit 7 Jahren. Damals gab es sogar einen Hinweis auf die Ursache der Bewegung, was beim jetzigen Versuch fehlt.

III. – Die wichtigste Kontrolle wurde aber mit 28 der gleichen 4 bis 11 Jahre alten Kinder des Hauptversuchs durchgeführt (12 Vier- bis Fünfjährige, 10 Sechs- bis Achtjährige und 6 Neun- bis Elfjährige). Der Versuch bezog sich ebenfalls auf das Gedächtnis von Stellungen und Orientierungen, aber so «rein» wie möglich, das heißt ohne jede Stütze durch einen Gedankengang oder eine Antizipierung. Wir benützen dazu eine Straßenkreuzung, auf der nur drei verschiedenfarbene Autos in divergierenden oder zentrifugalen Richtungen aufgestellt sind. In einer solchen Anordnung ist alles kontingent oder willkürlich: die Zahl und die Farbe der Wagen, die Stellungen, nämlich 3 von 4 möglichen, und die Orientierungen, die zentripetal wie zentrifugal sein könnten. Eine Deduktion oder eine einfache sensomotorische Antizipierung ist nicht mehr möglich. Außerdem fehlt jedes Ordnungsprinzip, ausgenommen, daß das Kind seinen Blick oder seine Aufmerksamkeit aktiv auf bestimmte Abfolgen lenken kann: ABC, CBA, BAC, BCA, CAB oder ACB.

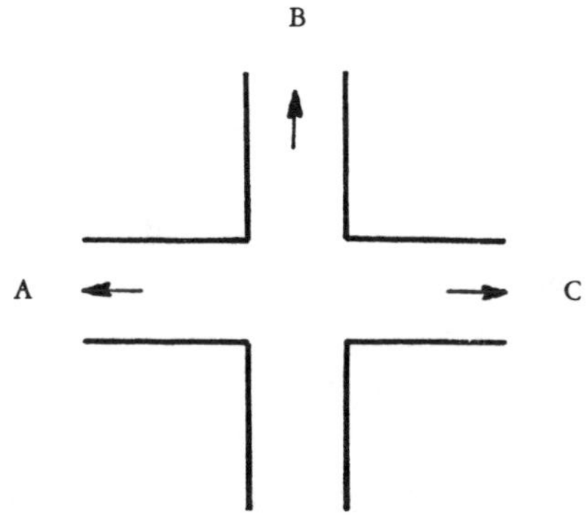

Figur 57

Dabei geht es um die Feststellung, ob man eine mit der des Hauptversuchs vergleichbare Entwicklung mit dem Alter findet oder nicht, also keine Entwicklung bei den nicht schematisierbaren Merkmalen Zahl und Farbe, aber eine mehr oder weniger regelmäßige Entwicklung bei den Stellungen und Orientierungen.
Die Ergebnisse sind eindeutig. Die Zahl, die kontingent ist (3 anstatt der 4 Möglichkeiten), wird am besten mit 4 bis 5 Jahren behalten (20 von 24), etwas weniger gut mit 9–11 Jahren (10 von 12) und noch weniger gut mit 6–8 Jahren (14 von 20): also keine Gesetzmäßigkeit. Die Farben, die ebenfalls kontingent sind, verbinden sich hingegen zum Teil mit den Stellungen, die eher schematisiert werden können: daher ein Fortschritt mit dem Alter, sowohl bei der Zahl der Farben als auch bei ihrer Verteilung.
Die Stellungen werden von 37% der Vier- bis Fünfjährigen (9 von 24), von 50% der Sechs- bis Achtjährigen (10 von 20) und von 85% der Neun- bis Elfjährigen behalten. Für die Orientierungen lauten die entsprechenden Zahlen: 25, 60 und 66%.
Mit einem gewissen Interesse stellt man also fest, daß sich sowohl in den Zeichnungen als auch bei den Rekonstitutionen (aber nicht immer bei beiden zugleich) die Stellungen und Richtungen mit dem Alter ziemlich regelmäßig entwickeln – im Gegensatz zu der Zahl 3, die scheinbar besser zu behalten ist. Einmal mehr scheint es sich zu zeigen, daß die Merkmale einer Figur, auch wenn diese völlig kontingent ist, in dem Maße behalten werden, als sie Schemata entsprechen, die zusammen mit der operativen Entwicklung des Kindes Fortschritte machen. Dieses Faktum bestätigt auch den Hauptversuch (1. Abschnitt) als Gedächtnisindex. Man hätte sich dort nämlich fragen können, ob die beobachteten Fehler und Erfolge nicht vollständig davon abhängig seien, ob die Kinder imstande sind oder nicht, im Augenblick des Abrufs aufgrund ihrer deduktiven Fähigkeiten, und nicht aus der Erinnerung, die Anordnung wieder zu strukturieren. Die Ergebnisse des vorliegenden Versuchs legen jedoch eine andere Interpretation nahe: Die Evokationen und Rekonstitutionen verraten zwar eine Mischung von mnemonischer Retention und gedanklicher Rekonstruktion, aber die beteiligten Schemata, über die die Rekonstruktionen ablaufen, haben schon bei der Organisation der Erinnerung während der Fixierung und der Retention als solchen die beherrschende Rolle gespielt.
Wie üblich wollen wir noch, denn das ist immer instruktiv, die Erfolge bei der Evokation durch die Gedächtniszeichnung mit denjenigen bei der Rekonstitution vergleichen. Dabei wollen wir getrennt untersuchen: Die Ergebnisse bei der

Zahl N, die ein völlig kontingentes Merkmal ist, bei den Farben F und ihrer Verteilung VF, die als Merkmale zum Teil von der Stellung abhängen, und bei den Stellungen und Orientierungen SO, die eher mit dem Alter sich entwickelnde schematisierbare Merkmale sind. Das ergibt die folgende Tabelle:

Tabelle LIII

Evokationen und Rekonstitutionen für die einzelnen Merkmale

	$Z > R$				$Z = R$				$Z < R$			
	N	*FVF*	*SO*	*(T)*	*N*	*FVF*	*SO*	*(T)*	*N*	*FVF*	*SO*	*(T)*
4–5 Jahre	1	1	7	(9)	10	19	13	(42)	0	2	2	(4)
6–7 Jahre	0	2	2	(4)	10	16	14	(40)	0	2	4	(6)
9–11 Jahre	0	0	0	(0)	6	10	12	(28)	0	2	0	(2)

Bei den neun- bis elfjährigen Kindern besteht somit kein merklicher Unterschied zwischen der Zeichnung und der Rekonstitution. Dasselbe gilt auf allen Altersstufen für die kontingenten und wenig schematisierbaren Merkmale N und FVF. Bei der Stellung und der Orientierung SO ist bei den jüngeren Kindern von 4 bis 5 Jahren die Zeichnung etwas im Vorteil. Wir sehen nur eine Erklärung für diese Tatsache, die sonst, falls sie signifikant ist, die einzige Ausnahme von der allgemeinen Regel, daß die Rekonstitution überlegen ist, darstellen würde: Aus Gründen der Vorsicht stellen wir mehr Material zur Verfügung, als für die Rekonstitution benötigt wird; wenn nun 3 Paare von Autos anstatt nur 3 Autos vorhanden sind, so werden die Stellungen und Orientierungen zweifellos auch aus spielerischen Gründen variiert.

IV. – Bei zwei letzten Sondierungen ließen wir ein zufälliges Ereignis in die Anordnung der Schnecken hineinspielen. Bei der einen präsentiert man zwei verschiedene Wege A und B in Form von Bändern (in einem Garten- und Hausrah-

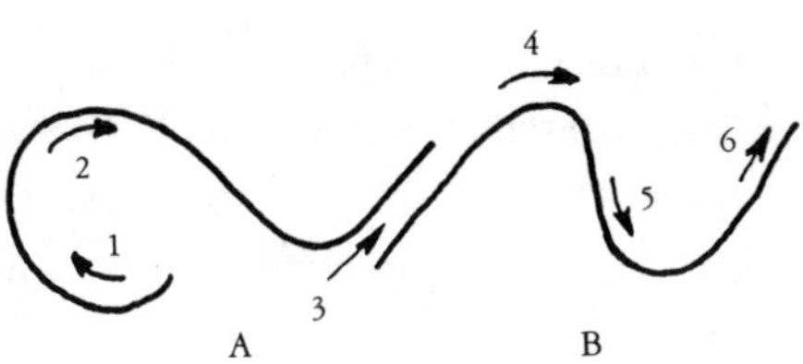

Figur 58

men): die Schnecken, die auf dem Weg A innerhalb (oder unterhalb) des Bandes sich bewegen, müssen am Ende auf das Band B hinüberwechseln, wo sie ihren Weg außerhalb (oder oberhalb) des zweiten Bandes fortsetzen. Zwischen A, wo die Schnecke verkehrt ist (Kopf und Häuschen gegen unten), und B, wo sie die normale Stellung einnimmt, setzt das eine Drehung um 180 ° voraus.
Die Präsentierung verläuft gleich wie im 1. Abschnitt. Nach einer Woche verlangt man 1. eine Gedächtniszeichnung der Kurven, Stellungen und Orientierungen und 2. ein Wiedererkennen der richtigen Figur mit den sechs Schnecken unter 5 anderen Figuren, zwei davon mit einer einzigen großen und nicht unterbrochenen Kurve, die drei anderen mit den gleichen Kurven wie im Modell, aber mit falschen Stellungen und Orientierungen der Tiere.
Eine ähnliche Sondierung, bei der die Schnecke auf einer komplizierteren Bahn ebenfalls eine Drehung um 180 ° beschreiben muß, wo sie aber am Ende der Bahn B einer Blume zukriecht, ergab ähnliche Resultate, von denen nur die Orientierung der Tiere und die durch die Unstetigkeit der Kurven aufgezwungene Drehung erwähnenswert sind. Bezüglich der Richtung findet man ohne Blume wirklichkeitsgetreue Erinnerungen und Vergeßlichkeiten (verkehrte, konzentrische, divergierende oder vermischte Reihenfolge), ohne daß zwischen 5 und 10 Jahren eine Gesetzmäßigkeit zu erkennen wäre. Mit Blume zeigen aber alle zehn Kinder zwischen 4; 5 und 5; 9 Jahren adäquate Erinnerungen. Das Finalitätsschema der Aktion polarisiert das Gedächtnis noch stärker als die geometrische Form der Kreisbewegung (bei II).
Die Erinnerung an die zufällige Unstetigkeit der Wege und die Drehung um 180 ° drängen hingegen eine suggestive Feststellung auf. Bei der Anordnung mit Blume haben nur vier von zehn Kindern zwischen 4 und 5 Jahren diese für sie belanglose Einzelheit behalten. Beim Modell der Figur 58 haben die jüngeren Kinder sie ebenfalls vergessen, aber 11 von 13 sechs- bis zehnjährigen Kindern haben sie wirklichkeitsgetreu behalten. Wir sehen hier wieder einmal diese doppelte Bedeutung des Zufälligen, je nachdem ob es sich für das Kind um einen Zufall handelt, der die Schematisierung behindert und deshalb vernachlässigt wird, oder ob es für das Kind zu einer besonderen Klasse wird, die eben wegen dieser Besonderheit behalten wird. Für die kleineren Kinder gibt es hier kein Problem: Die Schnecke geht von A nach B (Figur 58) wie von irgendeinem Punkt zu einem anderen, und zwar um so leichter, als die Kinder selbst sie in Taten oder in Gedanken verschieben, wenn sie den durchlaufenen Weg zu rekonstruieren versuchen; wie man bei Schwimmversuchen jüngerer Kinder sieht, die versuchen,

ein Stück Holz im Wasser unterzutauchen, weil sie gesagt hatten, es werde nicht schwimmen, als ob die Naturgesetze vor allem von der Aktion des Subjekts abhängen würden, so lassen sie auch hier die Schnecke ohne weiteres von A zu B kriechen, ohne im geringsten daran zu denken, daß sie sich um 180 ° drehen muß. Hat sich hingegen das Denken vom eigenen Tun genug dezentriert, um die Bewegungen des bewegten Körpers aus den objektiven Notwendigkeiten zu verstehen, so werden die Unstetigkeit der Bahn und die Drehung der Schnecke Ereignisse von ganz anderem Stellenwert als die anderen Lageveränderungen oder Orientierungserhaltungen: Das Zufällige erhält den Rang einer besonderen Klasse und wird deshalb vom Gedächtnis besser behalten als ein beliebiges regelmäßiges besonderes Ereignis, für das allein das allgemeine Schema zuständig ist.

3. Schlußfolgerungen

Vergleicht man diese verschiedenen Gegenproben mit dem Hauptversuch des 1. Abschnitts, so versteht man die Retentionsschwierigkeiten besser. Dadurch wird aber auch der Mechanismus des Gedächtnisses besser sichtbar.

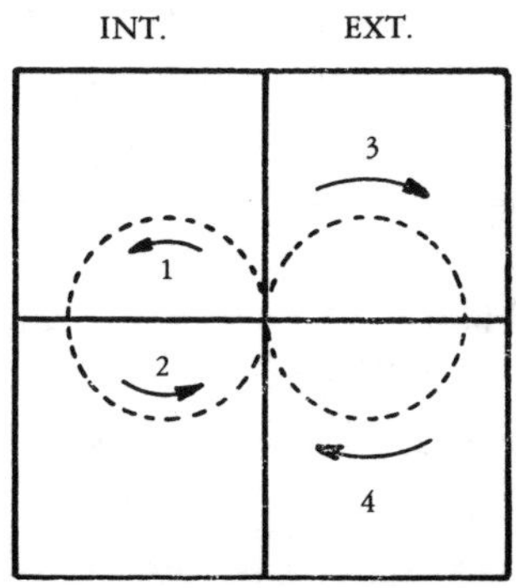

Figur 59

Die Figur der liegenden 8 mit den vier Schnecken, die darin aufgestellt sind, kann, und das ist ihre Besonderheit, auf zwei ganz verschiedene Arten eingeprägt werden. Die erste Methode ist figurativ, sie kann durch ein operatives Matrixschema schematisiert werden: Die eine Dimension (links – rechts) ist durch die

Dichotomie «innerhalb und außerhalb der Kurve», die andere Dimension (oben – unten) durch die Dichotomie «Rücken gegen Rücken oder Kopf gegen Kopf» bestimmt. Die zweite Methode ist kinetisch und beruht auf einem Verschiebungsschema (ohne die Seite oder die Richtung des Kriechens zu ändern). Eine vielleicht etwas komplizierte Methode, die bei einem Kreis (2. Abschnitt/II) keine Schwierigkeiten bereitet, die aber bei Kurven in Form einer liegenden 8 eine Alternanz von Reversibilitäten voraussetzt: 2 ist das Umgekehrte von 1 bei der Orientierung, 3 das Umgekehrte von 2 bei der Stellung (innerhalb oder außerhalb), 4 das Umgekehrte von 3 bei der Orientierung und 1 das Umgekehrte von 4 bei der Stellung.

Hält man von der Versuchsanordnung her diese beiden mnestischen Verfahren auseinander, so sind die Ergebnisse eindeutig. Der Versuch mit der Straßenkreuzung (2. Abschnitt/III und Figur 57) hebt den Matrixaspekt hervor, die Stellungen und Orientierungen sind etwas leichter, aber völlig willkürlich, was die Erinnerung kompliziert. Die Erfolge sind deshalb zahlreicher gewesen. Bei der kinetischen Methode muß man nur den durchlaufenen Weg betonen (2. Abschnitt/I), damit das Gedächtnis schon bei Fünfjährigen derart verbessert wird, daß wir den Versuch auf höheren Altersstufen gar nicht mehr durchgeführt haben.

Die Schwierigkeiten beim Hauptversuch mit der liegenden 8 sind somit im wesentlichen darauf zurückzuführen, daß sich das Gedächtnis der Kinder nicht für eine der beiden möglichen Schematisierungen entschieden hat, denn die Akte der Memorisierung oder der Organisation der Erinnerung sind keine Akte der reflexiven Intelligenz, die bewußt die zu befolgende Methode auswählt. Das Gedächtnis schwankte zwischen den beiden Methoden und kam auf eine Vielfalt von gemischten Schematisierungen, die ebenso arm an Wirksamkeit wie reich an Möglichkeiten waren: bald kinetische, aber partielle Antizipierungen, bald Gegensatzpaare, die aber unvollständig blieben, weil das Kind nur einen Teil der Merkmale behielt oder die Paare so anordnete, als wäre die Figur ein Kreis oder eine Ellipse.

Wenn auch der Gedächtnisakt kein vollständiger Intelligenzakt ist, so ist er dennoch ein Akt, das heißt, die Retention ist nicht nur eine globale Erhaltung, eine Fortsetzung oder ein Andauern der fixierten Wahrnehmung, sondern sie geht durch aktive Schematisierungen vor. Die Vielfalt an noch nicht koordinierten Schemata schadet somit zunächst der Erinnerung an die Figur 56, weil jedes der Elemente Implikationen nach sich zieht (was charakteristisch ist für ein an ein Schema assimiliertes Element), aber mit mannigfaltigen Möglichkeiten.

Bindet man die Rolle dieser auf die verwendeten Schemata zurückzuführenden Implikationen zurück, indem man als Elemente nur willkürliche Merkmale wählt – wie in der Straßenkreuzung der Figur 57 –, so verschwindet die Schematik trotzdem nicht. Wir haben das damit begründet, daß sich die Erinnerungen an die Stellung und die Orientierung mit dem Alter schrittweise verbessern. Weshalb aber von Schemata sprechen, wenn die Tatsachen kontingent sind? Weshalb aufgrund der Entwicklung mit dem Alter auf ein Schema schließen? Es besteht ein Schema, sobald das Subjekt innerhalb der gegebenen Fälle Regelmäßigkeiten sucht und sie folglich an Aktionssysteme oder -rahmen (von der Klassifizierung über die Bezugsetzungen bis zu den Antizipierungen von Bewegungen usw.) assimiliert, die über das einfach Gegebene hinausgehen. Diese schematisierende Assimilation läßt sich an ihrer Entwicklung mit dem Alter erkennen, weil sie eben über das einfach Gegebene hinausgeht. Dieses Gegebene ist dasselbe für jedes Alter, weil es gegeben ist. Wenn es ein «Rohgedächtnis» gäbe, müßte es im Laufe der Entwicklung gleich bleiben oder aber um so besser sein, je jünger das Kind ist, je weniger es also mit Erinnerungen vollgestopft ist, oder sich mit dem Alter verbessern, aber nur unter einem rein quantitativen Gesichtspunkt (wie im bekannten Gedächtnistest mit 15 Wörtern). Wenn sich die Strukturierung selbst mit dem Alter entwickelt, so weil es eine mnestische Schematik gibt, deren Organisation Fortschritte macht, oder weil das Gedächtnis die Intelligenzschemata verwendet, oder weil beides zugleich zutrifft, wobei sich die mnestische Schematik auf die Intelligenzschemata stützen würde.

[1] In Zusammenarbeit mit M. Levret und A. Bauer.

[2] Siehe *L'image mentale chez l'enfant,* Tabelle 36.

[3] Nicht kompliziert, weil sie paarweise geordnet sind (siehe weiter unten Figur 59).

[4] Siehe *L'image mentale chez l'enfant,* Seite 116–120.

[5] Siehe *L'image mentale chez l'enfant,* Tabelle 36.

Kapitel XIX

Das Gedächtnis kontingenter figürlicher Kombinationen mit oder ohne Klassifizierung[1]

Die eben festgestellte Analogie zwischen der Erinnerung an eine operative Präsentierung und der Erinnerung an einfache figurative Tafeln bedeutet nur eine teilweise Bestätigung, denn die präsentierten Figuren konnten als durch operative Transformationen miteinander verbundene Zustände aufgefaßt werden (und wurden von einer bestimmten Stufe an auch so aufgefaßt). Wir müssen deshalb jetzt noch mit Figuren arbeiten, die dieses Merkmal nicht aufweisen. Zwar stellt jede beliebige Anordnung immer einen Zustand dar, der aus vorausgehenden Transformationen resultiert, doch diese Transformationen sind nur selten einfache Operationen und können völlig beliebig sein. Von solchen kontingenten Kombinationen wollen wir jetzt die Erinnerung untersuchen.

Wir haben dazu acht gute Formen ausgewählt, nämlich zwei Kreise, zwei Quadrate, zwei Dreiecke und zwei Ovale. Auf diese Figuren sind in kontingenter Weise (unter dem operativen Gesichtspunkt) schwarze Stäbe geklebt, die aber gewisse figürliche Regelmäßigkeiten aufweisen (Figur 60): Bei jedem Figuren-

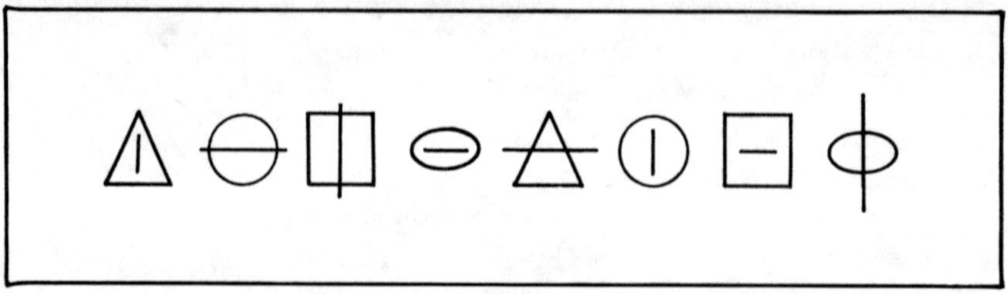

Figur 60

paar ist jeweils ein Stab kürzer und ein Stab länger als der Durchmesser, und je zwei der kurzen und der langen Stäbe stehen waagrecht und senkrecht, wobei aber zwischen den Orientierungen und den Längen keine Entsprechungen bestehen.

Dabei stellen wir uns also die Frage, in welchen Formen und nach welchen Methoden der perzeptiven Aufzeichnung oder der Schematisierung das Kind die Erinnerung an diese Figuren behalten wird, zwischen denen zwar einige topologische und metrische Beziehungen bestehen, die aber beliebig kombiniert sind. Um den Schematisierungsgrad dieser Erinnerungen zu beurteilen, haben wir die Kinder in zwei Gruppen aufgeteilt. In der einen Gruppe bauten wir eine schematisierende Tätigkeit ein, in der anderen nicht. Die schematisierende Tätigkeit sollte so allgemein sein, wie es bei einem solchen Material nur möglich ist, nämlich eine Klassifizierung. Die eine Gruppe von Kindern klassierte deshalb die Figuren an der Präsentierungssitzung, worauf wir nach einer Woche das Gedächtnis, aber nicht die Klassifizierung der Figuren untersuchten. Die zweite Gruppe hingegen hatte diese Klassifizierung nicht vorzunehmen. Ihre spätere Erinnerung war nur durch die visuelle Musterung der Figuren bestimmt.

1. Die Techniken

Die *Technik I* (mit Klassifizierung) umfaßt im Prinzip vier Sitzungen. Das Material besteht aus zwei Dreiecken von 4,5 cm Seitenlänge, zwei Kreisen von 4 cm Durchmesser, zwei Quadraten von 4 cm Seitenlänge und zwei Ovalen mit Achsen von 5,5 und 2,8 cm Länge. Die Stäbe haben die Maße 2×0,5 und 6×0,5 cm. Die acht Figuren sind auf einem Karton von 48×12 cm Seitenlänge aufgeklebt. An der ersten Sitzung läßt man zuerst das Material beschreiben. Falls das Kind die Stäbe nicht spontan erwähnt, wird es darauf aufmerksam gemacht. Dann legt man ihm einen Satz gleicher Figuren vor und fordert es auf, unterhalb des Kartons mit den aufgeklebten Figuren noch einmal die gleiche Gesamtfigur zu entwerfen (diese Zuordnung soll die perzeptive Analyse fördern). Als drittes verlangt man vom Kind eine Klassierung der acht Figuren, und zwar nach völlig freiem Ermessen. Falls diese Klassifizierung nicht schon dichotomisch ist, verlangt man abschließend auch noch eine solche Zusammenstellung. Als viertes nimmt das Kind noch einmal eine Zuordnung vor. Man entläßt es mit der Ankündigung, es werde sich an möglichst viele Figuren zu erinnern haben.
Die zweite Sitzung findet eine Woche später statt. Das Kind erzählt zuerst, was es vor einer Woche getan und gesehen hat. Dann zeichnet es die Figuren, an die es sich erinnert. Als zweites gibt man dem Kind die acht Figuren ohne Stäbe und zwei Serien von je 10 kurzen und 10 langen Stäben; damit wird die ursprüngliche Anordnung rekonstituiert. Zum Abschluß versteckt man eine Figur und fragt das Kind, ob es wisse, wie die versteckte Figur aussehe, wenn es die andere Figur des Paares sehe (mit dieser Frage wollen wir die Strategie des Einprägens beurteilen).

Die dritte Sitzung findet nach sechs Monaten statt und verläuft gleich wie die zweite. Nach beendeter Evokation und Rekonstitution wird das Material noch einmal präsentiert, damit sich das Kind die Anordnung noch einmal einprägen kann (wir hätten es vorgezogen, diese zweite Präsentierung erst einen Tag später durchzuführen, mußten uns aber nach den Wünschen der Schule richten). Dieses Wiedererlernen besteht aus:

1. einer Zuordnung zwischen den aufgeklebten Figuren und den frei beweglichen Figuren;
2. einer Klassifizierung der frei beweglichen Figuren und
3. einer Fixierung zur Einprägung.

Die vierte Sitzung findet nach einer weiteren Woche statt und verläuft gleich wie die zweite.

Die *Technik II* vermeidet hingegen jede Klassifizierung und Zuordnung durch eigene Handlungen. Die erste Sitzung besteht deshalb aus einer einfachen visuellen Musterung. Da aber die Kinder Mühe haben, aufmerksam und genügend lange hinzusehen, sagt man zu ihnen: «Sieh dir gut an, was auf dem Karton aufgeklebt ist. Anschließend zeige ich dir einen anderen Karton, und du sagst mir, ob das gleiche darauf ist.» Nach mindestens 30 Sekunden (wenn nötig sagt man dem Kind vorher noch einmal, es müsse sich «alles ansehen») präsentiert man einen zweiten identischen Karton und fragt, ob er gleich wie der erste sei. Glaubt das Kind Unterschiede zu bemerken, so zeigt man den ersten Karton noch einmal, bis der Fehler vollständig korrigiert ist (die Gleichheit wird im allgemeinen ohne weiteres gesehen). Sobald die Gleichheit festgestellt ist, fordert man die Kinder noch einmal auf, sich alles anzusehen, damit sie sich später daran erinnern könnten.

Die zweite Sitzung nach einer Woche verläuft gleich wie nach der Technik I, die dritte nach 6 bis 12–16 Monaten gleich wie die zweite.

2. Das Wiedererkennen des Modells[2]

Bevor wir die bei den Evokationen und Rekonstitutionen gewonnenen Ergebnisse untersuchen, wollen wir zuerst die Zusammenhänge zwischen dem Wiedererkennen des Modells und dem Alter bestimmen.

Zu diesem Zweck haben wir den Kindern (natürlich anderen als beim Hauptversuch) das Modell 30 Sekunden lang präsentiert; dazu wurde gesagt: «Sieh dir gut an, was auf diesem Karton aufgeklebt ist. Du mußt dich später daran erinnern. Nachher vermische ich die Karten mit anderen Karten, und du mußt die richtigen herausfinden.» Die jüngeren Kinder können noch nicht richtig «hinsehen», sondern fixieren einen beliebigen Punkt auf dem Karton (bisweilen auch die gegenüberliegende Mauer!). Wir lassen sie deshalb mit dem Finger den Figuren nachfahren, wie beim Lesen, oder fahren selbst mit dem Finger nach und machen auf jedes Element einzeln aufmerksam. Anschließend fordert man das Kind auf, die Augen 2 bis 3 Sekunden lang zu schließen: Man zeigt ihm noch einmal den gleichen Karton und fragt es, ob es der gleiche sei. Zweifelt es daran, so läßt man es noch einmal die Augen schließen und zeigt ihm den Karton noch einmal 15 bis 30 Sekunden lang. Dazu sagt man: «Das ist der Karton, den du zuerst angesehen hast. Schau ihn dir noch ein wenig an.»

Dann schickt man das Kind in seine Schulklasse zurück. Nach einer Stunde zeigt man ihm das Modell M vermischt mit acht anderen Kartons: A = die acht Figuren ohne Stäbe, B = die acht Figuren mit lauter waagrechten (vier langen und vier kurzen) Stäben, C = fünf von acht richtigen Figuren, D = die acht Figuren mit lauter senkrechten (vier langen und vier kurzen) Stäben, E = die acht Figuren in anderer Reihenfolge mit zwei doppelten Gegensätzen (Länge und Richtung der Stäbe) und zwei identischen Figurenpaaren, F = vier einzelne Figuren, G = die acht Figuren mit richtig orientierten, aber lauter langen Stäben, H = das gleiche, aber mit lauter kurzen Stäben.

Wahl 1. – Die Kartons werden in zwei Reihen auf einem Tisch ausgebreitet. Das Modell M ist immer das zweite von oben links, die anderen werden zufällig verteilt. Das Kind erhält den Auftrag: «Suche den Karton heraus, den du angesehen hast.»

Wahl 2. – Wir legen die Kartons auf einen Stoß und ziehen jeweils einen nach dem anderen in willkürlicher Reihenfolge heraus. Dazu fragen wir: «Ist es dieser?», dann: «Woher weißt du das? Weshalb?» usw.

Bei 3 Vierjährigen, 11 Fünfjährigen, 9 Sechsjährigen, 10 Siebenjährigen, 11 Achtjährigen und 2 Neunjährigen kommt die folgende Tabelle heraus. Mit A bezeichnen wir jene Kinder, die nur das Modell M auswählen, mit B diejenigen, die sich für andere Kartons entscheiden, und mit C diejenigen, die mehrere Kartons, darunter den richtigen M, aussuchen. Unter A 2 fassen wir die Kinder der Kategorie A mit jenen Kindern zusammen, die zuerst einen anderen Karton, am Ende aber den richtigen Karton M auswählen. Unter A 3 sind die Kinder der Kategorie A mit jenen vereinigt, die zuerst M aussuchen, später aber ihre Meinung ändern.

Tabelle LIV

Wiedererkennungstypen

	Wahl 1				Wahl 2			
	A	*A2*	*A3*	*B*	*A*	*A2*	*C*	*B*
4 Jahre (*N* = 3). . .	0	0	0	100 (3)	0	0	100 (3)	0
5 Jahre (11).	27 (3)	45 (5)	45 (5)	35 (4)	0	0	72 (8)	18 (2)
6 Jahre (9)	22 (2)	33 (3)	22 (2)	66 (6)	24 (2)	24 (2)	33 (3)	45 (4)
7 Jahre (10).	50 (5)	50 (5)	60 (6)	45 (4)	33 (3)	50 (5)	30 (3)	20 (2)
8 Jahre (11).	63 (7)	63 (7)	90 (10)	9 (1)	27 (3)	36 (4)	27 (3)	9 (1)
9 Jahre (2)	(2)				(1)		(1)	

Die Zahlen geben die Prozente an (in Klammern sind die absoluten Zahlen wiedergegeben).

Nachzutragen wäre noch, daß bei der Wahl 2 ein fünfjähriges und drei achtjährige Kinder alle Kartons abgelehnt haben.

Diese Tabelle zeigt zunächst, daß das Modell M (wie wir gehofft hatten) schwierig einzuprägen und auch wiederzuerkennen ist, wenn keine detaillierte Analyse vorausgeht. Bestenfalls, und wenn man auch die Kategorien A 2 und A 3 als richtige Wiedererkennungen zählt (denn die Kinder, die zu A 3 gehören, aber nicht zu A, nämlich zwei Fünfjährige, ein Siebenjähriges und drei Achtjährige, haben zuerst global richtig «wiedererkannt», wurden aber dann durch eine Analyse unsicher gemacht, die eher von der Evokation herrührte), wird somit das Modell erst von 5 Jahren an wiedererkannt, und erst von 8 Jahren an überschreitet die Wiedererkennungsquote (bei der Wahl 1) 75%.

Diese Schwierigkeit eines sicheren Wiedererkennens (und jetzt bleiben wir bei der Kolonne A der Wahl 1) zeigt, daß dieses nichts Unmittelbares ist, sondern eine Erarbeitung voraussetzt, also das, was man üblicherweise eine «Analyse» nennt. Worin besteht diese Analyse? Als zweites wichtiges Ergebnis zeigt diese Tabelle, daß sie von der Altersstufe abhängt, noch genauer, daß sie sich erst von der operativen Stufe an, die mit 8 Jahren beginnt, durchsetzt. Diese «Analyse» ist somit in Wirklichkeit eine Strukturierung, die die Klassifizierungsschemata (Figuren und Stäbe) und die Bezugsetzungsschemata (Längen, Richtungen und Orientierungen der Stäbe) verwendet. Vergleicht man darüber hinaus die altersmäßige Entwicklung der Kategorien A und B (bei der Wahl 1) mit den Typen III und IV (wo IV M als auch A entspricht) einerseits und der Typen I und II andererseits in der Tabelle mit den Evokationen und Rekonstitutionen, die man weiter unten (im 3. Abschnitt: Technik I) findet, so kommt man auf den Gedanken, daß die Schemata, die hier für das Wiedererkennen verwendet werden, offensichtlich die gleichen sind, die auch bei den Rekonstitutionen und den Evokationen mitspielen, im Falle dieser schwierigen Figur sogar mit wenig Zeitunterschied.

Die Rolle dieser Schemata wird besonders deutlich sichtbar, wenn man die Kolonnen C und A (oder A 2) der Wahl 2 vergleicht. Die Kolonne C faßt eine Wahl zusammen, die nicht die besondere Klasse M bevorzugt, sondern sich für eine Äquivalenzklasse untereinander nicht unterschiedener Kartons entscheidet. Man stellt fest, daß diese undifferenzierte Wahl von 78% der Kinder am Anfang (die 14 vier- und fünfjährigen Kinder zusammengefaßt) auf nur noch 27% mit 8 Jahren sinkt. Das heißt mit anderen Worten, daß die präoperativen Schemata, die für dieses besondere Wiedererkennen herangezogen werden, noch zu unscharf und zu ungenau sind, als daß sie eine genaues Wiedererkennen ermöglichen könnten. Die operativen Schemata der Achtjährigen sind dann bereits adäquater. Die vier- bis fünfjährigen Kinder haben nämlich noch alle Kartons außer C und F (nur vier oder fünf Elemente) ausgewählt, während man bei den Achtjährigen nur mehr M, D und H bei der Wahl 2 und M, D, E, G und H bei der Wahl 1 findet.

Hier noch die Gesamtzahlen für jede Figur bei der Auswahl:

Wahl 1									*Wahl 2*								
M	A	B	C	D	E	F	G	H	M	A	B	C	D	E	F	G	H
28	1	6	0	7	6	2	3	7	32	2	7	0	21	7	0	9	11

Analysiert man die Gründe für dieses verschiedene Wählen, so kommt man wieder auf die Schemata der Bezugsetzung (Länge und Stellung der Stäbe oder Stellung der Figuren) und der Klassifizierung (insbesondere bei der häufigen gleichzeitigen Auswahl von M und D), von denen wir eben gesprochen haben und die notwendig sind, um diese Art von neuer Klasse zu charakterisieren, die der Karton M für das Kind darstellt. Es kommen aber auch ständig besondere Anzeichen hinzu: Ein Kind glaubt sich daran zu erinnern, das letzte Oval habe aufrecht gestanden, ein anderes, es sei liegend gewesen usw. Der Karton D hat insbesondere wie das Modell ein Dreieck am Anfang und ein Oval am Ende (E ein Dreieck am Anfang und einen Kreis am Ende). Das Suchen von Anzeichen steht aber nicht im Widerspruch zu einer klassifikatorischen und Bezüge setzenden Schematisierung, im Gegenteil: Das «Verständnis» einer Klasse oder eines Schemas ist auf der perzeptiv-motorischen Stufe nichts anderes als die Gesamtheit der gemeinsamen Anzeichen, die die Gegenstände charakterisieren, welche die «Ausdehnung» dieses Schemas darstellen.

3. Die Resultate der Technik I nach einer Woche

Wir wollen zuerst die Gedächtnisstufen beschreiben, wie sie sich von ihrer qualitativen Organisation her gesehen ergeben. Dann vergleichen wir sie mit den Klassifizierungen, die wir an der Präsentierungssitzung erhalten haben.

I. – Wir unterscheiden vier Hauptstufen:

Stufe I: keine deutlich sichtbaren Paare, weder bei den Figuren noch bei den Stäben. Diese Stufe läßt sich in drei Unterstufen einteilen:

I A: eine, häufiger zwei (bisweilen drei) verschiedene Formen, die Stäbe fehlen bei einer oder mehreren Figuren[3] (sie fehlen erst nach sechs Monaten vollständig);

I B: zwei oder drei verschiedene Formen, die Figuren mit Stäben, aber meistens hinsichtlich der Länge und der Richtung vom gleichen Typ (nicht in diese Gruppe gehören die etwas weiter entwickelten Fälle von Alternanz zwischen Figuren mit Stab und ohne Stab – elementare Paare, die unter II einzuordnen sind);

I C: drei oder vier verschiedene Formen, wobei die eine oder andere häufig wiederholt wird, mit zwei (oder manchmal mehreren) Typen von Stäben, aber ohne jede andere Systematisierung als zum Beispiel eine unregelmäßige Abfolge von kurzen und langen, die aber alle waagrecht liegen.

Stufe II: Beginn einer schematisierenden Koordinierung, die sich in noch sporadischen Paaren äußert. Die Figuren werden unterschieden, mindestens eine ist als Paar vorhanden. Die Paare weisen erst einen einfachen Gegensatz auf, entweder bei den Stäben (lang und kurz oder senkrecht und waagrecht, aber nicht beides zugleich) oder sogar bei den Figuren (zwei verschiedene Figuren werden zu einem Paar zusammengestellt, weil sie denselben Stab haben; oder die eine Figur hat einen Stab, die andere nicht).

Stufe III: Beginn einer Koordinierung zwischen den gegensätzlichen Kriterien nach Paaren. Zum Beispiel mindestens zwei Paare mit einem einfachen Gegensatz und mindestens ein Paar mit doppeltem Gegensatz.

Stufe IV: Die Paare mit doppeltem Gegensatz werden allgemein. Es versteht sich von selbst, daß zwischen jeweils zwei Stadien auch Zwischenstufen berücksichtigt werden müssen.

Es muß klar gesagt werden, daß diese Klassifizierung nach Stufen zum Teil willkürlich ist, was die Grenzen zwischen I und II, II und III (und sogar III und IV) betrifft. Das einzige sichere Faktum ist der Fortschritt in der Wirklichkeitstreue der Erinnerung von einem Typ zum anderen. Die gesammelten Tatsachen wurden aber durch mindestens vier der Autoren dieses Buches genau klassiert. Diese Gemeinschaftsarbeit verbürgt (und das allein ist wichtig) die numerischen Tatsachen in den Tabellen zwar nicht in den Einzelheiten, jede für sich genommen, aber in den Beziehungen, die sie zum Ausdruck bringen – zum Beispiel, daß die Zeichnungen und Rekonstitutionen mit zunehmendem Alter eine höhere Stufe erreichen, daß die Rekonstitutionen besser sind als die Zeichnungen, daß die Anfangsergebnisse mit der Technik I besser sind als mit der Technik II usw.

II. – Wenden wir jetzt diese Skala einerseits auf die einfachen Evokationen (Beschreibungen und Zeichnungen) und andererseits auf die Rekonstitutionen mit den frei beweglichen Figuren an, so stellen wir wie üblich fest, daß die Rekonstitutionen den Zeichnungen voraus sind: Von 27 Kindern sind 17 bei der Rekonstitution besser (3 davon weisen nur einen leichten Vorsprung auf), 6 bei beiden gleich und 4 etwas schlechter (3 davon aber fast gleich). Einige Beispiele von Fortschritten:

Gil (4; 0) zum Beispiel fertigt nach einer Stunde eine Zeichnung (Figur 61 a) der Stufe I (A–B) an, nach einer Woche dieselbe Zeichnung, aber mit drei Kreisen desselben Typs und drei Dreiecken, wovon zwei geschlossenen. Bei der Rekonstitution hingegen verwendet er alle 8 Figuren, setzt aber alle Stäbe, wovon 5 kurze und 3 lange, waagrecht darauf (nachdem er einen Augenblick lang gemeint hatte, zwei Figuren würden ohne Stäbe bleiben). Also ein sehr leichter Fortschritt (I B).

Yve (4; 0) steht nach einer Woche auf der Stufe I B (Figur 61 b). Bei der Rekonstitution liegen alle Stäbe waagrecht: zwei Dreiecke und zwei Quadrate mit langen Stäben, aber zwei Kreise und zwei Ovale mit kurzen Stäben (I C).

Mar (4; 9) hingegen weist einen spektakulären Fortschritt auf. Nach einer Woche hatte sie eine Zeichnung (Figur 61 c) von der Stufe I B abgegeben. Die Rekonstitution hingegen ist vom Typ IV: Alles ist behalten worden, nur die Quadrat- und Ovalpaare sind bezüglich der Merkmale der Stäbe umgekehrt[4].

Ani (7; 0) macht eine Zeichnung der Stufe II, aber die Rekonstitution gehört zur Stufe III (Figur 61 d).

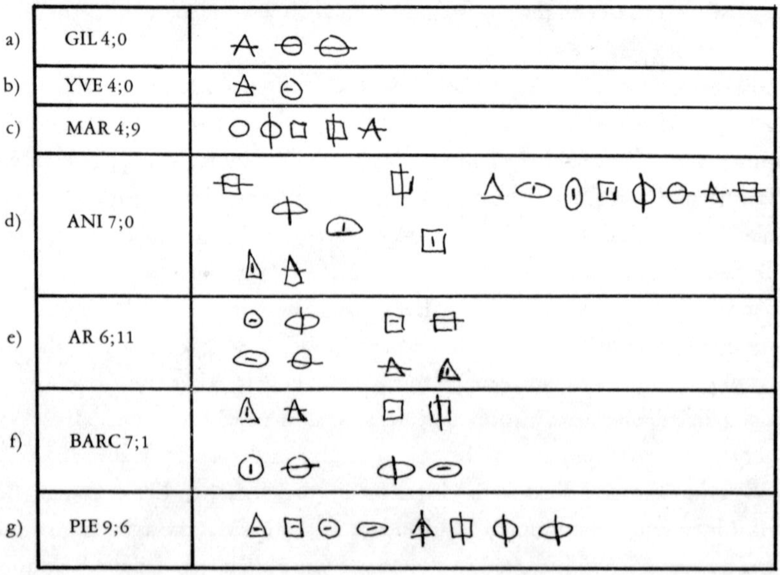

Figur 61

Aus diesem Vergleich ergeben sich zwei Informationen. Einerseits stellt man wie üblich fest, daß die Rekonstitution, die gleichzeitig Wiedererkennen und Evokation ist, qualitativ wie quantitativ besser entwickelte Koordinierungen und Schematisierungen ermöglicht als die reine Evokation, die nicht über ausreichende mnestische Tatsachen verfügt. Andererseits ist bei der Rekonstitution diese Organisation der Erinnerung klar von der intellektuellen Stufe abhängig, während sich zwischen 4 und 7 Jahren bei der Gedächtniszeichnung keine klare Entwicklung beobachten läßt, ausgenommen daß der Typ I nach 5 Jahren fast vollständig verschwindet. Bei 47 Kindern findet man die folgenden Verhältnisse:

Tabelle LV

Verteilung der Reaktionstypen

	Gedächtniszeichnung				Rekonstitution				
Stufen	I	II	III	IV	I	II	III	IV	*N*
4–5 Jahre	11	3	3	–	7	6	3	1	17
6–7,5 Jahre	4	3	3	3	0	5	4	4	13
7,5–9 Jahre	2	1	8	6	1	1	8	7	17

Wir haben zusätzlich[5] 20 Legastheniker zwischen 6; 9 und 10; 7 Jahren (4 Sechsjährige, 7 Siebenjährige, 6 Achtjährige und 3 Neun- bis Zehnjährige) untersucht, die alle an ausgeprägten Lateralisationsstörungen litten, deren Intelligenz aber normal oder überdurchschnittlich war. Alle hatten eine logopädische Behandlung begonnen und sprachen Französisch als Muttersprache.
Diese Kinder mit gestörter Entwicklung ergeben folgende Resultate:
1. Bei den Evokationen stellt man einen beträchtlichen Vorsprung der normalen Kinder fest. Die Reihenfolge der Erinnerungsstufen bleibt hingegen gleich wie bei den normalen Kindern, nur daß die Legastheniker diese Stufen mit einer gewissen Verzögerung erreichen[6].
2. Bei den Rekonstitutionen ist der Abstand ebenfalls beträchtlich, aber weniger ausgeprägt als bei den Evokationen. Daraus folgt, daß für die Legastheniker wie für die normalen Kinder die Rekonstitution leichter ist als die Evokation. Wir kommen in der Tabelle 56 darauf zurück.
3. Man findet bei den Legasthenikern gewisse mnestische Verzerrungen, wie etwa Gegensätze zwischen Figuren mit Stäben und Figuren ohne Stäbe. Ein solcher Erinnerungszerfall, den 5 von 20 Legasthenikern nach einer Woche zeigen, läßt sich auch bei normalen Kindern beobachten, aber erst nach sechs Monaten und nicht schon nach einer Woche (nach 12 bis 16 Monaten mit der Technik II).
4. Die Klassifizierungsstufen sind bei Legasthenikern und normalen Kindern gleich. Auch der Einfluß der Klassifizierung auf die Evokation ist bei beiden Gruppen gleich (siehe weiter unten unter IV).
Vergleicht man die Rekonstitutionen und die Gedächtniszeichnungen bei den 47 Kindern der letzten Tabelle und den 20 Legasthenikern, so kommt man auf folgende Ergebnisse (R > Z bedeutet, daß die Rekonstitution auf einer höheren Stufe steht als die Zeichnung usw.):

Tabelle LVI

Vergleich der Evokationen mit den Rekonstitutionen

	$R > Z$	$R \geqslant Z$	$R = Z$	$R \leqslant Z$	$R < Z$
47 normale Kinder (4;9 bis 9;10)	19	6	16	4	2
20 Legastheniker (6;9 bis 10;7)	6	6	4	2	2

Ergänzend ist festzuhalten, daß die Rekonstitution nur selten die Zeichnung kopiert, obwohl sie unmittelbar anschließend verlangt wird, und zwar an der dritten Sitzung, und ausgenommen natürlich bei den richtigen Elementen, die aber ergänzt werden. Das ganze Bemühen erfaßt also mehr die Strukturierung als den Abruf oder die Vervollkommnung der Roherinnerung. Die Faktoralisten haben bekanntlich zwischen dem «Rohgedächtnis» (Faktor M von Thurstone) und dem «Bedeutungsgedächtnis» von H. B. Carlson unterschieden. Im Gegensatz zu dieser dualistischen Haltung kann man sich fragen, ob das spontane Gedächtnis nicht immer ein Bedeutungsgedächtnis sei, dessen verschiedene Spielarten darauf zurückzuführen sind, daß sich die Fakten mehr oder weniger gut dazu eignen, an die Schemata des Kindes assimiliert zu werden, und ob das Rohgedächtnis nicht ein Grenzfall ist, bei dem das Kind durch soziale Zwänge (Schule, Labor) oder beliebige äußere Zwänge dazu genötigt ist, seine Schemata momentan an eine aufgezwungene Aufgabe zu akkommodieren, auch wenn anschließend wieder alles vergessen und, mit mehr oder weniger Verzerrungen, nur das behalten wird, was assimilierbar ist.

Das verwendete Material besteht aus einem untrennbaren und gewollten Gemisch von schematisierbaren und von völlig kontingenten Fakten:

a) Zunächst zwei Serien von Figuren, die sich in derselben Reihenfolge wiederholen (Dreieck, Kreis, Quadrat, Oval), aber die Reihenfolge selbst ist kontingent.

b) Die vier Figurenpaare weisen in bezug auf die Länge und die Orientierung der Stäbe je einen doppelten Gegensatz auf: Hat das eine Glied des Paares einen kurzen und senkrechten Stab, so hat das andere einen langen und waagrechten usw. Von den vier multiplikativen Möglichkeiten (lang oder kurz × senkrecht oder waagrecht) sind jedoch bei einem Paar nur zwei verwirklicht, und zwar ohne Bezug auf die Natur der Figur, was wieder ein kontingenter Faktor ist.

c) Es gibt insgesamt zwei lange und zwei kurze senkrechte sowie zwei lange und zwei kurze waagrechte Stäbe, was schematisierbar ist. Die Reihenfolge der senkrechten (s) und waagrechten (w) oder der langen (l) und kurzen (k) Stäbe ist aber doppelt kontingent (swsw-wsws und kllk-lkkl), obwohl jede der beiden Serien für sich innere Regelmäßigkeiten (swsw oder kllk) aufweist und verglichen mit der anderen Serie eine symmetrische Umkehrung darstellt.

Dem Kind standen also zwei Lösungen zur Verfügung: entweder «einprägen», also das «Rohgedächtnis» bemühen, oder schematisieren, das heißt sich in dem Maße auf die Bedeutungen stützen, wie sich im Modell Klassifizierungselemente (Paare und Gegensätze) oder Seriationen finden lassen. Die Technik I, die an der ersten Sitzung eine Klassifizierung durchführt, kann die zweite Möglichkeit günstig beeinflussen, aber es bleiben nicht schematisierbare Kontingenzelemente übrig, die zu einer passiven Einprägung im Sinne von rein akkomodierend hätten führen müssen.

III. – Die Evokationen und Rekonstitutionen nach einer Woche (nur wenige Kinder nahmen an der am Anfang vorgesehenen zweiten Sitzung teil, wodurch aber nichts verändert wurde) erbringen das auffällige Resultat, daß nur ein einziges Kind die präsentierte Anordnung mit allen Einzelheiten behalten hat. Bei der Technik II ist es nicht einmal eines dieser 5 bis 15 Jahre alten Kinder! Einige Kinder reproduzieren zwar (wir haben den Fall von Mar mit 4; 9 Jahren kennengelernt) bei der Rekonstitution alle vier Figurenpaare und eine gleiche Anzahl (4 und 4) senkrechte und waagrechte wie auch kurze und lange Stäbe. Doch weder die Reihenfolge der Figuren noch die der Stäbe wird unverändert behalten, und auch die Kinder mit den besten Ergebnissen verwechseln zumindest bei einem Paar die inneren Merkmale.

Von 95 Kindern haben zum Beispiel nur 4 Achtjährige und 9 Elf- bis Zwölfjährige in ihren Zeichnungen die richtige Reihenfolge der Figuren wiedergegeben. Dazu kommt 1 Dreizehnjähriges, das aber (ohne den Fehler zu bemerken) zwischen die Quadrate und die Ovale zwei Rechtecke hinzufügt. Von 47 Kindern (Technik I) haben 11 ebenso viele senkrechte wie waagrechte und 10 ebenso viele lange wie kurze Stäbe wiedergegeben. Aber nur 8 dieser Kinder haben beide Gleichheiten beachtet, die anderen ergeben für einen der Gegensätze ein Verhältnis von 5 zu 3.

Keines der 47 Kinder, die nach der Technik I geprüft wurden (ausgenommen ein Achtjähriges bei der Rekonstitution), hat hingegen die Reihenfolge swsw-wsws oder kllk-lkkl reproduziert. Je ein Kind von 5 und 7 Jahren hat swswswsw und ein Kind von 6; 11 Jahren eine gleiche Alternanz für k und l gezeichnet. Häufig findet man eine Reihenfolge von 4s und 4w oder umgekehrt hintereinander, ebenso von 4k und 4l oder umgekehrt, wobei im Endergebnis oft alle s auch k und alle w auch l oder umgekehrt sind. Eine andere häufige Reihenfolge ist eine Alternanz von Paaren (zwei aufeinanderfolgende Quadrate, Dreiecke usw.)[7], aber mit variabler Reihenfolge der Gegensätze kl und sw.

Was die Paare selbst betrifft, die ihrer Natur nach kontingent sind, da jedes nur eine Kombination von vier möglichen und nur eine Anordnung (Kombination und Reihenfolge) von acht möglichen darstellt, so stellt man fest, daß die richtige (R) und die falsche (F) Serie der Figur 62 beim Dreieck 49 R und 25 F, beim Kreis 36 R und 36 F, beim Quadrat 39 R und 27 F und beim Oval 24 R und 30 F

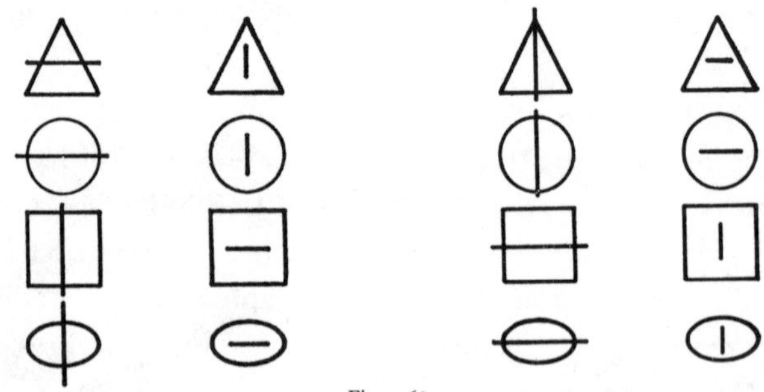

Figur 62

ergeben haben. Diese Verteilung ist nicht zufällig, sie hängt von der Schematisierung der doppelten Gegensätze, von der Eigenschaft der besseren oder weniger guten Form der Figur und von ihrer Stellung innerhalb der Reihe (das Dreieck ist an der Spitze: Figur 60) ab.

Alles in allem sieht es so aus, als würde das Rohgedächtnis bei diesen Ergebnissen nur eine beschränkte, die Schematisierung aber eine beträchtliche Rolle spielen. Man sieht aber ebenso klar, daß die Ausformung und die Verwendung von Schemata zweischneidige Waffen darstellen, die zu Irrtümern wie zu adäquaten Organisationen und Konsolidierungen führen können. Ist das präsentierte Modell vom logisch-mathematischen Typ wie bei den Seriationen oder der Transitivität, so wird es vom Kind an die seiner Entwicklungsstufe entsprechenden Schemata assimiliert, was eine verzerrte Erinnerung zur Folge hat, wenn diese Stufe tief ist, aber auch eine immer genauere Evokation, je höher die Entwicklungsstufe wird. Besteht hingegen das Modell aus einem Gemisch von rationalisierbaren und kontingenten Elementen, so führt die Schematisierung zu nützlichen Ergebnissen bei den rationalisierbaren Elementen, aber zu irrtümlichen Vereinfachungen oder vollständiger Vernachlässigung bei den kontingenten Faktoren. Claparède hat schon vor langem auf die Irrtümer bei Zeugenaussagen hingewiesen, die auf eine Neigung zurückzuführen sind, die Erinnerung im Sinne des Wahrscheinlichsten zu rekonstruieren, während das Wirkliche oft ein Produkt zufälliger Kombinationen sehr geringer Wahrscheinlichkeit ist. Für unser vorliegendes Modell gilt dasselbe: Das Gedächtnis richtet sich oft nach einer Rationalisierung aus und läßt die kontingenten Fakten auf der Seite.

IV. – Nach diesem Vergleich zwischen der einfachen Evokation ohne Material und der Rekonstitution mit den dem Kind überlassenen Figuren wollen wir die

Rolle der Klassifizierungen prüfen, die an der ersten Sitzung (Präsentierungssitzung) verlangt worden waren. Das Problem, das wir diskutieren wollen, hatten wir bei der Planung des Versuchs nicht vorgesehen. Weil wir annahmen, das «Rohgedächtnis» würde bei der Erinnerung an unser Modell eine beträchtliche Rolle spielen (wobei wir uns fragten, ob es bei den jüngeren oder den älteren Kindern wirksamer sein würde), und um die Unaufmerksamkeit der jüngeren Kinder, wenn man ihnen einfach eine Anordnung zur Einprägung präsentiert, zu beheben, hatten wir an diese Klassierung der Figuren gedacht, um dem Kind zu helfen, die Einzelheiten zu bemerken, anders gesagt, um die zu behaltenden Informationen vollständiger aufzuzeichnen oder zu verschlüsseln. Da aber die Schematisierung eine viel stärkere Rolle als vorgesehen spielte, wurden diese Klassifizierungen eine Behinderung für unsere Analysen (deshalb der Vergleich mit der Technik II ohne Klassifizierung), wir verdanken ihnen aber auch zusätzliche Erkenntnisse.

Angenommen, das Kind reproduziere in seinen Evokationen oder Rekonstitutionen einfach das Schema der Klassifizierung, das es an der Präsentierungssitzung gewählt hatte, so würde diese vorausgehende Klassierung nur eine lästige Rolle als zusätzlicher oder sogar verzerrender Faktor spielen, der die direkte Analyse der Erinnerung erschwert. Falls sich aber die Evokation und die Rekonstitution als von dieser vorgängigen Klassifizierung unabhängig erweisen sollten, falls sie Schematisierungen darstellen, die für die mnestische Erhaltung und Rekonstruktion eigentümlich sind, so würde die Klassierung Auskunft geben über die Stufe der Klassifizierungsschemata des Kindes und so einen Beitrag zur Erklärung der Stufen der mnemonischen Schematisierung liefern.

Mit anderen Worten, wir müssen jetzt untersuchen, ob zwischen den Klassifizierungen des Kindes und seinen Evokations- oder Rekonstitutionsstufen eine direkte Aktion oder nur (im allgemeinen oder im einzelnen) Konvergenz oder überhaupt keine Beziehung besteht. Ein schwieriges Problem, zugegeben, aber der Vergleich zwischen den Ergebnissen mit der Technik I und der Technik II, also mit oder ohne Klassifizierung, würde eine genügende Kontrolle oder Gegenprobe für die Bestätigung unserer Interpretationen darstellen. Die Frage verdient eine aufmerksame Untersuchung, denn sie bezieht sich eben auf die Natur der Schematisierung, die für das Gedächtnis eigentümlich ist.

Hier nun die beobachteten Klassifizierungsstufen. Dabei muß berücksichtigt werden, daß die Kinder nicht zu erschöpfenden Dichotomien gedrängt wurden. Die jüngeren Kinder sollten dazu gebracht werden, eher die Unterschiede und die Konstanten als die allgemeinen Ähnlichkeiten herauszufinden (und das hat die Entdeckung der für das verwendete Material charakteristischen Gegensätze gefördert)[8]:

Die Stufe I umfaßt eine Reihe von Verhaltensweisen, die zum Teil in eine Rangfolge eingeordnet werden können (I A im Vergleich zu I B und I C), die aber vielleicht auch derselben Entwicklungsstufe angehören (I B und I C).

I A: Figürliche Anordnungen (im allgemeinen Reihen), die bisweilen zu Alternanzen (lang–kurz) und zur ersten Differenzierung eines Kriteriums (im allgemeinen die Form der Grundfiguren) führen.

I B: Beginn einer Strukturierung mit zum Beispiel Zuordnung von Glied zu Glied aufgrund eines Kriteriums (etwa der Form der Figur) oder zweier Kriterien, die aber undifferenziert bleiben und nicht koordiniert werden, oder von Kontrasten, die auf vermischten Kriterien beruhen: Weil diese Klassifizierungsweise ihre Möglichkeiten nicht vollständig ausschöpft, bewirkt sie beliebige Anordnungen ohne einheitliches Kriterium, das auf sämtliche Elemente angewendet würde.

I C: kleine zusammenhängende Anordnungen und einige zusätzliche Klassen.

Die Stufe II umfaßt eine ganze Skala von Reaktionen. Gemeinsam ist allen die Möglichkeit, dass das Kriterium ändert, wobei zwischen dem ersten und dem zweiten differenziert wird, während zwischen dem zweiten und dem dritten kein Unterschied gemacht wird (zum Beispiel zwischen den langen und kurzen Stäben und den waagrechten und senkrechten Stäben).

II A: die Untergruppen werden zu Gruppen zusammengefügt (oder Gruppen in Untergruppen aufgeteilt), aber noch keine zweidimensionalen Tafeln.

II B: Ansätze zur Zweidimensionalität.

Die Stufe III ist durch drei mögliche aufeinanderfolgende Klassifizierungen charakterisiert, aber sie zeigt noch Vereinfachungen, die einen Kontrast unterdrükken (alle Figuren werden zum Beispiel so angeordnet, daß die Stäbe waagrecht liegen).

Stufe IV: drei Kriterien, nebeneinander oder gleichzeitig, meistens mit einer Anordnung nach einem oder zwei Kriterien der Ähnlichkeit oder einem oder zwei Kriterien des Unterschieds.

Man ersieht daraus ohne weiteres, daß diese Rangordnung weder identisch noch völlig anders ist als bei den Evokationen und den Rekonstitutionen. Die beiden entsprechen einander offensichtlich funktionell. Berücksichtigt man nur die Stufen I–IV ohne die Unterstufen, wobei wir an alle Irrtümer erinnern, die solche

Bestimmungen verderben können, so kommen wir bei den 47 Kindern der Technik I (4; 9 bis 9; 0 Jahre) auf die folgenden Zuordnungen[9]:

Kl > Z	Kl = Z	Kl < Z	Kl > R	Kl = R	Kl < R
11	26	10	4	26	17

Die Stufe der Klassifizierungen entspricht also ziemlich genau der Stufe der Evokationen, während die Rekonstitutionen einen leichteren oder stärkeren Vorsprung auf beide zusammen aufweisen. Man bemerkt das ohne weiteres, wenn man die individuellen Fälle betrachtet. Wir wollen noch als Vergleich zu diesen Kindern die entsprechende Tabelle wiedergeben, die wir an den 20 Legasthenikern zwischen 6; 9 und 10 Jahren gewonnen haben:

Kl > Z	Kl = Z	Kl < Z	Kl > R	Kl = R	Kl < R
5	9	6	2	4	14

Der Vorsprung der Rekonstitution auf die Klassifizierung scheint sich mit zunehmendem Alter noch deutlicher auszuprägen (die Klassifizierungen dieser behinderten Kinder waren durchaus normal mit leichten Veränderungen beim Kriterium)[10].

Die Stufe I ist bei der Klassifizierung wie bei der Erinnerung durch das Fehlen der Strukturierung charakterisiert. Diese fehlende Strukturierung weist nicht in beiden Fällen dieselben Aspekte auf, ergibt sich aber aus der gleichen Schwierigkeit bei der Schematisierung:

Gig (4; 11) beginnt seine Klassifizierung mit Gegensatzpaaren: ein Dreieck mit senkrechtem Stab und ein Quadrat mit waagrechtem Stab, ein Dreieck und ein Oval usw. Dann konstruiert er eine Reihe, deren Elemente alle einen waagrechten Stab haben, ausgenommen an den beiden Enden, dann eine Alternanz mit langen und kurzen Stäben usw., ohne daß er sich um deren Richtung kümmert (figürliche Anordnungen I A). Die Erinnerung hingegen ergibt bei der Evokation drei Kreise, ein Quadrat und ein Dreieck, alle mit langen Stäben, die Richtungen gemischt, und bei der Rekonstitution die acht Figuren in zufälliger Reihenfolge (keine Paare), alle Stäbe waagrecht, ausgenommen der vorletzte (I C). Also dieselbe Struktur, aber mit Veränderungen im Inhalt.

Syl (5; 0) beginnt ihre Klassifizierung mit Paaren: ein Dreieck und ein Quadrat mit senkrechten Stäben, dann zwei Kreise mit entgegengesetzten Stäben (ks und lw), dann zwei Ovale (kw und ls), zwei Dreiecke (ks und lw) und zwei Quadrate (kw und ls). Sie kommt schließlich zu zwei Gruppen, die eine aus den vier verschiedenen Figuren mit langen waagrechten Stäben und die andere aus den vier gleichen Figuren (aber ohne Zuordnung zu denen der ersten Gruppe) mit vier kurzen und senkrechten Stäben (Stufe I–II). Ihre Gedächtniszeichnung (I B) enthält die vier verschiedenen Figuren mit lauter waagrechten Stäben (3 langen und 1 kurzen), ihre Rekonstitution alle acht Figuren miteinander vermischt, alle mit waagrechten Stäben, aber Alternanz von kurzen und langen (Stufen I und II).

Auf dieser Stufe I geben somit die Erinnerungen in der zweiten Woche nicht einfach die Klassifizierungen an der ersten Sitzung wieder. Die Erinnerungen und die Klassifizierungen zeugen aber natürlich von derselben Strukturierungsstufe, wobei eine Reorganisation sichtbar wird, die gewisse bei der Klassifizierung bereits mitspielende Elemente behalten kann, wobei aber alles in allem eher eine allgemeine Konvergenz als eine reine Wiederholung festzustellen ist. Zu dieser Stufe I wollen wir noch Mar zitieren, die auf mehreren Stufen gleichzeitig zu Hause ist:

Mar (4; 9), deren beträchtliche Fortschritte zwischen der Gedächtniszeichnung (I B) und der Rekonstitution (IV!) wir bereits kennengelernt haben, nimmt eine Reihe von Klassifizierungen vor, die uns den Schlüssel zu diesem außergewöhnlichen Erfolg liefern. Sie beginnt mit vier kleinen Gruppen aus je einem Figurenpaar, wobei die doppelten Gegensätze bei den Stäben berücksichtigt sind (für die Klassifizierung wurden die Stäbe bekanntlich auf den Figuren aufgeklebt, nicht aber für die Rekonstitution). Nachdem man sie aufgefordert hatte, eine andere Anordnung zu finden, beginnt sie mit den beiden Kreisen (kw und ls), darunter stellt sie die beiden Dreiecke (lw und ks), was eine Tafel mit zwei Eingängen darstellt: die beiden senkrechten Reihen mit dem Gegensatz waagrecht und senkrecht, die beiden waagrechten Reihen mit dem Gegensatz bei den Figuren. Dann fährt sie rechts davon fort, indem sie zwei Ovale hinlegt, jetzt aber übereinander, und daneben, ebenfalls übereinander, die beiden Quadrate: wiederum eine Tafel mit zwei Eingängen, in den senkrechten Reihen diesmal die Figuren, in den waagrechten Reihen die Stäbe wl und sk. Die beiden Teile entsprechen einander nicht und bilden kein einheitliches System, sie zeugen aber von einer Koordinierungsfähigkeit, die in der Gedächtniszeichnung (I B) nicht zum Ausdruck kommt, die sich aber in der Rekonstitution wiederfindet, wo alle Paare einen doppelten Gegensatz aufweisen.

Die Stufe II ist durch intermediäre Strukturierungen mit Herausbildung der Kriterien, Ansätzen zu Untergruppen und zu Tafeln mit zwei Eingängen gekennzeichnet. In der Erinnerung beginnen ebenfalls die Paare und die Dichotomien:

Jos (6; 0) beginnt ihre Klassifizierung, indem sie zuerst Figuren (zwei Kreise und zwei Dreiecke), dann nach langen und senkrechten Stäben (Quadrat und Oval) und anschließend nach waagrechten Stäben (Dreieck und Kreis) zusammenstellt. Sie kommt schließlich zu zwei Gruppen, den geradlinigen und den krummlinigen Figuren, jede unterteilt nach senkrechten und waagrechten Stäben, aber ohne daß ihr eine vollständige zweidimensionale Anordnung gelingt (Stufe II). Die Gedächtniszeichnung enthält zwei Paare (Quadrate und Dreiekke) mit jeweils kw und ks und einen Kreis mit kw, also mit einem Ansatz zur Paarbildung, die aber nicht durchgehalten wird, und mit lauter kurzen Stäben (Stufe II). Die Rekonstitution ist vollständig mit aneinandergereihten Paaren. Auch hier wird wieder die Analogie in der Struktur und der Unterschied in den Inhalten zwischen den beiden Formen der Erinnerung und der Klassifizierung sichtbar.

Die Stufen III und IV der Klassifizierung weisen Koordinierungen nach drei Kriterien auf, zuerst unvollständig, dann vollständig. Das entspricht genau der Organisation der Erinnerung gleicher Rangordnung:

Ar (6; 11) beginnt ihre Klassifizierung mit einer Zuordnung zwischen den vier Figuren mit kurzen Stäben und den vier Figuren mit langen Stäben, wobei die Stellung bei den Dreiecken umgekehrt wird. Dann beginnt sie noch einmal, indem sie die krummlinigen Figuren links und die geradlinigen rechts (Figur 61 e) anordnet, was zwei Matrizen mit doppelten Eingängen ergibt, deren Zuordnungen in der linken Gruppe in der Diagonale zu lesen sind, während bei der rechten Gruppe die Figuren in den waagrechten Reihen liegen, aber die Stäbe einander wiederum in der Diagonale entsprechen (Stufe III). Ihre Gedächtniszeichnung und ihre Rekonstitution sind nach fast richtigen Paaren organisiert (Stufe III–IV).

Barc (7; 1) ordnet die Gegenstände ohne weiteres in Paaren an, die ihrerseits als Tafel mit zwei Eingängen gruppiert sind, mit den geradlinigen Figuren in der oberen und den krummlinigen Figuren in der unteren Reihe. Die Stäbe entsprechen einander, ausgenommen eine Überkreuzung zwischen der dritten und der vierten Kolonne. Sie kommt auch ohne weiteres auf ähnliche Gruppierungen nach den drei Kriterien. Die Erinnerungszeichnung (Figur 61 f) und die Rekonstitution sind von der gleichen Stufe (vollständige Paare mit doppelten Gegensätzen).

Es besteht somit eine unleugbare Verwandtschaft zwischen der für die Klassifizierungen charakteristischen Strukturierung und der Organisation der Erinnerung, aber ohne direkte Aktion in dem Sinne, daß in beiden Fällen im einzelnen dieselben Inhalte gewählt werden, ausgenommen natürlich auf den höheren Stufen, wo das Kind die drei Kriterien gleichzeitig berücksichtigt.

Es sind folglich zwei ganz verschiedene Probleme zu untersuchen, 1. die Konvergenz zwischen der Klassifizierung und der Struktur der Erinnerung und 2. die möglichen oder sogar wahrscheinlichen indirekten Aktionen.

Die Konvergenz wird ohne weiteres verständlich, wenn man berücksichtigt, was wir vorher gesehen haben: Die nach der Technik I beobachteten Erinnerungen haben nur wenig mit einem «Rohgedächtnis» zu tun, sondern sie ergeben sich aus einer Schematisierung, die von Bezugsetzungen zwischen Gleichheiten und Gegensätzen ausgeht und folglich mit den Klassifizierungsschemata nahe verwandt ist. Wir finden dieselbe Schematisierung in den Ergebnissen der Technik II wieder, so daß sie nicht auf die vorausgehende Klassifizierung zurückzuführen ist, die nach der Technik I verlangt wurde. Wie üblich können wir feststellen, daß sie in den groben Umrissen der gleichen Stufe angehört wie die operativen Schemata, über die das Kind seiner Entwicklungsstufe entsprechend verfügt.

Die indirekten Aktionen der verlangten Klassifizierungen auf die spätere Erinnerung an die präsentierten Figuren können von zweierlei Art sein. Wir müssen sie etwas genauer beschreiben, bevor wir zur Technik II übergehen. Zunächst ist selbstverständlich eine Aktion auf die Genauigkeit und den Umfang der Erinnerungen möglich. Wie wir schon beim Vorstellungsbild gezeigt haben[11], ist die Bild-Erinnerung an eine Anordnung im allgemeinen besser, wenn das Kind selbst sich betätigt und gehandelt hat und sich nicht mit einer perzeptiven Musterung begnügen mußte (ausgenommen auf den höheren Stufen, wo die Wahrnehmung auch einen Überblick über die möglichen Aktionen liefert). Die Erinnerung ist also normalerweise vollständiger, wenn die zu behaltenden Figuren zuerst klassiert wurden, als wenn sie einfach der Reihe nach betrachtet werden.

Ein zweiter Aktionstyp ist ebenfalls möglich. Nehmen wir an, ein Kind sei im Besitze der Schemata der Stufe III (Klassifizierung nach mehreren Kriterien, aber noch unsystematisch). Das hindert es in keiner Weise, je nach der Fragestellung oder dem verfügbaren Material (also in anderen Situationen) auch die Schemata der Stufe II mit nur zwei Kriterien, der Stufe II A oder sogar der Stufe I zu verwenden. Eine vorausgehende Klassifizierung dürfte aber seine Aufmerksamkeit angeregt und seine Verfügbarkeiten stimuliert haben, wodurch die Schemata der

Stufe III aktiviert werden. Auf diese Weise kann die Klassifizierung Fortschritte in der Erinnerung verursachen, nicht direkt oder durch bloße Übertragung ihres Inhalts oder ihrer Form, sondern durch die Stimulierung der Schemata, die ohne diese Aktion vielleicht nicht angewendet worden wären.

4. Die Ergebnisse der Technik II nach einer Woche

Die nach der Technik II, also ohne vorausgehende Klassifizierung, gewonnenen Resultate weisen, und das ist höchst instruktiv, ein doppeltes Merkmal auf: a) sie enthalten dieselben Organisationstypen mit den gleichen aufeinanderfolgenden Stufen, wie wir sie schon bei der Technik I analysiert haben, womit bewiesen ist, daß weder die Typen noch die Stufen auf die vorausgehende Klassifizierung zurückzuführen sind; b) sie zeigen eine gewisse, aber allgemeine Verlangsamung im chronologischen Ablauf dieser Stufen, was die vorher aufgestellte Hypothese bestätigt, daß die klassifikatorische Übung am Anfang des Versuchs bei der Technik I eine stimulierende Rolle gespielt habe, und zwar nicht unbedingt bei der Ausformung der Schemata (denn diese bilden sich auch ohne sie aus), aber zumindest durch die Aktivierung einer der spontanen Entwicklung der Kinder inhärenten Schematisierung (der Ausdruck «spontan» bedeutet einfach, daß die Schemata durch vielerlei Erfahrungen und Einübungen und nicht nur durch die Laborexperimente konstruiert werden).

I. – Als erstes ist also festzuhalten, daß die Reaktionen unabhängig vom mittleren Alter, durch das die Stufen charakterisiert sind, also von der Geschwindigkeit ihrer Entwicklung, qualitativ gleich sind. Die gleichen Stufen von I A bis I C und bis III oder IV, ohne daß neue Beispiele zusätzliche nützliche Informationen ergeben würden. Als zweites ist wiederum ein klarer Vorsprung der Rekonstitutionserinnerung (mit dem Material) vor der Erinnerung durch einfache Evokation (Zeichnung und Beschreibung) festzustellen: siehe die Tabelle 57.

Die Formen der Schematisierung entsprechen den eben besprochenen auf so auffallende Weise, daß wir im 2. Abschnitt unter III kurzerhand von beiden Techniken gleichzeitig gesprochen haben: Zwei der wenigen Kinder, die die Reihenfolge der Figuren behalten haben, waren zum Beispiel nach der Technik II untersucht worden, und gewisse Zeichnungen und Rekonstitutionen, die von dieser zweiten Technik herrühren, zeigen eine Tendenz zur Klassifizierung. Pie (9; 6) zum Beispiel stellte bei der Rekonstitution (Figur 61 g) eine Figur zusammen (und die Zeichnung war bis auf eine Umkehrung gleich), die zwar Irrtümer enthält, deren Zuordnungsschema aber dem vieler Klassifizierungen entspricht. Fragt man die Kinder (und bei den größeren ist das möglich) nach den Verfahren, die sie für die Einprägung benutzt haben, so erhält man klare Hinweise auf Schemata der serialen Alternanz oder der Klassifizierung: «Ich habe gesehen, daß aufrecht – liegend – aufrecht – liegend miteinander abwechselten...» (12; 6); «Ovale, Dreiecke, Kreise, waagrecht und senkrecht geschnitten» (12; 8); «es kommt zweimal dasselbe vor, aber nicht bei den schwarzen Strichen; wenn er bei einem Kreis senkrecht ist, dann weiß man, daß er beim anderen Kreis waagrecht ist; dazu hatte es Striche, die über die Figur hinausgingen, andere nicht; diese habe ich auf gut Glück gesetzt» (12; 11). Mit anderen Worten, was klassierbar ist, wird behalten, was kontingent ist, wird vergessen. «Es war doppelt, weil es zwei Arten von Linien hatte» (13; 9) usw.

II. – Einerseits findet man bei der Technik II also qualitativ die gleichen Prozesse in der Organisation der Erinnerung wieder wie bei der Technik I mit vorausgehender Klassifizierung. Andererseits läßt es sich aber nicht leugnen, daß die Entwicklungsstufen dieser Organisation langsamer aufeinanderfolgen, mit anderen Worten, daß die Reaktionen nach der Methode II verglichen mit der Methode I verzögert sind.

Bezüglich der Gedächtniszeichnungen und der Rekonstitutionen kommt man bei vergleichbaren Altersgruppen (5 bis 7; 8 Jahre) auf die folgende Verteilung für die Stufen I bis IV (47 Kinder nach der Technik I und 35 Kinder zwischen 5 und 9 Jahren nach der Technik II, in Klammern 48 Kinder zwischen 5 und 14 Jahren), alles in absoluten Zahlen:

Tabelle LVII

Zeichnungen und Rekonstitutionen nach den Techniken I und II

	I	II	III	IV	I–II	III–IV
Zeichnungen:						
Technik I.	17	7	14	9	24	23
Technik II	18 (21)	7 (8)	6 (9)	4 (10)	25 (29)	10 (19)
Rekonstitutionen:						
Technik I.	8	12	15	12	20	27
Technik II	11 (13)	10 (12)	12 (17)	2 (6)	21 (25)	14 (23)

Vergleicht man die beiden Erinnerungsformen, so sind bei gleichem Alter offensichtlich jene Kinder im Vorteil, die mit einer Klassifizierung begonnen haben: 24 Kinder der Stufen I–II und 23 der Stufen III–IV bei der Gedächtniszeichnung und 20 gegen 27 bei der Rekonstitution, während man ohne vorausgehende Klassifizierung die Verhältnisse 25 zu 10 und 21 zu 14 findet. Mit höherem Alter zeigt sich aber eine Tendenz zum Ausgleich. Die Organisation der Erinnerung wird also eindeutig verlangsamt, aber qualitativ sind die Stufen, wir wollen es noch einmal betonen, gleich.

Untersucht man hingegen dieselben Kinder wie in der Tabelle 56 auf den Vorsprung der Rekonstitution mit dem Material vor der Evokationszeichnung, so kommt man auf ein fast identisches Resultat:

Tabelle LVIII

Vergleich zwischen den Techniken I und II

(R > Z bedeutet einen Vorsprung der Rekonstitution auf die Zeichnung)

	$R > Z$	$R \geqslant Z$	$R = Z$	$R \leqslant Z$	$R < Z$
Technik I	19	6	16	4	2
Technik II	18	7	18	3	2

Aus dieser Gleichheit der Vorsprünge ergibt sich, daß die Kinder, die nicht zum voraus eine Klassifizierung durchgeführt haben, mit den Figuren und den beweglichen Stäben vor Augen sofort Fortschritte in den Koordinierungen und in der für das Gedächtnis nützlichen Schematisierung machen. Man erinnert sich (3. Abschnitt, Vergleich Kl–Z und Kl–R), bei der Technik I weisen die Evokationserinnerungen im großen und ganzen dieselbe Stufe wie die Klassifizierungen auf, während die Rekonstitutionserinnerungen der Klassierung klar voraus sind (17 Kl < R gegen 4 Kl > R). Diese relative Unabhängigkeit der Rekonstitutionsstufen finden wir auch hier wieder. Sie scheint die Interpretation zu bestätigen, daß die Kinder der Technik II dieselben Schemata wie die der Technik I erworben haben: Die einfache Einprägung stimuliert sie weniger als die vorausgehende Klassifizierung. Bei der Rekonstitution zeigen sie aber eine klare Tendenz, die Schematisierungen zu verbessern, obwohl sie natürlich die bei der Aufzeichnung der Tatsachen und bei der Fixierung der Erinnerung (Präsentierungssitzung) verpaßten Informationen nicht nachvollziehen können.

Die Analogien und Unterschiede bei den beiden Gruppen von Kindern (Techniken I und II) sind recht interessant, denn sie scheinen zu zeigen, daß zwischen dem «Rohgedächtnis» und dem «Bedeutungsgedächtnis» der Faktoralisten nur ein geringer Gegensatz zu bestehen scheint. Einer der Knaben (12; 6), den wir fragten, wie er vorgegangen sei, antwortete zunächst: «Es ist das Gedächtnis! Ich sehe mir den Gegenstand an und versuche ihn so im Kopf zu behalten, wie er sein muß.» Damit hätte er Thurstone eine Freude bereitet, doch der anschließende Kommentar, der noch einmal zitiert sei, ist eher vom Typ Carlson: «Ich habe gesehen, daß aufrecht – liegend – aufrecht – liegend miteinander abwechselten...»[12] So empirisch tatsächlich eine Gesamtheit von Gegenständen oder Figuren und so elementar die räumlichen, kausalen, ordinalen usw. Beziehungen zwischen ihnen und ihre Ähnlichkeiten und Unterschiede auch sein mögen, es sind dennoch Bedeutungen. Und das System dieser Bedeutungen, so rudimentär es je nach der Stufe des Kindes oder der gestellten Aufgabe auch sein mag, erfordert eine Schematisierung, ohne die diese Gesamtheit weder erfaßt noch im Gedächtnis behalten werden kann.

5. *Das Gedächtnis nach einigen Monaten*

Da das präsentierte Modell nur teilweise in allgemeinen logischen Formen (Klassifizierungen und Ordnungen) schematisierbar ist und der Anteil des Kontingenten beträchtlich bleibt, durfte man nicht erwarten, daß die Erinnerung nach sechs Monaten auch nur den geringsten Fortschritt aufweisen würde, wie wir ihn etwa bei der Seriation und der Transitivität kennengelernt haben, oder daß viel einfache Erhaltung zu finden sein würde. Doch würde sich die Mühe lohnen, diese Annahmen nachzuprüfen. Vor allem wollten wir untersuchen, was ein neuerliches Erlernen nach dem Wiederabruf ergeben würde.

I. – *Ergebnisse der Technik I nach sechs Monaten.* – Die erwähnten Hypothesen haben sich in den großen Linien als richtig erwiesen, mit einer bemerkenswerten und instruktiven Ausnahme bei der Rekonstitution. Bei 19 Kindern der Technik I, die nach sechs Monaten wieder ausfindig gemacht werden konnten, findet man bei den Gedächtniszeichnungen zunächst 16 meist massive Regressionen und 3 stationäre Fälle, aber keinen einzigen Fortschritt verglichen mit der Zeichnung nach einer Woche.

Die Regressionen bieten das folgende Bild. Ein Kind hat überhaupt keine Erinnerung. Ein anderes erinnert sich an eine Art Buchstaben und rekonstruiert sie in der Form SAMO. Acht Kinder erinnern sich an die Formen, aber die Stäbe fehlen vollständig: 2 Formen (Dreieck und Kreis), 3 Formen (Dreieck, Kreis und dazu Oval oder Quadrat), 5 Formen (Quadrat, Kreis, Dreieck, Rechteck und Raute), 6 und bis zu 16 Formen, wovon 4 oder 5 deutlich erkennbar (mit Rechteck) und die anderen verschnörkelt sind. Ein Kind zeichnet ein Dreieck, ein Rechteck und zwei Kreise, den einen mit einem dicken Stab, ein anderes Kind zwei weiße Quadrate und zwei schwarze Rauten. Zwei Kinder erinnern sich sowohl an das Prinzip der Figuren als auch an das der Stäbe, treiben aber die Schematisierung auf den äußersten Punkt: Für das eine ist nur mehr ein Kreis mit einem waagrechten Stab, für das andere ein Dreieck mit ks und ein liegendes Oval mit ls vorhanden. Die anderen Zeichnungen gleichen denen an der zweiten Sitzung (nach einer Woche), insofern 4 von 8 Figuren einen Stab haben (ein Kind) oder alle Figuren mit Stäben (aber jede mit deren zwei) versehen sind. Im allgemeinen sind insgesamt 4 bis 6 Figuren wiedergegeben. Die Zeichnungen sind von der Stufe 0 (falls nichts oder Buchstaben vorhanden sind), I A bis C und II, das beste Resultat erreicht ein Kind mit einer Zeichnung zwischen II und III.

II. – Die Rekonstitutionen ergeben ein ziemlich anderes Bild, und nichts könnte besser den Begriff eines Rekonstitutionsgedächtnisses rechtfertigen, das sich sowohl vom einfachen Wiedererkennen als auch von der Evokation unterscheidet, weil es halbwegs zwischen ihnen steht und sich von beiden gleichermaßen abhebt: Von 17 Kindern stehen nur noch 11 tiefer als bei der Rekonstitution nach einer Woche, 5 sind gleich (2 davon ganz leicht tiefer), aber es gibt auch einen klaren Fall von Fortschritt!

2 der 11 Kinder mit Erinnerungszerfall wählen Figuren ohne Stäbe. 6 Kinder trennen die Figuren durch nicht darauf gelegte Stäbe voneinander (der extremste Fall ist in Fig. 63 abgebildet).

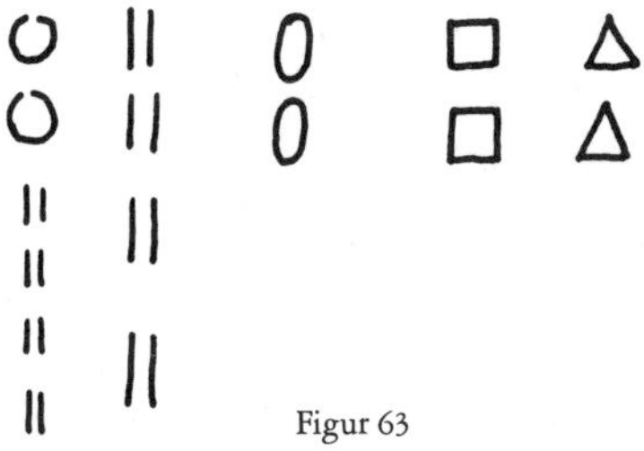

Figur 63

3 Kinder geben unvollständige Reihen mit nur einer, vier oder fünf Figuren (das Kind mit einer einzigen Figur wurde bereits bei der Zeichnung zitiert, wo es sich mit einem einzigen Kreis und einem waagrechten Stab begnügt hatte) wieder. Die 5 Kinder mit vollständiger oder annähernder Gleichheit gehören zu den Stufen II und III.

Das eine Kind mit einem Fortschritt im Vergleich zur Rekonstitution sieben Monate früher (Ris, 7; 0) verdient eine etwas eingehendere Analyse. Nach einer Woche hatte er auf seiner Zeichnung vier Figuren mit lauter waagrechten Stäben (Figur 64/I) festgehalten, nach sieben Monaten enthielt die Zeichnung fünf Figuren ohne Stäbe (Figur 64/III). Das Evokationsgedächtnis ist somit offensichtlich ungenügend (Stufe II, später I). Die Rekonstitution nach einer Woche (Figur 64/II) hatte die beiden Gegensätze kl und ws berücksichtigt, enthielt aber

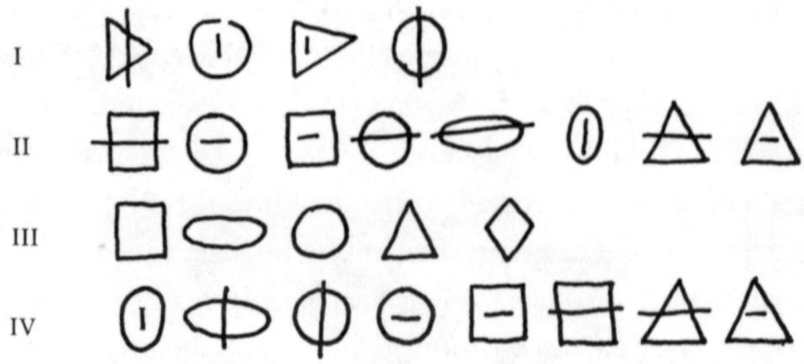

Figur 64

I Zeichnung nach einer Woche, III Zeichnung nach sechs Monaten, II Rekonstitution nach einer Woche, IV Rekonstitution nach sieben Monaten.

sieben waagrechte Stäbe und nur einen senkrechten. Die Verteilung nach kurz und lang war hingegen symmetrisch: 4 und 4. Nach sieben Monaten berücksichtigt nun die Rekonstitution die beiden symmetrischen Gegensätze: Zwei lange senkrechte und zwei lange waagrechte Stäbe, ein kurzer senkrechter und drei kurze waagrechte. Am schönsten aber ist, daß Ris zuerst ein aufrecht stehendes Oval mit einem langen senkrechten Stab versehen hatte, daß er aber anschließend aus eigenem Antrieb den langen Stab durch einen kurzen ersetzte, um den paarweisen Gegensatz wiederherzustellen.

Dieser Fortschritt kann auf drei Weisen interpretiert werden: 1. durch den Zufall, doch das scheint sich auszuschließen, wenn man an die beschriebene Korrektur denkt; 2. als eine aktuelle Rekonstruktion, die durch die Schemata des betreffenden Zeitpunkts (das Kind ist 7; 7 Jahre alt und war bei der ersten Rekonstitution 7; 0 Jahre alt gewesen), also ein aktuelles Bedürfnis nach Symmetrie bestimmt war, ohne daß die Erinnerung als solche in der Zwischenzeit erhalten geblieben wäre; und 3. durch die mehr oder weniger schematisierte Erinnerung an Gegensätze und Symmetrien, verbunden mit Ordnungs- und Klassierungsschemata, die schon 6½ Monate früher am Werk gewesen waren, anschließend erhalten blieben und bei der neuen Rekonstitution nach 6½ Monaten aktiver waren als früher.

Wir wollen die Rolle der mnestischen Rekonstruktion im Gegensatz zur mnestischen Erhaltung (also das Faktum, daß die Erinnerung immer zum Teil rekonstruiert und nicht nur wiedergefunden wird, siehe Kapitel XVI, 3. Abschnitt, II) in keiner Weise leugnen. Dennoch genügt die zweite Interpretation in diesem Falle wahrscheinlich nicht. Ris hatte nämlich seine Gegensatz- und Symmetrieschemata schon zur Zeit der ersten Rekonstitution erworben, und, was wichtig ist, er hatte seine Figuren (bei der Klassifizierung an der Präsentierungssitzung) in zwei Kategorien klassiert: vier mit langen und vier mit kurzen waagrechten Stäben. Von den früheren Schemata dürfte somit bei der zweiten Rekonstitution nach einigen Monaten etwas übriggeblieben sein: Ris hat sie nur besser angewendet. Mit der Erhaltung der Schemata ist ein mehr oder weniger vages figuratives mnestisches Material verbunden. Das Problem kommt unter IV im Zusammenhang mit fünf analogen Fällen bei der Technik II noch einmal zur Sprache.

Dieser hier außergewöhnliche Fall von Ris scheint somit auf der gleichen Linie zu liegen wie die Fortschritte, die wir schon bei der Seriation, der Transitivität und, ebenfalls mit einem einzigen beobachteten Fall, bei der Assoziativität analysiert haben. Als allgemeine Regel überwiegt jedoch der Erinnerungszerfall, und das ist signifikant für Situationen, in denen der Anteil der Schematisierung auf wenige Dinge beschränkt ist und in denen deshalb kontingente Fakten mangels eines Rahmens, der die Retention ermöglicht, verlorengehen.

III. – Jetzt ist noch die Wirkung des Wiedererlernens auf die Kinder der Technik I zu untersuchen. Nach sechs Monaten, als die Gedächtniszeichnungen und die Rekonstitutionen eingesammelt waren, wurde 12 Kindern an einer besonderen Sitzung noch einmal die Figur 62 präsentiert. Wie an der ersten Sitzung gingen eine Klassifizierung und eine Analyse voraus. Eine Woche später, also an der vierten Sitzung, hat man von diesen Kindern wieder eine Gedächtniszeichnung und eine Rekonstitution verlangt. Vergleicht man diese Ergebnisse mit den Resultaten in der zweiten Woche (zweite Sitzung), also sechs Monate früher, so findet man die folgenden Zusammenhänge:

1. Bei der Gedächtniszeichnung stehen 6 von 12 Kindern höher als sechs Monate früher; 3 sind gleich geblieben und 3 stehen tiefer.
2. Bei der Rekonstitution hingegen erreichen 9 von 12 Kindern eine höhere Stufe als sechs Monate früher (bei einem Kind ist allerdings der Fortschritt nur gering); 3 sind gleich, aber kein einziges zeigt einen Rückschritt.
3. Vergleicht man schließlich die Gedächtniszeichnungen mit den Rekonstitutionen nach diesem Wiedererlernen, so weist die Rekonstitution bei 9 Kindern einen Vorsprung auf die Zeichnung auf. Bei den übrigen 3 Kindern sind sich beide ebenbürtig.

Zwei Fakten sind bei diesen Ergebnissen hervorzuheben. 1. sind die Fortschritte durch das Wiedererlernen bei der Gedächtniszeichnung gering (50 %), verglichen mit den Fortschritten durch das Wiedererlernen bei der Assoziativität (Kapitel VI, 3. Abschnitt), wo 10 von 11 Kindern, die die Stufe V noch nicht erreicht hatten, diese erreichten, während hier kein einziges Kind die Figur vollständig behalten hat. Der Grund dafür ist, daß sich dem Kind bei der Assoziativität ein Problem stellt, zu dem das Wiedererlernen die Lösung liefert, während die vorliegende Situation mehr Ähnlichkeit mit den klassischen Versuchen über das Wiedererlernen mit kumulativen Erleichterungen hat.

Das zweite auffällige Faktum ist wiederum der Vorsprung der Rekonstitution auf die Evokation, wie wir es schon unter I und II für die Evokationen und Rekonstitutionen nach sechs Monaten gesehen haben.

IV. – *Die Resultate der Technik II (ohne Klassifizierung) nach 12 bis 16 Monaten.* – Arbeiten über das Gedächtnis bedingen mehrere Sitzungen für jedes Kind. Die Möglichkeit, die Kinder nach Monaten wieder ausfindig zu machen, wird dadurch geringer. Die mit mehreren Aufgaben gleichzeitig beauftragten Mitarbeiter sind nicht immer verfügbar, so daß es nicht immer leicht ist, die Termine einzuhalten. Die Kinder der Technik II konnten wir nicht nach sechs Monaten, sondern erst nach einem Jahr noch einmal befragen. Sollten wir darauf verzichten? In der genetischen Psychologie muß man alle Möglichkeiten nutzen, denn es ist noch so viel Neuland zu urbarisieren, daß fast alles unvorhergesehen ist.

Die 26 Kinder zwischen 5; 3 und 10; 9 Jahren, die wir wieder ausfindig machen konnten (und die, wie wir auch, ein Jahr älter geworden waren), überraschten uns zunächst damit, daß nur ein einziges (6; 1) sich an nichts mehr erinnerte, das aber nach 16 Monaten ... Ebenso überraschend war, daß die 25 anderen sich an 2 Figuren (ein Kind von 8; 3 Jahren: Kreis und Dreieck), 3 Figuren (vier Kinder: Kreis, Dreieck und Quadrat, das bisweilen ein Rechteck geworden ist), 4, 5 und 6

Figuren (acht Kinder) erinnerten, und zwar bei der Evokationszeichnung. 12 Kinder erinnerten sich an die Stäbe (3 haben sie allerdings neben die Figuren gestellt). Ein weiteres Kind hat in das große Quadrat ein kleines schwarzes Quadrat und in die eine der beiden Formen noch ein kleines schwarzes Dreieck gezeichnet. Ein Kind stellte Buchstaben in das Innere von vier Quadraten.

Die dritte Überraschung war, daß zwar 22 von 26 Evokationszeichnungen ärmer geworden waren, daß aber 3 einen leichten Fortschritt auf die erste Evokation aufwiesen, ähnlich wie bei Ris, während eine gleich blieb wie 16 Monate früher:

Par (6; 1), der nach einer Woche nur 3 Figuren gezeichnet hatte (die Rekonstitution enthielt deren 8), zeichnet nach 15 Monaten 6 Formen, nämlich drei Paare mit einem einfachen Gegensatz[13] (Orientierung). Zuerst hatte er jede Figur mit zwei Stäben (senkrecht und waagrecht) versehen, worauf er sich selbst im Sinne des Gegensatzes korrigierte. Alle Stäbe sind lang wie schon in der ersten Zeichnung.

Man (7; 0) zeichnet drei Paare mit einem einfachen Gegensatz, während die erste Zeichnung (16 Monate früher) nur drei einzelne Figuren enthalten hatte.

Gen (7; 8) kommt, nach 12 Monaten, ebenfalls auf drei Paare mit einfachem Gegensatz (Orientierung), während seine erste Zeichnung vier Einzelfiguren und ein einziges Paar mit einfachem Gegensatz wiedergegeben hatte.

An (6; 3) fertigt nach 16 Monaten eine Zeichnung an, die der ersten erstaunlich ähnlich ist: ein leeres Dreieck und zwei Paare (Kreise und Dreiecke) mit zwei einfachen Gegensätzen.

Von den verarmten Zeichnungen enthalten nur noch drei mindestens ein Figurenpaar mit einem einfachen Gegensatz. Die anderen weisen leere Figuren auf (die Zeichnungen sind im allgemeinen genau, nur daß oft Rechtecke hinzugefügt werden), oder die Figuren sind auf gut Glück mit Stäben versehen. Ein einziges Kind verwandelt die Figuren in halb-empirische Gestalten: runde und dreieckige Verkehrssignale.

Die Rekonstitutionen (die nach den Zeichnungen, aber an derselben Sitzung verlangt wurden) sind natürlich den Evokationszeichnungen voraus, weil die Kinder das Material (aber ungeordnet) vor sich haben: auf 26 Kinder sind 14 zweite Rekonstitutionen besser als die entsprechenden Zeichnungen, die 12 anderen sind der Zeichnung ebenbürtig. In 10 der 14 Rekonstitutionen, die besser als die Zeichnungen sind, werden die acht Figuren zu vier Paaren zusammengestellt und mit Hilfe der Stäbe Gegensätze hervorgehoben: insgesamt sieben einfache und drei doppelte Gegensätze! Zu den Evokationen mit Fortschritt, die wir bei Par, Man und Gen eben zitiert haben, kommt als bemerkenswerte Tatsache hinzu, daß die drei gleichen Kinder bei den Rekonstitutionen imstande sind, nach 12 und 15 Monaten doppelte Gegensätze wiederzufinden, so daß auch bei den Rekonstitutionen ein Fortschritt festzustellen ist:

Par (6; 1–7; 4) kommt bei der zweiten Rekonstitution (15 Monate nach der ersten) auf vier doppelte Gegensätze in vier Figurenpaaren, während bei der ersten Rekonstitution zwei Gegensätze einfach und ebenfalls zwei doppelt gewesen waren.

Man (8; 11), der seine vier Figuren bei der Evokationszeichnung in Verkehrssignale verwandelt hatte, kommt mit dem Material in Händen auf drei doppelte Gegensätze und einen einfachen. 12 Monate früher hatte er bei der ersten Rekonstitution nur 6 Figuren in eine Reihe gestellt: ein Paar mit einem doppelten Gegensatz, ein Paar mit einem einfachen Gegensatz und zwei Einzelfiguren.

Lil (9; 1) hatte bei der ersten Rekonstitution sieben Figuren (drei Paare und eine Einzelfigur) verwendet, zwei mit einem einfachen und eine mit einem doppelten Gegensatz. Nach 12 Monaten enthält die neue Rekonstitution die vier Paare, drei einfache Gegensätze und einen doppelten.

Das sind die Resultate der Evokationen und Rekonstitutionen, die wir nach einem Jahr und mehr von den Kindern der Technik II ohne vorausgehende Klassifizierung erhielten. Man stellt als erstes fest, daß sie den Ergebnissen bei der Technik I nach sechs Monaten klar überlegen sind. Die Evokationszeichnungen hatten bei der Technik I nur die Stufen I und II ergeben, mit einem einzigen Kind zwischen II und III. Hier bei der Technik II sind mindestens drei Kinder zwischen II und III. Die besten Rekonstitutionen bei der Technik I waren nach sechs Monaten fünf Kinder zwischen II und III und Ris zwischen III und IV gewesen: Hier haben wir nach 12 bis 16 Monaten einen klaren Fall von IV und zwei Kinder zwischen III und IV. Die Technik I hat aber vor allem nach sechs Monaten nur einen Fortschritt veranlaßt, und zwar nur bei der Rekonstitution. Bei der Technik II haben wir aber 3 Fortschritte in der Gedächtniszeichnung nach 12 bis 16 Monaten und ebenfalls 3 Fortschritte in der Rekonstitution nach 12 bis 15 Monaten beschreiben können.

Eine erste Bemerkung drängt sich auf: Die Einübung in der Analyse und die Schematik der Klassifizierung, die nach der Technik I von den Kindern verlangt wurden, haben die Erinnerungen nach einer Woche offensichtlich gefördert (wie wir gesehen haben, aber nur im Sinne eines einfachen chronologischen Vorsprungs und nicht in der Qualität); jetzt stellen wir aber fest, daß gewisse Kinder der Technik II analoge Methoden oder Schemata haben anwenden müssen, denn am Ende sind sie den Kindern der anderen Gruppe überlegen. Diese Überlegenheit ist zwar nicht die allgemeine Regel, denn bei den meisten Kindern zerfallen die Erinnerungen, und zwar bei beiden Techniken. Doch einige Kinder weisen einen Fortschritt auf, und diese 5 Fortschritte bei 26 Kindern müssen erklärt werden.

Man (8; 11) antwortet, bevor er zeichnet: «Erinnerst du dich, womit wir gespielt haben? – *Es waren Kreise mit Strichen.* – Noch etwas anderes? – *Es hatte Rechtecke, Dreiecke mit Strichen, Quadrate.* – Wie waren diese Striche? – *Gerade* (= senkrecht) *und liegend.*» Par sagte nach seiner Rekonstitution aus, er erinnere sich an «*einen Kreis mit einem langen geraden Stab.* – Und der da (man nimmt den ersten Kreis weg)? – *Ich wußte, es hatte noch einen mit dem Stab in der anderen Richtung.*» Ebenso Lil bei den Dreiecken: «*Ja, in der anderen Richtung.*»

Mit anderen Worten, diese Kinder verfügten über zumindest zwei Arten von Schemata: einerseits Klassifizierungen (die einfachsten geometrischen Figuren) und andererseits Richtungsbeziehungen, aber mit entgegengesetztem Sinn. Das Kind erinnert sich keinesfalls an eine fix und fertige Gesamtfigur (man denke an Par, der zuerst je einen waagrechten und senkrechten Strich in jede Figur einsetzt), sondern an bestimmte Figuren und ein gewisses Kompositionsschema. Daß dieses Schema nach einem Jahr und mehr eine bessere Komposition bewirkt als nach einer Woche, dafür sehen wir nur eine mögliche Erklärung: Das Kind (mit einem Altersunterschied von 6; 1 zu 7; 4 bei Par, 7; 0 zu 8; 4 bei Man usw.) ist geschickter geworden für bewegliche Kompositionen nach den möglichen Kombinationen, so daß es ihm besser gelingt, das vorhandene mnestische Material neu zu strukturieren. Tun wir nicht in vielen Fällen das gleiche?

6. *Schlußfolgerung: Die Bedeutung des Rekonstitutionsgedächtnisses*

Die wichtigste Erkenntnis, die sich neben den bemerkenswerten Äquivalenzbeziehungen mit anfänglicher Verzögerung bei den Resultaten der Techniken I und II aus den Fakten dieses Kapitels ergibt, ist das, was diese uns über die Natur des Rekonstitutionsgedächtnisses sagen.

Man hätte erwarten können, daß eine großenteils kontingente Anordnung wie die dieses Kapitels nur eine mittelmäßige Erinnerung hinterläßt, die bei der Rekonstitution kaum besser wäre als in der Gedächtniszeichnung. Wir haben aber folgendes gefunden: Bei der Technik I auf 47 Kinder zwischen 4 und 7 Jahren 53% (25 Kinder) Vorsprünge der Rekonstitution; bei 20 Legasthenikern zwischen 6 und 10 Jahren 65% (13 Kinder) Vorsprünge; bei der Technik II auf 48 Kinder 52% (25 Kinder) Vorsprünge; nach sechs Monaten bei der Technik I 35% (6 von 17 Kindern), aber nach dem Wiedererlernen 75% (9 von 12 Kindern) Vorsprünge; nach 12 bis 16 Monaten bei der Technik II schließlich 53% (14 von 26 Kindern, kein Wiedererlernen) Vorsprünge.

Ein interessantes Problem. Wie soll man erklären, daß in einer Situation ähnlich denen, die man in bezug auf das «Rohgedächtnis» (Gedächtnis der Gegenstände, der Wörter, der Zahlen usw.) studiert, das Rekonstitutionsgedächtnis dem Evokationsgedächtnis derart überlegen ist und sich unter verschiedenen Aspekten dem Wiedererkennungsgedächtnis nähert? Darüber hinaus setzt es aber eine Erinnerung im eigentlichen Sinne des Wortes, nämlich an Beziehungen und Kombinationen, voraus, die im wahrgenommenen Modell nicht enthalten sind: Es genügt nämlich nicht, die acht Figuren zu vier Paaren und 20 Stäbe in zwei Kategorien anzuordnen, um schon zu wissen, was man mit den Stäben anfangen soll. Wir haben aber Fälle kennengelernt, etwa Mar mit 4; 9 und einen Legastheniker mit 6; 10 Jahren, die nach einer Woche nur eine spärliche Evokation (Stufen I B und I A) aufgewiesen hatten, die aber bei der Rekonstitution eine fast genaue Erinnerung fanden (Stufe IV). Wir haben nach sechs Monaten den Fall von Ris (7; 0), der sich an fünf Figuren ohne Stäbe erinnert (darunter zusätzlich eine Raute), der aber auf eine fast vollständig richtige Rekonstitution kommt, die zudem deutlich besser als die nach einer Woche ist! Und Par, der mit 7; 4 Jahren eine Rekonstitution mit vier doppelten Gegenständen ausführt, während er mit 6; 1 Jahren nur zwei doppelte und zwei einfache in Erinnerung behalten hatte.

Als eine erste Erklärung drängt sich auf, daß die Rekonstitution eine Aktion sei, daß aber eine Aktion Schemata verwende, deren Erhaltung einfacher sei als die der figurativen Erinnerungen, da ein Schema aus sich selbst erhalten bleibe, wie es schon bei der Gewohnheit der Fall ist. Die Rekonstitutionen, von denen wir hier sprechen, sind nun zwar Aktionen, aber interessanterweise nicht reproduzierte oder wiederholte Aktionen, wie in einer Gewohnheitssituation, da das Kind die präsentierte Anordnung nie manuell kopiert, sondern nur Zuordnungen und Klassierungen vorgenommen hat; und auch das gilt nur für die Technik I.

Was die Gewohnheiten betrifft, so bildet sich das Schema aus sich selbst. Dabei werden signifikante Anzeichen aufgebaut, deren Wiedererkennung durch eben dieses Schema bestimmt ist. In diesem Fall stützt sich die Erinnerung (die Wiedererkennungserinnerung, aber immerhin schon eine Erinnerung) grundsätzlich auf die Erhaltung des Schemas, so daß die Retention der Erinnerung kein besonderes Problem stellt.

Bei unseren Rekonstitutionen kann es sich aber nur um Schemata handeln, die durch die perzeptive Musterung der Anordnung oder durch die Zuordnungen und Klassifizierungen der Technik I aktiviert worden sein müssen, aber sogar bei der Technik I ohne eine handlungsmäßige Wiedergabe des Modell. Die Frage, aber es ist eine wirkliche Frage, ist nun einfach die, weshalb diese Schemata – falls überhaupt Schemata beteiligt sind! – später bei einer Rekonstitution durch Aktionen leichter reaktiviert und reorganisiert werden können als bei einer Evokation im Denken oder in der Zeichnung.

Halten wir zunächst fest, als wichtige Erkenntnis aus dieser mnemonischen Überlegenheit der Rekonstitution über die reine Evokation ergibt sich eben gerade, daß sie das Mitwirken von Schemata beweist. Würde es sich nämlich nur um «Erinnerung» in Form von Bild-Erinnerungen handeln, so wäre diese Überlegenheit unverständlich. Die Assoziationisten werden natürlich antworten, das Vorhandensein der Figuren und Stäbe löse Assoziationen aus, die die Erinnerungen wecken. Sobald aber das Kind zu zeichnen beginnt, müßten die gleichen Assoziationen auch gleiche Resultate ergeben. Man wird einwenden, daß die beweglichen Figuren aus Karton, die gleich aussehen wie die präsentierten, und die wirklichen und beweglichen Stäbe viel lebendigere Assoziationen erzeugen als die unvollkommenen Zeichnungen. Einverstanden, aber weshalb? Eben weil man auf solche Gegenstände einwirken kann, nicht aber (oder viel weniger) auf die Zeichnungen und die Gedanken, und weil dann die sogenannten Assoziationen eben Assimilationen an Aktionsschemata sind: Deshalb ist die Rekonstitution der reinen Evokation überlegen.

Kommen wir auf unsere zentrale Frage zurück: Weshalb werden diese Schemata, die bei der Präsentierung nur momentan aktiviert und nicht in allen Teilen bei einer Kopierung oder handlungsmäßigen Reproduzierung konstruiert worden sind, bei der Rekonstitution leichter reaktiviert und vor allem besser zu einem Ganzen koordiniert als bei der Evokation allein? Bei der Assoziativität und der Transitivität verstand man das ohne weiteres, weil es sich um operative Abläufe handelte und die Rekonstitution eben eine Aktion ist. Doch bei der vorliegenden Anordnung, die vor allem figurativ ist, erscheint es paradox, daß das Erinnerungsbild, aus dem die reine Evokation besteht, weniger dazu geeignet sein sollte, die präsentierte Anordnung zu erhalten und wiederzugeben, als die handlungsmäßige Rekonstitution, und an diesem Paradox hat sich dieses Kapitel ständig gerieben.

Die paradoxe Situation beweist ganz einfach, daß die Bild-Erinnerung nicht ohne Unterstützung erhalten bleibt. Bei ihrer Aufzeichnung ist das wahrgenommene Faktum an eine Anzahl Schemata assimiliert worden: Reihenfolge (Aktionen des Ordnens), Ähnlichkeit oder Unterschied (Aktionen des Klassierens), Größe (Überschreiten oder Nichtüberschreiten der Grenzen als topologische Schemata), Richtung (Aktion des Orientierens) usw. Bei einer einfachen Evokation sind zwar alle diese Schemata vorhanden, aber sie werden nicht aktiviert, weil das Erinnerungsbild, von dem sie symbolisiert werden, nicht ausreicht, um sie wieder in Aktion zu setzen; die Anordnung ist zu einem guten Teil vergessen worden, und damit sie wieder präsent wird oder sich neu konstituieren kann, muß sie sich auf diese Schemata stützen, die sie aber nicht nach Lust und Laune funktionieren lassen kann. Bei einer handlungsmäßigen Rekonstitution aktiviert jedoch der Umgang mit dem Material diese Schemata, und diese bestimmen ihrerseits das Erinnerungsbild. Der ganze Unterschied ist somit auf die Reihenfolge zurückzuführen: Die Evokation ist ärmer als die Rekonstitution, weil sie die Reihenfolge Aktionen → Schemata → Erinnerungsbild umkehrt, während das Gedächtnis durch handlungsmäßige Rekonstitution eine Art «aktuelle Genese» darstellt, die die genetische Reihenfolge wiederherstellt[14].

Diese grundlegende Tatsache erklärt aber auch, weshalb die Schemata bei der materiellen Rekonstitution besser als bei der Evokation zu einem adäquaten Ganzen organisiert oder koordiniert werden: Die Evokation, die die genetische Reihenfolge umkehrt, geht vom Ergebnis aus und benötigt deshalb, um adäquat zu sein, eine Gesamtvorstellung, wo alles schon in einer globalen Koordinierung Halt findet; die Rekonstitution hingegen, die mit dem Konstruktionsablauf übereinstimmt, geht schrittweise vor, und zwar so, daß jede Teilkoordinierung wie in einer wirklichen Genese die nächste Stufe nach sich zieht.

Das Rekonstitutionsgedächtnis stellt also wirklich und nicht nur verbal eine Stufe für sich zwischen dem Wiedererkennungsgedächtnis und der Evokation durch das Bild dar. Das frühe Wiedererkennen der sensomotorischen Stufen ist an Aktionen gebunden, die sich wiederholen (Saugreflexe, Gewohnheiten usw.), es bezieht sich somit auf signifikante Anzeichen, deren Verbindung mit den Schemata evident ist. Das Evokationsgedächtnis verwendet in seinen höheren Formen Bild-Erinnerungen, deren Beweglichkeit und Unabhängigkeit größer ist und deren Verbindung mit den Intelligenzschemata noch ein Problem ist: Wir halten diese Verbindung für allgemein, doch das ist eine Hypothese unter anderen möglichen, und falls sie richtig ist, setzt sie mit Sicherheit eine sehr fortgeschrittene Differenzierung und Partikularisierung der Schemata voraus, deren symbolische Darstellung das Erinnerungsbild ist. Das Rekonstitutionsgedächtnis, das zwischen dem Wiedererkennen und der Evokation steht, stellt eine Evokation durch Aktion dar, die die bildhafte Evokation fördert, dabei aber selbständig bleibt, und deren Verbindung mit den operativen Schemata keinem Zweifel unterliegt.

Falls es diese drei großen Stufen des Gedächtnisses gibt, so muß man offensichtlich zahlreiche Unterstufen voraussehen, aber diese Frage untersuchen wir in den allgemeinen Schlußfolgerungen (3. Abschnitt, III) in den Einzelheiten.

[1] In Zusammenarbeit mit P. Mounoud und P. Petrogalli.

[2] In Zusammenarbeit mit A. Papert-Christophides.

[3] Unter I A wurde auch eine Zeichnung mit einer einzigen Figur und einem Stab eingereiht, denn es fehlen sieben Figuren und sieben Stäbe.

[4] Auch bei den legasthenischen Kindern, über die wir weiter unten sprechen werden, finden wir ein Kind von 6; 10 Jahren, dessen Zeichnung Figuren ohne Stäbe wiedergibt, während die Rekonstitution vom Typ III–IV ist (nämlich bis auf ein Quadrat, dessen kurzer Stab senkrecht anstatt waagrecht steht, vollständig richtig).

[5] In Zusammenarbeit mit Dr. Luka.

[6] Wir wollen diesbezüglich festhalten, daß Dr. Luka für die Charakterisierung der Stufen etwas andere Kriterien als wir gewählt hat, wobei aber die Rangordnung der Kinder gleich bleibt. Das bestätigt unsere Schlußbemerkung zu unseren Stufen.

[7] Bei einigen Kindern zwischen 5; 11 und 7; 5 Jahren haben wir als Sondierung die Reihe (nach der Technik I) paarweise präsentiert: zwei Dreiecke, zwei Kreise, zwei Quadrate und zwei Rauten, die jeweils nebeneinander stehen. Entgegen unseren Erwartungen waren die Ergebnisse nach einer Woche nicht besser: Ein Kind von 6; 0 Jahren hat nur waagrechte Stäbe gezeichnet, ein anderes von 6; 1 Jahren überhaupt keinen Stab (Stufe I). Vielleicht hat die analytische Anstrengung unter der ausgeprägteren Einfachheit des Modells gelitten.

[8] Die für die Klassifizierung verwendeten Figuren sind voneinander getrennt und frei beweglich, aber die Stäbe sind aufgeklebt. Das Kind muß also die Figuren derart hinlegen, daß der Stab senkrecht oder waagrecht steht.

[9] Erklärung der Zeichen: $Kl > Z$ bedeutet, daß die Klassifizierung der Gedächtniszeichnung voraus ist usw.; $Kl < R$, daß sie auf einer tieferen Stufe als die Rekonstitution steht.

[10] Bei diesen Legasthenikern sind die Analogien zwischen der Klassifizierung und der Gedächtniszeichnung auffallend zahlreich: Zwei Kinder von 6; 9 und 5; 10 Jahren, die nur nach den Formen klassieren, zeichnen anschließend Figuren ohne Stäbe (was sie aber nicht daran hindert, die Stäbe bei der Rekonstitution differenziert nach ks, kw, ls und lw zu legen!). Zwei Kinder von 6; 9 und 7; 7 klassieren nach der Form der Figuren und der Länge der Stäbe, vernachlässigen aber die Richtung: Ihre Zeichnungen enthalten anschließend nur waagrechte Stäbe. Ein Kind von 7; 5 Jahren klassiert nach der Form und der Richtung der Stäbe: es zeichnet anschließend nur Formen mit senkrechten oder waagrechten Stäben, die alle gleich lang sind (die kleinen kommen aber bei der Rekonstitution zum Zuge) usw. Diese Fälle erklären somit die Beziehung zwischen der Klassifizierung und der Zeichnung in der obenstehenden Tabelle, machen aber den Vorsprung der Rekonstitution auf die Klassifizierung um so auffälliger.

[11] Siehe *L'image mentale chez l'enfant,* Kapitel IX.

[12] Ein Kind, das nach der Technik I geprüft wurde, sagte: «Wenn es auf der einen Seite Abend war (waagrechte Stäbe), so war es auf der anderen Morgen (senkrechte Stäbe).»

[13] Eines der Paare besteht allerdings aus einem Kreis und einem Oval, die beiden anderen aus je zwei Quadraten und Dreiecken.

[14] Die Reihenfolge bei der Rekonstitution ist genauer: Aktionen $\rightleftarrows$ Schemata $\rightarrow$ Erinnerungsbilder, denn jede Aktion aktiviert ein Schema, auch wenn sie (von Anfang an oder gleich darauf) von ihm gelenkt wird.

Kapitel XX

Das Rekonstitutionsgedächtnis einer geometrischen Anordnung mit zum Teil regelmäßigen und zum Teil kontingenten Elementen [1]

Das Problem des Rekonstitutionsgedächtnisses räumlicher Anordnungen lohnt eine nochmalige Überprüfung – nicht um noch einmal festzustellen, daß es erfolgreicher ist als die einfache Evokation (was ausreichend belegt zu sein scheint), sondern um seine Komponenten besser zu analysieren, und zwar mit einer verglichen mit der vorhergehenden schwieriger zu behaltenden Anordnung, bei der die Rolle der organisierenden Schematisierung größer sein kann und mit zunehmendem Alter noch größer wird.

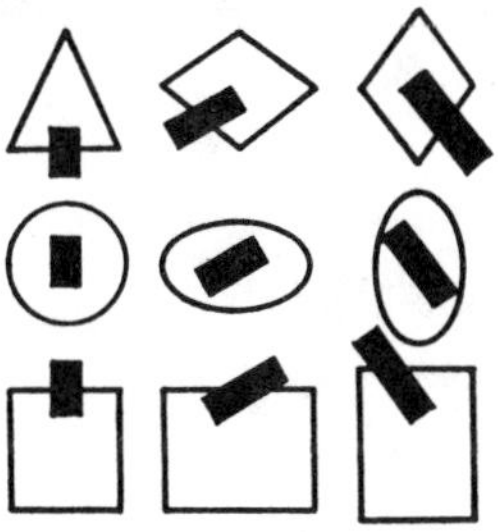

Figur 65

Die präsentierte Anordnung ist in der Figur 65 wiedergegeben. Man erkennt darin eine Anzahl Regelmäßigkeiten und ebenso eine Anzahl Tatsachen, denen jede Notwendigkeit abgeht. Man fragt sich vielleicht, weshalb wir nicht eine Anordnung gewählt hätten, in der alles zufällig oder kontingent ist. Um die Effekte der zeitlichen Faktoren (Kurzzeit- und Langzeitlernen, gedrängtes Lernen usw.) zu studieren, ist es unbestreitbar ein Vorteil, Silben ohne jeden Sinn, Zahlen usw. zu verwenden, so daß die Bedeutungen, die von einem Individuum zum anderen sehr stark variieren können, möglichst neutralisiert werden. Vielleicht versucht man aber auch nur aufgrund eines doppelten Vorurteils das Gedächtnis soweit wie nur möglich von der Intelligenz zu trennen, als ob es ein «reines» oder autonomes Gedächtnis gäbe und man jede Bedeutung ausschließen könnte.

Interessiert man sich für die qualitativen Mechanismen des Gedächtnisses, so weisen diese Methoden, die auf das «rohe» Gedächtnis abzielen, einen erheblichen Nachteil auf: Sie schwächen den Unterschied zwischen der Rekonstitution und der Evokation ab, denn um das Gedächtnis der sinnlosen Silben beurteilen zu können, muß man diese wiederholen lassen, was schon fast eine Rekonstitution ist[2]. Eine zweite Unzulänglichkeit wiegt noch schwerer: Jedes dem Kind präsentierte Material, gleich welches, veranlaßt im kindlichen Geist Bezugsetzungen hinsichtlich der Reihenfolge, der Ähnlichkeit oder der Verschiedenheit, der räumlichen Strukturierung mnestischer Eigenschaften usw., von den affektiven Wirkungen gar nicht zu sprechen. Alle inhibitorischen, proaktiven und retroaktiven Aktionen sind voller Beziehungen solcher Art, zum Beispiel wenn eine Ähnlichkeit mit einem neu gelernten Namen momentan die Erinnerung an einen seit früher bekannten Namen aufhebt. Diese mannigfaltigen Beziehungen, die bei jeder beliebigen Präsentierung ständig mitwirken, stellen tatsächlich Bedeutungen dar, denn diese Bezeichnung kann unmöglich nur auf die abstrakten und stark vorbegrifflichten Bedeutungen beschränkt werden. Die Wahrnehmung ist bereits ein System von Bedeutungen, die mit den begrifflichen und sogar operativen Bedeutungen teilweise isomorph sind (alle Kriterien der «guten Gestalt» gelten sowohl für die guten perzeptiven als auch die guten begrifflichen Formen: Symmetrie usw.). Die abgeschlossenen intellektuellen Operationen erfassen die raumzeitlichen oder kausalen Fakten so gut wie die Systeme formaler Begriffe und werden somit auf jede beliebige Anordnung angewendet, ob das Kind es bemerkt oder nicht; genetisch beginnen sie mit konkreten Formen, die das perzeptiv und figürlich Gegebene strukturieren, bevor sie abstrakt werden. Ob man will oder nicht, es gibt somit in allen Gedächtnisformen, ob «Rohgedächtnis» oder «Bedeutungsgedächtnis», in verschiedenem Grade ein logisches Gedächtnis.

Unter dieser Voraussetzung schien es uns instruktiver zu sein, nicht eine rein kontingente Präsentierung zu verwenden, bei der die logischen und operativen Beziehungen gleich wie in jeder anderen mitwirken würden, aber in einer schwierig zu analysierenden Form und bei jedem Individuum anders. Wir entschieden uns deshalb für eine gemischte Anordnung, bei der man die Strukturierung entsprechend der intellektuellen Entwicklung des Kindes würde verfolgen und beurteilen können. Man muß nämlich unbedingt bedenken, daß unabhängig vom präsentierten Material die kindliche Intelligenz auf ihrer besonderen Entwicklungsstufe notwendig die drei wesentlichen Phasen der Erinnerung beeinflussen wird: die Fixierung, als eine allgemeine Strukturierung des zu behaltenden Faktischen, die Retention, in Form einer mehr oder weniger entwickelten Organisation der «Spuren», und die Evokation oder Rekonstitution, in Form einer Neuorganisierung dessen, was erhalten geblieben war. Um die organisatorische und eventuell operative Schematik, die in jeder Phase des Gedächtnisprozesses mitwirkt, besser zu erkennen, entschieden wir uns für ein Material, bei dem die verschiedensten Beziehungen eine Rolle spielen: Unterschiede, Zahl und Orientierung der Figuren, Größe und Orientierung der Stäbe, Reihenfolge der Figuren und Stäbe, die allgemeine Anordnung des Ganzen in der Art einer Tafel mit zwei Eingängen, die für die Stäbe und zum Teil für die Größe der Figuren gilt, aber nicht für die Reihenfolge der Formen von oben nach unten bei den Formen mit spitzem Winkel, den Kreisen und Ovalen und den orthogonalen Vierecken. Auf diese Weise hoffen wir den Spielraum und die Rolle der Schemata zu erkennen, die bei der Rekonstitution mitwirken. Da das präsentierte Modell komplizierter ist als dasjenige im letzten Kapitel, wollen wir insbesondere untersuchen, ob eine vorausgehende Klassifizierung der Figuren die Strukturierung der Erinnerung je nach Alter erleichtert oder beschleunigt, oder ob sie im Gegenteil von einer bestimmten Entwicklungsstufe an unnütz wird, da schon die aufmerksame Musterung der Figuren implizit oder stillschweigend die notwendigen Klassierungen auslöst.

1. Die verwendeten Techniken

Die fünf- bis dreizehnjährigen Kinder, die für diese Untersuchung ausgewählt wurden, sind auf zwei Gruppen verteilt worden. 30 (Technik I) begannen mit einer Klassifizierung des Materials und einer Kopierung (mit beweglichen Figuren und Stäben). Die 38 anderen Kinder nahmen keine Klassifizierung oder Kopierung vor, bevor sie nach einer Stunde, einer Woche oder einigen Monaten eine Rekonstitution anfertigten. Die Resultate zeigen, daß die jüngeren Kinder von 5 bis 6 Jahren und die größeren Kinder von 12 bis 14 Jahren kaum von der Klassifizierung und Kopierung bei der Technik I beeinflußt werden, die ersteren, weil sie mangels ausreichender Assimilation nicht darauf ansprechen, und die letzteren, weil sie auch ohne diese Hilfe bei der perzeptiven Musterung dieselben Beziehungen bemerken. Die Kinder zwischen 7 und 8 Jahren weisen jedoch bei der Technik I deutlich bessere Ergebnisse auf. Wir haben deshalb zusätzlich noch zwei Gruppen von je 10 Kindern dieser Altersstufe untersucht: Die eine Gruppe (Technik I^{bis}) nahm eine Klassifizierung, aber keine Kopierung vor, die andere Gruppe (Technik IIbis) eine Kopierung, aber keine Klassifizierung. Insgesamt haben wir also 88 Kinder untersucht. Dabei wurde die folgende Methode gewählt:

Technik I. – Das Material besteht aus:

a) Einem Modellkarton von 25×20 cm, auf dem die neun Formen der Figur 65 aufgeklebt sind. Der Kreis hat einen Durchmesser von 25 mm, das Rechteck Seitenlängen von 25×40 mm, die Stäbe messen 10×5, 20×5 und 30×5 mm. Die Figuren sind rosarot, die Stäbe schwarz.

b) Neun Kartonrechtecken von 5×5,5 cm (mit einer schwarzen Linie, die die Unterseite des Kartons markiert), auf denen die neun Formen mit ihren Stäben einzeln aufgeklebt sind.

c) Einem weißen Bristolpapier von 25×20 cm, auf dem die Kopie gezeichnet wird.

d) Einer Matrix (auf Bristolpapier) von 25×20 cm mit neun leeren Feldern von je 5×5,5 cm.

e) Einer Tafel mit den neun aufgeklebten Formen (die in Kreisen von ungefähr 17 cm Durchmesser angeordnet sind), auf denen eine Stelle für die Ergänzung mit einem schwarzen Stab vorgesehen ist.

f) Einem vierteiligen Satz von jeder der neun Figuren der Grundanordnung (Figur 65) – drei liegen jeweils auf einer vierten, aufgeklebten (ohne Stab).

Die erste Sitzung beginnt mit einer *Klassifizierung:* man legt die neun Formen auf Karton b mit aufgeklebten Stäben in zufälliger Verteilung dem Kind vor und verlangt von ihm, daß es diejenigen «zusammenstellt, die sich gleichen. – Lege diejenigen, die ein wenig gleich sind, aufeinander.» Man notiert die Begründungen und läßt, ohne zu drängen, möglichst alles klassieren. Dann verlangt man eine zweite Klassifizierung: «Kannst du sie auch anders zusammenstellen und findest du andere Dinge, die gleich sind?»

Dann fährt man mit einer *Klassierung auf der Matrix d* fort. Man sammelt die neun Formen b wieder ein und sagt: «Auf diesem Blatt legst du jeden Karton in ein leeres Feld, und zwar so, daß alles gut zusammenpaßt.» Daran schließt die *Kopierung* an. Man präsentiert das Modellblatt a und das weiße Bristolpapier c: «Sieh dir dieses Blatt gut an. Du siehst, es sind die gleichen Zeichnungen wie vorher. Mache genau das gleiche auf dem leeren Papier, so wie du es dort (a) siehst. Du nimmst hier (f) die Formen und hier (e) die Stäbe, die du brauchst.»

Abschließend sagt man dem Kind: «Ein wenig später wirst du das gleiche noch einmal tun, aber ohne die Vorlage. Merke dir also gut im Kopf, wie es aussieht. Schau jetzt genau hin, damit du dich richtig erinnerst.» Man läßt das Kind 30 Sekunden lang hinsehen.

An der zweiten Sitzung (eine Stunde nach der ersten) läßt man sofort die erste Rekonstitution R1 (es geht somit keine Zeichnung voraus) vornehmen. Man legt dem Kind das Material ungeordnet vor, selbstverständlich mit mehr Elementen als beim präsentierten Modell.

Die dritte Sitzung findet eine Woche später statt und verläuft gleich wie die zweite. Sie erbringt die Rekonstitution R2.

Die vierte Sitzung folgt nach einigen (sechs bis neun) Monaten – wieder eine Rekonstitution (R3), anschließend ein Wiedererkennungsversuch durch Auswählen aus sechs vorgelegten Modellen, von denen nur eines richtig ist (ein anderes besteht aus den neun Figuren, aber ohne Stäbe).

*Technik I*bis. – Die gleiche Methode wie bei der Technik I, aber ohne Kopierung an der ersten Sitzung.

Technik II. – Keine Klassifizierung und keine Kopierung. An der ersten Sitzung zeigt man das Modellblatt a: «Du siehst dieses Blatt, es sind kleine rosarote Formen darauf. Kannst du mir deren Namen sagen? (...) Da sind auch Stäbe, sie sind so (Handbewegung) hingelegt. Ich möchte, daß du dir in deinem Kopf gut merkst, wie das aussieht, damit du nach der Pause das gleiche tun kannst.» Dann deckt man eine Tafel e auf mit je drei Formen ohne Stäbe und gibt dazu eine Auswahl von Stäben: «Du machst auf diesem leeren Blatt (c) das gleiche, was du auf dem Modell (a) gesehen hast. Du verlangst von mir, indem du sie mir auf diesem großen Blatt (e) zeigst, die Formen, die du brauchst, und ich gebe sie dir. Die schwarzen Stäbe nimmst du dir selbst und legst sie hin. Jetzt schaust du dir das Blatt gut an und merkst dir, wie es aussieht, damit du bald das gleiche tun kannst.»

Man simuliert auf diese Weise den Anfang einer Kopierung, aber das Kind schaut nur hin, denn die Aktion wird auf später verschoben. Die zweite Sitzung findet nach einer Stunde statt. Erst jetzt nimmt das Kind Formen und Stäbe nach seiner Wahl in die Hand, um die Rekonstitution R1 vorzunehmen.

Die dritte und die vierte Sitzung verlaufen gleich wie bei der Technik I.

*Technik II*bis. – Eine handlungsmäßige Kopierung (nicht nur eine symbolische oder durch visuelle Musterung) an der ersten Sitzung, aber keine Klassifizierung.

2. Die Rangordnung der Merkmale

I. – Wir haben zuerst eine Anzahl Merkmale des Modells unterschieden und eingestuft, die als Kriterien für die Beurteilung der Rekonstitutionen gedacht waren. Wir kamen auf insgesamt neun Stufen in einer bestimmten Reihenfolge nach zunehmender Schwierigkeit. Wir brauchen hier nicht näher auf diese Reihenfolge einzugehen, sondern müssen nur sagen, daß die Ränge 7, 8 und 9 beim Auszählen bestätigt wurden, womit angedeutet ist, daß die Rangordnung nach Leichtigkeit oder Schwierigkeit der Erinnerung gewisse Eigenarten aufweist, die sich einer hypothetischen Voraussage entziehen. Als wir 33 Kinder (17 der Technik I und 16 der Technik II) klassierten, die nach einigen Monaten wieder ausfindig gemacht werden konnten, erlebten wir dann zu unserer Überraschung, daß man sie fast vollständig in eine Rangordnung nach Guttmann einordnen konnte: Der Erfolg bei einem beliebigen Kriterium K setzt den Erfolg bei den Kriterien A, B usw. voraus, nicht aber bei den späteren Kriterien L, M usw. Dabei stellten wir fest, daß sich diese schon für die erste Rekonstitution R1 (eine Stunde nach der Präsentierung) gültige Rangordnung, von einigen Ausnahmen (zum Beispiel in 2 von 29 Fällen beim Merkmal I, 2 von 27 Fällen beim Merkmal II usw.) abgesehen, mit der gleichen Regelmäßigkeit auch auf die zweite Rekonstitution R2 (nach einer Woche) und sogar, mit geringen Veränderungen, auf die dritte Sitzung (einige Monate später) anwenden ließ. Diese Tatsache hat eine gewisse Bedeutung. Sie hängt zum Teil (das versteht sich von selbst) von der Art der Beurteilung ab, die nach der Alles-oder-nichts-Regel vorgeht und deshalb ungefähre Erfolge für richtig annimmt. Doch diese Konventionen sind einheitlich. Es bleibt die Tatsache, daß ein Einordnen möglich ist. Hier diese Merkmale, geordnet nach zunehmender Schwierigkeit, mit einem Hinweis auf die Beurteilungskriterien:

Die Gruppe der Merkmale I bis III bezieht sich auf die Zahl der verschiedenen Orientierungen der Figuren und Stäbe und die Zahl der Stablängen:

I. *Zahl der verschiedenen Orientierungen der Figuren.* – Die Reaktionen auf dieses Merkmal sind sehr verschiedenartig: zufällige Orientierung, Retention einer einzigen Orientierung (liegend oder aufrecht), zweier oder dreier verschiedener Orientierungen (diese vierte Reaktion wird als richtig beurteilt; das heißt also einfach, daß das Kind diese drei verschiedenen Orientierungen behalten hat, nicht aber, daß es jeder der neun Figuren des Modells die richtige Orientierung zuschreibt).

II. *Zahl der verschiedenen Stablängen.* – Es gibt drei Möglichkeiten: die gleiche Länge für alle Stäbe, zwei oder drei verschiedene Längen (diese letzte Reaktion wird als richtig beurteilt, wobei auch hier die Zusatzbemerkung bei I gilt).

III. *Zahl der verschiedenen Orientierungen der Stäbe.* – Vier Reaktionen sind möglich: eine oder mehrere Orientierungen, die das Modell nicht aufweist, eine einzige richtige Orientierung (senkrecht oder nach links oder nach rechts), zwei oder drei richtige Orientierungen (wird als richtige Erinnerung angenommen, mit der gleichen Zusatzbemerkung).

Die Gruppe der Merkmale IV bis VI bezieht sich auf die Zahl der Figuren und der Stäbe und ebenso auf die Gesamtform des Modells mit den neun Figuren:

IV. *Absolute Zahl der Figuren.* – Die Zahl der wiedergegebenen Figuren schwankt zwischen 0 oder 1 bis 20, vor allem bei den Fünf- bis Sechsjährigen, aber auch noch vier Kinder zwischen 7 und 8 Jahren (von 23 der Technik II) verwenden für die Rekonstitution mehr als neun Figuren, zweifellos aufgrund einer Verwechslung mit den zur Auswahl vorgelegten Figuren. Die einzige als richtig beurteilte Antwort ist neun Figuren.

V. *Gesamtzahl der Stäbe.* – Die Zahl der Stäbe schwankt zwischen 9 und 20. Auch hier wird nur die Zahl 9 als richtig akzeptiert.

VI. *Gesamtform des Modells.* – Man findet zufällige Anordnungen, Reihen, vage rechteckige oder quadratische Formen, aber ohne senkrechte oder waagrechte Reihen, oder auch richtige Formen, aber ohne Klassifizierung der Figuren. Da dieses Merkmal die Retention der Merkmale IV und V voraussetzt, beurteilen wir als richtig außer der vollständigen Erinnerung auch richtige Anordnungen mit einer einzigen falschen Stellung, weiter die Anordnungen, bei denen die erste senkrechte Reihe richtig ist, während die anderen sechs Figuren gut klassiert sind, aber keine regelmäßige Matrixanordnung aufweisen, und schließlich die regelmäßigen Matrixanordnungen (senkrechte und waagrechte Reihen, Formen und Zahl der Figuren), ohne daß alle Formen die richtige Stellung zeigen müssen, wenn nur eine Gesamtklassifizierung vorhanden ist.

Die Gruppe der Merkmale VII bis IX ist am schwierigsten zu behalten, weil sie sich auf die Beziehungen zwischen der Stellung und der Reihenfolge der Stäbe bezieht:

VII. *Stellung der Stäbe in bezug auf die waagrechte Mittellinie der Figuren.* – Man findet vier Reaktionen: zufällige Stellung, eine einzige Stellung (unten, in der Mitte oder oben), zwei Stellungen (unten und in der Mitte usw.) und alle drei Stellungen (nur sie gilt als richtige Erinnerung).

VIII. *Zahl der verschiedenen Stellungen der Stäbe in bezug auf die Form der Figuren.* – Es geht hier um die insgesamt neun verschiedenen Stellungen der Stäbe in bezug auf die neun präsentierten Figuren. Diese Beziehung hat sich als sehr schwierig zu behalten erwiesen. Die üblichen Reaktionen gehen von einer richtigen Beziehung aus (zum Beispiel dem Dreieck mit dem kurzen senkrechten Stab unten), die entweder auf andere Figuren verallgemeinert wird (was in allen anderen Fällen falsch ist), oder zu der verschiedene Gegensätze konstruiert werden (von denen dann die meisten willkürlich sind). Von fünf Erwachsenen, die kurz nach der Präsentierung eine Rekonstitution vornahmen, hat ein einziger alle neun Stellungen richtig behalten (aber er kehrte die Reihenfolge des Kreises und der Ovale und des Quadrats und der Rechtecke um). Kein einziges Kind hat alle Stellungen richtig wiedergegeben: deshalb zählen wir Rekonstitutionen mit 3 bis 7 richtigen Stellungen als Erfolge.

IX. *Reihenfolge der Stäbe und Formen.* – Dieses Merkmal unterscheidet sich vom letzten dadurch, daß nicht mehr die Zahl der richtigen Stellungen beurteilt wird, sondern das Beziehungs- und Klassifizierungskriterium, das die Kinder angewendet haben: keine Klassifizierung, paarweise Verteilung, eine Beziehung nach zwei Kriterien, die die waagrechten und senkrechten Reihen berücksichtgt, aber die Formen ausläßt (schlecht plaziert) usw. Von den fünf Erwachsenen kam keiner auf eine vollständig genaue Wiedergabe. Dem Modell am nächsten stand die bereits erwähnte Testperson, die bei der Größe, Orientierung und Lagebeziehung der Stäbe (unten in der Mitte, links und rechts über die Formen hinausragend, innerhalb der Figur, und oben in der Mitte, rechts und links hinausragend) in der richtigen Reihenfolge rekonstruierte, die aber die Reihenfolge Kreis – Oval und Rechteck – Quadrat umkehrte. Bei den Kindern zählen wir deshalb eine Beziehung nach zwei Kriterien als richtig, die also die Gleichheit bei den Stäben und die Stellung der Formen, die waagrechten Reihen und die Form oder die senkrechten Reihen und die Form (oder natürlich alle drei Kriterien gleichzeitig) berücksichtigt.

Das sind die neun Merkmale, die bei der Analyse eine Rangordnung ergeben haben, nachdem die Konventionen, die zu den Erfolgen bei VII, VIII und IX angegeben sind, einmal anerkannt waren. Daraus ergeben sich für die drei Rekonstitutionen bei den 33 Kindern, die nach sechs bis neun Monaten wieder ausfindig gemacht werden konnten, die folgenden Resultate (absolute Zahlen der als richtig beurteilten Erinnerungen):

Tabelle LIX

Verteilung der Merkmale bei den drei Rekonstitutionen

Merkmale	I	II	III	IV	V	VI	VII	VIII	IX	I–III	IV–VI	VII–IX
R1 (nach einer Stunde) . . .	29	28	26	23	23	16	17	16	7	83	62	40
R2 (nach einer Woche) . . .	29	24	23	23	23	17	18	14	6	76	62	38
R3 (nach 6–9 Monaten) . . .	15	10	11	8	6	8	4	3	3	36	22	10

Die wenigen Unregelmäßigkeiten dieser Tabelle (16 vor 17 oder 17 vor 18 zwischen VI und VII bei R1 und R2, oder 10 vor 11 und 6 vor 8 bei R3) sind auf die am Anfang dieses Abschnitts erwähnten Ausnahmen zurückzuführen, so zum Beispiel bei einem Kind, das bis VIII richtige Erinnerungen aufweist, aber VI ausläßt usw. Auch wenn diese Ausnahmen Zweifel an der Reihenfolge dieser neun Merkmale, jedes für sich genommen, aufkommen lassen sollten, so scheint sich die Rangordnung der drei großen Kategorien I–III, IV–VI und VII–IX entschieden aufzudrängen, vor allem beim Vergleich der drei aufeinanderfolgenden Rekonstitutionen der präsentierten Anordnung nach einer Stunde, einer Woche und einigen Monaten.

II. – Die Bedeutung dieser drei Kategorien scheint sich fast von selbst zu ergeben. Man könnte zunächst beim Vergleich der ersten (I–III) mit der letzten (VII–IX) versucht sein, die am leichtesten zu behaltenden Merkmale (I–III) als Ausdruck der figürlicheren oder kontingenteren Aspekte der Gesamtanordnung zu deuten, während die am schwierigsten zu behaltenden Merkmale (VII–IX) eine schematisierbare Beziehungsstruktur enthalten würden. Doch weshalb stellt zum Beispiel die Anzahl der verschiedenen Orientierungen die am einfachsten zu behaltende Eigenschaft (I) dar? Zweifellos weil die Gesamtfigur in dieser Hinsicht Regelmäßigkeiten in der Anordnung (Figur 65) aufweist. Würde man dieselben neun Formen hingegen wie in der nebenan wiedergegebenen Anordnung (Figur 66) präsentieren, so wäre diese Retention der Orientierungen alles andere als leicht. Man wird einwenden, die Ordnung sei in der Gesamtfigur begründet und nicht vom Kind konstruiert worden, sie sei also figürlich. Das eindeutigste Ergebnis der obenstehenden Tabelle besagt aber gerade, daß diese Gesamtfigur nicht als solche in die Erinnerung eingeprägt wird (siehe Punkt VI). Wenn somit die Erinnerung an die drei verschiedenen Orientierungen der Figuren auf die

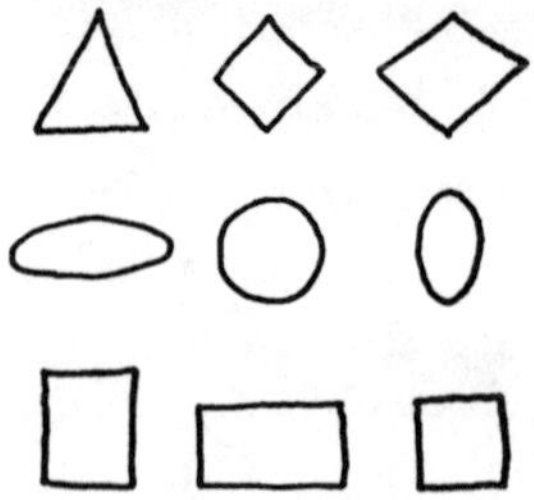

Figur 66

Regelmäßigkeit der Gesamtanordnung zurückzuführen ist, so deshalb, weil diese Regelmäßigkeit als ein Klassierungs- oder Ordnungswerkzeug und nicht nur als einfache perzeptive Einprägung wirksam geworden ist. Dasselbe gilt a fortiori für die Anzahl der Stablängen und die drei verschiedenen Orientierungen der Stäbe. Man kann deshalb die Kategorie I–III als einen Anfang von Schematisierung betrachten. Die Schematisierung ist offenbar noch rudimentär und geht allein von figürlichen Tatsachen aus, von Tatsachen aber, deren Regelmäßigkeit bereits in einer klassifizierenden oder ordnenden Form hervorgehoben wird, wobei Ähnlichkeiten und Gegensätze bemerkt und gruppiert werden. Man erkennt hier einen Anfang von Organisation der Erinnerung. Nicht ohne Grund weist deshalb die Erinnerung an die Merkmale I bis III die höchste Häufigkeit auf. Würde es sich hingegen um eine Retention des Zufälligen oder Figürlichen als solchen handeln, so müßten diese Faktoren in den anderen Punkten IV bis IX auch mitspielen, denn diese enthalten ebenso viele kontingente oder figurative Aspekte.

Die Merkmale der Kategorie IV–VI, von denen man hätte annehmen können, sie würden am leichtesten behalten, weil sie das so berühmte Attribut «global» der kindlichen Wahrnehmung und des kindlichen Denkens tragen, machen in Wirklichkeit einen Fortschritt in der Schematisierung sichtbar. Die Gesamtform des Modells mit der richtigen Anzahl Figuren und Stäbe rekonstruieren, bedeutet eben gerade nicht, sich auf einen globalen Effekt stützen. Das bedeutet, diese Gesamtheit restrukturieren, indem man nicht mehr nur die mehr oder weniger regelmäßigen Beziehungen bei der Orientierung und der Länge entsprechend ihren Ähnlichkeiten und Gegensätzen wie bei I–III hervorhebt, sondern indem man die Elemente nach diesen Beziehungen und ihrer Lage in einem figürlich angeordneten System (VI) klassiert, was eine genaue Abschätzung der Zahlen (IV und V) voraussetzt. Das ist somit eine neue Schematisierung und, falls man

zumindest bildlich so sagen darf, eine Schematisierung von logisch unmittelbar höherem «Typ» als die frühere.
Mit der Kategorie VII–IX kommt eine dritte Etappe dieser Schematisierung hinzu. Die bei IV–VI organisierte Gesamtheit, die aber noch zu «global» bleibt, wird relational. Der Begriff «global», der für alles und jedes verwendet wird, bedeutet hier, wie übrigens in den meisten Fällen, ganz einfach ungenügend strukturiert, womit das Problem, weshalb es so ist, nicht gelöst, sondern nur gestellt ist. Die bei VI schematisierten Gesamtheiten sind eben global, insofern ihnen die Beziehungsanalyse der Merkmale VII–IX noch fehlt.
Das Merkmal VII ist in dieser Hinsicht auffällig. Die obenstehende Tabelle zeigt, daß es VI noch sehr nahe steht: 17 oder 18 gegen 16 oder 17 [3] bei R1 und R2, dann nur 4 gegen 8 bei R3. Um die Stäbe in bezug auf die Mittellinien der Figuren (Merkmal VII) richtig einzusetzen, das sieht man ohne weiteres, muß man die Gesamtform der Figur (Merkmal VI) im Auge behalten und umgekehrt, so daß dieses Merkmal VII nur das Ergebnis einer Beziehungsanalyse im Rahmen der Struktur VI mit Rückwirkung ist (deshalb die Möglichkeit von Umkehrungen). Die Analyse der verschiedenen Stellungen der Stäbe (VIII) und vor allem die Reihenfolge der Formen und der Stäbe (IX) stellen ebenfalls eine noch weiter als bei VI entwickelte Schematisierung dar, so daß wir wiederum einen Übergang zu einem logisch höheren «Typ» vor uns haben.
III. – Mit einem Wort, die Rangordnung der Merkmale I–III, IV–VI und VII–IX ist ein Ausdruck für die Fortschritte der Schematisierung in der Organisation der Erinnerung. Schon im Zusammenhang mit den Figuren und Stäben des Kapitels XIX haben wir festgestellt, und jetzt erhalten wir eine genaue Bestätigung dafür, daß die Schematisierung der Erinnerung zwei verschiedene Ergebnisse zur Folge haben kann, wie es bei jeder ungenügend operativen und durch tastende Versuche und Fehler vorgehenden Methode der Fall ist: Erfolge oder adäquate Organisationen einerseits und Mißlingen oder verzerrende Vereinfachungen andererseits, wobei natürlich die ersteren mit dem Alter zunehmen.
Nehmen wir zunächst die Erfolge der Schematisierung. Von 33 Kindern zwischen 5 und 13 Jahren, die nach sechs bis neun Monaten (einige auch erst nach zehn und mehr Monaten) wieder ausfindig gemacht werden konnten, haben 12 nichts von allem behalten. 14 haben nur ein bis drei Merkmale behalten (wovon 12 solche der Gruppe I–IV und nur 2 das Merkmal VI allein oder I–II und VII). 7 haben vier bis acht Merkmale behalten (wovon 5 in der Kategorie VII–IX). Von den 14 Kindern mit ein bis drei Merkmalen haben 7 schon bei den ersten Rekon-

stitutionen R1 und R2 nur die Merkmale I–III behalten, während die anderen 7 Kinder und die 7 mit vier bis acht Merkmalen bei R1 und R2 von I–VIII oder I–IX gelangt waren. Es besteht somit eine klare Korrelation zwischen der Schematisierung bei R1 und R2 und der Retention bei R3. Insbesondere haben die 3 Kinder, die bei R3 am besten abschnitten (Merkmal IX), alle bei R1 und R2 schematisiert. Mit anderen Worten, wir stehen wieder einmal der banalen Tatsache gegenüber, daß die Erhaltung desto besser ist, je besser die Elemente organisiert sind. Man muß aber hinzufügen, daß diese Organisation keine beliebige ist, im Sinne der perzeptiven *Gestalten,* sondern sie ist mehr oder weniger isomorph mit einer operativen Schematisierung, auch wenn die Tatsachen figurativ sind (Klassifizierungen, Reihenfolgen, Zuordnungen, Matrizen usw.). Mit einem Tiefsinn, dessen es sich selbst nicht bewußt ist, sagte ein Kind von 6; 6 Jahren zu uns: «Ich *sehe,* indem ich nachdenke, nicht indem ich spreche», und ein Zwölfjähriger betont: «Ich erinnere mich durch die Logik.»
Die Unzulänglichkeiten oder Mißerfolge der Schematisierung sind bei den jüngeren Kindern ebenso klar. Ihr Anteil wird übrigens mit zunehmendem Alter geringer, wenn die bereits vergessenen Elemente aus den bereits plazierten falsch rekonstruiert werden: Das ist auch eine Schematisierung, und sie folgt den gleichen Organisationsgesetzen wie die vorangehenden, aber sie führt in Wirklichkeit zu Fehlern, weil das Modell zum Teil zufällig oder kontingent ist. Diese verzerrende Schematisierung kann auch bei der Erhaltung der Erinnerung und zur Zeit des Abrufs und der Rekonstitution beteiligt sein.
IV. – Damit kommen wir zur schwierigeren, aber mit der vorausgehenden eng verbundenen Frage nach dem Gedächtnis der zufälligen oder kontingenten Aspekte jedes der Merkmale I–IX der den Kindern präsentierten Gesamtfigur. Zunächst wollen wir mit Nachdruck festhalten, daß man die neun Merkmale unmöglich dichotomisch einteilen könnte, die einen kontingent, die anderen mehr oder weniger logisch organisiert, denn alle Merkmale enthalten beide Aspekte. Wir haben schon bei den Merkmalen I–III betont: Die Orientierungen, Zahlen, Größen usw. sind zum Teil geordnet und zum Teil kontingent, denn sie hätten auch anders sein können. In jeder Retention und in jedem Abruf hat es deshalb einen Anteil von Schematisierbarem und, im Inhalt wie in der Form der Schemata, einen Anteil von Gegebenem, das als solches fixiert werden muß.
Wie reagieren nun die Kinder auf dieses Gegebene (zum Beispiel die Tatsache, daß die Stäbe, die über den unteren Rand der Formen hinausragen, in der obersten Reihe angeordnet sind, während die Stäbe, die über den oberen Rand hinaus-

ragen, in den untersten Reihen liegen und nicht umgekehrt; oder daß die Plätze 2 und 3 der obersten Reihen mit Rauten und nicht mit verlängerten Dreiecken besetzt sind usw.)? Unser Mitarbeiterteam hat im Laufe dieser Untersuchungen alle möglichen Hypothesen aufgestellt: Daß die jüngeren Kinder das Zufällige besser behalten, weil es figürlich sei (Merkmale I–III); daß hingegen die größeren Kinder diesbezüglich überlegen seien, was bei der Stellung und der Reihenfolge der Stäbe der Fall ist (Merkmale VII–IX); daß beide Tatsachen richtig sind (wie im einzelnen aus den Prozentzahlen hervorgeht), daß sie aber verschiedene Ursachen haben; daß das Zufällige um so besser behalten wird, je ärmer die Schematisierung ist, oder daß im Gegenteil die Erhaltung der willkürlichen Elemente um so besser sei, je besser die Organisation strukturiert ist usw.

Die Gründe für diese scheinbaren Gegensätze sind auf drei Grundtatsachen zurückzuführen, die bei der Analyse berücksichtigt werden müssen:

1. Wie es bei der Schematisierung zwei Pole gibt, je nachdem die Organisation der Schemata differenziert und angepaßt oder vereinfachend und verzerrend ist, gibt es auch für das Kontingente oder das Willkürliche zwei Pole. Einerseits kann das Zufällige oder das Willkürliche die Schematisierung behindern, dann wird es verdrängt. Man hätte zum Beispiel unterhalb der Reihe aus Dreieck und Rauten eine zweite Reihe von geradlinigen Figuren (Quadrat und Rechtecke) und zuletzt die Reihe der krummlinigen Figuren (Kreis und Ovale) erwartet: da die Reihenfolge willkürlich verändert ist, haben sie zwei von fünf Erwachsenen und ebenso einige sieben- bis achtjährige Kinder fälschlicherweise umgekehrt. Andererseits sind das Zufällige oder das Willkürliche ein häufiges Element für die Schematisierung – als eine «besondere Klasse» im Gegensatz zu anderen, weniger auffälligen Klassen des Systems. Hätte man zum Beispiel neben dem Oval im Zentrum des Modells ein deutlich sichtbares grünes Kreuz angebracht (ein Kreuz aus zwei sich überkreuzenden grünen Stäben, die sich vom Rosarot der Figuren und vom Schwarz der anderen Stäbe abheben), so kann man fast mit Sicherheit sagen, daß es von allen Kindern behalten worden wäre (falls man sich in der Psychologie ein bloßes Gedankenexperiment gestatten darf), denn dieses grüne Kreuz hätte die Schematisierung nicht behindert, sondern eine besondere Klasse gebildet mit einem Kontrast zu den rosaroten Figuren und der Klasse der schwarzen Stäbe, was ein Klassifizierungsschema darstellt.

2. Das Gedächtnis des Zufälligen oder des Kontingenten kann somit nicht von der Schematisierung getrennt werden. Aufgrund der verwendeten Schemata wird das Willkürliche zu einem guten Teil ein zu beseitigendes Hindernis, oder

es wird gerade wegen der Gegensätze oder Klassierungen, die es veranlaßt, ein Element, das behalten wird.

3. Weil die Erinnerung an das Kontingente von der Schematisierung abhängig ist, hängt sie folglich auch grundsätzlich mit der Entwicklungsstufe zusammen. Man kann deshalb sagen, mit zunehmendem Alter sei die Erhaltung der willkürlichen Elemente besser, weil die Organisation der Schemata besser strukturiert ist. Das schließt aber keineswegs aus, daß jüngere Kinder gewisse für uns belanglose Einzelheiten besser behalten, weil sie (da ihre Klassen noch rudimentär sind und sie bei ihren Seriationen mit Zweier- oder Dreiergruppen als Einheiten vorgehen) ein Paar behalten haben, wo die Erwachsenen vielleicht ausgefeiltere und komplexere Strukturen verwenden.

3. Die Entwicklung der Erinnerung mit dem Alter und ihre Beziehungen zu den Klassifizierungen und Kopierungen, die nach der Technik I verlangt wurden

Die eben durchgeführte Analyse der Merkmale I–IX liefert alles in allem die gewichtigsten Argumente zugunsten der Schematisierung. Die Tatsache, daß wir nicht zwischen den beiden Gruppen von Kindern, die nach den Techniken I und II geprüft worden waren, unterscheiden mußten, um die Rangordnung dieser Kategorien aufzustellen, zeigt für sich allein, daß es sich um spontane und ebenso um eingeübte Schematisierungen handelt. Schon die Resultate des letzten Kapitels haben gezeigt, daß die Kinder ohne vorausgehende Klassifizierung dieselben Stufen in der Organisation der Erinnerung erreichen, aber mit einiger Verspätung, und daß diese Stufen ziemlich genau mit denen der Klassifizierungen übereinstimmen, wie sie mit zunehmendem Alter bei den Kindern aufeinanderfolgen, wo man sie verlangt. Es war deshalb nützlich, die ganze Frage mit einem komplexeren Modell noch einmal zu untersuchen, so wie wir es hier getan haben, wobei wir bei diesem komplizierteren Modell dank der Rangordnung der drei Merkmalkategorien I–III, IV–VI und VII–IX die zunehmende Schematisierung besser erkennen.

I. – Die mit dieser neuen Untersuchung gesammelten Tatsachen ergänzen und erhellen eindrücklich die des letzten Kapitels, und zwar gerade weil das Modell komplizierter ist:

a) Einerseits findet man einen Vorsprung (in der Organisation der Erinnerung und beim Abruf durch Rekonstitution) jener Kinder, die die Klassifizierung und Kopierung (Technik I) mitgemacht haben, aber nur bei den sieben- bis achtjährigen. Mit 12–13 Jahren ist von dieser fördernden Wirkung der Technik I nichts mehr zu erkennen.

b) Andererseits stimmen die spontanen Klassifizierungen der Kinder der Technik I wieder ziemlich genau mit der Organisation ihrer Erinnerung überein, woraus sich, weil diese mnestische Organisation für die Kinder bei beiden Techniken dieselbe (2. Abschnitt) ist, ergibt, daß die spontane Schematisierung der Kinder der Technik II klassifikatorischer usw., das heißt quasi-operativer Natur ist.

Zum ersten dieser beiden Punkte (a) kann man die folgende Tabelle aufstellen. Für jedes Kind wurde der Durchschnitt der Erfolge berechnet, wobei man sich an die im 2. Abschnitt dargelegten Konventionen hielt. Die Tabelle gibt die allgemeinen Mittelwerte dieser individuellen Durchschnittswerte wieder:

Tabelle LX

Vergleich der beiden Techniken

	Technik I (mit Klassifizierung)			Technik II (ohne Klassifizierung)		
	R1	*R2*	*R3*	*R1*	*R2*	*R3*
5–6 Jahre	36	22	19	36	22	19
7–8 Jahre	80	90	7	34	43	5
12–13 Jahre	85	76	34	85	87	55

Die Zahl der Kinder beläuft sich auf 7 und 8 bei den Fünf- und Sechsjährigen für die beiden ersten Rekonstitutionen R1 und R2 nach Technik I und II und auf 7 für die dritte Rekonstitution R3; auf 12 und 23 bei den Sieben- bis Achtjährigen für die Rekonstitutionen R1 und R2 nach Technik I und II, auf 6 und 9 für die Rekonstitution R3; auf je 10 bei den Zwölf- und Dreizehnjährigen für die Rekonstitutionen R1 und R2 nach Technik I und II, auf 6 und 5 für die Rekonstitution R3. Man erinnert sich, daß R1 nach einer Stunde, R2 nach einer Woche und R3 nach sechs bis zehn Monaten stattgefunden haben.

In bezug auf das Problem, das uns hier interessiert, ist die Tabelle eindeutig:

1. Die fünf- bis sechsjährigen Kinder ergeben nach den beiden Techniken I und II dieselben Resultate: 36 und 36% usw. Sie sind somit weder durch die Klassifi-

zierung noch durch die Kopierung beeinflußt worden, weil diese noch sehr rudimentär sind (ein sechsjähriges Kind zum Beispiel hält die «Striche für gleich», wenn der eine oben rechts und der andere unten links über den Rand der Figur hinausragt usw.).

2. Die sieben- bis achtjährigen Kinder erzielen bei R1 und R2 etwa doppelt so gute Ergebnisse nach der Technik I mit Klassifizierung und Kopierung wie nach der Technik II ohne Klassierung: 80 und 90% verglichen mit 34 und 43%. Das Einüben an der Präsentierungssitzung hat ihnen geholfen, das Modell besser anzusehen und die Erinnerung besser zu fixieren, oder die Klassifizierung hat wie bei den Fünf- bis Siebenjährigen des letzten Kapitels (4. Abschnitt, Tabellen 57 und 58) die Schematisierung erleichtert und beschleunigt, weil sie eine bessere Organisation der Erinnerung bewirkte. In diesem besonderen Fall bleibt aber die zweite Interpretation zweifelhaft, denn die eingeübte Schematisierung ist nicht behalten worden oder hat das Kind in der Folge behindert, denn nach einigen Monaten ist der Erinnerungszerfall beträchtlich und bei der Technik I (von 90 auf 7%) relativ größer als bei der Technik II (von 43 auf 5%).

3. Bei den Zwölf- bis Dreizehnjährigen sind hingegen die Rekonstitutionen ohne vorausgehende Klassifizierung der Technik I überlegen oder ebenbürtig: 85 und 87% verglichen mit 85 und 76% bei R1 und R2, 55 gegen 34% bei R3, was besonders bemerkenswert ist. Aus diesen Tatsachen muß man schließen, daß die Schematisierung mit 12 oder 13 Jahren ohne vorausgehende Einübung die gleiche oder leicht besser ist, daß diese Einübung also die Erinnerung eher erschwert als erleichtert hat.

II. – Diese Entwicklung der Schematisierung mit oder ohne vorausgehende Klassifizierung wird noch durch die folgende Tatsache bestätigt. Klassiert man die Merkmale I bis IX (2. Abschnitt), von den Erfolgen der Kinder her gesehen, nach ihrer Retention geordnet in leichte, mittlere und schwierige Elemente, so stellt man fest, daß für die Fünf- bis Sechsjährigen die Merkmale I–III leicht, IV–V mittelschwer und VI–IX schwierig sind. Bei der Technik I (mit Klassifizierung) werden die Merkmale IV–V mit 7 bis 8 Jahren leicht (die Anzahl der Figuren und der Stäbe wird also nach der Klassifizierung besser behalten), während sie bei der Technik II mittelschwer bleiben (merkwürdigerweise scheinen auch die Merkmale II–III schwieriger zu behalten zu sein als mit 5 bis 6 Jahren). Auch das Merkmal VII (Stellung der Stäbe) scheint bei vorausgehender Klassifizierung dem Merkmal VI (Gesamtform) vorauszusein, ohne Klassifizierung aber hintennach zu hinken (deshalb die Schwankungen, die wir schon früher beobachtet haben). Bei den Zwölf- bis Dreizehnjährigen hingegen sind die Merkmale I–VI für die Kinder beider Gruppen leicht, VII mittelschwer und VIII–IX schwierig zu behalten.

Mit anderen Worten, die Rangordnung der Merkmale I bis IX könnte ohne weiteres in den Begriff der Stufe übertragen werden, womit wir wieder bei der Sprache des Kapitels XIX wären: mit 7 oder 8 Jahren beschleunigt die vorausgehende Klassifizierung den Zugang zu den höheren Stufen, mit 12 bis 13 und 5 bis 6 Jahren sind die beiden Techniken einander ebenbürtig.

III. – Hinsichtlich der Kopierung, mit der die beiden Arten (die spontane und die in Matrixform) von Klassifizierungen bei der Technik I ergänzt worden waren, um die Schematisierung maximal zu fördern, haben wir eine Sondierung durchgeführt, um die Wirkungen der Kopierung und der Klassifizierung im eigentlichen Sinne des Wortes auseinanderzuhalten zu können: 10 sieben- bis achtjährige Kinder wurden nach der Technik I geprüft, aber ohne Kopierung (= Technik I^{bis}), 10 Gleichaltrige nach der Technik II, aber mit Kopierung (= Technik IIbis).

Die Ergebnisse sind für unser Problem der spontanen Schematisierung bedeutsam. Der Verzicht auf die Kopierung bei der Technik I^{bis} hat die bei der Technik I beobachteten Wirkungen nicht im geringsten verändert, mit anderen Worten, die Kopierung hat die verlangte Klassifizierung in keiner Weise beeinflußt. Bei den 10 Kindern der Technik IIbis erzeugte die Kopierung hingegen ähnliche Effekte wie die Klassifizierung bei der Technik I. Greifen wir als Beispiel nur die Gesamtform der Figur (Merkmal VI) heraus: Nur 43% der Kinder haben bei der Technik II eine mehr oder weniger ausgeprägte Matrixform behalten (zweite Rekonstitution), bei der Technik IIbis aber 8 von 10 Kindern.

Diese bescheidenen Fakten zeigen uns zwei Dinge. Erstens ist eine Kopierung keine Schematisierung. Wenn somit die Kopierung dieselben Effekte wie eine Klassifizierung bewirkt, so einfach deshalb, weil die aufmerksame Musterung der Figuren die Entwicklung der klassifikatorischen Schemata auslöst oder verstärkt, auch ohne daß die Schematisierung, wie die Klassierung selbst eine ist, besonders eingeübt wird. Zweitens erreichen die Sieben- bis Achtjährigen dank der Kopierung die gleichen Resultate, wie sie die Zwölf- bis Dreizehnjährigen ohne jede Klassifizierung oder Kopierung erreichen. Hier zeigt sich wieder die Rolle der spontanen Schematisierung, die durch zusätzliche Übungen beschleunigt oder verzögert werden kann.

IV. – Wir wollen noch kurz die Konvergenzen zwischen den Schemata der spontanen und der ausgelösten Klassifizierung bestätigen, die wir schon im Kapitel XIX kennengelernt haben. Erinnern wir uns daran, daß die Kinder der Technik I das Material auf einer Matrix mit neun leeren Feldern klassieren mußten, wobei aber diese Matrixanordnung natürlich nicht genügt, um die jüngeren Kinder dazu zu bringen, eine multiplikative Klasse zu konstruieren, die also zwei oder drei Kriterien gleichzeitig berücksichtigt.

Die ersten spontanen Klassifizierungen nehmen im allgemeinen die Form von mehr oder weniger regelmäßigen Reihen oder Gesamtfiguren (figürliche Anordnungen) an, deren Elemente sich qualitativ unterscheiden und deshalb nach Paaren gruppiert werden, die untereinander nicht koordiniert sind. Dasselbe System findet sich auch bei der Klassifizierung auf der leeren Matrix und bei den aufeinanderfolgenden Rekonstitutionen R1 bis R3:

Inc (8; 1) ordnet bei der spontanen Klassifizierung trotz ihres Alters noch drei Paare identischer Formen an. Bei der zweiten Klassifizierung, die anders sein soll, verbindet sie einen Kreis mit einer Ellipse und dann zwei geradlinige Figuren mit dem gleichen Stab. Auf der Matrix plaziert sie vier nicht miteinander koordinierte Paare (nur das dritte Paar ist mit dem folgenden insofern koordiniert, als sein zweites Element beim nächsten Paar als erstes dient). Bei R1 findet man zwei Reihen (aber ohne Zuordnung) mit drei Paaren und einer Einzelfigur, bei R2 drei Paare.

Vio (5; 0) kombiniert bei der spontanen Klassifizierung drei übereinanderliegende Paare, nämlich zwei Ovale, zwei Rauten (dazu sagt sie: «diese zwei sind viereckig») und zwei Rechtecke. Die zweite Klassifizierung ergibt vier übereinanderliegende Paare: Quadrat und Rechteck, Kreis und Oval usw. Bei R1 sind es wieder drei Paare, aber in einer Reihe, und darunter ein viertes Paar. Bei R2 läßt sich ein Fortschritt erkennen: Nur noch ein Paar (zwei Ovale), dazu eine Dreiergruppe (zwei Rechtecke und ein Quadrat) und eine zweite Dreiergruppe mit den restlichen Figuren (Kreis, Dreieck, Raute).

Diese paarweise Klassierung nach einem einzigen Kriterium (Form der Figuren, die Orientierung und die Länge der Stäbe bleiben in der Verteilung zufällig) findet sich selbstverständlich auch in den Rekonstitutionen der Kinder der Technik II ohne vorausgehende Klassifizierung:

Pat (5; 0) kommt bei R1 auf zwei getrennte Paare, das eine aus geradlinigen Figuren (Dreieck und Rechteck), das andere aus krummlinigen (Kreis und Oval) mit identischen Stäben (oben rechts und leicht geneigt) beim ersten Paar und fast waagrechten Stäben beim zweiten Paar.

Is (5; 0) begnügt sich bei R1 mit einem einzigen Paar (Dreieck und Raute), fügt aber bei R2 noch ein Oval hinzu.

Mic (5; 11) ordnet bei R1 11 Figuren paarweise, auf zwei Reihen verteilt, an, aber ohne Zuordnung zueinander: Dreieck und Rechteck, Kreis und Oval, Raute und Rechteck, Raute und liegendes Oval, Kreis und Oval und dazu eine Raute. Daran anschließend findet man Klassierungen nach Dreiergruppen von Figuren mit je einem einzigen gemeinsamen Kriterium und Veränderungen zu der nächsten Gruppe, dann Kombinationen von zwei und dann drei Kriterien zugleich. Die Einzelheiten erübrigen sich, denn wir haben sie schon bei den Figuren des Kapitels XIX untersucht (mit dem einzigen Unterschied, daß die Figuren dort nicht nach Dreiergruppen, sondern in drei Dichotomien angeordnet waren, und daß die Klassierungen nach Paaren adäquat waren). Wir wollen noch festhalten, daß sich jede dieser anschließenden Etappen nicht nur selbstverständlich in den Rekonstitutionen R1 bis R3 der Technik I wiederfindet, sondern auch in den Rekonstitutionen der Technik II. Wir möchten deshalb nur noch zeigen, daß die letzte Etappe, das heißt die (matrizielle) Klassifizierung nach drei Kriterien, auch bei den Kindern zu beobachten ist, die weder die spontanen Klassifizierungen noch die Klassifizierung in der leeren Matrix mitgemacht haben.

Interessanterweise unterscheiden sich bei der Rekonstitution R3 nach einigen Monaten die Beschreibungen vor der eigentlichen Rekonstitution der Zwölf- bis Dreizehnjährigen voneinander, je nachdem sie an der ersten Sitzung die Klassifizierung und Kopierung vorgenommen hatten oder nicht. Die Kinder der Technik I begnügen sich im allgemeinen mit Formulierungen wie: «Man mußte sie wie beim Modell auf einem Karton anordnen», oder: «Man hat sie mir gezeigt, dann mußte ich sie gleich hinlegen», während die Kinder, die das Modell nur betrachtet haben, um es im Gedächtnis zu behalten, die Ordnung betonen: «Man mußte die Dreiecke und die Rechtecke in einer bestimmten Ordnung plazieren» oder «Man hat uns allerlei Dinge gezeigt, die man in der gleichen Anordnung wieder hinlegen mußte.» Hier zwei Beispiele solcher Kinder (Technik II):

Mad (12; 0) kommt bei R1 (nach einer Stunde) sofort zu einer Tafel mit zwei Eingängen, in der alles richtig ist, ausgenommen daß die beiden Ovale innere Stäbe haben, nämlich einen waagrechten (liegendes Oval) und einen senkrechten. Bei R2 (nach einer Woche) das gleiche, aber sie plaziert zuerst die Stäbe «ganz unten (erste Reihe), ganz drin (mittlere Reihe) und ganz oben (untere Reihe)». Dann legt sie die Figuren hin und sagt dazu: «Hier aufrecht (rechte senkrechte Reihe) und hier alles liegend (mittlere senkrechte Reihe).» Also nicht nur eine figurative Erinnerung, sondern eine klare Koordinierung der Schemata. Nach acht Monaten findet sie wieder eine multiplikative Klassierung, die aber auf interessante Weise verändert ist, und zwar so, daß der Primat der Schemata vor der Figur als solcher deutlich sichtbar wird: Die erste waagrechte Reihe enthält den Kreis und die Ellipsen, die zweite das Dreieck und die Rauten, die dritte das Quadrat und die Rechtecke, aber in der vordersten senkrechten Reihe (Kreis, Dreieck, Quadrat) sind alle Stäbe senkrecht und über den oberen Rand hinausragend, in der zweiten Kolonne (Oval, Raute, Rechteck, alle aufrecht) sind alle Stäbe innerlich und ebenfalls senkrecht, und in der dritten Kolonne (liegende Figuren) sind sie senkrecht und über den unteren Rand hinausragend. Ein schönes Beispiel für die Schemata, die einen adäquat und die anderen verzerrend, aber alle multiplikativ koordiniert.

Mul (12; 5) kommt bei R1 auf eine Anordnung in Matrixform, bei der alle Figuren und die Stäbe der ersten Reihe und der ersten Kolonne richtig sind. In der zweiten Reihe erhält aber das liegende Oval einen waagrechten Stab, und in der dritten Reihe ragt der Stab des liegenden Rechtecks oben links und der des aufrechten Rechtecks unten rechts über die Figuren hinaus. Bei R2 (nach einer Woche) ist der Stab des liegenden Rechtecks korrigiert, beim aufrechten Dreieck aber nicht, im übrigen bleibt alles gleich. Bei R3 nach einigen Monaten legt Mul ein Dreieck hin, darunter ein Quadrat; neben dieses ein aufrechtes Rechteck und dann ein liegendes Rechteck. Aber er weiß nicht, wie er fortfahren soll, und legt einen Kreis über das liegende Rechteck. Jetzt gibt er den Versuch auf und konstruiert eine Matrix: die erste Kolonne mit Dreieck, Quadrat und Parallelogramm, die zweite mit Raute, liegendem Oval und Rechteck, die dritte mit Kreis, Quadrat (das auf einer Spitze steht) und Rechteck. Alle Stäbe sind senkrecht und überragen die Figuren in der zweiten Kolonne unten links und in der dritten Kolonne unten rechts. Also wiederum eine Mischung von genauen und verzerrenden Schemata, die aber multiplikativ koordiniert sind.

Auf allen Stufen lassen sich somit Konvergenzen zwischen den Stufen der Klassifizierungen und denen der Schematisierung der Erinnerung feststellen, ob die Kinder zum voraus spontane Klassifizierungen des Materials oder Anordnungen auf einer zu diesem Zweck bereitgestellten Matrix vorgenommen haben oder nicht.

V. – Zum Abschluß müssen wir noch die Resultate des Wiedererkennungsversuchs durch Auswahl aus sechs verschiedenen Modellen untersuchen. Hier zunächst die Tabelle mit den richtigen Erinnerungen in Prozent:

Tabelle LXI

Das Wiedererkennen nach den Techniken I und II

	Technik I			Technik II		
Altersstufen.	5–6 Jahre	7–8 Jahre	12–13 Jahre	5–6 Jahre	7–8 Jahre	12–13 Jahre
Erfolge	14%	25%	86%	14%	20%	100%

Wiederum läßt sich feststellen, soweit unsere Schätzungen zuverlässig sind, daß bei den Sieben- bis Achtjährigen die Kinder mit vorausgehender Klassifizierung und Kopierung ihren Altersgenossen der Technik II überlegen sind. Bei den Zwölf- bis Dreizehnjährigen sind hingegen die Kinder, die keine Klassifizierung und Kopierung vorgenommen haben, den Gleichaltrigen der Technik I überlegen.

Man bemerkt aber insbesondere, daß bei den Fünf- bis Achtjährigen dieses Experiment mit Auswahl größere Schwierigkeiten als die Rekonstitution mit dem Material zu bereiten scheint, es gelingt aber besser bei den Zwölf- bis Dreizehnjährigen. Dieses letztere Resultat steht mit der Regel in Einklang, daß das Rekonstitutionsgedächtnis, sowohl von der Rangordnung der leichten oder schwierigen Memorierung als auch von den Entwicklungsstufen her gesehen, zwischen dem Wiedererkennungsgedächtnis und der reinen Evokation steht. Da es aber hier nicht nur ein Anzeichen, einen einzelnen Gegenstand oder Vorgang wiederzuerkennen gilt, sondern eine komplexe Anordnung mit Multiplikation von drei veränderlichen Kriterien, versteht man ohne weiteres, daß den jüngeren Kindern eine Rekonstitution durch Aktionen, die sich auf das Material stützt, leichter fällt als ein Wiedererkennen, das die Analysen und die Koordinierung der Anzeichen, möglicherweise sogar einen Anteil von Evokation im eigentlichen Sinne des Wortes voraussetzt.

Als Schlußfolgerung aus diesem Kapitel, dessen Experimente, das letzte ausgenommen, alle von der Rekonstitution mit dem Material in Händen ausgehen, ergibt sich somit, daß das Rekonstitutionsgedächtnis eine natürliche Entität mit eigenen Entwicklungs- und Strukturierungsgesetzen ist. Von der Entwicklung her gesehen, stellen wir fest, daß die Rekonstitution mit dem Alter Fortschritte macht, wie die Evokation oder das Wiedererkennen, und nicht ein provisorisches und vikariierendes Verhalten darstellt, das sich zwischen die Periode, in der es allein ein Wiedererkennungsgedächtnis gibt, und die Ausbildung der höheren

Organisation des Evokationsgedächtnisses einschieben würde. Von der Strukturierung her gesehen, haben wir, so scheint es, nachweisen können, daß die Rekonstitution Schematisierungen voraussetzt, deren Stufen man aus der Rangordnung der koordinierten Merkmale (I–III, IV–VI und VII–IX, 2. Abschnitt) und durch die Untersuchung der Entwicklungsstufen zwischen 5 bis 6 und 12 bis 13 Jahren bestimmen kann. Diese Schematisierung, und das ist eine weitere Feststellung, ist logisch-mathematischer, präoperativer oder quasi-operativer Natur, und sie ist insbesondere mit den Klassifizierungen isomorph, die nach der Technik I verlangt wurden. Mit einem Wort, das Rekonstitutionsgedächtnis schafft einen Zusammenhang, wie sich von seiner Mischung aus materieller Aktion und Vorstellung her erwarten läßt, zwischen der Erhaltung der Schemata, die schon beim Wiedererkennungsgedächtnis wirksam ist, und der Retention der Bild-Erinnerungen, die (falls man sich nur an das Bewußtsein der Kinder hält, ohne die zugrunde liegenden Strukturen zu erforschen) beim Evokationsgedächtnis vorzuherrschen scheint.

[1] In Zusammenarbeit mit J. und M.-J. Delcourt und G. Voyat.

[2] Falls man sie innerlich ausgesprochen hat, indem man sie liest oder hört usw. In diesem Falle reicht das Kriterium, ob das Material fehlt oder vorhanden ist, nicht mehr aus, um die beiden Stufen mit Sicherheit voneinander zu unterscheiden.

[3] Die Reihenfolge ist deshalb nicht umgekehrt worden, weil die Mehrheit der Kinder bei R3 mit VI Erfolg und mit VII Mißerfolg hat und nicht umgekehrt (5 zu 1). Bei R1 und R2 hingegen sind die Zahlen fast gleich. Erfolge bei VII und Mißerfolge bei VI findet man nur sporadisch bei jüngeren Kindern, die bei I–II oder I–III und VII richtige Erinnerungen aufweisen, aber dazwischen alles auslassen.

Allgemeine Schlußfolgerungen

Nach diesen Untersuchungen über das Gedächtnis beim Kinde, die an die Arbeiten über das Vorstellungsbild anschließen, haben wir den Eindruck, daß die Probleme bis zu einem gewissen Grade miteinander verwandt sind, da auch die Erinnerung Bilder verwendet; wir sehen aber vor allem auch einen grundlegenden Unterschied in der Funktion. Das Bild ist nur ein Symbol, und als solches kann es als Werkzeug dienen – für die operative Vorstellung bei der Lösung eines Problems und vor allem bei der Antizipierung dieses Problems, für das Gedächtnis bei der Rekonstruktion vergangener Ereignisse oder bei der Evokation beliebiger Gegenstände, für die Phantasie, den Traum, das Spiel oder die Kunst. Das Gedächtnis im weiten Sinne ist hingegen nicht in dieser Form symbolisch, obwohl es bildhafte Symbole verwendet: Es ist eine Erkenntnisweise (ein Wissen schlechthin oder ein Wissen, wie man es macht) wie jede andere, aber diese setzt nicht beim vorhandenen Gegebenen wie die Wahrnehmung, noch bei der Lösung neuer Probleme wie die Intelligenz in ihrer spezifischen Funktion, sondern bei der Strukturierung und der Rekonstruktion der Vergangenheit an. Doch diese Rekonstruktion ist ein Problem, dessen Lösung sich für das Kind nicht von selbst ergibt. Deshalb läßt sich das Gedächtnis nicht von der Intelligenz trennen. Die besonderen Funktionen dieses Wissens der Vergangenheit sind so zahllos wie die des aktuellen Wissens und der Antizipierungen. Weil unter dem affektiven Gesichtspunkt die wichtigste Funktion des Gedächnisses die ist, die Identität des Ich sicherzustellen (wovon schon Pythagoras überzeugt war, der mit seinen Beweisen für die Seelenwanderung bei der Erinnerung der mathematischen Figuren ansetzte), erhält das Gedächtnis den Aspekt einer Fähigkeit besonderer Art, die die Kontinuität des inneren Lebens gewährleistet. Die Dienste, die es im übrigen leistet, indem es eine Anzahl erworbener Kenntnisse bewahrt, während an seinem dynamischen Flügel die Intelligenz sich mit neuen Problemen befaßt, lassen es als ein Organ reiner Retention erscheinen. Aus diesem Blickwinkel haben sich die Arbeiten der experimentellen Psychologie vor allem mit ihm befaßt, wobei versucht wurde, seine Gesetze in der Gewohnheit und in den Lernvorgängen wiederzufinden.

Mit anderen Worten, vom Gedächtnis im weiten Sinne her gesehen, kann man bei den Interpretationen zwei Pole unterscheiden: Entweder ist das Gedächtnis eine grundlegende psychische Fähigkeit, um nicht zu sagen der zentrale und wesentliche geistige Mechanismus, dessen Funktion die Erhaltung der gesamten Vergangenheit ist (Freud und Bergson), oder es ist die Intelligenz, insofern diese Kenntnis der Vergangenheit ist. Der Unterschied zwischen den beiden Interpretationen besteht darin, daß das Gedächtnis im zweiten Falle eine aktive und selektive Strukturierung, besser gesagt, eine permanente Reorganisation voraussetzt, während es im ersten Falle durch den Ablauf des Lebens bis in seine Einzelheiten hinein von vorneherein organisiert und determiniert ist. Betrachtet man andererseits das Gedächtnis im strengen Sinne, das heißt als Wiedererkennen, Rekonstitution und Evokation, so findet man zwei analoge Pole (aber gewissermaßen mit umgekehrten Vorzeichen, denn die am wenigsten allgemeine Auffassung beim Gedächtnis im weiten Sinne wird beim Gedächtnis im strengen Sinne die allgemeinste): entweder ist das Gedächtnis nur Retention oder Reaktivierung, so daß es einen reinen Erhaltungsmechanismus darstellt, der nichts mit der Intelligenz in ihren verschiedenen Spielarten als Anpassung an das Neue zu tun hat, oder es ist eine Form der vor allem figurativen Organisation, die sich aber auf die gesamte Schematik der Intelligenz stützt.

Diese zweite Hypothese haben wir durch Fakten zu untermauern versucht. Es ist nun an der Zeit, die erzielten Ergebnisse zusammenzufassen.

1. Die Entwicklung des Gedächtnisses mit dem Alter

I. – Schon bei dieser Frage der Veränderung des Gedächtnisses im Laufe der geistigen Entwicklung im allgemeinen sieht man sich einer Alternative gegenüber, die die Dualität der möglichen Interpretationen des Gedächtnisses – bloße Konservierung oder transformierende Organisation – mit aller Klarheit zum Ausdruck bringt. Jedermann hat festgestellt, daß sich die Gedächtnisleistungen mit dem Alter verändern, aber für diese banale Tatsache gibt es zwei verschiedene Erklärungen.

1. Nach der ersten Interpretation verändert sich der qualitative Inhalt der Erinnerungen mit dem Alter, weil das Subjekt sich für verschiedene Dinge interessiert und sie verschieden auffaßt, wobei diese beiden Veränderungen die Affektivität und die Intelligenz und nicht das Gedächtnis betreffen. Sobald jedoch ein Inhalt durch die Affektivität und die Intelligenz aufgezeichnet ist, bleibt er mnestisch durch die gleichen Mechanismen erhalten, gleichgültig ob er von der Stufe X,

X+N oder X–N ist. Bezüglich des Gedächtnisses besteht ein einziger Unterschied, nämlich daß der Inhalt in bezug auf die Informationsmenge mehr oder weniger gut behalten wird und daß die Kurven des Erwerbens und des Vergessens mehr oder weniger steil sind, obwohl sie qualitativ analog sind. Mit einem Wort, die Interpretation besagt, daß vom Kind zum Erwachsenen beim Gedächtnis Unterschiede in der Wirksamkeit und der Geschwindigkeit des Verschlüsselns und des Entzifferns bestehen können, daß aber der Code dennoch derselbe ist[1].

2. Nach der zweiten Interpretation muß man hingegen neben solchen quantitativen Veränderungen bei der Erwerbung, der Retention, dem Vergessen, der Erleichterung beim Wiedererlernen und der unmittelbaren oder aufgeschobenen Erinnerung (mit beträchtlichem Spielraum je nach der Veränderlichen beim Experiment, z. B. zerdehnte oder massierte Präsentierung usw.) einen qualitativen Grundfaktor annehmen: die Organisation der Erinnerung (also des Code selbst). Diese Organisation kann schon bei der Fixierung endgültig sein, sie kann sich aber auch fortschreitend verändern, ja sie kann sich sogar in Form wiederholter Reorganisationen manifestieren. In diesem Falle könnte man nicht mehr ohne weiteres eine anfängliche oder permanente Dualität annehmen – einerseits die Intelligenz, die versteht und erfindet, aber nicht erhält außer durch Konstruktion, und andererseits das Gedächtnis, das ganz auf die Retention ausgerichtet ist, aber nichts mit dem Verstehen und schon gar nicht mit dem Erfinden zu tun hat. Die Erinnerung als Organisation der Vergangenheit würde vielmehr die präoperativen oder operativen Schemata verwenden, aber in einem ganz spezifischen Sinne: zur Konstruktion, Erhaltung oder Rekonstruktion konkreter Bilder besonderer Ereignisse, die sich in der Wirklichkeit (also eine analoge Entscheidung wie die für die Intelligenz charakteristischen existentiellen Entscheidungen), aber eben in der Vergangenheit und singulär vollzogen haben, während die Intelligenz bei ihrer gewöhnlichen Aktivität auf das Suchen des Allgemeinen, des Vorausschaubaren und der mehr oder weniger abstrakten Strukturen (insofern sie allgemein sind) ausgerichtet ist.

So gesehen, ist die Entwicklung des Gedächtnisses mit dem Alter die Geschichte einer fortschreitenden Organisation, die eng mit den Strukturierungen der Intelligenz zusammenhängt, auch wenn diese hier eine besondere Funktion hat, nämlich die Strukturierung der Vergangenheit oder des bereits Erlebten. Die in diesem Buch diskutierten Untersuchungen haben eben das nachzuweisen versucht, und jetzt ist der Wert dieser Beweisführung zu beurteilen.

II. – Ein erstes Argument zugunsten dieser zweiten Interpretation ist allgemein bekannt. Unsere Experimente sind auch in der Logik dieser von allen anerkannten Tatsache geplant worden: Das Wiedererkennungsgedächtnis tritt viel früher auf als das Evokationsgedächtnis. Damit dieses sich ausbildet, muß zuerst die semiotische Funktion und die begriffliche oder bildhafte Vorstellung entwickelt werden. Niemand[2] wird bestreiten, daß die Organisation des Gedächtnisses und der Vergangenheit bei einem Kind, das nicht evozieren kann, sondern auf das sensomotorische Wiedererkennen beschränkt ist, etwas ganz anderes ist als bei einem Kind, das durch Vorstellungsbilder oder die verbegrifflichte Sprache zu evozieren vermag. Falls ein solcher Unterschied in der Strukturierung besteht, muß man konsequent sein und auch die Möglichkeit einräumen, daß die aufeinanderfolgenden präoperativen und operativen Strukturen der Intelligenz, sobald diese einmal vorstellungsmäßig geworden ist, noch immer die Organisation des Gedächtnisses transformieren und den Erinnerungen Schematisierungen liefern, die ihre Adäquatheit und Erhaltung verändern. Die Hauptwiderstände gegen eine solche Interpretation rühren übrigens nicht von der psychologischen Theorie, sondern vom «gesunden Menschenverstand» her, der in jedem Psychologen schlummert: Sobald es die subjektive Hauptfunktion des Gedächtnisses ist, die Identität des Ich zu sichern, indem es diesem ermöglicht, sich nach Lust und Laune in der eigenen Vergangenheit zu bewegen, besteht eine starke affektive Tendenz, die Erhaltung und die Wirklichkeitstreue der Erinnerung über jeden Verdacht zu erheben. Beugt man sich, um nicht aneinander vorbeizureden, den Forderungen einer didaktischen Psychoanalyse, so stellt man entzückt fest, wie die Erinnerungen von Sitzung zu Sitzung tiefer in die Vergangenheit zurückeilen und eine Menge vergessener Szenen wiederaufleben lassen, und das ganz konkret und visuell sogar bei ganz abstrakten Geistern. Aber gerade bei solchen Experimenten und weil gerade solche Erinnerungen nicht zufällig, sondern immer im Zusammenhang mit aktuellen «Komplexen» oder Konflikten zurückkommen, festigt sich bei einer etwas kritischeren Prüfung sehr rasch eine doppelte Überzeugung: Die Vergangenheit erklärt einerseits zum Teil das gegenwärtige Leben – und das ist die wichtige Entdeckung Freuds –, doch sie bestimmt die Gegenwart nicht so sehr durch die Erinnerung als Vorstellung, sondern durch die Gesamtheit der Schemata des zwischenmenschlichen Verhaltens (man könnte sie abgekürzt die affektiven Schemata nennen), die im Umgang mit den Mitmenschen erworben worden sind. Andererseits wird diese Vergangenheit in ihren Schemata ständig reorganisiert, weil diese sich selbstverständlich verändert und an die Gegenwart angepaßt haben, vor allem aber auch, weil sich die Idee, die man sich von der Vergangenheit macht, also ihre Vorstellung[3] und ihr Gedächtnis, verändert hat. Mit anderen Worten, in jedem Lebensabschnitt reorganisiert man seine Erinnerungen und seine Schau der Vergangenheit, indem man mehr oder weniger dieselben Materialien behält, aber andere Elemente hinzufügt, die ihre Bedeutung und vor allem die eigene Betrachtungsweise verändern. Der Begriff einer Identität des Ich hat selbstverständlich keinen anderen Sinn als den einer Kontiuität in einer fortlaufenden Neustrukturierung. Diese «Identität» ohne wirkliche Identität stellt in keiner Weise ein Argument zugunsten der Identität der Gedächtnismechanismen im Laufe der Entwicklung dar.

III. – Unsere Arbeiten zeigen auf jeder Altersstufe ganz allgemein die Bedeutung der mnestischen Schematisierung und ihre mit der Intelligenz parallel laufende Entwicklung. Die Idee, den Begriff der Schemata auf die Analyse des Gedächtnisses anzuwenden, ist nicht neu, F. Bartlett hat sich schon damit auseinandergesetzt, wobei er sich von Head inspirieren ließ[4]. Die Untersuchung der mnestischen Vorgänge in ihrer altersmäßigen Entwicklung und in ihren Beziehungen zu den intellektuellen Mechanismen liefert jedoch ergänzende Informationen:

1. Zunächst sei, wie wir es immer wieder getan haben, an den Unterschied zwischen dem operatorischen und dem figurativen Schema erinnert. Das figurative Schema ist eine Vereinfachung der Erinnerung oder der Gedächtniszeichnung: wenn zum Beispiel das Bild einer Bergkette mit zahlreichen Bergspitzen auf zwei oder drei Gipfel reduziert wird; oder wenn bei einem der Modelle des Kapitels IV (Figur 13) das Element A′ in eine symmetrische Form ⊔ oder ‾⊔‾ gebracht wird. Das figurative Schema ist ein Gesetz des (Vorstellungs- oder graphischen) Bildes als solchen. Es entwickelt sich kaum mit dem Alter und kann auf allen Stufen zu einer sparsamen Memorisierung und zu nützlichen oder verzerrenden mnemonischen Verfahren führen.

Das operatorische Schema ist dagegen ein Werkzeug der Verallgemeinerung. Auch es ist adäquat oder verzerrend, aber in enger Beziehung zu der intellektuellen Stufe des Kindes. Beim gleichen Beispiel der Figur 13 im Kapitel IV transformieren die Kinder in ihrer Erinnerung die Figur 12/II in die Form 3 der Figur 13, aber jetzt nicht aufgrund eines rein figurariven Schemas, sondern unter dem Einfluß eines (operatorischen) Ausgleichungsschema, das auf die Tatsache zurückzuführen ist, daß die Elemente A und A′ der Figur 12 einander von Glied zu Glied entsprechen: Präsentiert man die Elemente als zusammenhängende Striche, so ist die Erinnerung richtig, womit unsere Aussage bewiesen ist.

2. Die vom Gedächtnis verwendeten Schemata sind der Intelligenz entliehen. Sie folgen deshalb in Etappen aufeinander, die den operativen Stufen der Kinder entsprechen. Bei der Reihenanordnung (Kapitel I), wo das Modell immerhin eine gute Wahrnehmungsform aufweist, die von 5½ Jahren an (55% Erfolge mit 5 Jahren) zeichnerisch kopiert werden kann, folgen die Erinnerungen an die präsentierte Reihe ganz auffällig den Etappen der Aneinanderreihungsoperation. In allen Kapiteln dieses Buches ist diese grundlegende Rolle der Schematisierung, in Beziehung zu der operativen Stufe des Kindes, wieder sichtbar geworden – sogar in den grundsätzlich figurativen Modellen (Kapitel XIX und XX) und obwohl sogar in den Versuchen mit operativer Bedeutung die Erinnerung an die Anordnung (Gefäße, geometrische Figuren usw.) passiv und rein figürlich hätte behalten werden können. Besonders auffällig sind die Ergebnisse der Kapitel XVI und IV (liegende oder schräg gestellte Gefäße und Linien von objektiv gleicher Länge, aber in jeweils anderer Anordnung), wo das einzuprägende Modell rein statisch oder figürlich war und wo die Erinnerung ständig eine Assimilation an operative oder präoperative Transformationsschemata zeigt.

3. Das Gedächtnis entlehnt somit seine Schemata ständig bei der Intelligenz. Das bedeutet nicht, daß diese nur bei der perzeptiven Aufzeichnung der zu behaltenden Fakten wirksam werden, sonst würde sich ja die Erinnerung damit begnügen, nur das Aufgezeichnete zu erhalten, womit wir wieder bei der Interpretation 1 wären, die wir am Anfang dieses Abschnitts diskutiert haben. Das Schema ist im Gegenteil ein Werkzeug der Organisation der Erinnerung. Es ist sowohl bei der Fixierung als auch bei der Retention und beim Abruf aktiv. Auffällig sind die Erinnerungen beim unmittelbaren Abruf oder bei der Evokation nach einer Stunde (Kapitel IV, XIV und XVI), wo die präsentierten Modelle grundlegend verändert werden, und zwar auf eine Weise, die man unmöglich der Wahrnehmung zuschreiben kann, während man von den Schemata des Kindes her den Grund solcher Veränderungen bis in die Einzelheiten versteht.

4. Anschließend kamen wir auf das Problem der Beziehungen zwischen dem Schema als einem kognitiven Werkzeug der Verallgemeinerung und der Bild-Erinnerung als einem konkreten und einmaligen Bild, anders gesagt: der Beziehungen zwischen den operativen und den figurativen Aspekten des Gedächtnisses. Ein komplexes Problem, das sowohl die jeweiligen Erhaltungsweisen der Schematik und des Bildes als auch notwendig die Formen ihrer Zusammenarbeit oder Interaktion umfaßt. Die Erhaltung der Schemata im allgemeinen läßt sich jedoch nicht mit den Fragen des Gedächtnisses behandeln, denn es ist das Beson-

dere der Erinnerung (ausgenommen bei Ideen oder Gedankengängen, die eher rekonstruiert als evoziert werden), daß sie konkret, individualisiert, an einen existentiellen Entscheid in der Vergangenheit gebunden ist. Deshalb haben wir in der Einleitung dieses Buches zwischen dem Gedächtnis im strengen Sinne und dem Gedächtnis im weiten Sinne unterschieden. Doch angenommen, es gibt die Selbsterhaltung der Schemata. Wie äußert sie sich in der Erhaltung der Erinnerung?

2. Die Transformationen der Erinnerung während der Retention und durch die mnestischen Folgerungen und das Problem der Erhaltung und der Rekonstruktion

Der beste Beweis dafür, daß die Intelligenzschemata auch bei der Organisation der Erinnerung als Retention mitwirken, und der beste Bereich, in dem sich die Erhaltung der Schemata und die Erhaltung der Erinnerungsbilder vergleichen lassen, sind die Transformationen der Erinnerung im Zwischenraum zwischen den aufeinanderfolgenden Evokationen oder Rekonstitutionen. Nach der klassischen Auffassung, wonach das Gedächtnis nur Erhaltung wäre, können solche Transformationen der Erinnerung nur aus Zerfall, Vergessen oder Verschlechterungen bestehen. Die Theorien der Ultrakonservierung (wir sagen nicht die ultrakonservativen Theorien) wie die von Freud und Bergson gehen so weit anzunehmen, daß in Wirklichkeit nichts verlorengeht oder verändert wird, sondern daß nur die sozialen Notwendigkeiten (für Freud die Verdrängung und für Bergson der Nutzen der Aktion) das aus dem Bewußtsein ausschließen oder in ihm verzerren, was man im Unterbewußtsein durch die Katharsis oder die Intuition eines «reinen Ich», das dem Traum näher steht als dem normalen Bewußtsein, integral wiederfinden könnte.

I. – Die unvorhergesehene Tatsache, die unsere Beobachtungen aufgezeigt haben, beweist gerade das Gegenteil, daß es nämlich neben Zerfall und Verschlechterung auch qualitative (und nicht nur quantitative wie bei den «Reminiszenzen» Ballards usw.) Verbesserungen der Erinnerung im Zeitraum einer Woche oder einiger Monate geben kann. Eine genauere Analyse der Reaktionen von Erwachsenen hätte vielleicht ähnliche Ergebnisse gezeitigt. Möglicherweise ist die Erinnerung an eine Lektion oder an einen Vortrag besser, wenn einige Fortschritte beim Überdenken gewisse Beziehungen rekonstruiert haben, die nicht nur vergessen, sondern vielleicht gar nicht bemerkt worden waren; oder eine in der Zwischenzeit erworbene praktische Erfahrung (zum Beispiel bei der Kultivierung seltener Pflanzen oder in der Technik des Bergsteigens) können durch Reorganisation lückenhafte Erinnerungen bereichern, die aus einer Zeit vor dieser Verbesserung des Verständnisses stammen. Auch im Bereich des affektiv Erlebten kann man durchaus annehmen, daß die Erinnerungen an die Vergangenheit genauer werden, wenn man einmal gewisse unbemerkt gebliebene Elemente ganz verstanden hat.

Wie dem auch sei, in einer Anzahl Fälle konnten wir Verbesserungen der Erinnerung im Zeitraum einer Woche (zwischen dem unmittelbaren Abruf und der zweiten Evokation) oder einiger Monate (zwischen der Evokation nach einer Woche und der dritten Sitzung) feststellen.

Am spektakulärsten ist die einfache Aneinanderreihung, wo nach sechs Monaten 74% der Kinder einen Fortschritt verglichen mit den Evokationen nach einer Woche aufweisen. Bei der Seriation in M-Form des Kapitels II findet man nach zehn Wochen in der Erinnerung von 38% der Kinder einen Fortschritt. Bei den doppelten Klassifizierungen (Matrizen des Kapitels VIII) zeigen nach sechs Monaten die Evokationszeichnungen bei 61% der Kinder einen Rückschritt, die Rekonstitutionen hingegen bei 48% der Sechs- bis Achtjährigen einen Fortschritt (bei den Vier- bis Fünfjährigen tritt eine Regression ein). Die Erinnerung an den waagrechten Wasserstand in einer schräg gestellten Flasche wird nach einigen Monaten in der Evokationszeichnung bei 30% der Kinder besser. Klare Verbesserungen haben wir auch bei der Transitivität (Kapitel V), bei den Kausalreihen der transitiven Bewegung (Kapitel XII) usw.[5] und sogar bei den halb-zufälligen und halb-schematisierten Anordnungen des Kapitels XIX gefunden.

In den Situationen, wo diese Fortschritte der Erinnerung offensichtlich mit der operativen Entwicklung des Kindes zusammenhängen, könnte man freilich behaupten, das sei kein Fortschritt der Erinnerung, sondern der Inhalt der Erinnerung würde besser verstanden: Das Kind, das sich an in einer Reihe angeordnete ungleich lange Stäbchen oder an ein geneigtes und halb gefülltes Gefäß erinnert, ruft sich diese Fakten, wenn es inzwischen das Stadium der operativen Seriation oder der räumlichen Koordinaten erreicht hat, als eine Reihenanordnung oder einen waagrechten Wasserstand in Erinnerung. Dennoch steht fest: a) daß es diese Dinge bei der Fixierung der Erinnerung nicht so wahrgenommen hat, und b) daß es sich bei den ersten Evokationen nicht an sie erinnert hat. Als Grundtatsache bleibt, daß sich zwischen der Verschlüsselung am Anfang und den Abrufen mit ihrer Entzifferung und Wiederverschlüsselung der Code selbst verändert hat. Man dürfte kaum darum herumkommen, dieses Faktum dem Gedächtnis als solchem und nicht nur der Intelligenz zuzuschreiben.

Vom Gedächtnis her gesehen, scheint diese Verbesserung oft schon bei der ersten Evokation durch eine Art Unbefriedigtsein ausgelöst zu werden, das die Gedächtniszeichnung (Zeichenbild, das mehr oder weniger dem Erinnerungsbild entspricht) beim Kind hinterläßt, weil es das präsentierte Modell darin nicht vollständig wiedererkennt. Der Ausgangspunkt für die späteren Fortschritte oder, besser, ihre anfängliche funktionelle Bedingung wäre somit ein Konflikt zwischen dem Evokationsgedächtnis und dem Wiedererkennungsgedächtnis. Wenn jedoch das Modell nur durch das Erinnerungsbild bekannt wäre, würde man kaum einsehen, wie dieses als unbefriedigend beurteilt werden könnte. Man versteht auch nicht, wie es später Fortschritte machen könnte, da es doch das Modell verzerrt festgehalten hat und über keine eigene innere Dynamik verfügt. Wenn somit das Erinnerungsbild später Fortschritte macht, so nur deshalb, weil das Modell nicht allein durch dieses Bild bekannt ist, sondern auch dank dem Schema, an das das Modell assimiliert worden war. Die Aktion dieses Schemas hat eben zur Folge, daß das Kind in seiner Gedächtniszeichnung das Modell nicht vollständig wiedererkennt (das Wiedererkennen ist auf eine Gegenüberstellung dieser Zeichnung mit dem bestehenden Schema zurückzuführen, ohne daß das Erinnerungsbild eingeschaltet wäre; diese Gegenüberstellung hat die Form einer Assimilation, die das Kind befriedigt oder unbefriedigt läßt). Das Schema entwickelt sich später weiter und gleicht sich aus, unabhängig von jeder Bild-Erinnerung und nur durch die Aktionen des Kindes: Bei einer neuen Evokation ist dann das Erinnerungsbild dank diesen Fortschritten des Schemas verbessert, aber (an diese wesentliche Tatsache sei noch einmal erinnert) die Verbesserung vollzieht sich im allgemeinen etappenweise, von einer Erinnerungsstufe zur nächsten, nicht sprunghaft von einer unteren Stufe zur vollständig richtigen Evokation.

Solche Fakten scheinen zunächst nahezulegen (wir werden weiter unten darauf zurückkommen müssen), daß die Retention des Erinnerungsbildes an die Erhaltung der Schemata gebunden ist, wodurch das Problem der mnestischen Erhaltung merklich vereinfacht würde: Das Schema bleibt nämlich aus sich selbst durch sein eigenes Funktionieren[6] erhalten; Vorstellungsbild und Erinnerungsbild erscheinen auf jeder Entwicklungsstufe als sein symbolischer Ausdruck. Eine solche Interpretation würde die möglichen Reorganisationen des Gedächtnisses erklären, ohne daß man auf irgendeine deduktive oder reflexive Arbeit des Kindes zurückgreifen müßte, die die Erinnerungen als solche zum Gegenstand hätte. Das gilt für das Gedächtnis seiner eigenen Vergangenheit und das Gedächtnis der Ideen wie für das Gedächtnis der kleinen Tatsachen, das wir eben erwähnt haben.

II. – Diese Fakten zeigen aber vor allem, daß das Schema nicht nur beim Verständnis des präsentierten Modells im Augenblick der Fixierung der Erinnerung mitwirkt, sondern daß es als Organisationsfaktor auch während der Retention dieser Erinnerung weiterwirkt. Man kann allerdings diese Aussage anzweifeln und im Gegenteil annehmen, daß das Schema nicht nur während der Aufnahme oder Fixierung, sondern in den beiden extremen Phasen des Gedächtnisprozesses, also bei der Fixierung, aber auch bei der Evokation am Ende, eine Rolle spielt, ohne daß man sich eine kontinuierliche Aktion während der Retention vorstellen muß.

Wir schneiden damit ein großes Problem an, ob nämlich das Gedächtnis nur auf einer Erhaltung der Erinnerung im «Unterbewußtsein» oder aber auf einer Rekonstruktion im Augenblick der Evokation beruht. Die wesentliche Rolle, die wir den operativen Schemata bei der Organisation der Erinnerung zugesprochen haben, könnte auch ausschließlich zugunsten der Hypothese eines Gedächtnisses durch Rekonstruktion interpretiert werden. Man würde in diesem Falle sagen:

1. Daß die Fixierung der Erinnerung auf einfache Wahrnehmungen usw. mit Assimilation an ein System von Schemata zurückzuführen sei.

2. Daß diese Schemata anschließend aus sich selbst erhalten bleiben, weil sie schon vor der Fixierung bestanden hatten und unabhängig vom Gedächtnis weiterfunktionieren (gleichgültig ob es sich um Gewohnheitsschemata oder Operationen im eigentlichen Sinne des Wortes handelt).

3. Daß das Subjekt im Augenblick der Evokation die ursprüngliche Situation rekonstruiert und dadurch eine Bild-Erinnerung «fabriziert», die sich auf zwei Arten von Tatsachen stützt: a) auf die äußeren materiellen Anzeichen (es erkennt den Experimentator, den Ort, die Situation usw. wieder) und b) auf die Schemata, die bei der «Fixierung» verwendet worden waren und die nun ebenso, wie sie bei jener ersten Präsentierung oder «Fixierung» die Strukturierung gewährleistet hatten, die Rekonstruktion veranlassen.

Solche Rekonstruktionen haben einen gewissen Anteil an allen unseren Beobachtungen, und sie genügen vielleicht in manchen Fällen, um mangels anderer Informationen die Fortschritte der Erinnerung zu erklären. Eine Anzahl zusätzliche Tatsachen berechtigen aber zur Aussage, daß die Schemata auch während der Retentionsphase mitwirken und somit bei der Organisation der Erinnerung kontinuierlich eine Rolle spielen, denn die Rekonstruktion am Ende stellt eine immer mögliche und im übrigen wirkliche Phase in einer Strukturierung dar, von der man schon frühere und im übrigen konvergierende Manifestationen findet. Es handelt sich um jene Tatsachen, die wir «mnestische Folgerungen» genannt haben. Beispiele dafür haben wir beim Gedächtnis der schräg gestellten oder liegenden Gefäße (Kapitel XVI) und bei den Linien mit zugeordneten Segmenten, aber ohne Kongruenz der Enden (Kapitel IV) kennengelernt. In diesen beiden Fällen holt sich die Folgerung ihre Elemente sowohl bei den Schemata als auch bei den Erinnerungen, während man bei der einfachen Seriation (Kapitel I) für die Rolle der Erinnerung keinen Beweis hat, so daß man an eine Rekonstruktion nur mit Hilfe der Schemata denken könnte (das gilt aber schon nicht mehr für die Seriation in M-Form des Kapitels II). Die umgekehrten Flaschen (1. Abschnitt des Kapitels XVI) werden von den fünfjährigen Kindern bei der Evokation aufgestellt, was auf eine Schematisierung (Gewohnheitsschema) zurückzuführen ist, doch das Kind erinnert sich auch an die Tatsache, daß das Wasser der Längsseite der Flasche anhaftete, was ein reines Erinnerungsbild ist: Die Enderinnerung orientiert dann die Flüssigkeit senkrecht, weil die aufrechte Stellung der Flasche mit der Situation des Sirups längs der Seite in Einklang gebracht werden muß. Bei der Länge der Linien nimmt das Kind an, eine Entsprechung von Glied zu Glied bei den Segmenten müßte auch ein Zusammenfallen der Enden zur Folge haben, was das Kennzeichen des präoperativen Schemas der Längenschätzung ist. Andererseits erinnert es sich an die tatsächliche Entsprechung, was eine Erinnerung ist: Daraus schließt das Gedächtnis, die Endpunkte würden zusammenfallen. Es handelt sich somit um Folgerungen (im Sinne von Implikationen *sensu lato* oder von «Bedeutungsträgern», so wie Gesicht sagen eine Nase impliziert), deren Prämissen aber aus Schemata und zugleich aus authentischen Erinnerungen stammen. Die Folgerung kann also nicht im Augenblick der Fixierung der Erinnerung gezogen worden sein, denn sie wäre durch die Wahrnehmung widerlegt worden; sie kann auch nicht als eine reine Rekonstruktion betrachtet werden, denn eine der beiden Prämissen kann nicht rekonstruiert werden, weder durch äußere materielle Anzeichen (es hat keine Präsentierung mehr stattgefunden) noch durch die Schemata allein, sondern sie setzt eine wirkliche Erinnerung voraus. Das Schema hat somit während der Retention interveniert, indem es sich mit dieser genauen Erinnerung koordinierte. Wird man nun einwenden, die folgernde Koordinierung sei im Augenblick der Evokation und nicht während der Retention eingetreten? Man kann das, falls die Fakten es zulassen, aber nur in dem Sinne, wie zum Beispiel oft behauptet worden ist, man träume im Augenblick des Erwachens und nicht während des Vollschlafs (eine Aussage, die durch neuere elektrische Aufzeichnungen zweifelhaft geworden ist): Daß man im Augenblick des Erwachens träumt, bedeutet in keiner Weise, die Träume seien ein Produkt des wachen Bewußtseins. Die Wahl zwischen den beiden Hypothesen einer Rekonstruktion bei der Evokation und einer mnestischen Folgerung während der Retention hängt davon ab, ob man dieser Konstruktion eine integrale oder eine partielle Wirkung beimißt: falls die Evokation – und alles scheint darauf hinzudeuten – immer eine Mischung von Rekonstruktion und wirklicher Erhaltung ist, so beginnt die mnestische Folgerung schon bei der Retention. Diese mnestische Folgerung (für die wir im Kapitel XIV, 2. Abschnitt, II auch ein Beispiel beim Erwachsenen gesehen haben) hat die wichtige Bedeutung, daß sie eine Synthese der beiden Interpretationen der Erinnerung als Erhaltung oder als Rekonstruktion ermöglicht: Beide Faktoren würden immer gleichzeitig mitwirken. Man muß aber, und das ist wesentlich, hinzufügen, daß die Erhaltung bereits Transformation und Rekonstruktion sein kann und daß diese Rekonstruktion, die während der Retention eintritt, mit der Rekonstruktion während der Evokation konvergiert, weil beide auf dieselben Schemata und dieselbe organisatorische Dynamik zurückzuführen sind.

3. Die Beziehungen zwischen dem Gedächtnis und der Intelligenz
Die Stufen der Schematisierung

Das «Gedächtnis im weiten Sinne», wie wir es in der Einleitung (1. Abschnitt) definiert haben, ist die Erhaltung von all dem, was in der Vergangenheit erworben worden ist, darin eingeschlossen die verschiedenen Systeme von Schemata aller Entwicklungsstufen (von der Gewohnheit bis zu den operativen Schemata), aber ohne die vererbten Schemata, Reflexe usw., die nicht erlernt worden sind[7]. Das «Gedächtnis im strengen Sinne» (ebenfalls 1. Abschnitt der Einleitung) umfaßt hingegen nur die Verhaltensweisen, die sich vom Bewußtsein des Subjekts her gesehen auf die Vergangenheit beziehen: Wiedererkennungen, Rekonstitutionen und Evokationen, dazu die Fixierungen, die diesen Erinnerungen vorausgehen. Auf den ersten Blick könnte man deshalb sagen, das «Gedächtnis im strengen Sinne» sei nur der beobachtbare (und unter dem Gesichtspunkt des Beobachters der operationelle) Aspekt des «Gedächtnisses im weiten Sinne», so daß die genetischen und aktuellen Verbindungen zwischen den beiden Gedächtnisformen kein Problem darstellen würden. In Wirklichkeit besteht aber gerade hier ein weitläufiges Problem, denn die Erinnerung ist konkret immer die Erinnerung an einen besonderen Gegenstand oder an ein besonderes Ereignis, während die Schematik, die beim «Gedächtnis im weiten Sinne» zusätzlich mitwirkt, immer auf die Verallgemeinerung abzielt (von der Gewohnheit bis zu den höheren Operationen). Die Erinnerung an das Mittelmeer zum Beispiel ist immer auf einige besondere Landschaften bezogen, die man einmal gesehen hat, und nicht etwa nur auf die Schemata des permanenten Gegenstandes, der Kausalität, der Horizontalität usw. Wenn das Gedächtnis das Mittelmeer so evoziert, wie es auf einer Landkarte dargestellt ist, so ist das wieder die Erinnerung an eine besondere Konfiguration und nicht nur an geodätische usw. Operationen. Die Erinnerung an eine Idee verschmilzt entweder mit dieser Idee selbst, und dann handelt es sich um «Gedächtnis im weiten» und nicht im «strengen Sinne», oder sie ist die Erinnerung an eine bestimmte Diskussion, einen Vortrag eines bestimmten Menschen aus Fleisch und Blut, an eine Lektüre zu einem bestimmten Zeitpunkt usw. Das Problem der Beziehungen zwischen dem «Gedächtnis im strengen Sinne» und dem «Gedächtnis im weiten Sinne» ist somit nichts anderes als das komplexe und schwierige Problem der Beziehungen zwischen den (besonderen) Erinnerungen und der (allgemeinen) Intelligenz in allen ihren Formen, von ihren ersten sensomotorischen Spielarten (bis zurück zu den Gewohnheitsschemata) bis zum operativen Denken.

I. – Hinsichtlich der zentralen Frage der Erhaltung oder der Retention der Erinnerungen sind vier Hypothesen möglich:

1. Man könnte als erstes die Auffassung vertreten, die einzige wirksame Erhaltung sei die der Schemata aller Entwicklungsstufen. Die Bild-Erinnerungen als bildhafte Vorstellungen würden nicht erhalten bleiben, aber als Symbole rekonstruiert, sobald eine der Vergangenheit angehörende Situation im Denken rekonstruiert werden muß. Also die Hypothese einer vollständigen Rekonstruktion der Erinnerung im Gegensatz zu einer Erhaltung. Wir haben gesehen, daß die Tatsache der mnestischen Folgerung eine solche Interpretation ausschließt.

2. Man kann zweitens eine mnestische Erhaltung im engen Sinne (Bild-Erinnerungen, Erinnerungen an Ideen usw.), aber ohne Selbsterhaltung der Schemata, annehmen. Deren Erhaltung wäre dann dem Gedächtnis im strengen Sinne selbst zuzuschreiben: Wie ein Schüler das Gedächtnis braucht, um sich daran zu erinnern, daß 7+5 = 12 und nicht = 11 oder = 13 ist, würde es uns auch das Gedächtnis ermöglichen, richtige Syllogismen aufzustellen, aus A = B und B = C auf A = C zu schließen, das Identitätsprinzip anzuwenden, anstatt es in einer Abhandlung zu vergessen usw. Die Logik des Systems würde dann aber auch verlangen, daß gut erhaltene Erinnerungen und nicht etwa die Erhaltung durch Funktionieren, wie sie für die Gewohnheitsschemata als konstitutiv zu gelten hat, dafür verantwortlich sind, daß man auf seinem Fahrrad das Gleichgewicht behält, ohne Unfall eine Treppe hinuntersteigen kann und von links nach rechts und nicht plötzlich wie ein Chinese oder ein Araber umgekehrt schreibt.
Zwei Arten von Tatsachen, die einen auf das Gedächtnis, die anderen auf die Intelligenz selbst bezogen, hindern uns daran, eine solche Interpretation anzunehmen. Vom Gedächtnis her gesehen, haben wir bei den in diesem Buch dargelegten Experimenten nur Erinnerungen beobachten können, denen eine Schematisierung vorausging (was an der operativen Untersuchung des Kindes erkennbar war), und nie beliebige unabhängige Erinnerungen, aus denen die Schematisierung allmählich herausgewachsen wäre. Von der Intelligenz her gesehen, ist die Hypothese wegen der Unterschiede zwischen der Erhaltung eines Schemas und der einer Erinnerung unhaltbar. Die Erhaltung eines Schemas ist der direkte Effekt eines verallgemeinernden Aktes[8], während die Erhaltung einer Erinnerung gerade darin besteht, sie wiederzufinden. Eine Erinnerung oder ihren Gegenstand (durch das Bild, die Erzählung usw.) wiederfinden ist aber genau das umgekehrte wie eine Verallgemeinerung. Es bedeutet, den Weg des Besonderen, des Einmaligen und insbesondere dessen beschreiten, was (in der Zeit) nicht mehr oder (im Raum) anderswo existiert, während verallgemeinern heißt, eine Aktion auf neue Situationen anzuwenden, sich der Weiterführung, also der Zukunft, zuzuwenden. Zwischen dem Wiederfinden, das für die Erinnerung kennzeichnend ist, und der ständigen Verallgemeinerung, die für ein operatives Schema charakteristisch ist, gibt es zwar die Aktion des Wiederholens oder Reproduzierens, die die elementare Gewohnheit auszeichnet. Doch einerseits führt die reproduzierende Assimilation zur verallgemeinernden Assimilation, und das Wiederholen oder Reproduzieren ist andererseits in Richtung der Vielfalt angelegt, während der für die Erinnerung kennzeichnende Akt des Wiederfindens der Ein-

zigheit zugewandt ist und eben darin besteht, dem vergangenen Gegenstand oder Ereignis das individualisierte und unumkehrbare Merkmal aufzuprägen, nur einmal existiert zu haben. Man kann natürlich auch Erinnerungen an sich wiederholende Ereignisse haben, die mit der eigenen oder einer äußeren Aktion verbunden sind. Diese Erinnerungen sind aber mit Schemata verbunden, worüber noch zu sprechen sein wird.

3. Die dritte mögliche Hypothese nimmt zwei voneinander unabhängige Arten von Erhaltungen an: Erhaltung der Schemata aller Entwicklungsstufen, von der sensomotorischen Gewohnheit bis zur Operation, die unabhängig von jedem mnestischen Träger aus dem eigenen verallgemeinernden Tun funktionieren, und Erhaltung der Erinnerungen (Bild-Erinnerungen, Erinnerungen an Ideen usw.), die auf jener besonderen Retention beruhen, mit deren Hilfe die Vergangenheit «wiedergefunden» werden kann: Das ist tatsächlich die verbreitetste Interpretation. Sie trennt das «Gedächtnis im strengen Sinne» von der Intelligenz und betrachtet es als eine selbständige Funktion.

Die in diesem Buch beschriebenen Tatsachen widersprechen dem zweiten Teil dieser Interpretation. Der Grund dafür ist offensichtlich. Alle Anordnungen, die wir bei unseren Experimenten verwendet haben, sind in ihrer Einfachheit ausgesprochen «kindlich». Sie sollten eigentlich einem naiven Geist, der bereit ist zu sehen, auch ohne zu verstehen, und zu behalten, was man ihn zu diesem Zweck zu betrachten heißt, die Wahrnehmung und die figurative Erinnerung erleichtern. Die Kinder haben aber ständig und sozusagen einmütig nicht das in ihrem Gedächtnis fixiert, was sie sahen, sondern die Vorstellung, die sie sich davon machten. Wenn die jüngeren Kinder zum Beispiel bei der Assoziativität (Kapitel VI) die Gläser einfach in eine Reihe stellen, so zeichnen sie im allgemeinen zu viele, was wiederum eine Schematisierung der Multiplizität ist.

4. Die letzte Hypothese, die wir konsequenterweise annehmen müssen, geht davon aus, daß es zwei Arten von Erhaltungen gibt, die der Schemata, die aus ihrem verallgemeinernden Funktionieren Bestand haben, und die der Erinnerungen, die beständig die vergangenen und besonderen Existenzen restituieren. Die Erinnerung stützt sich auf die Schemata und zum Teil umgekehrt, aber der Schematik der Intelligenz fällt eine bevorzugte Rolle zu. Daß die Erhaltung der Erinnerungen auf dieser Schematik beruht, wird durch all das im Überfluß bewiesen, was wir an Schematisierungen und Transformationen sowohl im Sinne einer Verzerrung durch Übertreibung dieser Schematisierung als auch im Sinne einer Verbesserung kennengelernt haben. Die Intelligenz und ihre Schemata sind umgekehrt,

damit sie funktionieren können, auf das Gedächtnis und partikularisierte Erinnerungen angewiesen, nicht nur weil die Erhaltung der Schemata, wie wir gesehen haben, auf dem Gedächtnis beruht (siehe die zweite Hypothese), sondern auch weil die Erinnerung und das Bild jederzeit nützliche «Vorstellungen» liefern – im mathematischen Sinne des Wortes, das heißt als besondere Modelle und Konkretisierungen, an denen sich die konstruierende Aktivität entfaltet. Vor allem aber hat jedes Intelligenzschema die Tendenz, sich an die Gegenwart oder die Vergangenheit zu akkommodieren. Deshalb findet in der Gegenwart eine Akkommodation an die Gegenstände selbst statt und in der Vergangenheit eine Akkommodation, die sich zu innerer Nachahmung und einer Bild-Erinnerung verlängert, so daß das Schema mit dem Gedächtnis im strengen Sinne verbunden ist (siehe weiter unten im 4. Abschnitt, IV).

II. – Aus diesen Darlegungen ergibt sich die Schlußfolgerung, daß das Gedächtnis im strengen Sinne mit seinen Wiedererkennungen und Evokationen ein Sektor innerhalb der Gesamtheit der kognitiven Funktionen ist, deren höhere Ausgleichsform die Intelligenz darstellt. Die Erhaltung der Erinnerungen, und zwar der Evokationen wie des Wiedererkennens, beruht in bestimmten Fällen auf einer verwandten Schematisierung, in anderen Fällen auf der gleichen Schematisierung wie der der Intelligenz. Bevor wir im nächsten Abschnitt untersuchen, was das von den Beziehungen zwischen den figurativen und den operativen Aspekten her gesehen bedeutet, müssen wir diese These noch durch einen weniger globalen Hinweis als oben auf die gewonnenen Ergebnisse untermauern.

Die wichtigste Tatsache, die uns für diesen Zusammenhang zwischen der Erinnerung und der Aktion und folglich zwischen der Wirklichkeitstreue der Erinnerung und den Schemata der Aktion zu sprechen scheint, ist das, was wir in fast jedem Kapitel hervorgehoben haben: Daß das Gedächtnis durch materielle Rekonstitution leichter ist als das Gedächtnis durch die reine Evokation.

Im Kapitel IX unseres früheren Buches über die *Vorstellungsbilder* haben wir durch Experimente nachweisen können, daß eine Erinnerung, die durch bloße Wahrnehmung einer Anordnung fixiert wurde, weniger vollständig und weniger wirklichkeitsgetreu als eine Erinnerung ist, die durch eine Aktion (Kopierung usw.) erworben wurde. Vergleicht man weiter zwei Gruppen von Kindern, die an einer ersten Sitzung mit einer bloßen Wahrnehmung oder einer Aktion durch Kopieren begonnen und mit gleichem zeitlichen Abstand an einer zweiten Sitzung jeweils das andere getan haben, so stellt man fest, daß der Lerngewinn in der Richtung Aktion → Wahrnehmung größer ist als beim umgekehrten Vorgehen. Mit anderen Worten, eine Wahrnehmung an der ersten Sitzung fügt, von der Organisation und der Retention der Enderinnerung her gesehen, zur Aktion an der zweiten Sitzung nicht viel hinzu, während die Aktion an der ersten Sitzung das Kind dazu anregt, an der zweiten Sitzung die Modelle oder ähnliche Modelle besser wahrzunehmen, nämlich so, als würde es handeln. Es assimiliert folglich die Modelle an die Schemata einer virtuellen Aktion.

Bei den Experimenten dieses Buches sind wir zu einem analogen Ergebnis gekommen, aber durch Vergleich der Evokationen (durch Gedächtniszeichnungen) mit den Rekonstitutionen (bei denen das Material zur Verfügung steht). Die Rekonstitution entspricht den Kopierungszeichnungen, die wir eben Aktion genannt haben, die reine Evokation (vor der Rekonstitution) ist das Äquivalent zum Erinnerungsbild, das man nach bloßer Wahrnehmung erhielt. In fast allen untersuchten Fällen ließ sich eine klare Überlegenheit der Rekonstitution über die einfache Evokation beobachten. Dieser Vorsprung bleibt bis in ein Alter von etwa 7 bis 8 Jahren erhalten[9]. Bei acht- bis neunjährigen und älteren Kindern kommt es aber vor, daß die Evokation und die Rekonstitution auf gleicher Höhe stehen (zum Beispiel bei den Drehungen: Kapitel XV, 2. Abschnitt, III, Stufen III und IV), was mit anderen Worten heißt, daß sie am Ende analoge Verfahren verwenden.

Diese Überlegenheit der Rekonstitution über die Evokation ist für uns bedeutsam. Die Rekonstitution ist auch eine Evokation (denn das Kind hat das Modell nicht mehr vor Augen), aber in Aktionen und nicht nur in Bildern. Daraus ergibt sich, wie wir (im Kapitel XIX, 6. Abschnitt) beim eindrücklichsten Fall von Überlegenheit dieser Erinnerungsform (75% Vorsprünge auf die Gedächtniszeichnung, siehe auch im Kapitel VIII, 3. Abschnitt, wo 59% der Vier- bis Sechsjährigen und 65% der Sechs- bis Achtjährigen eine bessere Rekonstitution aufweisen) gesehen haben, daß die Rekonstitution die vermutete genetische Reihenfolge in der Ausbildung der Erinnerung (Aktionen → Schemata → Erinnerungsbilder) wiederherstellt, während die einfache Evokation sie umkehrt, indem sie vom Bild ausgeht. Die Überlegenheit der Rekonstitution als mnestisches Werkzeug scheint uns deshalb mit der Hypothese in Einklang zu stehen, daß die Erhaltung der Erinnerung auf der Erhaltung der Schemata beruht.

III. – Doch die Rekonstitution durch Aktion ist eine Art von Gedächtnis zwischen dem Wiedererkennen und der Evokation. Man hat bisher die Originalität und Bedeutung[10] dieser Gedächtnisform kaum genügend beachtet. Wir hoffen, die vorliegenden Untersuchungen werden dazu beitragen, daß ihr der verdiente

Rang zuerkannt wird. Sie ist also eine intermediäre Spielart des Gedächtnisses. Gerade deshalb ist sie genetisch interessant. Um den notwendigen Zusammenhang zwischen der Erhaltung der Erinnerung und der Erhaltung der Schemata besser zu erfassen, müssen wir jetzt die verschiedenen Schwellen des Gedächtnisses nacheinander untersuchen, die die niederen Formen des Wiedererkennens (deren Beziehung zu den Gewohnheitsschemata unzweifelhaft ist und allgemein anerkannt wird) mit den höheren Stufen verbinden, ohne dabei die Verbindung mit der Schematik der Intelligenz, die aus der Aktion hervorgeht, zu verlieren.
Die Hypothese, die wir vertreten, ist gewissermaßen das Gegenteil der Auffassung des Philosophen, der das Seelenleben durch die Tätigkeit des Gedächtnisses zu charakterisieren versuchte und beide von ihrer Bindung an den Körper und das Nervensystem befreien wollte. Bergson hat bekanntlich eine radikale Antithese zwischen dem Gedächtnis als Gewohnheit, das motorisch wäre, und den Bild-Erinnerungen, die das reine Gedächtnis darstellen würden, eingeführt. Das reine Gedächtnis: losgelöst von der Aktion und aus sich selbst funktionierend, damit betraut, alles Erlebte bis in die feinsten Einzelheiten aufzuzeichnen und zu erhalten. Das Rekonstitutionsgedächtnis mit seinen verschiedenen Spielarten widerlegt schon an sich diese These, denn es geht aus der Aktion hervor und führt zur Evokation. Andererseits muß man bei der Gewohnheit unterscheiden zwischen ihren motorischen Schemata, deren Erhaltung nichts mit dem Gedächtnis im strengen Sinne zu tun hat, und dem Wiedererkennen der Anzeichen, das bereits Gedächtnis ist, aber eng mit diesen Schemata zusammenhängt. Zwischen diesem Wiedererkennen und der Evokation durch das Bild gibt es alle möglichen Übergänge, von denen wir eine ungefähre Liste aufstellen wollen. Sie zeigen, daß auf allen Stufen ein gemeinschaftlicher funktioneller Mechanismus wirksam ist, nämlich die Verwurzelung der Erinnerung in den Schemata, von den motorischen Schemata der Gewohnheit bis zu den höheren Schematisierungen, die von der Intelligenz und ihren Operationen herrühren.
Man kann dabei drei Haupttypen von Gedächtnis, jeder mit einer Anzahl Unterstufen, unterscheiden: das Wiedererkennungsgedächtnis (1 bis 3), das Rekonstitutionsgedächtnis (4 bis 7) und das Evokationsgedächtnis (8 bis 10). Die bekannte Tatsache eines beschleunigten oder erleichterten Wiedererlernens (siehe Einleitung, 1. Abschnitt) wollen wir nicht als einen besonderen Typ abtrennen. Darin äußert sich zwar eine Erhaltung mnestischer Spuren, aber man müßte in jedem Fall bestimmen, ob es sich um eine Konsolidierung der motorischen Schemata oder der Erinnerungen als solcher und um welche Stufe es sich handelt (wir

haben verschiedene Stufen des Wiedererlernens zum Beispiel in den Kapiteln VI und XIX untersucht).

Typ I: Wiedererkennungsgedächtnis. – Das Wiedererkennen ist auf allen Stufen eine Assimilation des Gegebenen, als Wiedergefundenes oder Wiedererschienenes, an Schemata verschiedenster Art, von den Reflexen und elementaren Gewohnheiten bis zu den (falls ein Gegenstand bei der Präsentierung völlig unbekannt ist und sich von allem Bekannten unterscheidet) motorischen Schemata der visuellen oder zentralnervösen Musterung (für die Zusammenfügung von Tönen)[11]:

1. Elementares Wiedererkennen, verbunden mit der Fortführung oder Wiederholung einer Reflexhandlung oder einer in Bildung begriffenen Gewohnheit, die den Reflex weiterführt: Der Säugling erkennt zum Beispiel beim Kontakt die Brustwarze wieder, die er zufällig verloren hatte, oder einen beweglichen Gegenstand, den er mit dem Blick verfolgt und für einen kurzen Augenblick aus dem Gesichtsfeld verloren hatte.

2. Wiedererkennen durch Assimilation an ein bereits ausgebildetes erworbenes Schema (in Verbindung mit der Wiederholung einer so schematisierten Aktion), also das Wiedererkennen der mit einer Bedeutung versehenen Anzeichen, die mit den Gewohnheiten und den Handlungen der sensomotorischen Intelligenz verbunden sind, wobei die Tatsache, daß diese Anzeichen eine Bedeutung haben, eben auf ihre Verbindung mit den fraglichen Schemata zurückzuführen ist.

3. Ein höher entwickeltes Wiedererkennen, das an bewegliche und differenzierte Schemata gebunden ist (Klassifizierungen usw.). Bei unseren verschiedenen Wiedererkennungsexperimenten sind wir so vorgegangen, daß wir zuerst mehrere Modelle, darunter das richtige, zur Auswahl vorgelegt haben. Dabei stellt man fest, daß die jüngeren Kinder Schwierigkeiten haben, diese Wahl zu treffen, die Bezugsetzungen und eine implizite Klassierung voraussetzt, daß aber die Kinder, die solche Schemata in ihren Erinnerungen verwenden (wie es das Experiment des Kapitels XX, 3. Abschnitt, V zeigt), eine erfolgreiche Wahl verzeichnen. Im Alltagsleben geht das Wiedererkennen gleich vor, nämlich durch eine spontane und kontinuierliche Klassierung der bekannten Gegenstände, mit neuen Fächern für auftretende unbekannte Objekte: Ein früher zurückgelegter Weg wird an Einzelheiten wiedererkannt, die anderen Wegen fehlen, und andere Wege werden als unbekannt eingestuft, weil ihnen die erwarteten Aspekte fehlen usw. Das eigentliche Problem dieser differenzierten Wiedererkennungen besteht dar-

in, wo das Gedächtnis aufhört und die intellektuellen Schemata anfangen. Eine schon einmal gehörte Melodie wiederzuerkennen, ist eine Sache des Gedächtnisses. In einem bisher nie gehörten Musikstück aber den Stil Vivaldis wiederzuerkennen, ist eine Sache des Urteils und des hoch schematisierten Vergleichs. Eine schon einmal gesehene Kiefer wiederzuerkennen, dafür ist wiederum das Gedächtnis zuständig. In derselben Kiefer aber einen Vertreter der Art Pinus silvestris zu erkennen, ist ein Akt der Klassifizierung. Zwischen diesen beiden Extremen gibt es alle möglichen Übergänge, und gerade das ist für unsere Hypothese bedeutsam: Die Klassifizierung reicht nämlich bis zum Individuum als besondere Klasse, und sogar in der Wahrnehmung gibt es alle möglichen Übergänge zwischen der schematisierenden Identifikation von J. Bruner («Das ist eine Orange») und der individualisierten wiedererkennenden Identifikation («Das ist die Orange, die ich eben beiseite gelegt habe»).

Typ II: Rekonstitutionsgedächtnis. – Im Unterschied zur elementaren Gewohnheit, die mit oder ohne Absicht eine schematisierte Aktion oder Schemata der sensomotorischen Intelligenz, die auf die Verallgemeinerung abzielen, reproduziert, ist eine Rekonstitution die absichtliche Wiedergabe einer besonderen Aktion und ihrer Resultate. Sie setzt somit ein Wiedererkennen von Anzeichen usw. voraus, geht über das Wiedererkennen hinaus, indem sie eine Evokation in Akten darstellt: Sie will ein in der aktuellen Wahrnehmung nicht vorhandenes Modell rekonstruieren, während sich das Wiedererkennen seiner Natur nach in Gegenwart des wiedererkannten Gegenstandes ereignet.

4. Die elementare Form des Rekonstitutionsgedächtnisses könnte die sensomotorische Nachahmung sein, insofern sie die absichtliche Wiedergabe einer eigenen Aktion, einer fremden Aktion und oft auch der Bewegung eines Gegenstandes ist. Daß das Rekonstitutionsgedächtnis von der Nachahmung abstammt, ist vom Genetischen her gesehen wichtig, denn die sensomotorische Nachahmung ist bereits ein Ansatz von Evokation und stellt schon eine Art Evokation in Aktionen dar. In ihren aufgeschobenen und verinnerlichten Formen wird die Nachahmung andererseits vorstellungsmäßige Evokation. Sie wird dadurch der Ursprung des Vorstellungsbildes, das beim Evokationsgedächtnis in Form des Erinnerungsbildes eine so beträchtliche Rolle spielt.

5. Wiedergabe einer einzelnen, nicht vollständig schematisierten Aktion und Rekonstruktion ihres Ergebnisses: Das ist die Situation, die im Kapitel XX untersucht wurde, denn die präsentierte Anordnung wurde zuerst aktiv kopiert, und erst dann nahm das Kind eine Rekonstitution vor.

6. Rekonstitution durch Rekonstruktion eines Gegenstandes oder einer Anordnung (ohne vorausgehende nachahmende oder spontane Konstruktion): Diese Situation haben wir im Kapitel XIX geprüft, wo wir Evokationen durch Gedächtniszeichnungen und Rekonstitutionen verlangt haben und die Rekonstitutionen in ihrer Wirklichkeitstreue weit überlegen waren.
7. Rekonstitutionen einer schematisierten Aktion, zum Beispiel die Rekonstitution der transitiven Abfolgen des Kapitels VI. Im Kapitel I haben wir keine Rekonstitution der Seriation, zusätzlich zu den untersuchten Evokationen, verlangt, weil eine solche mit den Stäbchen von 9 bis 16,2 cm Länge mit einer operativen Seriation identisch gewesen wäre. Das Kind hätte nämlich die Stäbchen paarweise vergleichen müssen, um sie ordnen zu können. Mit fünf oder sechs Stäbchen von 10 bis 18 oder 20 cm Länge hätte man mit weniger operativen Faktoren über das Rekonstitutionsgedächtnis arbeiten können[12].
Typ III: Evokationsgedächtnis. – Nur um noch einmal daran zu erinnern, wollen wir betonen, daß die Erinnerung auch auf dieser Stufe von der Aktion und ihren Schemata abhängig ist, so daß zwischen der Rekonstitution in Akten (II) und dieser verinnerlichten Rekonstitution, welche die Bild-Erinnerung, das Werkzeug der Evokation, darstellt, eine ungebrochene Kontinuität besteht.
8. Erinnerungsbild einer schematisierten Aktion: ein repräsentatives Beispiel dafür haben wir bei der Drehung eines Dreiecks (Kapitel XV) untersucht. Dabei haben wir festgestellt, daß die einfache Evokation von 8 Jahren und den Erinnerungsstufen III und IV an die gleichen Resultate wie die Rekonstitution erbringt (Kapitel XV, 2. Abschnitt, III), was für eine vollständige Verinnerlichung der Rekonstitutionsverfahren spricht.
9. Bildhafte Evokation einer beliebigen nicht schematisierten Aktion: Diese ergibt sich aus der Verinnerlichung der Nachahmung zum Bild.
10. Bildhafte Evokation aktionsunabhängiger Gegenstände oder Ereignisse: Die «reine» Erinnerung, die man meistens im Auge hat, wenn man das Gedächtnis studiert. Die Kapitel XIX und XX haben aber gezeigt, daß sich solche «beliebige» Anordnungen keineswegs einer aktiven Schematisierung, der Vorbedingung für ihre Retention, entziehen.
Beim Durchgehen dieser Aufzählung sieht man, wie man vom elementaren Wiedererkennen, das mit der Aktion innig verbunden ist, unmerklich zu den höheren Formen der Evokation[13] gelangt. Auch diese ist mit den operativen Schemata verbunden und folglich von den Aktionen nicht völlig frei, denn die Operation geht aus den Aktionen hervor.

4. Die figurativen und operativen Aspekte der Erinnerung und das Problem der funktionellen Einheit des Gedächtnisses

Die Erhaltung der Erinnerung beruht somit auf den Schemata, aber die Erinnerungen sind dennoch keine Schemata, sondern sie bestehen, je nach Fall, zu einem mehr oder weniger großen Teil aus Bildern. Über diese doppelte Natur des Gedächtnisses muß auch noch gesprochen werden. Sie ist die Ursache seiner Schwierigkeiten wie seiner Erfolge. Und schließlich müssen wir noch die Frage der Einheit des Gedächtnisses, durch diese so verschiedenen Etappen seiner Erscheinungsformen hindurch, diskutieren.

I. – Wenn das Rekonstitutionsgedächtnis, das den Übergang zwischen dem Wiedererkennungsgedächtnis und dem Evokationsgedächtnis bildet, wirklich aus der Nachahmung hervorgeht, wie wir eben angenommen haben, so hat es denselben Ursprung wie das Vorstellungsbild selbst. Jede mnestische Evokation ist tatsächlich zu einem Teil Bild. Und jedes Vorstellungsbild ist in gewisser Hinsicht eine Erinnerung (das antizipierende Bild kann nur von reproduzierenden Bildern ausgehen, die es aber auf neue Art kombiniert). Dennoch besteht ein Unterschied zwischen dem Bild und der mnestischen Evokation: Das Bild ist ein Symbol, die Evokation ein Denkakt mit Entscheidungen hinsichtlich der Zuordnung, der Beziehung und der Existenz, weil sie eben nicht ausschließlich Bild ist, sondern eine Schematik enthält, die mit der Intelligenz zusammenhängt.

Man kann deshalb mit Recht sagen, wie wir es schon in der Einleitung dieses Buches getan haben, das «Gedächtnis im strengen Sinne» stelle den figurativen Aspekt der Erhaltung der Schemata dar. Diese Annahme impliziert zweierlei. Erstens, daß die Erhaltung der Erinnerung, wie schon der 2. Abschnitt betont hat, auf jener der Schemata beruht. Zweitens, daß es dennoch eine Erhaltung der Erinnerung als solcher gibt, insofern sie mit einem Schema verbunden werden kann. Jedes beliebige Schema stellt sich dem Kind aufgrund seiner Natur als Werkzeug der Verallgemeinerung in Form einer Bedeutung dar. Von der Ausbildung der semiotischen Funktion an stellt diese Bedeutung ein Signifikat dar, ein Bezeichnetes, das nach einem Bedeutungsträger, einem Signifikanten, verlangt. Dieser Bedeutungsträger kann aus Wörtern oder Bildern bestehen, und die besten Bilder für ein Denkschema sind jene, die eine Situation darstellen, in der das

Schema am Werk war und gewissermaßen inkarniert oder konkretisiert wurde, wie es beim Erinnerungsbild (visuelles Bild oder verbale Erinnerung usw.) der Fall ist; man versteht deshalb, daß die Erhaltung der Schemata von einer anderen Erhaltung begleitet ist, die von der ersten abhängig ist, aber in ihrer besonderen Bedeutungsträger-Funktion und ihrer Kontinuität eine relative Beständigkeit aufweist, eben die mnestische Retention. Je differenzierter die Schemata sind, desto größer ist diese Konsistenz.

Damit hat man den Grund sowohl für die Lücken als auch für die Erfolge des Gedächtnisses. Bei den Lücken versteht es sich von selbst, daß zwei grundlegende Umstände das Gedächtnis unvollständig machen, wenn die Erhaltung der Erinnerungen auf den Schemata beruht: Die Schemata bleiben in dem Maße erhalten, wie sie funktionieren, aber nicht alle funktionieren dauerhaft, vor allem wenn sie differenziert und partikularisiert werden; und diese Differenzierung der Schemata kann nicht unbegrenzt weitergehen, weil man sonst eine unzählbare Menge davon benötigen würde, um alle vergangenen Ereignisse mit ihren Einzelheiten aufzunehmen.

W. James hat gesagt, die wesentliche Funktion des Gedächtnisses sei das Vergessen, sonst würden wir von unserer Vergangenheit erdrückt. Diese tiefe Einsicht stimmt gut mit der Zusammenarbeit von Gedächtnis und Schematik überein. Dennoch kommt es täglich vor, daß etwas genauere Erinnerungen das Funktionieren der begrifflichen Schemata und vor allem der praktischen Schemata aller Art erleichtern würden. Damit aber die Erinnerungen erhalten bleiben, müssen die differenziertesten Schemata ständig eingeübt werden, während die allgemeineren häufiger funktionieren. Jeder von uns macht die traurige Erfahrung, daß ein beträchtlicher Teil der Schulkenntnisse fast total verlorengeht: Das zeigt, was das Gedächtnis ist, sobald es sich vom Leben der entsprechenden Schemata getrennt hat (womit wir den Sachverhalt sehr höflich ausdrücken, denn es macht gerade die Absurdität etlicher schulischer Praktiken aus, daß sie von Anfang an das Gedächtnis der spontanen Aktivität von der Intelligenz in ihren operativen Schemata trennen).

Doch diese Lücken des Gedächtnisses werden auf der Gegenseite durch eine Anzahl spezifischer Erfolge kompensiert. Wir wollen damit nicht etwa ironisch sagen, es gelinge bisweilen sogar dem Gedächtnis, seine Erinnerungen zu behalten, sondern daß seine Einübung (falls sie funktionell und nicht schulmeisterlich ist) für die Entwicklung der Schematik in allen ihren präoperativen und operativen Formen nützlich ist. Wenn die Schemata von Natur aus allgemein und die Erinnerungen ebenso von Natur aus partikularisiert und bis ins Einzigartige und Zufällige differenziert sind, so leistet diese Polarität der Schematik einen doppelten Dienst.

Als erstes behält das Gedächtnis eine Reihe konkreter und erlebter Beispiele von Situationen, in denen die Schemata erfolgreich oder erfolglos funktioniert haben, und diese Konkretisierung vermittelt vielen Formen und Transformationen, die anderenfalls abstrakt bleiben würden, echtes Leben. Dank dem Gedächtnis werden sie in den Ablauf der lebendigen Existenz hineingenommen.

Als zweites bewirkt das Gedächtnis, daß die Intelligenzschemata, insofern es sie benützt, unendlich differenziert werden. Ein Klassifizierungsschema kann summarisch bleiben. Je mehr Gegenstände aber bis in ihre individuellen Besonderheiten in Erinnerung behalten werden, desto mehr muß sich auch das Schema zu Untersystemen bis auf die Stufe der einzelnen Klassen hinunter differenzieren. Die Beziehungsschemata können sehr allgemein bleiben. Wenn sich aber das Zufällige zwischen die Regelmäßigkeiten einschiebt und Fluktuationen bewirkt, die die Aufmerksamkeit stimulieren und sich als Erinnerungen fixieren, so differenzieren sich diese Beziehungen um eben diese Zusätze. Mit einem Wort, die Erhaltung der Schemata und die Erhaltung der Erinnerungen können nur in gegenseitiger Abhängigkeit koexistieren, und diese Interaktionen sind im allgemeinen für beide Systeme nützlich, so verschieden sie auch sein mögen, besser: gerade weil sie verschieden sind. Wenn das «Gedächtnis im strengen Sinne» in unserem Schema der geistigen Funktionen (Einleitung, 2. Abschnitt) vor allem mit dem Feedback FR verbunden ist, so reagiert es folglich in dem Maße auf das Feedback FH, wie es mit dem «Gedächtnis im weiten Sinne» zusammenhängt.

II. – Je enger die operativen Elemente (Schemata der Aktion und der Intelligenz) und die figurativen Elemente des Gedächtnisses (von der Wahrnehmung des «bereits Gesehenen» beim Wiedererkennen bis zum Erinnerungsbild, das für die Evokation bezeichnend ist) zusammenzuarbeiten scheinen, desto deutlicher hebt sich auch der Eigencharakter des Gedächtnisses im strengen Sinne ab, dessen Unterscheidungsmerkmale die Individualisierung der Erinnerungen und der Bezug zur Vergangenheit im Sinne einer mehr oder weniger genauen Lokalisierung in der Zeit sind und bleiben. Die Schematik der Intelligenz ist nämlich auf das Außerzeitliche gerichtet, wie im logisch-mathematischen Bereich besonders deutlich wird, während das Gedächtnis im strengen Sinne die Funktion hat, nicht nur die Inhalte der Vergangenheit, die für sich allein diese Befreiung von der Zeit begünstigen würde, zu erhalten, sondern auch und oft vor allem die Kenntnis der Vergangenheit als Vorstellung und zeitliche Lokalisierung der Ereignisse oder Gegenstände, die dieser Vergangenheit als solcher angehören.

Wir haben innerhalb unseres zentralen Problems der Beziehungen zwischen dem Gedächtnis und den operativen Schemata diesen Bezug auf die Vergangenheit als Lokalisierung kaum untersucht. Wir müssen wenigstens in der Schlußfolgerung darauf zurückkommen, denn bei einigen unserer Experimente konnte es während der Wiedererkennungen, Rekonstitutionen oder Evokationen geschehen, daß Kinder, die ihre mnemonischen Quellen zur gestellten Frage scheinbar völlig ausgeschöpft hatten, sich plötzlich an gewisse bis dahin vernachlässigte Aspekte des präsentierten Modells erinnerten (oder sich so verhielten, als ob sie sich erinnern würden): Daraus ergab sich der verwirrende Eindruck, daß es neben dem schematisierten oder «logischen» Gedächtnis trotz allem noch ein «Rohgedächtnis» gäbe, das uns zum Teil entgangen wäre, und daß es... das wahre Gedächtnis sei!

Die Frage stellt sich folgendermaßen: Worin unterscheidet sich eine mit Wiedererkennen verbundene Wahrnehmung von einer neuen oder ausschließlich aktuellen Wahrnehmung? Worin unterscheidet sich eine vom Kind als solche verstandene Rekonstitution von einer allein auf das gestellte Problem ausgerichteten Rekonstruktion? Und worin unterscheidet sich ein Erinnerungsbild von einem Vorstellungsbild oder einem beliebigen Bild? Claparède[14] hat einmal mit Recht darauf hingewiesen, daß das Wiedererkennen immer mit einem «Ich» verbunden ist, während eine nicht erkannte Wahrnehmung nicht von diesem Eindruck der «Ich-heit» begleitet ist. Dasselbe läßt sich von der mnestischen Rekonstitution und vom Erinnerungsbild sagen. Das Problem wird jedoch dadurch nur auf eine andere Ebene verschoben, denn man müßte zuerst wissen, ob die Identität des Ich den Erinnerungen ihre individuelle Identität mit Lokalisierung in der Vergangenheit gibt, oder ob es umgekehrt ist. Und man müßte weiter wissen, ob diese Identität fix und fertig gegeben ist, oder ob sie konstruiert wird.

Es ist eine grundlegende Erkenntnis, die aus allen in diesem Buch gesammelten Tatsachen und auch aus allem, was man heute über das Gedächtnis weiß, hervorgeht (beim Kind ist es aber noch viel auffälliger als beim Erwachsenen), daß es zwischen einer falschen und einer richtigen Erinnerung keinen Unterschied in der inneren Qualität oder im Inhalt gibt: Ein falsches Wiedererkennen erweckt den gleichen Eindruck des «bereits Gesehenen» (und der «Ich-heit») wie ein richtiges Wiedererkennen, und dasselbe gilt für die adäquaten oder nicht adäquaten Rekonstitutionen. Eine «rekonstruierte» Evokation und ein Abruf im eigentlichen Sinne oder ein falscher Abruf und eine richtige Evokation lassen sich andererseits durch nichts unterscheiden. Wenn sich das Kind, nachdem es die ganze Runde durch seine Erinnerungen gemacht zu haben scheint, plötzlich an gewisse zusätzliche Hinweise erinnert oder durch sein Verhalten zeigt, daß es sie nicht vergessen hat, so hat es dennoch keine Möglichkeit, ein automatisch richtiges «Rohgedächtnis» von mnestischen Täuschungen zu unterscheiden, wie wir so viele auf der Stufe des Wiedererkennens beobachtet haben.

Offensichtlich muß deshalb der Bezug oder die Verbindung einer Erinnerung auf die oder mit der Vergangenheit in dieser oder jener Form ein Element der Entscheidung oder des Urteils enthalten. Sowohl die Aktion als auch der Gebrauch der Intelligenz setzen (gleichgültig ob sie im Dienste der affektiven und sozialen oder einfach der kognitiven Bedürfnisse stehen) eine Vorstellung oder eine praktische Kenntnis aller Sektoren des Wirklichen voraus, der vergangenen wie der gegenwärtigen oder der in der Zukunft vorausschaubaren. Der Unterschied zwischen dieser Vorstellung der Vergangenheit und der Gegenwart (und dieser Unterschied ist derart, daß man oft nicht auf die Idee kommt, die beiden Vorstellungen bis in die Einzelheiten ihrer kognitiven Mechanismen zu vergleichen) ist doch der, daß die Gegenwart auf die Zukunft hin offen und deshalb veränderbar bleibt. Deshalb werden alle benützten Erkenntnisarten (von der Wahrnehmung bis zur konkreten oder abstrakten Vorstellung) den Werkzeugen solcher möglicher Transformationen, das heißt den Aktionen und den Operationen, untergeordnet. Die Vergangenheit hingegen ist das, was sie ist, und kann leider in nichts geändert werden; die Kenntnis, die man von ihr zu haben oder zu bewahren sich bemüht, ist grundsätzlich nicht mehr auf die allgemeinen Transformationswerkzeuge, also die operativen Strukturen, zentriert, die ein Verständnis der größtmöglichen Zahl von veränderbaren Situationen ermöglichen, sondern im Gegenteil auf die Individualisierung und die Lokalisierung der Ereignisse, Personen oder Gegenstände, die der gelebten Erfahrung angehören, und ihrer verschiedenen Aktionen. Um sie aber in der «verlorenen Zeit» wiederzufinden, um ihre, auch die schon hergestellten, Beziehungen deutlich herauszuarbeiten, vor allem um sie nach den bereits abgelaufenen, also in der Zeit bereits abgeschlossenen Kausalketten zu ordnen, muß man auf eine Anzahl Schemata der praktischen Intelligenz oder der Operationen zurückgreifen. Diese Schemata sind denen analog, die die gegenwärtige Erfahrung strukturieren, aber sie werden für die Organisation oder Reorganisation dieser vergangenen Erfahrung verwendet. Von dieser Art sind die Klassierungen, die es gestatten, die Erinnerungen nach ihrer Ähnlichkeit oder ihrer Verschiedenheit zu gruppieren, die mannigfaltigen Bezugsetzungen, die eine Koordination (insbesondere der räumlichen oder «infralogischen» Operationen, die bei der Organisation der Figuren mitspielen) ermöglichen, die kausalen Deduktionen, die die Abstammungsreihen verständlich machen, und vor allem die zeitlichen Seriationen, die es ermöglichen, die Reihenfolge der evozierten Inhalte mehr oder weniger approximativ wiederzufinden. Nur diese unendlich differenzierte Schematik öffnet – mit Irrtümern und Täuschungen, aber im großen und ganzen richtig – den Zugang zur Kenntnis der Vergangenheit und zu einer Wahl zwischen den verifizierbaren und den falschen Erinnerungen.

Aus diesem Blickwinkel betrachtet, verbindet sich somit das «Gedächtnis im weiten Sinne» mit der gesamten Intelligenz, insofern diese nicht auf die aktuelle Realität mit ihren möglichen Transformationen, sondern auf das Verstehen einer abgeschlossenen und früher gelebten Vergangenheit mit ihren zugleich begrenzenden und endgültig fixierten Merkmalen gerichtet ist.

Diese begrenzenden Merkmale unterscheiden die Kenntnis der gelebten Vergangenheit am stärksten von der Gegenwart, obwohl diese ebenfalls erlebt wird, und von ihrer Öffnung in eine bereits bevorstehende, aber noch nicht erlebte Zukunft. Deshalb kommt man meistens gar nicht darauf, diese verschiedenen Vorstellungsweisen einander gegenüberzustellen. Der Hauptunterschied ist der, daß die erlebte Vergangenheit in den Ereignissen und Gegenständen, aus denen sie besteht, im wesentlichen individualisiert ist, während die Gegenwart und die Zukunft, auch wenn sie eng mit dem Leben des Subjekts verbunden sind, viele virtuelle analoge Spezifikationen enthalten, jedoch in einem allgemeinen Rahmen, der die Möglichkeiten unendlich vervielfacht. In der Gegenwart und in der Zukunft können insbesondere die zufälligen Situationen von Wahrscheinlichkeitsentscheiden beherrscht sein, die sich auf Gesamtheiten beziehen, was die Wirksamkeit solcher Operationen gewährleistet, während sich der Zufall in der gelebten Vergangenheit auf die individuellen Ereignisse bezieht, deren Entstehung und Reihenfolge zum Teil zufällig waren und nicht, weil einzigartig, abgeleitet werden können, sondern durch Koordinierung der Anzeichen rekonstruiert werden müssen. Die Richtungen der beiden Wege scheinen genau umgekehrt zu sein. Das verhindert jedoch in keiner Weise, daß bei der Individualisierung der Erinnerungen nicht dieselben Schemata oder Rahmen mitwirken und für ihre Partikularisierung und raumzeitliche Lokalisierung notwendig seien.

Das Subjekt S erinnert sich zum Beispiel an drei Hunde in seiner Kindheit, einen Bernhardiner, eine Dogge und einen kleineren Hund in der Art eines Hirtenhundes. Wie weiß es, daß es diese Hunde während seiner Kindheit hatte? Weil es durch zeitliche Seriationsoperationen die wenigen Anzeichen, die es behalten hat (die fröhlichen Sprünge der Hunde in einem großen Garten, dem seiner Eltern, seine eigene Kleinheit im Vergleich zum großen Bernhardiner usw.), leicht zu lokalisieren vermag, so daß jede andere Periode seines Lebens ausgeschlossen wird. Wie weiß es, daß die Dogge zwischen den beiden anderen Hunden war? Weil es sich an den Tod des ersten Hundes erinnert und auch daran, daß der zweite Hund durch einen kleineren ersetzt werden mußte, weil die große Dogge auch jenseits des eigenen Gartens allerhand Unfug stiftete. Wie waren diese Hunde in der Größe, der Form und der Farbe? Bei den beiden ersten erleichtert zweifellos die Rassenzugehörigkeit die Evokation, während die Erinnerung an den dritten viel blasser geblieben ist. Diese Klassierung stammt nicht von jetzt, denn S glaubt schon zeit seines Lebens, daß sein erster Hund ein Bernhardiner und der zweite eine Dogge gewesen waren. Wenn dieser S hingegen jetzt einen Hund kaufen müßte, so würde er zwischen mehreren Rassen zögern und sich zum Beispiel eher für einen Hund entscheiden, an dem sich Lernvorgänge und die Intelligenz methodisch beobachten lassen. Kurz, ob die Vorstellung dieses Subjekts dafür verwendet wird, um Fragmente aus der Vergangenheit zusammenzutragen oder die gegenwärtigen Möglichkeiten auszuschöpfen, sie stützt sich immer auf eine Anzahl Schemata und Operationen, die zum Teil in beiden Fällen die gleichen sind, die aber im einen Fall auf die Partikularisierung der Prädikate, der Beziehungen und der Lokalisierungen in der Raum-Zeit, im anderen Fall auf die Gesamtsysteme und die Transformationen ausgerichtet sind.

III. – Weshalb sind solche Banalitäten nicht jedermann offenkundig? Die meisten Psychologen stellen sich nicht nur vor, daß die Wirklichkeit durch und durch organisiert ist (was eine gewisse Wahrscheinlichkeit für sich hat, wenn man dem Zufall auch einen Anteil zugesteht); sie glauben auch, die Wirklichkeit habe eine Form, die den Feststellungen des Subjekts direkt zugänglich sei, so daß dieses nur die Augen öffnen müsse oder die Wirklichkeit wirklichkeitsgetreu kopieren müsse, um diese Organisation ohne weiteres zu erfassen und sich von ihr prägen zu lassen (der Kanzler Bacon durfte das noch annehmen, bevor er sich daran versucht hatte und bevor die ganze Experimentalwissenschaft gezeigt hat, daß das Problem viel komplexer ist). Bezüglich der gegenwärtigen Organisation des Wirklichen nimmt man von vorneherein an, daß die Wahrnehmung und ein Lernen mit Verstärkung von außen genügen, um uns diese Organisation sichtbar zu machen, was wir hier nicht zu diskutieren haben. Was aber die Organisation des vergangenen und erlebten Wirklichen betrifft, nimmt man diskussionslos an, sie sei bereits konstituiert, obwohl es sich um aufeinanderfolgende und zu einem guten Teil zufällige Zustände handelt. Mehr noch, man nimmt an, sie sei nicht verlorengegangen: Das Gedächtnis wäre damit diese besondere Funktion, die sie uns so wiedergeben würde, wie sie ist. Sieht man hingegen ein, daß man eine Organisation, wenn man sie entdecken will, konstruieren oder zumindest rekonstruieren muß, so zeigen sich die Dinge anders. Nimmt man vom Gedächtnis an, es genüge dieser Aufgabe, so muß man ihm notwendig eine innere Fähigkeit der Organisation oder Reorganisation zuschreiben, die mit derjenigen der Intelligenz isomorph ist. Doch weshalb, falls diese Aussage richtig ist, eine zweifache Fähigkeit annehmen, anstatt im Gedächtnis auch die Intelligenz selbst zu sehen – aber differenziert und spezialisiert für die Erfüllung dieser besonderen Aufgabe, nämlich die Strukturierung der Vergangenheit? Da die Vergangenheit abgeschlossen und nicht mehr direkt kontrollierbar ist, erfordert ihre Organisation ein um so entwickelteres System von Beziehungen und eine um so verfeinertere Schematik, als sie dazu verurteilt ist, ständig schlechter zu werden, und als ihr Inhalt zu einem guten Teil zufällig ist.

Es kann nicht unsere Aufgabe sein, Entsprechungen oder Unterschiede zwischen einer solchen Problemstellung und anderen heutigen Auffassungen zu beurteilen, denn um diesen gerecht zu werden, müßte man selbst persönlich weniger engagiert sein. Man wird uns jedoch einige Überlegungen zu den aktuellen Tendenzen innerhalb der Forschungen über das Gedächtnis in der Sowjetunion und in den angelsächsischen Ländern zugestehen.

In der Sowjetunion wurde am XVIII. Internationalen Psychologie-Kongreß in Moskau sehr viel über diese Fragen gesprochen, vor allem im Symposion über *Gedächtnis und Aktion,* das P. I. Zinchenko zusammen mit A. A. Smirnow und anderen organisiert hat. Die Grundthese, und damit stimmt alles, was wir gesehen haben, überein, besagt, daß das Gedächtnis mehr von der Struktur und von den Inhalten der Aktivitäten als von den eigentlichen Reizen abhängig ist. Es stellt im übrigen eine Komponente jedes Verhaltens dar und befindet sich deshalb in ständiger Interaktion mit allen anderen Verhaltensweisen; und das gilt für das spontane (oder «unwillentliche») Gedächtnis wie für die absichtliche Memorierung. Die Erinnerung hängt unter anderem von den Klassifizierungen in ihrer genetischen Reihenfolge ab, diese von der Sprache usw. Man betont die

Rolle der «Bedeutungen» der Information, um die Unsicherheit zu verringern, und vergleicht sie mit den «Operatoren» in einem kybernetischen Modell. Solchen Spezialforschungen, die das Gedächtnis wieder in das «wirkliche Funktionieren des menschlichen Lebens» zurückstellen, und der Grundthese kann man nur beipflichten. Und doch hinterläßt diese ein gewisses Gefühl der Unvollständigkeit. Was ist denn diese Aktion, von der das Gedächtnis abhängig ist, wie ständig gezeigt wird? «Die geistige Tätigkeit», schreibt Zinchenko in seiner Einführung, «ist ein Abbild der Wirklichkeit durch das Gehirn.»[15] Ohne Zweifel. Aber einer der Väter der Dialektik hat auch gesagt, handeln bedeute «produzieren» und folglich die Wirklichkeit transformieren und bereichern. Zinchenko fügt übrigens selbst hinzu[16]: «Bevor das Bild eines Gegenstandes seine Funktion als Orientierung und Regulierung in der Aktivität erfüllen kann, muß es selbst in einer entsprechenden Aktivität geprägt werden.» Was ist aber diese «Prägung»: die des Gegenstandes durch die Aktion (was wir «Assimilation» nennen), die der Aktion durch den Gegenstand (die wir «Akkommodation» nennen, die aber Léontief als «Assimilation» bezeichnet) oder beides zusammen? Natürlich beides zusammen. Das sind jedoch zwei verschiedene Aktivitäten oder zwei verschiedene Pole der Aktivität, die man auseinanderhalten muß, denn es gibt zwar eine Aktivität des Kopierens oder des Fabrizierens von Bildern oder Wörtern, aber es gibt auch Aktivitäten des Produzierens oder des Strukturierens, die den Gegenstand verwenden, indem sie ihn Konstruktionen unterordnen, die die Wirklichkeit bereichern, ohne sie einfach nachzuahmen. Der Begriff «Abbild» hat den Vorteil (doch darin ist er auch zweideutig), daß er aussagt, jede geistige Tätigkeit müsse, um wirksam und angepaßt zu sein, letzten Endes dem «Wirklichen» entsprechen. Es gibt aber ein Entsprechen, indem man es einfach kopiert, und ein Entsprechen, indem man es nach dem Vorbild der lebenden und wirkenden Organismen in Strukturen und Organisationen hineinarbeitet, die seine Gesetze fortführen und respektieren, aber in der Richtung eines bis jetzt noch nicht verwirklichten «Möglichen»[17]. Falls das die beiden Pole der Aktion und folglich des Erkennens sind, insofern dieses Verlängerung der Aktion ist, so entzieht sich auch das Gedächtnis nicht dieser Bipolarität: Es ist einerseits zweifellos Bild und Verwendung der Sprache, aber andererseits auch ständig Organisation oder Reorganisation, wie wir in diesem Buch zu beweisen versucht haben.

Die angelsächsischen Arbeiten bis 1961 werden in einem ausgezeichneten Beitrag von D. A. Riley über das Gedächtnis der Formen zusammengefaßt[18]. Zwei Dinge darin erstaunen uns. Außer dem Faktor *Gestalt* im klassischen Sinne findet man keinen Erklärungsversuch für die Adäquatheit der Erinnerung, die doch das eigentliche Problem ist, sobald man darauf verzichtet, in der Erkenntnis eine einfache «Kopie» des Wirklichen zu sehen. Der Akzent liegt ganz auf den Faktoren der Gedächtnisverzerrungen. Und das ist der zweite Punkt, der uns erstaunt: Sie werden so klassiert, als würde es nur zwei Kategorien geben. Die einen könnte man äußerlich oder zumindest auf den Reiz bezogen nennen (Wortetikette, die das Subjekt diesem Reiz im Augenblick seiner Präsentierung gibt, Übertreibung bestimmter auffälliger Einzelheiten und Einfluß bekannter oder dem Reiz ähnlicher Formen, die gleichzeitig mit ihm oder vorher oder nachher wahrgenommen werden). Die anderen könnte man endogen nennen, der Gestalttheoretiker Wulf hat sie 1922 «autochthon» genannt (Organisation der Hirnrinde, die der Wahrnehmung und der Erinnerung eine auf die «gute Form» ausgerichtete Gestaltstruktur aufzwingt). Nach der Interpretation, die wir in diesem Buch vorschlagen, erscheint ein solcher Dualismus etwas künstlich. Er muß aus zwei Gründen überwunden werden: Es gibt keine exogenen Faktoren ohne eine innere und schematisierende Aktivität des Subjekts, und es gibt keine endogenen Faktoren ohne analoge Aktivitäten, die aber die vom Reiz und vom gesamten Kontext abhängigen äußeren Gegebenheiten zueinander in Beziehung setzen.

Um bei den gestalttheoretischen Strukturen zu beginnen, muß man zuerst festhalten, daß ihr Einfluß, den Wulf neben den Assimilationen an bekannte Gegenstände und den Übertreibungen bestimmter auffälliger Einzelheiten (was immerhin schon zwei beträchtliche Gruppen von Ausnahmen sind) behauptet hat, in zahlreichen Arbeiten von J. J. Gibson, Brown, Zangwill, Hanawalt, Hebb und Fours, George usw. nicht bestätigt wurde. Irwin und Seidenfelt zum Beispiel finden nur bei drei (Kreis und offenes Dreieck, unvollständiges Quadrat) von sechs Figuren Tendenzen zur guten Form, bei den anderen drei aber nicht usw. Mit anderen Worten, man findet in den Erinnerungsbildern die Prägnanz der guten Form nicht im gleichen Grade und von derselben Natur wie in den perzeptiven Strukturen. Wo die Gestalten eine Rolle spielen, tun sie dies nicht als angeborene oder «autochthone» Faktoren, sondern als Assimilationsschemata und nicht nur Patterns oder figurative Schemata (siehe 1. Abschnitt, III). Wenn Perkins (1932) einem Prüfling asymmetrische spitze Winkel (ein Schenkel kürzer als der andere) präsentiert, so stellt er in der Erinnerung eine Tendenz zur Ergänzung fest: Weshalb mit ihm den Schluß ziehen, es handle sich um einen «autochthonen» Faktor, anstatt schlicht anzunehmen, daß der Prüfling in diesem Fall den bekannten Begriff oder das vertraute Schema des gleichschenkligen Dreiecks verwendet

(ohne von den dem Bild eigenen Grenzgesetzen oder den präoperativen Ausgleichungen vom Typ unseres Kapitels IV zu sprechen)?
Umgekehrt sind die sogenannten äußerlichen oder empirischen Faktoren, wie die «Wortetikette», die Übertreibung bestimmter Züge oder die Assimilation an bekannte Gegenstände, nie rein exogen. Sie setzen ihrerseits die notwendige Mitwirkung der Aktions- und Operationsschemata des Subjekts voraus. Die Rolle der «Wortetikette» zum Beispiel variiert je nach Arbeit, weil sich das Wort oder das Wortzeichen nicht auf eine «Etikette» zurückführen läßt: Es ist ein Signifikant – Träger eines Begriffs oder eines begrifflichen Schemas, das die Rolle eines Signifikates (oder einer Bedeutung) spielt. Je nach Fall kann der Akzent auf diesem Schema als dem operativen Aspekt der Erinnerung oder auf den figurativen oder akkommodierenden Aspekten des Schemas liegen (deshalb die Verlängerung dieser Akkommodation zu innerer Nachahmung oder Bild). Bei der Übertreibung bestimmter auffälliger Einzelheiten (dieser Faktor wird von Wulf auch als *Pointing* bezeichnet) muß man natürlich zuerst feststellen, weshalb diese Einzelheiten betont werden. Da es sich nicht mehr um «gute Formen» handelt, rührt eine solche Akzentuierung selbstverständlich von Bedeutungen her und ist oder wird eine solche Einzelheit auffällig, weil das Subjekt das präsentierte Modell an dieses oder jenes Schema assimiliert. Bei der Wirkung der «ähnlichen» oder bekannten Formen handelt es sich ebenso selbstverständlich um Assimilation, also um Schemata, da jede Assimilation eine Schemata bildende Aktivität ist.
Mit einem Wort, der künstlichen Dualität der empirischen und endogenen oder «autochthonen» Variablen stellen wir die notwendige Interaktion gegenüber, Ursache der Wirklichkeitstreue wie auch der Verzerrungen der Erinnerung, einer schematisierenden Aktivität oder operativen Assimilation und ihrer figurativen Akkommodation an die präsentierten Tatsachen. Wir schlagen somit vor, den Dualismus im eigentlichen Sinne durch eine Bipolarität zu ersetzen, was nicht das gleiche ist, denn sie impliziert eine untrennbare Verbindung und nicht nur eine Pluralität von Faktoren. Auf diese Bipolarität des Schemas und des figurativen Erinnerungsbildes müssen wir jetzt zurückkommen.
IV. – Ein Schema ist, allgemein gesprochen, ein Werkzeug der Assimilation, also der Verallgemeinerung. Es spielt bei jedem Intelligenzproblem und schon bei der sensomotorischen und praktischen Anpassung mit. Doch jedes Schema muß sich an die gegebene Situation akkommodieren, seine Anwendung ist somit ein Gleichgewicht zwischen der Assimilation und der Akkommodation. Wenn diese vorherrscht und Selbstzweck wird, so führt sie zur Nachahmung, also zur mehr

oder weniger reinen Akkommodation an einen Gegenstand oder an einen Vorgang, der zum äußeren Modell der Aktion wird. Die Nachahmung selbst ist, sobald sie einmal verinnerlicht ist und in verschiedenem Grade sensible Reafferenzen oder Semiafferenzen auslösen kann, der Ursprung des Bildes.

Wendet sich nun die Intelligenz dem Erkennen der Gegenwart und der Zukunft zu und hat sie vor allem Probleme der verallgemeinernden Vorausschau und der operativen Transformationen zu lösen, so liegt der Akzent auf den Schemata als Werkzeugen der Assimilation und der Verallgemeinerung. Die Kenntnis der gelebten Vergangenheit, insofern sie partikularisiert ist und sich infolge der unentwirrbaren Mischung von zufälligen Abfolgen oder Produktionen und wegen der mit individualisierten Gegenständen oder Ereignissen verbundenen Kausalketten kaum ableiten läßt, setzt hingegen einen beträchtlicheren Anteil an Akkommodation an einmal für immer determinierte Wirklichkeiten voraus. Während das Gedächtnis im weiten Sinne die Schemata in allen ihren Formen ganz allgemein verwendet, benötigt deshalb das Gedächtnis im strengen Sinne mehr differenzierte Akkommodationen, die sich in perzeptiven Schemata (Werkzeugen des Wiedererkennens) und Nachahmungen (Ursache der Rekonstitutionen) und von einer bestimmten Entwicklungsstufe an vor allem in verinnerlichten Nachahmungen (oder Bildern als Werkzeugen der Evokation) äußern. Das ist ein allgemeiner Prozeß, der sich in alien Formen des Erkennens wiederfindet, denn das Verständnis der Gegenwart und der Zukunft setzt ebenfalls eine ständige Mitarbeit der operativen Elemente (Ursache der Strukturierungen und Transformationen) und der figurativen Elemente voraus (von der Wahrnehmung über die Nachahmung bis zum Bild, Ursache der Vorstellung im engeren Sinne des Wortes). Wenn es um die Kenntnis der Vergangenheit und das Gedächtnis geht, sind jedoch die figurativen Elemente nicht mehr willkürlich verformbar (sie sind es, genauer gesagt, immer noch, aber dann kommt es zu Verzerrungen oder Irrtümern), denn die vergangene Wirklichkeit ist nicht mehr das, was die Gegenwart ist, und sie ist faktisch nicht mehr transformierbar. Deshalb spielen die figurativen Faktoren in dem, was wir das Gedächtnis im strengen Sinne genannt haben, eine grundlegende und bevorzugte Rolle.

Das Wiedererkennen unterscheidet sich deshalb von einer beliebigen Wahrnehmung, eine mnestische Rekonstitution von einer beliebigen Nachahmung und ein Erinnerungsbild von einem beliebigen Vorstellungsbild nicht, wie wir (unter II) gesehen haben, wegen der figürlichen Eigenschaften oder besonderer Qualitäten der Inhalte, sondern aufgrund von Entscheiden, die diesen Inhalt mit der Vergangenheit verbinden oder nicht. Ihre zeitliche Lokalisierung hängt somit wesentlich mit den Kontexten zusammen, das heißt mit den Problemen und folglich den Funktionen, die durch die Wahrnehmungen, Bilder und Schemata in der gegenwärtigen Aktivität des Subjekts ausgeübt werden. Unter diesem Gesichtspunkt gibt es zwischen dem mnestischen Akt und dem Intelligenzakt im allgemeinen keine unveränderliche Grenze, sondern mehrere bewegliche und vikariierende Grenzen: Alles gehört zum Gedächtnis, falls man es vom Gedächtnis im weiten Sinne her betrachtet, außerhalb dessen weder ein Verständnis der Gegenwart noch auch nur Erfindung möglich wäre. Das Gedächtnis im strengen Sinne ist aber um so differenzierter, je spezialisierter dieselben Schemata auf die Gegenstände, die augenblicklichen Zustände und Ereignisse akkommodiert werden, die zur gelebten und vergangenen Erfahrung gehören und als solche wiedergesucht und wiedergefunden werden. Die «Ichheit» und der Bezug auf die Vergangenheit scheinen somit primär den figurativen Elementen des Gedächtnisses näherzustehen als der Schematik. Man kann sogar das Gedächtnis im strengen Sinne durch den figurativen Aspekt der Erhaltung der Schemata definieren. Da aber dieser figurative Aspekt aus der nachahmenden Akkommodation der Schemata, also aus ihrer Differenzierung infolge der Besonderheit und Unveränderlichkeit des Gegebenen, das wiederzufinden ist, hervorgegangen ist, wird durch nichts ausgeschlossen, daß das System in seiner Gesamtheit die Lokalisierungen und Überschneidungen ermöglicht, die eine geringe Sicherheit und Kontrolle der Inhalte der verschiedenartigen Erinnerungen ergeben.

Das ist unser letztes Problem, nämlich die Einheit eines solchen Systems. Jede figurative Erinnerung stützt sich letztlich auf Schemata, aber mit verschiedenem Differenzierungsgrad – auch das «Rohgedächtnis», das noch am stärksten den ursprünglichen Modellen verpflichtet ist (denn die Zusammenfassungen von Tönen und visuellen Formen sind ebenfalls raumzeitlichen Bezugsetzungen untergeordnet, bei denen man Schemata der Nachbarschaft, der Einschachtelung und der Reihenfolge unmöglich ausschließen kann). Muß man also annehmen, daß an den verschiedenen Spielarten des Wiedererkennens, der Rekonstitutionen und der Evokationen dieselben Schemata beteiligt sind, oder besteht innerhalb einer Rangordnung eine nicht reduzierbare Pluralität oder geordnete Variation? Dieses Problem der Einheit oder Heterogenität der Gedächtnisformen stellt sich in seiner allgemeinen Form ähnlich wie beim Problem der Einheit der Intelligenz, und zwar sowohl bezüglich der Rangordnung oder der Entwicklung, als auch der Beziehungen zwischen dem Figurativen und dem Operativen. Die Intelligenz manifestiert sich bekanntlich im Laufe der Entwicklung in drei aufeinanderfolgenden Stufen, die nach abgeschlossener Entwicklung drei in der Rangordnung der Verhaltensweisen nebeneinanderbestehenden Stufen entsprechen: einer sensomotorischen Stufe, einer Vorstellungsstufe, die zu den «konkreten» Operationen führt, und einer Stufe der Aussage-Operationen oder «formalen» Operationen. Jede dieser Stufen ist durch eigene Strukturen charakterisiert, die im Vergleich zur vorausgehenden Stufe beträchtlich reicher werden, aber im Funktionellen besteht eine bemerkenswerte Kontinuität. Die früheren Stufen bereiten die späteren vor und integrieren sich in sie. Die späteren Stufen rekonstruieren zuerst die früheren und überholen sie dann, indem sie sie verallgemeinern und mit neuen Kombinationen bereichern. Deshalb findet man ein und dieselbe Teilstruktur, wie zum Beispiel die Gruppe der Ortsveränderungen (die Drehungen der Dreiecke im Kapitel XV und die Translationen und Drehungen der Schnecken im Kapitel XVIII stellen Untergruppen dieser Teilstruktur dar), in analoger, aber immer allgemeinerer Form auf der sensomotorischen, konkreten und formalen Stufe wieder.

Beim Gedächtnis erkennt man ebenfalls aufeinanderfolgende Stufen, die zwar nicht die gleichen sind, die sich aber leicht in das oben dargelegte Bild einordnen lassen: das Wiedererkennen, das am Anfang der sensomotorischen Stufe entspricht, die Rekonstitution, die den Übergang vom Sensomotorischen zum Vorstellungsmäßigen vollzieht, und die Evokation, die der Stufe der vorstellungsmäßigen, präoperativen und operativen Formen der Intelligenz entspricht. In fast allen Kapiteln dieses Buches haben wir erlebt, wie sich die Erinnerung beim Übergang zu den «konkreten» Operationen transformiert. Das Kapitel X hat uns gezeigt, daß sich eine «formale» kombinatorische Struktur (Anordnungen) erst auf der entsprechenden Intelligenzstufe (11 bis 12 Jahre) im Gedächtnis fixiert. Auch hier stellt sich wieder wie soeben bei der Intelligenz das Problem, ob die Stufen des Wiedererkennens, der Rekonstitution und der Evokation durch eine funktionelle Einheit mit Integration der früheren Strukturen in die späteren miteinander verbunden sind, oder ob eine Heterogenität besteht. Und dieses Problem zieht die weitere Frage nach sich, ob zwischen den figurativen Aspekten (Wahrnehmungen, Nachahmungen und Bildern) und den operativen Aspekten (Schemata) des Gedächtnisses eine Interdependenzbeziehung oder eine radikale Trennung besteht.

Ein erster wichtiger Punkt ist in Erinnerung zu rufen. Man findet Schemata auf allen Stufen des Gedächtnisses, auch beim Wiedererkennen. Auf allen Stufen der

Entwicklung der Erinnerung (den Stufen oder Organisationstypen der Erinnerung, wie wir sie genannt haben) stellt man dieselbe Reihenfolge fest. Was sich von einer Stufe zur anderen ändert, das ist die Beschleunigung oder die Verzögerung im Vergleich zur vorausgehenden, aber nicht die Typen (Verzerrungen oder Adäquatheit) der Erinnerung. Bei unseren Versuchen findet man vor allem nicht, wie es möglich gewesen wäre, unmittelbare und hundertprozentige Erfolge beim Wiedererkennen, wenn die Rekonstitutionen und die Evokationen altersbedingte verschiedene Stufen aufweisen. Diese beiden Tatsachen, die Allgegenwart der Schemata und die identische Reihenfolge der Erinnerungstypen trotz aller Unterschiede beim Alter des Gelingens, spricht schon an sich für eine allgemeine funktionelle Einheit. Doch das genügt noch nicht. Ein und dieselbe Erinnerung kann sich in ihrer figurativen Form auf verschiedene Schemata stützen, und es besteht kein Zweifel daran, daß ein perzeptives oder sensomotorisches Schema, das ein Wiedererkennen ermöglicht, anders ist als ein Vorstellungsschema, das eine Evokation ermöglicht; die Beziehungen zwischen ihnen sind somit noch aufzuzeigen.

Bei den Beziehungen zwischen den Rekonstitutionen und den Evokationen gibt es kaum Probleme, denn es ist deutlich sichtbar, daß die Schemata dieselben sind. Da aber die Rekonstitutionen mit Hilfe des Materials vorgenommen werden, mit dem das Modell konstruiert worden war, ist die Akkommodation dieser Schemata etwas erleichtert. Deshalb werden die figurativen Elemente verstärkt und weist die Rekonstitution fast allgemein einen Vorsprung auf die Evokation auf. Dieser Vorsprung erreicht in gewissen Fällen 75% (Zahl der Kinder oder der Reaktionen), wenn nämlich das Material zum Teil Zufälligkeiten enthält (Kapitel XIX), die die Schemata bei der Evokation nicht zu rekonstruieren vermögen, die aber mit dem Material vor Augen wieder in den Sinn kommen. Gehen hingegen die für das Gelingen notwendigen Schemata über die Stufe des Kindes hinaus, wie bei den Anordnungen des Kapitels XX, so ergibt die Rekonstitution dieselben Resultate wie die Evokation (3+ und 3– auf 60).

Die Frage der Beziehungen zwischen den Schemata, die beim Wiedererkennen und bei der Rekonstitution oder Evokation mitwirken, ist viel heikler. Sie ist oft gestellt worden, vor allem von Zangwill, der nicht vom Begriff Schema her arbeitet, sondern die Rolle der äußeren und der «autochthonen» Faktoren des Gedächtnisses gegeneinander abgrenzen möchte. Die «autochthonen» Faktoren müßten sich an gleichen Fehlern bei der Evokation und beim Wiedererkennen finden lassen. Nach Zangwill zeigen diese Fehler oft eine divergierende Tendenz.

Eine einigermaßen sichere Antwort auf diese Frage kann unserer Meinung nach nur durch die Untersuchung der Entwicklung gegeben werden, denn verschiedene Fehler können von Unterschieden zwischen den aufeinanderfolgenden Stufen herrühren. Erst eine genetische Analyse macht einen kontinuierlichen Ablauf sichtbar.

Die Ergebnisse unserer verschiedenen Wiedererkennungsversuche (Kapitel II, IV, VI, X, XIV, XV, XVIII, XIX und XX) zeigen gerade diese Analogie der Irrtumstypen, die aber als Stadien aufgefaßt werden, denn eine Abfolge a, b, c usw. kann in einem bestimmten Alter beim Wiedererkennen ein Vorherrschen von c zur Folge haben, während die Evokation hauptsächlich bei a und b stehenbleibt. Im grossen und ganzen ergibt das Wiedererkennen natürlich die besseren Resultate als die Evokation und sogar die Rekonstitution, doch dieser Vorsprung des Wiedererkennens ist bezeichnenderweise je nach Experiment sehr verschieden. Er hängt grundsätzlich von dem ab, was das Kind versteht, und nicht nur von dem, was es sieht: Das spricht ganz entschieden für ein analoges Funktionieren wie bei der Evokation, obwohl Wahrnehmungen und nicht Bilder koordiniert werden müssen.

In Situationen, wo das Kind die Anordnung nicht begreift oder wo die Merkmale zufällig verteilt sind oder zu sein scheinen, ist nach sechs Monaten das Wiedererkennen nicht besser als die Evokation (U-förmige Röhren des Kapitels XIV) oder sogar weniger gut als die Rekonstitution[19] (Figuren mit Stäben des Kapitels XX), wenn man nach einer Auswahlmethode vorgeht (die aktive Rekonstitution enthält hingegen einen wichtigen Wiedererkennungsfaktor). Falls die Anordnung für das Kind verständlich ist (wie die Drehung der Dreiecke im Kapitel XV), ergibt das Wiedererkennen durch Auswählen die besseren Resultate als die Evokation; es beruht auf den genau gleichen Schemata, die aber beschleunigt wirksam werden. Bei der Assoziativität der Dreiecke (Kapitel VI, 5. Abschnitt) haben wir (nach einer Stunde und nicht nach sechs Monaten) bei den vier- bis fünfjährigen Kindern ein gutes Wiedererkennen, auf den mittleren Stufen eine Abschwächung (II–III A) und auf den höheren Stufen wieder eine Verbesserung (III B–IV) festgestellt. Das scheint zu beweisen, daß es zwei verschiedene Typen von Wiedererkennen gibt: Der eine figurativ und passiv, er würde dem «Rohgedächtnis» entsprechen, das zunächst erfolgreich ist, aber später durch die entstehenden Schemata behindert würde, der andere schematisierend, also ein «logisches Gedächtnis». Wir haben aber immer wieder gesehen (siehe insbesondere die Analyse der Merkmale I bis IX bei den geometrischen Formen mit Stäben des Kapitels XX, 2. Abschnitt), daß das figurative Gedächtnis der Formen keineswegs von Schematisierungen frei ist. Es gibt nicht nur infralogische oder räumliche Operationen (Teilung und partitive Addition, die von der Nachbarschaft und nicht von den Ähnlichkeiten oder Unterschieden ausgehen, wie die Addition der Klassen, Ordnungen, geordneten oder nicht geordneten Entsprechungen, die im ersteren Falle zu den Symmetrien führen usw.), sondern diese Operationen sind auch schon auf den präoperativen Stufen und bei den perzeptiven Schemata durch eine ganze Schematik vorbereitet. Die Gestalttheoretiker haben einige daraus sich ergebende Resultate richtig analysiert, aber sie übersahen die Grundfaktoren der assimilierenden Aktivität, die dazu führen. Bei den zerschnittenen Dreiecken des Kapitels VI (4. und 5. Abschnitt) haben wir angenommen, daß die jüngeren Kinder deshalb bemerkenswerte Resultate bei den Wiedererkennungen aufweisen, weil sie durch Bewegungen der Augen verschiedene Dreiecksteile von gleicher Fläche gruppieren mußten, und zwar unter Verzicht auf die symmetrischen Modelle, die den Faktoren der «guten Form» im gestalttheoretischen Sinne am besten entsprochen hätten. Das sind zwar nicht Schemata wie die höherer Stufen (wo sich die Infralogik in eine Assoziativität allgemeineren Typs integriert), aber doch analoge Schemata, die als eine erste Etappe im Verallgemeinerungsprozeß betrachtet werden können, der zu diesen abstrakteren Schemata führen wird. Auch hier kann man folglich sagen, daß die beim Wiedererkennen mitspielenden Schemata von analoger Natur wie die Schemata sind, die die Evokation tragen.

Mit einem Wort, es scheint in den mnestischen Prozessen eine gewisse Einheit zu geben. Die zum Wiedererkennen gehörenden Schemata bereiten die der Rekonstitution und der Evokation vor. Sie haben aber bessere Akkommodationsmöglichkeiten, also figurative Fähigkeiten, weil das Modell vorhanden und wahrnehmbar ist, so daß das Gedächtnis es nur als bereits früher wahrgenommen erkennen muß, also etwas ganz anderes als bei der Rekonstitution und der Evokation. Diese veränderliche Verbindung von nachahmender und letzten Endes figurativer Akommodation mit schematisierender Assimilation erklärt je nach Fall die Wirklichkeitstreue oder die Verzerrungen der Erinnerung. Grundsätzlich besteht somit kein Unterschied der Natur zwischen dem «roh» genannten Gedächtnis und dem logischen Gedächtnis, doch dieses letztere beweist die unauflösbare Verwandtschaft von Gedächtnis und Intelligenz.

V. – Übersetzt man dieses Ergebnis in die Begriffe der Informationstheorie, so kann man folgendes sagen. Wir wollen die Informationen im üblichen und nicht im technischen Sinne, das heißt die verschiedenen Merkmale des präsentierten Modells, «Tatsachen» nennen. Zudem sei daran erinnert, daß einerseits die Informationsmenge pro Zeichen zur Zahl der Zeichen, die der Code enthält, relativ ist (diese Menge ist maximal, wenn die Zeichen voneinander unabhängig sind), und daß andererseits die Einführung syntaktischer Regeln die Redundanzen bestimmt, die die Informationsmenge pro Signal verringern. Daraus ergibt sich: Werden die Tatsachen 1, 2, 3 ... n in einen Code mit unabhängigen Zeichen A, B, C ... N verschlüsselt, so ist die in A, B usw. enthaltene Informationsmenge maximal. Je mehr syntaktische Regeln die Zeichen untereinander verbinden, desto größer wird die Redundanz und desto mehr nimmt die Informationsmenge pro Zeichen ab. Die Verschlüsselung der Tatsachen durch das Subjekt im Augenblick der ersten perzeptiven Aufzeichnung, ihre Speicherung während der Retentionszeit, ihre Entzifferung und eventuelle Wiederverschlüsselung sind also immer relativ zu dem vom Subjekt verwendeten Code. Als erstes wesentliches Resultat scheint sich somit aus unseren Forschungen zu ergeben, daß sich der Code selbst mit der altersmäßigen operativen Entwicklung des Kindes verändert. Im Alter von 4 bis 5 Jahren ist er wenig strukturiert, er enthält also wenige Regeln (oder Schemata) und ist vor allem auf die Akkommodation und ihre figurativen Weiterungen ausgerichtet. In der Folge erfährt dieser Code aber eine zunehmende Schematisierung, die auf die Fortschritte der Kinder bei den Operationen und ihrer Koordinierung zurückzuführen ist.

Als zweites Resultat scheint sich aus unseren Fakten zu ergeben, daß der Fortschritt des Gedächtnisses auf allen Stufen darin besteht, ein Maximum von Tatsachen mit einem Minimum von «Informationen» zu behalten. Da diese zum verwendeten Code und seinem Schematisierungsgrad (der insbesondere die Merkmale der auf den verschiedenen Stufen mitwirkenden Redundanzen bestimmt) relativ sind, ergibt sich daraus: Je nach den präsentierten Modellen und ihrer mehr oder weniger ausgeprägten Entsprechung zu den operativen Strukturen, über die das Kind verfügt, kann die Entwicklung der Erinnerung mit dem Alter gewisse Vereinfachungen oder sogar Verzerrungen der Tatsachen, aber auch eine bessere Wirklichkeitstreue oder sogar einen Fortschritt während der Retention zur Folge haben. Auf allen Altersstufen bleibt aber der Code, der für die Entzifferung der verschlüsselten Fakten notwendig ist, von den assimilierenden Strukturen der Intelligenz abhängig. Deren Akkommodation an die einzuprägenden Tatsachen gehorcht diesem Gesetz der «Wirtschaftlichkeit», das zweifellos für das Gleichgewicht zwischen Assimilation und Akkommodation verantwortlich

ist und das im Falle des Gedächtnisses bedeutet, daß ein Maximum von Tatsachen mit einem Minimum von Informationen behalten wird.
Diese abschließende Diskussion der funktionellen Einheit der verschiedenen Erinnerungsformen, die mit der Einheit der Intelligenz in ihren verschiedenen Stadien so viel gemeinsam hat, zeigt alles in allem einmal mehr, daß das Gedächtnis und die Intelligenz grundsätzlich miteinander verbunden sind und von Natur aus sogar eine Gemeinschaft bilden. Es sind in Wirklichkeit dieselben Stadien, und die Entwicklung des Gedächtnis«code» ist mit der Konstruktion der operativen Strukturen direkt verbunden. Das alles war übrigens selbstverständlich. Doch die Mühe hat sich gelohnt, diese Selbstverständlichkeit durch eine etwas in die Einzelheiten gehende genetische Analyse zu bestätigen, die allerdings in allen Bereichen noch viel zu summarisch ist.

[1] Zur Diskussion dieser These sei u. a. auf das Kapitel XIV, 5. Abschnitt, «Technik IV» verwiesen.

[2] Ausgenommen gewisse Psychoanalytiker, die die ein wenig unvorsichtigen Annahmen Freuds über das frühe Gedächtnis nicht abgeschwächt haben: zum Beispiel Melanie Klein und ihre Schüler, sondern sie im Gegenteil noch verschärft haben.

[3] In der bewußten oder «unbewußten» Vorstellung. In einer solchen Perspektive würde sich übrigens das Unterbewußte vom Bewußtsein nur durch die Tatsache der möglichen oder wirklichen Nichtakkommodation der kognitiven oder affektiven Schemata unterscheiden, deren kontinuierliche Akkommodation normalerweise die Bewußtwerdung nach sich zieht. Siehe Piaget, *Nachahmung, Spiel und Traum,* Seite 212–227.

[4] Siehe F. Bartlett, *Remembering,* Cambridge (University Press), 1932. Bartlett präsentiert zum Beispiel eine Figur aus zwei Winkelmaßen (Figur 67) und stellt dabei fest, daß sie richtig wieder-

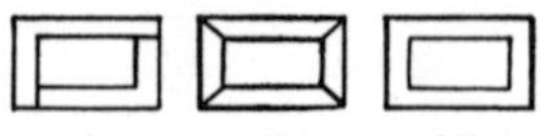

Figur 67

gegeben wird, wenn sie vorher zerlegt worden ist, daß sie aber in den Formen II und III reproduziert wird, wenn sie einfach an einen Rahmen assimiliert worden ist. Bekannt sind auch die Resultate des Versuchs von Bousfield, der die Rolle der Wortgruppierungen bei der Retention zeigt. Auch hier zeigt sich ein Anteil von Schematisierung in dem Sinne, wie wir diesen Begriff verwenden (Klassifizierungen, Bezugsetzungen usw.). Die Hypothese der Gestalttheoretiker, wonach die Erinnerung um so stabiler und dauerhafter sei, je besser sie einer perzeptiven «guten Form» entspreche, ist hingegen nicht bestätigt worden, worauf wir im 4. Abschnitt (unter III) zurückkommen werden. Die Schematik der Erinnerung folgt also nicht einfach Gestaltbildungsgesetzen, das Erinnerungsbild hat somit nichts mit den elementaren perzeptiven Strukturen zu tun, und die mnestischen Schemata sind wirklich Assimilationsschemata und keine figurativen Schemata.

[5] Die bei der Seriation festgestellten Fortschritte sind vielleicht deshalb zahlreicher, weil man bei einer Serie von 10 Elementen zahlreiche Unterstadien unterscheiden und folglich feinere Fortschritte feststellen kann. Falls die Transitivität mit 10 Elementen ($A = B = C \ldots = J$ oder $A < B, B < C, C < D \ldots$, also $A < J$) untersucht worden wäre, hätte man vielleicht, wie wir schon einmal angedeutet haben, ebenso viele Unterstadien unterscheiden und mehr Teilfortschritte feststellen können.

[6] Siehe Einleitung, 3. Abschnitt, I und IV.

[7] Wenn zum Angeborenen ein Erlernen hinzukommt, wie bei der «Übung der Reflexe» (siehe *Das Erwachen der Intelligenz beim Kinde,* Kapitel I), so hängt der Faktor Einübung auch mit dem Gedächtnis zusammen.

[8] Zur Erhaltung der Schemata sei auf die Einleitung, 3. Abschnitt, I und IV verwiesen.

[9] Eine einzige, aber nicht sehr ins Gewicht fallende Ausnahme bei jüngeren Kindern: der Versuch mit den Spielzeugautos (Kapitel XVIII, 2. Abschnitt, III), wo bei der Rekonstitution aber möglicherweise eine gewisse Spielfreudigkeit mitgewirkt hat.

[10] Die Rekonstitution ist für Gedächtnisuntersuchungen eine klassische Methode. H. Münsterberg und J. Bigham haben sie schon 1894 eingeführt.

[11] Siehe R. Francès, *La perception des sons,* in Fraisse und Piaget, *Traité de psychologie expérimentale.*

[12] Die Untersuchung verfolgte aber den Zweck, das Evokationsgedächtnis mit den operativen Stadien zu vergleichen, so daß man das gleiche Material verwenden mußte, das schon früher bei der Untersuchung der Operationen benützt worden war.

[13] In seinem Buch *Les maladies de la mémoire* (Presses Universitaires de France, 1965) unterscheidet Delay drei Gedächtnisformen: eine sensomotorische, eine autistische und eine soziale. Wir hätten einige Schwierigkeiten, unsere Zwischenstufen in eine dieser Kategorien einzuordnen, und das gilt schon für das Rekonstitutionsgedächtnis.

[14] Claparède und Katzaroff, *Récognition et moi-ïté,* Archives de Psychologie.

[15] *Mémoire et activité* (Symposion 22), Seite 6, Actes du XVIIIe Congrès international de Psychologie, 1966.

[16] Ebenda, Seite 22.

[17] Mit einem Wort, wir halten das menschliche Denken ebenfalls für ein «Abbild» des Wirklichen, aber es ist ebenso ein *Abbild des Unbeobachtbaren* wie des Beobachtbaren: Das Unbeobachtbare muß aber konstruiert, rekonstruiert oder abgeleitet werden, insbesondere falls es sich um ein noch nicht verwirklichtes Mögliches handelt...

[18] D. A. Riley, *Memory for Form* (Kapitel XII in Ed. L. Postman, Psychology in the making, *History of selected research problems,* New York, Knopf, 1961). Wir zitieren auch einige von Riley nicht erwähnte Arbeiten.

[19] Die Rekonstitution wird mit 12 bis 13 Jahren besser als das Wiedererkennen.